国家出版基金项目
NATIONAL PUBLICATION FOUNDATION

"十四五"时期国家重点出版物出版专项规划项目

中国电力工业史

·用电卷·

中国电力企业联合会 编

HISTORY OF CHINA'S ELECTRIC POWER INDUSTRY

中国电力出版社
CHINA ELECTRIC POWER PRESS

图书在版编目（CIP）数据

中国电力工业史. 用电卷 / 中国电力企业联合会编. —北京：中国电力出版社，2022.12
ISBN 978-7-5198-7174-1

Ⅰ. ①中… Ⅱ. ①中… Ⅲ. ①电力工业–经济史–中国 Ⅳ. ①F426.61

中国版本图书馆 CIP 数据核字（2022）第 198463 号

出版发行：中国电力出版社
地　　址：北京市东城区北京站西街 19 号（邮政编码 100005）
网　　址：http://www.cepp.sgcc.com.cn
印　　刷：北京雅昌艺术印刷有限公司
版　　次：2022 年 12 月第一版
印　　次：2022 年 12 月北京第一次印刷
开　　本：787 毫米×1092 毫米　16 开本
印　　张：37.25　　插页　30
字　　数：896 千字
印　　数：0001—1500 册
定　　价：298.00 元

中国电力应用的初步发展

1882—1949年

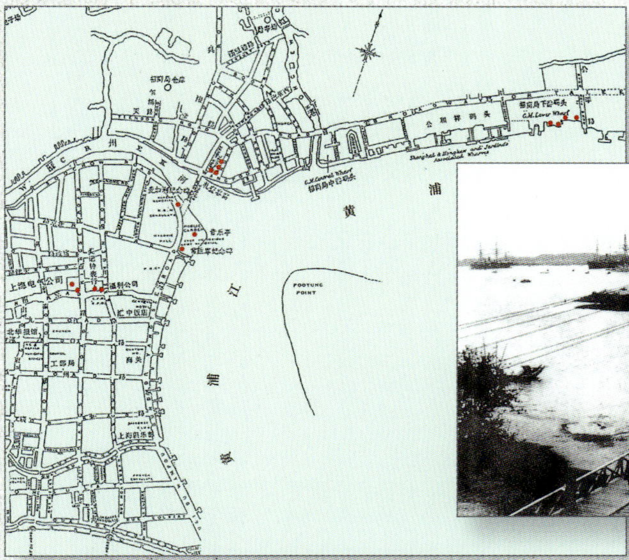

1887年，上海外白渡桥上的电弧灯。

1882年7月26日晚，上海15盏电弧灯点亮，标志着中国电力工业诞生。图上红点标注处为电弧灯的位置。

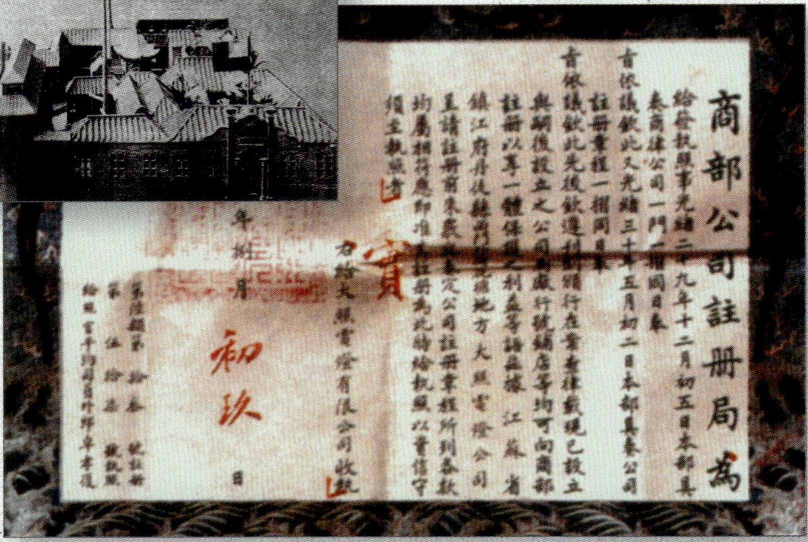

1905年，镇江府丹徒县大照电灯有限公司获得商部公司注册局颁发的第五十七号执照。左上图为公司全景。

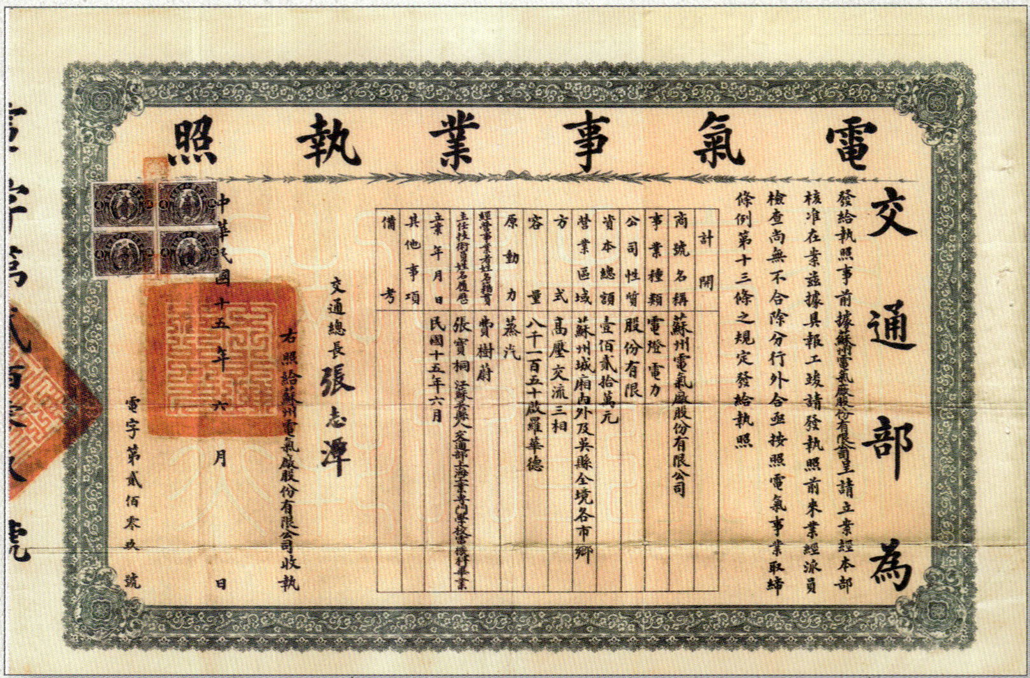
電氣事業執照
交通部為
發給執照事前據蘇州電氣廠股份有限公司呈請立案經本部
核准在案茲據具報工竣請發執照前來業經派員
檢查尚無不合除分行外合亟按照電氣事業取締
條例第十三條之規定發給執照
計開
商號名稱　蘇州電氣廠股份有限公司
事業種類　電燈電力
公司性質　股份有限
資本總額　壹佰貳拾萬元
營業區域　蘇州城廂內外及吳縣全境各市鄉
方式　高壓交流三相
容量　八十一百五十啟羅華德
原動力　蒸汽
費樹蔚
張寶桐
立案年月日　民國十五年六月
其他事項
備考
右照給蘇州電氣廠股份有限公司收執
交通總長　張志潭
中華民國十五年六月　日
電字第貳佰零玖號

1926 年，北洋政府交通部发给苏州电气厂股份有限公司的电气事业执照。

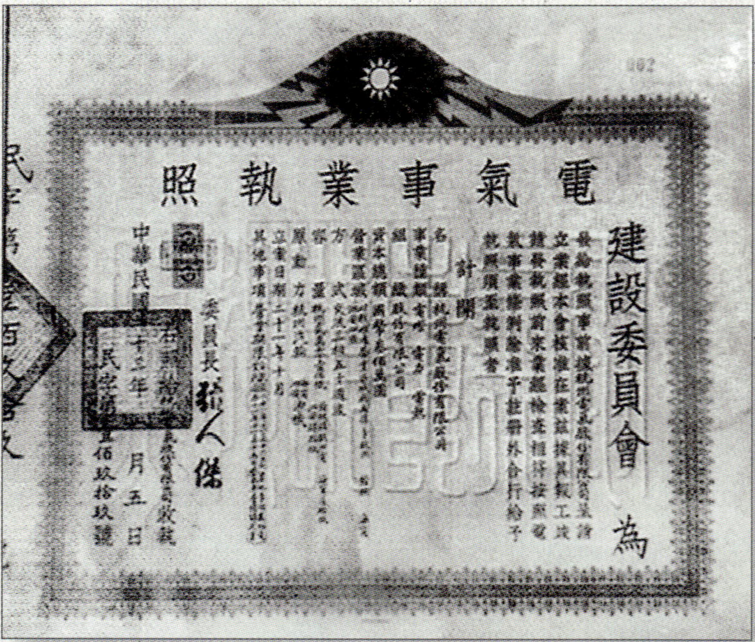
電氣事業執照
建設委員會為
計開
委員長　張人傑
中華民國二十三年　月五日

1934 年，南京国民党政府建设委员会发给杭州电气股份有限公司的电气事业执照。

1888 年 12 月 14 日，紫禁城仪銮殿点亮了电灯，这是北京城第一次出现电力照明。

1899 年，北京修建了一条由马家堡至永定门外的有轨电车线网和轨道，这是中国第一条有轨电车线路。图为永定门有轨电车站。

1927 年，福建成立长乐溉田局推广农田电力灌溉。图为溉田局第一厂。

1928 年，浙江吴兴县青铜门外在试验电犁耕田。

1905 年，上海商铺和居民用户使用的单相电度表（英国制造）。

20 世纪 40 年代，北京居民用户使用的单相电度表（英国制造）。

20 世纪 30 年代，上海工业用户使用的最大需量三相电度表（瑞士制造）。

20 世纪 40 年代，天津工业用户使用的三相电度表（美国制造）。

20 世纪二三十年代，上海公共租界工部局电气处电度表校验工作现场。

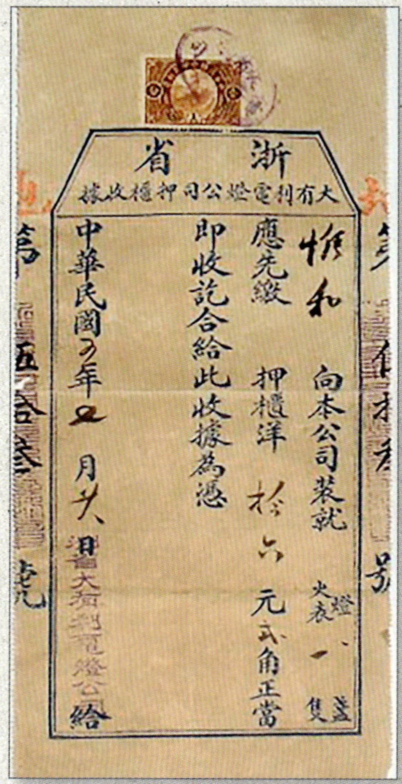
浙省大有利電燈公司押櫃收據

憮和 向本公司裝就火表燈 一只 應先繳押櫃洋拾六元貳角正當即收訖合給此收據為憑

中華民國五年七月 日 大有利電燈公司給

1916 年 7 月，浙省大有利电灯公司开具的安装火表押柜收据。

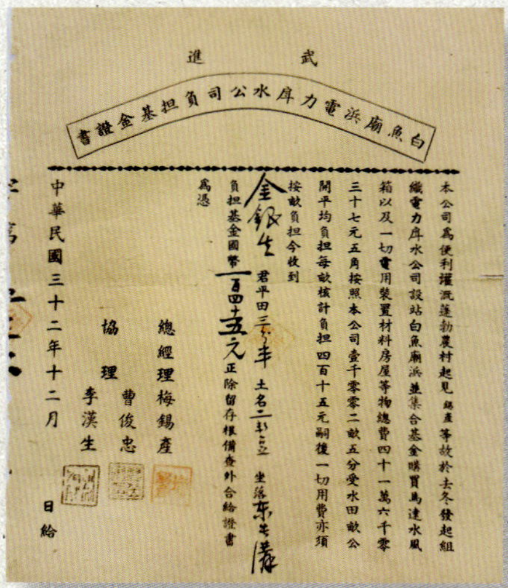
武進

白魚廟浜電力戽水公司負担基金證書

總經理 梅錫產

協理 曹俊忠 李漢生

中華民國三十二年十二月 日給

1943 年，江苏武进白鱼庙浜电力戽水公司开具的负担基金证书。

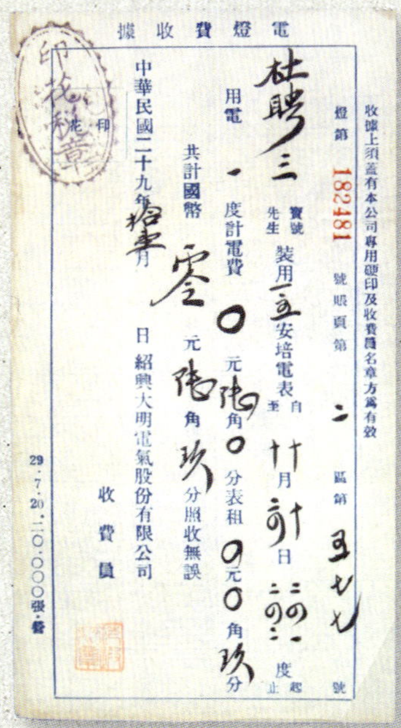
電燈費收據

中華民國二十九年 月 日

紹興大明電氣股份有限公司

收費員

1940 年 10 月，绍兴大明电气股份有限公司开具的电灯费收据。

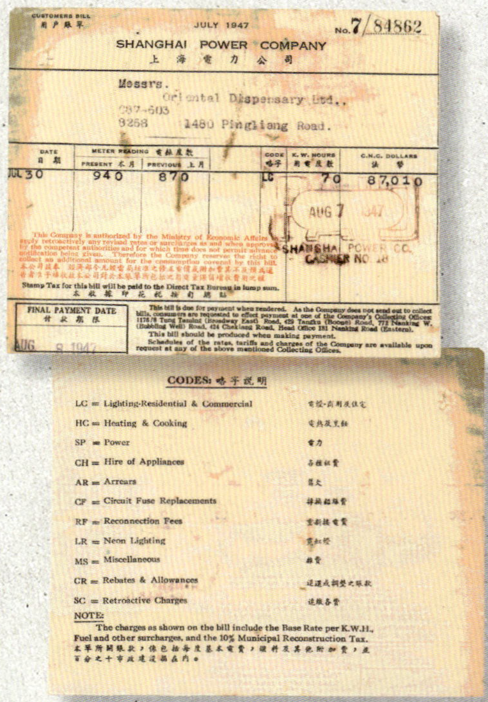
CUSTOMERS BILL 用戶賬單

JULY 1947 No. 7/84862

SHANGHAI POWER COMPANY 上海電力公司

Messrs. Oriental Dispensary Ltd.,

1480 Pingliang Road.

FINAL PAYMENT DATE

CODES: 略字說明

LC = Lighting-Residential & Commercial

HC = Heating & Cooking

SP = Power

CH = Hire of Appliances

AR = Arrears

CF = Circuit Fuse Replacements

RF = Reconnection Fees

LR = Neon Lighting

MS = Miscellaneous

CR = Rebates & Allowances

SC = Retroactive Charges

NOTE:

The charges as shown on the bill include the Base Rate per K.W.H., Fuel and other surcharges, and the 10% Municipal Reconstruction Tax.

1947 年 7 月，上海电力公司开具的电费账单。

1946 年，张家口民生电业股份有限公司组成“赴延安装电灯工作队”奔赴延安运送供电设备。

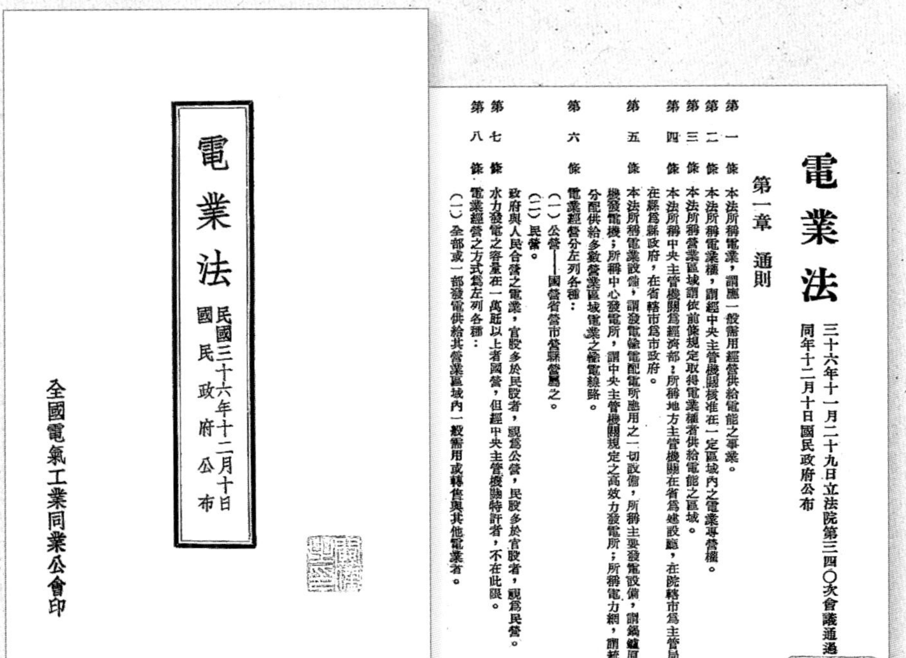

電業法

民國三十六年十二月十日
國民政府公布

全國電氣工業同業公會印

電業法

三十六年十一月二十九日立法院第三四〇次會議通過
同年十二月十日國民政府公布

第一章　通則

第一條　本法所稱電業，謂應一般需用經營供給電能之事業。

第二條　本法所稱電業權，謂經中央主管機關核准在一定區域內之電業專營權。

第三條　本法所稱營業區域謂依前條規定取得電業權者供給電能之區域。

第四條　本法所稱中央主管機關為經濟部；所稱地方主管機關在省為建設廳，在院轄市為主管局，在縣為縣政府，在省轄市為市政府。

第五條　本法所稱電業設備，謂發電輸電配電所應用之一切設備，所稱主要發電設備，謂鍋爐原動機發電機；所稱中心發電所，謂中央主管機關規定之高效力發電所；所稱電力網，謂統籌分配供給多數營業區域電業之輸電線路。

第六條　電業經營分左列各種：

（一）公營——國營省營市營縣營屬之。

（二）民營。

政府與人民合營之電業，官股多於民股者，視為公營，民股多於官股者，視為民營。

第七條　水力發電之容量在一萬瓩以上者國營，但經中央主管機關特許者，不在此限。

第八條　電業經營之方式為左列各種：

（一）全部或一部發電供給其營業區域內一般需用或轉售與其他電業者。

— 1 —

712634

1947 年 12 月，南京国民党政府公布《电业法》。这是中国历史上第一部关于电业的经济立法。

中华人民共和国成立到改革开放前期的用电管理

1949—1978年

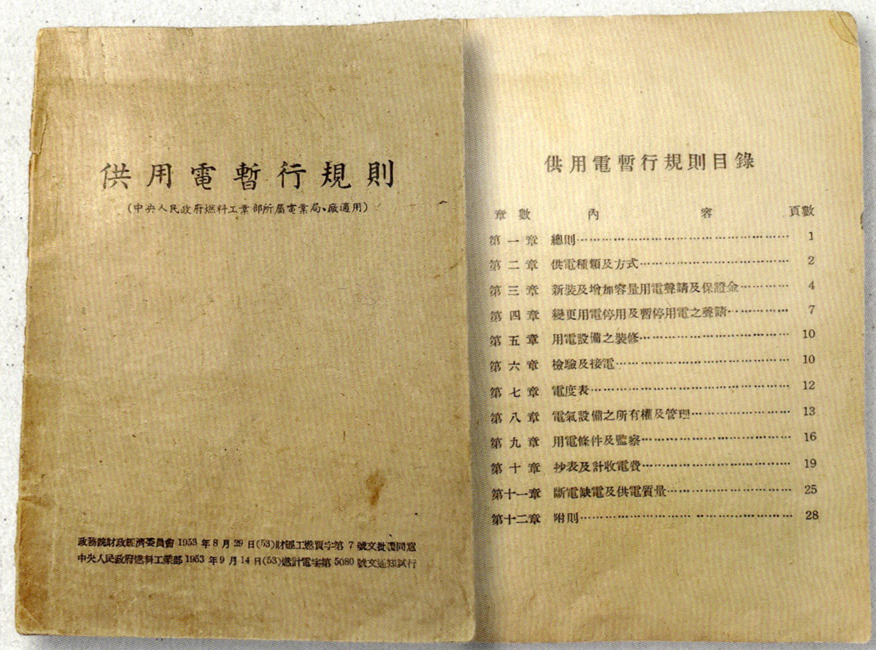

1953年9月14日，经政务院批准，燃料工业部印发《供用电暂行规则》，这是新中国第一部全国性的供用电法规。

图为1963年《全国供用电规则》、1972年《供用电规则（试行本）》、1983年《全国供用电规则》。

1950 年，辽宁义东线正式送电时电能计量工作现场。

1955 年，齐鲁石化工作人员在维护受电设施。

1958 年 7 月，中国开工建设成昆铁路。图为隧道施工中的照明用电场景。

1958—1960 年，列车电业局“三七站”（由第 3 列车电站和第 7 列车电站合并组成）为新安江水电站工程建设发供电。

20 世纪 60 年代，列车电业局第 31、32 站参加大庆油田会战。

1952 年 3 月，中国第一台仿美的单相电度表由上海公私合营华通电机厂试制成功。

1958 年，中国自主设计制造的单相电度表。

1959 年，中国自主设计制造的三相电度表。

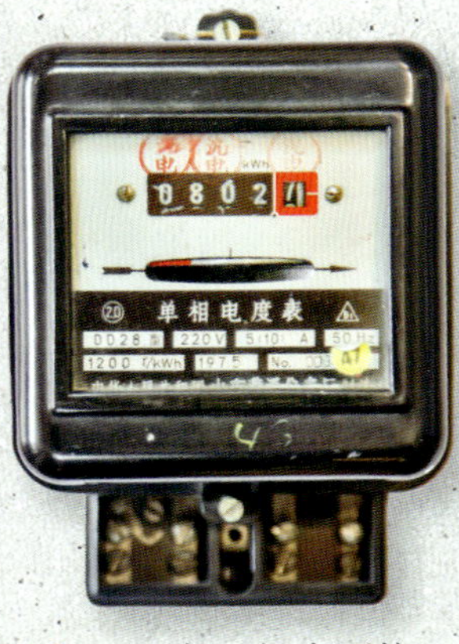

1975 年，经全国统一设计制造的 DD28 型单相电度表。

20 世纪 70 年代，上海供电局表计工场工人修理电度表的工作现场。

一九六五年电热价格

中华人民共和国水利电力部

一九六四年十二月印

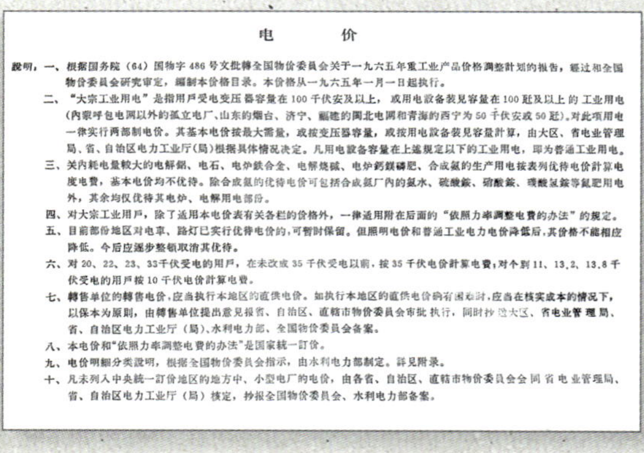

电　　价

説明：一、根据国务院（64）国物字 486 号文批轉全国物价委員会关于一九六五年重工业产品价格调整計划的报告，經过和全国物价委員会研究审定，編制本价格目录。本价格从一九六五年一月一日起执行。

二、"大宗工业用电"是指用戶受电变压器容量在 100 千伏安及以上，或用电設备装見容量在 100 瓩及以上的工业用电（內蒙呼包电网以外的孤立电厂、山东的烟台、济宁、福建的闽北电网和青海的西宁为 50 千伏安或 50 瓩）。对此项用电一律实行两部制电价。其基本电价按最大需量，或按变压器容量，或按用电設备装見容量計算，由大区、省电业管理局、省、自治区电力工业厅（局）根据具体情况决定。凡用电設备容量在上述规定以下的工业用电，即为普通工业用电。

三、关内耗电量較大的电解鋁、电石、电炉鉄合金、电解烧碱、电炉钙镁磷肥、合成氨的生产用电按表列优待电价計算电度电費，基本电价均不优待。除合成氨的优待电价可包括合成氨厂內的氨水、硫酸銨、硝酸銨、碳酸氢銨等氮肥用电外，其余均仅优待其电炉、电解用电部份。

四、对大宗工业用戶，除了适用本电价表有关各栏的价格外，一律适用附在后面的"依照力率調整电費的办法"的规定。

五、目前部份地区对电車、路灯已实行优待电价的，可暂时保留。但照明电价和普通工业电力电价降低后，其价格不能相应降低。今后应逐步整頓取消其优待。

六、对 20、22、23、33千伏受电的用戶，在未改成 35 千伏受电以前，按 35 千伏电价計算电費；对个别 11、13.2、13.8 千伏受电的用戶按 10 千伏电价計算电費。

七、轉售单位的轉售电价，应当执行本地区的直供电价。如执行本地区的直供电价确有困难时，应当在核实成本的情况下，以保本为原則，由轉售单位提出意見报省、自治区、直轄市物价委員会审批执行，同时抄送大区、省电业管理局、省、自治区电力工业厅（局）、水利电力部、全国物价委員会备案。

八、本电价和"依照力率調整电費的办法"是国家統一訂价。

九、电价明細分类說明，根据全国物价委員会指示，由水利电力部制定。詳見附录。

十、凡未列入中央統一訂价地区的地方中、小型电厂的电价，由各省、自治区、直轄市物价委員会会同省电业管理局、省、自治区电力工业厅（局）核定，抄报全国物价委員会、水利电力部备案。

中华人民共和国水利电力部

电　热　价　格

一九七六年

水利电力出版社

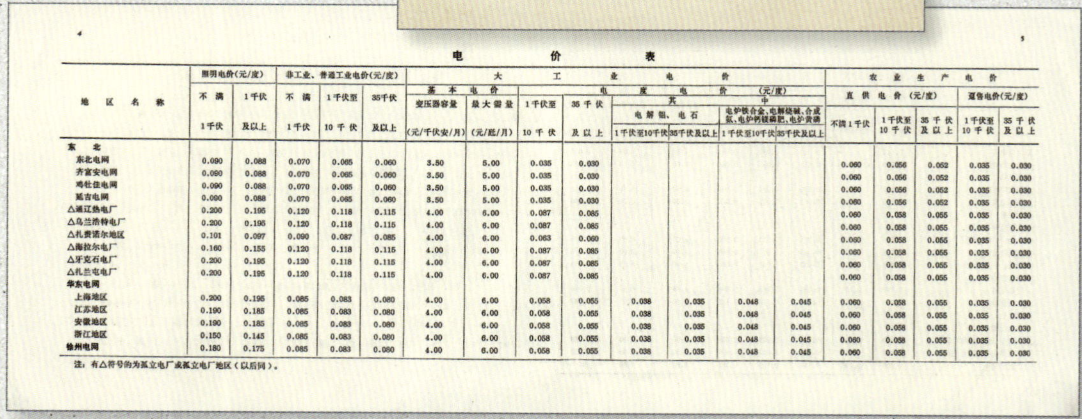

4

电　价　表

5

地区名称	照明电价(元/度) 不满1千伏	照明电价(元/度) 1千伏及以上	非工业、普通工业电价(元/度) 不满1千伏	非工业、普通工业电价(元/度) 1千伏至10千伏	非工业、普通工业电价(元/度) 35千伏及以上	大工业电价 基本电价 变压器容量(元/千伏安/月)	大工业电价 基本电价 最大需量(元/瓩/月)	大工业电价 电度电价(元/度) 1千伏至10千伏	大工业电价 电度电价(元/度) 35千伏及以上	其中 电解铝、电石 1千伏至10千伏	其中 电解铝、电石 35千伏及以上	其中 电炉铁合金、电解烧碱、合成氨、电炉钙镁磷肥、电炉黄磷 1千伏至10千伏	其中 电炉铁合金、电解烧碱、合成氨、电炉钙镁磷肥、电炉黄磷 35千伏及以上	农业生产电价 直供电价(元/度) 不满1千伏	农业生产电价 直供电价(元/度) 1千伏至10千伏	农业生产电价 直供电价(元/度) 35千伏及以上	农业生产电价 趸售电价(元/度) 1千伏至10千伏	农业生产电价 趸售电价(元/度) 35千伏及以上
东北																		
东北电网	0.090	0.088	0.070	0.065	0.060	3.50	5.00	0.035	0.030					0.060	0.056	0.052	0.035	0.030
齐富安电网	0.090	0.088	0.070	0.065	0.060	3.50	5.00	0.035	0.030					0.060	0.056	0.052	0.035	0.030
鸡牡佳电网	0.090	0.088	0.070	0.065	0.060	3.50	5.00	0.035	0.030					0.060	0.056	0.052	0.035	0.030
延吉电网	0.090	0.088	0.070	0.065	0.060	3.50	5.00	0.035	0.030					0.060	0.056	0.052	0.035	0.030
△通辽热电厂	0.200	0.195	0.120	0.118	0.115	4.00	6.00	0.087	0.085					0.060	0.058	0.055	0.035	0.030
△乌兰浩特电厂	0.200	0.195	0.120	0.118	0.115	4.00	6.00	0.087	0.085					0.060	0.058	0.055	0.035	0.030
△扎赉诺尔地区	0.101	0.097	0.090	0.087	0.085	4.00	6.00	0.063	0.060					0.060	0.058	0.055	0.035	0.030
△海拉尔电厂	0.160	0.155	0.120	0.118	0.115	4.00	6.00	0.087	0.085					0.060	0.058	0.055	0.035	0.030
△牙克石电厂	0.200	0.195	0.120	0.118	0.115	4.00	6.00	0.087	0.085					0.060	0.058	0.055	0.035	0.030
△扎兰屯电厂	0.200	0.195	0.120	0.118	0.115	4.00	6.00	0.087	0.085					0.060	0.058	0.055	0.035	0.030
华东电网																		
上海地区	0.200	0.195	0.085	0.083	0.080	4.00	6.00	0.058	0.055	0.038	0.035	0.048	0.045	0.060	0.058	0.055	0.035	0.030
江苏地区	0.190	0.185	0.085	0.083	0.080	4.00	6.00	0.058	0.055	0.038	0.035	0.048	0.045	0.060	0.058	0.055	0.035	0.030
安徽地区	0.190	0.185	0.085	0.083	0.080	4.00	6.00	0.058	0.055	0.038	0.035	0.048	0.045	0.060	0.058	0.055	0.035	0.030
浙江地区	0.150	0.145	0.085	0.083	0.080	4.00	6.00	0.058	0.055	0.038	0.035	0.048	0.045	0.060	0.058	0.055	0.035	0.030
徐州电网	0.180	0.175	0.085	0.083	0.080	4.00	6.00	0.058	0.055	0.038	0.035	0.048	0.045	0.060	0.058	0.055	0.035	0.030

注：有△符号的为孤立电厂或孤立电厂地区（以后同）。

1964 年 12 月，新中国首次颁发全国统一的电热价格。上图为《中华人民共和国水利电力部 1965 年电热价格》封页及电价说明，下图为《中华人民共和国水利电力部 1976 年电热价格》封页及电价表。

1969 年 10 月，中国第一条地铁线路北京地铁 1 号线建成。线路由东至西从北京火车站至古城站，全长 22.9 千米。

1975 年 7 月 1 日，中国第一条电气化铁路宝成线建成通车。

1973 年，水利电力部加强农村安全用电管理，出版《农村安全用电宣传画》。

1976 年，电力抢险队在唐山地震救灾现场研究用电恢复方案。

1976 年，供电职工在唐山抗震救灾现场昼夜抢修、恢复供电。

改革开放到新世纪初的用电管理

1978—2002年

20世纪70年代末，湖北阳新县三电办公室。

1979—2001年，武汉市人民政府三电领导小组办公室的牌匾。

1985年，长沙市洞井地区三电办发放的计划用电证书。

20世纪90年代，各地三电办公室发放电力空调使用证。左图为绍兴市电力空调器使用证，右图为武汉地区电力空调器使用许可证。

1986 年，贵州格冲村的通电纪念碑。

1987 年，武汉供电局身穿工作制服的用电监察员在用户现场检查用电情况。

1990 年，全国 109 个农村电气化试点县通过验收。左图为云南省元江自治县农民使用上了电炊具，右上图为福建省尤溪县农民正在使用电动打谷机，右下图为四川省荥经县开办的纺织厂。

1991 年，全国第一个节能宣传周武汉活动点现场。

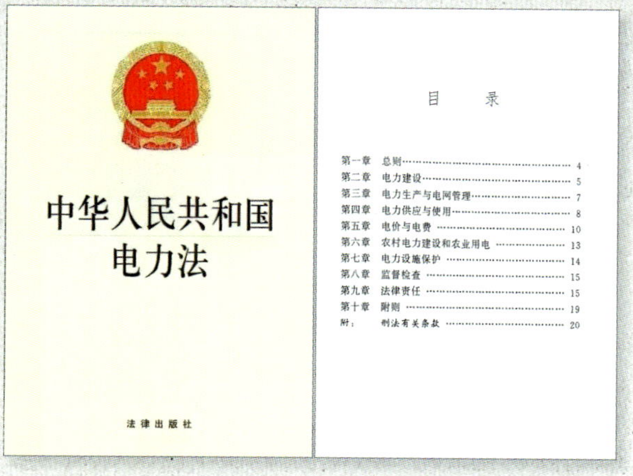
中华人民共和国
电力法

法律出版社

目　录

《中华人民共和国电力法》于 1995 年 12 月 28 日由第八届全国人民代表大会常务委员会第十七次会议通过，自 1996 年 4 月 1 日起施行。

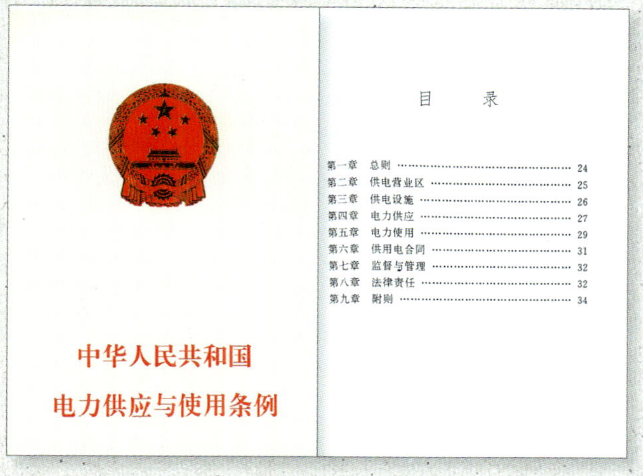
中华人民共和国
电力供应与使用条例

目　录

《中华人民共和国电力供应与使用条例》于 1996 年 4 月 17 日由国务院令第 196 号发布，自 1996 年 9 月 1 日起施行。

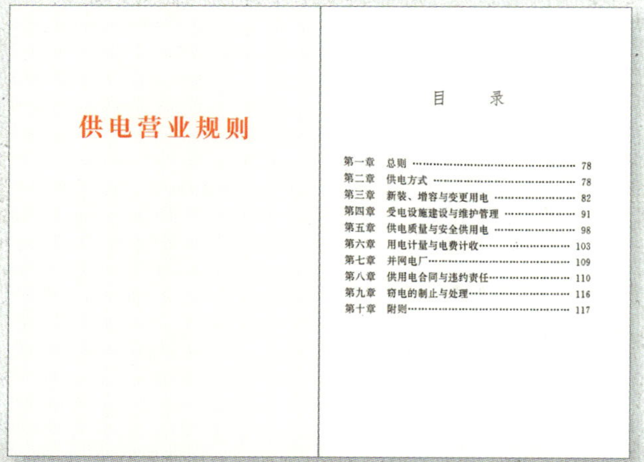
供电营业规则

目　录

《供电营业规则》于 1996 年 10 月 8 日由中华人民共和国电力工业部令第 8 号发布施行。

1983 年，LMK1-0.5 型国产低压电流互感器。

1985 年，国家高电压计量站研制成功 60 千安工频大电流比例国家基准装置。

1992 年，全国联合设计制造的 86 系列单相电能表。

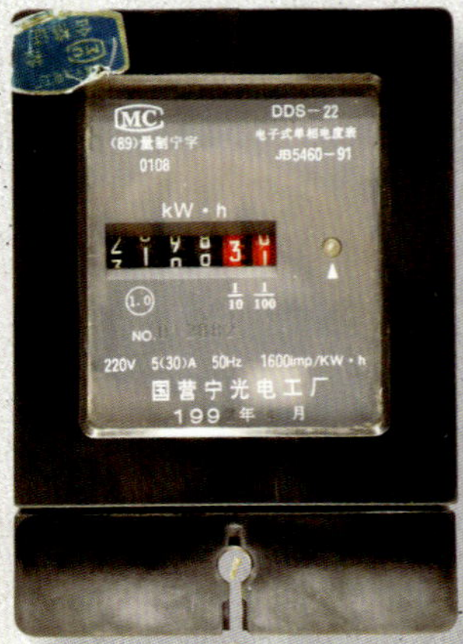

1992 年，国产第一代单相电子式电能表。

1999 年，国产三相机电式最大需量多费率电能表。

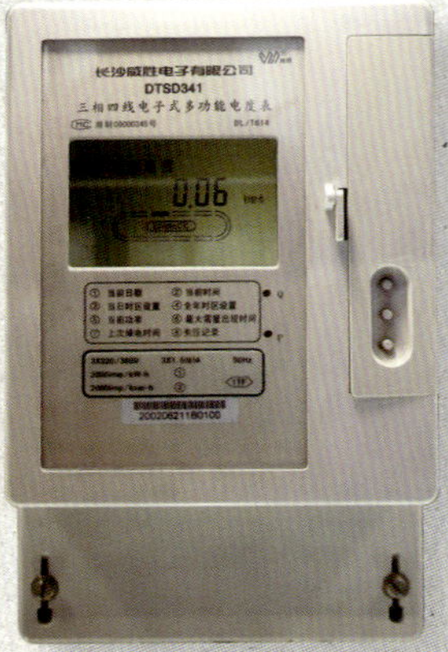

2002 年，国产三相电子式多功能电能表。

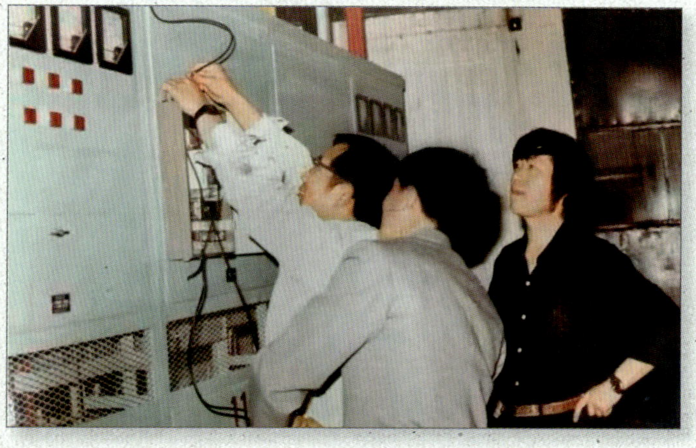

1994 年 4 月，郑州供电局工作人员在郑州纺织机械厂维修负荷控制终端设备。

1998 年，杭州市电力局城镇居民“一户一表”改造现场。

2001 年，上海市电力公司电能表检定场景。

1997 年 9 月，电力工业部为首批 20 个供电示范窗口授牌。上图为北京供电局西城营业站为居民办理用电业务。下图为武汉供电局硚口供电营业所为居民办理“一户一表”业务。

1997 年 9 月，上海市电力局在外滩开展“用心服务　照亮申城”城市亮灯工程改造。

1999 年，北京市路灯管理处华灯班工作人员正在清洗检修华灯设备。

1997 年，甘肃天水市在全省率先实行村村通电。

2000 年 3 月，宁夏青铜峡市撤销乡镇电管站，改制成立供电所。图为揭牌仪式现场。

1998 年，山东德州供电局公布照明电费表。

1999 年，云南省石林彝族自治县农村“一户一表”电费公布栏。

2001 年，宁夏农村电网改造升级工程完成后，村民也用上了电冰箱、电视机。

1999 年 10 月 16—18 日，国家电力公司市场营销工作会议在贵州省贵阳市召开，这是历史上电力行业召开的第一次市场营销工作会议。

2000 年年初，山东淄博电业局实施“彩虹工程”。图为 2000 年 10 月张店供电局在优质服务活动中为群众解答用电问题。

2001 年，黑龙江哈尔滨电业局李庆长等三人成立电力系统第一支共产党员服务队。

新世纪用电领域的重大突破和成就

2002—2020 年

2006 年，南方电网公司正式将“万家灯火 南网情深”作为南方电网公司主题形象语。

2011 年 4 月，国家电网公司发布“你用电 我用心”的品牌口号。

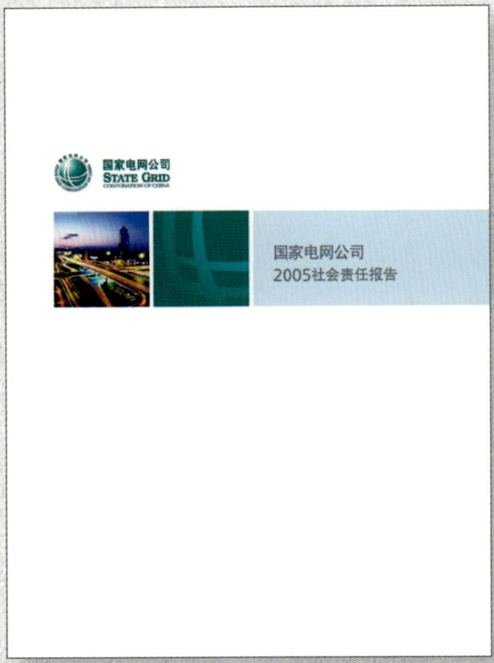

2006 年，国家电网公司发布中央企业首份社会责任报告。

2008 年，南方电网公司发布社会责任报告。

2004 年 6 月 29 日，浙江省物价局召开居民生活用电价格听证会。同年 8 月 1 日，浙江省在全国率先试点居民阶梯电价。

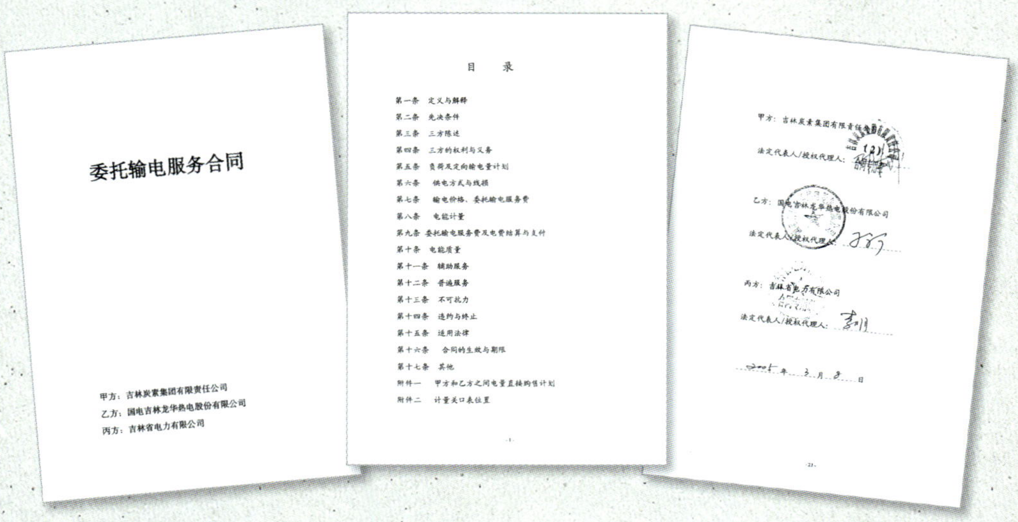

委托输电服务合同

甲方：吉林炭素集团有限责任公司
乙方：国电吉林龙华热电股份有限公司
丙方：吉林省电力有限公司

目 录

第一条 定义与解释
第二条 先决条件
第三条 三方陈述
第四条 三方的权利与义务
第五条 负荷及定向输电量计划
第六条 供电方式与线损
第七条 输电价格、委托输电服务费
第八条 电能计量
第九条 委托输电服务费及电费结算与支付
第十条 电能质量
第十一条 辅助服务
第十二条 普遍服务
第十三条 不可抗力
第十四条 违约与终止
第十五条 适用法律
第十六条 合同的生效与期限
第十七条 其他
附件一 甲方和乙方之间电量直接购售计划
附件二 计量关口表位置

-1-

甲方：吉林炭素集团有限责任公司
法定代表人/授权代理人：
乙方：国电吉林龙华热电股份有限公司
法定代表人/授权代理人：
丙方：吉林省电力有限公司
法定代表人/授权代理人：
2005 年 3 月 8 日

-21-

2005 年 3 月 8 日，吉林炭素集团有限责任公司、国电吉林龙华热电股份有限公司和吉林省电力有限公司就有关直接购电事宜签署三方合同。全国首家大用户向发电企业直接购电试点正式启动。

2006 年 3 月 15 日，新疆阿克苏供电公司员工在柯坪县阿恰乡开展 3 · 15 供电服务宣传。

2006 年 6 月 15 日，江西萍乡供电公司员工在八一路上开展安全用电、节约用电知识宣传。

2007 年 5 月 20 日，国网西北电网有限公司在西安钟鼓楼广场开展“青春光明行”活动，向居民宣传安全用电常识。

2008 年 8 月 8 日，北京奥运会开幕式隆重举行。图为国内最大功率发电车为开幕式会场鸟巢提供应急保障。

2008 年 8 月，国网北京市电力公司员工检测奥运场馆周边的路灯。

2008 年 8 月，国网北京石景山供电公司员工正在检查老山自行车奥运场馆的电气设备。

2008 年，“5 · 12”地震后，国网四川映秀湾电厂员工在震中映秀镇为应急救援工作装设柴油发电机。

2008 年，国网四川省电力公司员工巡视检查汶川地震灾后的供电设施。

2008 年，汶川地震中国家电网公司员工从废墟中救人。

2007 年 7 月 1 日，国家电网公司在福州市召开"SG186 工程"营销管理业务应用标准化设计项目启动会。

2008 年，国家电网公司在北京组织营销业务应用标准化设计评审。

2010 年，国家电网公司在重庆组织营销业务应用标准化设计成果培训。

2012 年 6 月，国网安徽省电力公司“国家电网公司青年志愿者光明驿站”在宿州市桃园镇邱寨留守儿童希望小学挂牌。

2012 年，国网浙江省电力公司实施“点亮玉树”公益项目，为深度贫困地区学校建设光伏电站。

2012 年 6 月，云南省文山州无电村通电工程施工现场。

2013 年，四川省阿坝州马尔康市沙尔宗乡米亚足村通电工程施工现场。

2015 年 9 月 1 日，“户户通电”后，西藏日喀则拉孜县农牧民群众正在看电视。

2015 年 12 月 23 日，随着青海玉树藏族自治州曲麻莱县长江村正式通电，中国全面解决了无电人口的用电问题。

2014 年 4 月 2 日，北京红莲小学师生参观用电展览中心。

2015 年，国网甘肃平凉灵台县供电公司员工在枣子川村对接村民用电需求。

2016 年 5 月 20 日，国网马鞍山供电公司员工为社区居民讲解电能计量知识。

2016 年 9 月 1 日，国网湖南湘西龙山县供电公司员工走进石羔小学开展安全知识宣传教育。

2017 —2020 年，国家电网有限公司所属的全部 27 家省级计量中心及中国南方电网有限公司所属的广东、海南、深圳 3 家省级计量中心建成电能计量设备自动化检定流水线。图 2~ 图 6 分别为电能计量设备自动化检定流水线的五个关键环节。

图 1　2009 年 6 月，国网浙江省电力公司研制成功全国首套计量全自动生产作业线，经两次迭代升级重建及规模应用，获得 2017 年度国家科技进步奖二等奖。

图 2　国网湖南省电力有限公司电能计量设备自动化检定流水线上的智能机器人将智能电能表由周转箱抓取至工装托盘，在自动线体上流转。

图 3　国网山东省电力公司电能计量设备自动化检定流水线上的检定台体对智能电能表进行自动压接线。

图 4　南网广东电网有限责任公司电能计量设备自动化检定流水线上的检定台体对智能电能表进行检定。

图 5　国网内蒙古东部电力有限公司电能计量设备自动化检定流水线上的施封机器人对检定合格电能表施加计量检定封印。

图 6　国网陕西省电力有限公司电能计量设备立体自动化库房中由堆垛机实现智能电能表出入库。

2016 年 10 月，国网客服中心北方分中心客服三部话务工作现场。

2020 年，南方电网广州供电局客户服务中心 95598 话务员接听客户电话。

2016 年 9 月，国网客服中心设置的杭州 G20 峰会英语专席。

2018 年农历除夕，国网客服中心南方分中心座席大厅内，客服四部客服专员耐心解答客户用电咨询。

2018 年 2 月 8 日，国网北京市电力公司召开新闻发布会，推出助力小微企业获得电力“零上门　零投资　零审批”专项服务行动。

2019 年 5 月 21 日，国网上海市电力公司与世界银行专家磋商上海市获得电力的改革政策与成效。

图 5：中国持续提高全球营商环境排名，《2018 年营商环境报告》—《2020 年营商环境报告》

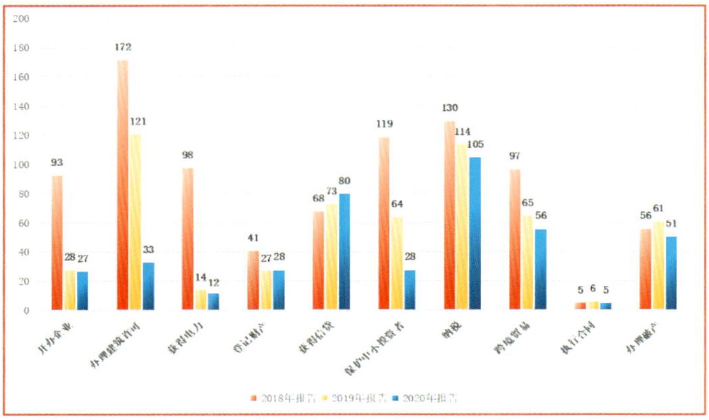

注：排名区间为 1 至 190。报告：《营商环境报告》。

资料来源：作者，基于《营商环境报告》数据库。

2018—2020 年，世界银行发布的《全球营商环境报告》十项指标排名，显示中国“获得电力”指标排名由第 98 位跃升至第 12 位。

2016 年，国家电网公司为湖北省神农架林区九湖镇落羊河村捐建了 200 千瓦光伏扶贫电站，得到当地村民的高度评价。

2019 年，南方电网公司完成贵州省荔波县易地扶贫搬迁配套电网项目建设，满足贫困群众的电力需求。

2018 年 2 月 3 日，只有 9 户 32 名群众的西藏山南隆子县玉麦乡用上了大电网的电。

2020 年，青海省玛多县脱贫户多拉领到扶贫光伏电站收益分红的那一刻。

2010 年 6 月 30 日，全国首座商业运行的电动汽车换电站杭州古翠路换电站落成。

2011 年 7 月 11 日，山东青岛薛家岛充换电站投入试运行，这是世界首座充换储放一体化站。

2020 年，中国西南地区最大的电动汽车快充站国网重庆奥体快充站建成。

2018 年 9 月 30 日，同里新能源小镇建成竣工。图为小镇光伏发电、无线充电、无人驾驶的“三合一”电子公路。

2018 年，国网北京城区供电公司对雪后西城区煤改电社区电力设备开展测温工作。

2019 年，浙江安吉蔓塘里电炒茶基地建成。

2019 年，山东建成寿光智慧电气化大棚，实现对大棚内温湿度及化肥、农药使用等精准管控。

2020 年，重庆朝天门 11 码头岸电设施蓄水期 2 艘船并靠用电运行。

2018 年，国网扬州供电公司员工在居民小区安装单相智能电能表和采集器。

2020 年，国网拉萨供电公司员工开展三相智能电能表现场检测。

实验室内部场景

2019 年 6 月，国家电网公司典型环境实验室高干热实验室在新疆吐鲁番建成。

2019 年 6 月，国家电网公司典型环境实验室高湿热高盐雾实验室在福建湄洲岛建成。

2019 年 6 月，国家电网公司典型环境实验室高海拔实验室在西藏羊八井建成。

2019 年 6 月，国家电网公司典型环境实验室高严寒实验室在黑龙江漠河建成。

2017 年，国网北京市电力公司为重要客户开展延伸服务，对重点保障客户配电室内部进行隐患排查。

2018 年 6 月 20 日，国网四川绵阳安州供电公司电管家在睢水镇为居民讲解安全用电知识，推广线上交费。

2019 年 8 月 8 日，国网太原供电公司员工在第二届全国青年运动会开幕式场馆巡视配电室设备。

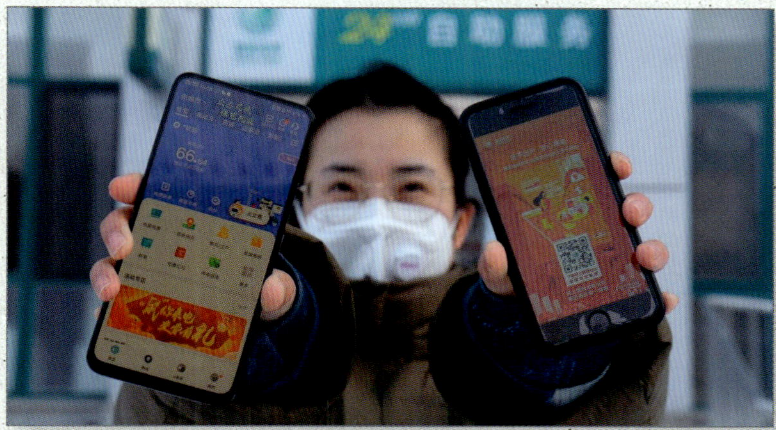

2019 年 4 月，国家电网公司“网上国网”App 上线。

2020 年 2 月，广西南宁市小市民在青秀智慧营业厅与机器人引导员“宁宁”对话。

2020 年 7 月，国网黄山市黄山东路供电营业厅实现了服务型、体验型和线上线下一体化的用电客户服务。

2020 年 1 月，南方电网深圳供电局为深圳市第三人民医院二期工程送电，全力保障防疫用电。

2020 年 2 月 1 日，国网武汉供电公司 40 名员工写下请战书，组成火神山医院供电保障队。

2020 年 2 月 13 日，国网武汉供电公司雷神山医院供电保障专班成员在黄家湖地下综合管廊巡视电缆。

2020 年 3 月 27 日，国网北京市电力公司首例低压掘路免审批“三零”项目落地。图为装表现场。

2020 年 9 月，国网上海市电力公司“FREE+”卓越供电服务行动勘验现场。

2013 年 10 月，北京西客站外电气化铁路电力牵引接触网。

2018 年，杭叉集团智能化生产线建成。图为焊接机器人在生产线上焊接。

2020年，上海通用武汉分公司汽车焊接车间生产线现场。

2020年8月，河北平泉建成食用菌全流程电气化基地。图为基地内菌棒制作自动化生产线。

2005 年 9 月，灯光映照下的布达拉宫夜景。

2008 年 8 月 8 日，北京奥运会开幕式夜景。

2017 年，上海黄浦江两岸城市夜景。

2017 年，广州珠江大桥城市夜景。

2019 年，深圳夜景。

2020 年 9 月，天津海河夜景。

2020 年 8 月，重庆“朝天扬帆”两江夜景。

2020 年，西安浐灞生态区夜景。

2020 年，杭州钱江新城夜景。

2020 年，北京天安门夜景。

《中国电力工业史》
编纂委员会

《中国电力工业史》
编 辑 部

《中国电力工业史　用电卷》

编纂委员会

前　言

中国电力工业史

电力工业是国民经济的重要基础工业，是资金密集型、技术密集型的基础产业，是社会公用事业的重要组成部分。

1882 年 7 月 26 日，中国电力工业诞生。从此，被马克思称为“电气火花”的“无比的革命力量”，降临到具有五千年悠久文明史的中国大地，开启了曲折漫长而又波澜壮阔的电气化进程。随着中国社会历史的变迁，经过数代中国电力工作者的不断努力奋斗，中国电力工业从小到大、从弱到强，历经 140 年的发展壮大，已经跃居世界电力工业先进行列。

中国电力工业的历史是一部国家兴衰史。中国电力工业在其发展的前 60 多年里，发展极其缓慢，技术和装备十分落后。旧中国的电力工业史是一部被列强掠夺、饱受战争创伤的辛酸史。新中国的成立，是中国电力工业迅速崛起的里程碑。从此，中国电力工业走向了欣欣向荣的康庄大道。

新中国电力工业的历史是一部艰苦奋斗史。新中国电力工业是从战争的废墟中起步的，中国电力工作者在一穷二白的基础上，发扬愚公移山的精神，依靠自己的力量和聪明才智，独立自主、自力更生、顽强拼搏、不懈努力，创造了一个又一个辉煌。没有艰苦奋斗，就没有发展壮大的中国电力工业。

新中国电力工业的历史是一部改革发展史。中国电力工业跨越式发展得益于改革开放。改革开放破除了体制机制的障碍和藩篱，调动了电力市场主体的积极性和创造性，极大地解放了生产力；改革开放使中国电力工业从引进资金、设备和技术到走向国际市场，赶超世界先进水平。没有改革开放，就没有走向世界的中国电力工业。

新中国电力工业的历史是一部科技进步史。电力工业是技术密集型产业，技术进步是高质量发展的动力。中国电力工业坚持自力更生与引进、消化、吸收、创新相结合，短短几十年突破了众多重大技术、重大工程、重大装备的难关，在发电、输变电、大电网自动控制等多个领域进入世界先进行列。没有科技进步，就没有高质量发展的中国电力工业。

新中国电力工业的历史是在中国共产党领导下创造的历史。新中国成立之初即明确电力工业是国民经济“先行官”的地位。在中国共产党的领导下，中国电力工业开辟了一条中国特色社会主义的发展之路。“人民电业为人民”“能源建设以电力为中心”“四个革命、一个合作”能源安全新战略，引导中国电力工业持续健康和高质量发展。电力工业所取得的辉煌成就，是中国共产党领导中国人民从胜利走向胜利在电力行业的光辉写照。

党的十九大提出，2035 年要基本实现社会主义现代化，2050 年要建成富强民主文明和谐美丽的社会主义现代化强国。电力作为社会发展的生产资料，又是生活资料，也是物质文明和精神文明的基础，将伴随社会经济的发展、人民生活水平的提高而不断发展。“十四五”时期，中国已转向高质量发展阶段，将由全面建成小康社会转向全面建设社会主义现代化国家，处于转变发展方式、优化经济结构、转换增长动力的攻坚期。中国电力工业从总量来看已成为世界第一，技术水平和管理水平都已进入世界先进行列，但中国人均占有电量只有发达国家的60%左右，人均生活用电仅为发达国家的35%左右。据初步预测，到 2050 年中国达到现代发达国家水平，从电力需求来说，今后 30 年内需再新增发电容量 30 亿千瓦以上；从技术发展来说，在提高电力智能化、自动化水平上，在煤的清洁高效利用与可再生能源的高效转换上，在电能供应质量和可靠性上，在节能环保和综合能源管理上，都需要科技创新和技术升级。这是所有电力工作者的重要职责和伟大使命。电力工业将始终坚持“创新、协调、绿色、开放、共享”的新发展理念，坚持创新驱动战略，加强核心技术攻关，推动服务模式创新，促进中国电力工业高质量发展，为经济社会健康发展提供坚强支撑。

习近平总书记指出，历史是最好的教科书，要在对历史的深入思考中做好现实工作、更好走向未来。要高度重视修史修志，把历史智慧告诉人们，激发我们的民族自豪感和自信心，坚定全体人民振兴中华、实现中国梦的信心和决心。

在庆祝中国共产党成立 100 周年之际，中国电力企业联合会组织电力行业各单位，编纂了《中国电力工业史》。《中国电力工业史》共分《综合卷》《火力发电卷》《水力发电卷》《核能发电卷》《可再生能源发电卷》《电网与输变电卷》《配电卷》与《用电卷》八卷，以生产力为主线，采用编年体的方式，梳理和阐述了中国电力工业萌芽、成长、壮大的发展历程，记录了中国电力工作者依靠自己的勤劳智慧，克服各种艰难困苦，从胜利走向新的胜利，不断攀登世界电力工业高峰，走出一条具有中国特色的电力工业发展之路；讴歌中国电力工业在党的领导下艰苦奋斗、锐意改革、创新发展的历程，赞美中国电力工业取得的辉煌成就，总结经验教训，探讨电力工业发展的自身规律，传承电力文化，弘扬电力精神，提升民族自信。2021 年，党中央决定在全党开展党史学习教育，学史明理、学史增信、学史崇德、学史力行。结合党史的学习，回顾中国电力工业在党的领导下取得的辉煌成就，将激励电力工作者以更加昂扬的姿态，在全面建设社会主义现代化国家的新征程中取得更加优异的成绩。

2017 年年底，《中国电力工业史》的编纂工作全面启动。中国电力企业联合会党委十分重视《中国电力工业史》的编纂工作，建立了完备的组织协调机制和质量审查保障机制。组建了理事长任主任，各副理事长任副主任的《中国电力工业史》编委会，成立了由中电联专职副理事长兼秘书长负责具体协调，理事会工作部、英大传媒投资集团及各电力集团公司相关人员、电力系统老领导、专家组成的编辑部和编审工作机构，成立了以电网企业、发电企业为供稿单位的分编辑部，形成众人修史的良好氛围。编纂工作以史为据，真实记述，准确评述，坚持唯物史观，以习近平新时代中国特色社会主义思想为指导，贯彻落实《关于建国以来党的若干历史问题的决议》、习近平总书记在庆祝改革开放 40 周年大会上的讲话等文件精神，参考《中国共产党的九十年》等重要文献，确保重大问题与中央精神保持一致。经过三年多的时间，《中国电力工业史》陆续与读者见面，期望为读者展现一部波澜壮阔的中国电力工业史诗。

本卷为《用电卷》，2020 年 8 月正式启动编纂工作，抽调和聘请了用电领域资深专家，成立了以编写组、审稿组、专家组为核心的编纂工作团队，建立了行之有效的组织协调和质量管控工作机制，在尊重历史、学习历史、众人修史的过程中，激发了用电工作者为用电领域更开放、更智能、更高效的可持续发展作出新贡献的强劲动力。

纵观中国用电领域的发展，从“无电”到“有电”，从“用上电”到“用好电”，从“满足基本供应”到满足“美好生活需要”，走过了不平凡的发展历程，是几代从业者对“人民电业为人民”宗旨的共同传承和智慧贡献。期望《用电卷》为读者展现一部波澜壮阔的用电领域发展史诗，记录耕耘者无悔的奋斗足迹。

谨向所有关心、支持和参与《中国电力工业史》编纂的领导、专家和工作人员，以及编辑出版人员表示衷心的感谢！由于史料搜集、研究、编纂和校核的工作量巨大，书中难免存在不妥和疏漏之处，希望广大读者批评指正。

凡 例

一、《中国电力工业史》记述了从1882年中国电力工业发端至2020年中国电力工业建设和发展的历史过程及经验教训。为了更全面地反映中国电力工业的发展脉络，本书共设八卷，分别是《综合卷》《火力发电卷》《水力发电卷》《核能发电卷》《可再生能源发电卷》《电网与输变电卷》《配电卷》与《用电卷》。

二、各卷均包括前言、凡例、绪论、正文、大事年表、附录、索引。本卷的四编对应四个阶段：第一阶段为中国电力应用的初步发展，即1882—1949年，反映了中国电力应用的发端与初步发展；第二阶段为新中国成立到改革开放前期的用电管理，即1949—1978年，重点反映新中国成立后用电领域艰苦奋斗的历程；第三阶段为改革开放到新世纪初的用电管理，即1978—2002年，这是电力体制改革促进发展的关键时期，实现了电力企业政企分开与用电管理转型，为后期用电领域的发展奠定了扎实基础；第四阶段为进入新世纪后，用电领域重大发展并取得突破性成就的重要时期，即2002—2020年，用电领域实现了从落后、追赶到赶超的历史性大跨越，跨入世界先进行列。

三、在内容的叙述上，为保证各卷的相对独立，部分卷的内容之间有交叉，但从各卷的特点出发各有侧重。

四、本书采用编年体方式记述。各卷的编纂结构大体一致，但不尽相同。一般采用编、章、节、目的形式，并设有附录。

五、正文内容使用规范的现代汉语书面语言。所用汉字除必须用繁体字的以外，一律使用国务院 2013 年 6 月公布的《通用规范汉字表》所列的汉字。

六、各卷数字的使用，均执行《出版物上数字用法》（GB/T 15835—2011）的规定。

七、书中计量单位，除引用历史上所用的某些单位外，均执行《中华人民共和国法定计量单位》的规定。在表达量值时采用单位的中文符号。

八、书中的机构名称、名词术语等，均以当时的规定为准，对当时确实存在的不统一、不规范的情况，在相应的文中以注释的方式加以说明。

九、书中所列统计数据，一般未包含台湾、香港和澳门地区的数据，相关内容在《综合卷》第十九章中体现。

十、书中注释采用脚注方式，当页编码，不编通码。

目录

绪　论

公元 1879 年，在上海虹口的一座仓库里，1 台 7.46 千瓦的蒸汽机带动发电机，点亮了中国第一盏碳极弧光灯，宣告了电力在中国的应用之始。1882 年 7 月 26 日，英国人立德尔（R. W. Little）创办的中国第一座发电厂，用 15 盏电弧灯照亮了上海外滩，中国电力工业由此诞生，拉开了中国用电时代的帷幕。

半殖民地半封建社会的旧中国，外敌入侵、长期战争和社会动乱，经济发展缓慢，民生凋敝，社会萧条，电力供应弱，电能应用少。1949 年，全国全年实际用电量为 34.6 亿千瓦·时，年人均用电量仅为 8 千瓦·时，大大低于世界平均水平。

新中国成立后，在中国共产党的坚强领导下，中国电力工业从小到大、从弱到强，从封闭到开放，走出了一条具有中国特色的电力工业发展之路。伴随着中国电力工业的发展进程，中国的用电领域从一张白纸起步，实现了集约化、专业化、智能化、数字化的跨越式发展，取得了举世瞩目的成就，如今已跃居世界先进行列。

2015 年，中国全面解决了无电人口的用电问题。2020 年，中国全社会用电量达到 75 214 亿千瓦·时，较 1949 年增长 2170 倍；年人均用电量 5331 千瓦·时，较 1949 年增长 666 倍；成为世界上用电量最大、增幅最高的国家。今天的中国电力工业正在向新电气化时代迈进。

一、中国电力工业肇始和电力初期应用

中国用电起步较早，但坎坷前行。中国有电的历史，比标志着世界电力工业起步的法国晚 7 年，比日本早 5 年，比俄国早 1 年，几乎与世界主要发达国家同步。新中国成立前，中国经济遭受多方面的压迫和阻挠，经济萧条，电力发展极为艰难，用电水平较为低下。

第一时期：自 1879 年电力开始在中国应用至 1911 年辛亥革命前的晚清时期。这是中国电力的初期应用时期，以照明用电为主，电力经营需要得到清朝政府许可。自 1888 年开始，外国资本和民族资本先后在中国的沿海、长江沿岸商埠和主要城市开办电灯厂。最早的用电起始于直流电弧光灯作为路灯照明，之后发展为白炽灯才开始在商店、工厂、矿山和住宅有了照明用电。上海、北京、天津、广州、台北、旅顺、杭州、香港、澳门等地是中国最早一批有电的城市。1906 年京师华商电灯股份有限公司向城内供电并对外营业，公用电力事业自此肇始。电力应用开始由自用到商用、从照明用电向动力用电延伸。至 1911 年辛亥革命前，中国电力的应用已从生活照明陆续扩大到纺织、造币、医院、矿区、铁路、轨道交通等生产和市政领域。1910 年，云南省兴建中国大陆第一座水电厂——石龙坝水电厂。此后，四川、福建、山东、山西、西藏等地也随之陆续建设了小型水电站，

中国的水电开发由此起步。

第二时期：自1912年中华民国临时政府成立到1937年日本发动全面侵华战争前的时期。在此期间，国外资本强势扩张，民族资本也得到较快发展，供电能力有了明显提高，局部地区电网开始形成，电力应用在城市得到推广并开始由城市向乡镇农村延伸。1914年，江苏省吴江同里镇一家米行使用柴油机发电碾米；1924年，江苏震华电厂为销售富余电量，开始在农村试办电力灌溉，这是中国农村电力灌溉的起步。1937年，苏州电气公司的电力营业范围由城区发展到周边5个县的27个乡镇，成为当时国内规模最大的农村电网。

随着供电能力和电力应用范围的逐步扩大，各电力企业开始设置供电营业机构来实施营业区划和电费电价管理，用电管理的雏形开始崭露。1918年，民国临时政府出台中国第一部全国施行的《电气事业取缔条例》。1928年，国民党政府设立建设委员会主管电力事业，制定了多项电气法令。1930年颁布《电气事业条例》及一系列电力工程技术标准和规则，电力工业的国家垄断开始形成。各电力企业在供电营业区域内实行发电和供电为一体的管理模式。在电费管理上大都采用包灯制、表灯制的按月计费方式。1936年广州开始委托银行代收电费。上海、杭州、唐山等地还分别实行了照明梯级电价和特殊优惠电价。

第三时期：自抗日战争全面爆发到新中国成立前的时期。抗日战争全面爆发后，中国沿海各省相继沦陷，沿京沪、沪杭两线的电力工业损失尤为严重，乡镇小电厂及电力灌溉设施严重损毁。随着国民党政府内迁，工商业经济重心西移，陪都重庆以及四川、云南、贵州等大后方的用电需求量激增，带动了电力工业的发展，新建了一批官办、商办、官商合办的水、火电厂和电力公司，在一定程度上满足了战时军需和民用的电力供给。在解放区，按需就地修建了一些发电设备，主要为广播电台、军政通信、军工生产、军区司令部和边区人民政府提供电源。1941年，随着青海省通电，中国没有了无电省。

抗日战争胜利后，蒋介石发动全面内战，电力工业又遭到一定程度的破坏。在此期间，国民党政府发布了中国历史上第一部《电业法》。1946—1949年，中国电力工业发展基本处于停滞状态。

至1949年9月底，全国装机容量仅184.86万千瓦。1949年，全国全年发电量为43.10亿千瓦·时，全年用电量为34.6亿千瓦·时，人均年用电量仅为8千瓦·时。全国农村用电量仅有2000万千瓦·时，农村人均年用电量仅0.05千瓦·时，全国80%以上为无电人口。

二、计划经济体制下的用电管理

新中国成立后，从“三年恢复”开始，到改革开放初期，国家实行计划经济体制。电力工业随着国民经济发展而壮大，电力供需紧张的矛盾贯穿于整个阶段。电力工业的主要资源和主要力量放在电源的建设上，用电领域投入少、人才缺，其主要工作任务是建立和维护正常的供用电秩序，推进农村电气化事业发展。

国民经济恢复时期和“一五”时期：中国的电力工业走上计划经济发展道路。国家成立了燃料工业部和电业管理总局，实行“政企合一”的电力管理模式。同时，在全国各大区和省（自治区、直辖市）成立电业管理局，又在各地设置电业局、供电局，新中国供电营业机构得以逐步建立和完善。

1952 年，电力工业完成了恢复时期的任务。根据“一五”计划的基本任务，电力工业有计划、大规模地加快了电源及电网建设，并在第一次全国供用电会议上提出了充分发挥电力供应潜在能力的供用电任务，其中调整电力负荷、合理和节约用电是基本任务之一，也是计划用电的初始阶段。这一系列具体任务和措施的落实，不仅在全力保障国家大规模经济建设的电力需求供应、促进中国工业化发展中发挥了重要作用，也为中国的供用电管理积累了大量的经验和智慧。1953 年，燃料工业部颁布了新中国成立后的第一个《供用电暂行规则》，为中国用电领域管理制度的建立奠定了坚实基础。随着电价管理权限的逐步集中，中国电价体系的基本框架初步形成，开始建立全国统一的电价制度。1954 年全电会议提出“全心全意的为用户服务”的要求，这一思想理念贯穿了新中国用电服务发展的始终，并成为电力事业发展尤其是电业部门客户服务的核心理念。

这一时期，国家鼓励建设小水电站来增加农村用电，并在《全国农业发展纲要》中提出逐步实现农村电气化的要求，中国开始步入农村电气化建设发展阶段。

“二五”和三年调整时期：1961—1965 年，电力工业贯彻落实党的八届九中全会批准的“调整、巩固、充实、提高”八字方针，用电领域的重点任务是恢复用电管理制度、完善供用电业务、加强农村电气化发展等方面的工作。1963 年，国家颁布了新的《全国供用电规则》和第一个《用电监察条例》，水利电力部相继出台了供用电业务方面的规章制度。1965 年，水利电力部在北京召开的全国供用电会议上，号召用毛主席为人民服务的思想来统帅供用电业务，并颁布了《供用电工作十五条》。

这一时期，电力供需形势紧张，缺电、限电从地区性的问题发展为全国性的问题，国家开始推行电力计划分配制度和用电定额管理制度，由中央和地方实行分级管理。水利电力部颁布《1965 年电、热价格》，全国开始实行统一的电价体系，大大缩小了全国各地区电价水平差距，电价水平相对稳定。银行代收电费和划拨电费制度开始在全国推广，电费回收效率大幅提高。国产化电能计量设备研制成功，单相、三相、无功、需量等多款电能表的应用，有效支撑了电量电费结算和两部制电价的推行。

农村电气化的发展，一方面在粮棉产区兴建电力排灌站，随之电网延伸形成农村电网；另一方面，小水电建设出现高潮，在边远山区形成了供当地县城和农村用电的地方性小电网。到 1965 年年底，全国电力排灌面积达到 9502 万亩；小水电装机容量达到 33 万千瓦。

“文化大革命”时期：1966 年开始的“文化大革命”，电力工业正常的生产秩序被打乱，合理的供用电管理制度也遭到批判与否定。尽管如此，用电战线全体员工在“促生产”中以艰苦卓绝的奋斗精神，努力维持了供用电管理和服务的基本格局。同时为核工业基地、火箭发射基地、“三线”工厂等国家重点建设项目，以及邢台、唐山两次大地震的抢险救援和恢复性建设，提供了可靠的电力保障。

在突出政治，反对“管、卡、压”的历史背景下，《全国供用电规则》被两次批判性修改，规范供用电业务的合理条款被废止，降低了供用电规则的约束力，导致部分地区用电失序、拖欠电费日趋严重。各地用电监察机构被撤销，农电管理机构被削弱，农村电网建设无视规程标准，导致用电安全事故频发，因用户原因引起的电力系统事故大幅上升，农村安全用电问题尤为突出。

面对全国性缺电日益加重的态势，1970 年，国务院总理周恩来提出，要把“计划用电、节约用电、群众办电”工作作为一个方针来加以贯彻。全国各地陆续成立了“三电”办公室，在各级政府领导下，全面开展“三电”工作。这种特殊历史条件下产生的用电管理模式，对有效保障重点企业和人民生活的基本用电发挥了重要作用，也在一定程度上减轻了“文化大革命”对正常供用电秩序的干扰。“三电办”一直延续到 1998 年被陆续撤销，结束了其历史使命。

转折时期：“文化大革命”中期出现的全国性严重缺电局面一直未有好转，国民经济的恢复和经济建设速度的全面加快，进一步加剧了缺电程度。对此，党中央提出在国民经济建设中“突出抓电”的工作要求，电力工业成为国民经济规划和发展计划的重点倾斜领域，强化计划用电和节约用电则是用电领域的重点任务。国家提出了“像管口粮一样管好电”的工作要求，全国实行了电力凭证定量供应制度，严格管理电力的计划分配；强化工业产品电耗定额考核，向用户推广行之有效的节电措施和经验。计划用电、节约用电的思想和措施在全社会得到进一步强化和落实。

这一时期，《全国供用电规则》《用电监察条例》进入修订程序，用电监察机构得以恢复，农村安全用电形势开始好转。《电、热价格》以及相应的供用电业务管理制度也经修改再次颁布执行。供用电秩序逐步恢复正常。

三、改革开放中用电管理的转型与发展

1978 年，党的十一届三中全会胜利召开，中国进入了改革开放和社会主义现代化建设新时期。电力工业在改革开放中得到快速发展，实现了政企分开和公司化改革。用电领域在以经济建设为中心的改革浪潮中，将传统的用电管理向强化市场导向和提升服务功能转变，让老百姓“用上电、用好电”成为用电领域的共识，用电保障能力和供电服务水平实现了质的飞跃。

（一）计划用电的强化与集资办电等政策的实行

改革开放给中国经济发展注入了强劲动力，电力供需矛盾再次凸显，主要电网出现了大面积拉闸限电。国家相继出台了更为严格的用电管理政策，突出体现了国家产业政策方面的差异，进一步强化用电的计划管理和节能降损措施，并将“三电”工作的重点由“计划用电、节约用电、群众办电”调整为“计划用电、节约用电、安全用电”。统筹兼顾保重点领域和人民生活用电始终是用电管理部门的主要工作。各地“三电办”按照国家产业政策和国民经济发展总体布局，将有限的电力资源优先保证人民群众生活、重点行业、重点建设项目和企业生产用电，实行“谁超限谁、超用扣还、节约归己”的机制，有保有压，定量用电，择优供电，并应用自主研发的无线电力负荷控制系统实施用电计划指标的技术

管控，落实“限电不拉路”“不超不限”“谁超限谁”政策，有效保障了电力供应的正常秩序。与此同时，用电领域内抓管理外查漏洞，重点开展了以安全、质量为中心的企业整顿和农村电网设备整改，供电能力得到提升，供用电秩序进一步好转，农村电网建设也逐步朝着规范、节能、安全方向发展。

1987 年，国家出台了“政企分开、省为实体、联合电网、统一调度、集资办电”和因地因网制宜的电力体制改革二十字方针，实行“以电养电”等集资办电、多种电价的系列政策，激发了各方集资办电的积极性，有力推动了电力建设的快速发展。国家确定了指令性和指导性两种电价形式，将计划内加价燃料增加费用和计划外燃料附加费纳入电价成本；峰谷电价、丰枯电价、超计划用电加价，以及燃运加价、还本付息电价、经营期电价、涉外电价等多种电价制度在全国逐步推行，打破了单一的电价模式和长期不能调整电价的局面，培育了按照市场规律定价的机制。

1980 年 4 月，电力工业部发布了《供电部门职工服务守则（暂行）》，要求各基层单位全面规范供电服务行为，建立职业操守，供电职工做到“要想用户之所想，急用户之所急；要坚持原则，按章办事；要钻研业务，提高服务本领；要热情接待用户，文明礼貌待人”“不以电谋私，不敲诈刁难用户，不接受用户招待，不开后门照顾关系户”的“四要”“四不”。同时，设立行业作风监督员，将整个供用电工作置于人民群众的监督之下，推进了行业作风的明显转变。1986 年 11 月，水利电力部召开首次全国供电系统优质服务经验交流和表彰大会，从全国 130 万供电系统职工中，评选出 104 个优质服务先进集体、96 名优质服务先进个人。

（二）供用电法律法规体系的形成与电力需求侧管理的起步

随着改革开放的深入，中国逐步形成了以《中华人民共和国电力法》为核心的电力法律法规体系，标志着中国电力工业进入了法制化管理的新阶段。1996 年，国务院颁布了《电力供应与使用条例》，结束了中国在供用电领域有章可循但无法可依的历史。此后，按照政企分开的原则，电力部依法相继出台了《供电营业规则》《供电营业区划分及管理办法》《供用电监督管理办法》《用电检查管理办法》《居民用户家用电器损坏处理办法》等 5 个配套的行政规章，逐步形成了以《中华人民共和国电力法》《电力供应与使用条例》为核心的供用电法律法规体系，为电力供应与使用过程中各类主体的行为规范和约束提供了根本遵循。1997 年《中华人民共和国节约能源法》颁布，用法律形式确定了国家节约能源的一系列方针和政策，中国的节能管理也步入了法制化轨道。

20 世纪 90 年代初，电力需求侧管理的概念引入中国。在政府的主导下，中国开展了电力需求侧管理的试点研究、示范工程建设、国际间的合作与交流、节电调荷技术推广应用等方面的工作，传统的节约用电工作得到全面提升。1992 年，在深圳试点将需求侧管理纳入综合资源规划。此后，在全国重点实施“绿色照明”工程，推广蓄能技术和风机泵类的节约用电新技术，随着峰谷电价、季节性电价的逐步推行和电力负荷控制技术的全面推广，电力需求侧管理的行政引导、经济措施、技术手段在中国取得了良好成效，从根本上改变了单纯依靠增加能源供应来满足电力需求增长的传统观念，需求侧管理进入持续发展期，也逐渐成为供用电领域的常态化工作。

（三）电力政企分开后的用电管理转型

1997 年 1 月 16 日，国家电力公司成立大会在北京人民大会堂举行，正式开启了以电力政企分开为目标的电力体制改革。随着全国电力供需实现基本平衡，1998 年，经国务院批准，取消了电力短缺时出台的限制用电规定及买用电权和超计划用电加价等收费政策。同年，国家计委等六部委联合发文要求整顿电价秩序，坚决制止乱加价乱收费行为，明令停止 569 项各地违纪随电价征收的加价项目。2000 年 6 月，国家计委和国家经贸委联合下文调整供（配）电贴费标准，2002 年发文明确停止收取供（配）电贴费。

在电力政企分开的改革过程中，原用电管理承担的行政管理职能逐渐移交国家经贸委，以行政为主的用电管理模式向具有市场属性的电力营销转变。1999 年 10 月，国家电力公司在贵阳召开电力行业历史上第一次市场营销工作会议，提出电力市场营销的工作重点是强化市场和服务功能，用十年的时间，建立市场化运营、法制化管理、规范化服务的电力营销新机制和适应社会主义市场经济发展的现代化电力营销管理体系。2001 年，国家电力公司首次向社会公布供电服务八项承诺，将业扩报装中用户受电工程的不指定设计单位、不指定施工队伍、不指定设备材料采购的“三不指定”正式作为了行业禁令。同年 8 月，全国统一的供电服务热线 95598 获得信息产业部批复。之后，各地陆续开通了“95598”全国统一供电服务热线电话。2001 年 9 月 28 日，“李庆长共产党员服务队”在哈尔滨电业局正式挂牌成立，这是电力系统第一支共产党员服务队，他们的事迹传遍全国，先后多次获得国家有关部门授予的荣誉称号，被中宣部确立为“加强和改进思想政治工作先进典型”及“四个一百”最佳志愿服务组织。此后，全国各地供电企业普遍组建了具有地方特色的电力服务队，电力服务水平和品牌效应显著提升。

1998 年，国家电力公司全面启动实施城镇居民住宅供配电系统“一户一表”改造，开放城镇居民住宅用电容量，鼓励城镇居民提高用电水平，实现了供电到户、抄表到户、收费到户、服务到户，为更好地解决人民群众“用上电、用好电”打下了坚实基础。国产电子式电能表也在城乡电网改造和“一户一表”改造中得到推广应用。

（四）农村电气化的推进和“两改一同价”

改革开放初期的中国能源供给十分薄弱，尤其是在中西部、少数民族地区、东部山区等广大农村尤为突出。1983 年，国务院批转了水电部提出的建设 100 个农村电气化试点县的方案，开启了具有中国特色的农村电气化建设浪潮。1994 年，电力部响应国家“八七扶贫攻坚计划”，实施“电力扶贫共富工程”。到 1997 年年底，全国共建成农村电气化县和农村水电初级电气化县 832 个，共解决了 7000 万农村无电人口的用电问题，农户通电率达到 95.89%，农村供用电水平大幅提升。

1998 年 10 月，全国启动了以改革农电管理体制、改造农村电网、实现城乡用电同价为内容的“两改一同价”工作。两期农村电网建设与改造分别投资 1893 亿元、992 亿元，彻底改变了农村电力基础设施简陋落后的面貌，农村用电也实现了“一户一表”，解决了 2500 多万人口的通电问题，成为中国农电发展史上一个重要的里程碑。2004 年 4 月，全国除西藏外的地区均已实现城乡居民用电同网同价，结束了几十年来农民用电价格一直高于城市居民的历史，因用电难被压抑多年的农民投资和消费潜能得到了极大释放，有效地促进了农村经济发展和农民生活水平的提高。

四、深化电力体制改革中用电领域的创新发展

2002—2015 年，中国宏观经济呈持续增长态势，全社会用电量和年人均用电量连年上升。电力工业在深化电力体制改革中实现了厂网分开，引入了竞争机制，并以前所未有的速度向前迈进，实现了跨越式发展。用电领域也在发展方式的变革中，开始步入又好又快的发展轨道，奋力书写了蝶变跃升的跨越式发展新篇章。

（一）深化电力体制改革在用电领域的推进

2002 年 2 月，《国务院关于印发电力体制改革方案的通知》，拉开了以“厂网分开、竞价上网、打破垄断、引入竞争”为核心内容的深化电力体制改革帷幕。随着电力厂网分开的实现，《电力监管条例》的出台，《供电服务监管办法（试行）》的施行，供电监管体系逐步形成，促进了用电领域自身的改革创新。根据电力体制改革方案，2003 年起，东北、华东、南方区域电力市场相继开展建设试点，吉林省启动了全国首家大用户向发电企业直接购电试点。之后，不同模式、不同规模的发电企业与大用户直接交易试点工作在各省稳妥推进，为后续的电力市场化改革、促进合理电价机制形成进行了积极探索，积累了宝贵经验。

2003 年 7 月，《国务院办公厅关于印发电价改革方案的通知》，确定了电价改革的指导思想、目标和原则。《上网电价管理暂行办法》《输配电价管理暂行办法》《销售电价管理暂行办法》的相继出台与施行，先后建立了与发电环节适度竞争相适应的上网电价机制，初步建立了有利于电网健康发展的输配电价机制，煤电价格联动机制，实行分时电价和高耗能企业差别电价，以及销售电价分类结构的调整等政策，中国开始实行新的电价定价机制，推进了电价改革方案的有效落地。2012 年 3 月 5 日，十一届全国人大五次会议通过的《政府工作报告》提出“实施居民阶梯电价改革方案”。同年，全国全面实施了居民生活用电阶梯电价。

（二）面向市场和客户的用电领域发展方式转变

进入新世纪，人民生活水平不断向全面小康型的消费结构升级。电力用户在“用上电”的基本需求得到满足后，期望得到“用好电”的更优质的供电服务。站在新的历史起点，用电领域对传统的劳动组织方式进行变革，构建了以市场为导向、以客户为中心的新型供电服务体系。“十一五”期间，国家电网公司以专业管理集约化，服务管理属地化的创新思路，整合优化业务及服务资源，强化“量价费”等核心业务的集约管控，以地市公司为主体组建客户服务中心、电费管理中心和电能计量中心，并制定了 152 项业务及流程规范、服务及考核规范、管理和技术标准，在组织体系、业务管理、供电服务和标准化建设等方面实现了历史性突破。南方电网公司在“十二五”期间开展客户全方位服务体系的顶层设计，创新了客户全方位服务三项机制和 20 项全流程，建立了比较完备的营销管理体系，

形成了标准化服务模式。

两大电网公司秉承“人民电业为人民”的宗旨，在变革创新中升华了供电服务理念。国家电网公司的“你用电 我用心”和南方电网公司的“万家灯火 南网情深”服务品牌深入人心。2012 年 6 月，《供电服务规范》国家标准发布，国家对供电服务行为有了定量定时的标准要求。2014 年，国家电网公司实现了 95598 供电服务热线的全网集中运行。智能电能表和用电信息自动采集系统在全国范围内得到推广应用，电能计量装备和管理水平实现整体提升。便民缴费圈、微信和支付宝等交费公众平台、故障抢修的快速响应、业扩报装办电手续的精简等“互联网+”供电服务生态圈，强化了便民、利民、为民的供电服务能力建设，解决了群众用电急难愁盼的“最后一公里”问题。电力共产党员服务队日夜奋战在贴近用户的供电服务第一线，为他们送温暖、献爱心，被广大群众称为“电力 110”、电保姆、电管家。

新型的供电服务体系不仅全面提升了电网企业的供电服务能力和服务品质，也为实现用电领域“质”的飞跃打下了良好基础。在历史罕见的南方冰灾、汶川大地震等抗灾抢险的供电恢复和北京奥运会、上海世博会、广州亚运会等重大事件的保供电中经受了严峻的考验，出色地完成了电力保障任务，彰显了电网企业责任为先的理念和担当。

（三）有序用电有效缓解电力供需矛盾

新世纪初，电力供应短缺再度出现，2004 年成为 20 世纪 90 年代以来电力供需形势最为严峻的一年，全国先后有 26 个省级电网出现了拉闸限电。国务院发文部署电力迎峰度夏工作，国家发展改革委和国家电监会联合召开全国电力需求侧管理会议，印发《加强电力需求侧管理工作的指导意见》，要求强化电力需求侧管理，切实做好有序供电、限电。两大电网企业紧紧依靠地方政府，以最大限度降低社会成本和损失为目标，精心安排不同负荷水平下的有序用电方案和应急预案。用电领域广大员工走万户，进千家，按照“有多少，用多少”“缺多少，错多少”“影响小，损失少”的基本原则，做到有序用电方案精，层次清，措施实，针对性强，可操作性好。在用电高峰来临时，迅速启动有序用电方案合理错峰移峰，最大限度降低因缺电造成的经济损失和社会影响；当高峰用电负荷回落时，及时恢复开放用电负荷，最大限度满足社会需求。2007 年全国绝大部分地区电力供需得到基本平衡。有序用电为有效缓解电力供需矛盾，维护全社会用电秩序稳定作出了重大贡献。在政府满意、企业满意、老百姓也满意的赞誉声中，电网企业也总结和积累了有序用电工作的基本规律和经验，为电力需求侧管理的进一步深化提升创造了良好局面。

2010 年 11 月，国家发展改革委等六部门联合下发了《电力需求侧管理办法》，2011 年 4 月，国家发展改革委印发了《有序用电管理办法》。之后，国家发展改革委对电网企业实施电力需求侧管理目标责任考核；财政部、国家发展改革委在北京市、苏州市、唐山市、佛山市开展电力需求侧管理城市综合试点；工业和信息化部先后在北京、宁夏、广东、广西等 25 个省区市开展工业领域电力需求侧管理试点，电力需求侧管理工作持续向纵深推进。

（四）服务“三农”，全面解决无电人口用电问题

2006 年，国家发展改革委部署“无电地区电力建设”，2013 年，国家能源局提出《全

面解决无电人口用电问题三年行动计划（2013—2015 年）》。国家电网公司实施“新农村、新电力、新服务”的农电发展战略，全面启动农村“户户通电工程”，大力推进新农村电气化建设。在各级地方党委和政府的大力支持下，通过大电网延伸、小水电、光伏发电、风力发电和风光互补等多种方式解决无电地区用电问题。2015 年 12 月，中国全面解决了无电人口的用电问题，为人民向往的美好生活带来了光明和蓬勃生机。

2015 年，中国全社会用电量 56 933 亿千瓦 • 时，人均用电量 4126 千瓦 • 时、电力在终端能源消费中的比重达 21.4%，分别超过 3061 千瓦 • 时和 18.5%的世界平均水平。

五、电力市场化改革中用电领域迈向国际领先

“十三五”时期是实现“两个一百年”奋斗目标的关键期，中国经济发展活力强劲，美好生活走进千家万户。“管住中间、放开两头”的电力市场化改革取得了重要阶段性成果，中国电力工业跻身世界前列。用电领域主动适应电力市场格局的深刻变化，取得了更新、更快、更强的高质量发展，续写了新的篇章。

（一）电力市场机制的完善与售电侧改革的推进

2015 年 3 月 15 日，《中共中央　国务院关于进一步深化电力体制改革的若干意见》印发，同年 3 月 20 日到 5 月 5 日，国家发展改革委会同有关部门发布了四个配套文件，同年 11 月，国家发展改革委、国家能源局发布了与之配套的六个文件，新一轮电力体制改革全面开启。2014 年 11 月，深圳市在全国率先启动输配电价改革试点。2017 年 7 月，首轮输配电价试点工作全面完成，全国 32 个省级电网合计降价 480 亿元，改革红利不断释放。2016 年 3 月 1 日，北京、广州电力交易中心同时挂牌成立，随着全国 32 个省区市交易中心的陆续组建完成，电力市场交易机制逐步完善，市场化交易规模大幅提高。2020 年，全国各电力交易中心组织完成市场交易电量 31 663 亿千瓦 • 时，同比增长 11.7%。其中：直接交易电量为 24 760 亿千瓦 • 时，占全社会用电量的 32.9%，占电网企业售电量比重为 40.2%。2015 年 11 月，重庆市、广东省售电侧改革试点获批，全国首家混合所有制供电企业深圳前海蛇口自贸区供电公司正式挂牌成立。之后，增量配电业务改革试点逐步推进，从 2016 年至 2020 年，在全国范围内开展了五批 459 个增量配电业务改革试点，售电侧改革覆盖面不断扩大，电力市场主体的多元化及参与市场交易的形式不断增加，市场发育日趋完善，市场活力得到激发。售电市场和增量配电网的有序放开为电力市场发展开辟了广阔的空间，改革的各项任务均有效落地。

（二）电力营商环境全面改善

2018 年，国务院首次常务会议的首个议题是部署进一步优化营商环境；2019 年 10 月 22 日，国务院颁布《优化营商环境条例》。电网企业积极落实国务院决策部署，在持续优化电力营商环境中，通过不断的技术升级、精简流程、完善管理、改进作风和优化服务，“获得电力”服务水平整体提升。同时，实现了将办电业务与“互联网+”深度融合，由传统的线下服务向“互联网+”线上服务转变。“一网通办”“掌上办”“网上国网”“南网在线”，让数据跑路代替群众跑腿，全新的服务模式给办电用户带来了全新的体验，办电

过程便捷互动、透明温馨，办电用户的参与感、获得感和满意度持续提升，供电服务的数字化转型取得了实效。2017—2019 年，在世界银行发布的《营商环境报告》中，中国“获得电力”指标排名由第 98 位跃升至第 12 位，“已接近或位于全球最佳实践的前沿”，为中国营商环境的改善作出了实实在在的贡献，成为发展中国家快速提升的国际标杆。

2019 年 12 月，随着全国县级供电企业代管制的全面取消，中国实现了电力城乡一体化服务。城乡电网统一规划建设和运行管理，智能电能表、用电信息自动采集设备覆盖到了城市和乡村的每一个角落，促进了城乡供电服务联动的一体化发展。大数据技术在用电领域得到了广泛应用，在能源政策实施、产业发展引导、企业用户征信、供电服务创新等方面取得了显著成效。清理规范转供电加价的“转供电费码”、新冠肺炎疫情期间的“企业复工电力指数”、综合能效服务中的“企业用能评价”等跨界公共服务，开启了供电服务新模式，助力了社会经济发展，做到了政府放心，用户满意。

（三）服务脱贫攻坚取得全面胜利

《中共中央　国务院关于打赢脱贫攻坚战三年行动的指导意见》发布后，电力扶贫进入攻坚阶段。电网企业服务党和国家大局，将农网改造升级的工作重心进一步向中西部地区转移，着力支持深度贫困地区的农网改造升级。2020 年 12 月，大电网延伸覆盖到全部县城，实现了村村通上动力电，贫困地区用电保障能力大幅提升，农村电网焕然一新。2018—2020 年间，国家电网公司和南方电网公司分别累计投资 304 亿元、10.18 亿元，完成深度贫困地区“三区三州”的电网建设，不仅使 210 个贫困县的 1900 多万居民用上了安全稳定的电力，而且助力了农产品深加工、特色畜牧业、旅游业等产业发展，新增了就业岗位。通过实施内部东西协作帮扶行动，持续选派帮扶人员精准帮扶、安排扶贫资金、调拨设备物资、捐建光伏扶贫电站等一系列扶贫攻坚措施，电气化点亮了贫困地区的“致富路”。2020 年年底，电网企业定点扶贫的县（区）全部脱贫摘帽，贫困人口实现清零，圆满完成了中央单位定点扶贫任务，为全面打赢脱贫攻坚战提供了坚强的供电保障。电网企业始终把巩固脱贫攻坚成果和助力乡村振兴作为重大政治任务，在农业生产、农村生活、乡村产业、乡村供电智慧服务四大领域，推进设备电气化和用能智慧化改造，全方位助力农业更强、农村更美、农民更富，在服务国家乡村振兴的伟大事业中作出了新贡献。

2021 年 2 月 25 日，全国脱贫攻坚总结表彰大会在北京人民大会堂举行，宣告中国脱贫攻坚取得了全面胜利。国网西藏电力有限公司农电工作部获得了“全国脱贫攻坚楷模”荣誉称号，并接受了习近平总书记颁发的奖牌。国家电网公司 15 个集体和 7 名员工、南方电网公司 4 个集体和 4 名员工，分别获得“全国脱贫攻坚先进集体”和“全国脱贫攻坚先进个人”的荣誉表彰。

（四）综合能效服务成效显著

电网企业积极践行习近平总书记提出的“四个革命、一个合作”能源安全新战略，全面落实《关于推进电能替代的指导意见》的要求，在北方居民采暖、生产制造、交通运输、电力供应与消费等众多领域，因地制宜，全面推广电采暖、电锅炉、电驱动、港口岸电、电动汽车等多项电能替代技术，大力开拓综合能源服务市场。苏州同里的“绿色同里模式”、河北雄安新区的第一座绿色建筑、张家口崇礼奥雪小镇的清洁能源电蓄热供暖等国家级综合能源示范项目，引领了能源消费新格局。“煤改电”蓝了天空、暖了民心，智慧用能技术深入企业园区、校园、商业楼宇，帮助用户节能减排、节省成本。电能替代的持续推进，促进了全产业链共同发展的新业态，形成新型能源服务方式，也给电网企业带来了新的发展机遇和市场活力。“十三五”期间，电能替代电量连年增长。2020 年，两大电网公司全年完成替代电量达到 2252 亿千瓦·时，占当年全社会用电量比重达 3%；电能占终端能源消费比重达 28.2%，比 2015 年的 21.4%提高了 6.8 个百分点。对推动能源消费革命，促进全社会能源可持续发展作出了重要贡献。

随着新能源战略的全面实施，中国电动汽车产业发展迅速。两大电网企业积极开展电动汽车充换电技术和运营模式的研究、探索以及示范工程建设，实现了充换电服务模式向互联网方式发展，并逐渐形成了多元化的绿色出行充电生态圈。2020 年年底，国家电网公司建成了“十纵十横两环”高速公路快充网络，覆盖全国 176 个城市、5 万余千米高速公路，南方电网公司建成了 117 对高速公路服务区充电站，实现了南方五省区城际高速公路快充网络的互联。中国各类充电桩、换电站的数量位居世界第一，且建成了全球规模最大、覆盖区域最广的开放式智慧车联网平台，为电动汽车的充换电提供了更加方便快捷的服务。

六、用电领域的发展成就

中国的电力工业与新中国一起发展壮大，取得了令世界震撼的伟大成就，书写了人类历史上电力发展的奇迹，为世界电力的发展贡献了“中国模式”和“中国经验”。用电领域在历史的变革中求发展，在发展中求突破，实现了从落后、追赶到赶超的历史性大跨越，在发展史上留下了无悔的奋斗足迹。

（一）形成了全球最大规模的用电市场

经过 70 多年的发展，特别是改革开放 40 多年以来，中国经济腾飞，全社会用电水平大幅提高。从人均年用电量远低于世界平均水平到全社会用电量全球排名第一，用电量增速和用电覆盖率全球最高，形成了全球规模最大、服务人口最多的用电市场。2020 年，中国全社会用电量达 75 214 亿千瓦·时，是 1949 年的 2170 倍；中国人均年用电量 5331 千瓦·时，约为世界平均水平的 1.7 倍，接近中等发达国家水平。中国工业用电量超过了 5 万亿千瓦·时，与经济合作与发展组织（OECD）国家工业用电量总和大体相当，是美国工业用电量 1.1 万亿千瓦·时的 5 倍。2015 年，中国将电力送到了城市和乡村的每一个角落，电气化得到了广泛的推进和深化。2020 年，中国人口约占全球的 18.1%，电力消费量占全球的 30%。中国电能占终端能源消费比重达 28.2%，远超 20%的世界平均水平，分别超过德国、美国、韩国、法国 9.0、7.8、3.5、3.4 个百分点，低于日本 0.5 个百分点。

（二）形成了具有中国特色的供用电管理和服务新体系

用电领域从根本上改写了“重发轻供不管用”的历史，从计划经济体制下长期电力供应短缺的计划用电，到如今电力市场化改革中售电侧市场放开赋予用户自由选择权，从政企合一体制下的管理用户，到如今市场经济形势下的始于客户需求，终于客户满意。在一次次历史变迁中，求新、求变、求发展，逐步形成了与电力市场化改革相适应、以集约化、专业化、标准化、信息化、数字化为特征的新型供用电管理和服务体系。在“人民电业为人民”的具体实践中，服务理念不断升华，服务领域不断拓宽，服务能力不断增强，服务品质不断提升，客户服务满意度稳居中国公共服务行业榜首，成为客户满意、政府放心的公共行业标杆。在世界银行发布的年度营商环境报告中，2019 年中国“获得电力”全球排名第 12 位，处于世界领先水平，成为中国改革开放以来用电领域发展成就的醒目标志，为国民经济高质量发展作出了积极贡献。

（三）形成了城乡供电服务一体化发展的新格局

电网企业践行电力普遍服务的社会责任，致力于解决农村经济、农业生产和农民生活的用电问题。多轮次的农村电网改造、农村电气化建设和农电体制改革，带动了农村电网的快速发展，改善了农村地区生产生活条件，极大地促进了农村经济发展。2004 年全国实现城乡居民用电同网同价；2015 年全面解决无电人口用电问题；2018 年全面取消县级供电企业代管制；2019 年村村通动力电；2020 年全面打赢脱贫攻坚战，电力改革与发展的成果惠及了广大农民，为促进农村发展，改善农民生活，全面建成小康社会提供了坚强的电力保障。“新农村、新电力、新服务”发展战略的实施，加快了农村电气化事业发展，全面促进了县级供电企业的管理提升，聚焦供电、办电、用电过程中的服务短板，推进城乡供电服务均等化，城乡供电服务一体化的管理理念、管理方法、技术装备和服务标准延伸到每一个乡镇供电所，广大农民群众切实感受到无差别的供电服务。城乡供电服务一体化发展的新格局，促进了城乡电力一体化发展，为国家实现城乡经济社会发展一体化作出了应有的贡献。

（四）提升了创新驱动用电领域发展的综合实力

电网企业坚持技术创新和管理创新，不仅实现了技术装备和管理手段的全面升级，而且拓展了用电领域的新技术、新业务和新模式。电能替代、综合能源服务、绿色高效的用能方式推广到各行各业、千家万户，“供电+能效服务”取得高质量发展。以互联网技术为核心的信息化、自动化、智能化、互动化的业务管理、智能量测、用电分析、用能诊断、新能源接入、线上服务等应用成果和智能电能表、用电信息自动采集在国家电网公司和南方电网公司经营区域内的城乡全覆盖，实现了电网与客户的能量流、信息流、业务流的实时互动，构建了智能互动、开放共享、响应快速、服务灵活、多方共赢的新型供用电运行模式。创新驱动了用电领域的快速发展，彻底抛弃了传统的走街串巷的人工作业管理模式，走进了现代化管理、数字化转型的新时代。中国自主研发的电能表自动化检定系统的全面建成投运，填补了国内外电能表自动化检定的技术空白，并沿着“一带一路”走出国门，推广到了丹麦、韩国、马来西亚、巴基斯坦等 9 个国家，还跨行业延伸应用于水表、燃气表的检测领域。中国的电动汽车充换电设施标准体系，与美国、欧洲、日本的标准体系并列成为世界四大标准体系。用电领域综合实力的全面提升，为全面建成小康社会贡献了智慧和力量。

（五）铸就了一支甘于奉献的高素质专业队伍

用电领域由过去的落后到今天的赶超，离不开几代供用电人的不懈努力和甘于奉献、负重前行的过硬团队。70 多年来，持之以恒地强化队伍建设和人才培养，懂法律、会管理、熟业务、有技能、善沟通的复合型人才不断成长，铸造了一支素质全面、梯度有序、结构合理的用电员工队伍。在服务党和国家大局、服务民生用电的平凡岗位上，在脱贫攻坚、重大活动保电和抢险救灾、抗击新冠疫情的抢供电保用电等各项重要事件中，这支队伍始终奋战在贴近用电客户的最前沿，践行“人民电业为人民”宗旨，经受住了不同场景、不同需求、不同条件下履行社会责任的政治素质和供电服务能力的历史检验，为经济社会发展和人民美好生活作出了积极贡献，涌现出一大批先进集体和先进个人，分别获得了“五一劳动奖状”“五一劳动奖章”“优秀共产党员”和“全国劳动模范”等荣誉称号。

七、用电领域发展的基本经验

纵观电力工业的发展历程，中国已成为当之无愧的世界电力强国。用电领域从“无电”到“有电”，从“用上电”到“用好电”，从“满足基本供应”到满足“美好生活需要”，经历了几代电力人的辛勤耕耘，成就硕果累累，经验弥足珍贵。

（一）坚持“人民电业为人民”宗旨

“以人民为中心”是习近平新时代中国特色社会主义思想的核心理念，“人民电业为人民”是以人民为中心的思想理念在电力行业的集中表现。随着时代发展和社会进步，人民对美好生活的向往更加强烈，电力消费方式和服务需求随之发生了深刻变化。从电力供应严重短缺到实现电力供需平衡，从提高电力普遍服务水平到聚焦能源服务新业态，电力供应到哪里，供电服务就延伸到哪里，电力行业始终将满足经济社会发展和人民美好生活的用电需求放在首位，特别是让最偏远的农户也能用上电、用好电，给广大农村带来了更多的实惠，让他们跟上时代发展的步伐。电力可靠供应水平全面提升，电力营商环境持续优化，用户用电成本大幅降低，城乡供电服务均等化水平的大幅提升，一项项发展成果更多更公平地惠及人民群众，不断诠释着以人民为中心的内涵。实践证明，“人民电业为人民”是电力工业的初心使命，是电力人的共同传承，是推进电力事业发展的出发点和落脚点。只要始终坚持一切从人民出发，一切为人民服务，人民的获得感、幸福感、安全感就更加充实、更有保障、更可持续，电力事业就能更加蓬勃发展，用电领域就会更加充满活力。

（二）坚持服务党和国家大局

电力行业始终把服务党和国家大局作为一切工作的根本遵循，成为坚决贯彻执行党中央决策部署的重要力量。用电领域坚定不移地主动融入党和国家大局，不折不扣地将党中央、国务院在不同历史阶段的决策部署、宏观调控政策，贯彻落实到各行各业的用电全过程。无论是电力供应严重短缺年代，还是以经济建设为中心到全面建成小康社会的跨越式发展时期，再到实施新时代能源安全新战略，绿色发展理念日益融入日常生产生活的新时代，用电领域始终坚守初心和使命，千方百计保障国民经济发展和人民生活水平提高的电力供应，千言万语向用电客户宣传党和国家的大政方针和供用电政策，千辛万苦提升终端能源消费的电气化水平和全社会用能效率，为全面建成小康社会作出了积极贡献。实践证明，始终心系“国之大者”，方可站位高、视野宽、胸襟广，方有大格局、大担当、大作为，就能举一纲而万目张，用电领域就能始终沿着正确的方向前进。

（三）坚持改革创新锐意进取

用电领域的成长与发展，其动力来自不断深化的电力体制改革。新中国成立后的相当一段时期，“三电”管理为保证电力供不应求状态下的国家经济建设作出了积极贡献，但计划经济体制下的“重发轻供不管用”使用电领域发展缓慢。改革开放以后，特别是电力政企分开、厂网分开和市场化改革的深入推进，中国的电力供应能力、社会的用电环境、用户的电力消费需求都发生了翻天覆地的变化。用电领域在一次次新挑战、新考验中，以改革的思维守正创新，坚持市场为导向、客户为中心的发展理念不断破难题、建机制，为用电领域实现集约化、专业化、标准化、信息化、自动化和智能化、数字化的快速发展注入了新鲜血液和活力，形成了改革越深化、市场竞争越激烈、供电服务越上台阶、整体发展质量越来越好的良性循环局面。实践证明，抓创新就是抓发展，谋创新就是谋未来。只要坚定不移沿电力市场化改革方向锐意进取，用电领域就有可持续发展的动力源泉，就能得到新发展、获得新突破。

（四）坚持科技创新驱动高质量发展

用电领域的发展离不开科技创新和技术进步。随着改革的不断深化，用电领域顺应时代发展，始终坚持以管理创新推动技术进步，以科技创新提升管理创新，加强关键技术攻关，网络化、数字化、智能化、“互联网+”的创新成果，彻底改变了用电装备落后、管理方式落后、服务手段落后的局面，催生了用电领域的新技术、新模式、新业态。电能表自动化检定技术、电动汽车智慧充电技术走在了世界前列；聚焦用电结构优化、智慧用能管理等能效公共服务大数据应用，引领着能源消费新格局。实践证明，科技创新和技术进步为用电领域提供了新的成长空间，使之发生了历史性、整体性的重大变革，成为快速转型和高质量发展的强大动能，势必为用电领域更开放、更智能、更高效的可持续发展作出新贡献。

（五）坚持与时俱进全面提升综合素质

用电领域坚持与时俱进，在不断深化的电力体制改革中一步一步成长。在长期的实践中，立足于抓发展、抓管理、抓服务、抓队伍，坚定不移地履行社会责任，坚持不懈地强化机制建设，夯实管理基础，提升高品质服务，推进供电服务向“供电+能效服务”升级，铸造政治素质高、业务能力强、服务技能好、应急处置能力强的优秀团队，用电领域的综合素质得到全面提升，形成了质量、服务、效益协调统一的良好态势，于提质增效中筑牢了发展基础，在发展转型中取得了突出成就。实践证明，坚持深化改革开放，科学解决好发展中出现的新矛盾和新问题，持之以恒地锻长板、补短板，着力夯实持续发展之根基，用电领域就一定能够在高质量发展的新征途中激发新动能，跑出新速度，创出新业绩。

历史的经验告诉我们：只有不忘初心，牢记使命，践行“人民电业为人民”宗旨，中国用电事业才有源源不断的发展动力；只有坚持改革开放，勇于创新，中国用电事业才能走向赶超世界、领先世界的成功发展之路，才能在高质量发展道路上行稳致远。站在历史的新起点，要坚持以习近平新时代中国特色社会主义思想为指引，全面贯彻“四个革命、一个合作”的能源安全新战略，坚持“以人民为中心”，坚持新发展理念，坚持绿色发展建设美丽中国，全面构建更加安全、清洁、智能、高效的现代电力供应体系，不断满足人民对美好生活的向往，开启全面建设社会主义现代化国家新征程，向第二个百年奋斗目标奋进。

第一编

中国电力应用的初步发展

（1882—1949）

第一次工业革命后，以英国为代表的西方国家掀起了殖民战争的狂潮，并以两次鸦片战争发起了对中国的殖民战争，打开了中国的大门。这些西方列强在中国的土地上开辟租界，开办铁路，兴建工厂，采掘矿藏，大肆掠夺中国的资源和财富。在帝国主义进行经济侵略的同时，资本主义的生产技术及装备也输入到了中国。电能的生产与应用，也在这种历史背景下输入中国。

1879 年 5 月 28 日，上海公共租界工部局电气工程师毕晓普在乍浦路的一座仓库里试验西门子公司出产的发电机和灯具，以一台 10 马力❶蒸汽机为动力，带动自激式直流发电机，点亮了中国大地上第一盏电灯。

中国电力的应用始于 1882 年，当年英国人立德尔（R. W. Little）在上海公共租界内创办上海电气公司（Shanghai Electric Company），并在南京路兴建了上海第一座，也是中国第一座发电厂。7 月 26 日傍晚，电厂正式对外供电，点亮了电厂沿外滩到虹口招商局码头的 15 盏弧光灯。这标志着中国电力工业的正式起步。继上海有电之后，外国资本在天津、香港、汉口等租界内兴建电灯厂，发电用于照明。1894 年，上海的电灯用户首次安装单相电度表❷，电能计量收费开始在中国应用。

这一时期，清政府为谋求“自强、求富”发起洋务运动，以李鸿章、张之洞等为代表的洋务派代表人物，积极引进西方先进技术，兴办轮船、铁路、采矿、纺织等各种新式民用工业，创办新式军事工业，并将电力技术应用到各行各业，当时的电力应用主要以照明为主。

1894 年，日本发起中日甲午战争，中国在战争中的惨败和清政府的投降政策，刺激了列强瓜分中国的野心。战火刚刚熄灭，列强便纷纷抢夺在中国修筑铁路、开采矿山和建立工厂的权利，相继在天津、大连、青岛、旅顺、厦门、香港、澳门等地以及铁路沿线、长江码头、内地矿区等投资兴建电厂，加速对中国资源的掠夺，中华民族陷入严重的民族危机。为支付巨额战争赔款，清政府放宽了对民间办厂的限制，中国出现了民族资本兴办工业的热潮，各地的公用电业也开始兴起，其中以北京的京师华商电灯公司、湖北的既济水电公司等几家大型发电厂影响甚大。至 1911 年辛亥革命前，除用于日常生活照明外，电力在军事基础设施、纺织皮革厂、矿区、造币厂、医院、铁路、轨道交通等领域得到了推广应用。天津、上海、北京等城市陆续开通有轨电车，唐山开滦煤矿、湖北织布官局、大沽造船所、成都银元局等生产领域也以电力为动力，电力应用从照明用电扩大到生产动力用电、轨道交通用电等。

为规范电力经营管理，保障用户和各电灯公司的权益，清政府和各租界办事处分别与所管辖的电灯公司达成协议，签订合约，明确营业区的划定和专营权利，对申请报装、收费等事项也都有具体的要求。这些规章制度构成了早期电力营业章程的雏形。

随着民族资本主义的初步发展，民族资产阶级作为新的政治力量开始登上历史舞台，

❶ 功率计量单位，1 马力≈735 瓦。

❷ 1984 年 2 月 27 日国务院发布《关于在我国统一实行法定计量单位的命令》，明确中国的计量单位一律采用《中华人民共和国法定计量单位》，以前称为电度表，以后称为电能表。

1911 年，孙中山领导的辛亥革命推翻了腐朽的清王朝的统治，建立了中华民国。当时的中华民国临时政府和北洋政府分别出台了一些经济政策，对新办企业给予保息、减税和多种经济补助措施，保护和奖励工矿业者，促进了中国工商实业的发展。这期间，农村集镇用电、农村电力灌溉开始起步，电气公司的供电也开始向农村延伸。

1927 年，南京国民党政府成立，按照孙中山“扩张国家资本、节制私人资本”的主张，将国家一切大实业，如铁道、电气、水道等事务都收归国有，实行统制政策，电力的管理从此由分散走向集中，成为国家的垄断资源。1930 年 2 月，南京国民党政府建设委员会成立了电气处。之后陆续颁布《民营公用事业监督条例》《电气事业条例》等系列电业法律法规，出台了《电气事业电压周率标准规则》《电力装置规则》等一系列工程技术法规，电力工业技术标准开始统一。各地开始出现供电营业机构，业务扩充、抄表收费等业务活动渐趋规范。这期间，国内的电器设备制造企业也有了快速发展，以亚浦耳灯泡厂、华成电器制造厂等为代表的民族电器设备制造企业也成为享誉中外的成功企业。

1931 年，“九一八”事变爆发，东北成为沦陷区，日本强行收买和兼并了中国东北各地的电厂，并掠夺性地开发电力工业。抗日战争全面爆发后，中国沿海各省相继沦陷，所有沿海、沿江通商大埠及重要城市工厂遭受破坏，沿京沪、沪杭两线的电力工业所受损失尤为严重。在正面战场，国民党军队节节败退，有的电厂设备被拆转移至后方，运输中损失极大；有的电厂设备来不及撤走便就地炸毁。在大后方，因大量企业、人员内迁，造成当地用电需求量激增，电力供求矛盾突出，南京国民党政府加紧筹建、扩建电厂，一些有财力的工矿企业直接兴办自备电厂，带动了四川、贵州、云南等西部地区电力工业的快速发展。在陕甘宁解放区，中国共产党克服重重困难，兴建了沕沕水水电站、刘伯承电厂等电站，但限于当时动荡的历史条件，所建电站的发电规模极其有限。

1946 年，国民党发动全面内战，刚刚从战争中走出的电力工业，又被笼罩在炮火下。中国共产党领导电力工人勇敢地开展了护厂斗争，积极恢复生产，保存仅有的电力资产。截至 1949 年，全国发电装机容量 184.86 万千瓦，发电量 43.10 亿千瓦·时（不含台湾省），发电装机容量和发电量分别居世界第 21 位和 25 位。中国全年用电量为 34.6 亿千瓦·时，人均用电量仅为 7.94 千瓦·时，全国 80%以上为无电人口。

第一章

中国电力工业的发端与用电的开始（1882—1911）

19 世纪中后期，以电能的大规模应用为代表的第二次工业革命在欧美蔓延，电力逐渐成为补充和取代蒸汽动力的新型能源，极大地促进了社会生产力的发展，人类社会由“蒸汽时代”进入“电气时代”。

中国开始使用电能的年代并不晚，与欧美一些国家几乎是同步的。1882 年 4 月，英国人立德尔（R. W. Little）等人招股集银 5 万两[1]，在上海南京路创办上海第一家（也是中国第一家）发电厂。它比世界首座电厂——法国巴黎北火车站电厂晚建 7 年，比英国伦敦霍而蓬高架路（Holborn Viaduct）电厂晚建 6 个月，但比美国纽约珍珠街（Pearl Street）电厂早建 2 个月，比俄国彼得堡电厂早建 1 年，比日本桥茅场町发电所早建 5 年。1882 年 7 月 26 日下午 7 时，电厂开始供电，从电厂沿外滩到虹口招商局码头的 15 盏弧光灯一齐放光，中国的电力工业由此诞生，这也成为中国用电的开始。

初期的电力应用以外国租界、官府衙门、工矿企业、市区商户的照明用电为主。1887 年，外国人在厦门鼓浪屿安装发电机供照明用电。天津德商世昌洋行于 1888 年在其租界内绒毛加工厂安装了 1 台直流发电机，供厂内用电。同年，清工部兴建西苑电灯公所供宫廷照明用电。1888 年，张之洞在广州任两广总督时，在总督府安装电灯用于夜间照明；次年，华侨商人黄秉常在广州试办电厂，供广州市内商铺和居民照明用电。刘铭传在台湾任巡抚时，于 1888 年在台北市东门创设兴市公司，供巡抚衙门、市政司各官署电灯以及若干街道照明用电。1889 年，英国商人在香港成立香港电灯公司，次年向香港中环等区域供电。1890 年，李鸿章在兴办北洋水师期间，在旅顺大石船坞建设电灯厂供工厂内部照明用电。1893 年，清政府在武昌创办湖北织布官局，安装 1140 盏电灯用于工厂照明，带动了湖北乃至华中地区许多工矿企业自办电厂。

经过 10 多年的发展，电力已在军事基础设施、纺织皮革厂、矿区、造币厂、医院、铁路等领域得到了推广应用，并且在公共轨道交通领域让社会大众感受到了电气技术所带来的便利。1898 年，杭州电灯公司在杭州城区清河坊一带的街上开始装电灯，通称“路灯”，不仅方便了老百姓的夜间出行，也带动了周边商户的生意。1899 年，北京街头最早

[1] 旧市制两，1 两 = 31.25 克。

出现有轨电车，此后设有租界或成为通商口岸的各个城市相继开通有轨电车。1905 年，京师华商电灯股份有限公司在前门西顺城街建设北京第一座公用发电厂，即西城根电厂，从此北京的电力应用由清宫廷、官府衙门，逐步扩展为供工业、商业、市民用电，成为北京公用电力事业之始。至 1911 年辛亥革命爆发前，全国除海南、陕西、宁夏、贵州、西藏、青海等 6 省区外，其他各省均已陆续通电。

甲午战争中国战败后，西方列强掀起了瓜分大清帝国的热潮。特别是 1900 年八国联军发起侵华战争后，外国资本相继在天津、大连、青岛、旅顺、厦门、香港、澳门等沿海城市以及铁路沿线、长江码头和内地矿区等地投资兴建电厂，垄断经营，掠夺资源，令国人愤慨，中华民族陷入严重的民族危机中。为了保障国人实际利益，防止外国资本完全垄断国内供电命脉，京师华商电灯公司向朝廷奏请限制外商电灯公司越界营业，由京师华商电灯公司负责北京城乡内外供电营业和用电管理业务，得到了光绪皇帝的批准。之后各地电灯公司纷纷仿效，陆续建立各电灯公司的营业章程，规范了电灯公司的管理，抵制了外商的侵略经营，维护了民族经济秩序。

由于中国民族资产阶级还处于幼年时期，对新兴电力工业缺乏管理经验，再加上帝国主义加紧对华资本输出，竞争异常激烈，因此有的企业亏赔殆尽，不得不关厂停业，或被外资企业兼并，形成了昙花一现的局面。至 1911 年，全国发电设备总装机容量约为 7.6 万千瓦。

第一节　中国电力工业的创始

鸦片战争后，中国开始沦为半殖民地半封建社会，西方列强通过强迫中国签订不平等条约，控制了中国重要的通商口岸，并把许多通商口岸划出一部分土地作为它们直接管理的租界，成为“国中国”。1875 年，世界上第一座发电厂在法国巴黎北火车站建成，电力工业由此萌芽并迅速发展。在很短时间内，这一代表先进生产力的技术就被引入中国，西方列强根据不平等条约，率先在“租界”内组建电气公司发展电气事业。于是，从上海开始并陆续扩展到其他重要通商口岸，均开办了不少电厂。

中国的第一批电厂主要分布在上海、北京、天津、广州、台北、杭州等城市。这些电厂中，除外国资本兴办的电厂外，清朝政府中倡导洋务运动的官员以及思想开放的民族富商、华侨等也积极引进新技术，兴办了北京西苑电灯公所、广州电灯公司、浙省电灯公司、台北兴市公司等电厂，供官府衙门、工厂商铺等照明用电。这些早期兴办的电厂，构成了中国早期电力工业的雏形。

一、上海成为中国电力工业的诞生地

1882 年 4 月，英国人立德尔等人，招股集银 5 万两，成立上海电气公司（Shanghai Electric Company），从美国购得发电设备，在上海南京路江西路的西北角（今南京东路 180

号）创办了一座容量为 12 千瓦的发电厂，并从电厂沿外滩到虹口招商局码头，架设了 6.4 千米的线路，串接了 15 盏弧光灯。1882 年 7 月 26 日下午 7 时，电厂开始供电，弧光灯一齐放光，耀人眼目，吸引成百上千的人聚集围观。第二天，上海的中外报纸都报道了电灯放光的消息，产生广泛影响，中国的电力工业也由此诞生。1882 年 9 月 25 日，坐落在黄浦江外滩的上海俱乐部❶等装接电灯，成为上海电气公司的第一批电灯用户。

对这个由国外输入的新事物——电灯的出现，当时社会上有两种截然不同的反响：有识之士称电灯为“奇异的自来月”，并咏诗加以赞颂；清政府上海道台却认为“电灯有患”，如有不测，将焚屋伤人无法可救，并于 1882 年 11 月下令禁止中国人使用电灯，并照会英国政府领事馆，要求停用电灯。然而，电灯的效用是油灯、煤气灯等其他照明用具所无法比拟的，非但禁不住，反而被越来越多的人所接受，争相使用。

为扩大经营，上海电气公司又从英国订购蒸汽发电机组，于 1883 年 2 月 23 日，将电厂从南京路迁址到乍浦路 41 号，另建新厂。同年 6 月，上海电气公司与公共租界工部局签订合约，在外滩、南京路、百老汇路❷3 条主要干道上安装 35 盏弧光灯，替代 155 盏暗淡的煤气灯，使道路的照明得到改观。1888 年 11 月 1 日，上海电气公司改组为新申电气公司（New Shanghai Electric Company）。当时只能供 60 盏弧光灯照明，到次年 11 月，已能供 72 盏弧光灯照明。1890 年 4 月，上海开始推广使用更为方便的白炽灯（电压 100 伏，频率 100 赫兹），公司业务出现新的转机。但由于公共租界工部局对路旁立杆架线限制极严，新申电气公司又缺乏资金购置昂贵的地下电缆，业务难以进一步发展。

1893 年 8 月 20 日，上海公共租界工部局纳税人年会通过提案，以银 6.61 万两收购了新申电气公司的全部产业，成立工部局电气处，开始经营电气事业。同年 9 月，作为新业主的工部局电气处在乍浦路原新申电气公司旧址，建造容量为 197 千瓦的中央电站，供 123 盏弧光灯和 6235 盏白炽灯照明用电。随着用户的不断增加，亟需扩大供电能力，工部局电气处又耗银 2.5 万两，在斐伦路❸30 号动工建设设备容量为 298.5 千瓦的新中央电站，于 1896 年 5 月 21 日落成发电。当时的电力，主要供夜间道路照明。随着生活照明用电需求的增加，1901 年 6 月起，新中央电站开始日夜供电，电压改为 200 伏。1904 年，新中央电站开始向周围的工厂电动机及电梯供电，经营业务有新的扩展。同年，用户装灯数已达 8.82 万盏。

1896 年 4 月，法租界公董局在洋泾浜畔带钩桥❹筹建洋泾浜电气厂，次年 6 月建成，以直流电供法租界内的道路和用户照明。1906 年 1 月，比利时国际东方公司与法租界公董局签订合约，收购洋泾浜电气厂。

除外商办电外，清政府也在上海筹措电灯厂的建设。1897 年，清政府上海南市马路

---

❶ 今中山东一路 2 号。

❷ 今大名路。

❸ 今九龙路。

❹ 今延安东路山东路口。

工程善后局在十六铺老太平码头[1]创办南市电灯厂，并于1898年1月21日（光绪二十三年除夕）建成发电，当晚试灯成功，这也是上海地区租界外亮起的第一盏电灯。南市电灯厂的创办，不仅扩大了上海照明用电的地理范围，也彻底打破了陈腐的清政府禁止官民发电的禁令。后因管理落后、经营困难，1906年南市电灯厂转为商办，改名为上海内地电灯公司。

与此同时，闸北地区的官绅也筹集资金，准备兴办电厂。1911年10月27日，上海城厢内外总工程局总董李平书奉两江总督之命创办的闸北水电公司在叉袋角广肇山庄北首[2]落成，装有发电机组100千瓦，供白炽灯2000盏照明。

从第一家电厂建成到1911年中华民国成立前夕，上海电力工业经过起步创业，已初具规模。上海的4家中外电力公司的发电设备容量累计达8750千瓦。

二、李鸿章奏准成立的北京西苑电灯公所

北京有电始于紫禁城里的清宫廷。1888年，清政府工部修葺西苑[3]期间，北洋大臣李鸿章将发电设备和电灯作为贡品献给慈禧太后。包括直流发电机组及电灯材料在内，整套特殊的贡品耗资白银6000两。发电机组安装在仪銮殿[4]西门墙外盔头作胡同北侧饽饽房，容量20马力（约15千瓦）。12月14日伴随着机房嗡嗡作响的发电声，仪銮殿的电灯照亮了夜空，京城第一次出现了电力照明。经李鸿章奏准，成立了专门的供电机构西苑电灯公所。

1890年，清政府又耗资白银1.22万两，从德国购进了1台蒸汽机带动的20马力发电机组，安装在颐和园宫门外东南角的耶律楚材祠南侧，1891年建成发电，并成立颐和园电灯公所，负责管理园内电灯事务。当时，园内大戏台等处安装大炭精灯[5]2盏，白炽灯60余盏。

据清军的《神机营档》记载：颐和园、西苑电灯公所官、工匠各20名，户部每年拨白银6万两，用于电灯公所的维护费用。

1900年，八国联军入侵北京，西苑电灯公所和颐和园电灯公所的发电机组及电灯设备均被毁坏。1901年，清政府同八国联军议和。次年，慈禧太后由西安返回北京紫禁城，常住颐和园内。为重修西苑与颐和园两处电力设施，清政府筹银12.49万两，向德商荣华洋行订购发电机设备。1904年1月，西苑电灯公所恢复发电；同年6月，颐和园电灯公所恢复发电，清宫廷恢复用电照明。

为扩大宫廷电灯照明范围，1907年清宫内廷总管崔玉贵口传太后懿旨，在紫禁城宁寿宫安装电灯设施。后在北池子大悲院寺庙内择空闲房间，动工兴建发电机房，安设发电

---

[1] 现老太平弄。

[2] 今铁路上海新客站位置。

[3] 今中南海。

[4] 今中南海怀仁堂。

[5] 也称弧光灯。

设施。次年年初，建成发电，并成立宁寿宫电灯处，隶属西苑电灯公所管理。

至此，清宫廷1888至1907年的20年间，先后在西苑、颐和园、宁寿宫建成三处电灯公所，发电机3台，发电装机总容量不足50千瓦，均属清宫廷官办官用。

三、华侨黄秉常创办的广州电灯公司

1888年7月，两广总督张之洞从国外购买一台柴油发电机，在总督衙门旁兴建机房。同年7月18日设备运抵广州，随同带来100盏电灯，7月23日完成安装，发电供总督府衙门照明。从此，代表现代文明象征之一的电力进入广东。

1889年，在美国旧金山的华侨商人黄秉常，向清政府驻旧金山总领事提出回国创办电灯公司的想法，清政府驻美公使张荫桓对此大力支持，并积极协助黄秉常联系国内。在张之洞、李瀚章等官员的首肯和支持下，当年，黄秉常在旧金山募集资金40万元，派遣李荣邦勘察地形选择厂址，随后黄秉常携带采购的电气设备等回到广州创办电厂。

1890年8月，中国首个民办、侨办的电灯公司——广州电灯公司正式营业。其最初的地点位于广州城西的源昌街一带，这里位于粤海关、十三行及仓库附近，靠近沙面租界区。广州电灯公司使用美国西屋电气公司制造的2台100马力柴油机和2台1000伏交流发电机发电，供广州市内商铺和居民照明用电，其发电量约供1500盏电灯。照明用电的灯泡分16烛光[1]和10烛光两种。广州电灯公司的创办带动了广州城市电气化的进程。

1892年1月，广州城市街道试装电灯，亮灯时间为每日黄昏至午夜，收费标准为10烛光灯每盏每月0.60元，16烛光灯每盏每月1.00元。4月，广州十三行一带已有四里[2]（2千米）长的街道装起电灯，在商铺内安装电灯的也越来越多。当年，广州城共有40条街上的店铺和公共场所使用电灯，累计约700盏。

对于当时的广州来说，电费太贵了，除了少数商铺和达官贵人，一般人家无力问津。广州电灯公司开办头两年，用电负荷不到广州电灯公司发电量的一半。由于公司的资金准备和后期筹措资本不足，加上从美国购进的是旧机器，经常发生故障导致停电，严重影响了公司的信誉。因经营不善，该公司于1899年被迫关闭结束经营，发电厂改为锯木厂。

黄秉常创办广州电灯公司之后，以广州、潮汕为中心，覆盖粤东西北以及钦廉地区、海南岛地区，兴起了一股民办、侨办电力事业的热潮。清末民初，广东近四成的电灯公司、电厂为华侨创办，华侨办电成为民族资本办电的一支重要力量和组成部分。

四、德商等在天津竞相创办电厂

1888年夏，天津德商世昌洋行在天津英租界伦敦路维多利亚花园[3]前的绒毛加工厂装设一台小型直流原动力发电机，除供本厂照明外，还向邻近的荷兰领事馆提供1000烛光

---

[1] 烛光为当时的发光强度计量单位，1烛光约等于1坎，1烛光耗电约1瓦。

[2] 1里等于0.5千米。

[3] 现天津泰安街道市政府小花园。

照明用电（耗电约 1000 瓦）。这是天津最早的电能使用。

1891 年，英商柏林公司经营的开平矿务局为建塘沽煤栈码头，在塘沽郭庄子大街购地 229 亩，建造公事房、库房、宿舍、电灯房、澡堂、职工学校等 451 间，在电灯房装直流发电机，容量约为 40 千瓦。

1900 年，八国联军占领天津塘沽港，法军在塘沽装设发电机并安装电灯，供军队照明使用。这一时期，伴随着民族工商业蓬勃的发展，比、法、日、英等租界内的外商也都在天津各自租界兴办发电厂。当时，这些电厂都是小容量机组，多数是以蒸汽机作为原动力。供电范围也主要是在其租界范围以内，但随着经营的扩大，各厂都在积极扩大供电区域，彼此间展开了激烈的竞争。外国资本和外国租界在这个时期的竞相办电，使天津的电力得到一定发展。其时，有代表性的电灯公司有以下几家。

法商电灯股份有限公司，俗称法商电灯房。1901 年秋，法国人科里梦・布吉瑞投标法国工部局经营发电厂，向瑞士 BBC 厂购买 2 台蒸汽发电机组发电。1902 年，天津法租界公议局在埃菲尔铁桥[1]旁建立了发电厂，为埃菲尔铁桥方便过往船只的桥体开闭通行以及法租界照明提供电力，这在当时是华北地区第一座营业性电厂。1907 年，法租界公议局将原设在海河西岸埃菲尔铁桥附近的直流发电所，以 8.5 万两白银价卖给该所工程师科里梦・布吉瑞。科里梦・布吉瑞接办后，于 1912 年选厂于老西开墙子河畔[2]，安装两台 200 千瓦发电机组，并于 1916 年 10 月 19 日成立了法商电力股份有限公司，资本 25 万两白银。1949 年，该公司装机容量达到 1500 千瓦。

比利时商电车电灯股份有限公司，俗称比商电灯房。1904 年 4 月，比利时通用财团成立比商天津电车电灯股份有限公司，在金家窑建发电厂，供电范围以天津旧城鼓楼为中心，总公司设于比利时首都布鲁塞尔，在天津设办事处。1906 年，比商天津电车电灯公司在天津老城西南角[3]南开中学北侧建厂安装两台 1500 千瓦汽轮发电机组，这是天津首次安装汽轮交流发电机组，发电容量在当时的华北地区首屈一指。为吸引用惯了蜡烛、油灯的市民使用电灯，比商电车电灯股份有限公司在通电伊始，便在老城厢北门里大街安装了为数不多的白炽灯，开创了天津使用电力给道路照明的历史。

英商发电所，俗称英商电灯房。1906 年，英租界工部局委托英商仁记洋行筹集资金 25 万元[4]，在伦敦道[5]建立了直流发电厂，称天津电气股份有限公司。该电气公司负责给英工部局及英租界部分地区供电。1919 年 12 月，英工部局与天津电气股份有限公司达成协议，购买天津电气股份有限公司主要供电线路及附件设备。英工部局成立电务处，改造整个线路输送及配电系统，由直流供电改为交流供电。10 月 9 日，整个直流供电系统切断，用户连接上新的交流供电系统。除个别区域用户仍由法商电灯房供电外，英租界电力

[1] 俗称法国桥，今为天津解放桥。
[2] 今南京路与滨江道口。
[3] 今南开区五马路一带。
[4] 银元，每元依旧市制含银 7 钱 2 分。
[5] 今成都道。

用户均由英工部局电务处供电。

日商发电所，俗称日商电灯房。1906 年 2 月，日租界的日本当局给予天津工业组合（即天津工业工会）以办电特许权。1907 年 7 月，由东京建筑公司接办，11 月开始办理配电业务，期限 15 年。1921 年 11 月，特许期满，改由日本居留民团直接经营，铺设配电电缆、架空线及变电所，向法商电灯公司购电。1926 年 7 月，临时民团决定自建发电厂，向三菱公司采购 2 台 950 千瓦发电机组。1927 年 10 月，民团发电所建成，开始运转。

德商发电所，俗称德商电灯房。1908 年，天津德租界工部局建立 200 千瓦直流发电所，经营德租界供电业务。1917 年，中国政府收回德租界，改为特别第一区，同时没收该电厂，归特一区公署水电股管理。其后，因用电增加，该机不敷应用，无力增建新机，遂向英工部局订立购电合同，封闭该电厂，改直流为交流。

五、清政府修建旅顺大石船坞电灯厂

1885 年，清政府为加强海防，扩大北洋海军，成立了海军衙门，修建船坞，兴建旅顺海军基地。北洋大臣李鸿章奉旨在辽宁旅顺口兴建北洋水师旅顺船坞工程及旅顺大石船坞电灯厂等 9 座附属工厂，并派员督办。

1890 年 11 月 9 日，船坞工程竣工。李鸿章委派北洋水师提督丁汝昌、直隶按察使周馥、津海关道刘汝翼等人前往检查验收，主要工程有船坞 1 座、船澳 1 座、配套工厂 9 座（包括电灯厂、锅炉厂、机器厂、木作厂、铸铁厂、打铁厂等）、电灯 49 盏。整个工程共用白银 139.35 万两，其中电灯费用 1.2 万两。费用来源中，清政府拨款占 84%，北洋海军自筹资金占 16%。船坞验收完毕后，中国第一艘铁壳军舰“平远号”进坞检修，接着北洋水师的“定远”“镇远”号军舰及其他大小各舰陆续入坞修理。与此同时，电灯厂开工发电，提供照明，保证了舰船修理工作正常进行。

旅顺船坞电灯厂是辽宁（也是东北地区）第一座发电厂，它是中国用自己的经费建造且拥有 100%产权的电厂，也是中国电力工人自己掌握运行技术的电厂。

甲午战争后，日本军队侵占旅顺口，旅顺船坞及电灯厂等附属工厂全部落入日军之手。1895 年，俄、法、德三国分别照会日本政府，要挟日本退还辽东半岛。1897 年，沙皇俄国派太平洋舰队以“保护中国”为名赶走了日本人，强占旅顺口大连湾，旅顺船坞电灯厂随之转落俄军之手。日军在撤出前，将旅顺地区军事设施和工厂设备洗劫一空，旅顺船坞电灯厂也遭损毁。

六、浙江有识之士筹资创办电灯公司

19 世纪末，浙江宁波、温州、杭州等地先后被辟为商埠，浙江民族资本主义有了发展，电力工业应运而生。

作为京杭大运河南端起点的杭州，是浙江电力的源头。1896 年，杭州富绅丁丙与湖

州富商庞元济合资白银 30 万两，在杭州府仁和县北关[1]建成世经缫丝厂，设有上海摩宜笃公司所造直缫式缫丝车 208 台，自备发电机发电，首创工厂夜班照明条件，提高生产效率，月产优质“西泠牌”生丝 30 担，成为丝绸之府的一颗明珠。世经缫丝厂的照明用电，也是浙江有电之始。

1897 年，浙省电灯公司和宁波电灯厂分别创办，同开浙江公用电力事业的先河。杭州书院学生陆肖眉等发起集资，在杭州馆驿后创办浙省电灯公司，试装直流发电机成功，元宵节试灯，向附近衙署供电。宁波四明银行行长孙衡甫投资 1.4 万银元，在海曙区战船街建成宁波电灯厂向城乡供电，这是杭、宁两地向社会供电的最初尝试。同年 7 月，浙省电灯公司拆股，由裘吉生接办，改名杭州电灯公司。

1898 年，杭州电灯公司迁至葵巷，营造厂房，同时从清泰门到清河坊立杆架线，杭州电灯公司开始对外供电。杭州商民开始用电灯代替油灯照明。城区荐桥、清河坊一带，立杆架设 220 伏低压线路。街上开始装路灯。

1908 年，江苏候补道台刘思训筹组浙省大有电灯公司时，富商金敬秋出资 2000 银元购得板儿巷菜地 7 亩，用于建造厂房。1910 年，浙省大有电灯公司募集股金英洋[2]20 万元，改组为浙省大有利电灯股份有限公司，并向上海洋商订购了 3 台 160 千瓦的德国西门子蒸汽动力发电机和 2 台配套锅炉设备。

1911 年 7 月 8 日，板儿巷电厂建成投运。当年发电最高负荷 112.5 千瓦，发电量约 8 万千瓦•时。杭州清河坊一带商业中心亨得利钟表店等率先装用电灯，成为浙省大有利电灯股份有限公司的首批照明用户。至 1918 年，板儿巷电厂经扩建已发展到拥有发电机组 5 台，装机总容量 1880 千瓦的规模，供电范围从城内扩向城外，并开始供应湖墅一带米行碾米的工业用电。

浙省大有利电灯股份有限公司及其板儿巷电厂的经营，对推动社会进步和经济发展起到了积极的促进作用。

七、台湾巡抚刘铭传创立台北兴市公司

1885 年，清政府决定在台湾岛正式建省，改福建巡抚为台湾巡抚，任命抗法有功的刘铭传为台湾第一任巡抚。刘铭传在任职巡抚的六年（1885—1890）中，全面推行自强新政，兴办洋务，推动了台湾社会经济的发展。

1888 年，刘铭传于台北创立兴市公司，在台北市东门安装小型蒸汽发电机，供巡抚衙门、市政司各官署电灯以及若干街道照明用电。台北兴市公司的创办，就中国电业史而言，意义重大，有“国人自办电业发祥地”之誉。

[1] 今杭州市拱宸桥如意里。

[2] 即鹰洋，旧时来自墨西哥的一种银元。

八、英国商人在香港设立电灯公司

1889 年，英国商人保罗・遮打创办了香港第一家电力公司——香港电灯公司，并与香港政府签署电力供应合约，用电力将饮用水抽上太平山顶，同时为岛上的路灯提供电力。首座电厂建于湾仔星街，初期发电量 100 千瓦[1]。1890 年 12 月 1 日下午 6 时，香港电灯公司开始为香港岛部分地区供电，包括中环商业区的电街灯。除中环以外，现今的日街、月街、星街、光明街及电气街一带，也是香港岛最先有电力供应的地区。香港成为亚洲最早拥有电力供应的城市之一。

1901 年香港中华电力公司成立。1903 年中华电力公司的第一座发电厂在红磡建成，当时的装机容量仅 140 千瓦，主要向九龙地区供电。1918 年中华电力公司改组。1920 年中华电力公司在红磡鹤园建成了新的发电厂，装机容量为 3500 千瓦。

九、葡萄牙商人在澳门创办电灯公司

澳门电灯公司由葡萄牙商人兴办，1904 年正式成立。澳门电灯公司创办初期，只有一家发电厂，由柴油机发电，主要提供商贾用电和民用照明（澳门当时有 1000 多盏电灯）。

1906 年，法国人烈古充股 4 万元，扩大电厂设备，厂内设写字楼，在米糙街设营业处，与政府签订 30 年专营合约，这被看作是澳门电力供应的开始。

十、石龙坝水电站为云南省用电之始

1903 年，法国人利用《中法条约》中给予法国在云南通商的特殊权益，在云南兴建滇越铁路。1908 年，法国人又以滇越铁路通车后需用电灯为由，向主管云南工商业的劝业道提出在滇池出水口螳螂川的石龙坝建设水电站的要求。

这一时期，中华民族的有识之士在严重的民族危机中，相继开展了收回路矿权利等爱国救亡运动；清政府为应付危局推行“新政”，实行振兴商务、鼓励实业的政策，中国民族资本主义发展出现一次新的高潮。云南劝业道道员刘永祚得到云贵总督李经羲支持，拒绝了法国商人的要求，并倡议由云南官商集股开发石龙坝水能资源，建设水电站。据此，云南商会王鸿图等 19 人联名报请清政府批准，1910 年 3 月 10 日，商办耀龙电灯公司正式成立，公司初定股本银币[2]25 万元，并通过其他渠道筹集资金银币 40 多万元，作为电站建设资金。1910 年 8 月 21 日，石龙坝水电站开工建设。

石龙坝水电站是以滇池为调节水库，利用河道集中落差兴建的引水式水电站，是中国第一个利用天然湖泊作为调节水库的水电站，安装 2 台德国西门子公司的 240 千瓦水轮发电机组，总装机容量 480 千瓦；架设 23 千伏输电线路一回，连接石龙坝水电站至昆明市

[1] 中国电力企业联合会编：《中国电力工业史　综合卷》，中国电力出版社，2021 年，第 34 页。

[2] 清朝末年铸造的银元，其单位为“元”。

小西门内水塘子降压站，为当时中国最高电压等级，也是中国第一个 23 千伏输变电工程。初期工程由德商礼和洋行获得承包权，但为防止“洋商包办”，云南商会提出德商只负责引进勘测设计、建筑安装、施工管理等方面的技术，以及发输变电和装设电灯所需的设备器材。电站和输变电工程则在德国工程技术人员的指导下，由中方建设。

经过一年零两个月的施工，电站于 1912 年 4 月 30 日发电。1912 年 5 月 28 日向昆明市区送电，市区配电电压 3.3 千伏，用户电压为单相 110 伏、三相 190 伏，为云南军都督府所在地五华山，昆明城区闹市正义路、近日楼，以及翠湖等提供照明用电。

石龙坝水电站的建设投运，推动了云南民族工业的发展。电站建成之后，昆明市五金、机械等小型工业和农业抽水灌溉、碾米及城市自来水等相继兴起。随着城区照明用电和新兴工业用电逐渐增多，石龙坝水电站不得不进行扩建。1923 年，耀龙电灯公司与德国西门子订立设备和技术合同，引进 2 台 276 千瓦的水轮发电机组，新建了引水渠道，修整了闸坝，新建了第二车间，新增昆明市区的变、配电设备，采用 23 千伏电缆连接升压变压器出线供电。扩建工程于 1926 年 6 月完成。扩建后，一、二车间总装机容量达到了 1032 千瓦。

石龙坝水电站是中国大陆第一座水电站，也是云南电力工业的开端，其建成投运标志着中国的水电事业开始起步。

第二节　公用电业的兴办

甲午战争后，中国陷入了被帝国主义列强瓜分的境地。1900 年，以英法为代表的八国联军发起侵华战争，中国完全沦为半殖民地半封建社会，民族危机加剧。为抵制外国资本对中国资源的疯狂侵吞，各地纷纷成立官办、商办的电灯公司或电厂，起步较早的有：1905 年的京师华商电灯股份有限公司；1907 年的吉林宝华电灯厂；1908 年的汉口既济水电公司、安徽芜湖明远电灯公司、山西太原电灯公司；1910 年的福建福州电气公司、江苏无锡耀明电灯厂等。这一时期兴办的电厂，主要是向企业和居民提供照明。

这些电厂中，有些后来发展成为当时国内大型的公用电厂，对民族资本主义发展电力事业起到了巨大的推进作用。截至 1911 年，国内大型公用电厂存留下的只有京师华商电灯公司、芜湖明远电灯公司、汉口既济水电公司等 18 家较大的电工企业。

一、京师华商电灯股份有限公司对外供电营业

京师华商电灯股份有限公司是清朝末期由民族官僚资本创办，实行股份制经营的公用电气事业公司，它是北京地区公用发电企业的前身，也是北京地区华商电灯公司建设的第一座公用发电厂。

1901 年，针对外商试图控制京师供电命脉并搜取商业利益的企图，时任刑部员外郎的史履晋设法抵制外商的“侵越”行为，为自办电业预先准备。史履晋于 1904 年 9 月 26

日、10 月 3 日先后两次单独具名上报朝廷商部，呈请正式在京开办民族电力企业。呈文获准，为北京华资电力企业的开办创造了必要条件。特别重要的是史履晋申请给予民族电力实体地方专营权的相关请求一并获得了批准。

1905 年 9 月 26 日，经清政府商部转呈光绪皇帝批准，成立京师华商电灯股份有限公司。史履晋等人在前门西顺城街 26 号❶建设北京第一座公用发电厂，即西城根电厂。一期工程装有 200 马力蒸汽机 2 台，150 千瓦交流发电机组 2 台，机组总容量 300 千瓦，于 1906 年 11 月 25 日建成发电，并开始对外供电营业。从此，北京的电力事业由清宫廷、官府衙门用电逐步扩展为供工业、商业、市民用电，这是北京公用电力事业之始。1910 年，京师华商电灯公司又扩建 2 台锅炉和 2 台 330 千瓦发电机组，同年又购进 1 台 75 千瓦发电机组，全厂总容量扩大为 1035 千瓦，成为当时中国民族资本开办的发电量最大的电厂。

二、芜湖明远电灯公司供市区照明用电

1906 年，芜湖商人程宝珍、吴兴周等人投资创办明远电灯股份有限公司（简称明远电灯公司），选择芜湖西门外下十五铺❷为厂址，征地 1.3 万米^2，装设 2 台德国产 200 马力蒸汽机、2 台 125 千瓦三相交流发电机。1908 年，电厂投产发电，以 2.3 千伏电压对市区送电，供应大马路和长街一带照明。同年 4 月，奉准清政府农工商部注册立案，以“黑白月亮”为商标。

明远电灯公司开办之初，社会对用电技术不了解，用户很少，只有官府、大商号使用电灯，因而营业不振、入不敷出，连续 6 年未见利息。后来明远电灯公司多方寻找工业用电出路，1911 年与同丰米厂等厂家订立专线送电契约。自 1913 年起，成绩始渐显著，1915 年各商店灯数已达 4200 余盏，街灯 180 余盏。1917 年，芜湖明远电灯公司率先安装 200 千瓦汽轮发电机组 1 台，这是安徽最早采用的汽轮发电机。

随着芜湖的机械、纺织、火柴、粮食、面粉加工业相继兴办，当地的电力工业有了初步发展，电力开始供不应求。1925 年，明远电灯公司又集资国币❸50 万元扩建发电厂，安装德国西门子公司制造的 640 千瓦汽轮发电机组 1 台。1928 年，再次集资国币 19 万元扩建，安装德国西门子公司制造的 1520 千瓦汽轮发电机组 1 台，每天供电 12 小时，电力不足情况暂告缓解。1929 年，明远电灯股份有限公司易名为明远电气股份有限公司，发电装机容量达 2410 千瓦，居全省之首。

三、吉林宝华电灯公司向市区供电

清朝末年，随着洋务运动的兴起与发展，吉林省地方政府与工商人士采用官办、官督商办等形式，开始兴办工矿企业，也开始兴办电灯厂。

❶ 今前门西大街 41 号。

❷ 现芜湖供电公司所在地。

❸ 1914 年中华民国南京政府推出的国币条例确定以银元为中华民国国币。

1907 年 4 月，经吉林将军达桂核准，集白银 20 万两，创办吉林宝华电灯股份有限公司，购买德国西门子 250 马力发电机 1 台，在吉林市（省城）新开门外❶建厂安装。1908 年年底正式发电，开始营业，供城内商埠地及其他几条街道照明用电。这是吉林省“官督商办”的第一家电力企业。从此，结束了长期的油灯时代，开启了吉林省有电的历史。

四、汉口既济水电公司对外经营电灯业务

既济水电公司创建于 1906 年，由浙江籍商人宋炜臣发起，联合浙江、湖北、江西商人 11 人，集资 300 万元❷申请创办。公司下设自来水厂和火电厂，取《易经》：“水火既济”之意，命名为“既济”。

同年 6 月，湖广总督张之洞批准创办，并拨官股 30 万元以示倡导。至此，湖北始有民营公用电业。公司设在汉口一码头太平路❸，聘请英国工程师穆尔设计。8 月，水、电两厂同时兴建。水厂设在汉口宗关，占地 17.28 万米 ^{2}，容量 500 万加仑（2.27 万米 ^{3}）。电厂建在汉口大王庙❹，占地 6444 米 ^{2}。

1908 年 8 月，电厂竣工发电。安装英国白利斯出产的 500 千瓦、400 伏直流发电机 3 台及水管锅炉 3 台，总容量 1500 千瓦，开灯 1.7 万余盏，约占当年全国民营电厂总容量 4449 千瓦的 1/3。

1911 年，武昌起义，民军与清军在汉口激战，电杆、电线、水管、水龙头等设施十之八九被破坏，公司营业中断，经济损失约 150 万元。1914 年，局势相对平稳，电力供不应求。

1917 年，既济水电公司添置 500 千瓦、60 赫兹交流发电机 1 台及水管锅炉 2 台，年发电量 439 万千瓦•时。后因市区发展，人口增多，小机组已不能满足社会需要，又于 1919 年冬购置美制 1500 千瓦、60 赫兹交流发电机 2 台及拔柏葛锅炉 2 台，并添置 500 千瓦电动变流机 2 台，将原有直流发电机所发的直流电变为交流电，与新机并列运行。

至 1920 年冬，公司全部改为交流供电，发电设备容量共 5000 千瓦，年发电量约 600 万千瓦•时。新机投产以后，煤耗率由 3175～4536 克/（千瓦•时）降为 2041 克/（千瓦•时）。1921 年再装 1 台美制 1500 千瓦、60 赫兹交流发电机。同年，将原有 4 台 500 千瓦发电机全部停用，发电设备总容量为 4500 千瓦，年发电量增至 741 万千瓦•时。

五、太原电灯公司向外提供照明用电

山西有电始于清朝光绪年间的山西省绛州❺。1893 年，清朝政府在山西省绛州安装一

❶ 吉林供电公司办公大楼附近。

❷ 清朝末年铸造的银元，其单位为“元”。

❸ 今汉口江汉路 33 号。

❹ 今汉口利济南路 2 号。

❺ 今新绛县。

座小型发电机，山西开始有了电。

1908 年，山西省商会会长刘笃敬筹措白银 3 万两，在太原市南肖墙 12 号[1]创办山西第一座公用发电厂——太原电灯公司。1909 年 10 月，装有一台 60 千瓦蒸汽机带动直流发电机的发电厂建成投运，供太原城内部分街道、商肆照明用电，标志着山西电力工业从此创立。

太原电灯公司最初的特点是发电设备笨重，容量小，送电距离短，用户对象分布在太原柳巷、桥头街、天地坛、省府等繁华街市。电力主要供给商店、军政要员住宅及夜市的照明。

1911 年辛亥革命前后，随着近代民族工业的兴起，以山西刘笃敬为代表的民族资本家分别在太原、临汾、太谷、大同、新绛等地积极从外引入发电设备和技术，推进了山西电力工业的发展。

六、振兴、耀明电灯公司向苏州、无锡提供照明用电

1906 年，宁波籍人萕梅贤拟开创苏州公用电气事业，独自出资组建生生电灯公司，但因资金不足，工程难以进展。1908 年，由无锡籍人祝大椿（字兰舫）、苏州钱业界人士洪少圃、龚杰等合股续办，将生生电灯公司改名为振兴电灯股份有限公司（简称振兴电灯公司）。1909 年 1 月，振兴电灯公司正式成立，同年 4 月 18 日，由上海商务总会转报农工商部批准立案，祝大椿任董事长兼总经理。厂址选在阊门外南濠街，东靠环城河，电厂用水、燃煤运输转驳十分方便。建厂初期，安装 2 台 175 千瓦 50 赫兹交流发电机组，原动机为蒸汽机，机、电、炉全部系德国西门子公司制造，出线电压为 2.2 千伏。

1911 年 11 月 5 日，即辛亥革命苏州光复日，振兴电灯公司正式发电营业，向城区供电（用户数量不详）。1913 年和 1917 年，振兴电灯公司又先后添购 375 千瓦和 750 千瓦发电机组各 1 台，最终装机容量为 1475 千瓦。1917 年资本总额增至 30 万两银，供电区域仍为城区。1923 年年底，交通部和江苏省政府仲裁，令振兴电灯公司和苏州电气公司双方公平估价，由苏州电气公司出资收买。1924 年 2 月 19 日，双方在总商会交割厂款，振兴电灯公司改名苏州电气公司第二发电所，继续发电，振兴电灯公司至此结束。

1909 年 6 月，无锡乡绅孙鹤卿、薛南溟等人集资在无锡北门外太平巷东侧西村里购地 6 亩余，率先筹建耀明电灯股份有限公司（简称耀明电灯公司）。11 月，呈清政府农工商部注册批准执业。1910 年 8 月，2 台 50 千瓦直流发电机装竣发电，供城区夜间照明用电。耀明电灯公司开业后，因用户增加（用户数量不详），先后向上海瑞记洋行购进 120 千瓦直流发电机 1 台，向闸北发电厂购进 50 千瓦直流发电机 2 台。1920 年 4 月，又向西门子洋行赊购 180 千瓦交流发电机 1 台，并另行配备了一套柴油机。1922 年 10 月，因旧机损坏频繁，影响正常供电，耀明电灯公司又向慎昌洋行购买 1 台 50 千瓦直流发电机。先后共装机 7 台，总容量 550 千瓦。

---

[1] 现山西晋能集团有限公司院内。

七、福州耀华电灯公司向城内提供照明用电

1887 年，英国商人在厦门鼓浪屿的黄家渡安装一台直流发电机，专供外侨照明用电。

福建省内民族资本办电开始于 1909 年的福州，当时福州有识之士林友庆等人集资兴办福州耀华电灯公司，安装 1 台 10 马力直流发电机组，供应 200 盏电灯用电。但因技术落后、管理不善而亏损。1910 年 10 月，毕业于日本高等工业学校的福州名门望族之后刘崇伦与其兄刘崇伟，联合福州名士集资 12 万银元，买下耀华电灯公司资产，创办了福州电气股份有限公司，1911 年清政府邮传部立案，在台江新港、鸭姆洲另建新的发电所。1911 年 11 月，新港发电所建成，装有 2 台英国制造的 150 千瓦汽轮发电机组，向福州城内和闽江万寿桥两岸 575 户用户供应照明用电，由此拉开了福建民族电力工业创业发展的序幕。

随着福州民营工业的兴起，电力用户增加，公司不断更添扩建厂房设备，到 1924 年，发电能力为 2500 千瓦，供电负荷达 1560 千瓦，用户发展到 1.17 万户。1925 年，电力装机容量一度达到 5500 千瓦，电力应用从照明用电延伸到动力用电，供电范围从闽江万寿桥两岸向仓山、南台、城里地区扩大，并向农村延伸。

第三节 电力的初期应用

电能的开发及其广泛应用成为继蒸汽机的发明之后，近代史上第二次技术革命的核心内容。电力从照明向工业动力的转变，不仅提高了工业生产效率，也大大促进了工业文明的进步，推动了经济社会的飞速发展。

早期的电力主要以夜间生产、施工的照明用电为主，据史料记载，最早的施工照明用电为 1888 年黄河大堤郑州十堡处决口，为加快救灾进度，清政府购置发电机安装在施工现场供夜间照明用电。之后，工矿企业也引入电力应用，以湖北织布官局、江苏苏纶纱厂为代表的纺织业，以河北唐山开滦煤矿、江西萍乡安源煤矿为代表的采矿业，以及安徽、四川等地的造币厂，均利用电力提高了生产效率。随着科技的进步，电能逐渐应用于城市道路照明和轨道交通用电，北京、天津、上海等城市相继开通有轨电车，电力逐渐成为人们生产生活中的重要生产力。

伴随着用电的普及，电能计量也随之产生。1894 年，中国第一批实行计量收费的用户出现在上海公共租界。到 1900 年前后，广东、福建、湖南、湖北等地的电灯公司，也开始装设电度表计量。

一、河南黄河大堤的施工照明用电

1887 年，黄河大堤郑州十堡处决口，宽达 1800 余米，造成下游数百万人流离失所，无家可归。清政府拨白银 900 万两，组织 10 万余人进行修复。为了加快施工进度，督办

李鸿藻、兼辖会办倪文蔚，电商北洋大臣李鸿章，请示从西洋订购小铁路 5 里，运土铁车 100 辆，发电机 1 台，浅水小轮船 2 艘，供河堤抢修工程使用。光绪皇帝批复购买了这些设备。

1888 年，在黄河大堤郑州十堡决口处西坝上安装了河南第一台发电机，供修复大堤夜间施工照明，从此揭开了河南使用电力历史的第一页。修复黄河大堤使用电力照明，不仅加快了施工进度，而且更重要的是使人们从闭关自守中走出来，认识到电力的作用，为民族资本主义工商业的发展及电力的普及使用起到了启蒙作用。

二、天津、山东军事基础设施的用电

19 世纪 80 年代晚期，中国早期的电力应用除用于照明及生产外，还延伸到军事基础设施等领域。

（一）北洋水师在天津大沽造船所的照明用电

1888 年德商世昌洋行就已经把电力引入天津，但那只能算是临时性的发电尝试，并没有达到发电厂通过网络大范围供电的规模。1894 年，北洋大臣李鸿章提倡“自新、强国”，开办北洋水师大沽造船厂。造船厂安装 2 台以蒸汽引擎为原动机的直流发电机，发电机容量共 47.5 千瓦，供工厂内部照明用电。这是由中国人所经营管理的电厂，也是天津地区第一座自备发电厂。

（二）山东青岛德国军事设施和机关的用电

1898 年，德国强行租借了胶州湾，攫取了在山东经营铁路和开采矿山等特权，并在青岛、坊子、淄博等地相继兴办电气事业。1898 年，德国人朴尔斯曼在胶州湾的东岸一片荒滩[1]的地方建起简易厂房，安装 2 台 50 马力柴油发电机发电，供德国军事设施和机关用电。

1900 年，德国库麦尔电气股份有限公司在今青岛市广州路 3 号新建青岛电灯厂（即西大森电灯房），安装 1 台 60 马力发电机发电。1903 年，电灯厂改为德国驻青岛官办，将原发电机卖掉，安装 170 马力蒸汽引擎发电机 2 台，发电能力 272 千瓦，供德国兵营、机关用电和向市区供电，这是山东省第一个电灯厂。

德国当局从长期霸占青岛的目的出发，严令德商增加资本扩张，扩大供电范围，但库麦尔电气股份有限公司在德国的总公司破产了，这里的工程就难以继续进行。德胶澳殖民当局于 1904 年 1 月 1 日以 200 万马克之重资将库麦尔在青岛的资产全部收买，改由德国胶澳总督府承办。1905 年，全厂容量达到了 600 千瓦，1906 年发电量猛增到了 86.8 万千瓦·时。

三、湖北、江苏、甘肃、新疆的纺织皮革厂用电

19 世纪末，中国的纺织皮革业大多还是以手工作业为主，生产处于较为落后状态。

---

[1] 今青岛市河南路、天津路交界处。

随着电力生产的应用与发展，纺织皮革业也开始使用电力，初期主要用于厂内照明，后逐渐用于厂内机器设备的生产动力用电等方面。

（一）湖北织布官局等企业的生产照明用电

湖北电业始于官办的工矿企业，主要以自发自用为主。1893 年 1 月 7 日，湖广总督张之洞在武昌创办的湖北织布官局自备 2 台 1000 马力发动机，发动机既做织布机动力，又带动发电机发电用于工厂照明，拉开了华中地区工矿企业自办电厂的序幕。

据《捷报》1893 年 3 月 17 日报道，织布局共有纱锭 3 万枚、布机 1 千台、发动机 2 台，全厂照明皆用电灯，共安装 1140 余盏。相继开办的汉阳铁厂、湖北纺纱局、湖北制麻局、湖北毛毡厂、平汉铁路汉口车站等皆有发电设备。汉阳铁厂除轧钢机外，全部机器均为电动。

（二）江苏苏纶纱厂的照明用电

苏州为太湖流域富庶之地，丝绸纺织工业发达，是江苏省内最早用电的地区，但公用电气事业晚于自备发电。

1895 年，时任两江总督兼南洋通商大臣张之洞为“振兴商务、自保利权”，力主以“巨款大举”创办新式纱厂、丝厂。经奏准，移用清政府向苏州等五府商民借款 54.76 万两（原拟用作中日甲午战争军费），成立苏州商务局办苏经苏纶股份有限公司。1897 年，苏州苏纶纱厂开始生产，同时安装的 3 台直流发电机组发电（其中 1 台容量为 38.5 千瓦），供厂内照明用，这是江苏最早开始用电，揭开了江苏使用电能的帷幕。

（三）甘肃织呢局的生产用电

1905 年，陕甘总督升允委派兰州道台彭寅甲为总办，恢复已停产 22 年的甘肃织呢局。1906 年，彭寅甲与比利时商人林阿德签订包购织呢机器等合同，聘请比利时人穆赍为总监，雇用比利时技师 6 人，并招募工匠、学徒等 100 余人，对旧厂房及机器进行修缮、修理。在签订购织呢机等合同时，为解决织呢局夜班生产照明，从比利时订购 1 部 6 千瓦 220 伏直流发电机，其发动机为该局用于织呢生产的蒸汽发电机。

1908 年，新购机器陆续到达兰州，并开始安装，到 1909 年 7 月，发电机安装完毕试车，开工生产，所发电力只供夜班生产照明之用，从此揭开了甘肃电业的序幕。

（四）新疆木沙巴也夫皮革厂的生产用电

受到沙俄等国影响，新疆用电的历史在西北地区相对较早。1905 年，伊犁商人木沙巴也夫在宁远城芨芨滩[1]创办皮革厂。从德国杜尔拉赫机器制革厂购买全套制革设备，其中有 75 千瓦蒸汽发电机组 1 套，于 1907 年运抵伊犁。1909 年制革厂竣工生产，自备发电机组也同时建成发电，供厂内生产和照明用电。全厂用电设备有 10 台电动机，总容量 93 千瓦。这是电力在新疆的问世，也是新疆电力工业的开端。

[1] 现伊宁市解放路 223 号。

四、河北、湖南、江西矿业的用电

甲午战争后，清政府尝试改变过去“重农抑商”和限制私营资本的传统政策，大力发展工商实业以达到致富强国的目的，开始重视矿产资源的开发。这时期，河北唐山开滦煤矿、湖南平江黄金洞矿、江西萍乡安源煤矿相继开采，为了提高开采能力，电力应用也进入到矿业开采等领域中。

（一）河北唐山开滦煤矿的生产用电

作为中国近代北方工业摇篮，唐山是中国电力发展较早的城市。唐山电力工业发端于企业自建，以自发自用为主，少量多余电力供其他单位或居民照明用。1884 年，开滦唐山煤矿开始使用安全矿灯，是第一个淘汰明火灯的煤矿。1894 年，开滦矿务局北宁铁路唐山修车厂安装 1 台 40 千瓦蒸汽引擎直流发电机供工厂照明和高级员工生活用电，这是河北省的有电之始。

此后，1906 年至 1910 年，开滦矿务局所属唐山矿、林西矿、马家沟矿和启新水泥厂相继建设自备电厂，用于提供动力生产：1906 年，唐山煤矿发电厂安装 3 台 1040 千瓦蒸汽发电机组；1907 年，林西煤矿发电厂安装 2 台 1040 千瓦蒸汽发电机组；1910 年，马家沟煤矿发电厂安装 1 台 1000 千瓦蒸汽发电机组；1910 年，启新水泥厂安装 1 台 1000 千瓦蒸汽发电机组，水泥生产由人工改为电力传动。1920 年，开滦赵各庄矿引进 75 马力电动绞车，是中国煤矿业使用电力绞车的发端。

（二）湖南平江黄金洞的采矿用电

1896 年，在湖南巡抚陈宝箴的支持下，湖南宝善成机器制造公司在长沙成立。1897 年，宝善成公司购回、安装小型发电设备，并开机试用照明用电，接着架线装灯，并扩展到附近的学堂、报馆和沿街商店，使长沙第一次有了电灯。同年，湖南巡抚陈宝箴将民办的平江黄金洞金矿收为官办，投资白银 35 万两，任命沈世平为道办，聘请日本人为技师，购进锅炉、发电机等设备，准备安装发电。因当地无煤，又购进汽油发电机组，发电用于设备采矿。这是湖南最早的电力工业。

（三）江西萍乡安源煤矿的照明用电

江西有电要追溯到 1900 年，属萍乡安源煤矿自购发电机供煤矿使用。当时为解决进口洋煤的困难，1898 年清政府开始开发江西萍乡安源煤矿。据《萍乡矿务局志》[1]记载，“1900 年萍矿设电机房，有 1 台 125 千瓦的直流发电机组，供东平巷电机车运输及 200 盏照明灯使用。开江西地方发供电先例。”这是江西有明确文字记载的第一座发电厂及采矿用电之始。

五、广西北海普仁医院的照明用电

自 1876 年中英签订《烟台条约》后，北海与宜昌、芜湖、温州一并开辟为通商口岸。

[1] 江西省电力工业史编委会编：《中华人民共和国电力工业史　江西卷》，中国电力出版社，2003 年，第 4—5 页。

英国、法国等殖民主义势力相继在北海设立租界、领事馆、商行、教会、医院和学校等，利用掌握的海关、航运、港务大权，操纵了北海的经济命脉。

1895 年，英国教会在广西北海普仁医院设立 1 台容量为 10 千瓦的发电机。1909 年，北海❶保兴商行与英国商人合办保兴电灯公司，承用原英国教会普仁医院的发电机组，仅供照明用电，标志着广西电力工业从此诞生。

六、安徽、重庆、四川造币厂的用电

19 世纪末至 20 世纪初，安徽、重庆、四川等地的造币厂❷开始引入电力，为造币厂提供照明用电，如下列诸例。

1898 年 3 月，安徽安庆造币厂开炉鼓铸银元，内装 2 台 50 千瓦蒸汽发电机，发电始于何时，由于光复会发动安庆起义时案卷散失❸，无从查考。到 1907 年 8 月，为了解决工厂的照明用电，督办安徽制造厂的沈曾植氏，在安庆造币厂利用遗存的 2 台蒸汽机、2 台 50 千瓦单相交流发电机发电，次年扩建，有职工 10 余人，它开辟了安徽有电的历史。

1903 年，重庆的南岸苏家坝铜元局❹在厂内安装了一台德科耳牌小型柴油直流发电机组，供该厂厂内照明用电，出现了重庆最早的电灯，是重庆市的有电之始。

1905 年，四川总督锡良在位于四川成都的成都银元局内安设一台小型发电机，以蒸汽动力发电，供院内照明，从此拉开了四川电力工业建设与生产的帷幕。

七、俄国商人在内蒙古胪滨开办电灯厂用于公共事业

1903 年，俄国商人在胪滨❺开设电灯厂，结束了胪滨没有电的历史。当时的电灯厂供电电压为 220 伏直流供电，发电机功率为 40 千瓦，原动设备为锅驼蒸汽机❻。1906 年，满洲里成立了电业股份有限公司，由白俄自治会与满洲里官方联合投资，对 1903 年私人开设的电灯厂进行扩建和改造，其中白俄方面投资 16 万元，满洲里官方投资 6.95 万元。新扩建的发电所，装机容量为 168 千瓦，其中发电功率为 60 千瓦机组 1 台，发电功率为 108 千瓦机组 1 台。其原动力设备仍为锅驼蒸汽机，输出电压为 220 伏，频率为 60 赫兹，全所人数为 44 人。1913 年，满洲里发电所改为满洲里电灯厂，装机容量为 305 千瓦。

八、俄国在哈尔滨建设发电厂供动力和照明用电

1905 年，沙俄修建中东铁路之后，在哈尔滨中东铁路总工厂建成了中心发电厂。中心发

❶ 时属广东。

❷ 俗称银元局或铜元局。

❸ 安徽省电力工业史编委会编：《中华人民共和国电力工业史 安徽卷》，中国电力出版社，2002 年，第 3—4 页。

❹ 现长江电工厂地段。1905 年 4 月 14 日，南岸苏家坝铜元局改名为重庆铜元局。

❺ 今满洲里。

❻ 锅驼机是由蒸汽锅炉与蒸汽机联为一体，以煤为主要燃料的小型动力机械。

电厂安装了 4 台俄国制造的三相交流发电机，每台容量 275 千瓦，总容量 1100 千瓦，是黑龙江省第一座发电厂，也是这一时期黑龙江地区最大的发电厂，是黑龙江地区电力工业的发端。1928 年以后，中心发电厂又扩建 1 台 80 千瓦交流机组。全厂最终装机容量为 1180 千瓦。

中心发电厂除为本厂各车间提供动力和照明外，还向铁路火车站、秦家岗[1]、铁路职工住宅、香坊等铁路单位供电。以后扩展到向道里经纬街、霁虹街、抚顺街、道外北马路一带供电。截至 1911 年，黑龙江省共有发电厂 14 座，装机容量 2483 千瓦。

九、日本在南满铁路沿线设立电厂供照明用电

1904 年日俄战争后，日本取代了俄国在中国东北的特权，加速在东北的工业投资。为了适应工业扩张对动力的需求，日本在南满铁路（简称满铁）沿线各个主要城市都建立了发电厂。至辛亥革命前夕，已经有了一定规模。这些发电厂主要有：日本满铁在奉天建成奉天临时发电所，安装 1 台 120 千瓦发电机组；日本满铁在抚顺大山坑建成抚顺煤矿发电所，安装 2 台 500 千瓦发电机组，1910 年增装 2 台 1000 千瓦机组，共 4 台机组 3000 千瓦；日本关东都督府在旅顺建成旅顺发电所，安装 2 台 250 千瓦发电机组，共 500 千瓦；东北三省银元总局于奉天建成奉天电灯厂，安装 160、300、350、500 千瓦发电机组各 1 台，共 4 台机组，合计 1310 千瓦；日本商人集资在安东建成安东电业株式会社发电所，安装 1 台 100 千瓦发电机组；1909 年 12 月，满铁长春发电所建成并开始向长春满铁附属地内供电，全厂安装 3 台机组，共 600 千瓦；1911 年 9 月，中日合营的铁岭电灯局发电所建成，安装 2 台 100 千瓦发电机组，共 200 千瓦，向城内和商埠地区供电。

十、北京、天津、上海等城市有轨电车的用电

1879 年，德国工程师维尔纳·冯·西门子在柏林的博览会上首先尝试使用电力带动轨道车辆。1881 年，柏林近郊铺设的第一条电车轨道，靠一条铁轨通电，另一条铁轨做回路。一列 3 辆电车编组的小功率有轨电车，乘坐 6 人，在 400 米长的轨道上往返运行。有轨电车最早作为客运交通投入使用是在美国，1888 年，世界上第一条有轨电车系统在美国弗吉尼亚州里士满市投入运行。

中国最早的有轨电车出现在清朝时期的北京。1899 年，清政府从德国西门子公司引进数辆有轨电车，在北京修建了一条由马家堡至永定门外的线网和轨道，全长约 3.3 千米。这是北京最早的有轨电车，也是中国第一条有轨电车线路。1900 年，马家堡火车站被义和团焚毁，有轨电车线路也同时遭到义和团拆毁，电车被砸烂，电线杆、轨道被拆除，此后也没有修复。

1904 年香港开通有轨电车，此后设有租界或成为通商口岸的各个城市相继开通有轨电车，天津、上海先后于 1906 年、1908 年开通。

天津建立有轨电车的动议始于 1901 年 11 月，当时由天津海关税务司德璀琳出面，联

---

[1] 现哈尔滨南岗区。

合了在天津的外国人，发起组织电车电灯公司董事会。1904 年，比商天津电车电灯公司成立，这是中国内地城市中最早出现的城市公交企业。同年 4 月，中国和比利时双方在天津签订了《天津电车、电灯公司合同》。比商获得承办权即着手实施，共拨出 25 万英镑[1]，作为兴办资金，先在东浮桥口沿海河马路购置楼房，成立天津管理处，后又购买了望海楼后金家窑地段建立发电厂，而后又在天津城西南角、南开中学北侧，建起了电车库房。另附修理部于车场内，专供维修保养有轨电车之用。其运行车辆铁轨、架空线及一切机器、装备均从比利时买进。1906 年 6 月 2 日，比商的白牌电车“围城转”的线路完工，长 5.16 千米，当时只能单向运行。当第一辆看上去非常简陋的有轨电车开在铁轨上时，轰动了整个津城。1907 年，运营天津有轨电车的比电公司在城内建成双行轨道。此后，比电公司又陆续开辟了 6 条车身颜色各异的电车路线，全长近 22 千米。初期运行 25 辆机车，每辆拖 4～5 节车厢，环城一周 45 分钟。有轨电车的动力来自电动机，与汽油发动机相比，其驱动、控制系统十分简易。驾驶台上装有一只水平放置的摇把，司机驾驶时手握摇把轻轻转动，通过改变电阻控制电流的大小，从而控制车速。那时的有轨电车时速最快 20 千米左右。经宣传，电车的生意日渐火爆，到 1912 年，该公司就收回了全部投资。

上海有轨电车的出现要稍晚于天津。1908 年 3 月 5 日，第一辆有轨电车出现在上海街头，其起始点是静安寺，终点是广东路外滩，全程 6.04 千米。作为一种全新的交通工具，电车的问世在上海引起前所未有的轰动。最初，上海市民对有轨电车心存恐慌，经过短暂的怀疑观望后，有轨电车因其快速准时、舒适等优点，以及比马车和人力车更低廉的费用，受到上海市民的青睐。

十一、电能计量的首次出现

1894 年 7 月，上海公共租界工部局电气处为 12 个照明用电用户安装了单相电度表，这是中国电能计量的首次出现。这些用户位于塘沽路、七浦路、中央路[2]、河南路桥、静安寺路等处，包括街道、商铺和居民，是中国第一批实行按计量收费的用户。当时安装的电度表是英国生产的羌盘林 • 霍克哈姆表（Chamberlain & Hookham，简称 CH 表），自此单相电度表开始陆续安装。截至 1900 年年底，上海公共租界内安装单相电度表的用户已有 98 户。1900 年前后，广东、福建、湖南、湖北等地的电灯公司也开始装设电度表计量。

1904 年 7 月，中国开始使用电风扇，由于原电度表不适用于记录感应负荷，上海开始安装使用英国生产的西屋（Westinghouse）和汤姆生 – 霍斯顿（Thomson-Houston）的感应式单相交流电度表。1910 年上海开始使用三相交流供电。1911 年 7 月，上海英商增裕面粉厂安装了第一只三相电度表。1923 年，上海申新纺纱厂安装了第一只最大需量电度表[3]，实行两部制电价计费。三相电度表和最大需量电度表均由英国西屋公司生产[4]。

---

[1] 约折合当时银元 250 万元。

[2] 今沙市一路。

[3] 最大需量电度表：能测量一定时间间隔的功率平均值，并显示最大平均功率值的电度表。

[4] 陈昊南：《上海电表档案》，国家电网，2014 年第 9 期。

1909 年起，中国的电度表维修和校验业务逐渐起步。1909 年 10 月，上海公共租界工部局电气处在斐伦路仓库内[1]设立电度表维修和校验场所。1912 年，上海公共租界工部局电气处设立电度表校验处，将斐伦路仓库全部划作电气试验、修理维护及保存电度表的表库。1913 年 4 月，两名英籍电度表校验专家抵沪，负责培训电度表校验人员，采用功率乘以时间的“瓦秒法”对电度表进行校验，从此中国开始了电度表的校验业务。

1914 年，电力公司在变电站内安装使用高压电流互感器[2]和电压互感器[3]。1915 年，在大用户三相电度表端开始安装高压电流互感器和电压互感器。所用互感器均是从美国、英国、法国、德国、瑞士等国进口。电流互感器有套筒式、鹰式、穿心式、干式等数种类型，变比最大为 800 安/5 安，最小为 10 安/5 安，其中还有（50～100）安/5 安的串并联式；电压互感器是油浸直筒式，最大变比为 2000 伏/100 伏。

当时，电度表的安装是与专用的电度表表板[4]配合使用的，低压照明用户的单相电度表一般使用木制表板，高压用户的三相度表使用进口的石棉板表板。1911 年前，上海用户安装电度表所需表板均由上海公共租界工部局电气处生产供应；1911 年后，上海居民照明用安装的单相电度表表板改由居民自购，电气处只生产供应三相电度表表板。

第四节　电力营业章程的雏形

为了保护本国电气事业发展，限制外国资本越界经营电气事业，光绪皇帝批准确定了京师华商电灯有限公司拥有当地的电力专营权。各地华资电灯公司也纷纷仿效，明确供电营业区和营业专营权，同时对申请报装、收费等事项也都有具体要求，电力营业章程渐成雏形。为鼓励民间开设工厂，发展新式工业，清政府成立商部，颁发了包括镇江大照电灯公司执照在内的第一批执照，并与各电灯公司签订电力业务合约，保障电灯公司的电力专营权益，维护政府和社会公众的用电利益。

1911 年 1 月，《大清新刑律》公布了中国刑法史上第一个关于窃电规制的条款，拟用法律的手段遏制窃电行为，但由于礼教派的攻击和争议，最后并未真正施行。

一、光绪皇帝批准的公司章程

1905 年，记名御史、刑部员外郎史履晋和御史蒋式瑆等人向光绪皇帝呈递奏折，奏折中附呈“公司章程二十九条及建行图说”。奏折中声明“除使馆占地一隅外，他地、他人不得再行设办（电厂），以保地方自治之权，而便民用。”光绪皇帝立即批准备案：“奏办京师华商电灯股份有限公司，经商部奏准并资行各衙门立案。”并限令：“除该公司一家

[1] 今九龙路 413 号。

[2] 电流互感器：将一次侧电流转换成可供仪器、仪表或继电保护装置使用的二次侧电流的变流设备。

[3] 电压互感器：将一次侧电压转换成可供仪器、仪表或继电保护装置使用的二次侧电压的变压设备。

[4] 电度表表板后期逐渐演变为电能计量柜（箱）。

外，不得再有别人在北京经营电灯事业。公司性质全系华股商办”。1907 年，京师华商电灯公司向外供电营业后，即奏请政府“转令洋行将使馆界以外已经安设的电灯电线，应予陆续拆除，以符原案。”后洋行被迫拆除租界外的供电设施，退出营业区。[1]

这是光绪皇帝批准的第一个电灯公司章程。之后各地陆续建立的华资电灯公司的营业章程，一般均以此为据。

二、早期各地自订的营业章程

继 1905 年光绪皇帝批准京师华商电灯公司的章程后，各地对外供电的电灯公司为了防止外商控制供电命脉并攫取商业利益的企图，也纷纷开始以光绪皇帝批准的章程为依据自订营业章程。在各地自订的营业章程中，大都对营业区的划定、营业专营权有明确规定，同时对申请报装、收费等事项也都有具体要求。

1906 年，商人宋炜臣在汉口创建既济水电股份有限公司，湖广总督张之洞拨 30 万元官股以示倡导国人办电。该公司按照《公司律》立案注册，并划定营业区域，授予营业专营权，订立了营业章程。当时汉口英商电灯公司超出英法租界地域对外供电营业，向既济水电公司的营业区域大智门一带供电。经既济水电公司数度抗议交涉，于 1927 年收回被侵占的营业区域的专营权。

宜昌永耀电气公司与兼营电灯销售业务的益丰米厂，沙市电气公司与兼营销售电灯业务的裕丰米厂，为争销售电力的营业权而涉讼数年，最后因前者都是被批准立案注册的电气事业单位拥有专营权而皆胜诉。

1907 年，奉天省[2]电灯厂成立后，自订营业章程，公布日灯、表灯的收费标准及供电时间。

1909 年，湖南省电灯公司经农工商部批准营业后，参照北京、汉口等地电灯公司的营业章程，拟订用电登记申请、报装、接电、电价、收费等章程。

中国早期电灯公司自订的营业章程，有效维护了民族经济秩序，抵制了外商的侵略经营，保障了国人实际利益，同时规范了电灯公司的管理，稳定了民营电力事业的发展。

三、镇江大照电灯公司获第一批清政府电力营业执照

中日甲午战争，中国遭受了惨痛的失败，面临严重的社会经济危机。在此境遇下，清政府一改传统的“抑商”“困商”做法，开始重视并提出以振兴工商、发展实业为自强的首要措施，鼓励民间开设工厂，发展新式工业，从而电力的需求逐渐增大。清政府也于 1903 年成立商部，由通艺司管理电业，负责电灯公司注册给照事项。商部成立后颁发了包括镇江大照电灯公司执照在内的第一批执照。

镇江为江苏省内南北交通要道，商业发达。第二次鸦片战争后被开辟为通商口岸，英租界洋行林立，有发展电气事业的要求。丹徒县候补知县郭礼征听说“镇江租界工部局附

---

[1] 北京市电力工业志编纂委员会编：《北京市电力工业志》，当代中国出版社，1995 年，第 16 页。

[2] 今辽宁省。

设电气处之议”，与他的老师、民族实业家张謇商量在镇江筹建电灯公司。1903 年 11 月，江苏抚院对镇江创办电灯公司批准立案。1904 年年底，厂房建成。1905 年年初，公司从国外订购的 2 台 75 千瓦直流发电机及配套蒸汽引擎、锅炉等设备陆续到货，并进行安装。同年9月7日，镇江丹徒县大照电灯有限公司获得商部公司注册局颁发的第五十七号执照。

1906 年，清政府要求商办电灯公司需在农工商部注册、领照。同年镇江大照电灯公司作为商办电灯公司，在农工商部注册，取得了农工商部第一号执照。[1]

四、早期的电力业务合约

晚清时期，外商投资和民族资本投资的电灯公司纷纷涌现，并在各地开始销售电能。政府也陆续开始与电灯公司达成协议，签订合约，明确享专营之权利，尽服务公众之责任。

1883 年 6 月，上海电气公司与公共租界工部局签订合约。此后上海电气公司在外滩、南京路、百老汇路[2]3 条主要干道上，安装 35 盏弧光灯，替代 155 盏暗淡的煤气灯，使道路照明发生了较大的变化。

1888 年，香港政府为了向香港岛山顶居民供水，与港灯签订香港首份电力供应合约，为抽水泵供电，同时也为港岛区的路灯提供电力。1890 年 12 月，港灯开始为香港岛部分地区提供电力。港灯首座电厂位于湾仔，供电范围由中区伸展至西区及山顶区。

1906 年，法国人烈古充股 4 万元，扩大电厂设备，厂内设写字楼，在澳门米糙街设营业处，与政府签订 30 年专营合约。1936 年，第一次签订的专营合约期满，第二次合约期限同样是 30 年。

清末电灯公司与政府签订的电力业务合约，既维护了电灯公司专营电力的利益，同时也维护了政府及用户的利益。

五、《大清新刑律》中的窃电处罚规制

《大清新刑律》是中国近代第一部刑法典，共两编五十三章四百一十一条，并附有《暂行章程》五条。起草工作始于 1906 年，由于礼教派的攻击和争议，至 1911 年 1 月 25 日才正式公布。

《大清新刑律》规定了中国刑法史上第一个关于窃电规制的条款。《大清新刑律》第三十二章“窃盗及强盗罪”的第三百七十八条规定：“于禁止私有之物及电气犯本章之罪者，以所有物论”。虽然清末的用电范围有限，但依然将窃电处罚列入刑法。

此后，一直到民国时期，随着电力在全国应用越来越广，窃电现象逐渐突出。为了应对窃电问题，南京国民党政府于 1930 年 4 月 24 日通过法令公布了《电气事业人检查窃电及追偿电费规则》，予以防治。

---

[1] 交通史编纂委员会编：《交通史电政编》，中华书局，第 3 集第 6 章，1936 年。

[2] 今大名路。

第二章
民国时期的电力供应与用电管理（1911—1949）

辛亥革命后，南京临时政府（1912 年 1 月 1 日—1912 年 4 月 2 日）作为中国历史上第一个资产阶级性质的革命政权，虽然存在时间较短，但是制定了一些有利于民族资本主义发展的政策和措施，对近代民族工业的兴起和发展产生了积极影响。北洋政府（1912—1928 年）为保护和奖励工矿业者，出台了一些经济政策，对新办企业给予保息、减税和多种经济补助措施，在制度层面上有效推动了中国工商实业的发展。这一时期，颁布了中国第一部《电气事业取缔条例》，开始以法律手段管理电气事业。这期间，江苏、浙江、天津等一些经济发达的农村集镇陆续办起电厂，所发电力除用于照明外，还用于碾米、榨油等农副业加工，电力灌溉也逐渐得到了推广应用。

1927 年 4 月，南京国民党政府成立，国家从形式上实现了统一，但地方实力派仍然割据一方。为了解决国家连年战争带来的财政困难，南京国民党政府将各省分割的权益收回，壮大国家资本主义，并将电力工业发展列为重点领域，通过代为整顿、参股改制、强制没收接管等手段，使电力的管理由分散走向集中，电力工业成为国家垄断资源，这是近代中国资本主义发展的一个重大变化与重要转折。

为加强对全国电力工业的管理，1928 年 2 月，南京国民党政府成立建设委员会，之后陆续颁布《民营公用事业监督条例》《电气事业条例》等系列电业法律法规，电力工业技术标准开始统一。1933 年，建设委员会成立电气处与全国电气事业指导委员会，对电气事业实行中央集权监督和统制政策，促使电力工业向国家垄断的方向发展，推动了电力工业的发展。这期间，各地逐步设立供电营业机构，部分地区实行了阶梯电价和特殊优惠电价。广东、浙江等地开始施行委托银行代收电费。

1928 年到 1937 年，中国电器工业也有了一定程度的发展，以亚浦耳灯泡厂、华成电器制造厂等为代表的企业，打破了外国的市场垄断地位，成为中国民族电器设备制造企业的成功范例。

1931 年 9 月，“九一八”事变爆发，日军侵占整个东北，并成立伪满洲国傀儡政权。此后，日军开始以“军事管理”“逼迫让出”“委托经营”等手段，强行兼并中国东北各地民营电力企业，于 1934 年 11 月成立满洲电业株式会社。1937 年“七七”事变后，日本加快向华北侵犯步伐，大肆掠夺中国民族电力工业。凡被日军占领地区的中国电力企业均被日本兼并或侵吞。在华北，日军设立华北电业股份有限公司，以控制平津一带的电业；

在华中、华南，日军设立华中水电公司和汉州电业公司，分别控制华中、江南一带的电业；东北的电业早已被满洲电业株式会社控制。

抗日战争全面爆发后，南京国民党政府资源委员会组织了中国历史上最浩大的工业大搬迁，把处于沿海、沿江的一大批工矿企业、电厂设备拆迁至大后方，将电业纳入战时经济体系中统制与开发，一定程度上满足了大后方军工和民用的用电需求，为坚持长期抗战提供了经济支撑。这时期，贵州、宁夏、西藏等西部各省区的电业得到了快速的发展，1941年2月15日，西宁电厂竣工投产，中国最后一个无电省开始通电。

中国共产党领导的八路军、新四军和游击队，在解放区克服重重困难，建设了一些小型发电站，这些电站在当时虽然容量都非常小，但为赢得战争胜利发挥了重要的作用。全面抗日战争时期，中国战时电力工业的发展，初步改变了中国电力工业不合理的布局，为中国电力工业的发展积累了宝贵的经验，培养了一大批电力人才，为以后中国电力工业的建设奠定了一定的基础。

战争给中国带来了巨大的灾难，也对中国的电力事业造成巨大的破坏。据统计，全面抗日战争前，1936年年底，中国的装机容量为136.59万千瓦，与1911年相比增长约18倍，占世界第14位，年发电量44.5亿千瓦·时。到1949年，全国发电装机容量仅有185万千瓦，发电量43亿千瓦·时，发电装机容量和发电量分别居世界第21位、第25位。

第一节　民国时期的电业管理

民国初期，面对刚刚起步的电力工业，南京国民党政府开始着手全国的电业管理。政府建立初期成立了建设委员会，秉持孙中山先生建设现代化国家理念，接管全国电力工业，并迅速成立了电气处与全国电气事业指导委员会，开始对全国电气事业管理，十分注意从政府政策层面向电力工业方面倾斜。

同时期，南京国民党政府依据孙中山的《建国方略》《建国大纲》和扩张国家资本、节制私人资本的主张，开始对电力工业实行统制政策，促使电力工业向国家垄断的方向发展。这期间，电气公司通过设立营业机构开展业务扩充、抄表收费等业务活动。此阶段先后出现了“包灯制”和“表灯制”两种计收电费方式。上海、河北等地根据电力盈缺实行阶梯电价，对路灯和军政警机关实行特殊优惠电价。广东、浙江等地开始施行委托银行代收电费方式，方便用户交费，加快电费回收。

一、电气事业管理机构的逐步健全

1928年2月1日，南京国民党中央政治委员会第127次会议通过孙科等11名委员的提议，决定设立中华民国建设委员会（简称建委会），由南京国民党政府直接管理，从事交通、水利、农林、渔牧、矿冶、垦殖、开辟商港商埠及其他生产事业的设计和创办，建委会聘请国内外专家担任各专业委员会的委员或顾问。2月18日，建委会正式宣告成立，由张静江担任主席。同年10月，建委会更名为南京国民党政府建设委员会（沿用建委会这一简称），改隶于行政院，委员由南京国民党政府聘任，取消主席制，设委员长及副委员长各一人，张静江旋任委员长。❶

为加强对全国电力工业的管理，1930年2月，建委会成立了电气处。电气处的职能是：国营电气事业的计划建设；建委会所属各电气事业的指导、监督和管理；民营电气事业的发照、注册；民营电气事业的指导、监督和改良；电气机械材料的制造及标准检定；其他与建委会有关的电气事项。

1931年5月，国民党举行第三届中央执行委员会临时全体会议。大会最后形成的决议案突出强调电力建设，认为电力建设与铁路建设同等重要，应列为南京国民党政府初期经济建设的中心任务。决议案中还指出电力、农业、工业建设刻不容缓。直到1937年日本发动全面侵华战争前夕，南京国民党政府的国家工业建设基本上按照该决议案的精神开展。

1933年，建委会成立全国电气事业指导委员会（简称指导委员会）。指导委员会首先对全国电力发展状况、各电厂设备技术与经营管理情况开展摸底调查，抽查核实了上报的情况，获得了比较真实的数据与资料，然后对各地电力企业进行了重新审核、登记、注册、发照。指导委员会参照美国电力管理法规和有关制度，制定了中国电力管理法规和管理章程、管理条例等，整顿了有关电厂，对自营电厂开展了示范引导，使中国电气事业管理逐渐走向正轨。为促进电力工业技术进步，1934年建委会在上海成立了中国电机工程师学会，后改为中国电机工程学会。1938年1月1日，建委会被并入经济部，所经营的电气事业由资源委员会接办。

资源委员会原名国防设计委员会，成立于1932年11月，隶属于南京国民党政府参谋本部。1935年，日本蓄意制造了“华北事变”，意图侵占整个华北。在这种背景下，南京国民党政府国防设计委员会与兵工署资源司合并改组为资源委员会，直属军事委员会领导。1935年4月1日，资源委员会正式成立，并将工作重心转移到国防重工业的计划与建设。1936年3月，资源委员会拟定了《重工业建设计划》，要求三年内在重工业领域投资约23 000万元，兴建冶金、化工、燃料、机械、电力等30余家大中型厂矿企业。该计划主要为了应对日本的侵略威胁，加强了国防建设，对电力事业的投资并不大，只是在重庆地区兴建一家电厂，电厂投资只占投资总额的1.4%。❷

随着日本全面侵华战争爆发及日军长驱直入，远离战区的后方成为前线，资源委员会正在加紧建设的各项工程，均在1938年间被迫停工，重工业三年建设计划基本中断。但实施期间引进外国资金、技术与设备，培养了一批科技人员，对于加快内地工业发展，增强抗战的经济实力起到了一定的促进作用。

---

❶ 韩文昌、邵玲：《民国时期中央国家机关组织概述》，中国档案出版社，1994年，第226—228页。

❷ 钱昌照：《两年半创办重工业之经过及感想》，新经济，二卷第一期，1939年，第2页。

二、南京国民党政府统制电力工业的三种方式

南京国民党政府的经济统制政策思想源于孙中山的《建国方略》《建国大纲》和扩张国家资本、节制私人资本的主张。1912 年 4 月 1 日，孙中山在南京同盟会会员饯别会演说时提出："国家一切大实业，如铁道、电气、水道等事务皆归国有，不使一私人独享其利"。[1]1924 年 8 月，孙中山讲民生主义时对节制资本做了详细说明："把电车、火车、轮船以及一切邮政、电政、交通的大事业，都由政府办理"。[2]这是南京国民党政府建立国家资本的主要理论和政策依据。

1927 年，南京国民党政府为了解决国家连年战争带来的财政困难，将各省分割的权益收回，制定财政政策和货币政策，壮大国家资本主义，通过建设国家资本发展实业。

1928 年，由南京国民党中央政治会议通过的《建设大纲草案》规定，水利电力、商港、市街公共服务等有"独占性质"的公用事业，"关系国家前途"的基本工业及矿业，"悉由国家建设经营"。

1927—1937 年，南京国民党政府采用代为整顿、参股改制、强制没收等各种手段改变电气公司的资本结构，调整债务资本与股权资本的比例关系，取得电气公司的控制权，使电力的管理由分散走向集中。

第一种方式为代为整顿。为改善各地电厂经营状况，积极推动各地工业发展，1927 年南京国民党政府扩大监理职权，以派员代理或借故收归官营的方式，对以下 5 种电厂企业进行整顿[3]：一是缺乏资本、无力整顿的企业，责令其经济公开，招商投资，并助其筹措资本，帮助整理，使经营走上正常轨道；二是对于缺乏技术人才而由工头把持的企业，令其重新聘请一些电力方面的技术人才，或者聘用一些电力顾问工程师，加强电力顾问人才储备，推进发展；三是设备简陋、线路老化、灯光暗淡、经常出现危险的企业，则令其添置新的机器，充实电力供应器具，整理线路，保障安全；四是业务废弛、经济信用不固者，则令其整顿收入，撙节开支，增加用户信任，扩大企业业务；五是一些按照政府要求推进改善的企业，因改善不力，难见成效，请求政府代为整理者，全国电气事业指导委员会接管电厂，与原管理人员订立管理整顿年限，帮助整理。

对地方电厂整顿成效最为明显的是江西九江映庐电灯公司。九江自开埠后，经济迅速繁荣，九江市民遂商议办理电厂。1917 年唐伯龙在九江总商会支持下集资办厂。由于地方势力很大，私灯非常严重，使得电厂财务不支，运转困难，不得不求助于建委会。1935 年 5 月，建委会派电力专家帮其进行整理，通过对设备、营业以及财务的两年整理，使其逐渐走上良性发展轨道，成为建委会整理地方电气事业的典型。[4]

---

[1] 中国社科院近代史所：《孙中山全集》第 2 卷，中华书局，1982 年，第 323 页。

[2] 黄彦：《孙中山著作丛书　三民主义》，广东人民出版社，2007 年，第 207 页。

[3] 中国建设协会：《建委会指导下之建设事业近况》，中国建设，第 13 卷第 1 期，1936 年，第 3 页。

[4] 王树槐：《九江映庐电灯公司：自营与政府的整理（1917—1937）》，中央研究院近代史研究所集刊，第 27 期，1997 年 6 月，第 139—184 页。

第二种方式为参股改制。参股改制是在商办企业中加入官股，或由政府购买若干股份，将商办企业转变为官商合办企业。这类企业不论官股比重大小，企业的实际控制权都在政府手中，这是南京国民党政府控制商办企业尤其是商办银行的一种重要手段。根据南京国民党政府"经济部公办事业机关概况表三"记载，四川万县水电厂，1929 年由前万县市长王陵基召集当地绅商商议成立。该厂成立初期，资本来源有三个方面，一是市政府拨款 14.48 万元；二是商会摊派 10.69 万元；三是绅商按粮摊派 7.40 万元。1938 年，资源委员会参加投资后，改组成立万县电厂，新厂资本总额定为 40 万元，资源委员会出资 25 万元（先缴 20 万元），四川省政府出资 15 万元（先缴 12 万元），不足款项由旧厂资产作抵。由双方组织理事会管理与经营。[1]

第三种方式为强制没收接管。强制没收接管是南京国民党政府扩张国家资本、节制私人资本的一种重要手段。民营企业经过整顿与接管后改为官办，过去管理混乱的局面得以改变，企业也逐步走上规范发展的道路。虽然政府用心良苦，但执行走样，甚至完全变质。尤其在国内资本同外国资本发生利益冲突时，南京国民党政府往往不惜牺牲国内资本的利益，屈服外国资本及其债权国资本。当商办电业利益同国家统制政策发生利益矛盾时，南京国民党政府总是牺牲民营公司利益，维护国家资本电业。有不少商办电气企业，或因股本中有地方公款，或有外债，或股东不和及其他纠纷，或亏损停产，或欠缴税款，或因争产涉讼，亏损不赀等，也都被无偿接收。

由于没收接管不是双方情愿的商业买卖，价格也不由市场决定，高值低估，强制贱价收购，使得民营电厂接管冲突不断。此外，南京国民党政府凭借权势，为所欲为，甚至官官相护，找些手续上的缺失，拒绝公司的诉愿，使得电气经营者内心难以认可，又不得不屈服于南京国民党政府的权势。

南京国民党政府对电力工业实行统制政策，促使电力工业向国家垄断的方向发展，这是近代中国资本主义发展的一个重大变化与重要转折。

三、早期的供电营业机构

清朝末年清政府颁行了《公司律》，民国初期北洋政府颁行了《公司条例》《电气事业取缔条例》，1929 年和 1938 年南京国民党政府分别颁行了《公司法》和《电气事业注册规则》，都对公司的注册要求、经营范围等事项做了明确规定。申请开办电力企业时需填具企业意见书（附营业区域图）、创业规算书、工程计划书、收支概算书、营业章程、投资人名簿（或投资机关名称）、首席申请人和主管技术员履历等，依照申请程度，报县（市）政府核转省级主管机关、转呈中央主管机关核准立案注册，并发放营业执照且具有专享权。未经批准注册的电力企业均被视为不合法经营。当时各地电力企业普遍以一个城市范围为独立电网的供电营业区域，实行发电和供电营业为一体的电力企业，通常冠以地名的电业局、电灯公司或电厂。用电管理工作则由各电力企业设供电科、业务科、营业科等营业机

[1] 童舒培：《万县水电厂事业概况》，资源委员会月刊，第一卷第 3 期，1939 年，第 188 页。

构，负责制定营业规则，办理用电申请、报装、供电交费等事项。

1929 年，湖北武汉既济水电公司设立了营业处，下设水务、电务、收费、稽查 4 股。1938 年改设营业科，下设营业、抄表、记录、核算、收费、用户 6 股，有业务人员 163 人。1946 年设营业处，下设业务、抄表、收费、记录、核算、服务 6 组和营业分处，有业务人员 83 人。武昌电灯局、武昌水电厂、鄂南电力公司分别设业务科。宜昌永耀电气公司 1933 年设营业部，1935 年改设营业科。

1932 年，广州市商办电力股份有限公司收归市营更名为广州市电力管理处后，营业机构内设稽查、电费、出单、抄表、报装 5 个股。1945 年营业机构改为营业科，下设稽查、收费、核算、抄表、业务 5 个股，负责管理用电营业的工作。1932 年，广西省政府将省内公营工厂收归省办，各官营电厂分别设置营业科（或营业股），管理营业收费，办理业务扩充，对安装的电度表按月收取租金。1935 年，北平[1]华商电灯公司在公司内部设业务部，部内设营业科负责用户用电申请报装、迁移、抄表等业务；核算科负责计算电费和业务工程费用；收费科负责收取电费；材料科负责用户业务工程的材料；电表科和内线电工科归工务部负责工程安装。1937 年，北平沦陷后，改组为华北电业股份有限公司北平分公司，内设营业科，科内设业务股、电业股、稽查股，下设东城、西城、南城、长辛店、丰台、门头沟、南苑、海淀、西郊、通州、密云等 11 个营业所，承担各自区域内具体的用电申请报装、抄表、收费等业务。1945 年，日本投降，南京国民党政府经济部、资源委员会相继予以接收，先后改称为华北电业北平分公司和冀北电力北平分公司，供电营业范围逐步扩大到宛平、大兴、良乡、昌平、通州等 5 个郊区县，分设 5 个营业所，由公司用户科统一管理分公司的营业业务。

1934 年，东北地区[2]的电力事业由满洲电业株式会社统一经营管理。社内设营业部，部内设营业科、料金（电费）科，各大城市设电业局[3]，局内营业科一般设外线、内线、集金、调度、营业、庶务 6 个系，营业系管理各城镇的营业所。

据建委会全国电气事业指导委员会 1933 年统计，全国电厂除外资经营外大小共计 498 家，其中主要是三等、四等小厂，占 90%以上。这些三等、四等小厂由于供电容量小、可靠性差，营业机构设置简单，供电营业管理不善，有的小厂开办不久即停闭。而一等、二等电厂规模较大，营业机构设置相对完善，供电营业管理比较规范。

四、业务扩充与营业费用

民国初期各大城市的电气事业，已崭露头角，不同规模的电灯公司（电厂）纷纷成立。此时，发电机技术也进一步提高。随着发电机组容量扩大，电灯公司（电厂）除自发自用外陆续开始对外供电，发展用户。

---

[1] 1928 年，北京改为北平；1937 年沦陷后，日伪将北平改为北京，但不被中国政府和人民承认；1945 年光复后，国民党政府将北京改回北平；1949 年 9 月 27 日全国政协一届一次会议决定，北平改为北京，并定为首都。

[2] 这时期东北地区为伪满洲国。

[3] 后改为支店。

对外供电初期，用电户数较少，供电范围限于电厂附近较小区域。营业以电厂供电线路到达之处为限，申请用电者多自聘电气工人安装入户线及灯具，费用自理。随着电力发展，用电户数增多及供电范围扩大，用户发展工作日趋复杂，而北洋政府 1918 年公布的《电气事业取缔条例》仅对电气事业的经营活动作出了规定，没有相关营业方面的要求。因此各地电气公司（电厂）开始自行制定营业章程或办法，确定相应的工作流程及费用标准。

由于各地发展用户的手续繁简不同，收费名称五花八门、标准不一。1931 年，南京国民党政府建委会公布了《电气事业取缔规则》，开始规定业务和收费的范围。1933 年建委会全国电气事业指导委员会又提出了《电气公司营业章程拟例》，对用户申请用电的报装手续和收费名称及标准给出了建议[1]。其中对一、二等电厂[2]的报装建议："凡是在本公司营业区域内装置电灯、电力或电热等用电设备，需要由公司供电的，应先到公司填写用电契约，并且向公司缴纳应付的各种费用，公司点收后填写收据作为凭证。然后由用户自行委托已经在地方政府注册或公司认可的承装电器店来装置设备，竣工后，由承装者填写公司准备的报装单，并请公司派员工检验"；对三、四等电厂[3]则建议："凡是在本公司营业区域内装置电灯、电力或电热等用电设备，需要由公司供电的，必须到公司填写用电契约，缴纳应付的各种费用，并且可直接向公司购置各项电料，委托代装用电设备"。营业费用具体包括电度表保证金、接电费、杆线辅助费、复电费、复验费、表租等，见表 2－1、表 2－2、表 2－3。《电气公司营业章程拟例》制定完成后，全国电气事业指导委员会建议各电气公司在厘订或修改各自营业章程时，以此作为参考，善为运用，使之达到完善。

表 2－1　　1942 年 3 月贵阳电厂用户所缴电度表保证金[4]

表灯（安培）	电度表保证金（元）
1.5	100
3	200
5	250
10	300
15	350
20	400
包灯按每月电费的一倍收取	

[1] 中国电业史志编辑室、湖北省电力志编辑室：《中国电业史料选编（下）》，1987 年，第 695 页。

[2] 依发电或供电容量大小划分：超过 10 000 千瓦者为一等；超过 1000 千瓦而在 10 000 千瓦以下者为二等。

[3] 依发电或供电容量大小划分：超过 100 千瓦而在 1000 千瓦以下者为三等；100 千瓦以下者为四等。

[4] 中国南方电网有限责任公司编：《中国南方电力工业志》，中国电力出版社，2018 年，第 475 页。

表 2－2　　**1943 年 10 月兰州电厂对用户报装时收取接电费**[1]

单相表灯接电费		三相电表接电费	
电表（安培）	接电费（法币元）	电表（安培）	接电费（法币元）
1.5	20	5	60
2.5 或 3	20	10	120
5	20	15	120
10	20	20	120
15	40	30	180
20	60	50	240
30	60	超过 50	每超过 10 安增加 60 元，不满 10 安以 10 安计
50	80		
超过 50	超过 10 安增加 20 元，不满 10 安以 10 安计		

表 2－3　　**1946 年 2 月建委会首都电厂低压线立杆放线收取工程贴费**[2]

低压线立杆放线	工程贴费
2 根以下	免费
3 根	15 元
3 根以上至 6 根	每增 1 根增收 15 元
6 根以上或须添放高压线	按工程预算半数收取

1947 年，南京国民党政府立法院公布了《电业法》，进一步明确了电气事业人在业务扩充时非正当理由不得拒绝用户的用电申请，同时可在业务扩充时收取相关营业费用。

各地电气公司通过业务扩充发展用户，采用各种形式打开销售局面，用电户数逐渐增多。据 1936 年南京国民党政府建委会统计：不包括东北四省[3]的全国人口为 4.346 亿人，电力企业供电营业区域范围的人口为 3385 万人，实际用电人数仅 503.4 万人，为全国人数的 1.16%。用电户占当地居民比例最高的省份为广东省为 27%，其次为山西和山东省。全国用电户数为 100.67 万户，其中用户最多的省份为江苏省，有 38.78 万户，其次广东省有 15.3 万户，河北省有 11.05 万户，见表 2－4。

1945 年年底，北平地区共有用户 11.86 万户，其中：电灯用户 11.48 万户，电力用户 2323 户，电热用户 1482 户。到 1948 年年底，用户达 11.90 万户，3 年时间增加 480 户。

[1] 甘肃省电力工业志编委会编：《甘肃省电力工业志（1909—1990）》，当代中国出版社，1996 年，第 172—173 页。

[2] 江苏省电力工业志编委会编：《江苏省电力工业志（1897—1990）》，水利电力出版社，1994 年，第 181 页。

[3] 东北四省指中国东北地区的辽宁、吉林、黑龙江三省及旧时的热河省。1955 年，第一届全国人民代表大会第二次会议通过关于撤销热河省、西康省的建议决定撤销热河省，将热河省所属行政区域，按国务院建议分别划归河北省、辽宁省和内蒙古自治区。

表 2－4　　**1936 年全国电气事业分省统计**❶

（包括本国经营及外资经营之电气事业）

省别	销电度数	营业区域			全省人口（千人）	电化程度		
		人口（千人）	居户（千户）	用户（千户）		有用电机会人口占全省人口之百分数	用户占居户之百分数	平均每千人之用电度数（千瓦·时）
江苏	117 8500	12 974	2595	387.8	39 173	33%	15%	30 084
安徽	9533	844	169	15.5	22 696	4%	9%	420
浙江	50 566	3987	797	88.8	21 231	19%	11%	2381
福建	23 783	1197	239	29.7	11 756	10%	12%	2022
广东	134 120	2876	575	153.1	32 290	9%	27%	4152
广西	5423	342	68	9.0	13 385	3%	13%	405
云南	5166	221	44	6.5	11 995	2%	15%	431
贵州	367	175	35	0.8	9043	2%	2%	46
湖南	18 108	1053	211	24.9	30 075	4%	12%	603
江西	6086	622	124	13.4	15 872	4%	11%	384
湖北	75 586	1748	350	39.0	25 367	7%	11%	2980
四川	10 381	1344	269	33.0	52 963	3%	12%	196
西康	40	6	1	0.2	968	1%	2%	41
青海	0	0	0	0	1196	0	—	0
新疆	0	0	0	0	4360	0	—	0
甘肃	337	152	30	1.0	6610	2%	3%	51
宁夏	600	50	10	0.5	1023	5%	5%	195
陕西	888	229	46	2.2	8863	3%	5%	100
山西	7497	206	41	9.8	11 601	2%	24%	645
河南	3509	611	122	4.7	34 476	2%	4%	102
山东	82 923	1504	301	70.2	38 769	4%	23%	2081
河北	114 663	3418	684	110.5	31 197	11%	16%	3679
察哈尔	726	97	15	1.0	2036	3%	7%	357
绥远	2179	170	34	4.5	2084	9%	13%	1042
内蒙古	0	0	0	0	1800	0	—	0
西藏	158	21	4	0.6	3722	1%	15%	42
全国	1 730 739	33 847	6764	1006.7	434 551	7.8%	14.9%	3981

注　1. 假定每户平均 5 人。

2. 根据主计处抄送 1936 年全国各省市人口统计表。

3. 表中数据不包括东北四省。

4. 工业电厂趸购度数不计。

❶ 中国电业史志编辑委员会编：《中国电力工业志》，当代中国出版社，1998 年，第 403 页。

五、包灯制与表灯制的电费计收

清末及民国初期，因生产规模和用户用电较少，电灯用户大都按灯头盏数和灯泡瓦特数按月计费，即所谓的包灯制。随着用户用电增多和电度表技术的出现及应用，19 世纪末电力用户又增加了按电度表记录的度数计费，即所谓的表灯制。此后包灯制和表灯制在一段时期处于并存的状态。

早期，上海各家电力公司对照明用电的电价计费均为包灯制，路灯照明每盏弧光灯年收费银 175 两。1894 年，上海公共租界工部局电气处为塘沽路、七浦路、中央路（今沙市一带）、河南路、静安寺路等处 12 家用户安装了英国制造的单相电度表，并对其实行 16 银分/（千瓦·时）的电价，这也是第一批实行装表计量计费的用户。1911 年、1913 年，上海内地电灯公司和闸北水电公司采用包灯制和表灯制两种计算电费的方法。上海闸北水电公司规定，包灯制用户 16～32 支光的地灯每盏每月收费 1.70 元[1]，50 支光为 2.20 元/月，100 支光为 3.20 元/月；表灯制用户的收费则为 0.22 元/（千瓦·时）。动力电价按电度表的记录以月用电量多少计价收费，详见表 2－5。

表 2－5　　1918 年前后闸北水电公司动力电价表[2]

月用电量（千瓦·时）		100 以下	100 以上	500 以上	1000 以上	5000 以上	10 000 以上	50 000 以上
电价［元/（千瓦·时）］	1918 年前	0.073	0.066	0.063	0.058	0.055	0.051	面议
	1918 年后	0.110	0.099	0.095	0.088	0.080	0.070	面议

民国初年，广西各地开办的电灯厂，均以包灯形式定价计收电费。1927 年，梧州电力厂开始施行按电度表定价。每月用电 78 千瓦·时及以下，0.32 元[3]/（千瓦·时）；79 千瓦·时以上，0.304 元/（千瓦·时）；625 千瓦·时以上，0.288 元/（千瓦·时）；3120 千瓦·时以上，0.272 元/（千瓦·时）。之后广西各电厂相继参照梧州电力厂的办法，在实行包灯电价的同时实行电度电价。1949 年之前，广东各地由于电度表表源不足，照明用电一般采用包灯包费。1946 年 10 月，广州规定包灯户的计量以每盏灯不超过 50 瓦为限，每月按 4 千瓦·时电计费。部分机关、商店和少量照明用户，则装表计费。

表灯制用户最初实行仅按用电度数收取电度电费的单一制电价制度。各地电厂还根据不同时期的电力盈缺，先后实行分级递减、分级递增和加收电度底费制（当用户的电费不足底度费时即按底度费收取），鼓励或限制用电。少数地区的电力公司还实行按用户的功率因数调整电费的办法。1934 年，上海市用户装接电动机容量已达 30 万千瓦，霓虹灯开始在商业广告上广泛使用。美商上海电力公司开始对工业用户安装三相无功电度表，对商

[1] 此处的“元”指国币。1935 年以前，在国内大多数省份流通的含银量较高的银元（即“大洋”）称为“国币”，而在广东及周边省份流通的成色偏低的银元称为“银毫”。

[2] 上海市电力工业局史志编委会编：《上海市电力工业志（1879—1990）》，水利电力出版社，1993 年，第 177 页。

[3] 此处的“元”指银毫。

业用户安装单相无功电度表，实行按功率因数调整电费。

随着电力用户和电力用电量的增加，各地电气公司对部分表灯制用户开始实行两部制电价制度，即按用电度数收取电度电费外还同时按用电设备容量（千瓦、千伏•安、马力）计算基本电费。1942 年，陕西西京电厂对动力用电实行两部制电价，基本电价 5 元/（马力•月）[1]，电度电价 1.4 元/（千瓦•时）。由于少数地区电力用户对两部制电价的实质不甚了解，认为电力公司巧立名目多收电费而抵制，所以有的电力公司仍实行电度底费制。

包灯制计费方式虽然发挥了较大的作用，但也有诸多弊端。因此，1931 年南京国民党政府建委会公布的《电气事业取缔规则》第三十七条规定“电气事业收取电费，应尽量采用电度表计量制”。但包灯制计费方式依然为许多电气公司采用。直到中华人民共和国成立后，随着国产电度表的普及，各地才逐渐取消包灯制。

六、上海、河北等地实施的阶梯电价和特殊优惠电价

民国时期，各电气公司根据不同时期的电力盈缺对照明用电实施阶梯电价。对路灯和党政军警机关则多推行特殊优惠电价。

对照明用电实行阶梯电价的主要方法是：在电力供应充裕时，鼓励用户多用电，采用分级递减制，用电越多价格越低；在电力供应紧张时，限制用户用电，采用分级递增制，用电越多价格越高。1936 年，美商上海电力公司、华商电气公司、闸北水电公司的照明电价实行随用电量递减办法。“八一三”淞沪抗战爆发后，上海 3 家民族电力企业被日军侵占。至 1945 年抗日战争胜利时，各家电力公司的设备受到严重破坏，导致电力供应不足，照明电价改为梯级递增制度。1940 年 2 月，华北电业公司表灯用电实行分级递减制电价，规定 100 千瓦•时以下为 1 级，电价 0.20 元/（千瓦•时）；100 千瓦•时以上为 2 级，电价为 0.18 元/（千瓦•时）。1946 年 2 月 15 日唐山市实行分级递增制电价，规定 15 千瓦•时为 1 级，15～30 千瓦•时为 2 级，超过 30 千瓦•时为 3 级，逐级递增加价。

对于路灯及党政军警机关的特殊优惠电价一般按普通用户电灯电价给予折扣。1929 年 5 月，杭州市路灯免收电费。1934 年 2 月，根据南京国民党政府建委会《电气事业条例》规定，路灯以普通民用电价的 50%计价，其他各地一般为 30%～50%不等。同年，杭州电气公司对营业区域内所有军、政、警、机关的照明电价按通常民用灯价折半计价，对各级学校实行八五折优待，对无营业性质的事业单位实行八折优待。1934 年，唐山电力厂规定 16 烛光包月灯每月每盏银元 8 角，但路灯电价由该厂与唐山市公安局规定，16 烛光每月每盏银元 2 角。1946 年 2 月唐山市规定，路灯为普通包灯的 50%。1946 年 2 月 15 日，唐山地区为军政机关规定了特种电灯价，电价为普通电灯的 85%。

各地实行分级递减电价制和分级递增电价制，鼓励或限制用电，一定程度上缓解了电力供需矛盾。党政军警机关按理应该是照章计费，但是以当时各电厂的惯例，大多数都有

[1] 此处“元”为法币。1935—1948 年期间，南京国民党政府规定以中央银行、中国银行、交通银行三家银行（后增加中国人民银行）发行的钞票为法币，禁止白银流通，发行国家信用法定货币，取代银本位的银元。

优待折扣的规定，中华人民共和国成立后此优待才逐渐取消。

七、浙江、湖北实行委托银行代收电费

民国时期，各地电气公司主要采用坐收、走收方式进行电费回收。由于长期时局不稳、战乱频繁，公司派员收费时，用户毫无准备或外出避灾，往往无法及时收费，经常出现两三个月电费合并一次收费；又由于国民党的军政警宪机关和部队常以经费不足为由拒交电费甚至强行用电不付电费；一些官员住宅和社会上的流氓、地痞、恶霸也寻找各种借口而拒交电费，并肆无忌惮地公开使用电炊和电炉，使得欠费问题十分突出。各电气公司都采用预收电费保证金的办法，欠交电费时以保证金抵充，次月再补交保证金，但仍然难以解决电费清缴问题。为了方便用户交费，加快电费回收，部分电气公司开始谋求与银行合作来收取电费。

1937 年 3 月，杭州电气公司除在鼓楼前办事处继续办理收费业务外，用户可凭电费通知单于 6 天内去市区太平坊浙江地方银行总行及该行设在闸口、湖墅、东街的 3 个分理处缴款，创浙江省银行代收电费的开端。

抗战胜利后，湖北既济水电公司等单位开始委托银行代办收费业务。每月公司派人抄表后，由公司将用户所用电量与应付电费开列通知单寄交用户，由用户在规定期限内到银行驻公司代办处交费，逾期不交费者，停止供电。

第二节　电业法规与政策的出台

辛亥革命后，中国电力工业有了一定程度的发展，北洋政府在交通部内设电政司，负责监督管理全国电气事业，电政司下设“总务科、监理科、营业科、计核科、考工科、主计科”等六科，引导电业向着专业化的方向发展。同时颁布了《电气事业取缔条例》等法规，以法律手段管理电气事业，推动了民营资本电业“雨后春笋”般发展。

1927—1937 年，南京国民党政府通过多种经济建设提案和决议案，先后颁布全国性重要经济法规 200 余项，这些经济管理法规，无论是从数量、涵盖范围、内容广度与深度，以及法规的作用与影响，都超过北洋政府时期，填补了此前的空白。这些经济法规对电力工业的发展起到了积极的推动作用。1929—1930 年《民营公用事业监督条例》和《电气事业条例》的颁布，成为电气事业法规中的母法。1930 年公布的《电气事业电压周率[1]标准规则》，统一了全国的电压和周波[2]。20 世纪 30 年代公布了《电力装置规则》等一系列电气事业工程技术法规，在一定程度上规范了电业工程技术，确保了公用电的安全。1930—1937 年公布的《电气事业人处理窃电规则》《取缔军警政机关部队及所属人员强用电流规则》，对窃电的查获与处理作了具体规定，对保护电力事业发展起了一定的作用。

---

❶ 周率，同周波，是频率的单位。

❷ 周波是频率的单位，用“周/秒”或“赫兹”表示，在清末民初时期，亦常与周率混用。

1937 年公布的《电气事业电度表校验规则》，对电度表校验工作进行了统一规范和监督。1947 年 12 月，南京国民党政府正式公布了《电业法》，这是中国历史上第一部关于电业的经济立法，对于促进电力工业的发展、电能的供应与使用等都具有重要意义。

一、北洋政府颁布《电气事业取缔条例》

北洋政府时期，中国电气事业的电力线路及电厂工程由北洋政府交通部负责管理，而其他电气工作与农商部主管事项相重叠，一些地方行政关系事项还涉及内务部主管范围。1914 年，北洋政府交通部组织起草《电气事业取缔条例》（草案），并商征农商部、内务部意见后，经立法程序审核。

1918 年 4 月 11 日，北洋政府以大总统令第 13 号颁布《电气事业取缔条例》（简称《取缔条例》）。《取缔条例》共 63 条，内容较为广泛，侧重供电工程的技术规程。这是中国第一部要求在全国范围内施行的电气事业的管理条例。但当时处在军阀割据、战争混乱时期，南北两个政府对峙，北方政府的政令难以统一。

《取缔条例》主要规定了以下事项：① 电气事业系指经营电气事业及使用电气为铁路的动力者而言，但官办电气通信事业、发电供自用其线路不在通衢及他人所有地者、电力在 10 千瓦以下者不在此限。② 凡经营电气事业者没有经过交通部的批准，不得开办及使用电气工作物。③ 电气事业者所定的营业价目及供给的电气章程，交通部或主管官署认为在公益之上时，必须及时更改。④ 电气事业使用电压分为低压电气、高压电气、特别高压电气三种。⑤ 架空电线的技术要求，包括电杆设立、导线选择（截面、绝缘）、控制与保护、对地距离和交叉跨越、安全防护与电灯线穿越等。⑥ 电气铁路、电车线涉电方面的要求。⑦ 故障处理及抢险救灾要求。⑧ 罚则。

《电气事业取缔条例》的出台，标志着北洋政府开始以法律手段管理电气事业，对推动民国时期民营资本电业发展起了一定的作用。

二、南京国民党政府颁布《民营公用事业监督条例》

1928 年，南京国民党政府开始推行统制政策，通过占有和控制商办企业，或将私人资本直接转化为国家资本，或用行政和法制手段，将私人资本消灭，引起民族资本电业对统制政策的强烈抵制，政府接办民营电厂造成的风波不断。1928 年 7 月 3 日，上海特别市[1]公布《商办公用事业监理规则》，上海与江苏、浙江、广东、湖北、江西、福建等 7 省的民营电气业者不满该政策，组织开展了请愿活动，最终南京国民党政府立法院（简称立法院）拟订了《民营公用事业监督条例》，并于 1929 年 12 月 14 日在立法院会中通过。

1929 年 12 月 21 日，南京国民党政府建委会公布了《民营公用事业监督条例》[2]（简

---

[1] 1927 年 7 月 7 日，南京国民党政府宣布上海设立“特别市”，隶属于国民政府，这是上海设市之始，也是全国第一批建市的城市。1930 年 5 月 20 日，南京国民党政府又规定取消“特别”而一律称“市”，于是“上海特别市”也改称为“上海市”，并沿用到今天。

[2] 中国电业史志编辑室、湖北省电力志编辑室：《中国电业史料选编（上）》，1987 年，第 135 页。

称《监督条例》），共24条。《监督条例》主要规定了以下事项：① 明确了民营公用事业的适用范围。② 规定了民营公用事业的八种类型。③ 明确民营公用事业应由中央主管机关监督者外，其经营范围属于县区域者由县政府监督，属于市区域者由市政府监督，属于县市两个区域以上者由省政府监督。④ 明确民营公用事业必须依法呈请地方监督机关，转呈中央主管机关核准登记，发给执照及营业区域图后，才可营业。⑤ 明确民营公用事业经核准登记后，应在规定的期限内开始营业，否则应予撤销。⑥ 明确没有经地方监督机关、转呈中央主管机关核准，不得变更名称，不得转移营业权。⑦ 明确订立或修正收费价格及各项规章，应由地方监督机关签具意见，并转呈中央主管机关核准。⑧ 明确民营公用事业没有分摊折旧而作为营业费用后，不得分配盈余。⑨ 规定了民营公用事业盈利达资本的25%时，次年应减少收费或扩充设备。⑩ 明确民营公用事业妨碍用户利益或损害社会安全时，应查明原因，限令整改。⑪ 明确民营公用事业除中央主管机关特许外，不得加入外股或抵借外债。⑫ 规定同一营业区域内，不得设立同种公用事业。⑬ 明确民营公用事业所在地区域的居民有创办及投资优先权。⑭ 明确了电力事业企业专营年限为20年。

1933年，南京国民党政府建委会对《民营公用事业监督条例》做了修正，电力事业专营年限由20年变为30年。这大大增加了民营资本投资电业的积极性，有利于电力事业的发展。《监督条例》对技术标准也作出统一规定，要求民营公用事业的技术标准包括会计制度，都要按照中央主管机关公布的各种规程执行。在电价方面，《监督条例》明确提出要保护公众用户利益，规定事业人资本金收益率超过25%时，超过额的半数作为电力用户的公积金，用来弥补收费减少时用。

《民营公用事业监督条例》的出台，经过了立法程序，成为电气事业法规中的基本法规，对其他电业法规的制定有着深远的影响。

三、南京国民党政府颁布《电气事业条例》

1929年，南京国民党政府建委会公布了《民营公用事业监督条例》，成为政府处理民营公用事业的基本政策。电气事业作为公用事业的一种，其部分法律限制已在《民营公用事业监督条例》中规定。由于电气事业特殊事项较多、专业性又较强，不能全面在《民营公用事业监督条例》中体现，于是南京国民党政府决定制定《电气事业条例》单行法规，并着手开展起草工作。

1930年3月，南京国民党政府立法院公布了《电气事业条例》，共12条，后于1934年进行了修正。《电气事业条例》主要规定了以下事项：① 界定了电气事业及电气事业人。② 明确了电气事业主管机关为建委会。③ 明确公营和民营企业都必须经中央机关登记后才可营业。④ 明确电气事业人扩充设备，必须经建委会及工商部许可，并规定了股本或资本总额与投资总额的比例。⑤ 明确了电气事业从业者有使用公有或者私有土地及其空间的权利。⑥ 明确了本条例未规定事项，适用于民营公用事业监督条例的规定。

《电气事业条例》的出台，经过了立法程序，成为一部专业性较强的电气事业基本法规，对电气事业管理和其他电业法规的制定有着深远的影响。

四、南京国民党政府颁布《电业法》

《电业法》颁布之前，南京国民党政府先后出台的电业相关法规有20多种，这些法规分为条例、规则、办法等，其性质可分为工程技术及行政业务两类，但在实际运用中相互掣肘，困难较多，亟应化繁为简，汇总合一。《电气事业条例》和《民营公用事业监督条例》，虽经过立法程序，但其效率远不及法律有力度，亟应改条例为法律，以增强其效力。

抗日战争胜利后，南京国民党政府加快了《电业法》的立法过程。由南京国民党政府建设部约集有关机关及各专家，多次开会研讨，着手起草，并借鉴和参考了英、美、苏等国家的立法经验，针对当时电业为独占性公用事业，经反复论证，将其最重要的专营权、营业年限、营业区域专设一章。1947年11月29日，《电业法》在南京国民党政府立法院第340次会议上得到通过，同年12月10日，由南京国民党政府正式颁布。

《电业法》分9章，共117条。分别是通则、电业权、工程、营业、监督、小型电业、自用发电设备、罚款和附则，依次规定了电业主管机关、经营种类、经营方式、营业区域、经营年限、工程标准、电价、电费、电器承装、电匠作业等内容。《电业法》明确了电力工业公用事业的性质，对电业经营行为有所限制，如电业负责人对于电业事务的处理，如违反法令致他人受损害时负连带赔偿责任；规定了电价标准，但供给自来水、电车、电铁道和公用路灯等公用事业用电，收费率应低于普通电价；对供配电施工期、每日供电时间、紧急供电、停电停业进行了规定；同时加强电业监督，参照当地投资通行利率，以10%～25%的纯利核定电价。《电业法》明确了电业管理权，中央主管机关为经济部，地方采取分级管理办法，从100千瓦至5万千瓦及以上分为四级管理；明确了电业经营权、供电营业管理区域和经营期，同一区域仅能有一家电业经营，对自用发电设备也作了规定。《电业法》明确了工程安全各项规定，如电业设备力求标准化、设置电表仪器记载电量、装置保安设备、应有适当备用供电量，规定电压和频率标准及其公差；要求设置主任技术员，习练触电急救法，发生意外即时报告，对设备随时查验等。《电业法》明确了对窃电者的停电处罚，并可请当地警察或地方自治机关会同办理；对窃盗或毁坏电杆、电线、变压器或其他供电设备者，依刑法的规定从重处断。

南京国民党政府颁布的《电业法》是一部比较全面、完整的法律，是中国历史上第一部关于电业的经济立法，也是多年电业运营实践法律法制的全面总结，在一定程度上促进了电力工业的发展，规范了电能的供应与使用。

五、电压、周波等技术标准的统一

电压及周波不仅涉及电厂间联络，还涉及电器制造、购买和使用等问题，更关系到全国电气事业发展的前途。清末民初，政府没有重视这个问题，因此各地电厂的电压、周波标准不统一，严重影响到电气事业的发展。

1928 年 7 月，上海亚浦耳公司向上海市政府呈报，要求统一全国电压、周波标准，统一采用 200 伏及 50 周波为国定标准，并要求规定各电厂电压升降不得超过 5%。上海市政府以此函告了南京国民党政府交通部。南京国民党政府交通部虽拟有规定，但没有准备实施，准备参照国内情况及各国成例再酌定公布。

1928 年，南京国民党政府建委会成立，建委会认识到，如果不建立电压和周波的统一标准，不利于电气事业健康发展。随即，建委会对全国发电厂的电压及周波进行了调查统计，开始筹备编制电压和周波标准的工作。

当时，中国电力工业发供电设备大都依赖国外进口，来自世界各国，标准不同，差异悬殊。东北、华北、华中地区多采用日本的标准，其他多采用欧美等国的标准。据建委会调查，“中国 220 伏特者有 92 厂，200 伏特者有 39 厂，110 伏特者有 9 厂，230 伏特者有 5 厂。中国以 220 伏特者占多数。世界各国使用之周波大致有四种：60、50、25、16，其中以 50 者最普通。中国用 50 者 105 家，60 者 73 家。外资电厂 35 家中，除南满铁路（与日本同用 60 周波）外，几乎都用 50 周波。以发电容量计，用 50 周波者占 62%，60 周波者占 38%。”[1]

通过参考各国标准，并考虑到经济效益，建委会制定了中国统一的电压、周率标准，并于 1930 年 9 月正式公布了《电气事业电压周率标准规则》，要求电气事业所用的电压和周率应依照该规则所规定的标准。直流电电压以线路满载时的终点电压为标准，定为 220 伏和 440 伏两种；交流电频率定为 50 赫兹，相数定为单相及三相两种；交流电电压以输电线或配电线满载时的终点电压为标准；各级电压伏数也作了具体规定，并要求发电机、变压器、电动机及其他工业用电、电灯电具等的电压均依照该规则附表（见表 2－6）规定予以执行。

至此，中国有了电压及周波的标准，对电气事业的发展起到了积极作用，也反映了南京国民党政府对电业规划的重视与谨慎的态度。

表 2－6　《电气事业电压周率标准规则》附表——发电机变压器电动机电灯电具等之电压[2]

<table>
<tr><th rowspan="3">配电或输电线路线终点之标准电压（伏）</th><th rowspan="3" colspan="2">发电机电压（伏）</th><th colspan="4">变压器电压（伏）</th><th rowspan="3" colspan="2">电动机及其他工业用电电压（伏）</th><th rowspan="3">电灯电具电压（伏）</th></tr>
<tr><th colspan="2">升高变压器</th><th colspan="2">降低变压器</th></tr>
<tr><th>低压方面</th><th>高压方面</th><th>高压方面</th><th>低压方面</th></tr>
<tr><td>220</td><td rowspan="3">单相或直流</td><td>230</td><td>230</td><td>2300</td><td>2300</td><td>230</td><td rowspan="3">单相或直流</td><td>220</td><td>220</td></tr>
<tr><td>380</td><td>460</td><td>400</td><td>4000</td><td>4000</td><td rowspan="2">400</td><td>—</td><td rowspan="2">—</td></tr>
<tr><td>400</td><td>—</td><td>—</td><td>6900</td><td>6900</td><td>440</td></tr>
</table>

[1] 王静雅：《建设委员会电业政策研究（1928—1937）——以长江中下游地区为例》，华中师范大学，2011 年，第 33 页。

[2] 中国电业史志编辑室：《中国电业史料选编（下）》，湖北省电力志编辑室，第 610—611 页。

续表

<table>
<tr><th rowspan="3">配电或输电线路线终点之标准电压（伏）</th><th rowspan="3" colspan="2">发电机电压（伏）</th><th colspan="4">变压器电压（伏）</th><th rowspan="3" colspan="2">电动机及其他工业用电电压（伏）</th><th rowspan="3">电灯电具电压（伏）</th></tr>
<tr><th colspan="2">升高变压器</th><th colspan="2">降低变压器</th></tr>
<tr><th>低压方面</th><th>高压方面</th><th>高压方面</th><th>低压方面</th></tr>
<tr><td>2200</td><td rowspan="9">三相</td><td>—</td><td>2300</td><td>13 800</td><td>13 800</td><td>460</td><td rowspan="9">三相</td><td>220</td><td rowspan="9">—</td></tr>
<tr><td>3800</td><td>230</td><td>4000</td><td>31 500</td><td>30 000</td><td>2300</td><td rowspan="2">380</td></tr>
<tr><td>6600</td><td>400</td><td rowspan="2">6900</td><td>63 000</td><td>60 000</td><td rowspan="2">4000</td></tr>
<tr><td>13 200</td><td>2300</td><td>105 000</td><td>100 000</td><td>2200</td></tr>
<tr><td>30 000</td><td></td><td rowspan="2">13 800</td><td>157 500</td><td>150 000</td><td>6600</td><td>3800</td></tr>
<tr><td>60 000</td><td>400</td><td>210 000</td><td>200 000</td><td>13 800</td><td>6600</td></tr>
<tr><td>100 000</td><td rowspan="2">6900</td><td colspan="2" rowspan="3">高压方面电压在 6900 伏以上者须备有电压调整头若干个，以便提高或降低高压方面电压 5%</td><td colspan="2" rowspan="3">高压方面电压在6600伏以上者须备有电压调整头若干个，以便高压方面低于规定数10%以内时低压维持原态</td><td rowspan="3">13 200</td></tr>
<tr><td>150 000</td></tr>
<tr><td>200 000</td><td>13 800</td></tr>
</table>

注　表中“—”表示引用的史料中无数据。

六、《电力装置规则》等一系列工程技术法规的公布

20 世纪 30 年代，中国的电力工业有了一定程度的发展，其已涵盖到民众生活、工农业生产等领域。为了统一电力工程技术标准，规范电力装置安装和运行，减少电力运行及使用过程中的安全事故，南京国民党政府建委会在工程技术管理方面先后公布了《室内电灯线装置规则》《室外供电线路装置规则》《电力装置规则》《电气事业控制设备装置规则》《电线经过铁路装置规则》《电气事业汽压汽温选订规则》《架空电信及供电线路平行交叉并置规则》一系列工程技术法规。

1.《室内电灯线装置规则》

1930 年 6 月公布的《室内电灯线装置规则》，共 8 章 44 条。规则的主要事项为：① 规定了屋内电灯线装置的适当方法，及免除触电与火险的总体要求。② 适用范围为电灯及其他家用电具装置，不包括电力设备装置。③ 提出了室内电灯线装置的技术要求，包括接户线（附电度表及总开关装置）、屋内线路、开关及保险丝、线路配件、电灯及电具、接地法、导线等。

2.《室外供电线路装置规则》

1931 年 5 月公布的《室外供电线路装置规则》，共 10 章 62 条。规则的主要事项为：① 规定了屋外供电线路的安全方法，使一切危险减至最低限度的总体要求。② 适用范围为用于一切室外供电线路装置，不包括电车接触线、电车馈电线及一切电讯线路装置。③ 提出了室外供电线路装置的技术要求，包括线路通则、架空线路间隔、架空杆线负荷、架空杆线的建筑等级、架空杆线应备的强度、碍子（绝缘子）、架空线路准则、地下线路、接地等。

3.《电力装置规则》

1933 年 7 月 1 日公布的《电力装置规则》，共 20 章 109 条。规则的主要事项为：① 规

定了电力装置的安全方法，使一切危险减至最低限度的总体要求。② 适用范围为普通使用的电力设备，如电动机、变压器、工业电炉、蓄电池、升降机、起重机等装置。③ 提出了电力装置的技术要求，包括接地法、导线、接户装置、屋内线路、开关及保险丝、过载保护、控制设备及电阻器、开关屏板、电动机及其他、变压器及其他、工业电热器、蓄电池、避雷器、起重机电气装置、升降机电气装置、汽油储间电气装置、戏院电气装置、危险场所电气装置、高压装置等。

4.《电气事业控制设备装置规则》

1935 年 6 月 14 日公布的《电气事业控制设备装置规则》，共 11 条。规则的主要事项为：① 提出了控制设备的使用要求。② 规定了控制设备工程计划书、图纸的核准要求。③ 提出了控制设备的技术要求。④ 提出了控制设备的管理要求。⑤ 罚则。

5.《电线经过铁路装置规则》

1936 年 3 月公布的《电线经过铁路装置规则》，共 20 条。规则的主要事项为：① 规定电线经过铁路时，应依照本规则。② 提出了电线跨越轨道及铁路的技术要求。③ 提出了轨道旁电杆、接线的设置要求。④ 规定了电线截面的选择要求（截面、绝缘）。⑤ 提出了电杆及装置的安装要求。⑥ 规定了对地距离和交叉跨越等要求。

6.《电气事业汽压汽温选订规则》

1936 年 11 月 30 日公布的《电气事业汽压汽温选订规则》，共 6 条。规则的主要事项为：① 提出了发电所所用汽压和汽温的选订要求。② 明确了锅炉汽压规定。③ 明确了锅炉汽温规定。④ 规定了原动机汽压汽温选订要求。⑤ 提出了汽压汽温使用和工作许可管理等方法。

7.《架空电信及供电线路平行交叉并置规则》

1937 年 5 月 1 日公布的《架空电信及供电线路平行交叉并置规则》，共 12 条。规则的主要事项为：① 规定了架空电信线路及供电线路平行、交叉或同置一杆时，应依照本规则。② 规定了电信线路与供电线路互不妨碍原则。③ 提出了电信线路与供电线路同杆架设或交叉要求。④ 提出了长途电话的电信线路与供电线路相并行要求。⑤ 提出了电信线路与供电线路同一建筑的要求。⑥ 规定了电信线路与供电线路平行、交叉或同杆架设的安全距离。

这些条款具有较强的可操作性，对于规范当时的电气装置安装，推进电气事业发展具有较大的促进作用。

七、处理窃电规则的出台

20 世纪 30 年代，窃电现象相当严重，屡禁不止，成为电气经营者的一大难题。据南京国民党政府建委会 1931 年编印的《中国各大电厂纪要》记载，在各外资经营的电厂中，窃电现象很少出现，而在国人经营的电厂中，窃电现象较为严重，尤其是民营各电厂的窃电现象更为泛滥，已严重影响到电气事业的发展。1930 年广州电厂的线路损失电量达 65%，其中有 30%为窃电造成的。汉口电厂一年间查获窃电案 3000 余件，每日多达 10

件，北平电厂也因为窃电太多而影响收入。据建委会 1937 年《中国电气事业统计第七号》统计资料记载，1936 年全国电力企业每年损失的电量占全部用电量的 25.46%，其中福建省为 56.67%、广东省为 54.16%、湖北省为 53.51%、云南省为 52.51%、河北省为 40.08%。损失电量中除 10%～15%的合理线路损失电量外，其余为用户偷电与国民党政府的军、政、警、宪部门以及流氓、地痞、恶霸强行用电所致。

大量窃电的存在，严重影响到整个电力事业的发展。从 1930 年开始，南京国民党政府电业相关部门相继公布了一些关于处理窃电的规则。

1930 年 4 月 24 日，建委会公布了《电气事业人检查窃电及追偿电费规则》，对窃电的认定、查获、处理等进行详细规定：

第四条　凡窃电查获实据，除送主管法院法办外，由电气事业人依据规则追偿电费。

第五条　追偿非用户窃电者电费的标准为凡私接电灯，查见灯泡之瓦数，依每日燃用 12 小时计，赔偿 1 年电费，有灯座而无灯泡以 20 瓦计算，有线头无接线器以 100 瓦计算，风扇则以每日 12 小时每年 6 个月计算，私接电动机以所装功率数，依电价追偿 1 年电费，电热用具以每日 2 小时计算追偿 1 年电费。

第六条　包灯用户，除私添插座，私接风扇、电热器具、电动机等以非用户窃电追偿电费方法计算外，凡原订灯数、瓦数以外自行增加的灯数、瓦数，依所增耗电累积计算，追偿 1 年电费。

第七条　凡电表用户绕越表外接线和擅动电气事业人所置表计设备窃用电或阻滞、扰乱电表准确以减少应缴电费，依接表以后用电最多之 1 月追偿 1 年电费。

《电气事业人检查窃电及追偿电费规则》公布实施后，浙江、上海等地区的电业机关及电灯公司反映强烈，对其内容提出了疑问并请求修正。主要的问题是：① 查获窃电后惩办及追偿手续繁琐。② 赔偿损失较轻，应超过适用数。③ 追偿非用户窃电者计算用电时间过短。④ 没有专门对窃电者的处理办法。⑤ 没有明确查获窃电后是否应停止供电。建委会针对上述反映及不断出现的新情况，对窃电处理规则进行不断的修正和完善，于 1933 年 1 月 6 日公布《电气事业人处理窃电规则》。该规则共 9 条，在窃电检查、窃电行为、追偿电费、鼓励举发等方面对《电气事业人检查窃电及追偿电费规则》进行了修正。

为了遏制军、政、警、宪部门以及流氓、地痞、恶霸强行用电。1933 年 12 月，由建委会、军事委员会、军政部、内政部联合颁布《取缔军警政机关部队及所属人员强用电流规则》，强化对强行用电窃电行为的监管，凡未经电气事业人许可擅自接用电不照章付费者，依法予以惩处。

1937 年 7 月 1 日，建委会对《电气事业人处理窃电规则》再次作出修订，修订后的规则对各类窃电行为的电费计算方法更为详细。

南京国民党政府公布及数次修正处理窃电规则后，各地电气事业单位先后制定的营业章程，均按以上规则的原则，对窃电的查获与处理做了具体规定。尽管建委会颁布了法令法规，对保护电力事业发展起了一定的作用，但是长江中下游地区的窃电之风仍盛行于世。究其原因，一是电气公司职员包庇窃电，并为其说情；二是行政官员带头窃电，在社会上产生了不良影响；三是警务人员不配合电气公司查处窃电行为；四是司法机关袭故蹈常，没有切实奉行电业规章。窃电之风没有有效制止，部分电厂损失电量仍然居高不下。

八、《电气事业电度表校验规则》的出台

民国初期，照明用电一般采用包灯包费，部分机关、商号和少量照明用户装表计费，无专职电能计量管理机构，只有少量人员从事计量管理、装接和校验业务。1929 年年初，南京国民党政府建委会接管了全国电力工业，随后成立了电气处与全国电气事业指导委员会，开始了对全国电气事业的管理工作。

随着各地电厂的逐渐增多，电度表的准确度成为用户与电厂之间极为关心的问题，建委会对电度表校验事宜也给予了高度重视。1931 年 6 月，建委会公布了综合性业务行政法规《电气事业取缔规则》，其中与电度表校验相关的内容单独成章“用户电度表之校验”，共 6 条，规定了电气事业单位应备有校验设备、用户电度表校验的周期、负载点和误差限值等，为电度表校验工作的开展提供了依据。1932 年建委会首先在南京筹建了全国标准的电气试验所，该所备有各种电量标准及检定用精确仪器用于开展校验。全国电气事业指导委员会“以中央电气试验所为主干，树立全国电气事业之标准，核定各地电气仪器之标准”，并督促全国各省市设立电度表校验所，方便人们校验电度表。如湖北省建设厅于 1934 年成立电度表校验所，设置三相、单相校验台各 1 台，旋转标准电度表 2 只，电压表和电流表各 1 只，为全省各电气事业单位和用户校验各种电能计量表计。至 1936 年年初，全国各地设立电度表校验机构的省份，有江西、湖北、山东与河南 4 省，浙江、福建、湖南各省则暂时委托省会电厂代为校验，并受电气校验所监督。江苏、安徽亦已筹办电度表校验所。

从 1932 年到 1936 年，电气事业迅速发展，5 年间全国发电度数增加 80%，用电范围不断扩大，灌溉、纺织等工农业生产用电所占比重逐年增加，类型不断丰富。电度表的准确性与发电厂和用户均关系密切，随着发电厂和用户数量的不断增加，电度表校验工作的重要性日益凸显。建委会结合电气事业的发展形势和《电气事业取缔规则》执行过程中积累的管理经验，着手编制关于电度表校验工作的工程技术管理专门法规。

1937 年 7 月 1 日，建委会公布了《电气事业电度表校验规则》，该规则共 15 条，主要作出以下规定：① 按照发电或供电容量的大小将电气事业单位分为四等，并分别规定应配备有校验用户电度表的设备，包括校验电度表（旋转式标准电度表或精确式电度表）、计秒表、电压调整器、移相器等。② 电气事业单位设置的校验电度表每年应送建委会电气试验所、建设厅或市政府所设之电气校验处所、学术机关等校验处所进行校验。③ 校验处所校验电气事业单位的校验电度表时，应加以调整，使旋转式标准电度表和精确式电度表的误差分别不超过±0.8%和±1.5%。④ 校验处所校验电气事业单位的校验电度表后，应加封印，封印由电气事业单位负责保护。⑤ 将用户电度表校验分为下列五种：初装校验、定期校验、非定期校验、抽查校验和仲裁校验；并规定接到用户申请后，非定期校验应于 10 日内办理，仲裁校验应于 3 日内会同用户办理完毕。⑥ 用户电度表须分别确定在全负荷、常负荷和低负荷条件下的误差，然后加权计算出平均误差，若电度表旋转部

分空载时旋转一周不足 10 分钟、全负荷常负荷误差超过+2%、低负荷误差超过+2.5%或平均误差超过+2%，则认为校验结果为不准确。⑦ 用户电度表经校验后，应由电气事业单位加以调整，使之空载时其旋转部分旋转一周在 10 分钟以上，全负荷常负荷误差在±2%之间，低负荷误差在±2.5%之间，平均误差在 0 与－2%之间。⑧ 规定了电度表校验结果不准确时电气事业单位赔偿用户电费损失的计算方法。与《电气事业取缔规则》相比，《电气事业电度表校验规则》将校验类型由两种增加到五种，负载点由两个增加到三个，并增加了电度表校验后的调整、封印、电费损失赔偿相关规定，内容更加完善和细化，具有更强的实用性和可操作性，使得电度表校验工作更加规范。

然而，随着 1937 年 7 月 7 日日本侵华战争全面爆发，被战火摧毁的沿海各省内的电厂和电气公司不计其数。电度表校验工作也受到战争影响，《电气事业电度表校验规则》实际执行情况与要求还存在差距，但校表工作依然克服重重困难延续下来，在支持战时电力工业建设和正常生产经营、培养电力技术人才等方面发挥了重要作用。

民国时期各地已经在政府的统一监督和指导下积极开展电度表校验工作。从 1931 年的《电气事业取缔规则》到 1937 年的《电气事业电度表校验规则》，电度表校验相关内容更加全面和具体，从一个章节到独立成篇，这也体现着社会各界对电度表校验工作的充分重视。现代的电能表检定规程中的潜动、检定周期、检定项目和方法等相关规定以及供电营业规则中退补电费相关规定等均与《电气事业电度表校验规则》存在承袭关系，此规则为电能计量管理法规的进一步完善奠定了基础，影响深远。

第三节　农村用电的起步

辛亥革命后，“实业救国”思想运动兴起，社会经济发展较快，电力工业由于技术、功能方面的巨大优势，成为发展较快的行业。随着各地工业的发展，电厂在各地陆续兴办，逐步从大城市发展到农村集镇。1914 年，江苏吴江的同里镇，一家米行用柴油机发电供碾米和附近居民电灯用电。其后，许多经济发达的集镇办起了小电厂供当地居民用电，以照明用电为主，兼用于碾米、榨油等农副业加工，多为当地富商集资兴建。早期的小电站多为柴油机发电，效率较低；后期兴建了一些效率高的燃煤小火电厂，如天津芦台镇兴办的装机 100 千瓦的小火电厂，为当地居民和附近农户供电。

1924 年，江苏戚墅堰震华电厂[1]率先尝试电力灌溉农田，当年赶上大旱，禾苗干枯，唯独使用电力灌溉的农田获得丰收，之后电力灌溉在更多的乡镇得到推广应用。1929 年以后，南京国民党政府推广电力灌溉，成立了模范灌溉管理局，建设了三处电力灌溉区。1937 年，电力灌溉面积发展到 15 万亩以上。

受震华电厂发展电力灌溉的启发，苏州电气公司在附近农村发展电力灌溉，同时架设

[1] 戚墅堰电厂的前身。

线路、收购经营不利的小电厂，逐步扩大营业范围，从“发供合一、一厂一网”的孤网运行状态，逐渐发展成跨 5 县 27 乡镇的小区域农村电网。

但从全国范围看，中国农村用电发展还是非常缓慢的，广大的农村基本上没用上电。到中华人民共和国成立时，中国农村用电量仅发展到 2000 万千瓦·时，仅占当时全国总年用电量的 0.58%，农村人均年用电量仅为 0.05 千瓦·时。

一、农村集镇办电的兴起

20 世纪 20 年代前后，随着乡村经济的发展，沿海民营电力工业发展较快，江苏、浙江、天津等地一些经济发达的集镇陆续办起电厂。其中，尤以江苏吴江最为突出，同里、盛泽、震泽等集镇先后以集资的形式办起了电厂，所发电力除用于照明外，还用于碾米、榨油等农副业加工。

1914 年，江苏吴江同里镇福泰米行用柴油机带动直流发电机发电，用于碾米的同时向居民供电，供 500 盏电灯用电，但电压较低，电灯亮度不足。1915 年秋，无锡商人张志毅在江苏吴江盛泽镇西荡口创办电厂，每晚 17 时至 24 时发电，供 800 余盏电灯用电。[1]

1915 年，浙江萧山临浦镇的乾元电气公司，架设低压线路供镇上照明用电。[2]1917 年 8 月，浙江临海海门[3]葭沚镇黄楚卿为其母祝寿，创办恒利电气公司，置办 15 千瓦柴油发电机组 1 台，供 200 盏 16 瓦电灯用电。[4]

1918 年 2 月，浙江吴兴[5]南浔镇庞赞臣与江苏吴江震泽镇施之敏、倪次阮等人集资 10 万银元，在南浔镇东大街建厂，创建浔震电灯股份有限公司，在震泽设震泽电灯事务所。1919 年建成投运，供电范围为南浔及震泽，两镇之间通过 6 千米 2.3 千伏高压线路连接。开办初期，安装 135 马力蒸汽交流发电机组 1 台，备用 45 马力蒸汽机组 1 台，于每天傍晚至 23 时发电，供夜间照明用电。1928 年，吴兴电气公司为排涝在吴兴县北郊太湖边临时架设低压线路，装电动机，利用电力戽水[6]，次年在青铜门外试验电犁田。1930 年浔震电灯股份有限公司因用电户逐渐增加，原有发电容量不足，添置 300 马力蒸汽发电机组 1 台，原发电机组改作备用。发电时间除农历除夕至正月初四通宵发电外，仍只在前半夜发电。1934 年，又添置 100 马力柴油发电机组 1 台，当后半夜负荷减轻时改由此机组发电，至此公司开始每日通宵供电。1935 年，年发电量约为 20 万千瓦·时。1937 年抗日战争全面爆发后，公司遭到抢掠，输电线路被毁，被迫停业。

1919 年 1 月，江苏吴江盛泽镇复新电灯公司开机发电，供本镇居民照明。该公司由

---

[1] 盛泽镇地方志办公室编：《盛泽镇志》，江苏古籍出版社，1991 年，第 254 页。

[2] 杭州市电力工业志编纂委员会编：《杭州市电力工业志（1896—1990）》，水利电力出版社，1994 年，第 185 页。

[3] 今椒江。

[4] 浙江省电力工业史编委会编：《浙江省电力工业史资料长编（供电部分）》，第 182 页。

[5] 今浙江湖州。

[6] 戽（hù）水，中国农业生产风俗。流行于淮河流域以南广大地区，旧时以江南产稻区尤盛。为一种抗旱技术。干旱季节，凡水岸低下，不能安放水车或家穷无力置水车者，乃用戽斗，汲水灌田。

郑慈谷、沈之万、仲少梅等人在登椿桥南堍集资建成，资金 35 000 元，仲少梅任董事，沈之万任经理，职工 30 余人。安装 80 千瓦柴油机 1 台、32 千瓦直流发电机 1 台。初期因动力不足，灯光时明时暗。1926 年改为交流电，使用蒸汽机。1929 年，迁至保盛桥南堍，并增添德国西门子 540 马力柴油机和 400 千瓦发电机各 1 台，改名复新电厂，用户约 480 户。其后日间供电，由织造[1]行业包用，以每天 5 万千瓦·时计算电费。后因用户数量增加，该厂无力扩大经营，于 1934 年 1 月 22 日被苏州电气公司收购，于 6 月 1 日移交，更名为苏州电气厂盛泽分厂事务所。

1919 年，位于蓟运河南岸的天津宁河芦台镇成立芦台企业电灯公司，资金 10 万元，设备为蒸汽机和交流发电机，发电容量为 100 千瓦，给周边镇区供电。

这一时期，各地民族资本家竞相仿效，在农村集镇兴办电业，如山东长山的周村镇、湖北沔阳的新堤镇、安徽宣城的永宁镇、福建建瓯的洋口镇等集镇相继办起了小型电厂，这些电厂普遍规模较小、盈利难，后期部分停业，部分被大厂兼并持续发展。

二、戚墅堰电厂开创农村电力排灌的先河

20 世纪初，江苏武进开始出现柴油机和水泵抽水灌溉农田，到 20 世纪 20 年代，用机器代替人力或畜力进行灌溉在苏南地区较为普及，而且形成了“包打水”经营形式。该形式一般由集体或个人购买灌溉机械设备，组成灌田公司，指派专人负责设备的使用和日常维护，向农户提供灌溉服务，并收取相应报酬。1924 年，江苏戚墅堰震华电厂尝试电力灌溉农田，获得成功，开创了中国农田电力灌溉的先河。

1924 年，震华电厂急欲推销过剩的电量，副厂长兼常州办事处经理江湛与其兄武进县定西乡[2]乡董江澄商洽开通至定西的线路，试办电力戽水事宜。双方一拍即合，厂方随即命工程师沈嗣芳到定西洽谈业务并签订合同，同时江澄派表弟杨挺葆组建管理机构“利民农事合作社”。6 月，由常州东门变电所至定西的 2.3 千伏输电专线开通，除市镇照明外，主供蒋湾桥和吉三垛两个戽水站用电。每个戽水站安装 27 马力的电动机 1 台，6 英寸口径抽水泵 1 台，共灌溉 500 余农户的 2000 余亩稻田。电力“包打水”每亩收费仅 1.2 元，比人力、畜力戽水便宜一半以上。赶上当年大旱，禾苗干枯，唯独使用电力戽水的农田获得丰收。电力灌溉既省力又方便，受到农民欢迎，被农民称为“电龙”“龙王水”。第二年便有许多农户要求使用电力灌溉，电力灌溉扩展到 5 个乡，戽水站达到 12 座，灌溉面积 9834.87 亩。第三年新增戽水站 25 座，新增面积 24 600 亩。1927 年发展到无锡，1929 年武进、无锡两地电力灌溉面积达到 38 884.87 亩。[3]

灌溉收费开始采用包田制，直接抽水入田每亩 1.7 元，间接抽水入田每亩 1.2 元。因包田制用电浪费，遂于 1926 年改为包度制，每亩包电 10 千瓦·时，每千瓦时电价 0.075 元。

---

[1] 将经、纬纱线在织机上相互交织成织物的工艺过程。

[2] 今湖塘桥。

[3] 农业部农业机械化管理局、北京农业工程大学编：《中国农业机械化重要文献资料汇编》，北京农业大学出版社，1988 年，第 1342—1344 页。

1928 年 10 月，震华电厂被收归国有，更名为建设委员会戚墅堰电厂。南京国民党政府建委会意识到发展农村灌溉有益于农业进步，提议督促国营及民营电厂建线路至各乡以供农田灌溉，宣传电力灌溉的好处，指导农民电力灌溉的方法，在各省设立模范灌溉区，劝导银行投资电力灌溉事业。1929 年 10 月，建委会在戚墅堰电厂常州办事处成立了第一灌溉区委员会，以扩大武进、无锡一带的电力灌溉。该委员会由建委会、电气处、水利处、太湖流域水利委员会、戚墅堰电厂 5 方人员组成。1931 年 4 月，建委会成立模范灌溉管理局，其主要任务是提高灌溉技术与推广灌溉事业。该局下设三个科，分别为总务科、工务科与农务科，将第一灌溉区委员会改组为武锡区办事处，后又成立庞山实验场和凤怀区实验场，以期增加农田产量。

武锡区办事处成立时，区内共有电灌站 63 座，分散在乡间，路途遥远，管理和通信均感不便，遂于 1931 年安装专用管理电话，分布于 20 多个站。1931 年，灌溉农田约 65 000 亩。同年，在地势低洼的芙蓉圩建成电力排涝站，积水可迅速排出，化潦为田。电灌站的管理方式为每站聘 1 名主任，必要时若干站组成 1 个组并设组主任。办事处发现该方式管理不便且加重了农民负担，遂于 1935 年推行合作社模式。对办理合作社者，免除事务费，且将每千瓦时电价降低至 0.06 元，当年便成立了 7 个合作社。至 1937 年，发展到 30 个合作社。庞山实验场，1931 年 5 月成立，开发江苏吴江庞山湖地区。翌年 3 月，开始围垦，由于湖水上涨与上海“一·二八”事变等原因，仅开垦 150 余亩，但由于采用柴油机抽水灌溉水稻获得了丰收。到 1934 年 4 月，开垦面积达 2000 余亩。1935 年，改用苏州电气公司的电力作灌溉动力。到 1936 年年底，发展到耕地 9000 余亩、鱼荡 400 余亩。凤怀区实验场，1934 年 12 月成立，开发安徽凤阳方邱湖与燕鸣湖地区；1936 年 4 月完工，垦殖面积达 8600 余亩。因原有电厂动力不足，在实验场附近的临淮关车站购地新建电厂，安装柴油机、发电机各 1 台。该电厂除供照明用电以外，主要用于实验场的电力灌溉和排水工程。至 1937 年全面抗日战争前，实验场垦殖面积达 10 000 余亩。

电力排灌比人力、畜力戽水价格便宜许多，比使用柴油机节省人力，操作省时省力，粮食增产，得到农民的认可，电力排灌的田价逐渐增高。到 1937 年，无锡、武进、丹阳等地的电力灌溉农田，发展到 15 万亩以上，电力灌溉有了良好的发展前景。

三、苏州电气公司的供电向农村延伸

1919 年 3 月，日商控制苏州振兴电灯公司的全部资产被社会知晓后，各界群起反对，市民纷纷剪线拒用振兴公司的电。为抗衡被日商控制的振兴电灯公司，保障苏州市民用电，1919 年 11 月 13 日，苏州总商会邀请苏州各界人士开会，讨论集股 30 万元创建苏州电气公司。到会代表均赞成，认股踊跃，总商会推举宋友裴等 8 人为发起人，成立苏州电气公司筹办处。1920 年 5 月 27 日在玄妙观召开创立会，正式定名为商办苏州电气股份有限公司（简称苏州电气公司）。规定企业性质为民营商办，只招华股，不招外资。发电厂厂址选在胥门外枣市街，购置 300 千瓦汽轮发电机 1 台，1921 年 2 月 7 日，正式发电营业。

1922—1924 年间，苏州电气公司陆续添置设备，扩建厂房。1925 年，苏州电气公司出资 11 306 元收购吴县浒墅关镇耀华电灯厂，在胥门发电所建设 16.5 千伏升压站，沿沪宁线架设一条 16.5 千伏输电线路——浒关线至浒墅关镇，营业范围由城区向邻近县镇扩展。同年，供电向农村延伸，在浒墅关农村施行电力灌溉，灌溉农田 4000 多亩。1926 年，苏州电气公司出资 2.34 万元收购吴县木渎镇一所小电厂，出资 1012 元收购吴县黄埭镇大新电灯厂，开始向两地乡村供电。

1930 年，出资 4.26 万元收购无锡荡口镇烨烨电厂。1931 年，架设 1 条 6.6 千伏线路通到吴县唯亭镇，供该镇照明用电。1932 年 12 月，收购昆山正仪镇唯利电气公司，供正仪镇照明用电，并于 1933 年，架设 6.6 千伏输电线路至正仪镇。1934 年，出资 6.964 万元收购吴江盛泽镇复新电厂。1935 年，建成胥门发电所—松陵—八坼—平望—盛泽的 16.5 千伏输电线路——吴江线。同年初，收购吴江八坼镇大浦碾米电灯厂，4 月，八坼镇由苏州电气公司供电。1936 年 7 月，收购浙江嘉兴王江泾镇泾明电气有限公司，吴江线延伸至王江泾镇。1936 年，收购吴县望亭镇望亭电厂，供该镇照明和碾米用电。同年，出资 1000 元收购光福镇荣兴碾米电灯厂。1937 年 3 月，出资 7500 元收购吴江平望镇公兴协记电灯公司，开始向该镇供电。

到 1937 年，苏州电气公司通过输电线路延伸和收并小电厂的方式，建成了初具规模的小区域农村电网，供电范围发展到吴县、吴江、无锡、昆山、嘉兴 5 县的 27 个乡镇。除供乡镇居民照明和碾米用电外，还供浒墅关、望亭、东桥、黄埭、西津桥、木渎等农村 2 万亩农田灌溉用电。

第四节 电力供应的曲折发展

辛亥革命后，海南岛及西南、西北 5 省陆续成立官办、商办的电灯公司或电厂，中国民族电力工业得到了初步发展。1931 年，“九一八”事变爆发后，日军强行兼并和侵吞了中国东北各地的民营电力企业。1937 年“七七事变”后，日本发起了对中国的全面侵略战争，南京国民党政府在正面战场节节败退，被迫将政治、经济重心西移，沿海大批人员和工矿企业内迁至“大后方”，西南地区的用电需求量激增，电业发展迅速壮大。这期间，中国共产党领导的抗日武装力量在解放区建设了一些小型发电站，不仅为解放区军工生产提供了电力保障，也为中华人民共和国培养了一批电力建设人才。

1928—1937 年，中国电器工业有了一定程度的发展。以南京国民党政府建委会电机制造厂和中央电工器材厂为代表的国家资本电工企业开始兴建。而在民族资本兴办的企业中，以亚浦耳灯泡厂、华德灯泡厂、华成电器制造厂为代表，产品远销海内外，成为中国民族电器设备制造企业成功的范例。

一、海南岛及西南、西北5省陆续开始用电

晚清时期，随着资本主义生产技术及装备的输入，电能的生产和应用也相继输入中国。这期间，也是中国民族电力工业与帝国主义竞争、抗衡的创业时期，各地纷纷成立官办、商办的电灯公司或电厂，由于受政治、经济、人文地理、风俗习惯等因素影响，处于南方地区的海南岛及西南、西北部地区的贵州、西藏、陕西、宁夏、青海5个省区，直到辛亥革命后才开始陆续用电。

海南的有电始于1914年。清末举人林居升、华侨姚如轩和美国教徒陈正纪3人合股创办海口华商有限公司[1]，配备有发电机3台，合计功率为147千瓦（200马力），开始为海口主要商业街区供电，自此海口市区夜间有了电灯照明。到1920年，新增3台柴油发电机，装机容量增加到400多马力。由于发电机容量和相关供电设备所限，海口华商有限公司只在夜间发电，供电范围只限于商店、饭店、旅馆等商业场所。

陕西的有电始于1917年。西安警备司令张丹屏[2]，以私人名义于1917年在西安市开元寺[3]创办了一个小型电灯厂，使用1台55.95千瓦的柴油发电机发电，供开元寺内达官贵人享乐使用。部分富余电力，供钟楼附近少数商户照明。私人办电灯厂财力有限，又无政府支持。运行不久，旧发电设备损坏严重，无力修复，不得不停办。陕西省政府曾于1928年拨款检修，勉强运行了一段时间，终因设备陈旧老化，故障频繁，停止发电。开元寺电灯厂仅运行1年多时间，但它是陕西第一次成功将电力用于商业照明的尝试。

贵州的有电始于1924年。1923年，贵州桐梓系军阀周西成出任贵州军务会办、黔军第三师师长，兵驻赤水县城。其为扩大军事实力，扩张地盘，在赤水办起贵州第一个用机器生产枪弹的兵工厂。1924年特为兵工厂购置一台5千瓦发电机和柴油机，安装于赤水城内禹王宫正殿[4]，专供军务会办公署机关照明和兵工厂两三百盏灯照明使用。

宁夏的有电始于1926年。1926年，芬兰商人在宁夏洪广营[5]创办甘草膏厂，以柴油机为动力发电，这是宁夏最早的电力供应。1933年由宁夏省建设厅接办。

西藏的有电始于1928年。藏族人强俄巴·仁增多吉出生在拉萨堆龙德庆县的一个中等贵族仁岗巴家里，在少年时代读私塾，受到了良好的教育。1913年，达赖从藏族中层贵族子弟选出他和其他3名青少年去英国留学，期间强俄巴·仁增多吉学习了发电、电机技术。1923年，强俄巴·仁增多吉回国途经印度加尔各答的比尔商店时，购买了全套英国制造的发电设备，容量125马力，电压3300伏。设备先经海路运输，再用人背畜驮，历时一年多，运抵拉萨。强俄巴·仁增多吉将修建夺底电站的报告呈送西藏噶厦政府，1924年藏历2月8日，十三世达赖喇嘛批准动工兴建电站。1925年开始动工，1928年建成发

[1] 1923年改组，更名为琼郡启明电灯，也称海口启明电灯有限公司。

[2] 陕西安康人。

[3] 今开元商场所在地。

[4] 今正南街口电影院内。

[5] 今贺兰县境内。

电。西藏夺底发电厂是西藏第一座水电站，也是中国内陆地区的第二座水电站。电站的投入使用，结束了西藏世代以酥油和松脂照明的时代。夺底发电厂在运行 18 年后，因管理不善，设备老化，于 1946 年停运。

青海的有电始于 1941 年。1939 年，青海省政府与南京国民党政府资源委员会合资筹建西宁电厂。1940 年 11 月 1 日，青海西宁电厂正式建立，资源委员会任命孙运璇（后曾任台湾地区行政管理机构负责人）为首任厂长，厂址在工会巷[1]。建厂初期工人职员 20 人左右。1941 年 2 月 15 日，西宁电厂第一台 29 千瓦柴油发电机安装完毕并投入生产，从而结束了青海省无电灯的历史。

二、抗战时期大后方的电力建设与应用

（一）四川的电力供应

四川从 1905 年开始出现电灯到抗日战争全面爆发前的 30 年间，由于军阀混战，社会动乱，四川的工农业生产及交通运输落后，电力发展十分缓慢。为数不多的发电厂仅向成都、重庆以及附近一些商业、交通比较发达的中小城镇提供电力供应，且多为军阀所把持。这段时间，四川电力主要用于照明，电力用户很少。据统计，1935 年，全省共有照明用户 3.3 万户，用电人数约占全省总人数的 3%。到 1936 年，全省营业性的 36 家发电厂，发电装机总容量 7270.9 千瓦，年发电量 1037.5 万千瓦 • 时。

抗日战争全面爆发后，随着南京国民党政府迁都重庆，一大批工矿企业，特别是军工生产厂家陆续内迁至四川等地，使当地的用电需求激增。在此期间，四川的电力供应主要由原来的地方电力企业、南京国民党政府资源委员会所属的国有电厂和各县的小型电厂等提供。

原有的地方电厂中，主要为成都、重庆等地提供电力供应的是成都启明电灯公司和重庆电力股份有限公司。其中成都启明电灯公司向上海西门子洋行购得一台 2000 千瓦发电机组，于 1937 年 3 月安装就绪后，与原 1000 千瓦机组并机运行，实行全天供电，电表用户 6746 户，包灯用户 3927 户，动力用户 23 户，电热用户 11 户，年售电量 285 万千瓦 • 时。1941 年，成都启明电灯公司的年发电量已达到 730 万千瓦 • 时，进入该公司在 1949 年前 40 年中的“鼎盛时期”。重庆电力公司在 1937 年到 1938 年期间，扩建了大溪沟电厂，新装 2 台 4500 千瓦发电机组，装机总容量达到 1.2 万千瓦，跃居全国一等电气事业行列。

资源委员会迁到四川后，先后兴办了万县、岷江、宜宾、自流井、长寿、巴县、泸州、都江等电厂，共有发电装机容量 18 942 千瓦。这九个电厂动力用户所占比重大，用电量约占售电总量的 80%，主要供熬盐、造纸、水泥以及军火（工）、化工厂及自流井工业生产等用电。

抗日战争期间，四川各县小电厂也进一步发展。大足、綦江、绵竹、广安、永川、荣县、温江、隆昌、云阳、射洪、绵阳、遂宁、眉山、达县、三台、奉节、铜梁、邻水、乐

[1] 现法院街西宁锁厂。

至等地都先后办起了小电厂。这些电厂的发电装机容量一般都在 100 千瓦以下，主要为各县中小城镇提供电力供应。

1937 到 1945 年的八年全面抗战期间，四川的发电设备装机容量增长了 7.25 倍，总装机容量已超过 6 万千瓦，电力供应得到了较大发展。抗日战争结束后，随着国民党发动的内战不断升级，加上一些在抗日战争期间入川的厂矿企业又随即迁移出川，抽走了部分资金和设备，四川电力供应急转直下，急剧回落。

（二）重庆的自备电厂建设

抗日战争全面爆发后，陪都重庆市区沿长江、嘉陵江两岸的面积不断扩大，人口由战前的三四十万人逐渐增至一百二十余万人，从沿海各省迁入重庆的工厂多达四五百家，国民党军政机关、学校、军队接踵而来，电力负荷陡增。在此期间，重庆电力公司及南京国民党政府资源委员会所属的万县、长寿、巴县等国有电厂得到了扩建，装机容量有了一定的增加，但电力供求矛盾仍然十分突出，甚至呈日趋尖锐之势。一些工矿企业用电要求急，于是一些有财力的工矿企业便开始兴办自备电厂，并逐渐形成抗日战争时期四川电力供应的一大特点。自备电厂的数量和装机容量以重庆地区为第一，多为兵工厂所办。纺织、化工、煤矿以及机械行业也有自办电厂。

1937 至 1948 年间，重庆共有 16 家 200 千瓦及以上的厂矿自备电厂，分别为第十兵工厂、第二十兵工厂、第二十一兵工厂、第二十四兵工厂、第五十兵工厂、天府煤矿、大明纺织厂、重庆钢铁厂、裕华纱厂、豫丰纱厂、中央造纸厂、民生机器厂、渝鑫钢铁厂、国防广播电台、军政部纺织厂（渝新纱厂）、申新纱厂等，自备电厂发电装机总容量 32 795 千瓦，占四川全省工矿企事业单位自备电厂发电装机总容量的 82.7%。

抗战期间，日本侵华军队飞机经常对重庆进行轰炸，重庆的电厂成为日机轰炸的重点目标之一，难以正常生产。1939 年 1 月，国民党重庆行辕勒令重庆电力公司将电厂的发电设备作紧急拆迁、疏散，拆除 2 台 1000 千瓦机组迁往南岸弹子石，设立南岸应急电厂，于同年 8 月 9 日恢复发电，供南岸地区用电。1940 年 6 月，大溪沟电厂连续遭日军飞机轰炸，不能生产，蒋介石遂手令将该厂 1 台 4500 千瓦机组拆除到鹅公岩两个山洞内建设山洞电厂。经一年零十个月建设，山洞电厂于 1942 年 4 月 15 日正式对外供电。这是 1949 年前建成的全国第一座大型洞内电厂。

抗日战争结束后，随着国民党政府还都南京和内战不断升级，重庆的电力工业急转直下。1949 年 11 月 29 日，国民党军警特务对重庆地区的工矿企业自备电厂进行了严重的破坏，第五十、第二十、第二十一、第二十四兵工厂和钢铁厂的发电机组全部被炸毁。被炸坏的发电机组总容量 12 750 千瓦，相当于重庆地区兵工厂自备电厂总发电装机容量的 80%。

（三）西南云贵地区的用电需求激增

1937 年抗日战争全面爆发后，中国东部沿海及长江中下游的城市相继沦陷，部分工商业、机关、学校被迫西迁，云南贵州处于中国西南大后方，自然成了西迁的机关、学校、工商业的落脚点之一。昆明建立起云南的机械工业，特别是军工企业。清华大学、北京大学、南开大学三大著名高等学府迁至昆明成立了西南联大，大批知识分子来到边疆。1938年至1939年间，由省外迁入贵阳的厂商就有101家。因此，云贵地区用电需求迅速增长，但由于该地区经济文化落后，工业基础薄弱，电力发展缓慢，导致电力供应不足，为解决工业和市政生活用电，云贵地区新建、扩建了一批官办、商办、官商合办的水、火电厂。

1938年3月，国民党政府资源委员会在昆明市西9千米石嘴村马街子建设昆湖电厂。1941年3月，昆湖电厂建设喷水洞发电所工程。1945年，昆湖电厂（马街子发电所和喷水洞发电所）共安装2000千瓦汽轮发电机组3台，总装机容量6000千瓦，为国民党政府资源委员会在抗日战争时期大后方经营的10个火电厂中发电容量最大的电厂。马街子发电所向昆明西郊和北郊供电，喷水洞发电所供附近煤矿及宜良县用电；两个厂其余电量通过昆明小坝变电站售给耀龙电力公司。这一时期，云南水电建设也有了较快发展。1943年5月，石龙坝电厂[1]开始第五次扩建。1945年，云南共有昆明石龙坝、南桥、大理万花溪和下关玉龙4座水电站，总装机容量4956千瓦。同时期，随着电力供应的增长，云南电网也获得发展，长距离线路和33千伏电压等级的输电设施开始出现。

1938年6月3日，资源委员会向贵阳电灯厂增资，并将贵阳电灯厂改名为贵阳电厂。贵阳电厂增资后，购得160千瓦交流汽轮发电机组2套，在贵阳水口寺购地2.17万米^{2}另建新厂，于1939年3月开始发电。1940年4月，资源委员会与贵州企业公司共同为贵阳电厂增资，到1945年1月份，贵阳电厂装机容量达1040千瓦，当年发电量473万千瓦·时，照明用电3300户，工业用电71户，路灯1007盏。

1945年8月，抗日战争胜利后，西迁的机关、学校、工商户大部分回迁，用电需求回落。1949年，云南省年发电量5100万千瓦·时，占全国总发电量的1.28%；贵州省年发电量722万千瓦·时，占全国总发电量的0.17%。

三、解放区的电厂建设与用电

抗日战争时期，中国共产党建立了巩固的晋绥、晋察冀、冀热辽、晋冀豫等抗日根据地。抗战胜利后，人民解放军在华北战场上和国民党军队展开了针锋相对的斗争，保卫了解放区。解放区克服重重困难，自力更生，兴建电厂，解决了兵工生产和军政机关用电问题，有力地支援了人民解放战争。

1. 延安阎店子发电厂为无线电台提供电力

1941年，中国共产党在延安阎店子创建发电厂，尽管发电功率只有3千瓦，但却支撑着几十个无线电台，把中国共产党的联络范围扩展到国统区乃至苏联，这也成为中国共产党领导电力事业的开端。当时毛泽东主席的住地枣园距阎店子不到10里，1943年春，通往枣园的输电线路架通。

2. 漳河上的水电站为解放区提供电力

1942年2月，八路军129师积极响应党中央“自己动手，丰衣足食”的号召，组织

[1] 即石龙坝水电站。

群众，在清漳河上游开挖漳南渠引水灌溉。同时利用漳南渠和漳河之间形成的 5 米落差，建成了涉县赤岸水电站。电站引用流量 0.5 米^3/秒，用自制的木质水斗式水轮机带动 10 千瓦发电机发电，供应当地军工用电、司令部照明和机要通信用电。

1944 年 7 月，晋冀鲁豫军区西达兵工厂在其驻地涉县，兴建了一座装机容量为 28 千瓦的西达水电站，为兵工厂和政治部大礼堂（驻王堡村）提供动力和照明用电。水电站利用永顺渠与漳河之间的磨坊木质冲击式水车，落差 7 米，引用流量 0.5 米^3/秒。1948 年，该水电机组随军工厂搬迁到山西省长治县。

1945 年 3 月，晋冀鲁豫军区在河北省涉县和山西省左权县交界处的渠水茅岭底村，利用封南渠与漳河之间的 6 米落差，引用流量 0.5 米^3/秒，用木质水斗式水轮机带动发电机，建成装机容量为 10 千瓦茅岭底水电站，为太行山银行二局三厂提供动力和照明用电。

3. 张家口民生电业公司赴延安安装电灯

1946 年 7—10 月，晋察冀边区张家口民生电业公司职工组成 11 人的"赴延安安装电灯工作队"，携带柴油发电机和各种电气材料、物资，装满了 20 辆大车，由张家口出发，跋涉千里，奔赴延安，为党中央毛主席运送供电设备，安装电灯，改善党中央机关办公条件，以表达张家口工人阶级对党的忠诚拥护和热爱。

4. 沕沕水水电站为西柏坡提供电力

1947 年 4 月 16 日，刘少奇、朱德率中央工委机关来到河北平山县西柏坡。原在张家口、宣化一带的晋冀鲁豫军区第 33 兵工厂，也分散迁驻到平山县西南部一带，急需能源动力提高生产能力。平山县西南边缘的险隘河上游，有一个三面环山、一面临水的山村——沕沕水村，因村西高山上有一股泉水，长年不断，水声"沕沕"，由此得名。

水电站的发电机是解放井陉时，在井陉矿区缴获的一台 155 千瓦的发电机。水轮机是设计人员按照旧书摊上买来的一本日文水电技术书，由略懂日语的技术员龚蕴章连蒙带猜、边译边同大家研究，以木材为主制作出的。输电导线是乔装成收破烂的商贩混入国民党军队控制的石家庄城内，收购粗细不一、材质不同的旧导线，细股并粗股、粗股拆细股解决的。

晋察冀边区工业交通学校校长黎亮负责电站设计，教师芦成铭、周土富负责土建和机电设备安装，孟宪章负责施工管理。工程于 1947 年 6 月 20 日开工，解放军战士、边区工业交通学校学员和乡农会的农民参加了施工。水泥不足，就用 90%的红土和 10%的石灰混合而成的"土水泥"代替。沕沕水水电站设计水头 95 米，设计流量 0.3 米^3/秒，引水渠长 688 米，压力池容积 4200 米^3，压力管道为明铺铸铁管，地面式封闭厂房，装机容量 155 千瓦，架设输电线路 46 千米，安装变配电设备 8 处。工程历时 7 个月，于 1948 年 1 月 25 日竣工。

1948 年 7 月，沕沕水至西柏坡 27 千米的输电线路架通，沕沕水水电站不仅为军工生产提供电力保障，而且为党中央驻地西柏坡点亮了电灯，为发报、广播提供了电源。在这里，党中央、毛泽东主席指挥了决定中国命运、震惊中外的三大战役；在这里，召开了具有重要历史意义的中国共产党七届二中全会。沕沕水水电站为中国革命作出特殊贡献，朱德总司令评价沕沕水水电站是“边区创举”，并亲笔题写“红色发电厂”。

5. 葫芦汪火电厂为边区提供生产用电

解放战争时期，晋察冀边区在曲阳、阜平、涞源等一带建起一批兵工厂，上级决定在葫芦汪再建一座大容量的电厂。

电厂的发电机和锅炉分别安装在南北两个山洞里，烟筒顺山爬上去。蓄水池建在山洞前，引唐河支流供发电用水。发电设备是从山西阳泉电厂拆迁的一台 650 千瓦发电机组，德国西门子公司制造。设备运输是在国民党飞机轰炸下完成的，200 多千米山路，历时四五个月才运到。机组安装条件简陋，工人们自制绞磨，将笨重庞大的锅炉和汽包移进了山洞，安装就位。

1948 年 5 月，电厂正式投入运行，电力主要供应军工厂用电，以及相邻的边区工业局化工总厂生产用电。

6. 贺龙电厂为边区提供生产、照明用电

1947 年，在晋绥军区司令员贺龙的直接领导下，在山西兴县创建了一座火力发电厂，即晋绥军区工业部第六厂，俗称“贺龙电厂”。

贺龙电厂装机总容量 116 千瓦，安装 50 千瓦和 66 千瓦发电机组各 1 台。1946 年 9 月，由下花园发电厂等单位电业职工组成的赴延安的电灯安装工作队到达了兴县，带来的一台柴油发电机和大批电气材料，就留在了兴县。1947 年年初春，晋绥军区后勤工业部将这台 50 千瓦的发电机和一台 60 马力（44 千瓦）的立式蒸汽机运到兴县后发达村，从山西崞县拆迁来一台 66 千瓦发电机、两台锅炉和一台蒸汽机，作为晋绥兵工六厂的发电机组。

为了防止敌人空袭，将主厂房设计在较为隐蔽的土丘下面，机房为土崖打洞、再用石块砌筑的洞式结构。发电机和锅炉分别安装在相邻的两个大窑洞内，烟囱与贮水池都安装在土丘顶端。同时配套架设从电厂到兵工一厂、五厂及边区主要党政军机关的输电线路。1947 年 7 月 1 日正式发电，供电电压 3.3 千伏，供电线路 16.5 千米。1948 年，供电线路向东延伸至廿里铺，向西延伸至高家村，主要供机械厂、炮弹厂、西北农民银行钞票厂、《晋绥日报》印刷厂、造纸厂生产用电，以及军区司令部、后勤部和边区人民政府照明用电。

7. 刘伯承电厂为山西解放区提供电力

以长治为中心的上党八路军 129 师的根据地，先后创办了机械、铸铁、化学、纺织、造纸和酿酒工业，亟须能源动力支撑，太行军区决定建设一座电厂。电厂厂址选在长治市郊西白兔村南三面环山的山坳里，定名为华北军工部第四总厂军工一分厂，俗称“刘伯承电厂”，也称“红色电厂”。1947 年年初，电厂开始建设。当年 7 月，350 千瓦的 1 号机组投产；11 月，320 千瓦的 2 号机组也投入运行。1948 年 12 月，1500 千瓦的 3 号机组投产，全厂总装机容量达到 2170 千瓦。

发电厂的机组设备分别从河南焦作煤矿、河北峰峰煤矿拆迁运来。尤其是从河南焦作运输发电机的任务非常艰巨，1500 千瓦的发电机重达 20 吨，焦作距此 175 千米，没有任何机械设备，全靠人抬肩扛跨过太行山千沟万壑。

刘伯承电厂投产后，电力通过 10 千伏线路送往长治西关、故县、枣臻、安居、宋村、石圪节等解放区，以及太行军区军工厂和地方工矿企业，为稳定解放区、促进上党地区革命发展，发挥了不可低估的作用。

四、电器设备制造业的初步发展

1928—1937 年，中国电器工业有了一定程度的发展。以南京国民党政府建设委员会电机制造厂和中央电工器材厂为代表的国家资本电工企业开始兴建；奇异安迪生灯泡厂等外国资本电器制造企业在中国逐步扩张；亚浦耳灯泡厂、华德灯泡厂、华成电器制造厂等企业，在外国资本的打压下生存和发展，成为中国民族电器设备制造企业成功的范例。

1. 国家资本电器制造业的起步

1927 年 3 月，国民革命军进驻上海，指派国民革命军总司令部交通处长李范一接管交通部第一交通大学[1]，为了军事通信联络的需要，在交通大学内设立军事委员会无线电机械制造厂。无线电机械制造厂起初生产无线电收发报机，1929 年更名为建设委员会电机制造厂，产品有所扩充，有电动机、变压器、收发报机、收音机、干电池等，这家国家资本电工企业，规模小、水平低、能力弱，所产生的影响极为有限。

1935 年 4 月，南京国民党政府资源委员会（简称资源委员会）成立后，即将“电机、电器、电工器材、无线电机械制造”列为国家重点发展的战略行业。于是，兴办具有一定实力的国家资本电机制造企业，提上了国家重要议事日程。1936 年，资源委员会研究制定了《重工业建设计划》，规划用 3 年时间投资 2.7 亿元，兴建电器、机械、电力、钢铁、燃料等工业，将电力、电器列为战略行业。

1936 年 7 月，资源委员会在南京筹建中央电工器材厂，指派全国电气事业指导委员会主任恽震担任筹委会主任委员，拟在中央电工器材厂下设四个厂，一厂为电线厂，生产电线；二厂为管泡厂，生产电子管和白炽灯泡；三厂为电话厂，生产电话机及配件；四厂为电机厂，生产发电机、电动机、变压器、开关设备、电池等。在选定与湘潭县城隔河相望的下摄司建厂并征地 9430 亩后，于 1937 年 3 月正式动工兴建。1937 年抗日战争爆发，工厂迁往桂林、昆明等地。该厂曾制造过一台 162 千瓦的水轮发电机组，装在四川瀼渡河水电站，所制造的变压器最大容量为 500 千伏·安，感应电动机为 55 千瓦，直流发电机为 20 千瓦。

2. 外国资本电器制造业在中国的扩张

1913 年美国通用电气在上海设立子公司，名为中国奇异安迪生灯泡厂，主要生产白炽灯泡，兼产线路电瓷配件、电风扇及家用电灯开关，是当时产品比较先进、质量比较好、颇具规模的大厂。灯泡厂的目标是占领中国和东南亚照明用具及其他电器的市场，为了控

[1] 现上海交通大学。

制市场，谋取更大利润，组成了国际卡特尔❶组织。

1931 年“九一八”事变后，日本关东军吞并了东北。1935 年，三菱电机株式会社在沈阳组建了满洲三菱株式会社，生产电动机与变压器。1936 年日商松风工业株式会社与满洲窑业株式会社在抚顺设立电瓷厂，年产约 900 吨低压电瓷瓶。1937 年日商古河、住友、藤仓合股投资 4000 万日元，创建了满洲电线株式会社，雇佣 2000 多人，建厂面积达到了 50 万米^2。1937 年芝浦电气株式会社投资 200 万元❷，在沈阳设立了株式会社奉天制作所，年产小型电动机和变压器各 1500 台。1938 年日立制作所投资 600 万元❸，在沈阳设立了株式会社满洲日立制作所，年产感应电机 2840 台、变压器 22 台。

1930—1940 年，日本在天津设立了 10 个电器工厂，主要产品有电线、电池、灯泡、电机等。

3. 民族电工设备制造业与外国资本的竞争

民族资本电器制造工厂和国家资本相比，资金较少，技术力量也比较弱，办厂的困难比较多。但从经济效果看，有的厂生产的产品并不亚于国家资本所生产的，如交直流电机变压器、高低压开关、电线电池、电风扇、电热用具、灯泡、手电筒等。在这些产品中，有的是当时参数最高或容量最大的，如 33 千伏、600 安高压油开关，500 千伏·安、2300 伏、500 转/分交流三相发电机等；有的是知名度高的，如华德灯泡、华生电风扇等，不仅畅销国内，而且远销东南亚、印度等地。

中国资本家胡西园和工程师李庆祥分别于1923年和1934年在上海建立中国亚浦耳灯泡厂和华德灯泡厂，与实力雄厚的美国奇异安迪生灯泡厂展开竞争，决心打破外国灯泡垄断中国市场的局面，要用中国人制造的灯泡供应中国人。这两个厂生产的白炽灯泡、充气灯泡和日光灯管销路都很好。亚浦耳灯泡在南洋市场上还与飞利浦等公司抗衡，华德牌的灯泡还远销香港、新加坡、泰国、澳大利亚。外国资本家并不甘心失败，美国奇异安迪生灯泡厂和荷兰菲利浦公司联合起来，组织四和灯泡公司，用降价的办法企图挤垮这两个厂，结果都没有成功，这两个厂一直生存下来，并得到了较好的发展，成为民族电器工业成功的范例。从 20 世纪 20 年代到 50 年代，亚浦耳不但在中国成为家喻户晓的灯泡品牌，而且在东南亚各国也有很好的口碑。

华成电器制造厂创建于 1932 年，经理周锦水原系汉口一家五金店的店主，1926 年赴日本参观电动机制造厂，回国后试制小型电动机成功，就萌生了成立电动机工厂的想法。那时，中国电动机市场为外国资本所垄断，中国人生产的电动机厂要生存下去，打破外国人对电动机市场的垄断，根本问题是要造出优质价廉的电动机。周锦水经过调查研究后，决定与华生厂共同投资 15 万元，在上海的近郊南翔建厂，两年后正式出品。周锦水认为，中国各地电厂线路电压不一、差别很大，供电宣称 220 伏，实际供电低的到 160 伏、180 伏，高的到 250 伏以上，如果按照以上电压范围设计，对使用和延长电动机寿命都有好处，

❶ 卡特尔，又称垄断利益集团，是各个最大垄断组织在世界范围内通过协定划分销售区域，规定市场价格和销售限额等。

❷,❸ 伪满币。

就能形成自己的优势。于是，他们为适应各地电压过低的实际使用条件，在电机材料上进行处理，适当放大电动机的出力。在销售方面，华成采用“先试后用，包修包换，用到满意后再付款”的办法，迎合客户的需求。尽管如此，有的人还是不相信中国电动机，包括国民政府的工作人员。

1934 年江南大旱，为引水灌溉，建委会要买一批电动机，带动水泵抽水，而政府采购人员坚持要买国外的电动机。周锦水经过几天的艰苦交涉，接受了非常苛刻的附加条件，才承接了抗旱所需要的部分电动机，并按要求在十天之内全部交货。电动机分别在无锡、常州、常熟、苏州等地安装。华成电动机与外国的电动机大都在同一地点安装、同一时间使用，各地架设的都是临时线路，电压变动很大，有的地方是 280 伏，有的地方高到 320 伏。外国电动机因不适应这种情况，没用多长时间都出了故障，而华成电动机则完好无恙，人们看到了这种情况后，一下子改变了“中国电动机不如外国电动机”的老看法，都强烈要求政府将外国电动机换成国产电动机，灌溉主管机关只得同意。华成名声大噪，最高日产量达到 27 台之多。

第二编

中华人民共和国成立到改革开放前期的用电管理

（1949—1978）

1949 年 10 月 1 日，中华人民共和国成立，中国电力工业翻开了历史新篇章。1949 年到 1978 年是电力工业艰苦奋斗、积极探索的创业期。中国经济百废待兴、百业待举，电力工业面对的是一个电厂凋零、设备残缺、电网瘫痪、运行维艰的“烂摊子”，经过三年国民经济恢复期卓有成效的重建和发展，“一五”计划时期迎来建设高潮，以电网建设为驱动，供电营业区域不断扩大，用户数和用电量快速增长，第一次全国供用电会议确定了供用电管理的基本方针和任务，满足了社会用电的增长需求。“二五”及此后的国民经济调整期，用电管理受到“大跃进”的影响，虽然小水电取得超常规发展，但正常的营业规章制度受到冲击与批判，不得不在后期调整中再次恢复和完善。“文革”十年正是执行“三五”和“四五”计划时期，水电部由军管会接管，勉强维持电力生产建设秩序，但强调“突出政治”、反对“管卡压”，规章制度得不到严格遵守，用电营业基础工作被削弱，安全用电状况不断恶化，全国缺电矛盾突出；尽管如此，经过全国电力职工的艰苦努力，电力工业仍然在坎坷中前行，在用电管理方面也取得显著成绩，为改革开放之后的长足发展打下了良好的基础。

电力工业确立了国民经济“先行官”地位，明确了发展指导方针和基本思路。中华人民共和国成立后，在把握客观规律、把握中国国情的基础上，国家明确了电力工业发展的一系列重要指导思想。在发展方针上，明确了电力先行。1953 年，中央就指出，电力工业是国家工业化的先行工作。1958 年，毛泽东主席提出电力是国民经济“先行官”的口号，“先行官”从此成为电力工业的代名词。国家把电力基本建设作为重点，投资以及重大项目安排都尽可能向电力倾斜，为电力发展提供了强有力的保障。在发展路线上，明确了自力更生的指导思想，在三年恢复重建期和“一五”计划时期着手建设自己的装备制造基地、科研机构和规划、设计、施工、生产队伍。在发展宗旨上，明确了人民电业为人民，这一宗旨贯穿了中国电力发展的始终。在发展途径上，明确了安全第一、水火并举❶、因地制宜。这些重要的指导思想，确立了电力工业发展的基本格局，保障了用电管理在创业时期朝着正确的方向发展。

建立了适应社会主义计划经济的供电营业管理体制，逐步建成完整的用电管理组织体系。中华人民共和国成立后，电力工业建立起高度集中的计划经济体系。在管理体制上，随着行政区域的变更和电力事业的快速发展，供电营业机构得到健全和完善。各地普遍设立了发电和供电为一体的供电营业机构，实施政企合一的管理模式，同时，设置了兼有政府职能的用电监察机构和计量检测技术机构。在电力工业多次上收和下放的探索过程中，确立了以国家主管部门为主导、以各省、市（地）电业局为主体的供用电业务管理体制。

---

❶《当代中国的电力工业》编辑室编：《全国电力工业会议文件选编（一九五〇～一九八五年）》，1986 年 9 月，第 493 页。《刘澜波同志在全国电力工作会议上的讲话（摘要）》：“在能源政策上，一九五九年一月，一度为了加强水电，中央提过‘水主火从’的方针，但很快我们认识到，应该提‘水火并举、因地制宜’，报告了周总理，周总理报告了毛主席，获得同意。……我们现在的能源政策，还应当是‘水火并举、因地制宜’，有水用水，有煤用煤，有油用油，将来还要用各种新能源。”

在制度体系上，国家正式颁布调整国家、供电部门和用电客户三方经济关系的《供用电暂行规则》，确立了以人民电业为人民为宗旨的新型供用电关系，《用电监察条例》《电费管理工作制度》《电气测量仪表检验规程（试行本）》等用电营业规章制度、技术规程得到完善和健全。在队伍建设上，通过用电监察工作的开展培养了一大批用电管理干部和技术人员，发挥了"监督、监察、指导、服务"的行业管理作用。同时，指导企事业单位和国防军工单位的社会电工开展安全技术培训，建立了一支保障企业用电安全的社会电工专业队伍，用户安全用电管理水平显著提升。

供电营业区域快速扩展，人均用电水平大幅提升。从1950年开始随着工农业的恢复发展和一批电站的建成投产，供电范围不断扩大，建成了覆盖全国大部分地域的电力输配网络。供电营业区域从城镇中心向城郊、农村扩展，供电营业机构开始遍布全国，用电户数逐年增加。这一时期，中国的工业化突飞猛进，建立了独立的比较完整的工业体系和国民经济体系，为改革开放后经济社会发展奠定了坚实的基础。电力工业水电、火电并举，发电装机容量和发电量快速增长，支撑国民经济发展的需要。到1978年，全社会用电量达到2498亿千瓦·时，较1949年增长51倍；人均用电量达268.36千瓦·时，较1949年增长34倍。在农村、工业、交通运输和市政生活四类用电分类中，工业用电增加迅速，占总用电量比重达到66.78%，较1949年的48.76%提高18个百分点；尤其是有色金属开采和冶炼业，比1949年增长了463倍。

"三电"管理模式正式确立，电力供应能力充分发挥。1970年，国务院总理周恩来正式提出"三电"工作方针，在国务院当年下发的3号和4号文件中明确提出："各行各业都要实行计划用电"。各地"三电办公室"陆续成立，用电管理的行政管理职能得到加强。计划用电作为国家电力供应的一项基本政策，从1952年的合理调整负荷，到1963年的电力计划分配制度，到1978年的"一查四定"（用电大普查、定电力、定电量、定用电单耗、定用电时间）凭证定量供电，按照保证重点、兼顾一般的原则，使有限的电力得到合理分配，逐步形成行政手段、技术手段和经济手段相结合的计划用电管理方式，在计划经济时期发挥了积极作用。节约用电从电力企业内部推向用户侧，降低企业的单位产品电耗是这一时期节电工作的重点。1956年，用电定额管理制度开始建立并推广实施，节电新技术、新工艺、新材料、新设备开始初步应用。20世纪70年代初期，全国上下掀起了一次群众办电运动，在当时一定程度上缓解了缺电的形势。

用电营业逐步规范，供电保障能力不断加强。中华人民共和国成立后，用电营业工作从为官僚资本服务转向一切为社会主义经济建设和人民生活服务。在业扩报装上，全国供用电部门逐步树立全心全意的为用户服务的思想，用电业扩报装逐步走向规范化。1965年，颁布《供用电工作十五条》，推出业扩报装"一口对外、一条龙"服务。在电价制度上，计划经济下的全国统一销售电价制度形成。1952年以后，全国电价管理权限逐步收归中央政府管理；1960年，颁发制定全国统一电价目录；1965年，第一次颁发全国统一目录电价表；加上两部制电价、依力率[1]调整电费的办法以及农业优待电价、部分耗电量大的工业产品用电优待电价的推行，对国民经济的发展起到了积极的作用。在电能计量上，国产计量设备性能和标准化水平大幅提高。1973 年，中国电度表[2]行业首个标准化产品——DD28 型感应式系列单相电度表完成统一设计；1978 年，PS4 型单相 0.1 级数字功率电能表试制成功，获得全国科学大会重大贡献奖。至 70 年代末，国产电度表、互感器的生产能力和应用水平大幅提升，结束了完全依赖进口的历史。电度表和互感器的检验装置、电子式精密数字功率电能表等计量设备均实现了国产化批量生产和推广应用。在供电保障上，供电部门为国家重点建设项目和地震救灾提供了有力支撑，为“三线”地区强化了供电能力，供应好各行各业的电力需要。1975 年 7 月 1 日，中国第一条电气化线路宝成线建成通车。列车电站作为中国电力工业尚未成规模时的电力游击队、轻骑兵，为国家社会主义建设，特别是国防科技、工业基地、“三线”建设以及抢险救灾提供了必需的电力。

农村用电从无到有取得较大发展，奠定农村电力基础。1949 年，全国农村年用电量仅为 2000 万千瓦 · 时，农村人均用电量为 0.05 千瓦 · 时。中华人民共和国成立之初，主要通过鼓励建设小水电站来解决农村用电问题，1957 年，国家明确了“小型为主、服务生产为主，社办为主”的农村办电方针。“大跃进”期间兴起“全民办电”运动，特别是 1960 年中华人民共和国主席毛泽东视察浙江金华双龙水电站后，农村小水电站进入发展高峰。1963 年，水电部提出“以商品粮基地为重点，以排灌用电为中心，以电网供电为主力，电网和农村小型电站并举”的发展方针，并大幅增加农村电网建设投资，农电设施成倍增长。同年，水利电力部成立农村电气化局，在全国范围建立起“条块结合、条条为主、分级管理、专业归口”的农电管理体系，推动农村电气化工作的发展。通过发展小水电、建设电力排灌工程，农村用电水平有了明显提高，1978 年，全国乡、村、农户通电率分别为 86.8%、61.5%和 48%，农村用电量达到 275.4 亿千瓦 · 时。1971 年，水利电力部颁发了《农村安全用电管理条例（草案）》和《农村安全用电须知（草稿）》，同时，触电保安器在农村开始推广，农村安全用电管理得到加强。

粉碎“四人帮”拨乱反正，供用电秩序逐步得到恢复。粉碎“四人帮”后，电力工业“安全第一、质量第一”的生产方针重新被确立，恢复了安全生产、运行管理、用电管理等规章制度，供用电秩序开始逐步恢复。针对全国严重缺电形势，1977 年，党中央提出了“突出抓电”的方针，在加快电力建设的同时，特别强调了要加强用电管理和节约用电。1978 年，国务院要求各地政府和电业部门像管口粮一样管好电，全面启动凭证供电制度和增产节约运动。

---

[1] 力率：是用电负荷的有功功率 P 与视在功率 S 的比值，也称功率因数。

[2] 电度表：现称电能表，1984 年中华人民共和国法定计量单位颁布以前称为电度表，法定计量单位实施后称为电能表。

从中华人民共和国成立至改革开放前的这一段用电管理发展史，是一部自力更生、奋发图强的艰苦奋斗史。虽然也受到“大跃进”的影响和十年浩劫的冲击，总的来说，用电管理还是不断发展进步的，基本保障了国民经济发展和人民生活用电的需要，也满足了电力企业经营管理规范化发展的需要。其中的经验与教训也表明，用电管理的发展，必须尊重客观规律，坚持人民电业为人民的宗旨，提升供用电管理水平，才能更好地保障社会快速发展的用电需求。

第三章

三年恢复期和“一五”时期[1]的供用电任务（1949—1957）

从中华人民共和国成立到第一个五年计划[2]开始前的 1952 年年底是中国国民经济的恢复时期。电力工业恢复时期的工作是把旧电业改造为人民的新电业，把旧社会电业与用户关系改为新社会电业与用户关系，这是一个巨大的变革。经过三年的艰苦奋斗，完成了中华人民共和国电力管理机构的设置，确定了中华人民共和国电力工业走计划经济发展的道路，并使电力生产能力得到恢复和发展。这期间发电量的增长靠的是挖掘潜力、降低损耗，以及加强管理和堵塞窃电漏洞取得的。

1952 年，国民经济恢复任务基本完成，党中央提出了党在过渡时期的总路线，这就是逐步实现国家的社会主义工业化，并逐步实现国家对农业、对手工业和对资本主义工商业的社会主义改造。根据党在过渡时期总路线的要求，国家确立了“一五”计划的基本任务。

中国电力工业在此背景下，一方面快速发展电力建设，另一方面充分发挥电力供应潜在能力。电力工业在“一五”期间，推行了统一电力调度、定期检修和统一检修制度、调整电力负荷、合理和节约用电、两部制电价和依力率调整电费的办法、建立若干符合整体利益的供用电制度六项任务，满足了大规模经济建设的电力供应，有力地保障了国家重大工业、国防工业以及轻工业的用电，支持了中国工业化的发展。其中，调整负荷和节约用电工作，是计划用电的初级阶段，为后续开展的“三电”工作积累了经验。同时，伴随着农业合作化运动的高潮，全国农业发展纲要首次提出了在有水源可以利用的地方实现农村电气化的目标。

电力工业“一五”计划的胜利完成，奠定了中国电力工业发展的良好局面。这期间，国家调整了电力管理体制，供电营业机构逐步建立和完善，并单独成立了具有政府职能的用电监察机构和计量检测机构，培养了一批熟悉用户设备和用电新技术的用电监察、计量检测、用电营业等技术人员，促进了供用电管理的发展。各种用电规章制度相应地建立起来，中华人民共和国颁发实施了第一部《供用电暂行规则》，按照法规的要求，初步建立

[1] “一五”时期：1953—1957 年，一般指第一个五年计划时期。

[2] 第一个五年计划：1953—1957 年，也称“一五”计划，对国家重大建设项目、生产力分布和国民经济重要比例关系等作出规划，为国民经济发展远景规定目标和方向。

了用电业扩报装、计量安装检验、抄表收费等比较完整的用电营业制度。根据国家“基本不动，个别调整”的物价总方针，确定了中国电价体系的基本框架，初步建立起全国统一的电价制度，对促进电力工业的发展，合理调整用电结构和社会安定，都起到了积极的作用。

到 1957 年，全国全社会用电量达到 193.88 亿千瓦·时，比 1952 年增长了 1.5 倍，尤其是工业企业用电量增长了 1.7 倍，占总量的 70%。和五年计划规定比较，煤耗率降低 5.6%，厂用电率降低 15.5%，线路损耗率降低 14.3%，设备利用率提高 7.8%，电力供应能力不断提高。各级电业部门树立起“人民电业为人民”的新型供用电关系，企业单位和居民用电秩序井然，各项技术经济指标逐年向好。

第一节　三年恢复时期的电力管理体制

中华人民共和国的成立，实现了国家独立与民族解放。面对十分薄弱的电力工业基础，在国民经济三年恢复时期，“政企合一”电力管理模式的各级机构设立，按照全国第一次电业工作会议明确的基本方针和任务，恢复和发展电力工业建设和生产任务，改进技术和管理制度，部分地区进行了调整负荷和管理用电，从而使电力工作为恢复工农生产、支援抗美援朝，保持社会稳定作出贡献。

一、恢复时期电力工业的任务

中华人民共和国的电力工业面临一个十分严峻的形势。在三年的解放战争中，国民党的官僚资本疯狂掠夺人民财富，民族工商业大批倒闭，农业经济凋敝，通货膨胀，物价飞涨。在长期的战争中，很多电力设备毁于战火，电厂遭到破坏，设备残缺，电网瘫痪，电力生产几乎难以维系。到 1949 年，全国的发电设备装机容量共有 184.86 万千瓦，年发电量为 43.10 亿千瓦·时。这就是旧中国电力工业创业 67 年来留下的“家当”。

正当全国人民全力专注于恢复被破坏了的国民经济的时候，1950 年 6 月 25 日朝鲜战争爆发。中国人民于 1950 年 10 月 25 日开始了抗美援朝。全国电业职工响应中共中央“增强生产，厉行节约，以实际行动支援抗美援朝”的号召，各电业单位成立了增产节约委员会，制订了以增加发售电量和降低消耗指标为主要内容的增产节约计划。

电力工业在 1949 年 10 月燃料工业部设立以后，特别是在 1950 年 2 月 17 日至 3 月 2 日召开的全国第一次电业工作会议后，按照会议明确的三年恢复时期的基本方针和任务，恢复工作进展很快。在恢复时期完成工业生产所需要的电源建设，并改进了技术和管理制度，保证了安全供电，促进了电业生产。

1952 年 10 月 31 日，政务院财经委员会颁发 1952 年煤、电、油生产控制数字及各项生产方针。电力工业生产方针如下：“一、提高设备出力并改善负荷曲线，为全国设备利用率在 1954 年提高到 50%做好准备。二、改善运转和管理效率，争取降低计划成本 5%～

10%。三、提高供电质量，争取无事故供电。”[1]

三年恢复时期，全国发电量增长了 68.5%，而发电设备容量只增长了 6.2%，发电设备平均利用小时数却增长了 61%。

到 1952 年年底，电力工业完成了恢复时期的任务，[2]恢复了 30 多万千瓦的出力。1949 年东北、华北和华东三个大区的国营电厂的设备容量为 88.9 万千瓦，而实际出力可能仅 57.9 万千瓦，占设备总容量的 65%。经过恢复改建，到 1952 年年底基本都恢复了铭牌出力，提高了发电设备利用小时数。基本建设原定两三年内增加发电设备容量 32 万千瓦，到 1952 年超额完成了任务。在此期间，逐步推行了生产、技术和经营管理制度，包括定额管理、经济核算制和预算制度，强调生产上实行定期检修制度、安全规程、各种运行规程等，基本上改变了南京国民党政府时期企业管理的混乱现象，为实现计划经济创造了条件。

电力工业的迅速恢复和发展，有力地保证了国民经济恢复任务的完成。1952 年，全国工农业生产快速发展，其中工业总产值比 1949 年增长 145%，农业总产值比 1949 年增长 48.5%，工业产值比重由 1949 年的 17%增长到 26.7%。生产资料产值和消费资料产值所占的比例关系也由 1949 年的 29:71 转变为 39.7:60.3。工农业主要产品产量均超过了历史最高水平。在中华人民共和国成立后的短短三年时间里，电力工业在党和政府的领导下，为国民经济恢复作出重要贡献。电力工业自身也从千疮百孔带有深厚殖民地色彩的“旧电业”彻底改造成为全新的“人民电业”，为后续的健康发展打下良好基础。[3]

电力工业恢复时期完成的主要指标如表 3－1 所示。

表 3－1　　电力工业恢复时期完成的主要指标[4]

名称	单位	1949 年	1950 年	1951 年	1952 年	1952 年为 1949 的	备注
一、发购电量	亿千瓦·时	48.7	55.01	68.4	78.2	160.6%	
其中：发电量	亿千瓦·时	43.1	45.5	57.5	72.6	168.4%	
火电	亿千瓦·时	36.0	37.7	48.2	60	166.7%	
水电	亿千瓦·时	7.1	7.8	9.3	12.6	177.5%	
购电（水丰）	亿千瓦·时	5.6	9.5	10.9	5.6	100%	
二、设备容量（500 千瓦以上）	万千瓦	184.9	186.6	188.3	196.4	106.2%	
其中：国营	万千瓦	133.71	137.73	158.01	172.94	129.3%	
公私合营	万千瓦	8.74	8.90	9.05	9.0	103%	
私营	万千瓦	42.41	39.90	21.23	14.45	34.1%	

[1]《当代中国的电力工业》编辑部编：《当代中国电力工业大事记摘编（1949—1985）》，当代中国出版社，1986 年，第 8 页。

[2]《当代中国的电力工业》编委会编：《当代中国的电力工业》，当代中国出版社，1994 年，第 31—36 页。

[3] 王林：《我的革命历程》，当代中国出版社，2001 年，第 124—130 页。

[4] 游吉涛主编：《建国以来电力计划工作的回顾》，2000 年，第 5 页。

续表

名称	单位	1949年	1950年	1951年	1952年	1952年为1949的	备注
其中：火电	万千瓦	168.6	170.10	170.20	177.60	105.3%	
水电	万千瓦	16.3	16.5	18.1	18.8	115.3%	
三、发电厂个数	个	—	—	—	279	—	
四、设备利用小时数	小时	2330	2460	3080	3800	163.1%	
五、新增设备容量	万千瓦	—	4.87	3.71	13.6	—	不包括私营

二、燃料工业部的设立及其对电力工业的管理

中华人民共和国成立后，中央人民政府政务院下设34个部、委、署，其中燃料工业部管理全国煤炭、电力和石油工业。1949年10月19日，中央人民政府委员会第三次会议任命陈郁[1]为燃料工业部部长，李范一[2]、吴德[3]为副部长，11月1日，政务院所属各部、委、署全部开始办公。

在燃料工业部的统一领导下，成立煤炭管理总局、电业管理总局、石油管理总局、水力发电建设总局等四个总局。燃料工业部是几个独立行业的结合体。每个行业都设有专管的副部长。由于每个行业都是各自独立的，因此各自的工作也泾渭分明。

电业管理总局是统一管理全国电力企业的主管部门，在东北、华北、华东、中南、西北、西南等6个大区，分别建立或接管了电业管理局，统管本区域内的各电力公司、电业局、发电厂和电厂（兼管营业和供电），实行对电力工业生产和建设的统一领导。水力发电建设总局负责领导水电的勘测、设计和施工工作。当时水电只有华东、中南、兰州和丰满几支直属施工队伍。

1950年至1952年的机构改革中，由电管局或省电力局为各发电厂安排生产、检修和改造计划。燃料工业部组建初期，直接领导华北电业公司及其所属的北京、天津、唐山、察中分公司[4]，石家庄电灯公司和太原电力公司。

燃料工业部作为国家管理电力工业的政府最高行政机关，在电力工业管理方面，实行中央和地方两种管理、以中央管理为主的管理体制。从中央人民政府燃料工业部到全国各个大区和各省、市、自治区电业管理局纷纷设立，各地（市）电力公司全部改为国营企业，电力企业兼有地方公用事业性质，改称地（市）供电局。在燃料工业部领导下，统一执行中央人民政府的政令。“政企合一、国有国营”是这一时期的主要特征。实行统一的计划经济能够充分发挥社会主义集中力量办大事的优越性，有效

[1] 陈郁（1901.11—1974.3），燃料工业部首任部长，后任广东省委书记和广东省人民政府省长。

[2] 李范一（1891—1976.4），先后任南洋公学（今上海交通大学）校长、燃料工业部副部长、石油工业部副部长。

[3] 吴德（1913.2—1995.11.29），先后任燃料工业部副部长、平原省委书记、天津市长等。

[4] 察中分公司：全称察中电业分公司，于1950年1月更名为察中电业局。1953年年初，撤销察哈尔省建制，张家口属河北省管辖，同年2月2日，察中电业局更名为张家口电业局，辖下花园发电厂。

解决电力工业资金密集、技术密集的特征对资金和技术的需求，促进电力生产力的迅速发展。

电力管理模式是“政企合一”，即通过政府的各级电业管理部门，统一下达电力建设项目的基建计划，统一安排国家电力建设项目资金计划；统一下达电力生产和电力供应计划，统一安排计划配给发电燃料用煤、油；实行用电分配计划制度，实行统一的用电电价目录，定期对用户按规定电价收缴电费，并实行统一电费核算制度。电力工业的各项年度计划是通过各级电业管理行政部门下达到电力企业、电力用户等，并组织执行落实。

“政企合一”电力管理模式下的工作特点体现在计划管理、用电管理、财务管理、劳动管理和物资管理等方面。

计划管理。电力企业计划管理工作主要包括电力发展规划、基建计划、生产计划等，以中长期和年度为周期按照编制、上报、下达和执行的程序进行。

用电管理。从 1952 年开始，各省（直辖市、自治区）电业部门设置政府性质的用电监察机构，配备专职用电监察人员。

财务管理。到 1952 年，全国电力企业中国营企业占 90.7%。从 20 世纪 50 年代开始，国营企业基建资金、流动资金、各项专用资金均由国家预算计划统一安排，由国家财政按计划指标拨款。1950—1952 年，国家对电力工业基建工程项目投资拨款为 2.63 亿元。对不同电力企业的成本实行定额管理，企业成本项目按国家统一规定，列支成本项目和相应支出资金。1952 年，进行第一次清产核资工作，为摸清企业家底，加强资金管理，实行统一核算奠定基础。

劳动管理。从 20 世纪 50 年代开始，组织机构学习苏联管理做法，对发电厂劳动组织建立“小分厂”（车间）制，对供电企业设立线路管理所、高低压工区，施工企业设工程队，下设班组。企业按照定员标准实行统一的定员管理。

物资管理。1950 年开始，政务院财政经济委员会对煤炭、钢材、木材、水泥等 8 种关系国计民生的物资在各大区之间实行统一计划调拨制度，1951 年增加到 33 种，1952 年增加到 55 种，1952 年政务院财政经济委员会成立物资分配局，负责物资的分配工作，当年成立了国家计划委员会，物资分配局划归国家计委领导。处于恢复时期的各个电力公司主要负责国家调拨分配物资的管理，当时的冀北电力公司在企业内设立材料库和采购委员会。

1952 年年底，电业职工人数为 10.235 万人，其中，电业生产职工 7.83 万人，基本建设职工 2.405 万人。仅生产工人比 1950 年增加了 61.91%。同年，政务院财经委员会决定在上海、哈尔滨分别建立三大动力设备厂。上海三个厂利用原有基地，由捷克引进技术；哈尔滨三个厂新建，由苏联援建并引进技术。

三、各大区电业管理（总）局的设立

1949 年 10 月，燃料工业部成立。随着从南到北、从东到西解放大军进展的步伐，

各地人民政府相继成立，并陆续建立各地电力管理机构，以领导电力建设和生产的顺利进行。

1949 年 12 月 2 日，华北电业公司改为华北电业管理总局，隶属于燃料工业部，下辖北京、天津、唐山、察中、石家庄、太原电业局，并直接领导石景山发电厂。1950 年 3 月 15 日，东北人民政府工业部撤销东北电业管理总局，成立东北电业管理局，隶属东北人民政府工业部领导。

1950 年 5 月 25 日，燃料工业部决定取消华东、华北两区的地区性管理机构，华东地区的青岛、鲁中、徐州、淮南、南京、苏南等电业部门并入华北管理。将华北电业管理总局改为电业管理总局，由燃料工业部直接领导。6 月 1 日，西北电力建设公司改为西北电业管理总局，由西北军政委员会工业部领导。7 月 15 日，中南重工业部所属燃料工业管理总局改为燃料工业总局，在各地设立电业局，管理中南地区的电力工业。

1950 年 7 月 15 日，政务院财政经济委员会发出关于中南地区 11 个电厂改归国有、交中南重工业部统一代管的电令，中南军政委员会于 10 月 10 日将该部所属的燃料工业管理局改组为燃料工业管理总局，并在各地设电业局。

1951 年 2 月，西南军政委员会工业部电业管理局正式成立。同年 11 月，改为西南电业管理局。1952 年 4 月，经国务院财政经济委员会批准，在上海成立华东电业管理局，隶属于燃料工业部电业管理总局，同时将青岛电业局、鲁中电业局、徐州电业局划归华东电业管理局管理。7 月，燃料工业部接管了西北军政委员会所属的西北电业管理局，改名为燃料工业部电业管理总局西北电业管理局。

1952 年 12 月，为了迎接即将到来的第一个五年计划的经济建设，燃料工业部根据财经委员会决定，对电业管理总局进行改组，由原管辖华北、华东地区范围扩大为管理全国电业，并先后成立华北、华东电业管理局，管理华北、华东全区电业基建和生产工作。华北电业管理局下辖北京、唐山、天津、张家口、石家庄、太原等电业局及峰峰、大同等电厂。当月，燃料工业部先后接管了中南工业部燃料工业管理局管辖的电力工业和东北人民政府工业部管辖的东北电业管理局，分别改称燃料工业部电业管理总局中南电业管理局和燃料工业部电业管理总局东北电业管理局。

第二节　供用电管理的基本方针和任务

“一五”计划是国家第一次制订的国民经济五年计划。在国家的统一部署下，电力管理部门以科学严谨、实事求是的态度，确定了“一五”时期电力工业的方针，编制了电力工业“一五”计划，作为国家“一五”计划的组成部分。

1952 年，燃料工业部在北京召开了第一次全国供用电会议，提出发挥电业潜在能力需要解决的六个问题和具体要求，确定“一五”计划时期，电力企业在供用电管理方面的基本方针和任务。在电力工业“一五”计划实施过程中，调整和健全了供电营业机构，从体制上促进了供用电业务的稳步发展；初步建立了用电营业各项制度，用电营业工作不断规范，供电规模得到发展扩大。各地电业部门陆续建立“人民电业为人民”的新型供用电关系，并在不断提高用电技术和装备、建设农村电气化和小水电等方面进行了大量的工作，为电力工业“一五”计划全面超额完成提供了有力支撑。

一、第一次全国供用电会议的召开

1952 年，根据党在过渡时期的总路线和国家“一五”计划的基本任务，中华人民共和国大规模、有计划的经济建设即将开始，电力需求也将大幅增加。从当时电力供应情况来看，主要地区电源不够，而基本建设又不能很快地解决供应需要，必须在安全发供电的前提下，恢复和提高现有设备出力，在电力供应与使用过程中，与供用电的浪费现象作斗争[1]，开源节流，进一步发挥潜力，以满足即将到来的大规模经济建设的电力供应。

1952 年 11 月 27 日—12 月 3 日，燃料工业部在北京召开了第一次全国供用电会议，中央人民政府各工业部门、各大行政区及主要城市财政经济委员会、工会系统、各地区电力系统企业和工矿企业的自备电厂代表共 160 余人参加，中央人民政府国家计划委员会也派代表参加指导[2]。燃料工业部副部长刘澜波[3]做了报告，提出进一步发挥电力企业内在潜能的要求，强调这一时期的重大任务是巩固和提高已有成绩，将发挥潜在能力的工作范围和工作面，从生产部门扩大到用电部门，从国营电业展开到全国电业。

此次会议提出了发挥潜在能力的六项任务和措施[4]：① 推行统一电力调度，从国家整体利益出发，使同一城市或地区全部发供电设备在统一指挥下，供应地区的电力需要，以减少地区备用容量，降低国家电力生产成本；② 推行定期检修和统一检修的制度，以提高现有设备出力，缩短检修时间，保障发供电的安全，提高供应能力；③ 调整电力负荷，在保证生产和居民生活用电的前提下，有组织、有计划地将电力系统高峰负荷时间的用电负荷，移到电力系统低负荷时间去使用，压低高峰负荷，增加发电设备的供应能力；④ 推行合理和节约用电，减少电力的不合理使用和浪费现象，降低单位产品耗电量，以增加供应能力；⑤ 推行两部制电价、依力率调整电费的办法，自 1953 年起，各国营电业局要在变电设备容量 50 千伏 • 安以上的工业电力用户间，实行两部制电价，并在一定容量以上的电力用户间，实行依力率调整电费的办法，从经济上鼓励电力潜在能力的发挥，推动用户本身设备利用率的提高，降低电力的生产成本，节约国家的资财；⑥ 建立若干符合整体利益的供用电制度，包括用电监察制度，用电计划的申请制度，保证供电质量的罚款制度等，加强电力生产者和使用者双方对国家电力资源的共同责任，更好地保证发挥

---

[1]《当代中国的电力工业》编辑室编：《全国电力工业会议文件选编（一九五〇～一九八五年）》，1986 年，第 75 页。

[2]《中央燃料工业部召开全国供用电会议决定充分发挥电力工业潜力供给建设需要》，人民日报，1952 年 12 月 18 日。

[3] 刘澜波（1904.10—1982.3），先后任燃料工业部副部长、电力工业部部长、水利电力部副部长等。

[4]《当代中国的电力工业》编辑室编：《全国电力工业会议文件选编（一九五〇～一九八五年）》，1986 年，第 73—96 页。

电力潜在能力。

会议邀请苏联专家对用电监察和节约用电作了专题发言，特别强调了在用户方面蕴藏着较电力系统本身更多的潜在力量，要充分挖掘和发挥出来。用户在电力使用上的浪费和不合理现象，直接影响了电力使用的效率，造成设备投资加大、国家资源浪费，必须有用电监察机构和制度，监督和协助用户从管理上、技术上减少浪费，合理、经济地使用每一度电力，保证用户侧潜在能力的发挥。

会议要求必须建立几项制度的主要内容：① 用电监察制度。规定各级国营电业局、厂应成立用电监察组织，监督和协助用户做好用电安全，节约用电，合理用电，提高力率和调整负荷等工作。② 用电计划申请制度。规定凡受电设备容量在 50 千伏·安以上或用电设备装见容量在 50 千瓦以上的电力用户，应按中财委规定时间将有关下年度的分月用电计划，包括用电设备容量、最大需量、电度、单位电耗、产量及有关资料和必要的说明等，提供给当地电业局，为电力供应计划的制定提供依据，也保证国民经济计划的制定。③ 停电罚款及供电质量罚款制度。规定电业局因责任事故断电或限制用电时，按其供应不足的电量计付罚款，在实行电度电价时，按电度电价 3 倍付款，在实行两部制电价时，按电度电价 6 倍付款；供电质量不符合标准时，如电压及周波超过允许的波动范围，就要付给用户罚款，不合标准范围的供电度数付予每度电价 5%的罚款。

根据会议提出的各项具体任务及要求，全国电力企业在安全生产的前提下，学习苏联先进经验和已经开展上述工作的电业局、厂矿企业的经验，全面推进定期统一检修、统一调度、调整负荷工作，普遍成立用电监察机构，监察和检查工业用户合理使用电力、单位产品耗电定额、用电设备力率改善措施等执行情况，组织开展合理用电、节约电力经验的交流，取得了良好的效果，为国民经济的发展提供有力保障。此后，供用电管理工作提高到一个重要的位置。

第一次全国供用电会议确定了“一五”计划时期，电力企业在供用电管理方面的基本方针和任务，初步确定了此后中国电价的基本结构，提出的调整负荷、节约用电和推行两部制电价的合理改革事项，对缓解当时的电力供需矛盾、保证重点企业用电发挥了作用，也为后续开展的“三电”工作积累了经验。

二、供电营业机构的设立

1949 年之前，各地电力企业普遍称为冠以地名的电灯（电气）公司或电厂，是发电和供电营业为一体的电力企业。各公司（电厂）按照各自的营业章程，在所属营业区域内依据其销售电量和用户数量设立相应的人员和机构对供用电业务实行管理。

中华人民共和国成立后，各地（市）电力公司在电业改造过程中，全部改为国营企业，实行政企合一的电力管理模式。在燃料工业部的统一领导下，成立电业管理总局，各大区也相继成立电业管理局，各地设置了电业局，又在电业局所辖范围内设置了供电局（或营业所），负责供用电业务的拓展和管理。中华人民共和国的供电营业机构由此诞生，随着电力事业的快速发展，各地供电营业机构逐步得到健全和完善，在电业部门还相继设置了兼有政府职能的用电监察机构和计量检测技术机构。

在国民经济恢复时期和第一个五年计划实施中，电力工业"一五"计划全面超额完成。用电领域逐步建立了各级供电营业机构和管理制度，培养了一批业务技术人员，促进了供用电管理的发展，为新中国电力工业的迅速发展发挥了应有的作用。

（一）供电营业机构的变革

1949年中华人民共和国成立后，中央人民政府成立燃料工业部，下设电业管理总局，对电力工业实行统一管理，按照政企合一模式经营和管理电力企业。

在国家和省级层面，由电力行政主管部门的相关职能部门归口管理供用电业务。中央燃料工业部计划司电力处设专人管理供电、用电业务。1952年，东北、华北、华东、中南、西南和西北等六大区电业管理局相继成立，内设有专业处室管理供用电业务。1955年电力工业部成立，撤销了电业管理总局和六大区电业管理局，各省（市、自治区）的电力工业均由电力工业部直接领导和管理。1958年电力工业体制改革，各省、自治区电业管理局相继成立，原来没有成立省电业管理局的省将省会所在地的电业局升格为省电业局，普遍设供用电处（科）或业务处（科）管理供用电业务。

在省级以下地区（市）层面，一般设立专业管理机构负责供用电业务。随着各地电灯公司、电气公司或电厂陆续收归国营，各市（地）成立了电业局，下设供电科（或线路科、线路工区）、营业科（或营业处、用电科、业务科），分别负责辖区内供电、营业工作。随着行政区域的变更和电力业务的扩充发展，有的地方新设或合并电业局，并根据需要设置了线路管理所、营业所、营业站等各级供电营业机构。1958年电力工业体制改革，各地的发电和供电专业分开，按地区在市（地）设立供电局和发电厂分别经营管理，供电局由原来生产车间形式的营业所和线路管理所合并而成，负责当地用电报装、业务变更、抄表、核算、收费以及电度表[1]的拆装换等营业业务、用电管理及配电线路的建设安装、运行维护等工作。

在这一时期，随着电力建设和发展的需要，各级供电营业机构中还设立了政府性质的用电监察机构和计量检测技术机构，监督和协助用户开展安全用电、合理用电、节约用电工作，执行全国各级电力部门电气量值传递任务。

（二）用电监察机构的成立

1952年11月，为了保证安全供电，提高用电负荷率，充分发挥发、供电设备的能力，以及合理和节约使用电力，燃料部决定借鉴苏联经验，在全国供用电工作会议上提出建立用电监察制度，成立具有政府职能的用电监察机构。1953年9月颁布《供用电暂行规定》，以规章的形式明确了用电监察的工作内容。之后，全国电力企业认真学习苏联经验，在各级电业部门设置用电监察机构，开展用电监察工作。在国家和省级层面，电力行政主管部门管理供用电业务的相关职能部门增加了用电监察管理职责，在省级以下市（地）层面，

[1] 电度表：现称电能表，1984年中华人民共和国法定计量单位颁布以前称为电度表，法定计量单位实施后称为电能表。

各地电业局营业科（或营业处、用电科、业务科、营业所）都增设了用电监察股（组），配备专职用电监察人员，主要负责安全用电，合理用电、节约用电、调整负荷，以及对用户用电情况进行检查、指导和监察。

1955 年，根据苏联专家建议，仿照苏联电站建设部的机构，设想在电力工业部设国家用电监察局[1]，作为国务院的职能机构由部长代管。在国务院未正式批准前，先在部内设用电监察处直属部长领导，处内设技术科、电力分配科、合理用电科，开展用电监察工作业务。1956 年，国务院指定由电力工业部承担此项业务。1956 年 6 月，电力工业部召开的全国用电监察会议，进一步明确了用电监察工作的指导思想：“既为系统又为用户；既监察又帮助；既不包办代替，又不放任自流；既要突出安全用电又要强调合理用电。”自此，全国各省及以下地区、市、县电业部门，在当地政府和上级用电监察部门的双重领导下，按照全国用电监察会议明确的指导思想开展用电监察工作，充实了工程技术人员，扩大了工作内容，实行安全用电、调整负荷、节约用电相结合，群众管理与专业管理相结合的用电管理办法。

用电监察机构成立后，各级电业部门培养了一批具备一定政策、技术、业务水平的用电监察人员，为保障工农业生产和人民生活用电安全，发挥发、供、用电设备的潜力和密切供用电的关系，起到了很好的作用。

（三）计量检测机构的成立

中华人民共和国成立后，根据国家电力生产建设的需要，为执行全国电力部门电气量值传递任务，开展发电厂、供电局的标准表、仪器仪表的周期检验和维修，保证测量标准的统一，全国各省陆续成立中心试验所并设置仪表室（组）。

1949 年 10 月 15 日，东北电业管理总局在沈阳成立了东北电业管理总局中心试验所，设置了仪表组等 6 个组，其中仪表组负责电气测量仪表专业工作，对发电厂与电力网所用仪表是否符合规定标准进行检验。东北电业管理总局中心试验所是中华人民共和国电业成立的第一个电力试验研究机构，其仪表组是中华人民共和国电业成立的第一个计量检测班组。

1951 年 7 月 1 日，燃料工业部电业管理总局中心试验所在北京成立，设置电气仪表组等 5 个组，其中电气仪表组负责校验各大区电业部门 0.2 级电气试验用标准仪表，协助各大区电业部门整校尚不能校验的 0.5 级各种表计，以及开展调整新建电厂电气仪表的工作。

全国各地陆续组建了电力试验研究机构，并设置专门负责电能计量的部门，负责校验和修理管辖区域内各电业局、发电厂的标准仪表。

1953 年以后，东北电业管理总局中心试验所仪表组的工作重点转为校验和修理各电业局、发电厂的标准仪表，并建立了标准仪表检定室。

1955 年 9 月，由燃料工业部电业管理总局中心试验所组建的技术改进局成立，隶属

[1] 中国电业史志编辑委员会编：《中国电力工业志》，当代中国出版社，1998 年，第 425 页。

电力工业部，设置电气测量试验室等“6 分场 3 试验室 1 工场”，电气测量试验室负责保持电气标准计量仪器，并为各大区的中心试验所校验标准电气仪表，逐步开展全国电力部门电气计量仪表的检定和量值传递工作。1956 年 1 月，电力工业部决定将沈阳、北京、上海电业管理局下属的中心试验所改属技术改进局领导。技术改进局即为电力科学研究院的前身。

各级电业部门计量检测机构的成立，为攻克解决计量检测技术难题，研究开发新的测试技术和方法，推广应用计量新技术与新成果，保证全国电力系统电气量值的准确统一作出了重要的贡献。

三、新中国第一部《供用电暂行规则》

供用电规则是保护和利用能源资源，维护供用电双方正当权益，调整国家、供电部门和用电客户三方经济关系的法律规定。在供用电过程中，三方都必须遵循此规则。

1952 年 8 月 1 日，燃料工业部公布《电气事业处理窃电暂行规则》，规定了窃电管理方面的内容。各地据此制定实施细则或举报窃电奖励办法，开展窃电检查工作，对打击窃电、减少电量损失起了很大的作用。

1952 年 11 月 27 日—12 月 3 日，燃料工业部召开第一次全国供用电会议，提出要建立若干符合整体利益的供电制度，包括用电监察制度，用电计划申请制度，保证供电质量的罚款制度等，加强电力生产者和使用者双方对国家电力资源的共同责任。

1953 年 8 月 29 日，燃料工业部组织编制的《供用电暂行规则》（简称《规则》）经政务院财政经济委员会批准后，于同年 9 月 14 日由燃料工业部颁发实施，以适应各类用户用电不断增长及电力企业日益发展的需要。该《规则》仅适用于燃料工业部所属电业局的供电区域，内容包括总则、供电种类及方式、新装及增加容量用电申请及保证金、变更用电停用及暂停用电之申请、用电设备之装修、检验与接电、电度表、电气设备之所有权及管理、用电条件及监察、抄表及计收电费、断电缺电及供电质量、附则等共 12 章 112 条。窃电处理方面仍沿用 1952 年《电气事业处理窃电暂行规则》，至 1963 年修订时才并入《全国供用电规则》。

《规则》的主要内容：① 对电业局供电的用户，明确必须提出申请并签订用电契约，以契约的方式约定双方权利和义务关系，擅自接电使用的按照窃电规则进行处理。② 确定了四种供电种类及方式，按照用户装见容量或实际需用容量、用电性质和当时的供电条件，分为单相 220 伏、三相 380 伏、高压供电、临时用电；供电电流一般为交流 50 周波，并明确避免开放定额制电价供电，保证供用电双方安全、经济运行。规定普通电灯用电一般为单相 220 伏供电，普通电力用户一般为三相 380 伏供电，用电容量在 50 千瓦（千伏·安）以上电力用户可采用高压供电，建筑工程工地、市政建设、马戏团等临时性用电采用临时用电方式供电，一般以 30 天为限，最多不超过 6 个月。③ 用户新装及增加用电容量的，按不同用电容量及用电性质，规定了用户提出申请的时限和电业局答复申请的时限，以及缴纳保证金的事项。④ 明确变更用电办理的相关规定，如用户变更包灯盏数、瓦数或增减容量，或换装、移装电度表，或包灯改表灯的，规定申请的条件、要求、相关手续以及违反规定后的责任，并明确暂停用户每日历年最多暂停 2 次及累计至多为 4 个月时限。⑤ 要求用户电气工程的设计书必须取得电业局同意，电气工程竣工应报请检验接电，检验合格方予接电，并约定了接电手续所需设计文件的简要内容。⑥ 明确电度表由电业局安装，并对安装位置、定期校验或定期换表、损坏或故障后的处理等作了统一的规范，同时强调电度表安装后不得随意移动和损坏及违约后的赔偿责任。⑦ 为了保证电气设备的安全运行，规定了用户与电业局的产权分界处职责划分、电气设备的归属和应承担的运维管理职责。⑧ 明确用电监察工作的主要内容是安全用电，合理用电、节约用电、调整负荷，以及对用户用电情况进行检查、指导和监察。⑨ 规定了抄表日期、计费方式、欠费处理方式、执行力率调整电费方式，每月按规定日期抄表，对用电量较多的用户和临时用电用户，每月可以分若干次收费，用户在规定期间未缴清电费的，电业局于期满后第一日起收取滞纳金，并得停止供电，保证电费的回收。⑩ 对电业局供电及电能质量提出要求，并确定对电业局的罚款内容及免责条款。

《供用电暂行规则》是中华人民共和国第一部全国性的供用电法规，它确立了供用电双方的权利、责任和义务，各级电业部门陆续树立起“人民电业为人民”的新型供用电关系，并在不断改进用电管理和制度、提高用电技术和装备等方面进行了大量的工作。

1963 年、1966 年、1972 年、1983 年、1996 年，先后进行了 5 次修订[1]，分别为《全国供用电规则》《全国供用电规则（试行本）》《供用电规则（试行本）》《全国供用电规则》《供电营业规则》。

四、用电营业制度的初步建立

中华人民共和国成立之前，各电气事业单位自行拟定营业章程，确定用电营业制度。用电业务扩充的办理、收费标准等相关制度互不一致。用电业扩报装的程序大多要经过签订用电契约、缴费、委托安装设备、验收申请、检验、送电等环节，收取的费用主要有接电费、设备费、立杆放线费、用电保证金[2]等。计费方式采用包灯用电户和表灯用电户共存，多数用户采用包灯制，只有少数用户安装电度表。用户的抄表、收费日期不尽相同，但普遍实行按月抄表，每月收费一次。各供电单位设有专人负责抄表、收费工作，但是由于缺乏监督制度，存在较多漏洞。1937 年南京国民党政府建设委员会公布了《电气事业电度表校验规则》，用户电度表校验周期、校验标准等有了统一的规定。

1953 年 9 月 14 日，燃料工业部颁发第一部全国性的《供用电暂行规则》，用电业扩报装、电度表安装检验、抄表收费等主要用电营业制度开始初步建立起来。

（一）用电业扩报装制度

用电业扩报装制度以方便用户和规范用电为原则，明确规定了用电业扩报装办理程序

---

❶ 《中国电力百科全书》编辑委员会编：《中国电力百科全书　配电与用电卷》，中国电力出版社，2014 年，第 197 页。

❷ 用电保证金：电度表保证金和电费保证金的统称，为了防止出现电业部门的电度表丢失、损坏、拖欠电费等现象，向用户收取的保证金。

和时限：① 业扩报装程序分为用电申请、用电申请答复、签订用电契约及缴纳保证金、用户电气工程竣工检验、装表接电等五个环节，并明确了每个环节的具体内容及相关要求。② 对用电申请时限和答复期限进行了统一。按不同用电容量及用电性质，用电申请时限分别为预定试用期前一个月、两个月、六个月、前一年六月底以前、一年前；用电申请的答复期限分别为 3 天至 45 天，郊区用电期限在此基础上各加 3 天。③ 明确了接电时限。对用户电气工程报请检验（或复验）合格，且签订用电契约并交纳保证金的，市区低压用户 6 日内接电，郊区低压用户 10 日内接电，高压用户在以上期限基础上各加 3 日。

各地电业部门结合实际情况分别制订或出台了一些业扩报装的细化规定、办法，进一步规范业扩报装接电工作。如 1954 年年初，东北电业管理局先后制订了《用电设备装修工程暂行管理办法》《电度表及电费保证金暂行收取办法》等办法。陕西各电业部门根据《供用电暂行规则》，在报装接电工作中对一般用户实行“五五六”工作制，即接到用户申请后，5 天内进行现场调查并提出供电方案；用户安装完毕，5 天内检查；检查合格后，6 天内装表供电。

在明确报装程序和时限的同时，业扩工程贴费[1]收取的规定也逐步统一完善。1950 年 12 月 20 日，燃料工业部电业管理总局颁发的《国营电业营业规则》，统一明确业扩工程“杆线贴费”和“变压器贴费”的收取规定。用户申请报装用电，需另行新架的供电杆线超过两档杆线以上者，收取全部工程费用的 2/3；变压器容量贴费，按用户报装用电容量收取 2/3。1951 年 1 月 22 日，电业管理总局对业扩报装用电工程投资备料方面又作了新的调整，贴费标准按照电灯照明用户和电力用户作了区分，并对由国家投资或列入国家计划的新建 33 千伏变电站免交贴费。1951 年 12 月 26 日，燃料工业部下发《国营电业局收取线路设备补助暂行办法》，业扩工程贴费更名为线路设备补助费，将工杂料费列入线路设备补助费，拆除器材可作价抵扣。1956 年，电力工业部以〔56〕电计基字第 703 号文对业扩工程贴费作了调整，明确 110 千伏及以上输电工程均由电业部门投资，电业部门需要改善供电条件的升压或改建工程由电业部门投资，其他工程一律由用户投资。业扩工程贴费的收取，加快了城市电网的建设和发展，有效保证了用户的业扩接电工作。

（二）抄表收费制度

为了减少工作上的漏洞，加强对抄表收费工作的监督，抄表收费制度明确了定期抄表、电费计算及收费方式、逾期缴纳电费加收滞纳金等方面的要求。主要内容：① 每月按规定日期抄表，抄不到电度必须补抄。电业局每月按规定日期至用户处抄表或商定由用户在规定时间内代为抄表，对装表计量的电灯用户，如果当月规定日期抄不到电度时，电业局设法联系用户补抄或先按上月电量计收电费，下月抄表时一并结算，但第二个月必须抄到电度，如经一再无法补抄电度时，电业局得终止供电。② 电业局遵照政府核准的电价及

[1] 业扩工程贴费：用户新增或增加用电容量所需建设的业扩工程，由用户出资的一部分资金和材料费。

其有关规定计算电费，电费每月按期向用户收取或通知用户按期缴纳，也可以委托银行划拨代扣。③ 对用电量较多的用户和临时用电用户，每月可以分若干次收费。④ 用户在规定期间未缴清电费的，电业局于期满后第一日起收取滞纳金，并得停止供电，凡不能停电的用户，其滞纳金加倍收取。用户在停电后仍不缴电费，电业局即在规定期限满期后销户，欠费另行依法追缴。

各地电业局据此规定执行后，规范了抄表收费工作。逾期缴纳电费加收滞纳金的办法，对当时的电费回收起到了积极的促进作用。如1957年起，贵阳电厂将全市表灯用户分成若干区，从每月4日起至26日止，按日按区派抄收员前往用户处抄表，用户可以在当时缴付电费，如当时不能缴付，可在抄表之日起5天内到电厂营业处缴费，逾期不交除按章暂停供电外，尚须按规定另缴滞纳金。贵阳电厂还制定《贵阳电厂营业工作处理程序——抄、核、收部分（草案）》，对用户用电记录卡的编制、异动及使用的管理、抄表收费、账务处理及统计报表作了具体规定。

随着国民经济的恢复和发展，1953年全社会用电量达到95.82亿千瓦·时，比1949年增长95.47%，用电量和用户数量快速增长，电费管理工作量剧增，同年，电业管理总局组织推行小用户抄、核、收合一的工作方法。各地陆续推行后，由于抄表、开单、收款、入账各环节缺乏严格的制度制约和监督，电费收缴管理存在不足和漏洞，1964年3月，水利电力部颁发《电费管理工作制度（试行本）》，明确取消抄、核、收合一模式。

（三）电度表安装检验制度

鉴于电度表的准确性对供用电双方都十分重要，电度表安装检验制度规定了电度表的安装、校验、更换和运行维护的要求：① 各类用电均由电业局安装电度表，包灯用户及电业局特许的除外。② 安装在用户处的电度表由电业局定期校验或定期换表。电度表发生故障导致记录不准或电业局认为有必要时，派人就地校验或换表。③ 用户认为电业局所装电度表不准时，可以申请校验。按规定缴付验表费后，电业局于一周内校验。④ 对日常运行电度表开展维护管理。电度表的装、移、修、换、验、拆、封印、启封只有电业局有权办理，用户对电业局在电度表或其保护物上的封印或封条不得自行启动损坏。如因用户保护不周导致电度表遗失损坏，或因电量超过电度表负荷量导致烧毁的，用户需缴付赔偿费或负担修理费用。

各地电业局逐步建立计量室、仪表室或试验室等专门管理电能计量的机构，购置或自制校验设备，制订电度表校验规程、电度表装换规程等技术规程和管理制度，开展室内检测和现场安装、校验工作，满足电度表安装、校验、轮换以及管理的需要。如1956年，济南电业局制订了《电度表校验规程》之后，济南、青岛、淄博、潍坊等供电部门相继制订了《电度表检修规程》《高压电度表复校规程》《电度计量装置装换规程》，山东各地供电单位制订了电能计量资产管理制度和建立大用户技术档案等。

（四）用电保证金制度

1951年，燃料工业部电业管理总局颁发了收取用电保证金的统一规定，以及限期清理中华人民共和国成立前用户缴纳的用电保证金的通知，各地开始清理以前各个时期的保证金，规范保证金的账务管理。

《供用电暂行规则》颁布后，再次明确了用户申请新装及增加容量收取保证金的规定。用户在接电前应缴纳用电保证金，用电保证金标准由各电业局拟定后，呈报电业管理总局批准并报燃料工业部备案。用户缴纳保证金后由电业局提供保证金收据，销户后，对于没有损坏赔偿及欠费的，可以凭原收据于销户后6个月内至电业局不计利息领还保证金；对于有赔偿费或欠费的，电业局以此项保证金优先冲抵赔偿费或欠费，冲抵后，多余退还，不足部分再予追偿。此后，各地自行制定保证金管理制度，按照电业管理总局批准的标准规范收取用电保证金。

1957年1月，电力工业部、财政部下发〔56〕电财办字770号文，明确取消各级国营企业、公私合营企业和国家经费预算开支单位的电表、电费保证金。征收范围缩小至除国营企业、党政机关、事业单位以外的用户，避免国营电力工业企业资金的来源和运用复杂化。1966年"文化大革命"中，保证金制度作为"四旧"被取消，停止执行。

用电保证金的收取，对保证电费的回收和电度表资产的安全起了重要作用。

到"一五"末期，全国初步建立了统一的用电营业制度，明确了用电业扩报装、电度表安装与检验、抄表收费、用电保证金收取等方面的工作要求，用电营业工作不断规范，供电规模也得到发展扩大，满足了国民经济各部门生产用电和人民生活用电不断增长的需要。

五、统一调度发挥最大的供应能力

中华人民共和国成立初期，全国主要有东北、平津唐和上海三个容量不大的电网，各地区电网分散经营、孤立运行、自行调度，没有统一的调度机构。随着电网的形成和发展，各地电网调度机构开始设立，推行统一调度成为重大任务。

三年恢复时期，若干地区已进行了不同程度的统一调度工作。1950年京津唐电网实行了地区电力的统一调度，从自备电厂调度出1万千瓦电力，不但解决了平时安全运转和紧急时期保安电力问题，同时保证了发供电设备争取时机进行大检修工作。上海地区实行统一调度，解决了1950年"二六"轰炸[1]后的电荒问题。1951年，东北电业管理局成立调度处（后改为调度局），实行全网统一调度，充分利用水电，水火相济，节省了大量的燃料费用，保证了东北电网在三年恢复时期的电能质量和安全稳定运行；东北超高压电网由于实行统一调度，还发掘了6.8万千瓦的潜在能力，基本上保证了水丰水电站检修期间重要工业生产用电的供应。虽取得一定成果，但当时对统一调度这一社会主义性质的先进制度认识还是不足，各电业单位的局部打算阻碍了工作的正常进行，统一调度取得的成就与国家整体利益的需要还有很大差距。

1952年11月，燃料工业部召开了第一次全国供用电工作会议，提出推行电力统一调

[1] "二六"轰炸：新中国成立之初，国民党利用舟山群岛作为基地，对华东沿海实施封锁和轰炸，上海作为前线最大中心城市首当其冲，其中，以1950年2月6日的空袭后果最为惨重，史称"二六轰炸"。

度的要求，从国家整体利益出发，将同一地区的发供电设备，在统一的指挥下，供应地区的电力需要。主要目的：① 减少地区备用容量，减少国家投资，增加安全，保证质量；② 按最经济的方式生产，降低国家电力生产的成本。为了推进统一调度工作，首先，要求各电业局进一步加强为厂矿服务的精神，在调度上慎重、负责地做到更加安全和经济。所有国营、自备或私营电业组织成一个有机体，在电业局统一调度下，为完成各地区国民经济各部门的供电任务，谋求整体利益而努力。其次，建立正规的调度制度，根据苏联先进经验和当时情况拟订的“统一调度规程草案”，明确了所有地区电业必须实行统一调度，国营电业局负责执行职权。由旧的运行操作领导关系（厂长指挥值长）改变到新的领导关系（系统值班调度员指挥发电厂值长）。参加调度的各发电厂都要加强计划性，电业局与其他发电厂都要按照统一批准的计划保证完成生产计划任务，制定未完成任务的罚款办法。再次，合理解决调度电价的问题，改变各地区不同的、多样的调度电价计算办法，顺利推动经济调度工作的进展。

1953—1957 年，电力建设不断加强，中华人民共和国成立后自行建设了第一条丰满至李石寨 220 千伏高压输电线路，全国分地区或分省组成了一些 35 千伏、110 千伏、220 千伏不同电压等级的电网。随着电网规模不断扩大、电压等级不断提高，各地调度机构应运而生，确立了以安全为中心、统一调度的生产原则，并逐步建立了合理的电网调度体系和完善的规章制度。如 1954 年 4 月 1 日，上海组建电业管理局中心调度所，实行电力统一调度。

推行统一调度，使同一电网的发供电设备在安全发供电的前提下，统一协调运行，扩大了电力供需平衡的区域范围，提高了供电能力，降低了运行成本，促进了电力系统的经济运行。

六、电气测量仪表的技术管理

由于长期的战争导致很多电力设备毁于战火。中华人民共和国成立初期，测量仪表或因损坏严重而无法正常工作，或因长期缺乏维护和校验而无法保证准确度。为贯彻国家“安全第一，预防为主”的方针，保证电力企业设备的安全运行和供电可靠，燃料工业部参照苏联相关规程，制定了《电力工业技术管理暂行法规》（简称《暂行法规》），并于 1954 年 9 月 15 日，以《中央人民政府燃料工业部命令》（燃生字第一九四号）颁布实行。

《暂行法规》中规定电气测量仪表技术管理方面的主要内容有：① 电业局应设立作为独立企业单位的营业所，兼管有关电度表的检验、装置（或包括修理）工作的校验室，火力发电厂的电气分场管辖电气试验室。② 发电厂与电力网所用仪表、电度表、配套使用的互感器、分流器等，使用、运行和试验应符合规定标准的要求，电气测量仪表的运行应按照专用规程进行；电气测量仪表应进行外部检查，以及各类仪表检验的期限规定等。③ 规定了电气试验室的工作内容、要求以及应配置的试验设备。

各电力企业依照《暂行法规》，在电力工业生产和技术管理中明确实行“安全第一”

的方针，全面贯彻技术责任制，编制和执行各种专业规程和现场规章制度，开展电气测量仪表各项检验工作。《暂行法规》颁布实行后，部分地区电业局营业所编订了电度表及仪表变压器装拆、校验及修理规程，开展了电度表现场运行试验，以真实掌握计量现场运行状态；1958 年，各网省局中心试验所相继组成了电气测量组或室，按照《暂行法规》的要求，承担基层发供电单位电气仪表的校验委托和维修等工作。

1959 年，水利电力部对《暂行法规》进行了一次全面审查与修订，并改名为《电力工业技术管理法规》[1]。

《暂行法规》是中华人民共和国第一部比较完整的电力工业技术管理法规，是电力工业提升技术管理水平，改善和提高设计、施工与安装质量，保证安全经济发供电的主要依据，对规范全国电力工业技术管理工作发挥了重要的作用。在电气测量仪表检验技术管理方面，《暂行法规》为电力企业建立计量管理体系、量值溯源体系、加强和规范计量管理工作、保证计量的准确可靠奠定了基础。

七、全电会议提出全心全意的为用户服务

中华人民共和国成立后，为支持国家各行业建设，电业部门职工迅速行动，全力对电业设备进行恢复、整顿和建设，恢复电力生产，发供电能力有了大幅度增长，但同时，对用户合理要求重视程度不足、未能主动采取措施保证安全供电等问题仍然存在。

1953 年，中央对电力工业提出明确的指示：电业部门首要的和经常的任务，就是必须认真地贯彻为用户服务的思想，保证安全送电，严格执行安全责任制，有计划地检修发电和供电设备，以保证发电供电的安全。电业部门认真贯彻中央指示，积极进行生产改革，组织开展提高职工思想觉悟的自我教育活动，建立健全各项规章制度，保证安全发供电生产。

1954 年 3 月 6 日，在全国电业生产会议上，燃料工业部部长陈郁要求对某些电业单位、部分职工存在的不重视用户合理要求、敷衍塞责以及“同样是工业，为什么我们电业要为他们服务！”“火车到时就开不等乘客，为什么我们电业要迁就用户！”等错误的思想进行彻底清除，首先保证对重要工矿用户供应连续不间断的电压和周波合乎规格的电力，明确提出电业工作者全心全意为人民服务的高贵品质，在业务上的具体表现就是全心全意的为用户服务。

会后，全心全意的为用户服务在全国各级电业部门中开始逐步树立与发展，各级电业部门主动融洽与用户的关系，构建了新型供用电关系，并在不断改进用电管理和制度、推出办电服务措施、提高供电能力和用电技术等方面做了大量的工作。如河北树立“门里门外负责到底”的思想，为用户安装避雷器、进行绝缘试验，并进行“一条龙”服务，把申请用电报装到接火送电多道工序统在一个部门办理、一次办成；天津开展“电话办业务”

[1] 中华人民共和国水利电力部印发《关于颁发“电力工业技术管理法规”的指示》（〔59〕水电技程字第 220 号），1959 年 9 月。

活动，打一次电话就可以达到申请办理灯表业务的目的，深受用户欢迎。同时，在当时电力供需长期紧缺的形势下，大力推进技术革新，提高发供电能力，陆续推出了如哈尔滨创造的“四合一”环形供电、天津创造的“限电不拉路”等革新措施，在电源紧张的时候，保证了安全供电和用电需要；改进供电检修流程，实行发供用电设备统一检修工作，减少停电次数，增加了用户用电时间；改变工作作风，与各工业企业取得密切联系，加强为用户服务的工作，主动配合协作，合理电力分配，提高负荷率；深入推行节约用电，组织推广工业节电经验，降低单位产品电耗定额，充分发挥每一度电的作用；积极宣传鼓励用户，减少城市一般照明用电的浪费。

全心全意的为用户服务是毛主席“全心全意为人民服务”的思想在电业部门的具体体现，贯穿了中华人民共和国用电服务发展的始终，电业部门结合不同时期的特点，采取不同的服务措施，持续推进为用户服务。

八、全国农业发展纲要首次提出“农村电气化”

“一五”计划时期，以实施 156 项重点工程[1]为标志，国家工业化战略快速启动，伴随城镇人口快速增加，快速发展农业生产力的要求更为强烈。

1955 年 11 月，中华人民共和国主席毛泽东就全国农业发展问题，先后同 15 个省（自治区）的党委书记交换了意见，共同商定出 17 条意见。在此基础上，经调研和征求多方面意见，到 1956 年 1 月 9 日，形成了《一九五六年到一九六七年全国农业发展纲要（草案）》（简称《纲要（草案）》），内容也扩展到 40 条，以后进行了多次修正，但一直保持 40 条未变。

1956 年 1 月 25 日，毛泽东在中南海勤政殿主持召开最高国务会议，大会讨论并通过了《纲要（草案）》。毛泽东在会上提出，一九五六年到一九六七年全国农业发展纲要的任务，就是在社会主义改造和社会主义建设高潮的基础上，给农业生产和农村工作的发展指出一个远景，作为全国农民和农业工作者的奋斗目标。[2]

《纲要（草案）》第十条指出：“兴修水利，保持水土”“凡是有水源可以利用的地方，从一九五六年开始，在十二年内，基本上做到每一个乡或者几个乡建设起一个小型的水力发电站，以便结合国家大型的水利建设和电力工程建设，逐步地实现农村电气化”。农村电气化首次列入全国性的发展纲要中。

1957 年 10 月 25 日，中共中央根据近两年来的实践，对这个《纲要（草案）》作了一些修改和补充，产生了《一九五六年到一九六七年全国农业发展纲要（修正草案）》。上述内容被修改为“兴修水利，发展灌溉，防治水旱灾害。从一九五六年起，在十二年内，全国水利事业的发展，应当以修建中小型水利工程为主，同时修建必要的可能的大型水利工程”“凡是能够发电的水利建设，应当尽可能同时进行中小型的水电建设，结合国家大中型的电力工程建设，逐步增加农村用电”。1958 年年初，产生了纲要（第二次修正草案）。

[1] 156 项重点工程：第一个五年计划时期，中国从苏联与东欧国家引进的 156 项重点工矿业基本建设项目。

[2] 毛泽东：《毛泽东文集》第 7 卷，人民出版社，1999 年，第 2 页。

1958 年 5 月 23 日，中共八大二次会议讨论了纲要（第二次修正草案），决定予以基本通过，并委托中央委员会根据当年的实行情况再作必要的修改。1960 年 4 月 10 日，第二届全国人民代表大会第二次会议根据变化了的情况，讨论通过并公布了《一九五六年到一九六七年全国农业发展纲要》（简称《纲要》），上述内容没有变动。

《纲要》勾画出基于实现国家工业化战略目标的以发展农业生产力为中心的远景蓝图，是建设中国社会主义农村和保证顺利实现工业化的伟大纲领，指明了一条符合国情的实现农业现代化的道路。发展农村电气化是农业增产的有效途径，是实现农业现代化的要素之一，实现农村电气化的途径是“凡是能够发电的水利建设，尽可能地同时进行中小型水电站建设”。

在《纲要》的指引下，中国步入了农村电气化的建设发展阶段。

第三节　全国统一电价制度的初步建立

1950 年 3 月，国家颁布《关于统一国家财政经济工作的决定》后，财政收入逐步趋于平衡，有力地控制住了物价上涨，并开始有所回落，随之电价也逐步趋于稳定。由于电力工业发展不平衡和一次能源地区分布上的差距，全国电价水平相差较大。

根据国家物价总体方针政策和电力工业发展的要求，1952 年以后，各地电力企业的电价管理权限上收到国家计划委员会，实现了电价管理权限的逐步集中。1952—1957 年，本着电价总水平基本稳定的原则，主要进行了电价分类及相应电价结构的调整，初步建立起全国统一的电价制度。

1952 年下半年，电业管理总局提出的电价分类建议意见，将分类电价主要分为照明电价、非工业电价、普通工业电价和大宗工业电价等。这一分类方法为健全和统一中国电价制度奠定了基础。1952 年 11 月，燃料工业部召开的第一次全国供用电会议提出，为提高力率，扩大电力系统的供应能力，必须实行先进的、科学的两部制电价和依力率调整电费的办法，从经济上鼓励电力潜在能力的发挥。对大宗工业用户普遍实行两部制电价、依力率调整电费的办法，促进工业用户提高设备利用率。

一、电价管理权限的逐步集中

国民党政府时期的电力工业发展缓慢，通电地区主要局限于东南沿海的一些城镇。全国除了东北、平津唐和上海三个容量不大的电网外，其他地区多为分散供电，电厂按各自孤立的供电区独立经营，电价也由经营者自定。国民党政府的电价管理也仅限于对一些公营电厂电价的核定。因此，全国电价处于因网、因厂（电力公司）而异的状况。1949 年，由于国民党政府恶性通货膨胀，燃料及其他材料价格飞涨，加之战争的破坏，电力公司经营状况严重恶化，电价频繁变动，曾经采取按当天公布的计价单位折算当日电价，尽管如此，电价仍赶不上物价的飞涨。电力公司普遍亏损，经营惨淡。

中华人民共和国成立后，为恢复和发展国民经济，稳定市场和政治局势，各地普遍沿用了既有的管理模式和电价制度，电价管理权限继续由当地政府分散管理。1950 年 3 月之前，电价水平以上调为主。全国批发物价指数从 1949 年 10 月的 100%上升到 1950 年 2 月的 693.7%[1]，通货膨胀和物价上涨势头仍然很猛，为尽快恢复电力生产，各地对电价进行了相应的调整。1950 年 3 月后，物价上涨开始有所回落，电价也逐步趋于稳定。

20 世纪 50 年代初，中国电价没有统一管理机构，基本由各地分散管理。1952 年以前，除华北、华东等部分电力企业外，其他各地电价由电力企业所在地的人民政府负责制定。各地电价制度差别很大，就全国范围看，东北电网的电价制度基本是统一的，关内[2]每个地区的电价制度都不尽相同，均是以单一制电价为主体，并存在相当数量的包灯制，只有少数地区对动力用电实行两部制电价。由于电力工业发展不平衡和一次能源地区分布上的差异，各地电价水平存在一定的地区差价。

1952 年，第一个五年经济建设计划即将开始，燃料工业部和电业管理总局对中华人民共和国的电价制度、分类结构和水平进行了调查研究，在此基础上提出了逐步实施改革的方案。11 月 27 日—12 月 3 日，燃料工业部在北京召开的全国供用电会议上提出，自 1953 年起，在全国范围内推行两部制电价制和依力率调整电费的办法，光、力分别计算电费的办法，以及改革电价制度的若干事项。

1952 年 12 月，顺应全国实行计划经济管理体制，燃料工业部根据财经委员会决定，对电业管理总局进行改组，管辖范围扩大到全国电业，由燃料工业部直接领导，随之部直属电力企业的电价管理权上收到国家计划委员会。电价管理权限由分散到逐步集中，实现了定价和调价的集中管理，为全国电价制度的统一提供了保障。

1953 年，关内开始全面推行全国供用电会议上电业管理总局提出的电价分类建议意见，其分类电价主要分为：照明电价、非工业电价、普通工业电价和大宗工业电价等，这一分类方法为健全和统一电价制度奠定了基础。同时，关内大宗工业用户普遍推行两部制电价和依力率调整电费的办法。

1958 年 8 月 1 日，东北三省执行国家经济委员会制定的《工业产品价格目录》[3]，其中，电力电价分类由五类统一至国家确定的三类，原特高压电力甲、乙和高压电力甲、乙及低压电力调整为普通工业、非工业和大宗工业，分为 220～380 伏、2～6 千伏和 10 千伏以上 3 个电压等级，实现了关外[4]与关内电价分类的统一。至此，全国各地的电价统一列入国家经委工业产品价格目录。

随着电价管理权限的集中，国家在旧中国电价体系基础上进行了必要的整顿和调整，根据“基本不动，个别调整”的物价方针，在保持电价总水平基本稳定和避免各类用户间

[1]《当代中国的电力工业》编委会编：《当代中国的电力工业》，当代中国出版社，1994 年，第 429 页。

[2] 关内：指山海关以南的广大内陆地区。

[3]《东北电力工业志》编委会编：《东北电力工业志（1890—1990）》，当代中国出版社，1995 年，第 503 页。

[4] 关外：指山海关以北的东北地区，包括辽宁、吉林、黑龙江三省。

电费波动太大的原则下，主要进行了电价分类及电价结构的调整，确定了中国电价体系的基本框架，初步建立起全国统一的电价制度，对促进电力工业的发展，合理调整用电结构和社会安定，都起到了积极的作用。

二、两部制电价制度的实行

两部制电价将电价分成基本电价和电量电价两个部分计算，是一种能够比较真实反映成本构成的、科学合理的电价制度，由英国人 J. 霍普金森（John. Hopkinson，1849—1898年）于 1892 年首先根据电力企业的成本特点提出，并被世界各国普遍采用，欧美各国又称之为霍普金森电价制。基本电价代表供电成本中的固定费用部分，是为保证用户随时用电的需要而做的各项准备所耗成本；电量电价代表售电成本中的可变费用部分，以用户耗电量为依据计算的电价。

1919 年，东北旅大区（今大连市）开始实行两部制电价。1923 年，上海申新纱厂（后更名为上海第二十一棉纺织厂）安装上海地区第一只最大需量表，实行两部制电价计费。

中华人民共和国成立后，一般地区都是实行单一制电价，也有些地区实行底度制电价，东北、青岛、太原等少数地区执行两部制电价。东北地区两部制电价的执行，对调整负荷起了很大的作用，单就抚顺矿及鞍山钢铁公司两个用户来说，就使电力系统尖峰负荷压低至 1 万千瓦以上，同时用户的电费也得到实惠，仅抚顺矿 8 个月就减少了电费支出 20 多亿元（旧人民币）。太原 1952 年执行两部制电价的 8 个月，用户共拆除了原来多余的电动机 210 千瓦、变压器 2000 千伏・安，约值 18 亿元（旧人民币），大用户的平均设备利用率提高了约 6.7%，用户的电费支出降低了约 11%。

1952 年 4 月，经东北人民政府批准实行东北地区的统一电价制度。电价共分为月灯、表灯、电力 3 类，其中电力执行两部制电价，电力分为低压电力、高压电力乙、高压电力甲、特高压电力乙、特高压电力甲。具体电价见表 3－2。

表 3－2　　1952 年东北地区电力价格表（旧人民币）[1]

电价分类	电度电费［元/（千瓦・时）］	基本电费（元/月）
低压电力	335	24 000
高压电力乙	290	24 000
高压电力甲	275	33 000
特高压电力乙	190	33 000
特高压电力甲	176	33 000

1952 年 11 月，燃料工业部召开了第一次全国供用电工作会议。会议要求自 1953 年起，在国营电业局管辖范围内，对变电设备容量在 50 千伏・安以上的工业用户，推广更

[1] 中国电业史志编辑委员会编：《中国电力工业志》，当代中国出版社，1998 年 2 月，第 453 页。

科学、先进的两部制电价。会后，各地对大宗工业用户陆续开始执行两部制电价，对装有最大需量电表用户，以最大需量电表指示数计算基本电费，对未装最大需量电表的用户，以变压器容量或装见用电设备容量计算基本电费，具体电价标准由各地根据具体情况决定。如北京地区的基本电价，按用电设备容量计费为 3 元/（千瓦·月），按变压器容量计费为 3 元/（千伏·安·月），按最大需量计费为 5.2 元/（千瓦·月）；电度电价按电压等级划分不同标准，供电电压不满 1 千伏为 0.07 元/（千瓦·时），供电电压 1 千伏至 10 千伏为 0.068 元/（千瓦·时），供电电压在 35 千伏及以上为 0.065 元/（千瓦·时）。各地实行后，大大提高了用户用电的负荷率，降低了电力企业的生产成本和用户的电费支出，也节约了国家资源，社会效益明显。

1953 年 9 月，燃料工业部发布的《供用电暂行规则》对两部制电价作了进一步明确，两部制电价用户的电费分为基本电费和电度电费两部分，电度电费按照用电电度计收，基本电费按最大需量、变压器容量或用电设备装见容量三种办法计算。并补充了非整月用电情况下基本电费的收取标准，对于开始用电的第一个月和停止用电的最后一个月，均按当月实际用电天数乘以全月基本电费 1/30 比例计算。

随着用户数量的不断增多，用电容量的不断扩大。1961 年，对两部制电价的实行范围进行了调整，由变压器容量 50 千伏·安或用电设备装见容量 50 千瓦以上的大宗工业用户，提高至变压器容量 100 千伏·安或用电设备装见容量 100 千瓦以上的大宗工业用户，相关内容在《1965 年电、热价格》颁发时一并纳入。1976 年 1 月 1 日，水利电力部下发《电、热价格》，又进一步缩小了两部电价制的实施范围，将起点提高至变压器容量 320 千伏·安及以上的大工业用户，基本电费取消按用电设备装见容量计收方式。

两部制电价制度的实行，对促使电力用户科学合理选择容量，改变用户“大马拉小车”的状况，提高用电设备的利用率起到了非常大的作用，进一步提高了电力系统的供电能力，降低了电力企业的生产成本。

1996 年《中华人民共和国电力法》颁布后，随之完善颁布的《供电营业规则》，以法规的形式明确了两部制电价的相关规定。

三、依力率调整电费办法的执行

中华人民共和国成立初期，电业部门积极恢复发供电设备能力，以保证工业生产和人民用电的需要，1950 年全国国营发电厂的设备利用率比 1949 年增加了 13.7%。但是由于用户电气设备的不合理使用情况较为普遍，导致力率较低，直接限制了发电设备的出力，造成发供电的损失，大大降低了电力生产单位的有效供应能力。

1951 年 3 月，燃料工业部召开第二次全国电业会议，要求电力生产单位与用户合作进行力率和负荷曲线的改善，推行新的电价政策，将节约电力与提高电力生产部门供应能力的工作，形成用户与电力生产单位对国家的共同任务。

根据燃料工业部的要求，北京、青岛、太原、察中等地区开始试行依力率调整电费的办法，对一定容量以上的工业用户安装力率表，规定一个力率的标准，用户实际力率低于标准时，电费按一定比例加收，高于标准时，电费就予以一定比例的折扣，用来鼓励用户采取措施改善和提高力率。1951 年 8 月，北京地区对装见用电容量 300 马力或最大需量在 300 千瓦及以上的电力用户试行《关于用户力率奖惩办法》，半年后，扩大到装见容量在 100 马力及以上的用户。青岛、太原、察中等地区也开始试行工作，青岛四方机车车辆工厂仅仅依靠调整设备等自然调整力率的方法，使其力率由原来的 0.4 提高到约 0.75；太原实施此办法后，很多用户的力率普遍提高了 0.10～0.20，其中重型机器厂、西山煤矿等五户，提高了 0.20～0.25。

1952 年 11 月，第一次全国供用电工作会议明确，要推广试点地区的先进经验，在国营电业局管辖范围内，自 1953 年开始实行依力率调整电费的办法。对受电变压器容量在 50 千伏·安及以上或用电设备装见容量在 50 千瓦及以上的大宗工业用户，全国统一规定力率考核标准为 0.75（自然调整）～0.8（机械调整），凡用户所装同步电动机、整流器或用于电解、冶炼、电热等占设备总容量 35%以上，或装有电容器、调相机等调整设备，均视为机械调整；其余调整方法属于自然调整。根据电力用户实际月平均力率，比照标准值增收或减收当月电费。如东北地区力率调整电费办法两种方式的增收标准是一致的，用电实际月平均力率 0.74 及以下，电费增加 1%～15%，力率自 0.59 起，每减少 0.01 时，全部电费增加 2%；减收标准有所区别，机械调整的用户，用电实际月平均力率达到 0.82 及以上，电费减收 1%～5%，自然调整的用户，用电实际月平均力率达到 0.76 及以上，电费减收 0.5%～7.5%。东北地区力率调整电费标准见表 3-3。

表 3-3　　东北地区力率调整电费标准[1]

电力用电实际月平均力率		0.75	0.76	0.77	0.78	0.79	0.80	0.81	0.82	0.83	0.84	0.85	0.86	0.87	0.88	0.89	0.90～0.92	0.93～1.0
全部电费减收（%）	自然调整	0.0	0.5	1.0	1.5	2.0	2.5	3.0	3.5	4.0	4.5	5.0	5.5	6.0	6.5	7.0	7.5	
	机械调整					0			1.0			2.0			3.0		4.0	5.0
电力用电实际月平均力率		0.74	0.73	0.72	0.71	0.70	0.69	0.68	0.67	0.66	0.65	0.64	0.63	0.62	0.61	0.60	力率自 0.59 起每减少 0.01 时全部电费增加 2%	
全部电费增加（%）		1	2	3	4	5	6	7	8	9	10	11	12	13	14	15		

[1]《东北电力工业志》编委会编：《东北电力工业志（1890—1990）》，当代中国出版社，1995 年，第 503 页。

随着电力系统的发展变化和用户生产技术水平的提高，为进一步促进用户提高力率，发挥潜力，1958 年至 1984 年期间，国家对力率调整电费标准进行了 3 次修订[1]。① 1958 年第一次修订，将机械调整和自然调整两种力率调整标准统一为一个标准，力率调整标准由原来的 0.75（自然调整）、0.8（机械调整）分不同地区提高到 0.80 或 0.85，同时降低了减收电费率。② 1965 年第二次修订，全国各地区力率标准统一到 0.85，但对于超高压（220 千伏及以上）电网供电地区用电设备容量在 5 万千瓦（或 5 万千伏·安）以上的用户，以及东北以外地区电解铝、电石、电炉铁合金、电解烧碱、电炉钙镁磷肥用电企业，力率标准定为 0.9。③ 1984 年第三次修订，对 160 千伏·安以上的高压供电工业用户统一规定为 0.9；100 千伏·安及以上的工业、非工业用户执行 0.85；100 千伏·安及以上的农业和趸售电用户一般执行 0.80。

依力率调整电费的办法的推行，促使用户合理进行无功就地补偿，稳定供电质量，降低输变电损耗，对缓解电网无功紧缺，提高用户端的供电质量起到了重要作用。用经济手段促使用户节约电力，该办法是一项有效的措施，也是世界各国电力公司通用的一种做法。

第四节　合理用电和节约用电

三年恢复时期，随着国家大规模经济建设的开始，全国普遍面临电力供不应求的局面。1951 年，全国发电装机容量为 188.3 万千瓦，仅比 1949 年增长 1.81%，发电利用小时数达到 3080 小时，比 1949 年增长了 32.19%，在发电设备容量增加较少的情况下，电力企业通过内部挖潜，提高了发电利用效率，但仍不能满足国民经济各行各业日益增长的电力需要。在一两年内，电力建设又不能很快的解决供应需要，必须依靠已有设备供应迅速增长的电力需要，全面地发挥潜在能力成为当时的重要任务。

为此，燃料工业部开始推行合理用电和节约用电。一方面，动员用户消灭电力使用上的不合理和浪费现象，降低单位产品耗电量，增加发电设备的供应能力；另一方面，调整电力负荷，将电力系统高峰负荷时间的用电负荷移到低负荷时间去使用，提高用电负荷率，以提高地区供应能力，从而缓解当时电力供应紧张的局面。

一、合理用电和节约用电工作的推行

1952 年 11 月，燃料工业部召开全国供用电会议，提出主要任务是要全面的发挥潜在能力。为了节省动力资源及合理使用电气设备以发挥潜在能力，根据苏联的先进经验和各电业局、厂矿的工作经验，推行合理和节约用电，动员用户消灭电力使用上的不合理和浪

[1] 《中国电力百科全书》编辑委员会编：《中国电力百科全书　综合卷》，中国电力出版社，1995 年，第 176 页。

费现象，降低单位产品耗电量，以增加供应能力。合理用电和节约用电的主要措施是：① 各厂矿彻底鉴定和检查用电设备，并制定单位电耗定额，为节约电力打下良好的基础。② 发动全国的、定期的节约电力合理用电合理化建议竞赛。在各地区，各企业间展开社会主义节电竞赛，制订适当的奖励办法，对优良的节电成绩和办法或建议予以物质的或精神的奖励，并总结和推广优良的经验。③ 改进生产技术，改进生产过程。④ 实行合理的电价。实行两部制电价和依力率调整电费的办法，光、力分别计算电费的办法，从经济上鼓励电力潜在能力的发挥，推动节约电力，提高力率，推动用户提高设备利用率，提高电力系统发电设备的有效供应能力。

会后，各地电业部门普遍成立用电监察机构，指导用电单位开展合理用电和节约用电工作。对厂矿企业开展以节约求增产的宣传教育，并对用电功率因数低、变压器或电动机“大马拉小车”、长明电灯浪费用电等问题提出改进措施。对大工业用户实行功率因数调整电费办法，促进合理用电、节约用电。主要措施：① 拆除多余变压器，减少变压器容量，并适当灵活运用变压器，增加变压器负荷，提高需用率及利用率；② 掌握不同行业的不同率（KC 值[1]），压缩新装用户变压器容量；③ 调整电动机负荷，避免低负荷或过负荷运转；④ 提高设备利用率；⑤ 提高工作机转数，提高电动机负荷，改善电动机通风；⑥ 压缩工作机空车时间或减低空车时电流等措施。到 1952 年 11 月，已实行节约电力合理用电的地区（厂矿企业）收效情况如表 3－4 所示。

表 3－4　　已实行节约电力合理用电收效统计表[2]

序号	地区或厂名	节省变压器容量	节省电动机容量	节省电度
1	沈阳地区机械三厂			22.0%
2	沈阳电工××厂	40%		
3	抚顺矿务局			10.7%
4	东北煤矿管理局			8.5%
5	阜新矿务局		平安一二三坑主风扇节省 42%	22.7%
6	青岛四方铁路机厂	62.5%		10.0%
7	西北国棉三厂			21.5%
8	北京地区	调查 13 个大用户 30%		
9	北京新建面粉厂			23.4%
10	北京永茂面粉厂			29.4%

[1] KC 值：用电设备组实际所需要的功率与额定负载时所需的功率的比值。

[2] 《当代中国的电力工业》编辑室编：《全国电力工业会议文件选编（一九五〇～一九八五年）》，机械工业出版社，1986 年，第 88 页。

续表

序号	地区或厂名	节省变压器容量	节省电动机容量	节省电度
11	北京三星面粉厂			33.0%
12	北京东郊面粉厂			18.2%
13	北京造纸厂	41%	9.2%	50%
14	天津地区	1951 年调查 20 余大用户 50%	10%～15%	
15	天津地区	1952 年调查 20 余户 11%	13.5%	
16	天津工业局三十五个厂		12.0%	

各地（厂矿企业）实行合理用电和节约用电措施后，取得了良好的效果：在检查用电设备方面，华东纺织管理局对占纺织厂用电 60%以上的精纺机作了分析试验，了解各部分电力分配的情况，又把各种可能影响电耗的因素作了详细的分析和研究。在改进生产技术和生产过程上，北京地区的一些面粉业在磨粉过程中采用加细了磨粉机的丝纹，提高工作机的转数等技术，这些经验推广到造纸业、榨油业等也收到了一定的效果。上海为了改善电网供电质量，挖掘用电潜力，重点宣传不开空车，并动员用户拆除多余容量的变压器和电动机，全年节电 4896.6 万千瓦·时，减少电动机的多余容量 9698 千瓦、变压器 1.4 万千伏·安，用户厂休日停用变压器 9.9 万千伏·安。在开展节电竞赛活动方面，上海电业管理局组织全市棉纺行业开展了节电竞赛。在实行合理的电价方面，江苏电业部门在苏南地区实行大工业用户按功率因数调整电费办法。东北地区厂矿也实行了单位电耗的定额制。

1955 年，电力工业部成立后，在部内设用电监察处合理用电科，负责指导各地开展合理用电、节约用电工作，定期监察用户的合理、节约用电情况。1956 年电力工业部召开全国用电监察工作会议，会议明确了用电监察工作的主要内容之一是深入开展节约用电工作、交流节电技术经验，贯彻《工业产品单位用电消耗导则》；在东北、京津唐、上海等电网试行电力计划分配工作，调整用电负荷，提高发供电设备利用率，满足工农业生产日益增长的电力需要。

合理用电和节约用电政策推行后，各地电业部门与社会各行各业积极配合，从改进设备、改进工艺、提高管理和技术水平等方面抓好用户用电设备电能节约工作，提高了设备利用率和效率，缓解了电力供需矛盾，取得了显著的经济效益和社会效益，推动了国民经济的发展。

二、调整电力负荷的举措

中华人民共和国成立初期，国家财政极端困难，大力发展电业是有困难的。加之各地电业局对于用电缺乏严格计划性的管理制度，以致造成尖头负荷[1]很高、负荷

[1] 尖头负荷：同尖峰负荷。

率[1]很低、售电量很少的现象，大批工业得不到足够的电力供应。

1950 年，第一次全国电业会议提出了有计划的用电管理的概念。要求各地电业局有计划的调整负荷，有计划的分配电量，减少现有设备上的浪费。建议各地电业局按照当地的实际电力需求多少和本身设备的供电情况，开放电力并与厂矿用户订立有计划的使用电量合同，详细规定用电时间和数量，压缩尖头负荷，鼓励深夜用电，在电价政策上，应建立依照最高负荷收取标准费的制度，以达到压缩尖头负荷的目的。

东北、太原、上海、苏南等地区较早开展了调整负荷工作。东北电网自 1951 年 11 月开始调整负荷，至 1952 年日负荷率由 84.5%提高至 95%左右，最高曾达到 96.9%，调整出了 5 万千瓦潜在电力，解决了工矿企业增产的用电需求。上海将日负荷率最高提升至 90%，1951 年冬经常保持在 88%左右，相当于调整出了 2 万千瓦的潜在电力。

1952 年 11 月召开的全国供用电会议总结了东北、上海等地区进行负荷调整的经验，提出要在保证生产所需电量和尽可能适当照顾到劳动群众生活的原则下，有组织、有计划地将集中于电力系统高峰负荷时间的用电负荷，移到电力系统低负荷时间去使用，以压低高峰负荷，增加发电设备的供应能力。会议强调：调整负荷是发挥潜力的主要方法之一，是用电部门与发供电部门共同的、经常的工作，应该系统地、经常性地开展；厂矿内部的调整是地区调整负荷工作的一个重要基础，原则上必须在地区总的要求下适当进行，保证生产所需全部电量是调整负荷的最高目的。

各地电业局落实全国供用电会议要求，开展了调整负荷工作。北京、上海等地进一步要求用户每月 15 日记录全天每小时的实用电量，通过对各类用户用电状况的抽样调查和统计分析，作出同行业分班制的负荷统计，分行业的负荷统计，非工业电力负荷统计及照明负荷统计，以掌握各行业负荷构成和负荷变化规律，作为调整负荷的依据。各地实施调整负荷的主要措施有：① 调整周负荷，把各厂的厂休日进行合理安排，在一周内尽量错开各厂的厂休日，使厂休日与线路检修日相一致；② 调整日负荷，要求一班与两班制生产企业实行避开高峰负荷时间，对三班制生产企业的班次安排进行调整，增加早班或晚班次数，减少中班次数，以避开高峰负荷时间；③ 大用户调整内部负荷，用电监察人员通过下厂调查了解各行业的生产过程，电力使用情况，协助企业进行内部调整负荷工作，按容量大小安排开停时间，错开电网负荷高峰时间。

北京市通过实行轮休制度、调整生产班次、内部调荷等措施进行调荷错峰，负荷率由 1950 年的 42%上升到 1956 年的 65%。河北省通过实行轮休制度、调整生产班次、提倡夜间用电等措施调整负荷。石家庄、唐山电网月平均负荷率分别由 1953 年的 60%和 71%提高到 1957 年的 83.8%和 93.2%，河北全省负荷率的提高，相当于挖掘设备潜力 2.17 万千瓦，约占 1957 年全省发电装机总容量的 8%。江苏省通过实行轮休制度、调整上下班时间、调整生产班次、内部调荷等措施调整负荷，南京市、无锡市负荷率分别由 1953 年的 59%和 60%提高到 1957 年的 75%和 77%。

[1] 负荷率：全称为用电负荷率，是用电对象在指定时期的平均用电负荷与期内出现的最大用电负荷的比值的百分数。

各地电业局和工矿企业共同努力，采取多项举措调整用电负荷，提高用电负荷率，提高了发供电设备利用率，促进了合理用电和节约用电工作的开展，较好地缓解了当时电力供应紧张的局面。

三、抗美援朝时期的省煤节电运动

1950 年 10 月，抗美援朝战争爆发后，中央财政加大了在战争物资生产方面的投入。1951 年 10 月 23 日，毛泽东主席在政协一届三次会议上提出继续加强支持抗美援朝的工作，要求增加生产、厉行节约，全国上下积极响应中央号召，开展了大规模的增产节约运动。1951 年召开的全国第二次电业会议提出了建立用户监察制度、节约电力工作的要求，明确电业部门的经济核算工作要深入贯彻到减低煤耗、厂用电和线路损失率，提高机器设备的出力，节约电力以及安全供电等各方面去。在全国大规模开展增产节约运动的大背景下，各地电业部门、工矿企业积极响应，掀起了省煤节电运动。

为推动省煤节电，各地因地制宜采取了改造电气设备、改进生产技术、掺烧劣质煤、拆除不合理电气设备等多种措施。

在改造电气设备方面，华中地区各电厂贯彻定期检修，提高锅炉效率及受热面积，以提高热效率来降低煤耗。安徽省部分电厂在 1951 年采用化学水处理技术，解决了汽轮机叶片、锅炉汽包等通汽部分严重结构和腐蚀的问题；发电机改制通风除尘器，降低发电机温度，锅炉改装挡风板，加装吹灰器，调整锅炉燃烧方式，提高了锅炉燃烧效率，降低煤耗 10 克/（千瓦·时）。

在改进生产技术方面，华东地区发电厂在链条炉上普遍推广杨树浦电厂的“长火床、薄煤层、低风压、跑快车”的操作经验，重点推广“勤看火、勤调节、勤检查、勤联系”，保持运行参数稳定的操作方法；对主、辅设备进行改进，挖掘节能潜力。辽宁省抚顺发电厂运行工人实行按岗位分工，严格执行操作制度，坚持按汽温、汽压、水位等额定参数压“红线”运行。值班时做到“勤检查、勤调整、勤分析、勤联系”。开展群众性堵漏（漏风、漏汽、漏水、漏氢、漏煤、漏灰、漏油等）活动，减少损失，努力提高热效率和热工自动投入率。北京造纸厂吸取苏联先进稻草制浆经验，使得每吨纸的耗电量由 1951 年 1 月的 1197 千瓦·时降低到 1951 年 8 月的 595 千瓦·时，降低了约 50%；西北国棉三厂调整和改进机器设备，使生产每件纱的耗电量由 226 千瓦·时降低到 178.84 千瓦·时，降低了 20.86%。

在掺烧劣质煤方面，辽宁省抚顺发电厂锅炉工人刘金良摸索出一套掺烧劣质煤的经验，将煤耗由 1950 年的 789 克/（千瓦·时）降到 1952 年的 610 克/（千瓦·时），使全班成为省煤冠军。在掺烧劣质煤成功的基础上，抚顺电厂掺烧煤矸石取得成功，使发电成本继续下降，并在东北地区推广。整个东北地区煤耗由 1949 年的 890 克/（千瓦·时）到 1952 年的 652 克/（千瓦·时），下降了 238 克/（千瓦·时）。1952 年，北京市石景山发电厂试烧低质煤成功，全年节煤 10 万余吨，使该厂燃料成本降低 35%。

在拆除不合理电气设备方面，抚顺矿务局调整拆除了约 2000 马力的电动机和 1500

千伏·安的变压器；青岛四方铁路机厂将 2750 千伏·安变压器降为 1030 千伏·安，拆除了原来容量的 62.5%。除此之外，华中地区查处了大量的窃电设施，对部分线路升压运行，修缮了部分配电网络；北京电业局采取安装电容器等技术措施提高了功率因数。

抗美援朝期间的省煤节电运动持续到 1953 年 7 月朝鲜战场停战。在地方政府、工会、各工业部门的指导和苏联专家的协助下，全国电业部门、工矿企业开展了一系列以省煤节电为中心的增产节约工作，降低了生产成本，提高了生产水平。在这场运动中，全国的煤耗、厂用电率、线路损失率均有下降，其中：煤耗从 1949 年的 1020 克/（千瓦·时）降到 1953 年的 693 克/（千瓦·时）；厂用电率从 1949 年的 6.79%降到 1953 年的 5.99%；线路损失率从 1949 年的 22.62%降到 1953 年的 13.01%。

第四章

供用电管理的调整和发展（1957—1966）

1956 年 9 月，党的八大正式通过了《关于发展国民经济第二个五年计划的建议的报告》，明确规定了“二五”计划的基本任务。但“二五”计划的执行和实施，却被此后掀起的“大跃进”运动打乱了。1958 年 1 月中共中央召开了南宁会议，会议提出将“水主火辅”作为发展电力工业的长远建设方针，并确定将电力工业部和水利部合并为水利电力部。1958 年 5 月，中共八大二次会议通过了“鼓足干劲、力争上游、多快好省地建设社会主义”的总路线，会后，在全国各条战线上迅速掀起了“大跃进”的高潮。各地区、各部门竞相修改和提高计划指标，大批用户申请用电，都要求紧急供电。

在“二五”计划执行中，电力工业头三年的发展速度是空前的。这一时期，在贯彻“水主火辅”发展建设方针的同时，开展农村初步电气化建设，从中央到地方出现了一个大上水电的热潮。1958—1960 年，每年新增小水电站两三千处、容量 5 万～10 万千瓦，到 1960 年年底，全国有 1100 个县建成小水电 8975 处、装机容量 25.15 万千瓦，是 1957 年的 13 倍，成为中国小水电发展速度最快的时期。

“大跃进”期间，在片面追求高速度的同时，以高指标、瞎指挥、浮夸风和“共产风”为主要标志的“左”倾错误，使电力工业的建设、生产、管理遭受严重损失。电业部门受到解放思想、大破规章制度的极左思潮影响，正常的营业规章制度受到冲击与批判，各地用电营业工作处于无章可循的状态。

“二五”期间，虽然存在不少的问题和失误，但电力工业在用电管理方面仍然取得可观的成绩，主要表现在年全社会用电量快速增长，5 年的年全社会用电量平均增长率为 13.56%，高于“一五”计划时期的增长率。用电技术装备的现代化水平有了很大提高，国产 DD1 型 2.5 级单相电度表、DS1 型 2.0 级三相四线电度表和 DX1 型 3.0 级三相无功电度表研制成功并实现量产，互感器的制造能力达到 220 千伏及以下电压等级。国家扩建和兴建了一批大中型仪表生产企业，电能计量设备生产基本走上了自力更生的发展道路。

1961 年，中央开始实行“调整、巩固、充实、提高”的八字方针，对国民经济进行调整。在调整工作中，用电管理制度得到完善，供用电管理水平不断提升。《全国供用电规则》《用电监察条例（草案）》《电费管理工作制度》《电气测量仪表检验规程（试行本）》等规章制度相继恢复和完善。同时，电力计划分配制度、用电定额管理制度开始推行，全国各电网的电力分配实行中央和地方分级管理的模式，保证了国民经济重点行业和人民生活的用电需求。1965 年，《供用电工作十五条》颁布，从此，为人民服务的思想逐步深入落实到供用电工作的各个领域。

在调整工作中，农电建设得到加强，农电设施成倍增长。1963 年，水利电力部设置了农村电气化管理局，贯彻国民经济以农业为基础的方针，农村电气化得到快速发展。此后，各地大规模兴建电力排灌工程，大电网从城市向农村延伸开来，农村电网逐渐形成。到 1966 年年底，全国 35（63）千伏农用变电设备容量 369.48 万千伏·安，配电变压器容量 750.48 万千伏·安，比 1962 年分别提高 124.7%和 163.9%；农村用电量 52.52 亿千瓦·时，占全国总用电量的 7.50%。农业用电以排灌用电为主，排灌用电占比 64.81%。

这个时期，全国统一的电价制度正式确立。1960 年，国家计划委员会和水利电力部第一次颁布了全国电价目录，列入《全国工业产品出厂价格》。1965 年 1 月 1 日，《1965 年电、热价格》正式实施，这是第一个全国统一的目录电价表，对国民经济的发展起到了积极的作用。

第一节 用电管理制度的调整

1958 年 1 月 1 日，电力工业部和电业工会全委会发出《关于进一步开展先进生产者运动，组织生产建设新高潮的指示》，随着全国性的反保守、反浪费运动的开展，电力工业系统开始了“大跃进”。电业部门又受到解放思想、大破规章制度的极左思潮影响，正常的用电营业制度受到冲击与批判。

1961 年，党中央提出“调整、巩固、充实、提高”八字方针，纠正“左”倾错误。电力工业随后开始了企业整顿，并随之恢复必要的规章制度。1963 年，整顿和健全了“用电监察”“电力分配”“负荷管理”“供用电规则”“电度表检验管理”“电费抄表、核算、收费管理”等六项制度，供用电管理工作得到加强和提高。

“二五”期间，电力供应形势趋于紧张。1963 年，电力分配暂行办法出台，实行中央和地方分级管理。同年，水利电力部颁发《工业单位产品电力消耗定额导则》，规定电解铝等 100 多种产品的用电单耗标准，建立起用电定额管理制度，提高了节约用电管理水平。

一、《全国供用电规则》的颁布

“大跃进”期间，全国各行业在“鼓足干劲、力争上游、多快好省地建设社会主义”总路线的指引下，竞相修改和调高计划指标，大批用户申请用电，都要求紧急供电。电业部门又受到解放思想、大破规章制度的极左思潮影响，正常的营业规章制度受到冲击与批判，从先用电后办手续到不办手续就用电，尤其是 1960 年水利电力部通知停止执行 1953 年颁发的《供用电暂行规则》后，各地用电营业工作出现了无章可循的情况。

1961 年，为贯彻执行中央“调整、巩固、充实、提高”的八字方针和“工业七十条”，针对“大跃进”以来出现的规章制度松弛、事故增多、不讲经济效益等问题，电力工业系统开始了企业整顿，并随之恢复必要的规章制度。1963 年 2 月 1 日至 2 月 19 日，水利电力部在北京召开全国电力工业会议，明确了 1963 年电力工业的六项具体工作和要求，对用电管理领域的要求是：整顿和健全“用电监察”“电力分配”“负荷管理”“供用电规则”“电度表检验管理”“电费抄表、核算、收费管理”等六项制度[1]。

1963 年，水利电力部组织修订 1953 年版《供用电暂行规则》，几经修改和补充，同年 9 月 28 日，经国家经济委员会批准后，正式颁布了《全国供用电规则》（简称《规则》），在全国范围内执行，原《供用电暂行规则》及 1952 年颁布的《电气事业处理窃电暂行规则》同时废止。

《规则》适用于水利电力部及各省（直辖市、自治区）管辖的电业局的供电区域。内容包括总则，供电类别及供电方式，新装、增容及投资备料，变更用电及停止用电，用电设备的安装、检验与接电，电度表及计收电费，电气设备的产权划分与维护管理责任，用电条件与用电监察，供电质量及断电缺电的处理，违章用电及处理办法，附则等共 11 章 96 条。

与 1953 年版《供用电暂行规则》相比，《规则》适用范围更广、内容更为具体全面。主要有七个方面的变化：① 适用范围从燃料工业部管辖区域扩大至全国区域，除全国各地供电营业机构和用户外，同时适用于兼管供电的发电厂、兼营对外供电业务的企业自备发电厂及承装电器设备的单位。② 供电类别及方式增加了委托转供电方式、趸售供电方式，并明确供用电双方的产权划分、维护管理责任、抄表收费要求，将高压供电电压等级统一为 3、6、10、35、60、110、154、220 千伏。③ 增加重要客户的范围及供电保障要求，对国防、军工、电信、广播、交通枢纽及重要工矿企业、机关、医院等用户，可以申请备用保安电源，电业局按照电气设备安装规程的规定及电力系统的实际可能，确定备用保安电源的可靠程度、容量及供电方式；同时，要求电业局配备机要用电监察员，负责国防、竣工、重要的交通枢纽、电信、广播等重要部门的用电监察工作。④ 补充了“违章用电及处理办法”这一章节的内容，明确十一类违章用电行为的认定和处理办法，以及检举、查获违章用电的奖金率和奖金额等内容。⑤ 体现电力分配制度的要求，当电力系统缺电时，要求用户遵守经直属上级或当地人民委员会[2]批准的电力分配限额，保证重点企业用电。⑥ 明确计费用电度表的产权归属、安装位置，以及线路、变压器的损耗承担规则，用户端的计费用电度表产权归属电业局，电度表原则安装在供用电双方电气设备的产权分界处，没有安装在产权分界处的，有关线路及变压器的有功、无功损耗电量由产权所有者承担。⑦ 强化了用户安全用电的规定，增加多电源用户签订调度协议、用户继电保护方式整定和检验的要求，以及遇用户电气设备严重威胁电力系统安全情况下，停止供电

[1] 《当代中国的电力工业》编辑室编：《全国电力工业会议文件选编（一九五〇～一九八五年）》，机械工业出版社，1986 年，第 299 页。

[2] 人民委员会：即地方人民政府，是地方人民代表大会的执行机关，是地方国家行政机关。

的内容。

《全国供用电规则》的修订完善，体现了电力企业整顿的工作要求，确立了正常的供、用电秩序，是安全、经济供电的制度保障。该《规则》颁布后，水利电力部先后批准颁发了“营业工作制度”“电费管理办法”“用电监察条例”“工业产品电耗制定导则”等配套细则制度，全国电力企业的供用电管理工作再次处于有章可循的正常状态。

二、中国第一个《用电监察条例》（草案）

1952 年，全国供用电会议提出建立用电监察制度和机构，监督和协助用户做好用电安全，节约电力，合理用电，提高力率和调整负荷等工作。1953 年 9 月 14 日，燃料工业部颁布实施的《供用电暂行规则》对用户合理使用其用电设备、节约用电、调整负荷等方面做了详细规定，为用电监察工作提供了制度依据。1956 年全国用电监察会议明确用电监察工作的职责任务是对用户安全、合理、节约用电进行监察，并在各大电网逐步实行电力计划分配。

1963 年 2 月，全国电力工业会议提出要加强用电管理，严格贯彻执行用电管理制度，并迅速整顿用电秩序和健全包括用电监察制度在内的 6 项制度的要求。同年，经国家经济委员会批准，水利电力部颁发了中国第一个《用电监察条例》（草案）（简称《条例》），《条例》明确了用电监察机构的职责任务及职权。

《条例》的主要内容：① 各级电业部门必须设立用电监察机构，配备用电监察人员，根据国家电力工业的方针、政策、上级指示和电气设备的安装、运行、安全技术等各项规程制度，对各单位的用电进行监督、检查、指导与帮助。② 安全用电方面。对用电单位进行安全检查，提出改进意见，督促协助用电单位清除用电不安全因素，不断提高安全用电水平。③ 调整负荷方面。参与编制地区电力分配方案，监督检查用电单位用电指标和电力系统事故限电顺位表执行情况；掌握用电负荷情况及各类用电规律，编制调整负荷方案，开展调整负荷工作，督促和检查用电单位的执行情况。④ 节约用电方面。掌握与分析地区用电构成及主要产品的耗电定额，督促协助用电单位开展节约用电工作；掌握用电单位的力率及补偿设备运行情况，督促协助用电单位合理调整用电设备、改善力率，发挥发供电设备的潜力。⑤ 审查用电单位新装、改装、扩建的电气设备资料及接电前检查。⑥ 开展安全、合理、节约用电的宣传教育，提高用电单位安全与合理用电的水平。⑦ 用电单位接受用电监察部门的监督、检查、指导和帮助，并按要求提供相关资料。

中国第一个《用电监察条例》（草案）颁布后，各级电业部门依据该制度开展用电监察工作，用电监察工作更加规范化、制度化，加强了供电与用电的联系，提高了用电设备的健康水平和管理水平，进一步提高了节约用电、合理用电、安全用电的管理水平。1983 年，国家经济委员会批准颁布执行修订后的《用电监察条例》，原《条例》同时废止。

三、电力计划分配制度的试行

1950 年，第一次全国电业会议提出有计划的调整负荷，有计划的分配电量，以减少现有设备上的浪费，减少国家对新设备的投资。这种有计划的管理制度是新的进步的制度，强调要用尽一切方法来贯彻执行。为了取得经验，1954 年，国家先后在上海、京津唐和东北电网试行了电力计划分配工作。

1954 年，燃料工业部和国家计划委员会学习苏联计划经济的经验，把电力作为统配物资产品实行计划分配，首先在上海进行试点。当时上海市的电力供需矛盾并不突出，因此选择用电量较多的工业大用户作为试点对象，根据产量计划和单位产品电力消耗指标分配用电量，制定月度电力分配计划并签订电力分配合同，每季进行检查和调整。由于用户的生产计划变动因素较多，用电量又不易控制，且上海市电力供应有富余，所以效果不明显。

1954 年，京津唐电网和东北电网电力供需矛盾日趋严重，对用户拉闸限电已成为实现电力平衡的必要手段，用户反应强烈。1955 年 3 月，国家计划委员会和燃料工业部联合下发通知，要求从 1956 年 1 月 1 日起对京津唐电网和东北电网试行电力计划分配工作，以调整用电负荷，提高发供电设备利用率，满足工农业生产日益增长的电力需要。对用户设备容量在 200 千瓦及以上的用户，按产品生产计划和电力消耗定额分配电量和最大用电负荷，并与当地电业局签订合同。北京在开展电量的计划分配试行工作中，由于对试点用户没有考核手段和相应的制约措施，收效甚微。1962 年下半年，北京市电力、电量的计划分配由过去的直接分配到户，改为按市属各工业主管局归口统配。天津主要选择大电力用户作为试点对象，并组织了学习班，讲授有关电耗定额计算方法、节电的经验和技术措施。试点单位车间都安装了用电分表，测定电耗定额，按照年度生产计划和电耗定额提出用电计划，实行电力、电量按计划分配。对一些小电力用户，采取连续用电申请批准制度，用电监察部门根据季节特点和电网负荷变化，不定期下厂检查用电情况，保证了电力按计划分配的正常进行。河北唐山电业局拟订了《电力分配执行办法》，规定装机（实际安装）容量在 200 千伏・安以上的工矿企业及公用事业单位均实行电力计划分配。

东北电业管理局从 1956 年起，根据国家计划委员会、电力工业部统一分配东北电网的电力、电量，以中央各部及东北三省为申请单位，并采取逐级负责、当地计委就地检查督促的方式，推行电力分配制度。电网内用电装接容量在 300 千瓦以上的，均按上述要求提出电力申请书及核算表，经过逐级审核汇总上报，并经东北电业管理局综合分析修正与发电可供能力平衡后，订出电力、电量指标分配计划，然后由国家计委批准。当时国家计委直接分配的用户全网有 272 户，其他指标按系统及地区分别下达，由东北三省及三省所属市、地电力办公室向本地区用电工矿企业下达用电指标。东北电业管理局与三省电力办公室自 1958 年起，将超高压电力网电力供应指标改为按省分配、控制，根据分配指标，安排工业生产和城市用电，拟订用电限额方案。因为国家计划委员会和国家经济贸易委员会职责的调整，电力、电量指标分配计划自 1958 年以后主要报请国家经委批准。东北三省的用电限额方案在征求三省计委意见后，报请国家经委批准后下达。1958 年 9 月，由东北经济协作区主持，在沈阳召开了东北三省电力分配会议，制定了关于解决东北地区严重缺电的决议，明确规定了按行业分类统一排队、保证重点、兼顾一般的用电原则。1959

年，国务院总理周恩来与有关部长在沈阳研究了东北地区电力发展和分配问题。根据周恩来的指示，东北协作区委员会与国家经委、水电部组成联合工作组，邀请东北三省有关部门负责人共同协商东北电网1959年第一季度的电力分配。

1962年，由于发电煤炭供应紧张，东北、京津唐、华东等地电网又出现电力供应不足的矛盾，在地方政府领导下开始按省、市、地区切块分配电力和电量指标。各省、市计委和电业部门按企业的主管行业厅（局）分配电力指标，条块结合，由各地自行控制使用，并制定《停电限电序位表》，由调度机构执行。东北、华东和京津唐电网成立了电力计划分配领导小组，由国家计委、国家经委、水电部的领导担任正副组长，各省、市领导及电管局、省电力局的领导参加，每季或每半年召开一次电力计划分配会议。各省、市再按分配到的电力、电量指标逐级分配下达到所属各地、市、县。

1963年9月，国家计委、国家经委、水电部印发了电力分配暂行办法：全国各电网的电力分配，由中央和地方实行分级管理。年度分配计划由国家计委批准，季度分配计划由电网管理局提出分配方案报水电部和国家经委审查批准。中央直属重点企业的用电指标由中央直接分配到户，除此以外所有的用电指标分配，由各地电业管理局根据中央核定的用电指标，联合当地计划委员会、经济委员会进行本地区电力分配。1963年7月，山西电业管理局制订了《山西省电力分配办法》（草案），提出定负荷、定电量、定用电时间、定单位产品电耗定额的“四定”原则。电业部门根据上级批准的年度电力生产计划，按年、季分配电力指标，用户与电业部门签订供用电合同。当年与钢铁、机械、煤矿等大用户签订了合同。1964年，山西省人民委员会颁布了《山西省电力分配暂行办法》（草案），对18个大企业实行了电力分配，要求用电量不得超过分配指标，对超过部分每千瓦时加收1倍的电费，最大负荷超过分配指标部分按基本电价4倍收费。

电力计划分配制度的试行为缓解电力供需矛盾，保障重点企业和人民生活用电发挥了应有的作用，为后续开展的“三电”工作积累了有益的经验。

四、用电定额管理制度的建立和实施

1952年全国供用电会议提出要做好用户的节约电力工作，制定各厂矿的单位电耗定额，明确用电监察的其中一项工作就是要对工业用户单位产品的电耗定额执行进行检查。1956年，电力工业部颁布了《工业产品单位耗电定额导则》[1]和《工业企业单位产品耗电量计算方法参考资料》，各地计算单耗的产品和用户数迅速增加。

1963年，水利电力部颁发了《工业单位产品电力消耗定额导则》，提出节约用电工作重点任务是工矿企业降低工业产品的电力消耗指标，对电解铝、电解铜、电炉钢、合成氨、铁合金、烧碱、电石、棉纱、水泥、纸浆等产品规定了用电单耗标准，建立了用电定额管理制度。通过国家计委、国家经委，中央各专业部和地方工业厅（局）下达工业产品耗电定额，以电力计划分配的形式，推动节约用电工作的开展。同年，国家经委颁发了《单位

[1] 中国电业史志编辑委员会编：《中国电力工业志》，当代中国出版社，1998年，第425页。

产品电耗定额导则》，推动了各省电耗定额管理和节电工作水平的进一步提高。

各地纷纷成立节电办公室或节电委员会等，积极协助用电企业开展用电定额产品单耗的制定工作：建立并落实用电定额管理制度；协助工矿企业改进工艺流程，组织交流节电技术经验；指导用电企业应用新技术，改革生产工艺，加强设备维修，优化经济运行等提高生产效率的措施；对用电企业进行超罚节奖等政策，超指标受罚，节约归己；采取择优供电的办法，对用电单耗低、产品适销对路的工厂实行优先供电，淘汰耗电高的工业品和耗能高的滞销产品。

1963 年，华北地区指导协助用电单位将交流接触器改为无声运行，每台每年可节电 200 千瓦·时；中频淬火装置由闸流管改成可控硅等，也收到了效益。北京制定了 77 种 125 项主要工业产品单耗定额和《单位产品耗电定额管理办法》，以指导用电企业应用新技术、新工艺、新材料，实施改造旧设备，改革落后工艺，改造操作方法，加强设备维修和经济运行等一系列节电措施，如远红外加热技术应用于低温电加热设备可节电 30%、电阻加热炉推广应用硅酸耐热保温材料可节电 30%以上、给水系统推广微阻缓闭止回阀可节电 50%以上、全市约 268 万户取消生活用电包费制可节电 30%～50%；同时加强了对社会节电的宣传教育，充分利用广播、电视报刊开展节电咨询等活动。东北三省自 1957 年以来，开展降耗节电工作，对大城市进行了单位产品用电定额管理；1958 年开始抓单位产品耗电定额管理工作，开展以降低耗电量为目标的技术革新活动；1963 年以后，节电工作从抓节电措施为重点，逐渐转移到以考核主要产品单耗为主实行下达用电单耗指标，实行月考核、季分析，并开始下达节电指标。1967 年 11 月，水利电力部在青岛召开南京、大连、上海、重庆等 8 城市节电经验交流会，全国 30 多个城市参加，促进了电耗定额管理和节电水平的进一步提高。

用电定额管理制度的建立和实施，加强了用电企业电耗定额的管理，促进了技术装备的提升和不合理工艺的改进，降低了废品率和成本，有效地提高了企业经济效益。

五、电费管理工作制度的实施和完善

受“大跃进”的影响，电业部门一些必要的营业工作制度被废除，电费回收工作也受到影响，再加上当时用户用电量增长较快，新用户又大量增加，用户拖欠电费或用户无表计量、用户用电无账卡的情况时有发生。

1964 年 3 月，根据《全国供用电规则》，水利电力部颁发《电费管理工作制度（试行本）》（简称《制度》）并予以执行。《制度》对电费抄表、电费核算、电费账务、电费收费、计能计量等工作，以及电费管理工作人员都作出了详细规定，使电费管理工作逐步规范。

《制度》的主要内容：① 取消抄、核、收合一模式，电费抄表和核算工作必须分别由 2 人或 3 人担任（开具与收费必须分开），并加强审核、复算与监督检查工作，杜绝抄、核、收工作人员少抄实收，涂改表簿，开“鸳鸯”发票，挪用公款的情况。② 对大用户开始推行月末零点抄表，提高线损率计算值的准确性，稳定生产成本。③ 增加了电费核

算和账务管理的要求。电业局的营业部门应建立用户账、电费台账和抄表卡片，并加强核对与审核，电费相关凭证和单据至少保存5年，并建立与健全关于领用、销毁等手续制度。核算人员审核装表传票或有关凭证，将用户信息登记于用户账上，同时填写抄表卡片和电费台账，对抄表卡片的记载要进行审核，并核对电费、开写收据和结算凭证，电费收据和结算凭证必须经过审核后方准发行。用户交纳的电费现金及支票应及时上缴银行，并定期与银行、财务部门共同核对账目。④ 逐步扩大委托银行划拨结算。对用电量较多的用户，或在银行有结算的用户，应实行划拨结算，委托银行以托收无承付方式结算电费，减少现金货币的流通。对于用电量少的用户可委托银行代收或电业部门走收、坐收等。⑤ 开展人员的培训考试和奖惩。要求各电业管理局、电业局拟订抄表、核算及收费人员的培训考试和奖惩制度，并定期开展评比竞赛和交流经验活动，不断改善和提高电费管理工作。⑥ 对各类计费用的电度表明确准确计量的要求。各类计费用的电度表必须按照有关制度规定进行安装与校验，达到准确计量，用电监察人员应对电度表计量的正确性及电价的分类进行监察检查。

《制度》下发后，各地陆续开始执行，强化了电费管理工作。湖北地区对抄、核、收工作进行改革，即将抄、收工作分开，组织专人抄表，专人收费，各负其责，在抄表后3天，由收费员到用户收费，从而堵塞了资金安全漏洞，减少了差错。江西省为了执行水利电力部《电费管理工作制度（试行本）》，落实电费管理岗位职责，各供电局将电费管理分成内、外勤二组，外勤组负责抄表、收费，内勤组负责审核和收费。1970年开始，广东省各市供电局相继颁发《电费管理工作制度》，恢复抄表收费分开的制度，将电费抄、核、收时间错开，人员职责分开，这样有利于用户备款，解决了合表用户多、当场收费困难的问题，既提高了电费回收率，也增加了电费资金的安全性。湖南电力部门据此制订《电费收入核算方案》，进一步加强了电费管理。

《电费管理工作制度（试行本）》系统地规范了电费抄表、核算、收费及账务工作，加强了电费工作各环节的监督和制约，基本堵住了电费管理的漏洞，改善了用户拖欠电费的情况，对电费管理工作发挥了很好的作用。

六、电气测量仪表检验规程的制定

20世纪50年代后期，全国各网、省电力企业相继开展基层单位电气仪表的校验委托和维修等工作。因为没有统一的电气测量仪表检验规程，电气测量仪表检验、维修的工作质量无法保证。在总结电气测量工作的实践经验，参考第一机械工业部的有关标准和苏联相关检验规程的基础上，水利电力部对电度表修、校工作中的检修和检验质量标准进行了统一规范，制定了《电气测量仪表检验规程（试行本）》（简称《检验规程》），并于1962年7月20日颁布实施。

《检验规程》共6章26节194条，包括总则、指示仪表在试验室中的检验、指示仪表在装设地点的检验、指示仪表修理后的检验、电度表的检验、互感器的检验，规定了仪表检验的种类和期限，明确了检验方法、检验技术文件、仪表监督等具体要求。主要内容：

① 按照仪表的状态，将电气测量仪表的检验分为新安装和投入运行前检验、定期检验、修理或改制后检验三种，明确了检验内容和合格标准；② 明确了各类电气测量仪表在不同安装场所或使用条件下定期检验的次数要求；③ 提出了仪表检验工作中应遵守的安全工作等事项；④ 规定了从国家计量科学研究院到水利电力部直属科研单位、各省级中心试验所，再到各电业基层单位的量值传递体系；⑤ 规范了电度表等电气测量仪表的检验要求；⑥ 规定了各类电气测量仪表具体的检验方法。

《检验规程》颁布施行后，全国各地据此制订符合本地实际情况的实施细则，加强了管理，规范了检验，工作效率和修、校检验质量明显提高。如河北省电业局据此制定了本单位的实施细则，采用“拆、修、装、试、封”五位一体的小流水作业，使工作效率和电度表修、校质量得到明显提高，所属各电业局年校修能力可达 0.5 万至 1 万只。北京电业管理局 1964 年制定颁发了《电能表检验规程》，电度表检修与校验工作得到规范和加强。

《检验规程》的颁布实施，使电气测量仪表检验工作逐步走向了规范统一，为电气测量仪表的检验、维修工作打下了坚实的基础。

第二节 供电营业业务的逐步完善

1963 年年初，电力工业超额完成了第二个五年计划所规定的各项任务，在全国电力工业会议指出，当时的电力工业形势可以概括为：“形势很好，问题不少，问题不大，影响不小”[1]。当时缺电、限电已经从地区性的问题发展为全国性的问题，鉴于这种情况，会议决定之后的三年调整时期应该把整顿的重点放在巩固、充实、提高方面。

1965 年全国供用电会议在北京召开，颁布了《供用电工作十五条》，提出了加强用电管理的八个方面工作，以毛主席为人民服务的思想来统帅供用电业务成为各地供用电部门工作的重点。

这一时期，对中小用户普遍推行银行代收电费和银行划拨结算电费，对大用户推行银行托收无承付方式每月分次划拨电费，用户交纳电费更加便捷。财政部对城市公共事业附加费的征收范围、标准及使用规定进行了统一，使城市公用市政设施的建设和维护得到保障。1964 年 12 月 23 日，水利电力部正式颁布《1965 年电、热价格》，全国电价制度实现统一。

伴随着国家一批大中型仪表生产企业的扩建和兴建，国产化电能计量设备产量逐年增加，基本满足了两部制电价推行和用户多样化用电方式的需要。0.5 千伏至 220 千伏互感器系列产品也研制成功，保障了 110 千伏、220 千伏地区电网的建设。电能计量设备的国产化、标准化工作推动了电能计量自主制造技术的进步和产品质量的提升，支撑了国民经

[1] 中国电力企业联合会编：《中国电力工业史　综合卷》，中国电力出版社，2021 年，第 186 页。

济和电力工业的发展。

一、供用电工作的十五条

1965 年年初，国民经济建设即将进入“三五”计划，供电部门部分一线人员为用户服务的思想还没有牢固地树立起来，吃用户、卡用户，只图自己方便，不顾用户困难的现象时有发生，部分人员甚至对用户敲诈勒索，供用电方面的经营管理、技术水平还不能适应社会发展的要求。

1965 年 5 月 28 日至 6 月 15 日，水利电力部在北京召开全国供用电会议，颁布了《供用电工作十五条》，主要内容有：① 用毛主席为人民服务的思想来统帅供用电业务。② 正确处理供电部门和用电部门的关系，达到利国便民。③ 培养一支又红又专的供用电队伍，每个供用电职工都要努力学习政治，钻研业务技术。④ 重视输配电网络规划。⑤ 做好运行管理工作。⑥ 改进地区调度工作。⑦ 坚持预防为主的计划检修制度。⑧ 积极改善电压质量。⑨ 业务工作要革命化。⑩ 主动帮助用户安全经济用电，改进用电管理工作。⑪ 确保国防军工的安全供电。⑫ 加强对承装部门的管理。⑬ 开展供用电的技术革新、技术革命。⑭ 自觉地接受广大群众的监督。⑮ 依靠当地党政部门的领导。

《供用电工作十五条》下发后，以为人民服务的思想来统帅供用电业务成为各地供用电部门工作的重点。在用电管理方面，重点开展了八个方面的工作：一是抓紧改善重要用户的电压质量，协助用户提高设备利用率；二是办理用电业务实行一口对外，简化手续，要求用电申请、查定方案、设计施工、竣工验收、内线检验、装表接电和工程结算工作，实行“一条龙”，做到“七事一置制”（即报装申请、实地勘察、制定供电方案、设计、审查设计与施工、工程验收、装表接电 7 项工作均由用电管理部门一口对外）；三是因地制宜适当设置营业网点，从便利用户出发，采取多种电费收取方式及时收取电费，对于欠交电费的用户，不单纯依靠停电、罚款来收费；四是主动帮助用户安全经济用电，改进用电管理工作；五是各级供电部门有领导干部专责管理国防军工用电工作，优先保证国防军工部门接电及用电需要；六是供电部门帮助各承装部门提高技术业务水平和质量，满足用户需要；七是推行电度计量、负荷记录、抄表、开票、核算的自动化和机械化；八是供电部门有计划地访问用户，主动上门征求意见，定期或不定期召开领导干部亲自参加的用户座谈会。

各地供电部门贯彻《供用电工作十五条》精神，简化原来繁琐的业扩报装手续，实行业扩报装一口对外、一条龙服务，提高了工作效率，方便了用户。如武汉供电局原来报装用电要经过“五关、十二卡”，即供电方式关、设计关、用户备料关、验收关和报装接电关等五关，审批负荷卡、确定方案卡、城委批准卡、园林局配合卡、生产单位审查设计卡、用户备料卡、电业部门试验卡、排队卡、验料收费卡、线路卡、变配电卡、用户内部验收卡等十二卡，简化后仅需报装、缴费两道手续，方便了用户，也大大缩短了报装办理时间。

随着《供用电工作十五条》举措的落实，供电部门逐渐树立起为用户服务的思想，改进了服务作风，提升了供用电管理水平，更好地保障了社会主义工农业生产建设和人民生活的用电。自此推出的业扩报装“一口对外、一条龙”服务更是对后续的营业工作影响深远。

二、全国实行统一的目录电价制度

1958 年，全国统一的电价制度初步建立，关外与关内的电价分类实现了统一，但是东北地区水电比重较大，电力生产费用相对比较低廉，东北电价远低于关内地区，电价仅相当于关内平均电价的 33%。根据这一时期电力工业发展和物价总体方针政策的要求，需要进一步缩小地区差价，实现全国电价水平的统一，并出台以扶持农业生产、新兴工业生产为目的的工农业生产优待电价。

1960 年，国家计划委员会和水利电力部第一次颁布了全国电价目录，列入《全国工业产品出厂价格》。目录根据不同的供电电压等级和电价分类，明确了各地区的电价标准，并首次在工业用户中实行了优待电价。主要内容：① 用户受电变压器容量在 50 千伏 • 安以上或用电设备装见容量 50 千瓦以上的工业用户属大宗工业电力用户，适用两部制电价并执行依力率调整电费的办法。两部制电价力率标准为 0.85，电解铝、矽铁、电石三种工业用电从 1960 年 7 月 1 日起执行 0.90 的力率标准。② 电灯用户电价标准分为不满 1 千伏和 1 千伏至 10 千伏两类，大宗工业电力用户、非工业及普通工业电力用户电价标准分为不满 1 千伏、1 千伏至 10 千伏和 35 千伏及以上三类。③ 配合国家产业结构调整，对关内耗能高的一些工业生产用电实行了优待电价，电解铝生产用电电价为每千瓦 • 时 0.035 元，降低了 26%～52%；钢铁、电石用电电价为每千瓦 • 时 0.05 元，降低了 13%～45%。

为促进关内新兴工业城市的建设与发展，国家采用调高东北地区电价、降低关内新兴工业城电价的方式，缩小了地区差价，使电价水平逐步趋向统一。

1960—1961 年，国家先后将东北地区的工业电价提高了 20%～50%，每千瓦 • 时提高 0.6～1.1 分。同时，1960 年降低了山西大同，江西南昌和赣南，河南郑州、洛阳、焦作、新乡，湖南长沙、株洲、衡阳、湘潭、鲤鱼江，浙江杭州等新兴工业城市的工业电价，电价由每千瓦 • 时 0.12～0.16 元降低为每千瓦 • 时 0.11～0.12 元，降低幅度为 8%～25%。

随着关内电力工业的发展，电力成本进一步降低，东北和关内各省的电力成本已相差不大。国家于 1963—1965 年又两次降低关内地区电价，缩小关内外电价水平。同时，贯彻国民经济以农业为基础的方针，对农业生产用电开始实行优待电价。

1963 年，降低了乌鲁木齐、西宁、银川、兰州、西安等地电价过高地区两部制电价中的电度电价，由每千瓦 • 时 0.08～0.10 元降为 0.07～0.08 元，普通工业、非工业电价也由每千瓦 • 时 0.12～0.16 元降低为 0.11～0.12 元。1963 年 4 月，国务院批转全国物价委员会和水利电力部《关于调整 1963 年电价的报告》，在全国范围内开始实施农业生产用电的优待电价，对农业排灌用电普遍执行普通工业电价并给予 20%～30%的优待。经过调整，全国大部分地区的直供农业排灌电价统一降低为每千瓦·时 0.06 元，少数地区统一降低为每千瓦·时 0.075 元。

1964 年 12 月 23 日，水利电力部根据国务院 486 号文批转全国物价委员会关于 1965 年重工业产品价格调整的报告，经过全国物价委员会研究审定，编制了《1965 年电、热价格》，随（特急）〔64〕水电财生字第 681 号文附发。此电价文件自 1965 年 1 月 1 日起开始执行，此次调整降低了关内大部分地区电价，基本实现全国电价水平的统一。

《1965 年电、热价格》的主要内容：① 统一了关内地区电价，关内其他地区电价均向电价水平最低的京津唐电网看齐，进一步缩小了关内、外电价水平。② 进一步扩大大宗工业优待电价范围和降低优待电价标准，优待电价范围增加到电石、电解铝、电炉铁合金、电解烧碱、合成氨、电炉钙镁磷肥。同时，对于 35 千伏及以上供电的优待电价，电石用电的电价由每千瓦·时 0.05 元降为 0.035 元，电炉铁合金、电解烧碱、电炉钙镁磷肥、合成氨用电的电价由每千瓦·时 0.05 元降为 0.045 元。③ 适当调整两部制电价中基本电价与电度电价的构成比例，大宗工业电价的整体水平略有降低。④ 增加了农业排灌、电犁电价这一类别，电价分类按用电性质分为照明电价、非工业电价、普通工业电价、大宗工业电价和农业排灌、电犁电价。⑤ 农业排灌电价改为分电压等级计价，分别为 35 千伏及以上每千瓦·时 0.055 元、1 千伏至 10 千伏每千瓦·时 0.058 元、不满 1 千伏每千瓦·时 0.06 元。⑥ 调整关内照明电价，凡照明电价高于每千瓦·时 0.20 元的，统一降低到 0.20 元。

各地陆续开始执行《1965 年电、热价格》，扩大了工农业优待电价，关内电价水平不断降低。其中，非工业、普通工业电价平均降低了 12.6%，降低幅度较大的地区有福建、青海、新疆等省（自治区），降低了 30%；照明电价降低了 8.3%，下降幅度最大的地区有江西、广西、新疆等地，降低了 28%，湖南、陕西、甘肃、宁夏等地次之，降低了 20%。

《1965 年电、热价格》的颁发，标志着全国基本实现了统一的目录电价，初步形成了中国的销售电价体系。全国统一电价制度的推行，大大缩小了全国各地区电价水平差距，对于国民经济的合理布局、稳定物价、发展工农业生产、减轻用户负担、保证国家财政收入，都起到了积极的作用。

三、城市公用事业附加的征收

20 世纪 60 年代，全国大中城市是现代工业的基地，也是商业和文化教育等事业最集中的地方。为认真做好城市市政建设工作，保证社会主义建设事业的顺利进行，1963 年，中共中央国务院召开的第二次城市工作会议提出推动城市增产节约和“五反”运动深入开展的八项任务，其中，由于城市市政建设不能适应生产发展和人民生活基本需要的矛盾仍然比较突出，议定由财政部另行制定征收公用事业附加的具体办法，确定和增辟经常的、固定的资金来源，进一步加强市政设施的建设和维修。

在这之前，各地根据城市公用事业发展需要以及国家财力、人民负担能力等实际情况，已经自行陆续出台地方附加费征收政策，按比例随电费收取。地方附加费统一上缴当地财政部门，用于城市公共设施的维护。但是附加费征收政策并不统一，附加的项目有多有少，征收标准相差悬殊，附加率有高有低，附加收入也有大有小，管理也不规范。

1964 年 6 月 26 日，财政部颁发了《财政部关于征收城市公用事业附加的几项规定》（财预〔1964〕第 380 号）❶（简称《规定》），解决各地城市公用事业附加费征收政策不一致的问题。根据第二次城市工作会议的决定，综合考虑各城市实际情况，明确了城市公用事业附加调整的原则：根据国家财力和人民负担能力，进行局部的调整，即某些城市公用事业附加项目过少的，可以适当增加一些项目；个别项目附加率过低的，可以适当提高附加率，以改变城市之间高低过分悬殊的情况。

按照调整的原则，《规定》明确了征收城市公用事业附加的项目、范围、附加费率，并对合理安排、使用城市维修和建设资金提出了要求。具体内容有：① 征收的项目。电力城市公用事业附加包括工业用电附加和民用照明用电附加。② 征收公用事业附加的城市，只限于经国务院批准设市的城市，县镇一律不准征收。批准设市的城市所属县镇，已经发展成为工业区的可以征收，非工业区则不准征收。已经征收公用事业附加的县镇，从 1965 年停止征收。③ 征收的范围和对象。工业用电附加，原则上全国各城市都可以开征，征收对象只限于城市的工业生产企业和非工业部门所属的生产、加工企业；民用照明用电附加，主要是对城市居民征收。④ 征收的标准。工业用电附加，东北地区各城市附加率定为 10%；其他地区的城市定为 5%～8%，在此幅度内，由各省、自治区、直辖市人民政府具体规定，并报财政部备案。1963 年年底以前已经开征此项附加费的城市，附加率低于规定的幅度，可以适当提高；高于规定的幅度，维持现状；民用照明用电附加率最高不得超过 10%。⑤ 免征范围和对象。工业用电免征的对象包括：农业机电排灌用电；企业自备发电设备供电；关停企业用电；基本建设工地在施工期间的用电；各省、自治区、直辖市认为有必要给予免征照顾的其他项目。民用照明用电附加的免征范围由各省、自治区、直辖市人民委员会具体规定。⑥ 城市公用事业附加资金，坚持先收后支的原则，统筹安排，合理使用。各城市向企业征收公用事业附加以后，对于企业驻地的下水道等市政设施和卫生公益事业，在城市维护费中统筹安排解决。

1978 年，财政部联合国家计划委员会、国家建设委员会印发了《关于颁发工业比较集中的县镇开征公用事业附加的几项规定的通知》（〔78〕财预字第 126 号），对城市公用事业附加开征范围进行了调整，明确凡符合规定条件的工业比较集中的县镇和工矿区，可以开征城市公用事业附加。

各地均根据财政部文件制定和实施城市公用事业附加政策，批准设立的电力城市公用事业附加纳入地方财政收入，成为城市电网基础设施建设资金的重要来源，为城市公用市政设施的建设和发展提供了重要保障。2017 年 4 月 1 日，为切实减轻企业负担，促进实

❶《电价理论与实务丛书》编委会编：《电价理论与实务　电价管理实务》，中国电力出版社，2014 年，第 232 页。

体经济发展，财政部下发《关于取消、调整部分政府性基金有关政策的通知》（财税〔2017〕18 号），取消城市公用事业附加。

四、银行代收电费和划拨结算电费的逐步实行

中华人民共和国成立以后，随着国民经济的恢复和发展，用电户数和用户电费金额不断增长，加上包灯制的逐步取消以及表灯户的不断增加，电费收缴的工作量迅速增加。以“走收”“坐收”为主的收费员上门收费和用户持现金到电业（供电）局收费点交费的方式已经不适应收费工作的发展，且存在资金安全风险。为了规避电费回收和资金的安全风险，全国多地开始与银行协作推行委托银行代收电费、银行划拨电费等更方便和安全的收费方式。

银行代收电费是电业部门与银行合作并签订协议，由银行代替电业部门收取用户电费；银行划拨电费是对有银行结算账户的单位用户，电业部门与用户开户银行、用户三方商定，由银行从用户账户直接划拨电费资金给电业部门。

各地电业部门陆续与当地银行合作，委托银行的分支机构增设电费代收点或增加代收电费业务，电业部门向银行支付手续费。抄表员抄表后，核算电费，并发给用户“电费通知单”或“电费三联单”❶，用户凭单据到指定的银行代收点缴纳电费。此举既方便用户交费，又加快了电费回收。不过，随着银行业务和电力用户的增多，部分地区一度中止银行代收电费业务。如 1956 年，中国人民人民银行北京分支机构由于人力不足中止了代收电费业务，当时北京市只有 3 个营业站收取电费，用户交纳电费极不方便，各界人士反映意见较多。后经与银行协商，于同年 7 月又恢复银行代收电费办法。

20 世纪 50 年代后期，大用户增长迅速，工业用户用电量的占比大幅增加，在中央部委和中国人民银行的支持下，电业部门对有银行结算账户的工厂、机关、商店、学校等大用户，实行基于用户银行结算账户的“托收无承付❷”或“托收承付❸”办法缴纳电费。凡与银行有往来的大用户，银行接到电业部门提供的电费通知单后，每月分 1~3 次从用户账上将电费划拨为给电业部门。这样，用户手续更简便，资金周转加快，账务更加清楚。

1964 年 3 月，水利电力部颁布的《电费管理工作制度》（〔63〕水电生字第 275 号）明确规定，电量较多的用户或在银行有结算的用户，应实行划拨结算，委托银行以托收无承付方式结算电费，用电量少的用户可委托银行代收或电业部门走收、坐收等。自此，全国电业部门利用银行代收或托收有了统一规定。根据这一要求，各地电业部门对中小用户普遍推行银行代收电费和银行划拨结算电费，对大用户推行银行托收无承付方式每月分次划拨电费。

---

❶ 电费三联单：电业部门开具用于用户缴纳电费的单据，用户一联，电业部门一联，银行一联。

❷ 托收无承付：指经过收款单位和付款单位双方协商同意，收款单位委托银行向付款单位收款时，不必经付款单位逐笔承认付款(承付)，即可由银行从其账户中代为划拨转账。

❸ 托收承付：指收款人根据购销合同发货后委托银行向异地的付款人收取款项，由付款人向银行承认付款的结算方式。

银行代收电费和银行划拨结算电费的实行，使用户交纳电费更加安全、方便，电费资金周转也进一步加快，促进了电费回收率的提升。这两种办法一直沿用至今，准确性和交费效率都大幅提升。1988 年 12 月 19 日，中国人民银行颁发《银行结算办法》于 1989 年 8 月 1 日废止了“托收无承付”结算方式。

五、国产电度表和互感器的应用

中华人民共和国成立前，中国没有电度表和互感器的专业制造工厂，使用的设备主要依靠从英国、美国、德国、日本等国家进口。20 世纪 50 年代初，受英、美经济封锁影响，进口电度表、互感器出现困难，国内企业开始仿制进口的感应式电度表和互感器，努力改变中国缺乏电度表和互感器使用的紧张局面。

1952 年 3 月，中国第一台国产感应式单相电度表试制成功（仿美国产品的 EO 型交流电度表，电压 220 伏，最大电流 5 安）。同年，中国成立了第一家电度表制造厂，主要仿制国外样机，少量生产出 2.0 级、1.0 级和其他精度等级的感应式单、三相电度表。这些早期国产仿制表，尽管受到当时中国工业生产水平低的影响，还需经电力部门校表室细心调校后方可投入使用，但仍在电力事业发展中发挥了重要支撑作用。同一时期，电力互感器的应用比较少，国内制造厂只能参照国外样机及技术资料进行仿制，电压等级不高、品种规格少、结构简单，不成系列。主要有 0.5 千伏干式互感器、10 千伏瓷套结构电流互感器、10 千伏及以上的油浸式电压互感器。直至 1956 年仿苏 220 千伏油浸绝缘电压互感器试制成功，1958 年仿苏 220 千伏油浸绝缘电流互感器试制成功，中国已可以制造 0.5 千伏至 220 千伏各种规格的电流互感器和电压互感器，并形成了系列。

20 世纪 50 年代末至 60 年代初，随着电网的发展，仅靠参照国外样品和图纸生产，已无法满足对产品规格和品种多样化的需求，中国开始自力更生发展自己的仪器仪表行业，电度表和互感器的生产也过渡到以自行设计、生产为主的阶段。这一时期，中国建成多家电度表专业生产厂家，除主要生产各种型号感应式单相电度表满足应用需求外，还开始生产 DS 型三相三线有功电度表、DT 型三相四线有功电度表以及 DX 型三相无功电度表供应电力部门使用，电度表供应困难的状况开始出现缓解的趋势。1958 年至 1961 年，上海供电局表计工场就自行设计制造出“上电”牌 D－1 型单相电度表、S 型系列高低压三相交流电度表、W 型三相无功电度表，共计 8000 多只，缓解了当时上海供电局使用电度表供需紧张的矛盾。1959 年中国颁布了第一部电度表技术标准《交流电度表一般技术条件》[电（D）28－59]，促进了国产电度表的标准化和使用产品的规范统一。1958 年，互感器行业开始对量大面广的 10 千伏互感器进行革新。国内制造厂家成功试制出 10 千伏环氧树脂浇注互感器新品种，基本接近了当时世界水平。与此同时，对 35 千伏、110 千伏及 220 千伏油纸绝缘互感器进行改型，形成 35 千伏至 220 千伏电磁式互感器系列国产产品。1963 年，中国研制开发成功 110 千伏和 220 千伏电容式电压互感器，有效避免了电磁式电压互感器的铁磁谐振问题，并批量生产，使电容式电压互感器成为完全由中国自主研发的少数输变电设备之一，并广泛使用于110千伏以上电力系统。

20世纪60年代中期是中国电工仪器仪表生产快速发展的时期，国产电度表和互感器类型不断丰富，产量逐年增加。国家相继在上海、黑龙江、江苏等省市扩建和兴建了一批大中型仪表生产企业，先后设计成功DD14、DD5、DD15、DD17、DS1、DT1、DX1等型号各种规格的电度表，除个别准确度要求较高或特殊功能电度表外，电力部门使用的已全部是国产电度表。从1965年到1968年，经过三次全国统一设计，形成了低成本的10千伏浇注绝缘铜线电流互感器，0.5千伏电流和电压互感器，以及10千伏浇注绝缘电压互感器和10千伏浇注绝缘铝线电流互感器等新产品系列，提高了产品的技术性能，使产品更符合中国国情，国产互感器成为应用主流。

经过近20年的发展，国产电度表、互感器的制造从最初的仿制、修造，发展到完全自主设计制造，且门类规格比较齐全，满足了应用需求。随着中国电度表、互感器国产化技术水平不断进步、生产能力和应用水平大幅提升，结束了完全依赖进口的历史。

第三节 以排灌用电为中心的农村电气化发展

1949年以后，中国的农村电气化事业是随着农田水利建设、兴办电力排灌而起步，继而向发展农副产品加工、农业生产、乡镇工业用电等方向发展的，且始终以服务生产为主。在大中城市近郊区用电力抽水代替柴油机抽水，逐步扩大抽水灌溉面积，在建设电力抽水站的农村，同步发展粮食、棉花、油料的电力加工和农村居民的家庭照明用电。国家每年专门拿出一定的资金有计划地发展农村电力。第二个五年计划期间，专门安排2亿元资金用于农村电网的改造，以改善农村电网的健康水平和提高供电能力。1963年，又单独列出2.4亿元资金对农村电网进行建设和改造。这期间，北京市全部郊区县的农业用电都接入了大电网。到1966年，全国农用10千伏及以上线路达到18.14万千米，35（63）千伏变电容量达到369.48万千伏·安。

与此同时，国家鼓励地方和群众在有水力资源的地方兴建小水电站。1958年，农业部在天津召开的全国第一次农村水电工作会议上，提出了第二个五年计划期间以较快的速度发展小水电，初步建设农村电气化的设想。小水电建设步入高潮，进而逐渐形成以小水电为中心的地方电网。到1959年，小水电供电量占农村用电量的比例达到80.6%，比1949年22.4%有了大幅提升。

1961年，水利电力部设立农村电气化管理处，1963年成立农村电气化局，农村电气化从此纳入了统一管理。其后，着重发展电力排灌和整顿原有的农村电网，新建农村输变电工程。以大城市和工矿区为中心的大电网逐步形成，大电网向县城和农村延伸的步伐加快，中国的农村电气化又转入以大电网供电为主，到1965年，大电网供电量占农村用电量的比例上升到85.59%。此阶段，农村电气化建设是以排灌用电为中心的，排灌用电占农村用电的比重始终超过 50%。在农电管理方面，探索推广亦工亦农电工劳动制度，解决了农电服务力量不足的问题。

一、农村电气化管理局的成立

中华人民共和国成立之后，农村电气化的电源建设有两种不同的类型：一种是由大电网延伸供电，主要在平原和丘陵地区；一种是先建设小水电站或小火电站，而后向县城和农村供电，逐步形成以县为单位的独立地方电网。20 世纪 50 年代初，这两种不同类型的供电方式，对应两种不同类型的管理方式。在大电网供电区内，是由电网管理单位对农村用电与城市用电、工业用电与农业用电实行统一管理的；在小电站供电区内，由于县城用电与工业用电较少，主要是农村用电，对发电、供电、用电实行统一管理的地方单位，通常被视为农电单位。

1954 年，水利部勘测设计局（后改为水利部北京勘测设计院）设立小水电设计组，负责发展建设小水电工作。1956 年，水利部在农田水利局内设农村电气化处，对农村小水电实行管理和业务指导。1957 年以后，农村电气化事业迅猛发展，出现了县、乡村办电热潮。国家为调动县、乡办电和管电的积极性，决定在大电网供电区内，在大电网管理单位的业务指导下，成立由县政府领导的县级趸售转供电的农电管理组织机构。

1958 年，水利部和电力部合并成立水利电力部，小水电业务随农田水利局转到了农业部。为加强农村电气化管理，落实中共中央提出的各行各业都要大力支持农村的方针，1961 年，在水利电力部电力生产司内设立了农村电气化管理处，把小电站管理工作和大电网的农电管理工作合并到一起。自此，农电管理从城乡用电管理中分离出来，形成了专业管理农村电气化的组织体系。这对中国农村电气化事业的健康发展，起到了积极推动作用。

1963 年，水利电力部设置了农村电气化管理局（简称农电局），同时农村小水电管理职能回归水利电力部。农村电气化管理局的“三定”职责：① 编制各省（自治区、直辖市）农村输、变电和小型水电站、火电站的基本建设计划，平衡年度基本建设投资和设备，监督检查基本建设计划的执行情况；② 会同有关单位编审农村电气化发展规划；③ 组织研究和交流各省（自治区、直辖市）关于农村电气化的组织管理、电价政策、经济核算、减少损失、降低成本等方面的经验和办法；④ 组织农村供、用电职工的培训和农村安全用电的宣传教育工作；⑤ 结合农业技术改革，组织调查研究有关农村用电方式、综合经济效果和中国农村电气化的发展方向、实现步骤等问题。

随后，各省电业部门陆续增设农村电气化管理处（简称农电处）；省政府在各地区建立了地区电力处；县级电业部门成为农村电气化基层管理单位。全国范围逐渐建立起了“条块结合、条条为主、分级管理、专业归口”的农电管理体系。

1963 年的全国电力工作会议上，水利电力部提出了“继续采取以商品粮、棉基地为重点，以排灌用电为中心，以电网供电为主力，电网和农村小型电站（主要是小型水电站）并举”的农村电气化建设方针，着手开展了加强农电基础管理，修订农业供用电技术规程和安全规程，整顿和改造农村输变电设备，研究确定合理的农业用电电价等工作，农电管理工作开始步入正轨，促进了农村电气化事业的发展。

二、农村排灌用电的快速发展

为保障农业生产，中华人民共和国成立初期，国家开展农田水利基本建设，兴办农村排灌体系，一些地方开始试办排灌站。江苏省对原南京国民党政府建设委员会模范灌溉局在苏南地区创办的电力灌溉系统进行了恢复和发展，1950 年苏南地区电动抽水机的容量达到 2237.1 千瓦，灌溉面积约 12 万亩。之后，逐步扩展至镇江、南京、扬州等地。但全国其他地区电力排灌规模还比较小，到 1954 年上半年，全国农村电力排灌设备容量仅为 2.97 万千瓦。[1]

1955 年，随着农业生产合作化运动的开展，农民生产积极性高涨，对电力排灌有了迫切的需求，各地农村电力排灌站的建设速度加快。1955 年 11 月，全国 4 个电力排灌试点县之一的浙江省海宁县，在大桥乡建成伸家桥、姜家漾和泥乔 3 个电力排灌站，各安装 18 千瓦电动机 1 台，灌溉面积 200 亩。到 1958 年，海宁县建成电灌站 69 座，装机 105 台，总装机容量 3006 千瓦，排灌面积 30 多万亩。[2]1958 年，湖北省建成了鄂城县华容区杨家巷电灌站，装有 4 台单机容量 380 千瓦的电机，总容量 1520 千瓦，从长江取水，灌溉该区 8.15 万亩农田。[3]在大中城市近郊区逐渐用电力抽水代替柴油机抽水，扩大抽水灌溉面积。到 1960 年，全国农村排灌用电设备容量发展到 67.92 万千瓦，是 1954 年的 22.87 倍。

1959—1961 年，全国性的粮食和副食品短缺，解决粮食的稳产高产是整个国民经济发展的关键。国家提出重点建设 32 个商品粮棉基地。兴建电力排灌工程，解决农业用电，成为发展农业生产、提高粮食产量的一项重要措施，因而在长江三角洲、珠江三角洲、洞庭湖沿岸、鄱阳湖沿岸、关中平原、华北平原、松辽平原等粮棉产区，大力发展电力排灌事业，1961—1963 年，每年新增电力排灌设备容量约 50 万千瓦。

为了满足农村排灌不断增长的电力需求，加快了农村电网和小电站的建设步伐，工业领域给予了强有力的支援。1962 年，国家分配给电力工业全行业的输电导线只有 350 吨，但分配给农业专用的输电导线高达 3500 吨；分配给电力工业全行业的变压器只有 7 万千伏·安，但分配给农业专用的变压器多达 75 万千伏·安。到 1962 年，全国有 1035 个县（市）不同程度地用上了电。全国农用 35 千伏以下高压线有 6.9 万千米，变电设备容量 399 万千伏·安，电力排灌设备容量 159 万千瓦，电力排灌面积发展到 5772 万亩，农村小型电站 45 万千瓦（其中小水电经调整后装机 23 万千瓦），农村用电量 15.5 亿千瓦·时，占全国总用电量的 4.1%。农业用电的构成是以排灌用电为主，占 65%；农副产品加工用电

[1] 冯兵兵：《1949—1960 年中国农田机电排灌研究》，《当代中国史研究》，2018 年 7 月，第 4 期，第 61—70 页。

[2] 《嘉兴市电力工业志》编纂委员会编：《嘉兴市电力工业志（1910—1990）》，中国电力出版社，1996 年，第 120 页。

[3] 湖北省电力工业志编委会编：《湖北省电力工业志（1893—1990）》，水利电力出版社，1994 年，第 176 页。

占 25%；生活照明用电占 10%。

这一时期，电力主管部门认为“先解决（农村）有无（电）问题”是当务之急，提出了“先简后全”进行农村电力建设的指导思想，把“土洋结合”发展农村电气化事业作为经验进行了推广。这确实加快了农村电力建设的步伐，但也产生了一些安全隐患，如：用黑铁皮代替硅钢片制造电动机、配电变压器，用铁丝代替铜、铝导线架设电力线路，用未做处理的新伐下的树木做电杆，用竹竿架设低压电力线路；在变电站建设中，简化保护，削减设施，建成简易式变电站、变电塔，甚至成为简陋式变电站。对此，水利电力部对农村电网现状和运行中存在的问题开展了调查，并于 1962 年 8 月，向中央提交了《关于农村电灌问题的报告》，决定重点调整和改造农村电网，逐步改善经营管理水平，以充分发挥现有设备潜力，扩大电力排灌受益面积。具体措施包括明确管理体制，确定农村用电、供电工程技术标准，加强农业用电的技术管理及用电监察制度等。经国家计划委员会批准，拨专款 2 亿多元，计划改造线路 5 万多千米，占农村线路 1/3 以上。

1963 年，水利电力部确定的农村电气化建设方针，推动这一时期农村排灌用电的快速发展。同年，在国民经济十分困难的情况下，中央安排了电力基本建设投资计划 2.5 亿元，单独列出 2.4 亿元资金对农村电网进行建设和改造，其中农电基本建设投资 1.57 亿元，农村电网改造费用 0.46 亿元，对 360 多个粮食高产县和 190 多个产棉县实施了农村电网建设和改造工程。

1963 年 3 月，国务院批转了全国物价委员会、水利电力部《关于 1963 年调整电价的报告》，调低了农业生产用电的价格，整顿各转售电单位和电灌站的经营管理，除必要的合理费用外，严禁层层加收费用和征收附加费；将农业电力排灌用的趸售电价降至每千瓦时 0.05～0.055 元，电网直供电价每千瓦时降为 0.06 元，转售单位电价仅在电网趸售电价的基础上另加 20%～30%的差价，以降低排灌用电成本。

1963—1965 年，国家每年在计划内安排上亿元的建设资金，分配相应数量的设备和建设用材料，用于发展电力排灌和整顿农村电网。其间，水利电力部和国家计委联合颁布了《农村送变电和电力排灌工程基本建设暂行管理办法》，对农电建设项目的基建程序和国家、集体投资划分等，都作了初步规定。农村电力工程中配电变压器以上的送变电工程由国家投资举办；低压线路和用电设备由社队自筹和贷款解决；30 万亩以上大型电力排灌工程的高压送变电配套工程由水利基建费中安排项目，每年安排电力排灌计划 20 万～30 万千瓦。由于农电的迅速发展，由原来 6～10 千伏线路延伸供电已不能适应发展需要，在重点商品粮、棉基地开始建设 35（63）千伏电压等级送变电工程。按照设计技术规范，对不合格的线路设备进行了大修改造，重点是更换超载导线和“卡脖子”变压器，以及将木杆换成钢筋混凝土杆，木横担换成铁横担。水利电力部共分配大修改造资金 2247 万元以及相应的材料设备供货指标，专款专用。到 1965 年年底，共改造 35 千伏、6～10 千伏线路 6558 千米，其中木杆、竹筋杆更换 95%；调整 35 千伏变电所布点和变压器增容 19.1 万千伏·安，使农村电网的技术状况和健康水平有了较大提高。

到 1965 年，全国排灌用电设备容量达到 341.65 万千瓦，比 1962 年的 154.71 万千瓦增长 121%；电力排灌面积达到 9502 万亩，比 1962 年的 5772 万亩增长 65%；排灌用电量达到 19.47 亿千瓦・时，比 1962 年的 8.35 亿千瓦・时增长 133%。农村电网和电力排灌的快速发展，以及农业生产用电价格的降低，带动了农村排灌机械化、电气化程度的提高，极大地解放了农民的劳动力，促进了农村生产力的发展。

三、农村小水电[1]的兴起

1951 年 9 月，党中央制定了《关于农村生产互助合作的决议（草案）》，开启了农业互助合作运动，推进了农业的社会主义改造。农村对电力的需求日益增大，小水电因其规模小、工程简易、投资少，许多溪涧河沟都能建设电站，群众办得起、办得到、管得了等特点而受到重视。1954 年年初，水利部在勘测设计局（后改为北京勘测设计院）内成立了小水电设计组，负责小水电的发展建设。水利部在 1955 年的工作计划中，提出了各地应尽量利用现有水工建筑的水头试办小水电。

1955 年，福建省永春县政府结合当地资源特点，提出通过大力发展水电联合加工厂这一途径来解决农业生产任务重但劳力不足的矛盾。经过水力资源勘察后制订了《永春县农村电气化初步规划》，报送中共中央副主席刘少奇。中共中央办公厅批复认为，这个规划订得好，转水利部审查。水利部随即赴永春县调研。1956 年 2 月和 8 月，水利部分别在福建省永春县、山西省洪赵县和四川省崇庆县（今崇州）举办了小水电训练班，传授有关政策和水工、水机、电气技术。这批学员学成后均从事小水电建设，成为各地小水电技术骨干。此外，还通过编制定型设计、出版发行技术书籍、交流经验等，推动农村小水电的发展。小水电发展较快的福建省，到 1957 年小水电发展到 93 座，共 2049 千瓦；浙江鄞县大皎乡，1953 年至 1956 年间建设了 8 座小水电共 55 千瓦，不仅全乡有了电灯，还实现了农产品加工。到 1957 年第一个五年计划结束时，全国小水电站的总装机容量达到 1.94 万千瓦，是 1952 年的 3.53 倍。

1958 年 2 月，第一届全国人大五次会议提出，电力工业建设应该坚决贯彻执行中央提出的“水主火辅”的长远发展建设方针，中央有关部门应帮助地方建设中、小型水电站。同月，成立水利电力部，小水电管理职能随农田水利局划入农业部。8 月，农业部在天津召开了全国第一次农村水电工作会议，提出第二个五年计划期间以较快的速度发展小水电，初步建设农村电气化。会议总结了自 1955 年来小水电发展的经验，提出小型为主，生产为主，社办为主，动力与电力并举，兴修与管理并重，全面规划，综合利用的建设农村初步电气化的方针，认真贯彻多快好省精神；从 1959 年到 1961 年苦战 3 年，实现农村初步电气化。确定农村初步电气化的标准：全县电站容量每户平均达到 100～150 瓦，每

---

[1] 在不同阶段，小水电容量的定义也不同。20 世纪 50 年代，指装机容量小于 500 千瓦的水电站；20 世纪 60 年代，指装机容量小于 3000 千瓦的水电站；20 世纪 70 年代，指装机容量小于 12000 千瓦的水电站；20 世纪 80 年代以后，指装机容量小于 25 000 千瓦的水电站。

人每年用电量平均达到50～80千瓦·时；电力首先用于生产，如提水排灌、碾米、磨面、脱谷、棉花加工、榨油、铡草、饲料粉碎、木材加工及其他农副业生产等，全县农副业加工方面能有60%～80%使用电力和动力带动；县乡村小型工业动力主要使用电力。同时，会议代表倡议在1958年冬至1959年初春，开展一个旨在每省（区）实现“五县百社”[1]农村初步电气化的群众运动。1959年3月，鉴于农业社合并为人民公社和许多地区并县的新情况，考虑其设备条件和技术力量，为了把较大面积的电气化示范搞得更好，将“五县百社”改为“一县五社”[2]。

“水主火辅”方针和建设农村初步电气化的提出，将小水电建设推向高潮。四川省按照中央关于“群众办电”的要求，明确了小型为主、社队为主、服务生产为主的小水电建设原则，促进了地方电力建设迅速发展。福建省水利电力厅制定了一水多用，一站多能，实行综合利用的资源开发利用政策，以加速农业技术改革，发展农业生产和提高农村人民物质文化生活为原则，发展小型电力排灌，促进农村产品加工机械化、田间作业电气化，服务县社工业生产用电以及农村夜校扫盲照明用电。1955年以前，全国每年新增电站一般只几处到十几处，容量几百千瓦；1956年和1957年，每年新增达几百处，容量一两万千瓦；1958—1960年，每年新增电站达两三千处，容量5万～10万千瓦。到1960年年底，全国有1100个县建成小水电8975处、装机容量25.15万千瓦，是1957年的13倍，成为中国小水电发展速度最快的时期。这一时期，小水电建设处于始发期，以解决农副产品加工和生活照明用电为主，电站容量较小，设备较简单，多为农村集体和农民投资兴建，国家在技术上给予指导和适当的投资补助。电站主要分布在四川、山西等10多个省（自治区），贵州布依族、侗族、苗族，青海回族、藏族，新疆维吾尔族，内蒙古蒙古族等少数民族地区，都建起了农村小水电站。小水电增长速度过快，也带来了一些问题，有的电站质量不符合要求，有的上报容量数据不准确。1961年，国民经济建设进入调整时期，经过调整整顿，全国小水电装机容量1961年减少到21.5万千瓦，1963年发展到25.5万千瓦。

1963年，小水电管理职能划归水利电力部。同年，四川省除发展单机容量500千瓦以下的小水电外，还在粮棉基地兴建了一批单机容量500千瓦以上的骨干小水电。到1965年，全国小水电装机容量发展到33万千瓦。这时的小水电，不仅用于照明、农产品加工，而且用于排灌和县社工业。

1966年，“文化大革命”开始后，生产秩序遭到破坏，小水电的发展受到了影响，但仍然保持了一定速度的增长。到1969年年底，建成小水电近1.9万座，装机容量达到72.97万千瓦，是1965年的2倍多。20世纪60年代，小水电在农村供电量的比重占到近20%。

小水电在中国农村电气化发展中发挥了重要作用，特别是在农村电气化发展的初始阶

[1] 五县百社：各省（区）根据具体情况，选择5个县和另外100个农业社，在1959年内实现农村初步电气化。

[2] 一县五社：各省（区）根据具体情况，选择1个县和另外5个农业社，在1959年内实现农村初步电气化。

段。小水电的发展，不仅解决了附近城镇、乡村的照明用电问题，而且促进了农副业生产，解放了农业生产力。

四、亦工亦农[1]的农村电工

随着农村电力排灌事业的发展，农村电网建设规模逐步扩大，但受人员编制的制约，建设施工和低压电网维护的力量明显不足。

1963 年 7 月中旬，水利电力部农电局到北京大兴县电力局检查工作时，得知大兴县大修改造线路工程的施工力量是以农村社队电工为主，很受启发。认为利用农村社队电工进行大修改造配电线路的方法，经过完善后，将会成为农忙务农、农闲务工的“两种劳动制度[2]”。于是，水利电力部和北京市郊区电力局到大兴县电力局调查总结，拟定了规章制度，将这种性质的电工命名为亦工亦农电工。

1964 年 10 月，《水利电力部关于试行亦工亦农劳动制度的意见》（〔64〕水电劳组字第 404 号文）下发，要求各单位试行亦工亦农劳动制度，并对采用亦工亦农劳动制度的范围、形式，劳动者的报酬、福利等作出了明确规定。

1965 年年初，大兴县电力局在全县范围内推行亦工亦农电工劳动制度。具体做法：① 帮助生产大队培训电工 350 名，使有电的生产大队都有自己的 1 名电工，再经过公社、大队、贫下中农讨论推荐，从 350 名电工中选拔出 44 名成为电力局亦工亦农电工。② 以亦工亦农电工为组长把生产大队的电工组成 44 个联组，联组在业务上受电力局领导。每个联组除电力局派驻的两三名技术工人外，其余全部为不脱离农业生产的农村电工，每月从事电力线路的运行、维修、事故处理 3～5 天。③ 在此期间，由电力局付给误工补贴及粮食补贴，从事基本建设工程及低压线路维修时，由各社队自行补助。当年就对原来无力修复的低压线路 170 余千米进行了整顿改造，提高了安全供电水平。

同年 9 月 7 日，《人民日报》在头版头条发布新闻《大兴县农村实行亦工亦农办电制度》及《亦工亦农是农村办电的好办法》社论。尔后，中央电视台介绍了亦工亦农电工制度经验，并在全国农电工作会议、水利电力刊物上交流，亦工亦农电工劳动制度在北京市得到了快速推广。经谭震林副总理批准，新华社专题拍摄亦工亦农电工照片并发往中国驻外使馆展览。自此，亦工亦农电工劳动制度受到普遍重视，全国各省市半数以上的农电单位来京考察，探讨如何完善这一新型农村办电的劳动制度。另一个因实行亦工亦农电工劳动制度被《人民日报》报道的典型是山西祁县。

截至 1965 年年底，全国有 124 个县[3]农电机构推行了亦工亦农劳动制度。这一劳动制度推行的效果显著：缓和了电力局人员紧张的矛盾，为农村用户提供了便捷电力服务；各公社有了自己负责管理和施工的电力服务点，组织起来机动灵活，既可解燃眉之急，又节

[1] 亦工亦农：农业劳动者农闲时进厂做工，农忙时回村务农，做工期间不改变农民的身份，不迁移户口，不转粮食关系，实行务农与务工相结合的劳动制度。亦工亦农始于 1958 年，是中国特有的一种劳动制度。

[2] 两种劳动制度：指使工业劳动制度与农业劳动制度相结合，就是实行亦工亦农制度。

[3]《一九六六年农电工作座谈会纪要》（〔66〕水电农字第 27 号），1966 年 4 月 16 日。

约开支，减轻了国家和社员的负担。

1966 年，受“文化大革命”的影响，该制度遭到了摧残。北京市郊区电力局革命领导小组于 1969 年 1 月废除了亦工亦农电工劳动制度。已经建立起来的供电服务站及低压联组相继撤销。其他地方的亦工亦农电工劳动制度也相继废除。这支亦工亦农电工队伍解散后，人身触电伤亡事故和设备烧毁事故增多，服务能力下降。1972 年，水利电力部制订了《关于加强农村电力管理工作几点意见》。其后，各地陆续成立了以公社专职电工为骨干的电管站，重建了基层农电队伍。

五、北京市郊县率先实现大电网供电全覆盖

1948 年年底以前，北京市郊的区县只有丰台、长辛店（今属丰台区）、南苑（今属丰台区）、门头沟、良乡（今属房山区）和琉璃河（今属房山区）设立了供电营业机构，由大电网进行供电。其余的房山县、大兴县、密云县等均采用柴油机、锅驼机[1]等自发电，由当地政府及工业用户供电。广大农村只有通县粮食加工业使用电力，以及在青龙桥（属海淀区）建有一座 33 千伏变电站为附近少数农户送电。

新中国成立后，北京城区与近郊区的电网建设加快推进。到 1952 年，北京市郊区农村年用电量发展到 51 万千瓦·时，与 1950 年相比，年均增量 18 万千瓦·时。1953 年，北京市近郊区朝阳、丰台、海淀 3 个区的农业灌溉、农民口粮加工、牲畜饲料加工及副业生产等用电，均实现由大电网直接供电。

1955 年，中共中央农村工作部副部长、农业部部长廖鲁言[2]到北京大兴县调查研究农业生产情况，指出用锅驼机抽水不是长久之计，提出发展电力，以改变农业生产落后状况。同年，燃料工业部决定在大兴县进行农村电气化试点。次年，大兴县在邢各庄、小营、永和庄建设了 33 千伏变电站 3 座，主变压器的总容量为 8000 千伏·安，从南苑变电站接出 33 千伏输电线路 40.7 千米，架设 6 千伏配电线路 218 千米，总投资为 307 万元。这是北京地区第一次专为农业供电新建输、变、配电等配套工程，其中绝大部分由中央投资建设。同时，大兴县人民政府成立管电的职能机构。

在大兴县农村电气化试点的推动下，北京市远郊区县农村电气化建设快速推进。1956 年，在通县建成 33 千伏码头变电站，在房山县建成 33 千伏东矿变电站。1957 年，北京郊区县农业年用电量增长到 316 万千瓦·时，是 1950 年用电量的 21.1 倍。这个时期，重点是解决北京市近郊区县的春灌播种、夏季排灌、冬灌小麦等农业生产用电，远郊区县的边远山区和深山区仍未用上电。

1958 年，北京远郊区开始建设怀柔水库、密云水库等大中型水库，配合农田水利建设，于 1958 年建成怀柔、密云、白河等 3 座简易 35 千伏变电站，从东北郊和密云水电站向 3 座变电站送电，为怀柔和密云水库建设工地及这两县的农业生产和人民生活供电。同

[1] 锅驼机：是由蒸汽锅炉与蒸汽机联为一体，以煤为主要燃料的小型动力机械。

[2] 廖鲁言（1913—1972），男，原名廖广鏖，江苏南京人。新中国成立后，历任政务院参事室主任、政务院副秘书长、中共中央农村工作部副部长，国务院农林办公室副主任、农业部部长。

年，建成顺义变电站以及门头沟1座农业用变电站。这一年，北京农村输变电设施和农村电网有了很大发展，远郊10个区县除平谷县外，都建成了输变电设施，实现了大电网供电，其中延庆县由河北省张家口下花园供电所供电；重点解决农村扬水站、电力机井用电，安装了电动机1935台，用电设备总容量1.95万千瓦。同时，各郊区县供电所陆续成立，负责管理郊区电网及直接供电的用户；各郊区县政府的管电机构也相继组建，管理社队的低压设备及由社队自筹资金建设的线路。

1962年，平谷县建设了35千伏变电站1座，主变压器容量1800千伏·安。至此，北京市远郊除延庆外的9个区县，共建设了110千伏变电站2座，总容量3.5万千伏·安；35千伏变电站22座，总容量8.01万千伏·安，35千伏输电线路47条578.73千米；10千伏线路2515千米，配电变压器5.23万千伏·安，原有的自发电设备全部拆除。同年10月，北京供电局成立北京市郊区电力局，负责管理郊区县的农业用电工作。1962年，北京农村用电量达到8038万千瓦·时，电动机发展到8111台，用电设备总容量7.19万千瓦，农业排灌年用电量增长到2340.8万千瓦·时，占农村总用电量的29.12%。至此，北京市郊区县实现了大电网供电全覆盖。

第五章

“文化大革命”和转折时期的用电管理（1966—1978）

国家第三个五年计划和第四个五年计划期间，正是动乱的“文化大革命”十年。受到“文化大革命”的严重干扰，供用电工作在困难和曲折中艰难前行。

基于当时国家周边环境的重大变化，为应对随时可能来临的战争风险，国民经济发展第三个五年计划是按照“备战、备荒、为人民”战略方针确定的。水利电力部根据国家“三五”计划的方针和任务，提出了五项发展任务：一是以“三线”建设为纲，供应好各行各业的需要，首先供应好国防尖端、基础工业的电力需要；二是积极备战，按“靠山、分散、进洞”的原则建设新的电厂；三是积极支援农业；四是大搞技术革新和技术革命；五是大力开展综合利用和多种经营。供电部门在对国家重点建设项目和地震灾害的供电保障中，发挥了重要作用，全国电力行业开展了对“三线”地区电力工业的对口支援，为“三线”地区强化供电能力，满足用电需求，提供了人力支撑。灵活机动的列车电站成为中国电力工业尚未成规模时的电力游击队、轻骑兵，为国防科技、“三线”建设、战备应急、地震救灾等提供了供电保障。

然而，就在电力“三五”计划开始落实、“三线”建设逐步展开的时候，1966 年开始的“文化大革命”打断了这一发展进程。在经济领域里开始了新的政治运动，强调在一切工作领域中要突出政治，以政治统帅业务，一些必要的制度和规程被当作“管、卡、压”遭废弃，《全国供用电规则》约束力削弱，用电监察机构被取消，营业管理受到严重冲击。农村安全用电形势更加严峻，为此，1971 年国家计委批转了一系列文件，1972 年，农村用电引起了各级党委的重视，很多社队建立了“三结合”[1]的管电组织，形成安全管理网，安全用电和触电急救知识得到了宣传和普及。全国农村电力网整修改造工作开始启动，危及安全的设备得以整改，自 1954 年开始在农村电网试运行的“两线一地”配电方式，恢复为三相三线运行，农村安全用电水平逐步提高。

由于制定“四五”计划时“左”的思想影响，提出了“以阶级斗争为纲，狠抓战备，促进国民经济新飞跃”等口号以及一系列不切实际的“高指标”，导致了全国性的严重的

[1] “三结合”：指领导干部、农村电工和贫下中农三种人员结合起来。

缺电局面。[1]1972 年 12 月，在全国节电工作经验交流会上，根据中央提出的加强计划用电、节约用电和群众办电工作的要求，正式将计划用电、节约用电和群众办电统称为“三电”，提出在全国开展“三电”工作。

粉碎“四人帮”后，中共中央十一大召开，宣告“文化大革命”结束，重申要在 20 世纪末把我国建设成为“四个现代化”的社会主义强国。随着拨乱反正工作和“工业学大庆”运动、企业整顿的开展，恢复并修订完善了《全国供用电规则》《用电监察条例》等“文革”前制定颁布的规章制度，制定了一些新的用电制度，全面恢复用电监察工作，供用电秩序得到了初步的恢复。

“文革”的影响导致发电机组产能没有有效发挥，在需求增长和能源利用效率不高的情况下，电力工业成为制约国民经济发展的突出矛盾，经测算全国缺电 400 亿～500 亿千瓦·时，超过年用电量的 20%。党和国家最高领导层高度重视缺电对国民经济发展的影响，提出了“突出抓电”的口号。1978 年国务院下发《关于燃料、电力凭证定量供应办法的通知》，要求像管口粮一样管好电，实行电力凭证定量供应制度，大力推行增产节约用电运动，节电降耗成效显著，保证了国家重点企业生产计划的完成与城乡居民生活用电，电力供需矛盾得到一定程度的缓解。

这一时期，国产计量设备及校验设备的自主研发、制造与应用，中国电能计量装备技术水平进入快速发展阶段。1974 年，水电部决定在武汉建立国家高电压计量站，担负起国家高电压和大电流的计量基准建设和量值传递工作的任务。水电部根据国家 1969 年确定的小水电建设方针，坚持“谁建、谁有、谁管、谁受益”原则，充分调动起群众办电的积极性，小水电发电装机容量和发电量快速增长，奠定了农业机械化、电气化的基础。全国小水电装机容量由 20 世纪 70 年代初的年增 30 万千瓦，到 1979 年达到年增 112 万千瓦，到 1978 年年底，全国累计建成小水电站近 8.6 万多座，装机容量 526.65 万千瓦，年发电量 99.73 亿千瓦·时，小水电使 1.5 亿无电人口用上了电，为农村经济建设提供了有力支撑。

第一节　“文化大革命”对用电管理的影响

经过国民经济三年调整，到 1966 年电力企业的用电管理工作开始走向正轨，用电经济指标达到历史最好水平，1965 年全社会用电量 661.89 亿千瓦·时，比历史最好的 1960 年增长 11.37%。但是，从 1966 年下半年开始，电力生产秩序被打乱，一些合理的规章制度遭到批判与否定，大量予以缩减、修编或废除。特别是 1966 年、1972 年，水利电力部两次对《供用电规则》进行修改，条文内容均做了较大的简化或删减，供用电管理制度的约束力被削弱，使得一些用电管理工作甚至无章可循。各地用电监察机构被撤销，用电监

[1] 谢吉寿主编：《建国以来电力计划工作回顾》，2000 年，第 28、35 页。

察人员被调离，用电监察工作停滞。全国处于一种无政府主义与半无政府主义状态。1967年年初掀起的“全面夺权”，使得“层层揪斗”的“动乱”很快波及电力系统。同年7月，为了稳定局势，成立了水利电力部军管会，对于维护生产建设和用电管理秩序，发挥了积极作用。

一、电力工业的军事管制

1966年，“文化大革命”在全国范围内兴起。1967年年初，受上海所谓“一月革命”风暴的影响，电力系统从领导机关到各地发、供电企业纷纷掀起了“造反”“夺权”的高潮。各级、各单位主要领导干部多数被打成“走资派”，遭到“打倒”“炮轰”和“靠边站”。面对这种情境，国务院总理周恩来决定采取保护措施，把包括水电部副部长刘澜波、钱正英在内的数十位国务院的部长、副部长安排到中南海工字楼“避难”。全国处于“打倒一切”的全面内乱状态，各级党组织和政府失去了应有的权威，难以正常工作。

为了稳定局势，中央决定对党政部门、铁路部门、交通部门、工矿企业等实行军事管制。1967年7月，中央文革小组发布了《关于对水利电力部实行军事管制的决定》，成立了以陈德三[1]为主任的水利电力部军管会（简称水电部军管会）。水电部军管会于1967年7月11日进驻部机关，之后各电管局、省电力局一律实行军管。同年11月，经水电部军管会和沈阳军区后勤部批准，东北电管局与东北电建局合并成立东北电力局，隶属水电部领导。同月，根据中共中央关于变更内蒙古自治区行政区划的规定，经水电部军管会批准，将内蒙古电业管理局所属的呼盟电业局、通辽热电厂、赤峰发电厂、海拉尔发电厂、牙克石发电厂、扎兰屯电厂、扎赉诺尔电厂和新牙克石发电厂共8个单位划归东北电力局领导。1970年1月11日，中共中央和国务院作出决定（国发〔1970〕4号文件）：“东北电网由沈阳军区领导，水利电力部所属东北电力局作为办事机构处理日常业务”，沈阳军区设第九办公室领导东北电网。在军事管制时期，水电部原有机构撤销，人员精简下放，电力工业的管理权又一次下放给了地方政府。

水电部军管会的组建和进驻，对于尽快恢复秩序，稳定全国电力工业生产局面发挥了重要作用。这期间的军管会，积极应对各地进京冲击水电部的造反派，为维护水电部机关和各驻京单位的工作秩序，保护干部、保护工程技术人员做了大量工作，发挥了关键作用。各地电力部门和生产、建设单位的军管会或军代表，为促成群众组织的大联合和消除派性干扰，也都殚精竭虑，积极工作，促进了正常生产秩序的恢复和建立，从而基本避免了因派性斗争和武斗等可能引发的发电厂全厂停电和电网重大事故的发生。

1970年1月，水电部军管会改组，陈德三奉命调回部队，由曾先后任南京军区装甲兵政委、工程兵政委的张文碧接任军管会任。1970年4月，水电部结束军管，由水电部

[1] 陈德三：1955年授大校军衔，荣获二级红星功勋荣誉章，到水电部军管会任主任之前，任中央军委铁道兵后勤部政委。

革委会领导。至此，水电部军管会完成了其历时近两年半的特殊使命，除继续在部革委会任职的以外，其余人员都调回部队。

水电部军管会对电力生产建设是重视的。但由于军管会人员不熟悉电力生产建设的特点，不了解电力工业规律，在“文化大革命”极左思潮的影响下，急于求成，盲目冒进，提出不切实际的高速度与高指标，给电力生产建设带来不良后果。

二、《全国供用电规则》约束力的削弱

1963—1965 年，国民经济经过三年调整，工农业生产出现了蓬勃向上的新形势，但是在经济领域里又开始了新的政治运动，特别是强调在一切工作领域中要突出政治，以政治统帅业务，1963 年颁布的《全国供用电规则》被认为是业务挂帅，不突出政治，是“管、卡、压”的典型，从上到下开始遭到批判。

水利电力部即对 1963 年颁发实施的《全国供用电规则》进行修改，于 1966 年 5 月正式颁布了《全国供用电规则（试行本）》，同时随正文有 4 个附录和使用说明，这部规则没有批准机关。规则内容强调突出政治，打破旧框框的束缚，取消了当时认为一些对用户管、卡、罚、停的条文条款，由 1963 版的 11 章 96 条调整到 8 章 50 条，条款内容作了比较大的删减，大多为原则性的条款。

1966 版《全国供用电规则》主要简化了以下六个方面内容：① 删除了“违章用电及处理办法”整个章节。仅将超容用电、高价低接用电、私自绕越电度表以及故意损坏电度表的，确定为不合理用电，处理规定仅限于补收电费，取消了罚金处理要求。其余七类违章用电的补收电费、罚金处理全部取消。为了取缔违章用电，制定的检举、查获窃电奖励规定也一并取消。② 删除了“供电质量及断电缺电的处理”和“用电条件与用电监察”两个章节，将有关内容合并为“安全合理供、用电”章节。原规则中用户应承担的义务条款基本上都被取消，用电监察工作从检查用户提出改进意见转变为听取用户意见改进供电工作，弱化了对用户的用电监察工作职责及用户的相关责任，不再对用户力率及无功补偿设备运行情况、耗电定额、节约用电等工作的执行情况进行检查、处理。③ 取消了用户缴纳电费的期限要求以及拖欠电费收取滞纳金的相关规定。用户拖欠电费后，电业局不再执行收取电费滞纳金以及停止供电措施。④ 取消了供用电过程中有关业务办理的具体时限。办理新装或增容用电用户的用电申请、用电方案答复、装表接电的时限规定，以及用户要求校验电度表的时限要求统一改为“尽速”。⑤ 取消了所有“方可供电”和“停止供电”类的条款。因用户设备投运后影响电力系统供电质量、需要采取技术措施方可供电等共计八条“方可供电”类条款被取消；因用户过负荷烧毁等原因损坏电度表未缴纳赔偿费、电业局予以停电等共五条“停止供电”类条款被取消。⑥ 取消了供用电业务的部分费用。电业局接受用户委托的业务，除委托校验自备电度表或检修电气设备可以按水利电力部规定收费，委托设计安装电气工程或检修电气设备仅收工料和运输费用，其余业务一律不收取费用。

尽管如此，由于该规则涉及电力企业和广大用户的权利与义务之间的利益关系，在“文

化大革命”初期又受到无政府主义极左思潮的冲击与批判。水利电力部又对《全国供用电规则（试行本）》进行了修订，经国家计划革命委员会于 1972 年 7 月 24 日批准生效，取名为《供用电规则（试行本）》。此次新修后，规则内容进一步压缩至 5 章 42 条。进一步取消了供用电工作带有业务指导性的具体规定，供电方式中一些特殊情况、转供电、用电报装中间检查以及用户需提供的申请资料、电气试验报告及继电保护装置整定记录、供用双方设备产权分界点及设备运行维护职责被简化、原则化。

《全国供用电规则》的两次修订，使得规范供用电业务的合理条款被废弃，降低了规则对业扩报装、用电监察、缴纳电费、违章及窃电处理、供电质量等供用电业务的约束力，打乱了全国已逐步健全与完善的供用电管理工作秩序。用电营业基础工作被削弱，用户的用电检查管理工作基本停顿，导致有人用电，无人管理，安全用电状况不断恶化。

三、用电监察工作的停滞

20 世纪 60 年代初期，各级电业部门都设立了用电监察机构，配备专业力量，开展以“安全用电、调整负荷、节约用电”为主要内容的用电监察工作。用电监察工作的开展，对保证工农业生产用电和人民生活用电，充分发挥发、供、用电设备的潜力和密切供用电双方的关系，都起到了很好的作用。

1966 年，“文化大革命”在全国范围内展开，由于用电监察工作主要是对用户用电情况的监督、检查，所以被强加了“管、卡、压”的罪名。于是各地用电监察机构撤销，用电监察人员被调离、改行，规章制度被废弃，造成用电监察工作基本处于停滞状态。1966 年 5 月，水利电力部修订颁发了《全国供用电规则（试行本）》（〔66〕水电生字第 49 号），删除了“用电条件与用电监察”整个章节，不再出现“用电监察”名称。原用电监察工作从对用户用电执行情况的检查、提出改进意见、督促改正，转变为深入用户、听取用户意见、改进供电部门的用电服务工作，大大削弱了电业部门对用户用电安全情况的监督、检查职责及用户的相关责任。具体表现为：① 安全用电方面，电业部门不再检查用电单位电力工业相关技术规程制度的执行情况，取消了对用电单位的接电前检查和日常安全检查。② 节约用电方面，电业部门不再掌握产品耗电定额及督促用电单位开展节约用电工作。③ 调整负荷和电力分配方面，取消了电业部门对用电单位的调整负荷方案和用电指标执行情况的监督检查。④ 用户电工的培训管理方面，将以用电监察人员为主开展对用户电工定期的考试和培训，调整为以用户为主电业部门仅需协助用户做好电工技术培训。

由于缺乏了用电监察人员的专业技术指导和监督，用户安全用电工作普遍削弱，用户人身伤亡事故和设备事故大幅度增加，因用户原因引起的电力系统事故大幅上升。农村地区用电安全问题尤为突出，给国家和人民群众的生命财产造成巨大的损失。1979 年 5 月，电力工业部召开的全国电力工业会议提出恢复用电监察机构，各地用电监察工作开始全面恢复。

第二节　“三电”工作模式的形成

20 世纪 70 年代，一方面受“文化大革命”的冲击，“三五”期间电力建设速度放缓，致使“三五”计划新增加装机容量的目标没有全面完成，比计划少装机 120 多万千瓦，全国装机容量的缺口扩大到 500 万千瓦左右；另一方面在制订“四五”计划时受“左”的思想影响，提出了一系列不切实际的“高指标”，各主要工业部门争相提出翻番目标，重工业比重不断加大，电量需求迅速增加，进而导致缺电程度加重。从用电方面来看，由于中国电力工业的发展还处于初级阶段，用电技术相对落后，用电设备电能消耗偏高，用电管理制度不够完善，再加上“文化大革命”中期电力工业管理权的下放，造成电力管理一定时期内的混乱，导致严重的用电浪费。1970 年，国家确立了“计划用电、节约用电、群众办电”的“三电”工作方针，各地陆续成立了“三电”办公室，形成了特殊历史条件下的用电管理工作模式。

一、“三电”工作方针的确立

1970 年年底，全国 33 个 10 万千瓦以上的电网中，将近一半的电网严重缺电。电力紧张主要因为电力工业的发展跟不上国民经济发展的需要，国民经济各行业在用电的技术、管理和装备上都很落后，用电存在浪费现象。

1970 年，国务院总理周恩来提出：计划用电、节约用电和群众办电应作为一个方针加以贯彻。同年，中共中央、国务院在国发〔70〕3 号与 4 号文件批示华东电网和东北电网领导关系的通知中明确：“各行各业都要实行计划用电，开展群众性节约用电和群众办电工作，以适应正在出现的工农业生产新高潮的用电需要”。为了扭转严重缺电的局面，各地电力系统把加强计划用电、节约用电和群众办电列入议事日程。

1972 年，水利电力部印发的《全国供用电规则》明确提出“计划用电是社会主义经济必须坚持的长期方针”，并要求做到用电有人管，使用有计划，耗电有定额，考核有制度。同年，全国各地陆续成立“三电”（电力或计划用电）办公室，在各级政府领导下全面开展“三电”工作。12 月，国家计委和水利电力部在广州召开全国节电工作经验交流会，正式将计划用电、节约用电和群众办电统称为“三电”，第一次提出要在全国开展“三电”工作，确立了“计划用电、节约用电、群众办电”的“三电”工作方针，明确了“三电”工作的政策和方法。

计划用电方面，将电力生产和分配纳入国家计划，严格落实“保重点、限一般、限量供电、计划用电”的原则和农、轻、重顺序，针对日益严峻缺电局面和无计划用电乱象，要求各行各业都要实行计划用电。采取的主要措施有：① 实行电力计划分配。为了在各级政府领导下，把发电、供电、用电、节电、办电统一起来，按照企业的生产任务，统筹兼顾，适当安排，对电力实行严格的计划分配和灵活的余缺调剂，进行积极的负荷平衡。

② 开展调整负荷。通过调整企业轮流公休日、错峰用电等措施加强负荷调整，并制订拉路限电序位，提高发供电设备利用率。③ 加强用电计划的管理。从建立基础资料入手，恢复建立用户资料档案，制订工业产品电耗定额，对各行业主管部门和主要用电单位下达用电计划（最高负荷、电量、单位产品耗电定额），并加强单位产品耗电定额的考核。④ 强化计划的监督和考核。成立“线路管理委员会”，按照供电线路下达用电指标，“线路管理委员会”负责监督检查和处理紧急限电，实行日检查，周结算，以限补超的办法。1974年，北京、天津、河北等部分地区开始试行电量分配的试点，制定分类用电方案，按户分配用电负荷，实施电力、电量日检查、月考核、谁超限谁、超用扣回的办法，并对所属企业规定最低负荷率等。如北京市对用电量大的25个用电单位试行电量分配，规定化工、纺织、冶金等用户的负荷率不得低于95%，机械业不得低于85%。

节约用电方面，1970年全国电力工业增产节约会议、1971年全国水利电力经验交流会、1972年企业管理座谈会及《国务院关于加快发展电力工业的通知》（国发〔1975〕114号），都强调各行各业要努力节约用电，坚持“生产与节约并重”的原则，积极开展群众性节约用电工作。采取的主要措施有：① 实行定额管理。推行工业产品定额管理制度，加强工业产品定额考核，降低工业产品的电力消耗。② 加强设备检修。推行计划检修制度，缩短工期，提高设备完好率，减少停电损失。③ 更换或禁用高耗能设备。更换耗电大的碘钨灯、水银灯，用小电动机替代“大马拉小车”的大电动机，禁止电热取暖，节电效果明显。④ 改造旧设备。改造变压器、电极盐熔炉、电加热炉、空调风机和离心式水泵，降低电能损耗。⑤ 推广节电新技术。推行“自由带电作业”，避免停电损失；在纺织、轻工、化工、食品等行业推广远红外加热技术，降低电能损耗。此外，各地还组织节约用电宣传和培训，召开节约用电经验交流会，推广各地节电先进经验。

群众办电方面，1970年全国电力工业增产节约会议后，全国各地开展了轰轰烈烈的群众办电运动，在超铭牌提高发供电设备出力的高潮影响下，批判“大跃进”后纠正全民办电的做法是右倾思潮的表现，重新肯定了全民办电的正确性。在群众办电运动中，各地坚持“自力更生，因地制宜，开展群众办电”的原则，贯彻落实“小、土、群”[1]的方针，充分发挥群众办电的积极性。主要措施有：① 自制电气设备。发动各行各业大搞自制锅炉、汽机、发电机、变压器、开关设备。② 自建各类电站。建设了一批中小水电站、潮汐电站、小型燃煤（燃油）火力发电机组和利用余热、废水发电的中小自备电厂。③ 自建小型发电设备。此外还建设了一些以风、气、地热甚至人力、畜力为原动力小型发电设备。从1970年到1972年，全国共组织群众办电总容量49万千瓦。

“三电”工作方针的确立，强化了政府对电力行业及电力用户的管理和协调，在缺

[1] “小、土、群”：“小”即小规模、小企业；“土”即工艺简陋、土法生产；“群”即广泛发动群众，通过群众运动达到目的。

电矛盾日益突出的情况下，开展以计划用电和节约用电为主的“三电”工作，在一定程度上缓解了电力供需的矛盾，提高了电能利用效率，保障了重点企业和人民生活的用电。

二、“三电”办公室的设立

为了确保“三电”工作方针、政策的贯彻执行，1972 年开始，全国各地相继建立了管理机构，称为“三电”（电力或计划用电）办公室（简称“三电”办公室），在各级政府领导下全面开展计划用电、节约用电、群众办电工作。

“三电”办公室设立初期，国家对其组织形式没有统一的要求，各地“三电”办公室设立的部门也不完全相同。大体可以分为两类：第一类“三电”办公室设在电力部门，实行一个机构，两块牌子，即：对内，作为电力局、供电局的用电管理部门；对外，作为各级经委（或各级政府）的“三电”办公室。人员由电力部门配备，办公室主任、副主任由经委、电力部门领导同志担任，其具体日常工作由电力部门负责处理，如东北三省、北京市等；第二类“三电”办公室设在政府部门，成立省市级“三电”领导小组，组长、副组长由省市分管领导和经委、计委领导担任。在各级经委（或政府部门）设立“三电”办公室，在电力部门设“三电”办公室的办事机构，与用电管理部门合署办公，实行一套人员、两块牌子。办公室主任、副主任由经委、电力部门领导同志担任，“三电”办公室行使政府管电职能，如山西省等。1978 年，国家计委成立了计划用电办公室管理电力计划分配，全国各地“三电”办公室组织机构进一步完善。1980 年 4 月，国家经委和电力工业部〔80〕电生字第 47 号文明确了“三电”办公室的组织形式，统一将“三电”办公室设在电力部门，实行一个机构，两块牌子，日常工作由电力部门负责处理。

“三电”办公室工作的侧重点随着国民经济的发展和用电形势的不同而不断变化。1972 年“三电”办公室设立初期，工作的侧重点主要是根据“保证重点，兼顾一般”的原则和农、轻、重顺序，开展发、供、用电和生产任务的综合平衡和群众性节电、办电等工作。1973 年国家计委和水利电力部联合下发加强节电工作的通知后，“三电”办公室工作的侧重点转变为加强工业产品耗电定额的考核、推行节电技术改造、开展节能竞赛等内容。1975 年《国务院关于加快发展电力工业的通知》下发后，“三电”办公室工作的侧重点又变为厉行节约用电、克服用电浪费、制订节电指标等。各级“三电”办公室的主要职责：① 负责国家和上级用电方针政策的贯彻落实；② 掌握辖区负荷情况和各类用户用电规律，做好负荷预测，定期上报送用电计划，根据上级下达的用电指标，按照保证重点、兼顾一般的原则，对辖区的电力、电量进行综合平衡，并下达用电计划；③ 对辖区各重点企业用电、地方企业的用电进行考核，实行超扣节奖，尽最大努力满足生产需要；④ 制订辖区节电措施，下达节电计划指标，并检查执行情况；⑤ 会同有关主管部门对辖区厂矿企业的用电单耗进行审定，并下达单耗定额指标，对主要产品单耗定额进行考核；⑥ 因地制宜，组织开展群众办电工作；⑦ 推行节电新技术，组织开展技术合作，总结推广“三电”

工作先进经验。

“三电”工作是在社会主义计划经济特殊历史条件下产生的用电管理形式，“三电”办公室作为联系电力企业和用户的桥梁和纽带，既行使政府职能，又加强了对“三电”的管理，在电力短缺的情况下，有效地保证了国家产业政策的贯彻、国家重点企业生产任务的完成和国民经济的发展，保障了城乡居民的生活用电，对于提高电能有效利用和有序使用发挥了重要作用。

三、缺电形势下的群众办电

1970 年 5 月水电部召开全国电力工业增产节约会议，把提高发电出力和“群众办电”推向一个高潮，再次肯定了全民办电的正确性。在 1971 年 5 月召开的全国水利电力经验交流会上，交流了各行各业大搞自制发电设备，开展群众办电的先进经验。1971 年，水利电力部革命委员会党的核心小组以〔71〕水电党字第 11 号文件的形式向国务院提交检查报告，报告指出电力事故频发且性质严重。1973 年 8 月，国务院总理周恩来对进一步加强全国电网的安全管理作出重要指示。

1970 年的全国电力工业增产节约会议后，全国上下掀起了一场轰轰烈烈的群众办电运动。群众办电主要有两种形式：一种是政府部门提供资金和材料，鼓励企业自力更生，自己制造锅炉、汽轮机、各类发电机等发电设备，建设各类小电站等。如北京市 1970 年至 1973 年，共投入 59 万余元组织良乡修造厂等企业制造了发电机组 6 台；另一种是企业或群众自己出资、出工、出物，自制、自建或购买发电设备，建设小电站、自备电站等。如北京市 1970 年到 1973 年，有 110 个单位自备柴油发电机。

群众办电所建电厂主要类型有：① 小火电。有小煤窑或煤炭运输方便的地区，根据当地的资源供应情况，自办燃煤小火电；有条件的企业或地区，也可以自办柴油发电机或以柴油、油渣等为燃料的小火电。② 小水电。贯彻“小、土、群”的方针，因地制宜，充分发挥群众治水办电的积极性，利用江河溪流泉、工业废水和海水等水力资源，建设农村小水电、潮汐电站。③ 余热电站。有余热资源的地区和企业，建设利用余热发电的中小自备电站。④ 地热电站。地热资源丰富的地区，自制、自建利用地热发电电站。此外，各地还结合当地资源的实际，建设了一些以风力、沼气、人力、畜力等为原动力进行发电的小电站。群众办电的特点是：“小”，发电设备容量相对较小；“散”，发电设备相对分散，大多数发电设备没有联网；“低”，发电设备的发电效率比较低。

这次群众办电运动之后，电力行业自制的一些不配套的发电机组陆续报废、半成品亦变成废品。农村用黑铁皮制造的发电机和变压器、电动机大量停用；“一线一地”和“两线一地”的供电线路已被改造成三相运行，只是有条件的工矿企业利用余热发电和农村的部分小水电站被保留下来，继续发挥作用。群众办电的活动和口号逐渐淡化，1983 年《全国供用电规则》以“安全用电”代替了“群众办电”。

1970 年至 1972 年，全国共组织群众办电总容量 49 万千瓦。在电力供应紧张的背景下，群众办电弥补了电网供电的不足，虽然出现了一定的失误，但在一定程度上缓解了当时紧张的用电形势，客观上对农村电气化进程起到了一定的促进作用。

第三节　国家重点建设项目和地震救灾的供电保障

20 世纪 50 年代中期至 60 年代中期，世界局势动荡，严重威胁中国的国家安全，中央高度重视国防建设和战备工作。在此背景下，全国电力部门有针对性地加强国防军工部门的供用电管理工作，配备国防军工供电专职人员，为各国防军工单位提供指导和服务，保证国防军工部门平时和战时的安全供电。

“三五”与“四五”期间，“三线”建设全面铺开，很多建设项目地处荒山野岭、缺乏基本的生活条件，工作和生活环境极为艰苦。在这种情况下，水电部列车电业局所辖的列车电站成为“三线”建设的先行官和突击队。

这一时期，先后发生了邢台地震、唐山地震，电力部门为地震灾区的抢险救援及恢复性建设提供了有力的供电保障。随着中国第一条电气化铁路宝成线全面建成，电力部门在对电气化铁路的电力供应方面积累了宝贵的技术经验，为电气化铁路发展所必需的可靠供电奠定了基础。

一、列车电站的供电保障和用电服务

随着“一五”计划的实施，大批重点项目开工建设，迫切需要电力支持。当时发电装机少，电网规模小，加上战争、灾荒等应急需求，更需要机动灵活的电源支持。借鉴苏联和英美电业的发展经验，中国的列车电站事业开始起步并迅速发展。所谓列车电站，主要指把发电设备安装在列车上，能沿着铁路线流动到各地的发电厂，还包括少量的船舶电站、拖车电站。

1950 年 10 月，燃料工业部电业管理总局修建工程局从戚墅堰电厂无锡双河尖发电所接收一套移动发电设备，正式组建中国第一台列车电站，开始执行流动发电任务。这台 2500 千瓦英制列车电站在列车电业局成立时编为 2 站，又称“老 2 站”。1956 年 1 月 14 日，电力部发布《关于成立列车电业局统一管理全国列车电站的决定》（〔56〕电生高字第 004 号文），同年 3 月 1 日，列车电业局正式成立。至 1983 年 4 月机构撤销，先后拥有列车电站 67 站、船舶电站 2 台，另有拖车电站 13 台，总容量近 30 万千瓦。

列车电站作为战备应急电源，为中国的国防科技、三线建设、抢险救灾，为石油、水电等国民经济重点行业，为严重缺电的城市和农业抗旱提供了供电保障和用电服务。在战事紧张时，列车电站积极做好战备应急。1952 年 7 月上旬，由于鸭绿江水丰发电厂在大规模空袭中被炸，位于抗美援朝前哨的安东失去主要电源，老 2 站奉命急调安东，保障了空军机场、高炮部队、防空雷达等重要军事设施以及安东市用电。在国防科技领域，由于安全和保密原因，生产、研发“两弹一星”的基地都设置在戈壁深处、荒无人烟的地方，

20世纪60年代前后，曾有10台列车电站、总计12台（次），为国防工业和国防科技提供电力。其中6台列车电站开赴湖南、甘肃、青海等地，为中国核工业基地浓缩铀提炼、核弹研发和试验提供电力支持，保证了“两弹一星”研制的顺利进行。在1964至1971年期间的三线建设，特别是在贵昆、成昆、湘黔铁路建设以及六盘水特区开发中，共有16台列车电站、总计23台（次），提供了电力服务，机组每迁徙到一处就迅速组织安装供电，在恶劣的山区气候条件下保证设备安全运行，为“三线”建设作出了突出贡献。中国石油工业建设和大型水利水电工程建设的供电都得益于列车电站。1960年，大庆石油会战拉开序幕，当年6月起，共有4台电站成为油田最可靠的主力电源，总容量为1.74万千瓦，发电量共计4.05亿千瓦·时，解决了油田冬季取暖、石油加热外运的问题。1959年3月至1968年10月，5台列车电站先后调往青铜峡水电站提供了电力服务，其中第24列车电站服务近10年之久，累计发电量9483.8万千瓦·时。列车电站在抗洪抢险、抗震救灾中也及时提供了电力支撑。1963年8月上旬，海河流域连续暴雨引发洪水，给天津市防洪造成巨大压力。8月13日，在武汉基地待命的第20列车电站奉命连夜奔赴天津安装发电，职工们日夜坚守在发电现场，为天津分洪、导洪入海，排除市内积水提供应急用电，1976年7月28日唐山大地震后，在唐山市区的第52列车电站为灾区震后救灾和恢复建设提供了重要的电力保障。

1975年7月，经国务院领导批示，国家计委下发的《关于列车电站十年规划意见的报告》称：“列车电站解决临时性用电有很大作用，战时更是不可缺少的机动电源。无论平时和战时，国家拥有一定数量的列车电站作为机动电源都是十分必要的”[1]。

列车电站作为机动电源，调迁服务的地区遍布全国29个省（直辖市、自治区），发电迅速、机动灵活，在各种艰苦环境下，为各行各业的重点项目、重点企业提供了必需的电力，为国家社会主义建设，特别是国防科技、工业基地、“三线”建设以及抢险救灾，作出了特殊的、不可磨灭的贡献。1983年，列车电业局管理体制进行调整，列车电业局撤销，所属基地、电站移交网局（省局）管理使用。列车电业局撤销后，60余台列车电站仍在全国各地发电，在国防建设、煤矿生产、城市用电方面发挥作用。

二、国防军工供用电的管理

20世纪60年代中期，国际形势日趋紧张，中国的国家安全受到严重威胁，中共中央高度重视国防建设和战备工作。1965年9月初，国家计委第三个五年计划明确指出“把国防建设放在第一位，加快‘三线’建设”。在此背景下，全国电力部门有针对性地开展国防军工部门的供用电管理工作，以保证国防军工部门平时和战时的安全供电工作。

1966年3月，水利电力部召开的全国电力工作会议提出：“加强备战，确保重点建设，以备战作为各项工作的动力。”会后，全国电力部门加强了内地电力建设，改善电力建设

[1] 中国列电丛书编纂委员会编：《中国列电·列电志略》，中国电力出版社，2020年，第8页。

布局，重点保证国防军工部门的生产用电，开展了国防军工部门安全供用电工作，并及时安排、落实了国防军工新建工程的供电任务。

进入“四五”时期，全国性缺电情况日益加重，国防军工部门生产用电和工业农业生产的用电供应出现了矛盾，且国防军工供用电管理缺乏必要的制度，影响到了国防军工生产的安全用电。为了解决这一问题，1972 年 4 月 19 日至 30 日，水利电力部在北京召开了国防军工供用电的管理工作座谈会，十二个省、市电力部门负责国防军工供用电工作的代表参加了会议。会议认为切实做好国防军工供用电的管理工作、确保国防军工部门的安全用电是电力部门的重要政治任务。明确指出电力部门必须加强国防军工供用电的组织领导，必须加强相关供用电设备的运行管理，指导军工单位积极做好计划用电、调荷节电和提高力率的工作，建立和健全规章制度。会议拟定了《国防军工供用电管理办法》（征求意见稿），并进行了重点讨论。

1972 年 5 月初，水利电力部将《国防军工供用电管理工作座谈会纪要》和《国防军工供用电管理办法》（征求意见稿）下发给各省、市、自治区，并送中央有关部门征求意见。同年 6 月、7 月间召开了各种形式的座谈会，传达了座谈会精神，与当地国防军工用户讨论了《国防军工供用电管理工作座谈会纪要》和《国防军工供用电管理办法》（征求意见稿），并提出了修改意见。1972 年 9 月，水利电力部发布了《关于试行〈国防军工供用电管理办法〉的通知》（〔72〕水电军字第 8 号）（简称《办法》），对国防军工供用电管理提出了具体要求。

各地立即落实《办法》的有关要求，竭力保障国防军工单位的用电，主要措施有：① 各单位由领导分工管理国防军工供用电工作，并根据任务情况配备国防军工供电专职人员或设立机构，负责处理日常工作，对国防军工用电单位也要求配备必要的电气运行、维修人员；② 国防军工供电人员深入各国防军工单位进行检查指导和服务，检查电气设备，了解用电情况，协助军工用电单位做好电气运行、维修人员的技术培训，搜集和积累包括电气设备容量、用电性质、负荷、电量、力率等必要的供用电基础资料，做好国防军工用电情况的统计工作，特别是做好“三线”建设、核工业基地、火箭发射基地等重点国防军工企业和国防军工科研单位的指导和服务，供用电双方共同努力开展好安全供用电、计划用电、调荷节电、提高力率等工作；③ 执行国家颁发的《供用电规则（试行本）》，做好国防军工用电单位的报装接电工作，对重要用户采用双电源供电或自备保安电源，对一些特别重要的单位，建设专用线路、变电站，提供可靠的通信设备，并积极协助国防军工单位做好自建电力设备的检修和试验；④ 严格执行保密规定，对国防军工供电人员按照机要人员条件严格审查，并经常对其进行保密教育，国防军工供电人员日常记载军工单位情况均使用专用的保密手册，有关供用电的文件、资料、图纸等登记造册，并指定专人或交保密部门保管。

1979 年 11 月，电力工业部在重庆召开了全国军工用电座谈会，明确加强国防军工供用电管理工作，并对《国防军工供用电管理办法》（试行本）进行了一次修改完善，于 12 月 5 日正式印发施行《国防军工供用电管理办法》。

在全国电力供需普遍紧张的情况下，经各地电力部门的努力，提高了安全供用电水平，满足了国防军工生产和国防科研的用电需要，为保障国防军工任务的完成作出了应有的贡献。

三、中国第一条电气化铁路宝成线的供电和保障

宝成铁路北起陕西省宝鸡市，向南穿越秦岭，途经陕西、甘肃、四川 3 省 19 市，到达四川省成都市，全长 668.2 千米，是连接中国西北和西南地区的交通动脉，1952 年 7 月 1 日在成都动工，1958 年元旦全线交付运营。这条铁路的特点是坡度大、坡道长、弯道多，用蒸汽机车牵引，运输能力受到很大限制。为了提高宝成铁路的通过能力，在修建宝成铁路初期，铁道部就决定在宝鸡至凤州段采用电力牵引，暂以蒸汽机车牵引过渡。

1958 年 6 月 15 日，宝成铁路宝（鸡）凤（州）段电气化改造开工。为此，新建宝鸡发电厂作为宝凤段电气化铁路的主要供电电源，采用双回 110 千伏输电线路为各牵引站供电。110 千伏线路通过站内单相变压器降至 25 千伏，然后在电力机车上整流至 22 千伏后向直流牵引电动机供电。宝鸡发电厂一期工程为两台 2.5 万千瓦的发电机组。经过前期多次查勘、选址、设计，同年 10 月，一期工程进入施工阶段。1960 年 12 月，建成宝鸡电厂至秦岭机车牵引站的双回 110 千伏输电线路，称为宝凤一、二回线前段。1961 年 7 月，又建成秦岭至凤州双回 110 千伏输电线路，称为宝凤一、二回线后段。至此，宝鸡电厂至凤州机车牵引站双回 110 千伏线路全部建成，称为宝凤一、二回线路，全长 142.18 千米[1]。

1960 年 12 月，西安供电局宝鸡供电所与西安铁路局宝鸡供电站签订了《供用电协议》，明确了宝凤段电气化铁路牵引站的供电方式、维护分界、负荷管理和电费计量等有关内容。宝鸡供电所在任家湾、秦岭、凤州 3 座机车牵引站 25 千伏负荷侧总盘安装了计量电度表，每月 24 日抄表，抄表电量加上 110 千伏变压器损耗电量即为总用电量；电费按照 1960 年关中电力系统规定的电价计收，其中机车牵引用电执行 35 千伏及以上非工业电力电价，铁道信号灯用电执行 1 千伏及以上照明电价；收取电费采用银行同城托收无承付方式。

1961 年 8 月 15 日，中国第一条电气化铁路宝凤段开通运营，全长 91 千米，正式由电力机车牵引。宝成铁路宝凤段电气化铁路开通之初，宝鸡电厂发电机组尚未投运，地区电网经兴（平）宝（鸡）一、二回线接入宝鸡电厂 110 千伏升压站，为电力机车提供动力。1961 年 10 月，宝鸡电厂 1 号发电机组移交生产，次年 2 月，2 号发电机组投产发电[2]，为宝凤段电气化铁路的运行提供了可靠动力。电气化铁路开通后，1961 年陕西省交通运输用电量达到 2049 万千瓦·时，为 1960 年的 21 倍。

[1] 陕西省电力工业志编委会编：《陕西省电力工业志（1917—1990）》，中国电力出版社，1996 年，第 142 页。

[2] 宝鸡发电厂志编纂领导小组编：《宝鸡发电厂志》，陕西地方志丛书，1988 年，第 45 页。

1961 年电气化铁路开通后，为有效解决接触网采用 25 千伏单相供电，三相用电不平衡产生大量负序电流，以及交流整流成直流过程中产生的大量谐波等问题，陕西省电管局组织陕西电力中心试验研究所、宝鸡电厂、陕西电力调度所和铁道科研院等单位联合攻关，开展发电机转子负序电流发热间接测量，调整牵引网区间相位、增设宝鸡电厂母线电抗器，并采用由兴平迂回供电，限制电动机车电力负荷等措施，减小了负序电流和谐波电流的影响，保证了电力系统的安全运行，也满足了电力机车运行初期的可靠供电。1967 年，陕西电管局组织宝鸡供电局、西北电力设计院、陕西电力中试所、关中供电局及西安交通大学等单位有关人员成立融冰科研小组，对宝凤双回 110 千伏输电线路跨越海拔 1600 米的秦岭地段导线、地线冬季覆冰严重，曾多次导致宝凤地段电气化铁路断电停运的问题进行研究。经冰情观察、理论计算、模拟试验，最后设计、建设了一座带负荷融冰的 110 千伏变电站，对冰区 8 千米双分裂导线和架空地线附加环流分相逐次融冰，取得预期效果。

1966 年 11 月，经国家计划委员会批准，宝成铁路启动全线电气化改造工程，从凤州陆续分段修至略阳、广元、马角坝、绵阳和成都。1972 年 9 月，凤州至略阳段电气化工程完成。1973 年 12 月，略阳至广元段电气化机车开通营运。至此，宝成铁路在陕西境内的宝鸡至广元段全部实现电气化，沿途投运 7 座 110 千伏电力机车牵引变电站。1969 年 11 月，宝成铁路四川境内江油—大炉山—沙溪坝 110 千伏电气化铁路输电线路建成投运，全长 102.44 千米，是四川第一条为电气化铁路供电的线路[1]。截至 1975 年，四川境内为宝成电气化铁路共建成投运输电线路 11 条，合计 222.70 千米。1975 年 7 月 1 日，宝成电气化铁路通至成都，标志着中国第一条电气化线路——宝成铁路全线建成通车。

随着宝成电气化铁路全线投运，交通运输用电快速增长。1975 年，陕西、四川两省交通运输用电量分别为 1.28 亿千瓦·时、1.16 亿千瓦·时，占当年全国交通运输用电量的 17%。

宝成铁路是中国主要依靠自己能力建成的第一条电气化铁路，在建设和运营中电力企业提供了可靠的电力供应和用电保障。为配合宝成铁路电气化，电力企业建设了发电厂和输电线路，攻克了负序电流治理、谐波治理、输电线路带负荷融冰等技术难题，积累了电气化铁路电力系统方面的宝贵经验，为推动中国电气化铁路的快速发展发挥了重要作用。

四、邢台地震救灾与供用电的恢复

1966 年 3 月 8 日 5 时 29 分，在河北省邢台地区隆尧县白家寨、马栏一带发生了 6.8 级强烈地震，震源深度 10 千米，震中烈度超过 9 度。从 3 月 8 日至 29 日的 21 天时间里，邢台地区连续发生了 5 次 6 级以上地震，地震波及邢台、石家庄、衡水、邯郸、保定、沧州 6 个地区，80 个县市、1639 个乡镇、17 633 个村庄，造成 8064 人死亡，38 451 人受伤，

---

[1] 四川省电力工业志编委会编：《四川省电力工业志（1905—1990）》，四川科学技术出版社，1994 年，第 54 页。

倒塌房屋 508 万余间，受灾面积达 23 000 平方千米，多处工厂、铁路沿线、桥梁遭受严重破坏。

地震发生后，中国人民解放军总参谋部立即通知震区附近驻军赶赴震区参加救灾工作，在震区成立了以部队为主的党、政、军联合指挥部，各受灾地区、县也相应成立了抗震救灾指挥部，负责当地的灾情上报、救灾物资的申报、转运、分发，人民生活的安置和恢复生产、重建家园工作。

3 月 11 日，国务院总理周恩来亲临白家寨慰问受灾群众，作出“自力更生、奋发图强、发展生产，重建家园”重要指示。为尽快恢复生产，重建家园，是日，陪同慰问的省、地领导在白家寨召开会议，确定为隆尧办电。

3 月 12 日，河北省、邢台专署及邻县电力施工队伍奔赴隆尧帮助施工，各种物料也从四面八方运到灾区。仅用 3 天时间，就架起从任县邢家湾至隆尧县白家寨 9 千米长的 10 千伏临时线路，于 3 月 15 日安装了一台 50 千伏·安变压器，使白家寨灾区人民用上了电，大街和临时医院有了电灯，万人食堂安装了吹风机，红山地震台供了电，协助了测报地震。同时，县抗震救灾指挥部所在地牛家桥也从柏乡县南鲁村架设了一条临时 10 千伏线路，保障灾区供电。

3 月 25 日，中央委员会总书记邓小平在水电部副部长刘澜波和钱正英陪同下，视察甘肃省 803 电厂、三月河北省邢台地区发生的两次强烈地震，濒临震区的农电设施遭受严重破坏。石家庄、邯郸地区的发供电设施也有轻微损坏。[1]3 月 25 日，中共邢台地委常委召开会议，确定在隆尧县显化寺遗址建设一座 35 千伏变电站。中共邢台地委、邢台专署提出 800 眼机井要配电抽水，并责成邢台专署计委、电力局、隆尧县组成办电指挥部，吃住在现场，直接负责隆尧县输变电工程施工。

4 月 1 日，隆尧县变电站正式开工，邢台专署电力局领导和邢台专署计委领导现场指挥，地区电力器材供应公司、电力局工程科也到县支援，隆尧县领导主抓这项工程，连同 35 千伏线路一起边设计、边施工，线路从任县变电站 T 接，全长 25.9 千米。并采用“放焖炮崩杆坑”的新技术，晚上用手电照明，昼夜不停，运杆、挖坑、组装、立杆、打拉线、放线、紧线、验收八道工序，流水作业，同步进行。仅用 8 天时间就完成 35 千伏线路施工任务。同月，农电办公室由县委大院搬到隆尧西关办公，隆尧县以隆尧变电站为中心的 5 条 10 千伏线路开始全面架设。5 月 10 日，变电站正式投运送电（主变压器 1 台，1800 千伏·安），5 条 10 千伏线路同步送出，提前 5 天完成了地区的施工计划，为震后恢复生产、重建家园提供了电力保障。

邢台地震发生后，电力的快速恢复给灾区带来了光明。特别是隆尧 35 千伏变电站及 10 千伏线路的投运，保障了灾区人民生产和生活用电，基本上满足了邢台地震灾区工农业生产恢复和发展的需要。

---

[1] 《当代中国的电力工业》编辑部编：《当代中国电力工业大事记摘编（1949—1985）》，当代中国出版社，1986 年 8 月，第 55 页。

五、唐山地震救灾与供用电的恢复

1976 年 7 月 28 日 3 时 42 分 53.8 秒，河北省唐山市发生了里氏 7.8 级地震，震源深度 12 千米，同日 18 时 43 分又在距唐山 40 余千米的滦县发生 7.1 级地震。当时的唐山是经济发达的工业地区，城市人口较为稠密，因此造成的损失极为惨重。在世界损失最大的十次大地震排名中，唐山大地震被排为第二位，破坏力相当于 400 颗广岛原子弹的威力，是 20 世纪全世界伤亡最大的一次地震。这次地震造成 242 769 人死亡，重伤 164 851 人。一座重工业城市毁于一旦，直接经济损失达 100 亿元以上。

面对灾难，党中央、国务院宣布：全国紧急动员起来，全力支援唐山抗震救灾。为统一领导和组织对灾区的救援活动，成立中央抗震救灾指挥部。根据中央统一部署，水利电力部立即采取应急措施，要求部直属单位凡有单位在唐山的，都要立即派出人员摸清情况。同时，组织抢险队伍迅速奔赴唐山抢险救灾前线。在党中央的领导下，水电部积极协调指挥，全国电力系统干部职工第一时间赶赴灾区奋力抢修和恢复灾区供电，为抢险救灾的全面展开和有效推进提供了及时、有力的电力保障。

唐山大地震对电力系统造成了巨大的破坏。京津唐电网被解列，负荷由 225 万千瓦下降到 94 万千瓦，频率高达 51.28 赫兹。震前全唐山地区有变电站 96 座，总容量 131.002 万千伏·安，输电线路 119 条计 1626.82 千米。地震导致唐山电网全面瘫痪，唐山地区发电机组全停，负荷由震前的 43.97 万千瓦骤降为零，全系统 35 千伏及以上电压等级的 36 座变电站中有 33 座被震毁，80%以上的输电线路倒塌倾覆，1724 千米输配电线路倒杆、断线，通信联络中断，调度失灵，仅有电力系统载波电话仍能连通外界，这一唯一的对外联络渠道在抗震救灾中发挥了重要的作用。唐山供电局管辖的唐山全市输变电设施，80%以上的变电站和输电线路遭受不同程度的摧毁：110 千伏及以上变电站 16 个，震坏 8 个；35 千伏变电站 80 个，震坏 55 个；震坏输配电线路 128 条，1724 千米，占线路总长的 76%。唐山地区农电输电线路中，35 千伏输电线路倒杆断线 41 千米，10 千伏输电线路倒杆断线 2370 千米，低压线路倒杆断线 600 千米。另外，变电站的主控制室、开关室倒塌，二次设备和控制系统破坏严重。

处于极震区的唐山发电厂、陡河发电厂、列车电站遭到严重破坏。除在迁安水厂矿区的第 42 列车电站还在发电外，其余发电厂都被震停机，26 台发电机跳闸，损坏发电设备容量为 110 万千瓦，约占京津唐电网发电容量的 30%。陡河电厂位于 9 度烈度地区，地震中 10 万米^{2}的生产、生活设施几乎全部倒塌，夷为废墟，发电设备遭到严重破坏。

地震发生后，北京电管局当日立即成立“电力抗震抢修前线指挥部”，由北京电管局党委副书记李鹏担任总指挥，连夜带领北京供电局 300 多名干部和检修人员组成的第一批抢修人员赶往唐山，震后 8 小时就恢复了开滦煤矿所属的 8 个煤矿的供电。同时由北京调往唐山的 2 台柴油发电车也于当日傍晚给唐山市抗震救灾指挥部等关键部位送了电，大约 72 小时后带来的柴油发电机开动，点亮了唐山市中心和平路上的路灯。

7月28日下午，唐山供电局接唐山市委的指示，成立“唐山供电局抗震救灾指挥部”，全面展开自救。7月29日起，在电力抗震抢修前线指挥部的集中领导下，遵照水电部传达的国务院指示，本着“三先三后”（先供电后发电，先简易送电后健全，先保重点供电后扩大供电范围）的指导方针，按照统一部署，在各地支援的抢修队伍密切配合下，奋力抢修损坏的供电设备，迅速恢复供电。

7月29日—8月4日，北京电网电源送到唐山，首先给各级指挥机关、主要街道照明、水源、飞机场及煤矿送电。

7月29日18时28分，北京电源经110千伏贾玉线送到贾安子变电站，当晚开滦荆各庄煤矿恢复供电；7月30日，西北郊变电站受电，新华道、建设路等主要路段有了路灯照明，部分抗震指挥部和机关单位恢复供电；7月31日建陶14号水井、大红桥水井等主要水源及飞机场恢复供电，双庙变电站受电，为陡河发电厂提供了电源；8月1日，开滦各主要煤矿均恢复了供电；到8月4日，丰润、开平、古冶、卑家店、倴城、遵化、潘家口等变电站临时恢复供电。

8月5日—9月30日，增加唐山电网电源，扩大供电范围，恢复县区供电，增强供电能力和运行稳定。

10月1日—12月31日，持续抢修尚未恢复的供电设备，进行已临时恢复送电设备的完善工作，完成各县所属供电设备的修复，实现基本正常供电。

1976年8月7日，在各级抗震救灾指挥部和电力抗震抢修指挥部的领导下，制定了对发电厂“先唐山、后陡河”的抢修原则，对唐山发电厂进行了抢修。唐山发电厂于当年11月发电能力达到震前水平。陡河发电厂1号机组于1978年1月修复移交生产，同年8月恢复发电。

至1976年末，唐山供电局所属停运的变电站恢复了31座，占停运总数的93.94%；输电线路恢复了66条，占停运总数的98.51%；配电线路恢复了58条，占停运总数的95.08%，使全市700个单位恢复了生产，给居民照明装灯185 445盏。地区负荷上升到31.0万千瓦，达到震前地区总负荷的72.14%。

1977年年初，唐山供电局党委提出“加快恢复建设，‘7·28’地震一周年达到震前生产水平”的奋斗目标，动员全局职工经过“三大会战”：一是市区装灯会战，组织培训街道青年，春节前完成了为居民装灯391 263盏，使家家有电，户户亮灯，灾区人民过好地震后的第一个春节；二是组织变电会战，使25座简易恢复送电的变电站实现断路器入室、保护就位、仪表齐全；三是组织线路会战，基本上全部完成了输配电线路的修复和完善工作。

电力系统的抗震救灾抢修复电是关系到唐山地震后抗震救灾的重要环节。在党中央、国务院的直接领导和水电部的具体指挥下，京津唐地区的抗震救灾和供用电保障工作在较快的时间内取得了显著成效，有效支援了地震后的总体救援工作，为唐山地区的生产生活、恢复建设和社会经济的发展提供了有力的能源保障。

第四节　国产电能计量设备的推广

20世纪50年代末，第一机械工业部第八局颁布中国第一部电度表技术标准《交流电度表一般技术条件》[电（D）28－59]。20世纪60年代，直接用于计量电能的电度表和互感器已实现中国自主设计和制造，但是受产能影响，尚无法完全满足应用需要；校验用的标准器具和校验装置还有不少空白。进入70年代，在国家“加强基础工业，提高产品质量，增加产品品种，增加产量，使我国国民经济建设进一步建立在自力更生的基础上”[1]“要大力发展轻工业，一般轻工业产品都要根据各自条件，尽可能做到省、区自给”[2]指导思想的指引下，国产电能计量设备在统一设计、科研开发和推广应用方面迎来了可喜的进展。

在标准化、系列化与通用化的推动下，中国统一设计了DD28型感应式单相电度表，奠定了电度表大批量生产的基础；制造出XDY－1型等一系列电度表校验台，实现了批量生产；研制出国内首套0.05级～0.01级标准电流互感器校验装置，自主生产了0.1级～0.01级系列精密电流互感器和高精度互感器校验仪；研制了第一台国产PS4型单相0.1级数字功率电度表和CB3型0.05级三相电子式标准电能表，作为标准器广泛应用于电能计量领域。同时，成立了高电压大电流的国家级专业计量站（国家高电压计量站），并研制出各类高电压大电流计量标准装置。

高精度标准电能表、互感器以及电度表校验装置、互感器校验仪等电能计量设备关键技术的突破，加快了各类电能计量设备的普及应用，支撑了电能计量设备的规模化制造，生产效率的提升也进一步推动了电能计量设备的推广应用。国产电度表、互感器、标准电能表等计量设备及其校验装置的研发、制造和应用对中国电力生产作出了很大的贡献。

一、单相电度表的统一设计和应用

随着社会主义建设事业的快速发展，工农业生产和居民生活用电量不断增加，电度表应用需求也迅速增加。20世纪50年代末，中国的仪表行业开始自主生产国产电度表，但因型式繁多、型号规格不统一，且部分结构复杂笨重，给使用者和检测工作造成许多困难。20世纪70年代，为落实国家对工业新产品的设计提出的标准化、系列化与通用化要求，

[1]《关于第三个五年计划安排情况的汇报提纲》（第三个五年计划），1965年9月。

[2]《1970年国民经济计划和第四个五年国民经济计划纲要（草案）》（第四个五年计划），1970年。

自主设计制造质量稳定可靠、成本低、结构紧凑的电度表成为当时电度表行业的主要任务之一。

1973 年 1 月，在第一机械工业部和水电部的主导下成立了电度表统一设计组，依据《交流电度表》（JB 793—66）标准，开展 DD28 型感应式系列单相电度表的统一设计工作。1973 年 8 月，DD28 型感应式单相电度表样品的鉴定工作完成后进行小批量试制，在北京、上海、西安、沈阳、广州、哈尔滨、重庆等 7 个供电部门进行试用，在边试用边总结的基础上，多次对 DD28 型单相电度表进行完善和优化设计，直到 1975 年 8 月完成定型，并开始大批量生产推广应用。DD28 型单相电度表是中国在电度表行业进行的首次统一设计、统一命名的标准化产品，在全国的推广应用使中国的电度表技术水平跃上了一个新台阶[1]。20 世纪 70 年代末，DD28 型单相电度表年生产量达到 300 万～400 万只，基本满足了居民用户安装使用需求。

DD28 型单相电度表经历长达近 20 余年的生产和应用，因其性能稳定，性价比高，成为全国居民用户用电计量的主要计量器具，在计量工作中发挥了重要作用。随着技术发展和市场需求变化，1999 年 12 月 30 日，国家经贸委公布了《淘汰落后生产能力、工艺和产品的目录》（第二批），列入目录中的计量器具包括 DD28 型单相电能表等落后产品。2000 年 3 月 17 日，国家质量技术监督局要求停止生产 DD28 型单相电度表。

二、国产计量检验装置的研制与应用

中华人民共和国成立之初，中国没有电能计量检验装置专业制造厂，多数供电企业也没有电能计量检验装置，只有个别单位有少量的进口检验装置可以开展电能表和低压互感器的检验。也有个别单位购置进口单相回转表[2]，通过消化吸收国外产品技术，自制或改制电度表校验台，开展电度表校验工作。

20 世纪 50 年代末开始，借鉴苏联 ATT 型和 AИT 型互感器校验仪的技术，中国研制出第一套 HE1 型电流互感器校验仪和 HE5 型电流电压互感器校验仪，其中 HE5 型校验仪由于结构简单、性能较好，并且可以和各种标准电流、电压互感器组成电流和电压互感器检验装置，很快在国内得到了应用。1963 年中国开始生产 0.5 级感应式标准电度表，解决了之前电度表校验完全依赖进口标准电度表的问题。1965 年，中国研制成功了 0.02 级精密电流互感器。之后，逐步出现了专业生产互感器检验装置的企业和科研单位。

1968 年，中国成功研制出国内首套 0.05 级～0.01 级标准电流互感器校验装置，次年又研制出 0.1 级～0.01 级（0.1）0.5～5000（10 000）安/5 安系列精密电流互感器及升流

[1] 国家质检总局计量司组编：《计量史话》，中国计量出版社，2010 年，第 238 页。

[2] 回转表：具有转动元件的感应式标准表。

器等配套装置，彻底改变过去国内无法生产 0.05 级及以上电流互感器检验装置的状况。1969 年 5 月，中国计量院等五个单位联名向国家有关部门汇报，中国已能自主生产各种精密电流互感器，并建议国家停止精密电流互感器产品的进口。1971 年，高精度互感器校验仪的自主研制工作又取得突破，先后成功研制了 HEG1 型和 HEG2 型两款比较仪式互感器校验仪，其中 HEG2 型校验仪可以用来校验 0.002 级电流互感器和电压互感器。这类比较仪式互感器校验仪之后在国内开始广泛应用，成为供电企业互感器检验用的主流产品。

20 世纪 60 年代末，在消化吸收国外产品的基础上，国产电度表检验装置开始自行设计制造，主要以 D2—W 型、D4—W 型标准功率表为标准，以普通机械秒表为计时器，构成瓦秒法校验装置。1972 年，具有完全自主知识产权的 0.5 级回转表单相感应式标准电度表 DB2 和三相三线、三相四线感应式标准电度表 DB3 和 DB4 等型号的国产标准电度表相继问世，促进了电度表检验装置的快速装备和发展。同年年底，天津供电局将光电采样技术与回转表结合，试制出第一台光电式电度表校验台。1973 年，国内企业制造出 DDX1 型单相电度表校验台、XDY－1 型三相电度表校验台，成为当时电力部门购置电度表检验装置的首选，得到了一定的推广应用，之后国产电度表检验装置的研制与应用进入了快速发展阶段。

据水利电力部 1982 年的统计，地市级以上电力部门拥有单相电度表检验装置 900 多套，约 90%是自制；三相电度表检验装置 600 多套，约 30%是自制[1]。全国大部分省级电网已推广应用国产互感器检验装置 900 多套。1986 年，随着《中华人民共和国计量法》颁布实施，电能计量检验装置得到普及推广，改造、自制的检验装置逐步退出了历史舞台。

中国电能计量检验装置从无到有，从极少量进口到仿制、改造，从使用单位土法自制到专业厂家规模化生产，实现了完全自主设计与制造，满足了供电企业的应用需求。国产计量检验装置的研制与应用，保证了电度表和互感器检验工作的开展，为电能计量的准确、可靠和统一提供了有力的技术支撑，为电力工业和国民经济的发展作出了积极贡献。

三、国产高精度标准电能表的成功研制及应用

20 世纪 70 年代初期，国内用于普通电度表检验的标准电能表基本都是准确度等级为 0.5 级的国产感应式标准电度表，高准确度的标准电能表完全依赖进口。为摆脱依赖，国内开始研制具有自主知识产权的高准确度标准电能表。

1971 年，江西省电力中心试验所借鉴国外资料并结合国内实际情况，根据时分割乘法器和电压—频率变换器的工作原理开始研制数字功率电能表，并于 1973 年 10 月研制出了原理样机。1973 年 12 月，水利电力部西安热工研究所组织江西、湖北两省电力中心试

[1] 水利电力部印发《关于印发电能计量工作座谈会纪要的通知》（〔83〕水电电生字第 52 号），1983 年 6 月。

验所和有关电度表厂，组成了由工人、干部、技术人员结合的试制小组，在江西省电力中心试验所研制的原理样机基础上进行 PS4 型单相 0.1 级数字功率电能表产品的试制工作，并于 1975 年年底完成了 6 台正式样机的装配。1976 年 11 月，完成了带有转数控制器的正式样机的调试和校验，解决了原有标准电能表分辨率低、操作不便、抗干扰能力弱的问题，实现了测试结果自动打印，配合转数控制器使用，极大地简化了校验工作，大大降低了操作人员的劳动强度。1976 年 12 月，PS4 型单相 0.1 级数字功率电能表开始批量生产并作为标准安装于电度表检验装置。PS4 型单相 0.1 级数字功率电能表取代了指针式瓦特表和老的感应式标准电度表，中国成为国际上能自主研制、生产电子式数字功率标准电能表的少数国家之一。1978 年，PS4 型单相 0.1 级数字功率电能表获得全国科学大会重大贡献奖。

1985 年 10 月，国产的 0.05 级三相电子式标准电能表（CB3 型三相电子式标准电能表）研制成功，该电能表作为电能计量标准在全国各地电力部门、计量部门和各电能表生产厂家得到广泛应用。国产高精度标准电能表成功研制并在全国的推广应用，为中国电能表的生产制造和发展作出了重要贡献。

四、国家高电压计量站的建设

20 世纪 60 年代，中国计量科学研究院建立的最大电流计量标准为 5 千安工频电流比例标准，最高电压等级的电压计量标准为 18 千伏工频电压比例标准。随着电力、冶金、原子能等工业领域的发展，许多高电压、大电流的精密产品和设备，因为没有高电压、大电流的国家计量标准而无法进行测试和检定，影响了设备的研究、制造、生产和验收。鉴于高电压大电流计量在电力工业和国防建设等领域的重要性，水利电力部和中国科学院[1]决定共同建立高电压大电流的国家级专业计量站。

1974 年 5 月，水利电力部、中国科学院联合向国家计委提出《关于建立高电压国家计量站的报告》[（74）水电技字 21 号，（74）科发标字第 197 号]，阐述建立高电压国家计量站的必要性和对电力工业发展、国防建设以及国际贸易的重要意义，提出由水利电力部负责建站，建成后逐步承担国内各部门高电压和大电流方面的量值传递工作，并进行提高计量标准水平和有关测试技术研究。同年 7 月，国家计委《关于计量标准部门基本建设体制的通知》[（74）计计字 297 号] 批准，在水利电力部建立国家高电压计量站。考虑到葛洲坝电厂的电能外送需采用 500 千伏超高压输电线路，水利电力部决定将国家高电压计量站建设地点设在湖北武汉，采用“一个单位两块牌子”的建设模式，与当时水利电力部正筹建的高电压试验站合并建设。1974 年 8 月 24 日，水利电力部下达了国家高电压计量站的计划任务书，并明确该站的主要职责为建立国家高电压大电流计量标准，承担国内各部门高电压、大电流方面的量值传递、测试和检定高电压、大电流的精密产品（包括进口

[1] 中国科学院：1949 年 11 月成立，1967 年 7 月 30 日成立中国科学院革命委员会。1970 年 7 月，国家科委、中国科协并入中国科学院革命委员会，这一时期计量工作由中国科学院革命委员会主管。

设备），研究提高计量标准水平和有关测试技术[1]。建设规模和主要设备：高压大厅内设1500千伏工频电压、3200千伏冲击电压、200千安冲击电流、1400千伏直流电压四套试验装置和配套设备；大电流实验室内设40千安工频大电流比例标准和10千安直流大电流标准。1974年10月，水利电力部决定将高电压试验站和国家高电压计量站合并，成立水利电力部武汉高压研究所。

1976年，为了推动高电压、大电流计量工作的开展，国家标准计量局以《关于5千安工频电流、18千伏工频电压标准由计量院移交高电压计量站的函》［国标计字（76）第53号文］决定将国家计量科学研究院已经建立的两套标准移交给水利电力部武汉高压研究所，同时颁发了国家高电压计量站印章，要求武汉高压研究所积极创造条件，以国家高电压计量站的名义开展电压、电流精密互感器的校验工作。同年7月，两套标准及附属仪器设备完好地运到武汉，随之安装调试完毕。11月，经国家标准计量局批准，两套标准开展对外检定，担负起国家计量标准的建设和维护工作，统一全国工频电流和工频电压量值。

国家高电压计量站建立后负责研制各类高电压大电流计量标准装置，承担全国范围内的量值传递和测量用互感器强制检定任务，同时培养出一批在高电压大电流计量领域领军人物和青年科技骨干，为电力工业发展作出了积极贡献。

第五节　小水电的发展和农村安全用电的加强

“文化大革命”初期，工业生产受到破坏，小水电设备减产，小水电的发展受到阻碍。1969年，国务院召开南方山区小型水利水电座谈会，确定了小型为主、自办为主、设备自行制造为主的小水电建设方针，将小水电的发展纳入国家计划，小水电由过去零散的无序开发逐步走向正轨。

但由于受“左”倾路线干扰，强调“突出政治”，反对“管卡压”，无视规章制度，忽视专业管理，乡村管电组织不健全，再加上农村电网不按标准建设、质量差，造成农村电网安全事故频发。据不完全统计，1971年，农村触电死亡人数高达6249人。为了扭转农村触电死亡人数居高不下的局面，水利电力部于1971年颁布了《农村安全用电管理条例（草案）》和《农村安全用电须知（草稿）》，制定了安全管理的规章制度。其后，水利电力部多次组织调研，调查分析农村电网安全用电状况。实施了农村电网技术改造，将“两线一地”线路恢复三相三线运行，提高农村电网安全可靠性。总结各地研制和使用触电保安器的经验，组建专门的科研生产机构生产适用于农村电网的触电保安器，在农村广泛推广。利用各种途径宣传安全用电知识，提高农村居民的安全用电意识。推广触电急救技术，降低触电死亡风险。在多数地方建立了群众管电组织，配备了社

[1] 水利电力部印发《关于下达国家高电压计量站计划任务书的通知》［（74）水电技字第44号］，1974年8月24日。

队专职电工。农村触电死亡人数在1974年开始转为下降趋势，农电安全用电状况趋向好转。

到1976年时，全国农村用电量发展到224.38亿千瓦·时，县办工业用电量达到156.31亿千瓦·时，小水电装机达到360.14万千瓦。

一、“四谁[1]”政策促进农村小水电的快速发展

“文化大革命”期间，各级主管机构陷于瘫痪状态，城镇生产秩序遭到破坏，物资供应紧张，设备不配套，人身设备事故多，小水电的发展与生产出现无序状况。针对这一状况，1969年10月至11月，国务院业务组召开了由15个省（自治区）政府主管副省长带队，水电、计划、物资、机械4部门参加的南方山区小型水利水电座谈会，推广福建永春自力更生制造小水电设备的经验，提出要加快发展小水电。会议确定了小型为主、自办为主、设备自行制造为主的小水电建设方针，国家在资金与主要原材料上给予补助的政策措施，小流域开发规划实施方案和地方自制设备专业化协作布点方案。这次会议在小水电发展史上影响深远。

此后，小水电发展纳入国家计划，由过去零散的无序开发走向正轨。单机500千瓦以上的电站列入水电建设计划，国家补助资金40%～50%；单机500千瓦以下的，主要依靠地方自筹资金，国家每千瓦补助200元，约为小水电造价的25%。主机设备制造打破了一机部在制造行业上统产统销的垄断，实行国家补助原材料，由各省自产自用。国家每年拨给8000吨铝、8000吨矽钢片、3000吨铜，由水电部统一安排，下达各省，调动地方制造的积极性。不到3年，小水电机组由过去每年只产10万千瓦增至100万千瓦。从此，小水电以每年30万～50万千瓦的增速发展，到1975年，全国小水电年发电量达66.86亿千瓦·时，装机容量达到308.32万千瓦，其中三分之一是单机容量500千瓦以上的骨干小水电站。

“文化大革命”期间，小水电的发展遇到了一些困难。广东等地区出现了“平调风”，一些效益好的小水电被上级行政机关上划平调，严重挫伤了地方和群众办电的积极性。[2]随着大电网向农村的延伸，大电网和小水电之间因为供区、上网电价等原因产生矛盾，甚至出现“大电网一到，小水电被砍掉或被收走”的现象。为保护地方和群众办电成果，推动小水电快速、健康发展，水利电力部相继在广西、广东、湖北、北京召开小水电工作会议，贯彻永春会议精神，并形成了一系列政策措施。

1973年，水利电力部总结广东省的经验，在（73）水电生字第53号文件中第一次提出：为了保护群众办电的积极性，巩固办电成果，今后小水电建设应实行“谁建、谁管、归谁所有”的原则。小电站建设比较多的地区，在不影响农村用电、支援国家大电网的原则下，小电站可与国家大电网并网。双方签订电价、调度等有关协议。为保证农业用电，

[1] “四谁”：谁建、谁有、谁管、谁受益。

[2] 水利电力部农电司《农村电气化三十年发展规划大纲（草案）》，1987年11月，第4页。

国家电网电源紧张时，应允许小电站独立运行。该政策强调了小水电建设与管理的统一，发电、供电、用电的统一，明确了小水电及其地方电网建成投产后，其所有权和管理权归地方兴建单位和投资者所有，小水电既能与大电网并网，也可优先农业用电而独立运行。

1974 年，水利电力部在广西陆川召开全国小水电工作座谈会，再次提出小水电要坚持“谁建、谁管、归谁所有”的原则，并强调坚决制止“大电网一到，小电站被砍掉或被收走”的错误倾向。第二年，在（75）水电生字第 27 号文件《印发“关于小水电与大电网联网后有关结算问题座谈会简报”的通知》中明确：中央、省、地管理的电网，要积极扶持县、社、队办电，从各方面给予支持。在电网供电区和电网邻近地方的小水电，在符合经济、安全运行的条件下，在自发自用的基础上联入电网，实行余缺调剂。小水电联网后，所有权不变。电网要帮助联网运行后的小水电加强管理，使其充分发挥作用。小水电在电网统一调度下，保证安全发电，加强管理，降低成本，增加收入。电网以保本不赚的原则来确定小水电送给电网的电价，即以电网平均销售电价减去电网供电成本（包括线损）和税金作为收购小水电的电价。该政策针对小水电与大电网之间的矛盾，明确了小水电并网后的电价结算原则。正确处理好小水电与大电网之间的关系，实质上是处理好中央与地方财政、省财政与县财政、全民与集体的关系问题，涉及国家、地方和集体三方面的利益。小水电与大电网双方互供电量，按月互抵，结算差额，互供电价以有利于小水电的发展，兼顾国家、集体和地方利益，大电网保本不赚为原则。

1978 年，水利电力部重新组建农电司，并在湖北召开的全国小水电工作会议上提出：认真施行政策，坚持“谁建、谁有、谁管、谁受益”（简称“四谁”）的原则。在原有政策的基础上增加了一条“谁受益”，突出了保护小水电利益的原则。

“四谁”政策和相关措施的实施，调动了地方和群众办电的积极性，小水电装机容量由 20 世纪 70 年代初每年新增 30 万千瓦增加到 20 世纪 70 年代末的 112 万千瓦，到 1979 年年底，全国累计建成小水电站近 9 万座，装机容量 632.94 万千瓦，年发电量 119.20 亿千瓦·时。有一半以上的县开发了小水电，近 1000 个县主要靠小水电供电，小水电使 1.5 亿无电人口用上了电。湖南、湖北、福建、浙江、江西、四川、广西、广东等省（自治区）的 200 多个县国营、联营小水电企业建立了发供统一的县级电力企业，分别被冠以小水电公司、电厂和电力公司、水电公司以及水电总站等名称。小水电从无到有，从小到大，从单站发电到联网运行，从建设地方小电网到与国家大电网联结，到建立发供统一的县级电力企业，形成了大小电网并举、各有侧重、调剂余缺、共同发展的格局。[1]

二、《农村安全用电管理条例》的颁布

1966 年“文化大革命”开始以后，农电管理受到严重冲击，刚建立不久的管理制度

[1] 水利部农村水电及电气化发展局编：《中国小水电 60 年》，中国水利水电出版社，2009 年，第 36—37+59 页。

被视为管卡压，遭到批判。许多地方的农电管理机构处于瘫痪和半瘫痪状态，管理工作难以开展，导致农村用电人身触电死亡事故频繁发生。

1971 年，据河南、河北、江苏、浙江、陕西、北京、上海等 10 个省市统计，1—8 月发生农村人身触电死亡 2675 人，其中仅河南一省就死亡 1026 人，形势十分严峻。本着向人民负责的原则，水利电力部于当年 9 月 24 日向国家计委报送了《关于农村安全用电问题的报告》。报告认为造成农村用电人身触电伤亡事故大量发生的主要原因是：抓得不紧不力；普遍存在建设多、不管质量好坏，只管用电、不讲安全等错误思想；只顾需要、不顾可能，只知使用、不问安全，放松技术管理，违反技术要求；农村电力的组织领导与发展形势不相适应；农民缺乏安全用电知识；农村在用电上存在着无政府主义。

1971 年 10 月 21 日，国家计委以〔1971〕计字第 130 号文件批转了《关于农村安全用电问题的报告》以及水利电力部制定的《农村安全用电管理条例（草案）》和《农村安全用电须知（草稿）》（简称《条例》和《须知》），要求各地参照执行，以迅速扭转用电不安全的局面。

《条例》要求：① 各省（市、区）、地、县电业部门要加强对农村安全用电工作的领导，要有专人负责，把社队低压电网的管理作为一项重要工作来抓；② 社队应建立由领导干部、农村电工和贫下中农参加的三结合管电组织，对社队低压电网进行统一领导，配备固定的不脱产的农村电工，实行岗位责任制，做好农电管理工作；③ 大力普及安全用电常识，使安全用电家喻户晓，遵守安全用电制度；④ 培养一支又红又专农电队伍，举办各种形式的学习班，交流经验，提高政治觉悟和业务技术水平；⑤ 新电工应掌握基本操作技能、熟悉安全操作制度、学会触电急救，并经县电业部门考核同意后，方可开始独立工作；⑥ 建立健全规章制度，对现有危及生命财产安全的不合格的装置要限期整修。《须知》提出了 18 条农村用电安全注意事项。

1972 年，水利电力部恢复司局建制，再次设置了农村电气化管理处。同年 11 月，召开了全国农电座谈会。会议强调落实《条例》各项要求，提出了关于加强农村电力管理工作的几点意见：① 开展安全用电大宣传，对已印发的《安全宣传画》和《农村安全用电须知》要继续组织宣传，做到家喻户晓，人人皆知。② 做好培训工作，农村安全用电有专人抓，特别是县社两级和生产大队必须有专人负责。已通电的公社、大队都要配备固定电工，每年要分批进行培训，练好基本功，努力达到又红又专。③ 抓好低压电网整修，要求二三年内，对不合格的农村低压电网进行一次整修，对严重危及人身安全的缺陷要立即消除。④ 严格追查事故责任。⑤ 加强设备管理，建立运行、安全、检修等方面的基本规程，严格岗位责任制，推广河北省望都县调整农电设备、合理配套、改善布局的经验。随后，水利电力部向国家计委争取资金对农村低压电力网进行技术改造，以改善农村安全用电状况。

1973 年 3 月，水利电力部组织 11 个省电业部门对河南、江苏、安徽、浙江、山东 5 省农村安全用电情况进行了调查。农村用电引起了各级党委的重视，很多社队建立了三结合的管电组织；河南省在春节前、春灌前、三夏前、秋收前都组织安全大检查，效果很好；多个省进行了低压线路整修试点，其中山东省将农电物资中 50%的导线，用于低压线路的整修，共整修和维修线路 5800 千米，提高了线路质量；5 省共印发各种宣传材料 235 万份。安全用电管理工作有所好转，5 省农村触电死亡事故 1972 年同比下降 18%，1973 年一季度同比下降 27%，且有 72 个县 1972 年未发生触电死亡事故；但仍有一些地区触电伤亡事故很严重，如浙江农村触电死亡人数 1972 年为 388 人，同比上升 24%，1973 年 1—4 月为 54 人，同比上升 170%。[1]对此，水利电力部再次强调：各单位必须贯彻《关于农村安全用电问题的报告》精神，落实《条例》《须知》各项要求；把社、队管电组织尽快地建立健全起来；抓紧进行农村低压电网整修工作，把低压电网的整修纳入年度计划；把安全大检查作为一项重要制度来抓。

1973 年 9 月 3—6 日，水利电力部根据 1—7 月农村人身触电死亡事故同比上升 12%的严重情况，召开了农电安全紧急会议。会议传达了国务院副总理李先念在北方地区抗旱会议上的指示“主要是管理不好。省里不抓，地区不抓，县里不抓，公社不抓，怎么不死人呢？这是领导问题。管起来就好了。农电要管，不管死人更多。”会议代表认为，农电管理最突出的问题是部分公社、大队无专职电工，并提出在不吃商品粮、不增加国家职工编制的原则下，根据线路和设备多少，一个公社配 1～2 名亦工亦农电工，形成安全管理网，普及安全用电知识，抓好低压电网整修等措施。

到 1976 年年底，全国共整改了 20 万千米低压线路；通了电的乡一般建立了管电组织，配备了专（兼）职不脱产的农村电工；各地采取不同方式解决了公社管电补贴和电工培训经费问题。

1978 年，农村人身触电死亡事故下降到 5079 人，比 1973 年减少 1941 人，农村触电死亡事故上升的趋势得到有效遏制，并呈逐年下降趋势，农村安全用电状况明显好转。1984 年 5 月 24 日水利电力部又重新修订并颁发了《农村安全用电管理条例》和《农村安全用电须知》，对农村安全用电起了进一步的指导作用。

三、触电保安器[2]的研制及在农村的推广

20 世纪 60 年代中期，供电部门开始研制和试用触电保安器，以改善农村安全用电状况，减少触电死亡事故的发生。触电保安器的研制试用从简易的电压型入手，发展到功能更完善的电流型。

1965 年，河北省香河县电力部门试制成功简易电压型低压触电保安器，在该县低压线路试用以后，在霸县等多地试用。1967 年 11 月，河北省拟在全省推广使用触电保安器，但受“文化大革命”影响，推广计划未能落实。1966 年广东省电力部门在三水、顺德等

[1] 水利电力部印发《关于发送“河南、江苏、安徽、浙江、山东五省农村安全用电调查报告”的通知》，（73）水电生字第 56 号，1973 年 6 月 5 日。

[2] 触电保安器：是当发生接地故障时，被保护电路中给定电气量超过定值时，能自动断开电路或发出报警信号的电器。1975 年以后改称漏电保护器，1996 年以后改称剩余电流动作保护器。

县试点安装触电保安器。由于保安器的整定值过小，仅为 15～30 毫安，不适应广东多雨潮湿气候和流动性用电设备多的特点，以致大部分触电保安器安装不久就退出运行。20 世纪 70 年代初，整定值提高到 100 毫安 0.1 秒以提高运行率，1977 年通过动物试验，验证了触电保安器作为总保护和分路保护时，其上限可使用 100 毫安 0.1 秒的整定值。[1]

20 世纪 70 年代初期，山东、河北等省开始在全省农村推广安装触电保安器。1971 年，山东省电力局通过试验肯定了触电保安器的实用价值，1972—1973 年两年间，山东省滕县、莘县、金乡等县电业局试制成功大刀片式和重锤式触电保安器。1974 年，山东省电力局开始在全省农村推广普及安装触电保安器。1972 年秋，针对上一年农村触电死亡高达 730 人的状况，河北省革命委员会决定推广触电保安器。12 月，在定县召开全省农电大会时展出了晋县研制的简易电压型触电保安器，随后在保定、石家庄、邢台、邯郸等地推广。1974 年，河北省电力局总结研发使用触电保安器的经验及存在问题，对发展触电保安器提出了“土洋并举，因地制宜，动作灵敏，讲求实效，反复试验，不断提高”的 24 字方针。到 1974 年 10 月，全省共安装触电保安器 11 994 台。河北省农村安装使用的几种触电保安器及其特性：① 单级直跳式保安器、交流两级动作式保安器、直流两级动作式保安器，这几种结构简单，造价低廉，动作可靠，农村电工容易掌握，但零线接地时保安器不动作。② 自动重合式保安器，可保护人身单相触电和零线接地故障，当故障消除后可自动重合。③ 零线广播式保安器，用于有零线广播的线路。④ 电阻桥臂式保安器，用于零线不直接接地的低压电网或带零线广播的低压电网。[2]到 1976 年 11 月，河北省农电系统 62%的配电变压器安装了触电保安器。邯郸、邢台、沧州、石家庄、廊坊地区安装率达 80%。1972—1976 年，全省农村触电死亡事故连续 5 年呈下降趋势，而且出现了一批几年没发生触电死亡事故的县、社、队。1974 年 12 月，河南省项城县电业局吸取该县社队电工制造的保安器的优点，研制了 XC－1 型低压触电保安器，结构简单，便于安装、操作和维护，工作可靠，但不适用于变压器中性点直接接地系统，不能单独保护分支线。河南省扶沟县崔桥公社电管站研制了 DBX－F2 型触电保安器，该保安器仅适用于变压器中性点不直接接地，总闸是交流接触器的低压线路。河南省鹿邑县使用一种脱扣式低压触电保安器，适用于 400 伏及以下的三相三线或三相四线制中性点不直接接地的低压电网，结构简单，价格低廉（约 10 元），动作可靠，操作和维护方便。

由于电压型触电保安器动作后停电范围较大，20 世纪 70 年代中期以后，开始研制并应用动作灵敏可靠、可分路安装、可分级保护的电流型触电保安器。

1974 年，湖南省南县供电公司和湖南省南县无线电厂研制了晶体管弹跳式低压触电保安器，该保安器属于电流型，安装简单，操作方便，动作可靠。同年 12 月，水利电力

[1] 广东省电力工业志编委会编：《广东省电力工业志（1897—1990）》，广东人民出版社，1997 年，第 286 页。
[2] 河北省革命委员会电力局：《低压触电保安器》，《农业机械资料》，1975 年，第 35—37 页。

部在湖南省南县召开了十三省市农电管理座谈会，交流了触电保安器技术革新的经验，以期在各地试用并逐步推广。

1975 年，上海市革委会郊区组在郊区农村局部使用 LDP-1 型触电保安器。该保安器由川沙县（今浦东新区）虹桥公社电工研制成功，属简易电流型，适用于配电变压器低压侧中性点接地系统，可以安装在分支线路上。电路简单，成本低廉（约 50 元），安装后不须改变原接地方式，易于社队电工掌握。之后，上海供电局将其改进为 LDP-2 型并在全市各县推广，新型号不受电网电压、环境温度变化影响，在失压及低电压情况下也不会自行分闸。同年 4 月，水利电力部在河北省望都县召开了全国农电技术革新经验交流会，交流了上海、河北、河南等地触电保安器革新经验，以期提高人身和设备的安全水平。

1977 年 5 月，水利电力部成立低压触电保安器技术攻关组，在浙江省桐乡一中五七工厂制造的 JZR-2 型低压触电保安器的基础上，于 1978 年 3 月试制成功 DBT 型低压触电保安器。该型保安器降低了对线路绝缘电阻的要求，改善了温度特性，提高了可靠性。经过不同季节和“双夏”的使用考验，保护效果良好。在浙江省奉化县电力公司和临安县临天公社，触电保安器正确动作，保护了 15 名社员免受触电伤害。1978 年 12 月 31 日，水利电力部颁发《农村低压电力技术规程（试行）》，明确配电变压器低压侧宜装设触电保安器，以规范农村低压电力网和用电装置的设计、安装、检修和运行。

经过 10 多年的研制、试用和推广，到 1978 年，全国农村已安装使用触电保安器 25 万台，对降低农村的触电死亡事故起到了积极作用。

四、安全用电和触电急救知识的宣传普及

1962 年以后，各地电业部门加强了农村用电安全知识的宣传，普遍设立了安全用电画廊、图片展览，并结合当地发生的人身触电伤亡事例进行具体分析讲解，编印安全用电画册、挂图等，宣传安全用电常识，协助电影部门摄制了多部安全用电影片巡回放映。水利电力部和卫生部联合颁发了人身触电急救方法和人工呼吸图解等文件与挂图。

“文化大革命”初期，农电管理机构和管理规章制度遭到冲击，致使农村用电人身触电伤亡事故增多。为迅速扭转农村用电不安全局面，水利电力部于 1971 年制订了《农村安全用电管理条例（草案）》和《农村安全用电须知（草稿）》。条例要求大力普及安全用电常识，使安全用电家喻户晓，新电工必须学会触电急救才能独立工作。

1972 年 11 月中旬，水利电力部召开了全国农电座谈会，会上提出对已印发的《安全宣传画》和《农村安全用电须知》要继续组织宣传，做到家喻户晓，人人皆知；已通电的公社、大队要配备固定电工，每年要进行培训。

1973 年 9 月，水利电力部召开农电安全紧急会议，明确搞好农电管理必须要发动群众，普及安全用电知识。会后，组织编制了安全用电标语、宣传画、幻灯片，并在全国农

村发行放映《农村安全用电》《触电急救》《农村用电常识》3 部电影科教片。组织吉林、辽宁、山东、浙江、广东等地的电业部门编写了《农村安全用电常识课本》，面向广大农村干部、电工、居民和中小学生发行，于 1974 年 6 月第一次印刷出版，深受欢迎，于 1975 年和 1980 年两次再版。

1982 年，水利电力部与中央人民广播电台合作，制作了《农村安全用电讲座》16 讲，每讲 15 分钟，在夏收到来之前，在对农村社员广播节目中播讲，相继播放 3 次。后将讲稿编印成册，发行 53 万余册。到 1983 年，宣传安全用电知识的电影片有 36 部，除科教片外，还有故事片。1981 年由华东电管局组织制作的《特殊家庭》和 1985 年由水利电力部农电司组织制作的《好女婿》两部故事片，融娱乐与科教为一体，发行拷贝分别达 800 多部和 1300 多部。

在普及触电急救知识方面，广东佛山地区供电公司的做法较为典型。20 世纪 70 年代，广东省佛山地区供电公司提出“群防群救”的措施，大力推广触电人工呼吸急救法。在农村发生触电事故时，往往未能及时进行正确急救，加之对应用肾上腺素等心脏兴奋剂注射是否合适等问题没有统一意见，抢救触电垂危的伤员复苏率较低。为了探索农村触电现场抢救的有效方法，提高治愈率，1976 年 8 月—1977 年 8 月，由广东省佛山中山县供电公司、中山县人民医院组成的触电抢救科研小组通过动物实验证明，人体触电不能用强心针抢救，最有效的方法是进行人工呼吸。实验结论于 1977 年由北京电影科教制片厂拍成《生命的复活》电影向全国发行。

佛山地区供电局谢永祥从多年实践中将触电急救的要领总结为迅速、就地、准确、坚持八字原则，并对传统的触电急救人工呼吸法加以改进。改进后的方法简单易记，容易普及。到 1982 年，佛山地区 13 个县市的 6 万多名社队电工和 5 万多名中小学生、基干民兵普及了人工呼吸触电急救法。1976—1984 年，佛山共有 784 人触电，其中由群众用人工呼吸法救活触电者共 369 人，救生率达 47%。1981 年 4 月和 1982 年 4 月，佛山地区供电局分别为江苏省电力局和四川省温江地区举办了触电急救培训班。培训后，江苏省和温江地区分别在几个月内救活触电者 20 人和 11 人。[1]1983 年，佛山地区供电局根据佛山实践总结了现场急救经验，编著了《触电与急救》，此书发行 17 万多册，获得全国科技图书优秀奖。迅速、就地、准确、坚持成为触电急救的基本原则。

1984 年年底，广东省电机工程学会农村电气化专业委员会撰写了《触电与急救》电教片脚本，联合广东省电力局、广东电视台制作了电教片，以推广佛山的触电急救经验。同时，制作了一套教学用幻灯片向全国发行，以适应在缺乏录像机放映的农村进行安全用电宣传教育的需要。《触电与急救》电教片在全国农电工作会议上播放，并被中国电机工程学会推荐为全国供电部门安全用电宣传资料。

安全用电和触电急救知识的普及减少了触电事故的发生，挽救了触电者的生命。

---

[1] 谢永祥，梁树森，刘经棠编：《触电与急救》，广东科技出版社，序 1 页，第 75—76 页。

五、“两线一地[1]”配电方式在农村电网的推行及改造

1954 年，中国开始在农村电网试运行“两线一地”配电方式。这种配电方式可降低 10%～20%的造价，节省办电成本，遂开始在农村小规模应用，并对其运行中出现的干扰通信、频繁跳闸及接地网各类事故，及时加以改进。“文化大革命”期间，由于片面追求一次性投资省、见效快的效果，不顾客观条件地大范围推行了这种方式，除西北地区外，各地大量建设“两线一地”线路，甚至出现把原有三相三线运行的线路拆掉一条改为“两线一地”的情况。到 1973 年，全国“两线一地”10 千伏配电线路发展到 25 万千米，占农村 10 千伏线路总数的 40%左右。

在推行“两线一地”配电方式的过程中，其固有的技术缺陷逐渐显现出来。在建设“两线一地”线路时，缺乏与通信部门的沟通协商，没有充分考虑其对通信线的影响，防止和减轻干扰的技术措施和管理工作做得不到位，因而各地频繁出现严重干扰通信线路的事件。“两线一地”线路的跳闸率较高，比三相三线高 1.6 倍。“两线一地”对接地要求较高，但实际上常达不到要求，导致经常出现烧毁木杆、变电站周围形成跨步电压、自来水管带电等威胁人身安全的问题。在认识到“两线一地”的不足之后，多地开始将“两线一地”线路逐步恢复为三相三线运行。

1973 年 2 月，北京供电局开始通过大改工程，将 110 千伏枢纽变电站、对重要通信线路或对电台有干扰而又无法解决的线路、以工业负荷为主的大容量变电站，逐步恢复为三相三线供电方式。1978 年 10 月，北京供电局提出，鉴于北京的特殊地位，北京地区不再扩大“两线一地”配电方式；对原有“两线一地”线路和设备原则上逐步恢复为三相三线制，但要有步骤、有区别、有计划地实现。到 1984 年，北京市“两线一地”全部恢复为三相三线方式。

1974 年 2 月，河北省电力局在农电 35 千伏线路大修及改进工程中，将辛集、胜芳 2 座 110 千伏变电站及所供石家庄、衡水、廊坊、沧州 4 个地区有关 35 千伏“两线一地”线路恢复三相三线运行，开始对 35 千伏“两线一地”实施改造。1975 年，开始对 10 千伏“两线一地”进行恢复三相三线改造。到 1979 年，35 千伏“两线一地”改造全部完成。全省 10 千伏“两线一地”线路，到 1990 年年底尚余 15 463 千米未改造完。

由于对“两线一地”配电方式的认识并未统一，在一些地区恢复三相三线运行的同时，各地仍在新建“两线一地”线路，到 1979 年“两线一地”线路达到 36 万千米。

1979 年 7 月，电力工业部在山东益都（今青州）召开了全国农村电力网整修改造会议，提出整改危及安全的设备，消除设备缺陷，使现有设备都达到一、二类水平，其中包括改造“两线一地”线路。自此，各地开始了对“两线一地”线路的全面改造恢复。多方筹集资金，更换部分电杆和金具，将“两线一地”线路分批恢复为三相三线运行。经过多

---

[1] “两线一地”：农村 10 千伏中压（或 35 千伏高压）配电线路中利用大地代替一相导线的中压（或高压）三相配电方式，1954 年从苏联引进。

年的持续改造，“两线一地”线路最终改造完毕。

“两线一地”配电方式在中国经济比较薄弱的时期对加速农业机械化、农村电气化，发展农业生产，起到了一定的作用，但也付出了触电伤亡、事故频发、干扰通信等代价。随着对农村用电安全、供电可靠性要求的提高，这种方式逐步恢复为三相三线方式。

第六节 转折时期用电秩序的初步恢复

自“文化大革命”中期出现的全国性缺电局面一直未有好转。为快速解决电力供应不足问题，1975 年 7 月 25 日，国务院《关于加快发展电力工业的通知》（国发〔1975〕114 号）下发，提出了严格计划用电、厉行节约用电等工作要求。“文化大革命”结束后，国民经济的恢复和经济建设速度的全面加快，进一步加剧了缺电的局面。国家计委和电力工业部分别于 1977 年、1979 年组织了两次缺电调查，研究解决严重缺电问题的对策。1977 年，党中央明确提出要“突出抓电”的口号，电力工业成为国民经济规划和发展计划的重点倾斜领域，强化计划用电，严格按计划分配、厉行节约能源成为这个阶段用电管理的重点工作。

这一时期，根据中共中央明确提出的“从今年开始，对煤、油、电的供应，要像口粮一样实行定量供应”和“电力部门要按照重新核定的电力消耗定额和生产供电”[1]的要求，全国各地开展“一查四定”查重点用户的用电设备，定电量、定负荷、定单耗、定用电时间，实行凭证供电制度，并广泛开展了社会主义劳动竞赛，大力开展技术革新，推广行之有效的节电措施，降低消耗定额，使有限的电力保障了国家重点企业生产计划的完成。

同时，通过电力工业一系列的企业整顿，用电管理秩序有了一定程度的恢复。1978 年起，水利电力部启动《全国供用电规则》《用电监察条例》的修订，恢复了用电监察机构，安全用电、计划用电、节约用电以及电费回收等用电监察工作也恢复正常，实现人人有专责，事事有人管。严重的电费拖欠问题，也得到中央的重视和各方的通力协作，拖欠情况开始缓解。

一、严重缺电和缺电调查

受“文化大革命”影响，1967 年、1968 年两年电力建设速度放缓，造成“三五”计划新增装机容量目标没有全面完成，全国装机容量的缺口扩大到约 500 万千瓦，电力供需矛盾开始突出。1970 年，全国计有 33 个 10 万千瓦以上的电网，其中有将近一半的电网严重缺电。

---

[1] 《国务院批转燃料、电力凭证定量供应办法的通知》（国发〔1978〕2 号）。

进入“四五”时期，随着国民经济发展总体战略的形成，新的经济建设高潮迅速在全国掀起，特别是由于重工业发展迅速，用电量需求迅速增加，此外，“三线”地区的大批新建项目投入生产，农村电气化加快发展，也需要增加新的电力供应，导致全国性缺电日益加重。由于缺电加剧，许多地方不得不频频采取拉闸限电措施，即使对重要用电单位也要限电10%左右，一般用电单位限电则达到1/3。许多工矿企业一周只能安排4～6天的生产，工业生产能力不能充分发挥。据1975年的初步统计，全国装机容量在10万千瓦以上的39个电网中，有24个电网缺电，缺电量达200亿千瓦·时以上。农村和农业用电长期短缺，排灌、排涝需要工业行业让电才能进行，城镇居民生活停电更是经常发生。

国家计委在1977年进行的缺电原因调查分析中指出，缓和供电紧张，长远靠加强电力建设；短期的关键，一在抓铁路运输，二在严格地节约用电和计划用电，通过节约用电和现有装机挖潜可以大大缓解电力不足，相应也可以大大压缩电力建设的规模。1979年，电力工业部再次进行全国缺电的定量调查。首先对各省、区、市和各行业部门所反映的情况进行分析。当时汇总各地反映1978年缺电合计达到523亿千瓦·时，占当年实际发电量的20.6%。全国10万千瓦容量以上电网，除四川渡口、甘肃酒（泉）玉（门）和贵州三个电网外，其余普遍缺电。东北、华东电网缺电20%左右，京津唐、陕甘青在用电高峰、农灌高峰或枯水季节缺电15%左右。火电为主的山西、山东、河南和河北南网（石邢邯地区）缺电20%～25%。水电比重大的广东、湖南、湖北、四川枯水期缺电，后来广东、湖南、湖北发展到丰水期也缺电。其次，通过对钢铁、有色、化工等大耗电行业测算，工业用电缺200亿～220亿千瓦·时，农业排灌用电缺35亿～45亿千瓦·时，市政和人民生活用电缺20亿千瓦·时，加上线损和厂用电（共占发电量15%），合计缺发电量300亿～350亿千瓦·时，比各地反映的少223亿～173亿千瓦·时。再次，通过比对每亿元固定资产相对应发电量的历史数据，预计1978年全民所有制工业固定资产在3100亿～3200亿元，计算出缺电400亿～500亿千瓦·时，与各地方反映的缺电量相接近。综合上述诸种分析结果，得出全国缺电400亿千瓦·时。

电力工业部还具体分析了节约用电的可能。由于电力不足，在分配上采取“大家都少用、吃稀饭”[1]的办法，甚至超过供电能力分配，形成你挤我、我挤你，结果不少用户开开停停，使产品单耗虚增。面对这种状况，必须先解决电力不足才能降低单耗。还有许多部门随着生产条件的变化和生产工艺电气化程度提高，用电单耗上升，这些情况加强管理后可节约1%～2%，大约为50亿千瓦·时。

两次缺电调查的结果和对节约用电的具体分析，为加快电力工业基本建设投资、开展严格的计划用电和开展增产节约运动提供了依据。

[1] 中国电力企业联合会编：《中国电力工业史　综合卷》，中国电力出版社，2021年，第232页。

二、“突出抓电”的提出

电力的严重短缺成为制约经济发展的突出问题，引起了党和国家领导人的高度重视，为此中共中央主席华国锋提出了在国民经济建设中“突出抓电”，复出工作的邓小平提出要集中资金开展电力等基础设施建设，加快电力工业发展被提上了国民经济发展的突出位置。

1977年9月11日，中共中央主席、国务院总理华国锋召集李先念、纪登奎、余秋里、谷牧等国务院领导和有关部委研究加快经济发展速度问题，花了5个小时的时间研究电力问题。在讨论加快电力发展问题时，华国锋指出：“对近期计划，国民经济中电力不足，成为比较突出的问题。……就是要下决心把电和相应的突出一下，……把电搞上去，近期要突出这一点。今年初见成效，三年大见成效，我的意思要突出抓电……”❶。是月，华国锋在召集国务院领导和有关部委负责人，研究加快经济发展速度时再次强调，要把电力作为突出矛盾抓上去❷。1977年10月26日，华国锋、李先念、纪登奎、余秋里等中央领导用了8个小时的时间听取水利电力部汇报。华国锋在听取汇报后作出的指示中明确指出“电的问题，在三年大见成效中还是个薄弱环节……三年大见成效，一定要电大见成效”。华国锋、李先念、余秋里等中央领导就加快电力建设、抓紧提高现有设备出力、完善配套和加快扫尾、加强电力短期长期规划、加快水电建设和大中小并举、加强用电管理和节约用电、做好与电力配套的煤、运配合等提出了较为全面的要求，会议明确了1978年要新装发电机组500万千瓦❸。1977年11月30日，李先念、余秋里、谷牧等党和国家领导人会见了出席全国电力工业会议的全体同志，要求尽快把电力这个“先行官”抓上去，改变电力落后的状况。

1977年10月召开的四届全国人大常委会第四次会议上，国务院副总理兼国家计委主任余秋里在《国内经济情况的说明》中指出，“要大力加强国民经济的薄弱环节……工业方面，要把动力、燃料、原材料工业放在突出地位，大力发展。……今后三年，以及以后一个时期，要在生产建设的部署上突出电、煤、油、钢、铁、化工、运输，使它们的增长速度更快一些。……同时，要集中力量打几个歼灭战，有计划地新建和扩建一批动力、燃料、原材料工业基地。电力，重点加快东北、华东以及其他缺电地区电力工程的建设，在一些大煤矿建立大型坑口电站，就地发电，减少铁路运输压力，同时积极兴建一些大型水电站。”

“突出抓电”提出后，在党中央和国务院的重视下，电力工业投资建设规模和新增发电能力快速增长。基本建设投资1977年为33.06亿元，1978年为49.33亿元；全国新建发电设备1977年为362.04万千瓦，1978年为504.28万千瓦。强化计划用电，严格按计

❶《华主席九月十一日召集国务院领导同志和有关部委负责同志研究加快经济发展速度问题时有关水利电力方面的重要指示》，国家电网公司档案馆馆藏档案。

❷《李先念》编写组：《李先念传（下）1949—1992》，中央文献出版社，2009年，第983页。

❸《华主席和中央领导同志在听取水利电力部汇报时的重要指示》，国家电网公司档案馆馆藏档案。

划分配、厉行节约能源成为用电管理的重点工作。1978 年国务院鉴于全国缺电的情况和电力浪费的现象日趋严重，批转国家计委等部门《关于燃料、电力凭证定量供应办法的通知》，要求各地政府和电业部门像管口粮一样管好电，实行凭证供电。国家计委成立了计划用电办公室管理计划分配，各地也成立了“三电”办公室（计划用电、节约用电、安全用电）。为了合理分配电力和电量，各地政府和电业部门对用电情况开展了“一查四定”工作，对用户的用电量、用电负荷、负荷率进行考核、监督。还在用户侧安装电力定量器，推广行之有效的节电经验。有的地区还组织起线路供用电管理组，把同一条供电线路的用户组织起来，监督落实计划用电和节约用电工作。

在“突出抓电”方针的指导下，电力工业成为国民经济规划和发展计划倾斜的重点领域，各地政府和电业部门强化计划用电管理，厉行节约用电措施，缺电形势有所缓解。

三、“一查四定”工作的开展

1977 年，水利电力部在全国电力工业会议上要求普遍实行按计划凭票用电。各地开始落实计划用电、凭票用电的要求，哈尔滨电线厂率先推行“一查五定”的工作方法，即用电大普查、定用电设备、定用电时间、定用电性质、定用电单耗、定电力电量，通过深入掌握各类用电情况，对企业内部用电进行指导和约束，使促进计划用电、节约用电工作取得了很好的效果，在黑龙江省得到推行。

1978 年 1 月 9 日，国务院以国发〔1978〕2 号文件批转国家计委等部门《关于燃料、电力凭证定量供应办法的通知》。通知要求：一是实行凭证供电制；二是开展“一查四定”；三是安装电力定量器；四是组织线路管理委员会；五是厉行节约用电；六是因地制宜，大力开展群众办电。“一查四定”是实行凭证供电的基础，国家计委等部门要求各地区各部门在当地党委统一领导下，由工交[1]部门组织“三电”办公室和有关业务局于 1978 年一季度以前，开展“一查四定”工作。即对生产企业、机关、部队等用电单位进行用电大普查，查清供电设备，查清用电性质（如连续生产设备或非连续生产设备等），查清负荷大小，查清浪费电力和非法用电，查清用电单耗上升原因。在用电大普查的基础上，对用户实行定电力、定电量、定用电单耗、定用电时间。

各地政府组织主管部门和“三电”办公室共同对专用线路和公用线路的用户开展用电普查，对用户生产特点、用电性质、用电设备、电力单耗、用电负荷、保安负荷、可调峰负荷、日用电量、转供负荷和电量、每户每月平均生活用电量以及其他用电负荷、电量和节电潜力、管理情况等，逐一进行摸底调查，使凭证定量用电做到既确保生产发展又相对公平合理。在普遍查清用户基本情况的基础上，按照保证重点、择优供电的原则，参照当年实际用电水平，考虑第二年生产任务的变化情况，对用户实行定负荷、定电量、定电耗、定用电时间。通过一段时间的实践，全国各地政府和电力部门对一些企业用电进行了科学

---

[1] 工交：工业与交通运输业的合称。

审定，提出了合理用电指标。

1978年年初，辽宁省革命委员会工交办和电业局以辽革工发〔1978〕68号、辽电〔1978〕10号文件联合印发《关于搞好“一查四定”凭证供电工作的通知》，要求各电业局对负荷率低、设备利用率低、功率因数低而又不采取有效措施的单位，提出限期改进的要求，各电业局按此精神，积极开展工作，收到良好的效果；辽宁省将“一查四定”凭证定量供电全面推广，创造了“双过十”（超产10%，节约10%）、“三突破”（单机突破历史最好水平，产量突破国家计划，节约突破同期水平）、“五推动”（推动用电设备挖潜、群众办电、耗电定额明显下降，计划用电、增产）的经验，并组织了检查验收。

同年，北京市组织开展用电大普查工作，前后共调查54条线路、1724个用户，从中选择80个重点单位作为“四定”试点，推广“凭证供电”。试点的80个重点单位工业产值占北京市总产值38.5%，用电量占总售电量的50%，用电负荷占40%。在统一安排下对它们进行电力、电量分配，同时根据用户每日用电量、用电负荷及其月平均负荷率进行考核、控制、监督，并严格执行“谁超限谁”的原则。

1978年1月26日，贵州省“三电”办公室印发《贵州省计划用电、节约用电、群众办电管理办法》，对用户实行“一查四定”。到1979年年底，基本将100千瓦及以上的工业用户查定完毕，全网共查1600户，其中实行“四定”的有1120户，其负荷占网内供电负荷的80%以上。1983年2月，贵州省电力工业局又提出对320千伏·安及以上用户坚持计划用电申请、审批制度，对影响所在地负荷和电量大的用户建立日负荷电量预报考核制度。

“一查四定”是当时电力紧缺情况下，加强计划用电和节约用电的一项重要措施，通过每年对不同行业的用电单位开展“一查四定”，有效地保证了国家重点产业的用电，提高了电能的利用效率，为做好电力电量指标的合理分配，落实国家产业政策，实行凭证供电奠定了基础。

四、电力凭证定量制度的实行

在全国大面积缺电和用电单耗不降反升的背景下，1977年中共中央提出“电力部门要按照重新核定的电力消耗定额和生产任务供电”的要求。国务院以国发〔1978〕2号文批转国家计委等部门《关于燃料、电力凭证定量供应办法的通知》（简称《通知》）要求在“一查四定”的基础上，全面开展凭证定量供电工作。

《通知》明确要求从1978年二季度开始，所有工矿企业、事业、人民公社、机关、部队等各用电单位实行凭证定量供电。电证由各地工交部门责成“三电”办公室颁发，规定了用电单位的电力负荷、电量、用电时间和重新核定的用电单耗。其中规定的各用电指标，对于生产企业和全民所有制单位而言，是国家考核的经济指标，对于非生产单位而言，是改进管理工作的一项指标。所有生产企业和用电单位都严格执行指标，对超用电的单位实行“今超明还”，最后强制实施拉闸限电。为了实现凭证供电制，各省、市、自治区及各级计委（工交办）综合平衡生产任务和电力供应，保证重点（由国家计委下达重点企业名单和产量），不超分电力。

部分地区根据当地实际情况制订了加强计划用电实行凭证定量供电管理办法或相应的管理制度，各地“三电”办公室本着保证重点、择优供电的原则，开展“一查四定”，确定凭证用电的用户，发放用电凭证，并通过安装电力定量器等技术措施监控用户的用电指标，后继还制定相应的考核办法，对用户的用电情况进行考核、控制、监督，严格执行“谁超限谁”的原则。在“三电”办公室的领导下，各地普遍成立线路管理委员会，将在同条供电线路上的各个用户组织起来，互相监督、互相帮助，确保线路及用户都不超指标用电[1]。

1977 年 7 月 8 日，中共中央决定成立东北电网领导小组。领导小组重点工作内容是在重点企业、大机关和大企业的集体宿舍实行“一查四定”和凭证定量供电，按照农、轻、重原则，对企业推行供用电合同；设立农村用电定量试点，并纳入计划用电轨道；停用部分高耗能的“五小”[2]企业；核定单位产品耗电定额，对超用电量实行加价收费，超价收费无效时，采取拉闸限电措施。

1977 年，杭州市供电线路管理委员会管辖线路达到 87 条，占杭州电网 10 千伏线路的 63%。通过推广“电力凭证定量供应”，控制电量占总用电量的 90%，使 1978 年杭州电网的日平均负荷率比 1977 年提高 4 个百分点。

1980 年，广西实行凭证定量供电，把用电负荷分为必保的基本负荷（包括农业、轻纺、能源、建材及人民生活用电）和可以浮动的负荷（包括电炉钢、电解铝、烧碱、机械产品用电等），安排好季节性用电。进一步加强各行业用电考核，对实施凭证供电用户普遍安装电力定量器，推行供用电合同，改变单纯依靠行政手段进行负荷管理的传统做法。

通过实行凭证定量供电，从 1977 年到 1982 年，全国共节约用电 479.64 亿千瓦·时，占六年工业总用电量的 4.19%。凭证定量供电制度的实行，保障了国家重点企业生产计划的完成，在一定程度上缓解了电力供需矛盾。

五、“学大庆会议”与增产节约运动

粉碎“四人帮”后，1977 年 1 月 19 日，中共中央以中发〔1977〕1 号文件向全国发出《中共中央关于召开全国工业学大庆会议的通知》，决定召开全国工业学大庆会议。

1977 年 4 月 20 日至 5 月 13 日，中共中央先后在大庆和北京连续召开全国工业学大庆会议。会议指出，要加快工业发展，必须狠抓企业整顿，首先把那些关系国民经济全局的重点企业领导班子整顿好；要求各个企业以大庆为榜样，切实加强企业的政治思想工作，像大庆那样抓好社会主义企业管理；要广泛开展劳动竞赛，掀起增产节约新高潮，使各项

[1] 中国电力企业联合会编：《中国电力工业史　综合卷》，中国电力出版社，2021 年，第 237 页。

[2] “五小企业”：指浪费资源、技术落后、质量低劣、污染严重的小煤矿、小炼油、小水泥、小玻璃、小火电等。

技术指标尽快达到本企业的历史最高水平，在两三年内达到本行业的当时国内先进水平；已达到的，要向更高的目标进军，努力赶超世界先进水平。会议决定在“五五”计划期间，按评比大庆式企业的6条标准，把全国三分之一的企业建成大庆式企业。

会后，全国掀起了增产节约运动的高潮。1977年11月，全国电力工业会议上提出“学大庆，大整顿，大干快上”，在保证质量、降低消耗上下大功夫，努力改变技术上、管理上的落后状况，坚持生产和节约并重，发扬自力更生、奋发图强的精神，把消耗指标降下来，劳动生产率搞上去，并要求大力降低煤耗、厂用电和线损。李先念、余秋里和谷牧等党和国家领导人会上明确要求加强用电单耗管理工作，“从明年起，我们要普遍实行按计划凭票用电：按定量用电，这样（电耗）电量就可以降下来”。1977年，国务院批转《全国节约燃料、电力经验交流会纪要》，强调要迅速改变当时燃料、电力及其他热能管理不善、单耗过高、损失浪费严重的状况。

1978年1月，国务院批转国家计委等部门《关于燃料、电力凭证定量供应办法的通知》，要求厉行节约用电，生产企业大力开展技术革新，推广行之有效的节电经验，建立、健全用电单耗的统计、考核制度，在1978年一季度前把单位产品电耗降低到历史最好水平。加强非生产用电管理，机关、部队、企业、居民宿舍实现生活用电单独装表，限期取消包费、包电制度，对厂矿、企业的转供电进行整顿，加强管理，避免浪费。同年5月，印发的《中共中央关于加快工业发展的若干问题的决定（草案）》（又称“工业三十条”）明确指出“要采取严格的节省能源的措施。所有企业都要搞热平衡。把各种余热充分利用起来。要实行严格的按定额供应燃料、动力的制度。节约能源的要给以奖励，浪费能源的要批评，严重的要给以惩处。要实行有利于发展能源、节约使用、限制浪费的价格政策。”

1977年起，各地纷纷组织开展以增产节约为中心的社会主义劳动竞赛和合理化建议运动，推广节电措施，降低消耗定额。上海逐步组织机械行业的电炉钢、有色金属冶炼、棉纺、冷冻、造纸、水泥、小化肥、自行车以及余热发电等十个行业的节约用电协作组，开展红旗竞赛，定期举行活动，推动和开发节电新技术，交流同行业节电的技术业务，提高企业用电管理水平。1978年，山东全省推广了远红外加热、泵和风机改高效、硅酸铝保温、电焊机空载自停等各主要行业的节电措施，并广泛开展了电弧炉炼钢、小化肥、水泥等行业性的地区节电评比竞赛活动，当年全省全社会节电5.315亿千瓦·时。1978年，东北三省狠抓单耗管理，扩大考核品种，加强单耗统计考核和分析工作，使三省产品单耗大幅度下降，吉林省1980年考核的55种重点产品用电单耗，有33种比上年同期下降，16种产品好于历史最好水平，全省节电2.39亿千瓦·时，占全省节电量的63%。

在创建“大庆式企业”运动中，电力企业广泛地开展了增产节约运动。华东电业管理局在日调度计划中组织高温高压机组多发多供，以降低煤耗，由于江苏省火电机组多，成效显著。1978年，西宁供电局开展营业大普查，追回电量463.48万千瓦·时，查窃电追回电量73.4万千瓦·时，并安装了用户无功电能表35套，加强了线损电量的计量工作。

广西电力部门召开了无功挖潜会议，广泛动员用户安装并联电容器，以提高用电功率因数减少线损。到 1978 年，全国发电煤耗从 1976 年每千瓦时 449 克降至每千瓦时 434 克，降幅 3.46%；供电煤耗从每千瓦时 487 克降至每千瓦时 471 克，降幅 3.29%；线损率从 1976 年的 10.32%降至 9.64%，降低了 0.68 个百分点，扭转了十年倒退的局面。电力企业在“工业学大庆”的增产节约运动中，涌现出许多先进典型。到 1979 年，东北、京津唐两个电网和 69 个基层单位建成了大庆式企业。东北电管局、石景山发电厂等 6 个单位荣获国务院授予的“全国先进企业”称号。

增产节约是社会主义建设的长期方针，是国民经济发展中一项长期的有意义的运动。电力企业采取一系列挖潜增效和节电措施，提高电力生产能力，降低线损，同时以降低用电单耗为抓手，推动各行业开展增产节约运动，在一定程度上缓解了电力供需矛盾，保障了社会经济的发展。

六、用电规章制度的恢复和加强

1975 年中共中央全面整顿开始后，电力企业开展了一系列企业整顿工作。1975 年 7 月 25 日，国务院印发《国务院关于加快发展电力工业的通知》（国发〔1975〕114 号），提出电力部门要在各级党委的领导下把发电、供电和用电三者同时抓起来，广大职工要自觉遵守规章制度。根据中共中央的方针政策，水利电力部再次重申了 1975 年国务院 114 号文件的要求，这一时期的整顿，是从思想、作风、组织和业务四个方面进行，通过开展揭批“四人帮”，澄清了是非，明确了企业必须全面和超额完成国家计划。

在电力企业整顿中，用电管理领域的规章制度、工作规范得到了建立和健全。在 1975 年和 1977 年全国电力工业会议上，水利电力部明确提出，必须建立和健全以岗位责任制为主要内容的各项必要的规章制度，一定要做到人人有专责，事事有人管。在“文化大革命”期间，被简化和削弱约束力的《全国供用电规则》、被废弃的《用电监察条例》等制度开始陆续恢复。

1978 年起，水利电力部启动《全国供用电规则》《用电监察条例》的修改工作，开始恢复用电监察组织机构，加强了用电监察工作。1983 年 8 月，国家经委正式批复了修订后的《全国供用电规则》及其附录《用电监察条例》。各地据此因地制宜制订了《实施细则》《营业报装制度》《电费电价管理制度》《用户双用线路供电的规定》和《用户自发电及小水（火）电并网管理办法》等配套的规章制度，用电营业管理规章日趋完善，营业用电管理工作得到促进。

1978 年以后，全国各供电部门用电营业工作得到全面恢复，各地陆续建立和健全用电管理制度，在为用户服务的同时，开展用电单位的安全用电、计划用电、节约用电以及电费回收等工作的监督检查。如 20 世纪 70 年代后期，山东省各地（市）供电局建立和贯彻执行各项安全用电管理制度，主要有用户用电技术资料的整顿与积累、用户电气装置设计审批和竣工检查制度、安全用电定期检查制度、用户继电保护管理制度、双电源用户管理制度等，并推动协助用户建立起变配电所值班制度、电气设备运行维护制度和认真执行水利电力部颁发的有关安全用电的各项规程制度。1978 年，广东省电力局开展企业管理工作的整顿，首先把“文化大革命”中被破掉的合理规章制度恢复，进而加强生产和经营管理，提高经济效益。

1976 年，全国全社会用电量从 1975 年的 1853.65 亿千瓦·时提高到 1963.21 亿千瓦·时，增长 5.9%；1977 年提高到 2170.11 亿千瓦·时，增长 10.5%；1978 年提高到 2498.12 亿千瓦·时，增长 15.11%。电力工业的生产能力与供用电秩序得到了初步的恢复。

七、收缴电费大会战

“文化大革命”期间，电力企业的生产秩序受到冲击，各行各业电力用户内部的管理制度受到破坏，财务管理尤为混乱，工业企业拖欠电费的情况逐年增加，农电欠费的情况尤为突出。如 1966 年年底，吉林省欠电费 35.02 万元，到 1976 年年底增加到 1260.8 万元，欠费额增加 35 倍；1974 年，湖南省欠电费 3476.3 万元，其中农村欠费 2188 万元，占比 62.9%。1976 年，江苏省欠电费 8021 万元，其中农业欠费达到 6000 多万元，占比超过 74.8%。全国农电欠费至 1976 年已高达 2.91 亿元。拖欠电费问题严重影响了国家财政收入和电力事业的发展，也引起了中央领导的高度重视。

1977 年 8 月 27 日，中共中央副主席李先念在水利电力部《电费拖欠很多急需解决》的报告上批示：“应解决改变这种情况”[1]。国务院扭亏增盈领导小组及时印发了李副主席的重要批示，并提出了收缴欠费的具体要求。之后，中国人民银行下发了《关于协助电业部门做好电费收缴工作的通知》。到 1979 年 9 月末，全国拖欠电费仍高达 6 亿元（其中农电欠费 3.5 亿元），直接影响国家财政任务的完成，影响了电力企业的利润及时上交国库。1979 年 10 月 25 日，电力工业部、财政部、中国人民银行又联合下发了《关于认真抓好电费催收工作，确保财政收入的通知》（电财字第 59 号）。通知要求：一是强调电力是商品，必须坚持商品交换原则，用电要交费。所有各类用户，都不得拖欠电费。二是立即纠正抗旱排灌用电先记账，后由抗旱经费统一归还电费的记账办法。三是电力部门要加强营业管理，认真抄表收费，堵塞漏洞，挖掘潜力。四是各级财政、银行部门要继续协助电业部门做好电费回收工作，严格结算纪律，制止任意拖欠、截留电费。

全国各地立即动员起来，全力开展拖欠电费追缴工作。各地电业部门严格按照《全国供用电规则》规定，与用户约定陈欠电费归还期限，对于拖欠电费的用户实行停止供电，并追交电费和滞纳金；与各级财政、银行部门加强协作，对少数亏损企业欠交的电费，在当地财政所拨付的弥补亏损款中按规定的支付顺序交付电费；发动和组织营业普查，努力挖潜堵漏，把应收电费全部收回。通过采取狠抓电费回收的各项举措，各地工作成效显著。如吉林省在全省成立电费收缴小组，在秋后深入县（区）、社、队，催收欠费。从 1977

[1] 吉林省电力工业志编委会编：《吉林省电力工业志（1908—1990）》，中国城市出版社，1994 年，第 290 页。

年开始，全省欠费额逐年下降，电费回收情况逐年好转。1978 年，全省实现当年电费当年结清，1980 年末，全省实现新、旧电费“双结零❶”，1981 年，全省实现了电费回收“月清月结”。江苏省各地电业部门积极争取地方政府支持，排除干扰，使农村欠交电费的“老、大、难”问题逐步得到解决。

全国各地开展的这场收缴电费大会战，由于中央的重视和各方的通力协作，拖欠电费金额逐年下降，电费回收情况开始逐年好转，电力的商品属性得到了很好地宣贯，有效缓解了拖欠电费的情况，确保了国家的财政收入和电力工业的稳定发展。

❶ 双结零：用户对供电部门电费欠费结零，供电部门向上级主管部门上解电费欠费结零。

第三编

改革开放到新世纪初的用电管理

（1978—2002）

1978 年 12 月召开的中共十一届三中全会，吹响了改革开放的号角，确立了以经济建设为中心的基本国策。这一时期，国家提出了“电力要先行”，确立了电网统一集中管理的体制，中国电力工业实现了政企分开，经历了电力管理体制机制的第一次重大变革，完成了由计划经济向社会主义市场经济的历史性转变。伴随着改革深入推进，电网建设加速发展，用电保障能力显著提升，全国电力供需也基本实现阶段性平衡。用电管理领域体系机制逐渐完善，依法合规持续发展、供电服务趋于规范、技术创新快速发展，电力需求侧管理等先进理念得以引进并落地实践，为改革开放后中国社会经济的全面复苏和人民群众生活水平的提高保驾护航。至 2002 年年底，全国全社会年用电量达到 1.64 万亿千瓦 • 时，是 1978 年的 6.6 倍。

电力体制改革加快推进，用电管理体系逐渐完善。这一时期，国家经济基础依然薄弱，电力体制改革的重点是管理体制、投融资体制、农电体制改革。改革开放初期，电力工业在新“八字方针”指引下，新版《全国供用电规则》颁布，各地陆续恢复用电监察制度，取消部分工业优待电价，分期分批开展了营业普查，进一步堵塞用电管理工作的漏洞。之后，集资办电带来了电力建设的长足发展，电力改革的重点也逐步转变为破解政企合一的管理体制，确立了“政企分开、省为实体、联合电网、统一调度、集资办电”和因地、因网制宜的改革发展方针。1996 年年底至 1999 年，电力工业部撤销、国家电力公司组建，开展“厂网分开、竞价上网”试点，第一次电力市场营销工作会议在贵阳召开，为构建社会主义市场经济条件的电力营销新体系打下基础。同时，水电部提出“地方为主，县为实体，统一规划，集中调度，分级管理”的农电体制改革二十字方针，全国 1015 个趸售县供电企业中 11 个县公司上划、1004 个县公司实行代管，供电所（营业所）取代了农电总站和乡镇电管站，逐渐形成了包括直管、趸售代管、自营在内的多种管理方式，有力促进了农村经济发展。

电力供需形势阶段性扭转，用电保障能力显著提升。改革开放后，国民经济发展速度加快，生产和生活的用电量都大幅增加，电力供不应求的情况在全国十分普遍，电力保障始终是工作重点。改革开放初期，全国缺电问题日益严重，各地纷纷加强“三电”[1]管理，实行突出重点、有保有压、奖罚结合的用电指标统一分配办法，将有限的资源分配到保证群众生活、重点行业、企业生产方面，全面加强节约用电管理，推广应用各类节能技术，深入实施降耗节电工作，为保证电网安全、经济、稳定运行作出了贡献。进入 20 世纪 90 年代，电力供应形势趋于缓和，电力需求侧管理、绿色照明、家用电器能效管理等众多理念引入国内，全社会逐渐形成节约用电的共识，国家节能体系开始构建，用电管理也逐步向客户侧转变。20 世纪 90 年代后期，全国电力供需实现基本平衡，买用电权、控制非生产用电、超计划（指标）用电加价收费等在电力短缺时出台的一系列规定停止执行，电费和电度表保证金、供（配）电贴费相继取消，有效推动了电力消费，减轻了电力用户负担。电力需求侧管理主要在城市光亮工程、推广节电技术等领域积极推进，合同能源管理机制

---

[1] 三电：原称为“计划用电、节约用电、群众办电”，后调整为“计划用电、节约用电、安全用电”。

在中国开始示范试点。1998 年，全国范围内的“两改一同价”工作全面开启，改造农村电网，改革农村供用电管理体制，统一城乡用电价格，实现同网同价。全国农村电网和技术装备水平得到全面提升，大幅降低了农村电价，农业、农村用电量均实现迅速增长。2001 年 8 月 1 日，江苏省率先实现全省城乡居民生活用电同网同价。

电力法律体系不断健全，用电依法合规持续发展。1995 年《中华人民共和国电力法》颁布，确立了中国电力法律法规体系的核心，标志着依法治电进入新的阶段。《电力供应与使用条例》结束了中国在供用电管理方面虽有章可循但无法可依的历史，对电力供应和使用过程中的行为起到了很好的协调和约束作用。电力工业部先后制定并颁布了《供电营业区划分及管理办法》《供电营业规则》等 5 个配套行政规章，基本形成了电力供应与使用活动的监督管理法律体系框架。全国先后完成了供电营业区的划分，颁发了近 3000 个《供电营业许可证》，开始实施供电许可制度。这一时期颁布实施的电力法律法规，以法律的形式为电力生产、供应、使用等领域的各类主体利益提供了保护，规范和约束了各类主体行为，也为电力市场的构建提供了法律依据。

用电秩序逐步依法规范，供电服务水平持续提升。随着电力法律法规相继出台，用电领域开展了各项专项治理整顿工作，全国供用电秩序得到有效规范，供电服务水平得到持续提升。重点聚焦农村用电、电价电费管理等方面存在的问题，电力部门通过对农电管理的整顿、农村地区拖欠费问题的治理，解决了农村用电乱加价、乱摊派、乱收费等现象，有效遏制了权力电、人情电、关系电问题的发生，减轻了农民的负担，与此同时，与物价、公安等部门联合行动，在全国范围内重点开展了电价执行情况检查，严惩窃电行为。1983 年，针对部分单位和员工存在的服务意识薄弱，服务作风不正等问题，水利电力部提出“反电霸作风”整治行动，出台《供电部门职工服务守则》，并通过设立群众行风监督员，架起了与电力用户联络、沟通并接受监督的“桥梁”。1997 年，国家电力公司发布了《城市供电营业规范化服务标准》《农村供电营业规范化服务标准》和《供电营业职工文明服务行为规范》，开展供电营业示范窗口建设，有效发挥了示范、带动和辐射作用。进入新世纪，国家电力公司首次提出“优质、方便、规范、真诚”的供电服务八字方针，公布供电服务八项承诺，开通了全国统一供电服务热线 95598，优质服务逐渐成为广大员工的自觉行动。

用电科技水平稳步提高，关键技术创新多点开花。随着电力工业快速发展，电力客户规模、用电量迅速增长，也推动了用电领域的科技进步与技术创新。自主研发的无线电力负荷控制系统在全国范围内得到推广应用，在电力供应紧缺时期，作为优化电网负荷曲线、监控计划用电执行的技术手段，实现了限电不拉路，有效支撑了将有限的电力资源最大限度地应用到国计民生领域。计算机技术在用电领域的应用，经历了微机大用户电量电费核算、手持抄表机抄表的初级应用等阶段后，20 世纪 90 年代末，大部分地市供电公司建设了电费管理信息系统，极大提升了电费抄核收工作的工作效率和工作质量，一些省公司开始研究建设了集业扩、电费、计量等专业为一体的计算机网络用电管理信息系统，为用电领域的信息化建设和发展奠定了基础。随着计量法的颁布实施，1986 年，国务院批准《水利电力部门电测、热工计量仪表和装置检定、管理的规定》，明确了水利电力部门计量检定管理的授权范围和法律责任。四级监督、五级计量检定机构的统一管理模式先后确立，电力行业量值溯源传递的合法性得以明确，一系列技术标准的发布为电能计量管理提供了必要的保障，电能计量标准化建设提速。第一套数字多用表最高计量标准顺利通过考核，多费率电能表、长寿命电能表、电子式电能表等电能计量设备先后研制成功并应用。此外，程控技术在电能计量装置校验中的应用推动了用电精准计量能力的提升。

从改革开放到新世纪之初的用电管理的发展史，是一部改革创新、开拓进取的发展史。二十多年的发展和积累，用电领域始终坚持以发展为第一要务，以改革为发展动力，实现了用电管理体制机制、法律法规、科技创新三个重大突破，实现了用电保障能力、供电服务水平两大质的飞跃，为新世纪面向市场的营销服务体系的构建打了下坚实的基础。

第六章

以新“八字方针”为中心的用电管理（1978—1982）

1979 年至 1982 年是改革开放最初的四年，在“调整、改革、整顿、提高”的新“八字方针”[1]指导下，电力工业部大力推进用电秩序规范、农电企业整顿、供电服务改进等工作，使得用电管理工作逐步回到正轨。面对全国较为严峻的缺电形势，强化了“三电”管理，通过节能降耗措施、政策引导、行政手段等措施，确保了“供需紧平衡”[2]。

面对电力供应紧张和能源利用效率低并存的情况，节约能源、节约用电被作为调整国民经济比例关系的原则措施之一。各地政府纷纷加强“三电”办公室建设，重点抓好“计划用电、节约用电、安全用电”工作。国家把工作的主体和责任下放至省级地方政府，实行突出重点、有保有压、奖罚结合的用电指标分配办法，充分应用电力时控开关、电力定量器等技术手段，有力保证了电网安全、经济、稳定运行。1981 年，《国务院关于节约用电的指令》颁布，严格实行定量用电、择优供电，深入实施降耗节电工作。

1983 年，国家经委批准颁布了新版《全国供用电规则》。之后，各地陆续恢复用电监察制度，重设用电监察机构，分期分批开展了包括营业普查在内的各类用电监察工作，进一步堵塞了用电管理工作的漏洞。面对工业发展新状况，国家及时开展工业优待电价的局部调整，逐步提升电力再生产能力。国家和地方分别出台政策，重点解决农村地区拖欠电费问题，农电企业管理水平得到有效提高。同时，全面开展电能计量设备的第四次清产核资，清理排查库存，摸清家底，提高物资使用效率。

1980 年，电力工业部首次发布了《供电部门职工服务守则（暂行）》，全面整顿服务作风、提高服务质量。之后，水利电力部开展了反电霸作风整治行动，对重点地区和典型问题实地调查严肃处理，电力行业行风得到有效纠正。

---

[1] 新“八字方针”为 1979 年中共中央提出的关于国民经济调整的“调整、改革、整顿、提高”八字方针。有别于 1963 年至 1965 年国民经济调整时期所提出的“调整、巩固、充实、提高”的八字方针。

[2] 供需紧平衡，即供求基本平衡，但供给满足需求较为紧张的一种状态。供需紧平衡是供给略小于需求，但在总体上又不会对满足社会有效需求形成实质性的妨碍。

第一节　落实新“八字方针”的调整与整顿

1979 年，国务院批转了电力工业部《关于执行“调整、改革、整顿、提高”方针的实施方案（摘要）》，明确了电力工业拨乱反正和整顿的政策与要求。在新“八字方针”指导下，用电管理工作逐步得到调整与整顿。1983 年新颁布的《全国供用电规则》贯彻了国家能源政策和立法精神，成为当时供用电领域的重要规范性文件。在电力供需矛盾突出形势下，通过部分地区工业优待电价的逐步调整，电力企业的经济效益得到保障，扩大再生产能力逐步提升，促进了能源的地区平衡和工业布局的调整。各级电力管理部门陆续恢复用电监察工作，开展了内查管理、外查漏洞的营业大普查工作，对维护正常供用电秩序和提高供用电经济效益起到了重要作用。在第四次全国清产核资工作中，电能计量设备的清产核资取得了实质性效果，建立和完善了电能计量设备的资产管理制度，实现了账、卡、物的相一致。针对当时农村电力发展状况，开展了全国性的农电管理的整顿工作，同时对农村地区电费拖欠问题也进行了整治，提升了农电管理水平。

一、落实新“八字方针”的六个意见

1979 年 4 月，为纠正多年来经济建设指导方针偏差，解决“文化大革命”结束后国民经济比例关系失调问题，中共中央召开工作会议，正式确立了对国民经济实行“调整、改革、整顿、提高”的方针，通称新“八字方针”。

1979 年 5 月，电力工业部组织召开了全国电力工作会议，从落实中央工作会议精神、肃清“文化大革命”错误影响、加强作风建设三个方面，就电力工业进一步拨乱反正、解放思想和落实新“八字方针”进行了部署。会议期间，电力工业部就如何贯彻落实新“八字方针”进行了讨论，制定了详细的实施方案上报国务院。会后，国务院以国发〔1979〕184 号文件批转了电力工业部《关于贯彻执行“调整、改革、整顿、提高”方针的实施方案（摘要）》。

国发〔1979〕184 号文件指出，电力工业是国民经济的先行官，当前由于缺电，全国 20%左右的工业生产能力发挥不出来，在今后一个时期内，电力工业仍然是国民经济的薄弱环节，也是调整国民经济中要发展的重点产业，各省、市、自治区和各部门都要关心和支持电力工业的发展，千方百计把电搞上去，电力工业是建立在现代化技术基础上的大生产，必须实行高度的集中统一管理。文件对电力工业的发展提出了六个方面的意见：一是千方百计把电搞上去，协调电力工业与国民经济各部门的比例关系；二是体制改革，势在必行；三是继续搞好企业整顿，开展增产节约运动；四是要以极大的努力提高管理水平和科学技术水平；五是加强科技工作，科研要走在生产建设前面；六是政治思想工作只能加强，不能削弱。

电力工业部就落实国发〔1979〕184 号文件的六个意见，提出了具体的工作要求：① 加快在建工程的建设，抓紧前期工作，做到规划、设计项目有储备，严格按基建程序办事，搞好现有设备挖潜、配套、完善化，充分发挥现有设备的作用，坚持正确的能源政策，努力提高发电设备的制造能力，通过一系列办法扩大电源建设，缓解缺电形势；② 对电网管理体制、基本建设管理体制、电力分配和财政体制等进行改革，电网实行集中管理，统一调度，充分发挥社会主义经济的优越性；③ 开展企业整顿，建立精干、有力的生产指挥系统，加强技术管理，建立、健全并严格执行规章制度，加强供用电管理，广泛、深入、持久地开展以安全、质量、降低消耗为主要内容的增产节约运动；④ 恢复和加强各级教育机构，整顿和办好各种技术学校，积极整顿和发展学校教育，保证培养人才又红又专；⑤ 大力加强科技工作，使科研真正走在生产建设前面，开展技术革新和技术攻关，认真落实国家科技发展规划纲要和电力科技发展规划规定的各项任务，加强科技情报、出版和电机工程学会的工作，充实加强现有重点科研机构，认真做好技术引进和国际科技交流等；⑥ 围绕中国共产党工作着重点的转移，进一步加强政治思想工作，毫不动摇地坚持社会主义道路，坚持无产阶级专政，坚持中国共产党的领导，坚持马列主义、毛泽东思想，认真搞好揭、批、查运动的结尾工作，继续深入开展学大庆的群众运动。

1979 年国务院 184 号文件确立的指导思想，延续了 1975 年国务院出台的 114 号文件[1]、159 号文件[2]的要求与精神，成为国民经济调整时期电力工业发展的基本纲领。落实新“八字方针”的六个意见，促进了用电管理机构的优化完善，供用电制度的建立健全，科技水平的不断提升，对 20 世纪 80 年代供用电管理的发展起到了积极的推动作用。

二、《全国供用电规则》的调整补充

1953 年 8 月，政务院财政经济委员会批准颁发《供用电暂行规则》，以之确定电业局与其用户间相互责任关系。随着国民经济不断发展，供用电业务不断变化，水利电力部先后于 1963 年、1966 年、1972 年对其作了三次修订，分别将其更名为《全国供用电规则》《全国供用电规则（试行本）》《供用电规则（试行本）》。其中，1972 年修订的《供用电规则（试行本）》，大量删除了对供用电工作具有业务规范性的具体规定，致使在实际贯彻执行中被普遍反映版本的条文空洞而不切合实际[3]。加之 20 世纪 80 年代起，电力工业在新“八字方针”指导下快速发展，供用电业务新情况、新问题不断涌现，迫切需要对《供用电规则（试行本）》加以修改补充。

水利电力部在 1978 年全国计划会议上提出了对《供用电规则（试行本）》（简称《规则》）的第一次修改稿，并在会后联合国家经委下发通知，第一次征求了各省、市、自治区经委和国务院工交各部委的意见。同年 12 月，水利电力部召开修改《规则》会议，对全国各单位提出的 336 条意见讨论修改，形成第二次修改稿，并第二次征求了国务院有关部委意见。1979 年 2 月，第五届全国人大第六次会议决定撤销水利电力部，分别设水利

[1]《国务院关于加快发展电力工业的通知》（国发〔1975〕114 号）。

[2]《关于批准〈跨省电网管理办法〉的通知》（国发〔1975〕159 号）。

[3] 水利电力部电力生产司编：《〈全国供用电规则〉条文解释》，1983 年 11 月，第 4 页。

部和电力工业部。同年10月，电力工业部在西安召开会议，对《规则》进行了第三次补充修改，并于1980年2月将修改稿发给各省、市、自治区电力局组织讨论，分别召开由省（市、自治区）计委、经委、工业厅局和用户参加的座谈会。参加第三次征求意见讨论的单位涉及电力部门287个、省市工业厅局167个、工农业用户629个，合计3300多人[1]。1980年3月，电力工业部在郑州召开的全国用电管理会议上，讨论了上述各单位对《规则》的修改意见，并于4月在武汉对《规则》进行了第四次修改，然后第四次发给各省、市、自治区和国务院各部委征求意见。1981年，电力工业部又组织专业干部，分别于1月在北京和3月在江苏扬州，对《规则》进行第五次修改，于同年11月将《规则》修改定稿并上报国家经委。1982年年初，水利、电力两部合并，由于水利部和电力部对《规则》中有关小水电并网问题持不同意见，因此，国家经委要求新成立的水利电力部重新研究后上报。据此，水利电力部经过研究修改后，又于同年6月29日以（82）水电电生字第28号文再次报请国家经委审批。国家经委于1982年8月两次召集各部委开会，第五次征求对《规则》修改稿的意见，于11月12日在全国计划会议上再一次征求了各省、市、自治区的意见。至此，经过近五年的时间，作了五次较大的修改和五次较全面的征求意见。1983年8月，国家经委正式批准了修改并更名后的《全国供用电规则》并颁布执行。

新颁布的《全国供用电规则》全文共11章、87条，包含了供电方式，新装、增容与变更用电，设计、安装、试验与接地，供电质量与安全供用电，计划用电与节约用电，维护管理与产权分界，电度计量与收费，供用电合同与经济责任，违章用电与窃电等内容。与1972年的版本相比，主要有以下特点：① 把20世纪70年代以来，在电力供需矛盾突出的情况下形成和发展起来的，关于用电管理的一套方针、政策和办法，用规则条文的形式确定下来。如“计划用电与节约用电”章节中的指导思想和具体要求更加明确，体现国家对电力实行统一管理、统一分配的政策；② 突出了对供电质量的要求，规定了频率、电压和安全供电等电力质量具体指标，同时对因计划检修导致用户停电的次数也做了限制；③ 根据国家推行经济合同法和经济责任制的要求，新写了“供用电合同与经济责任”一章，明确了供用电双方的权利、义务和经济责任，体现了供用电双方平等的原则；④ 新版本基本上恢复了1966年及以前各版本供用电管理的有关规定，并结合实际作了补充。

《全国供用电规则》的调整补充，集中了各方面的智慧，贯彻了国家能源政策和立法精神，是新“八字方针”指导下更好地协调供电、用电关系，确立正常的供用电秩序，规范供用电业务，实现安全、经济、合理地使用电力的重要举措。《全国供用电规则》明确了供用电双方的权责利益，体现了为用户服务的意识，条文内容比较切合实际需要，是电力法律法规体系建立前供用电工作开展的重要指导性文件，对各级电力企业加强供用电管理起到深远影响。

---

[1] 水利电力部电力生产司编：《〈全国供用电规则〉条文解释》，1983年11月，第5页。

三、用电监察工作的恢复

1966 年“文化大革命”开始后，用电监察工作被指责为对用户的“管、卡、压”而受到批判，很多地方不敢再提用电监察。各地电力部门的用电监察机构被撤销、用电监察人员被调走或改行、规章制度被废弃、资料被烧光，用电监察工作基本处于名存实亡的瘫痪状态。如此状况下，各地供用电秩序混乱，违章用电日益严重，用户人身和设备事故大幅增加，给国家和人民群众的生命财产造成了不应有的损失。20 世纪 70 年代初，由于电力供需矛盾突出，各地为了抓计划用电、节约用电和群众办电工作，陆续开始设立相应的机构，配备人员，仅在经济合理用电方面开展了工作。

粉碎“四人帮”后，电力工业部及各级电力部门开始考虑全面恢复和加强用电监察工作的问题。1979 年 5 月，电力工业部召开全国电力工作会议，提出“各网局、省局、供电局都要恢复用电监察机构。在提高为用户服务质量的同时，要对用电单位的耗电定额、安全用电、计划用电以及电费回收工作等，进行监督检查。对非法用电和未经批准而超用电的单位，要坚决制止。”[1]1980 年 3 月，电力工业部在郑州召开全国用电管理会议，又提出了进一步恢复和加强用电监察工作的意见，明确“要通过监察工作更好地为用户服务。当前用监工作重点，除继续抓好‘三电’工作外，还应进一步抓好用户安全用电工作。”[2]按照电力工业部关于恢复和加强用电监察的指示，各地电力管理部门逐步完善组织机构、配备专职监察人员、健全规章制度，用电监察工作逐步得到恢复，用户安全用电管理开始加强，并推动了用电管理各项工作的开展。如 1980 年，广西电力工业局各供电单位充实了用电监察人员，对一些用户私自增加容量及违章用电问题开展用电普查，制止违章用电，在 1981 年又颁发了《广西壮族自治区用电监察条例实施细则（试行）》，规定各级供电单位的用电管理所（用电科或供电所）内要配备用电监察员或建立用电监察班（组），明确用电监察人员应对用电单位进行定期和专项的安全用电检查，督促和帮助用电单位做好安全用电工作。同一时期，江西省电力工业局将用电监察工作的重点放在对用户计划用电、节约用电、安全用电的监督、检查、指导上，督促用户严格按指标用电、避峰用电和进行无功补偿。

1983 年 8 月，国家经济委员会颁发了《用电监察条例》，明确了用电监察监督与服务的关系，对从事用电监察工作的人员提出了知识技能考核要求，将用电监察的职责从原有的推动调整负荷、节约用电、安全用电三个方面扩大到用电管理各个方面。《用电监察条例》的施行，为各地恢复和加强用电监察工作提供了指导依据。

用电监察机构的恢复，是新“八字方针”指导下整顿用电管理工作的重要举措。各地电力部门恢复用电监察机构，建立健全用电监察制度，在增加用电监察人员数量的同时，组织进行各类营业普查、违约用电及窃电专项检查，促进了计划用电、节约用电和安全用

---

[1] 《当代中国的电力工业》编辑室编：《全国电力工业会议文件选编（1950—1985）》，1986 年 9 月，第 507 页。

[2] 《关于印发全国用电管理会议纪要的通知》[（80）电生字第 50 号]。

电工作的开展，对维护正常供用电秩序和提高供用电经济效益发挥了积极作用。

四、工业优待电价的局部调整

1960 年以来，为了扶植新兴工业的发展，除辽宁、吉林、黑龙江三省外，国家对其他地区电解铝、电石、电炉铁合金、电炉黄磷、电解烧碱、电炼镁、钛、硅、钠、电炉钙镁磷肥、合成氨等 11 种工业产品用电陆续实行优待电价。其中电解铝、电石用电每千瓦时优待 2 分，比一般工业电价低 36.4%，其他几种产品用电每千瓦时优待 1 分，比一般工业电价低 18.2%。

经过 20 年的经济建设，实行优待电价的新兴工业快速发展，1979 年用电量已高达 350 亿千瓦·时，比 1960 年增长了 23 倍多，优待金额高达 4.2 亿元，为 1960 年的 7.8 倍，且绝大多数工业产品生产经营效益已实现扭亏为盈[1]。而电力生产成本却因煤炭涨价、烧油增加而大幅上升，电力企业实际上是在亏本对这些产品生产供电。因此，仍用减少电力企业应得收益来扶植已有盈利的新兴产业，既不利于合理用电、节约用电，也不利于工业布局。为此，1980 年 6 月，电力工业部、国家物价总局发布《关于停止扩大工业优待电价范围的通知》[（80）电财字第 87 号、〔1980〕价字 151 号]，决定自 1980 年 7 月 1 日起，对已享受优待电价的产品，暂时保留优待电价，但必须按照批准的耗电定额给予优待，超定额用电量部分不予优待，对新增加的生产上述产品的工厂和车间，不再实行优待电价。

1982 年 8 月 7 日，为缓和东北、华北和华东部分地区严重缺电局面，根据《国务院批转水利电力部关于按省、市、自治区实行计划用电包干的暂行管理办法的通知》（国发〔1982〕78 号）和 1982 年 2 月全国工交会议提出的要求，《国务院批转水利电力部、国家物价局关于调整东北部分电价和取消华北、华东部分优待电价问题的报告的通知》（国发〔1982〕107 号）印发，决定自 1982 年 7 月 1 日起对部分地区工业电价进行调整。调整遵循三条原则：① 必须保证市场物价的稳定；② 对受电价影响的原材料价格要从严控制，尽量限制连锁反应；③ 电价调整要有利于地区电力平衡，工业布局和产品结构的合理调整。据此，国家对电价调整作出了一些具体的安排：一是东北地区先提高冶金、化工、石油行业 30 个大型企业的用电价格和 30 个大企业以外生产铁合金、烧碱、电石、电解铝的用电电价，同华北京津唐电网同类电价看齐，1982 年 7 月 1 日以后新增用户和原有用户新增车间用电的工业、非工业电价，也一律按华北京津唐电网同类电价执行；二是对北京、天津、河北、山东、江苏、安徽、上海、浙江 8 省市，取消电炉铁合金、镁、钛、硅、钠和电炉钙镁磷肥 6 种工业品的优待电价，对电解铝和电石的电价优待，先减 1 分，另 1 分暂时继续保留，对合成氨、电炉黄磷、电解烧碱的优待电价推迟取消；三是对西北、西南、华中（不包括广东、广西[2]）地区电解铝、商品电石、铁合金、电炉黄磷 4 种产品用

[1] 国家发改委价格司编：《电力价格政策法规指南（1975—2004）》，长城出版社，2004 年，第 67、68 页。

[2] 按照 1982 年全国行政区划，华中地区：河南、湖北、湖南、广东、广西五省（区）。

电，实行低于一般工业电价的特定电价，在以上这三个电网中，根据各地水电资源和输变电能力的具体情况，实行丰水期多用电量（即比丰水期前，月实际平均用电量的超过部分）的丰水优惠电价，电度电价每千瓦时 2 分 5 厘，基本电价不予优惠。

20 世纪 80 年代工业优待电价的局部调整，是这一时期电力供应紧张形势下的迫切需要。通过停止扩大部分地区工业优待电价范围，提高东北部分工业电价，取消华北、华东地区部分省市工业优待电价，新增西北、西南、华中地区工业优待电价等不同调整方式，电力企业经济效益得到保障，扩大再生产能力逐步提升，有利于能源的地区平衡和工业布局的调整，一定程度上缓解了地区电网严重缺电局面，发挥出电价的经济杠杆作用。

五、农电管理的整顿与加强

1978 年，农业用电量约占工农业总用电量的 13.5%，全国约有 87%的人民公社和 50%以上的生产队用上了电，电力对农业生产的发展起了很大作用。但在各个地区都不同程度地存在缺乏综合平衡、盲目发展、供需矛盾突出，电网建设不按技术标准、乱扯乱拉、事故多、质量差、浪费大，以及体制不统一、管理混乱等问题，亟待调整整顿。

1979 年 4 月，中共中央确立了对整个国民经济实行“调整、改革、整顿、提高”的新“八字方针”。5 月 29 日，电力工业部提出了关于贯彻落实新“八字方针”的实施方案，其中提出要十分重视农电工作，加强农电管理。6 月，国务院副总理余秋里、王任重批示“要切实整顿农电”。6 月 29 日，电力工业部向国家经委、计委、农委及农业部汇报了农电现状和进行整顿的初步设想，之后，电力工业部向国务院提交了《关于整顿农电问题的报告》。报告认为：农电整顿工作政策性很强，要正确处理全民所有制和集体所有制的关系，注意发挥地方的积极性，积极慎重地进行工作，初步提出通过农电整顿主要解决的 4 个问题：① 体制上的统一管理；② 现有设备的整修和改造；③ 有计划地按电网统一规划进行基本建设；④ 资金、设备、材料的供应渠道。

根据电力工业部的整体工作部署，农电领域全面开展了整顿与整改工作。1979 年 7 月，电力工业部在山东益都（今青州）召开了全国农电设备整修改造会议，研究并草拟了农电设备整改方案。7—8 月，由经委和电力、农业、水利等部委，会同有关省（市、自治区）的电力部门，组成联合调查组，分别在华北和南方选择有代表性的地区，进行农电体制调查。之后，先后发布了《关于农电设备整改的意见》《关于农电管理体制改革的意见》《农村人民公社电力管理办法》《关于农电基建问题的若干规定》等 4 个规范性文件。

在农村电力体制改革方面，着重解决多头领导，一个地方几家管电的混乱状况。由电力工业部归口管理全国农电工作，网省局成立农电管理机构，综合管理县级及以下的电力工作；地区级电力单位，非部（省）属的，一律改为部（省）属，不搞层层趸售；在人民公社成立电管站，业务上受县电力部门领导，加强社队的电力管理工作。在设备的整顿上，将整修改造与调整布局、消除设备缺陷、建立健全规章制度、加强管理相结合，重点调整改进不合理的电网布局，整改不合格的线路和变电站，合理配置设备，提高设备健康水平，降低损耗，减少人身和设备事故。在农电基本建设上，严格按基建程序办事，使农村电力建设有计划、有步骤、经济合理地发展。在资金及物资分配方面，电力工业部商请国家计委和财政部同意，从所掌握的折旧留成资金中，每年拿出7500万元作为农村高压电网整改启动资金，以调动网省局和地方、用户对农村电网整改进行投入的积极性。在整顿整改的同时，农电系统全面开展标准化管理活动，许多地区相继创建了“先进变电站”“红旗变电站”“用电标准村”“五好用电村”，加快了农网整修改造步伐。东北地区在解决农电多头管理问题上效果明显，辽宁、黑龙江、河南、浙江、湖南、湖北等省的整顿整改举措扎实到位，从整体上提高了农电管理水平。

1981年4月15日，《国务院关于节约用电的指令（节能指令第二号）》[1]（以下简称节能指令第二号）发布，针对农村电网的整顿改造提出要求：农村电力网的供电半径，10千伏线路一般不超过15千米，35千伏线路一般不超过40千米。超出上述规定或迂回供电的，由电力部会同有关部门负责整顿改造。新建线路禁止使用铁线；原有铁线，要在1984年以前分期分批改造完成。农村供电线路损失率降到12%以下。危及安全和电力损失严重的低压线路，由供电部门组织社队进行改造，以保全经济运行。同年5月，电力工业部在湖南召开全国农电整顿经验交流会，湖南、辽宁、河南、浙江、黑龙江等省在会上交流了经验和成果。各地贯彻国务院节能指令第二号，以安全、节约为中心，进一步做好做实各项整顿工作，加强农电管理。

经过此轮农电整顿，基本上把“文化大革命”中所遗留的危及安全经济运行的农村电力网，改造成了符合节能指令第二号所要求的电力网，农村电网的健康水平、安全用电状况大幅提升。农电管理开始向正规化、规范化迈进。

六、农村地区拖欠电费问题的整顿

“文化大革命”期间，电力企业生产秩序遭到冲击，企业管理制度受到破坏，财务管理尤为混乱。农村用电由于受“农民种田，国家出钱”[2]、“农村欠费不怕多，三年一过一把抹”[3]等错误思想的影响，加上农电管理工作松弛、私拉乱接较普遍，欠费情况尤为突出。1970年农电欠费为1.24亿元，到1976年达到2.91亿元[4]，影响了国家的财政收入。

1979年5月，国务院以国发〔1979〕184号文批转了电力工业部《关于贯彻执行“调整、改革、整顿、提高”方针的实施方案（摘要）》，要求电力部门加强供用电管理，对电费回收工作进行监督检查。至同年9月末，全国累计拖欠电费达6亿元，其中农电欠费3.5亿元[5]。1979年10月，电力工业部、财政部、中国人民银行联合下发了《关于认真抓

[1]《国务院关于节约用电的指令（节能指令第二号）》（国发〔1981〕56号），1981年4月15日。

[2] 中国电业史志编辑委员会编：《中国电力工业志》，当代中国出版社，1998年，第445页。

[3] 江西省电力工业志编委会编：《江西省电力工业志（1904—1990）》，水利电力出版社，1994年，第144页。

[4] 中国电业史志编辑委员会编：《中国电力工业志》，当代中国出版社，1998年，第445页。

[5] 1979年电力工业部、财政部、中国人民银行联合下发《关于认真抓好电费催收工作　确保财政收入的通知》[（79）电财字第59号（79）财企字第508号（79）银会字第90号]。

好电费催收工作 确保财政收入的通知》[(79)电财字第59号、(79)财企字第508号、(79)银会字第90号](简称《通知》),明确电力企业收入在国家财政预算收入中占有相当比重,抓好电费回收又是确保电力企业收入任务完成的关键,为此要求:① 电力是商品,必须坚持商品交换原则,所有各类用户都不得拖欠电费;② 立即纠正安徽、湖北、四川等省对抗旱排灌用电电费记账的办法,对已记账的电费,要督促生产队从分配收入中归还;③ 电力部门要加强营业管理,认真抄表收费,堵塞漏洞,挖掘增收潜力,把应收的电费全部收回来;④ 各级财政、银行部门要继续协助电业部门做好电费回收工作,严格结算纪律,制止任意拖欠、截留电费。《通知》下发后,由于上级部门的重视和各方通力协作,电费回收工作得到加强,但农业欠费到1980年时仍为2.56亿元[1]。

1980年以后,农村地区经济体制普遍改革,推行家庭联产承包责任制。原由农村社队统一管理、统一交纳电费改为一家一户交纳电费,由于农电管理工作没有及时跟进转变,电费收取工作十分困难,尤其是农田灌溉的电费要分摊到各个农户,难度很大,因而农村拖欠电费的数额又显著增加。为整治农村地区拖欠电费问题,各地结合自身实际情况作出积极探索。如广西电力工业局于1980年12月制订《关于尽快回收历年农业欠收电费的暂行意见》,经自治区财政局同意实行奖励办法,鼓励营业收费人员积极回收历年农业欠电费,1981年农电欠费比1979年减少230多万元[2]。湖南常德电力工业局于1981年开始对农业用电包括电力排灌、乡村企业、农副业加工、农民家庭照明等实行售票供电。随后湖南省各地区陆续采用了这种办法,加之电业部门在改革中建立了电费回收考核制度,设置电费“双结零”[3]奖,对电费回收都起到了促进作用。

1981年9月22日,电力工业部、财政部、中国人民银行、中国农业银行联合下发《关于继续抓好电费、热费催收工作的通知》,其内容包括:所有各类用户,不论单位和个人,不论工业用户和农业用户都不得拖欠电热费;对长期拖欠电费不还者,电力企业可向经济法庭起诉;任何部门和地方未经财政部和电力工业部批准,不得擅自决定电费记账和核免;对已记账的电费,要督促生产队从分配的收入中归还;国家或地方财政补助的抗灾经费指标落实到队以后,优先归还应该缴纳的电费。各地按照要求,落实电费回收工作。如贵州省电力工业局、省财政局、中国人民银行贵州分行、中国农业银行贵州分行联合转发《关于继续抓好电费、热费催收工作的通知》[(81)黔电财字第557号],要求立即通知用户限期交纳电费,并从即日起计算滞纳金。江苏省革命委员会亦下发文件明确电力是国家商品,用电必须交费,各供电部门和用户都必须认真执行《供用电规则(试行本)》,按期收缴电费。江苏各地电业部门做了大量具体工作,积极争取地方政府支持,排除干扰,使农村欠交电费的“老、大、难”问题逐步得到解决。

在新“八字方针”指导下,国务院相关部门先后出台多个文件支持电费催收工作。各

[1] 中国电业史志编辑委员会编:《中国电力工业志》,当代中国出版社,1998年,第445页。

[2] 广西壮族自治区电力工业志编委会编:《广西壮族自治区电力工业志(1909—1989)》,水利电力出版社,1992年,第225页。

[3] 即用户对供电部门电费欠费结零,供电部门向上级主管部门上解电费结零。

省、市、自治区电力工业局通过自身探索实践，采取诸如电费回收激励、售票供电等多种不同方式，促进了农村电费回收工作的开展，一定程度上缓解了电费拖欠日益增多的势头，保障了国家的财政收入，维护了正常的供用电秩序。

七、营业大普查工作的开展

中华人民共和国成立后，多地电力部门为响应增产节约运动号召，规范供用电秩序，解决用电管理中存在的“跑、冒、滴、漏”等问题，形成了营业大普查制度。这是一项以“电量电价电费”为核心的综合性普查工作。通过内查台账和外查用户的形式，集中检查力量和时间，较大范围内对用户的供电方式、计量方式、用电分类、电价执行以及台账档案信息进行复核，在提高营业基础工作水平的同时，及时追缴漏收电费，保证国家财政收入不被流失。“文化大革命”中，电力生产秩序受到干扰，营业普查工作也处于停滞状态。粉碎“四人帮”后，电力工业拨乱反正，用电管理制度得到逐步恢复和健全，营业普查工作得以正常开展。

在全面加快国民经济发展的背景下，全国出现了严重缺电情况。1978 年起，各地供电部门结合计划用电工作中对用户实行定电量、定负荷、定单耗、定用电时间的要求，开展了以核查供电设备、用电设备、用电性质、产品耗电定额、电力浪费现象、违章用电、电费计量等为主要内容的营业大普查。

1979 年 5 月，电力工业部召开全国电力工作会议，提出要搞好企业整顿，加强供用电管理，广泛、深入、持久地开展增产节约运动。1979 年，四川电力局在增产节约运动中全面开展营业大普查工作，共查出应补收电费 470 多万元，应退电费 23 万余元[1]；浙江杭州电力局将营业大普查、搞好电费回收作为增产节约运动的重要内容来抓，共查出有表无卡等八个方面的问题，查出因错、漏、偷等原因少计电量 300 多万千瓦·时，应追补供电贴费及电费 100 万元。1979 年 9 月，电力工业部第四十九期《电力动态》以“供用电营业普查大有可为”为题，报道了四川电力局和浙江杭州电力局发动群众，开展供用电营业大普查，堵塞了漏洞，增加了收入，带动了其他各项工作，同时指出供电企业增产节约潜力很大，各单位要狠抓这一工作，努力降低线路损失，增加财政收入。

1979 年 11 月，电力工业部下发《关于认真开展营业大普查工作的通知》[（79）电生字 107 号]，要求从内外两个方面开展营业大普查：一是外查用电上的漏洞，内找管理上的漏洞，把用电管理工作提高一步；二是通过营业大普查，逐步降低管理线损，求得线损率的准确基数，建立线损管理工作的新起点。各地电力部门积极响应，开展营业大普查工作，通过对用电档案的准确性、完整性以及与现场的一致性，供电方式、计量方案的经济合理性，电价分类及执行标准的正确性，计量装置的配置及运行是否符合规程的技术及管理要求等情况进行查缺堵漏，实施管理和采取技术措施进行整改，在大幅度降低线损并提升用电基础工作管理水平的同时，也获得了较好的经济效益。1980 年起，江苏省供电部

[1] 1979 年 9 月，《电力动态》第四十九期《供用电营业普查大有可为》。

门在全省范围内进行营业大普查，对营业管理工作进行全面整顿，历经三年，共查电力用户 12.74 万户，照明用户 26.7 万户，查出计量不准、接线错误、倍率错误、高价低接、定比定量不符、少抄、漏抄等方面存在的问题并进行整改。青海省电力局于 1980 年先后分两次在西宁、海南、黄化供电局开展了营业大普查工作。第一次普查重点是查制度、查管理、查计量、查窃电和违章用电，第二次普查的重点是 320 千伏·安及以上大宗工业用户照明和动力的计费比例、高压计量设备的倍率和接线是否正确、基本电费的计收是否正确、公用变压器供电用户有无私增容量以及农村窃电等，取得了较好的效果。

20 世纪 80 年代起，营业大普查被纳入正常的营业管理工作，逐渐成为一项常态化的工作制度，在不同时期也有不同的侧重点，对用电管理的进一步提升产生了深远的影响。

八、电能计量设备的清产核资

中华人民共和国成立后，为了摸清家底，快速恢复国民经济，清理和合理调配物资，充分发挥物资潜力，1951 年、1962 年和 1971 年，国家开展了三次清产核资工作。各地电力企业经过这几次清产核资工作，对所辖用户电度表进行逐户检查登记，建立了明细表、资产台账和资产卡，清查出的设备按照国家要求统一调配；并不断深入开展电能计量设备的全面清理核查工作，实现了台账、资产卡、抄表卡的三对照，形成了一些初步资产管理制度。

1979 年 4 月，在新“八字方针”指导下，国务院批转了国务院扭亏增盈领导小组关于加强扭亏增盈和开展清产核资工作的报告，在全国开展第四次清产核资工作，要求企业全面清查财产物资，狠抓清仓利库，建立健全管理制度，把清产核资、清仓利库、扭亏增盈三项工作紧密结合在一起[1]。各地电力企业结合这次清产核资，对电能计量设备进行了全面查对、核实，采用自检、互检、复查验收等多种方式，见账就清，见物就点，不留死角，单相、三相电度表、低压电流互感器、电度表校验台、互感器试验台、各种标准表等电能计量装置和试验设备，均建立了一表一卡或一台一卡；清理排查库存积压物资，将积压的电能计量设备挖掘出来，进一步发挥作用，提高物资使用效率，减少国家开支；逐步建立了计量装置管理制度、资产管理员岗位责任制、电度表周转管理办法、试验设备管理制度等各类计量管理制度。各基层供电局定期提报电能计量装置管理情况，与资产台账进行核对，使资产管理达到账、卡、物相符。随后，电力企业又结合清产核资相关工作，分期分批开展了营业大普查，进一步堵塞工作漏洞，减少不明损失。

电能计量设备经历了多次清理排查，逐渐摸清了家底，建立了电度表等电能计量设备和用户的对应关系，不仅使电能计量资产设备得到了清理，也保证了电费及时回收，减少了资金损失。开展清仓利库，清理积压物资，实现了增产节约。在清产核资中，电力企业边清查、边处理、边总结，建立健全了相关物资管理制度，进一步提升了物资管理水平。

---

[1]《财务与会计》编辑部：《财务与会计》，中国财政杂志社，1979 年，第 6 期，第 11 页。

第二节　“三电”工作的强化

改革开放初期，国民经济发展速度加快，用电需求增长远超实际供应能力，全国缺电问题日益严重。为缓解电力供需矛盾，国家出台了严格的计划用电和节能降耗政策，运用产业政策、行政手段适当抑制需求，以维持短期的“供需紧平衡”。

在这种情况下，各级政府更加重视和强化“三电”管理工作。国家实行了计划用电包干制度，将计划用电的主体和责任下放至省级地方政府，实行突出重点、有保有压、奖罚结合的用电指标分配办法，以及实行超用加倍收费、峰谷不同电价、季节电能优惠电价等措施，要求大力推广装用电力定量器，加快研究推广技术手段，以行政、经济和技术手段三管齐下，落实计划用电指标。《国务院关于节约用电的指令（节能指令第二号）》发布后，电力部门在严格线损管理制度的同时，强化对工业产品用电单耗管理，扩大产品单耗考核范围，提高了工业生产效率和效益。重点加强了钢铁、化工、建材等耗能领域的技术改造，实行“计划用电，节约归己”“节奖超罚”等政策，进一步调动企业节约用电和节能技术改造的积极性。

在调整时期电力建设速度放缓情况下，严格计划用电和强化节约用电，是发挥能源供应潜力的一个重要手段，既保证了电网安全、经济、稳定运行，又保障了国民经济的快速发展。

一、《国务院关于节约用电的指令》的发布

进入20世纪80年代，能源问题成为国民经济发展中的一个突出矛盾。1980年全国工业生产计划增长6%，由于煤炭、石油产量大体维持过去水平，发电量的增长幅度不大，电力供应不足，工业生产增长所需要的能源主要靠合理利用和节约来解决，以节能求增产。但因为当时管理水平低，工业结构不够合理，再加上技术装备、生产工艺落后，造成中国能源消耗高、利用率低，浪费很大，能源的节约问题引起了国家的高度重视。

1981年4月，国务院发布了《国务院关于节约用电的指令（节能指令第二号）》（国发〔1981〕56号）（简称《指令》），《指令》就节约用电提出了15条明确要求：① 严格实行定量用电，实行“谁超限谁，超用扣还，节约归己”的办法；② 严格控制使用电热设备；③ 实行择优供电，优先保证能耗低、质量好、适销对路的产品的生产用电，对产品电耗超过限额的实行限电或加价；④ 调整用电负荷，实行均衡用电，鼓励非连续性生产避开高峰负荷用电，实行低谷和丰水期优惠电价；⑤ 节约生活用电，取消包电包费制；⑥ 更新改造用电设备，加速研究和制造省能、高效的用电设备，更新耗能高、低效的用电设备；⑦ 对现有通用机具进行电能利用效率的普查，低于规定的进行分期分批改造或更换；⑧ 停止生产电耗高、效率低的老产品；⑨ 合理配置电器设备，消除“大马拉小车”的现象；⑩ 减少无功电耗；⑪ 提高电能利用效率；⑫ 加强电网的经济调度；⑬ 大力挖

掘无功潜力；⑭ 整顿改造农村电网；⑮ 军队的工业用电和生活用电依据本指令制定节电实施方法。

《指令》发布实施后，节约用电工作得到了加强。各地根据《指令》要求实行定量用电，择优供电，供电部门对产品电耗超过限额的企业进行限电或加价，并发布了部分工业产品耗电定额。北京市“三电”办公室和各主管局建立了工业产品耗电定额管理制度，对于全市已经考核的77种工业产品制定了《单位产品耗电定额管理办法》，每年年初下达定额计划指标，按月进行检查考核，严格实行奖优罚劣奖惩办法。采用经济手段鼓励节电、惩罚浪费；实行节电技术措施补贴费用，以鼓励节电措施的实施；在全市各工业系统中建立节电技术咨询点，协助企事业单位做好节电服务工作。1981年6月，贵州省开始取消包电包费制，所有生活用电装表按实用电度收费，不允许摊入成本、厂用电或线损。贵州省电力工业局率先在各发电厂与供电局陆续实现按户装表、计度收费，生活耗电量大幅度下降。贵阳市“三电”办公室对重点工厂生活用电照明进行普查，仅以10个单位统计，共加装家属宿舍照明电度表4214只，月节电7.2万千瓦•时。辽宁省抚顺市把原有的132个热处理和电镀生产点集中起来，成立了热处理中心和电镀中心，每吨热处理件的电耗降低到原来的1/6，一年可节电1000万千瓦•时。

《指令》的贯彻对促进节电工作起了很大的作用，许多企业积极调整用电设备、安装用电计量表计、推广节约用电技术，耗电量逐步下降。仅1981年，全国就实现节约用电54亿千瓦•时，对国民经济的增长作出了贡献。随后几年，电力供应持续紧张，仍然是国民经济和社会发展中一个比较突出的薄弱环节，因此，计划用电和节约用电成为长期方针。

二、计划用电包干的实行

20世纪70年代，国家将电力生产和电力分配纳入国家计划，对各行各业实行计划用电。“三电”办公室作为联系电力企业和用户的桥梁与纽带，既行使政府职能，又管理计划用电等“三电”工作，保证国家产业政策的贯彻、国家重点企业生产任务完成和国民经济发展。改革开放初期，国民经济发展速度加快，用电需求增长远超实际供应能力，全国缺电问题日益严重，主要电网大面积拉闸限电，且将在较长时间内持续存在。国务院主要领导指示应根据电的情况安排生产，对一些地区和企业要实行限电，将用电指标严格包干使用，有保有舍，确保平衡，是克服用电指标“吃大锅饭”问题的有效手段。

1982年5月，《国务院批转水利电力部关于省、市、自治区实行计划用电包干的暂行管理办法的通知》（国发〔1982〕78号）（简称国发78号文）规定：① 要按照国家计划发电、分配电；② 实行以省为单位的用电计划包干制度，各省、市、自治区内的电力分配，由省、市、自治区经委负责，经委对电网分配的用电指标进行综合平衡，包干使用，用完为止；③ 电力分配遵循统筹兼顾，保证重点原则；④ 限制高耗能的产品生产和出口；⑤ 做好节约用电，实行择优供电；⑥ 将高耗能产品的生产转移至电源较富裕地区；⑦ 加强电网调度纪律，保证发电的安全、经济、合理运行；⑧ 通过调整电价鼓励高耗能产品的转移，取消优待电价；⑨ 部分企业实行季节性生产。国发 78 号文将计划用电的主体和责任下放省级地方政府。强化了电力部门在保证供应、合理调度，努力多发、多供和保证电网安全稳定运行方面的责任。强化了经济综合部门在宏观调节、计划指标分配和落实上的责任，进一步突出了分类、分区的调节政策，实行突出重点、有保有压、奖罚结合的用电指标分配办法。

计划用电包干初期以行政手段为主。为了强化落实，各级政府更加重视“三电”办公室的建设，联合电力部门进一步完善“三电”管理机构，与电力部门实行“一套人马、两块牌子”的工作机制，办公室设在电力部门，人员由电力部门配备，办公室正、副主任由经委、电力部门领导同志担任，对内是电力局、供电局的用电管理部门，对外是各级经委和政府部门的“三电”办公室。1983 年修订的《全国供用电规则》，将“三电”工作方针从“计划用电、节约用电、群众办电”调整为“计划用电、节约用电、安全用电”。与此同时，各地电力部门的用电监察机构逐步恢复，帮助“三电”办公室做好安全用电、合理用电和改进用电管理。各地“三电”办公室还加强了对线路管理委员会等社会群众管电机构的管理和指导，进一步发挥群众组织在“三电”工作中的重要作用。

国发 78 号文贯彻半年后，一些电网大量超指标用电和大面积拉闸限电的情况有所好转，电能的社会经济效益有所提高。然而，由于仍然存在“吃大锅饭”的思想，有的跨省电网执行起来阻力较大，效果不显著。有些省、市和地区，一方面对重点企业的用电保证不够，另一方面对超用电的企业和地区未限制到位。同时，由于对负荷管理缺乏必要的技术手段，以致在电力供不应求时，超用的用户没有限下来，不超用的反而被拉闸，造成计划用电的政策不能落实，挫伤了地区和企业搞好计划用电的积极性。

1983 年 4 月，水利电力部印发了《关于全面正确运用行政、经济技术手段进一步加强计划用电工作的通知》[（83）水电电生字第 30 号]（简称《通知》），《通知》提出“除了严格执行行政手段，还要积极推行经济手段、大力完善技术手段，做到行政上有规定、经济上有动力、技术上有保证，全面正确贯彻落实《计划用电包干办法》”，《通知》从行政、经济、技术三方面制定了详细的落实措施，并将计划用电包干工作列为网局和省局重点考核内容。

各省根据《通知》强化计划用电包干工作，制定了相关管理办法，采取先试点后铺开的方式，对地、市、县和用电大户实行电力、电量切块分配，包干使用，核定包干电量，层层包干，分级考核；通过超用加倍收费、试行峰谷不同电价、推广季节电能优惠电价及自筹燃料、自负燃油差价委托电网加工等，落实计划用电包干；积极装用电力定量器，分时计量电度表，引进并试用音频、工频等负荷控制装置，将负荷控制到户，确保行政和经济手段的落实。通过运用行政手段，使计划用电承包责任制具有严肃性、权威性；运用经济手段，使奖惩兑现；运用技术手段，使电力控制到户；“三管齐下”落实好计划用电包干工作。

实施计划用电包干并强化“三电”管理工作，是改革开放初期在电力供需矛盾突出情况下，合理分配电力的必要和有效措施。通过加强和改进行政、经济、技术手段，实行严格的计划用电，大大缓解了电网低频率运行、水库低水位发电等问题，保证了电网安全、经济、稳定运行，最大程度发挥了电力的效用，保障了国民经济的快速发展。

三、线损管理制度的试行

“文化大革命”期间，电力建设比例失调，输变电投资仅为发电投资的四分之一，致使输变电能力与发电能力不匹配，同时各项规章制度遭到破坏，用电监察工作中止，违章用电和窃电现象严重，线损率从 1966 年的 7.73%增长到 1976 年的 10.32%。“文化大革命”后，各地开始重视降低线损工作，但由于全国各电网普遍存在变电站布点少、变压器过负荷运行、线路超经济电流甚至超安全电流运行、功率因数低、电压质量差、电网结构薄弱等原因，加之运行管理不善，1977 年线损率仍达 10.19%。

1979 年，电力工业部关于贯彻执行“调整、改革、整顿、提高”方针的实施方案，指出“目前，全国缺少发电装机一千多万千瓦，缺少电量四百亿度（注，千瓦·时）以上，由于电力供应不足，工业生产能力大约有百分之二十没有发挥效益……要加强技术管理，建立、健全并严格执行规章制度，制订线损管理办法”。为了加强线损管理工作，降低电网损耗，电力工业部于 1979 年 5 月 29 日印发了《线损管理制度（试行）》（简称《制度》），自 1979 年 7 月开始试行。同年 9 月，电力工业部在郑州召开了全国线损工作会议，提出在全国电力系统试行指标分析、理论计算、分压分线统计分析、小指标考核 4 项线损管理改革。

《制度》明确了线损率是电力部门的一项重要的技术经济指标，是衡量企业管理水平和贯彻“生产和节约并重”方针的重要标志；各级电力部门（包括农电部门）都要加强对线损管理工作的领导，搞好管理；要采取措施，保证完成国家下达的线损率计划指标；各级电力部门应根据本制度，结合具体情况制订本单位的线损管理制度实施细则。

《制度》印发后，各级电力部门纷纷加强线损管理工作，制订线损管理实施细则，采取技术和管理等多种措降低线损。1979 年，湖北省各电力企业根据《制度》制订了相应的实施细则，自上而下地建立线损管理网，制订管理和考核制度，对输变电设施和配电线路分线、分片、分电压等级进行理论计算，加强线损分析和无功电压管理。武汉市进一步加强线损管理工作，建立每月分析制度，开展网损计算，修订无功管理制度，并举办全市线损管理学习班，培训线损管理工作人员。次年，线损率下降到 4.61%。1980 年全市供电量为 1975 年的 1.6 倍，同期线损率却下降近 40%。1981—1985 年，5 年平均线损率下降到 2.73%，年年超额完成省电力局下达的降低供电线损的计划，共减少线路损失电量 21 070 万千瓦·时。青海省黄化供电局在主要输电线路和变电站出线的配电线路上安装了考核线损的电能表，灌溉季节一过，就停运大型电灌站的大变压器，投入小变压器，以减少空载损耗，1979 年线损率绝对值较 1978 年下降了 3.78%。

《制度》实施后，电力企业降损降耗工作取得了较好的成效，全国线损率从 1978 年的 9.64%降低到 1980 年的 8.93%，1980 年全年节电约 6 亿多千瓦·时，对缓和整个能源紧张的局面起了一定的作用。为了进一步改革和推动线损管理工作，水利电力部在 1982 年

4月5日印发了《线路损失管理条例（试行）》，自1982年6月1日起试行。1979年原电力工业部以（79）电生字第19号文印发的《线损管理制度（试行）》同时作废。

四、工业产品用电单耗的强化管理

工业产品用电单耗反映工业产品的电能利用水平及效率。20世纪60年代，随着国民经济的发展，电源紧张的情况日益明显，水利电力部印发了《工业单位产品电力消耗定额导则》，规定用电单耗标准，建立用电定额管理制度，并定期统计考核。20世纪70年代初，国家计划委员会和水利电力部联合下发通知，要求对工业产品电力消耗定额的考核电量逐步扩大。1979年，全国发电装机缺口达1000多万千瓦，发电量缺口达400亿千瓦·时以上，缺电问题更加严重，加强节约用电、强化用电单耗管理成为当时的重要任务。

1980年2月召开的全国电力工作会议提出，要继续开展节约用电，对各行各业都要坚持择优供电，用电单耗高的要限期整改，逾期不改的要停止供电。凡要求增加供电的，一般应先内部挖潜解决。要大力推广各项行之有效的节电措施，实现全国平均耗电定额降低3%。工业产品用电单耗的强化管理工作就此展开。江苏省各地电力部门配合有关厅局扩大了产品单耗的考核范围，合理修改定额，逐步落实节约归己原则，并且不降低用电分配指标，合理进行工业产品的用电单耗强化管理。

1981年1月召开的全国电力工作会议提出“各地要扩大产品用电单耗的考核范围，把考核范围由占工业用电量的50%～60%扩大到80%以上”。同年4月15日，国务院印发了《国务院关于节约用电的指令（节能指令第二号）》（国发〔1981〕56号），要求各地经济委员会同电力部门和用户的主管部门，定期核定单位产品的电能消耗定额和用电指标，对产品电耗超过限额的企业要通过整顿、改造、限期降到限额以下，到1982年年底仍然降不下来的，供电部门要限电或加价。节能2号指令发布了部分工业产品电耗定额见表6－1。

表6－1　　《国务院关于节约用电的指令》发布的各类产品电耗限额[1]　　单位：度/吨

合成氨的工艺单耗	1600
电石的工艺单耗	3650
烧碱的直流单耗	2450
电解铝的交流单耗	20 000
矽铁（含矽75%）工艺单耗	9500
电炉钢（冶金行业）工艺单耗	700
电炉钢（机械行业）工艺单耗	800

据此各地经委和电力部门加强了用电单耗的考核，并逐年扩大了考核范围。

1981年，吉林省重新审定了产品用电单耗考核范围，各地市考核电量占全省工业用

[1]《国务院关于节约用电的指令》（国发〔1981〕56号）。

电量的 80%以上，并强调抓重点、抓大户，核定了 809 家企业的产品电耗定额，对用电量 1 万千瓦·时以上的企业加强用电单耗管理。经过五年的管理，全省有 83 项产品单耗低于历史最好水平，有 79 项产品单耗比计划指标下降。1982 年，内蒙古自治区经委和“三电”办公室制定了内蒙古自治区主要工业产品电耗定额，共 47 种 211 项，之后管理范围逐年扩大，为了严格执行按单耗定额用电，包头地区实行了超电耗定额罚款制度，自 1983 年起，三年时间先后对 23 户罚款 116 万元，其中 13 万元作为市“三电”办公室工作统筹资金，绝大部分罚款返回被罚单位，作为节电技术改造专用资金。重庆市从 1983 年起对变压器容量在 320 千伏·安及以上的工矿企业共 543 户率先实行超定额用电加价收费。经过三年的工业产品用电单耗强化管理，在变压器 320 千伏·安及以上的 472 户用户中，审定产品（产值）单耗定额 642 项；此后 5 年间有近 80%的产品产值用电单耗下降，共节电 31 167 万千瓦·时。1984 年，新疆维吾尔自治区下辖 241 个企业的 167 种不同的产品实行超电耗定额的用电量加价收费的办法，年终节约用电 6128.6 万千瓦·时。1985 年对 292 个企业、193 种不同产品进行单位产品电耗定额的核定，仅乌鲁木齐地区就实现节电 3704 万千瓦·时。

江苏省通过加强用电单耗管理，主要工业产品的用电单耗明显降低，1981 年与 1985 年江苏省主要工业产品用电单耗比较见表 6－2。

表 6－2　　1981 年与 1985 年江苏省主要工业产品用电单耗比较[1]　　单位：千瓦·时/吨

产品名称	用电限额	企业名称	用电单耗	
			1981 年	1985 年
电炉钢	700	无锡钢厂	733（1982 年）	647
		梅山铁厂	778	648
		南京第二钢厂	859	635
转炉钢	53	苏州钢铁厂（侧吹）	52.4	49.9
黄磷	15 600	南京化学公司	15 632	14 350
		涟水东方红化工厂	15 716	14 671
75%矽铁	9500	南京铁合金厂	9387	8675
		江阴铁合金厂	9047	8431
		徐州钢铁厂	9021	8742
电石	3550	吴县石灰氮厂	3440	3265
		镇江树脂厂	3415	3311
		贾汪电石厂	3877	3437
电解烧碱	2530	南京化工厂	2398	2339
		无锡电化厂	2396	2358
		泰州电化厂	2629	2395
		常州化工厂	2425	2372

[1] 江苏省地方志编纂委员会编：《江苏省志·电力工业志》，江苏科学技术出版社，1994 年，第 482 页。

为了更科学地制定产品电耗定额，促进合理用电和电能消耗，国家标准局在 1985 年 11 月 25 日发布了 GB 5623—1985《产品电耗定额制定和管理导则》，于 1986 年 9 月 1 日实施。

政府和电力部门通过规范和强化工业产品用电单耗管理，引导工业企业以降低用电单耗为目标，优化生产工艺流程，采用节电新技术，使得单位产品（产值）耗电量逐步下降，节约用电工作取得明显成效。

五、电力时控开关与电力定量器的自主研制与推广

20 世纪 80 年代初，在落实计划用电过程中，中国大多数地区因缺乏有效的技术手段，只能靠行政命令拉路限电，无法做到控制到户，经常发生一家超用多家停电的情况，“不超不限、谁超限谁”的政策难以实现。为落实计划用电，充分发挥电力的社会经济效益，在国家主管部门和各省市“三电”办公室的统一领导下，各地开始研制并推广应用电力负荷控制技术。

国内最早提出研制和使用电力定量器和电力时控开关的地方有山东省电力局、上海供电局和东北电管局。1972 年，山东省开始采用安装电力定量器的办法控制负荷，用继电器改制成控制电流的电力定量器，陆续在菏泽、聊城、临沂、青岛等地区使用。1973 年，上海供电局表计工场试制成功电力定量器，于 1974 年定型投入批量生产，并安装使用。1977 年 7 月，东北电网推广线路管理委员会的经验，组织安装电力定量器，实行限额定量制。电力部门根据分配的用电指标事先设定电力时控开关的控制时间段和电力定量器的计划值，用电企业据此来安排生产。电力时控开关控制的用户一旦超过其用电时间段，电力时控开关就自动切断电源；电力定量器控制的用户，一旦超负荷或超电量用电，电力定量器就告警直至跳闸，若用户需要继续用电，则需重新办理用电手续。

1978 年 1 月 9 日，《国务院批转燃料、电力凭证定量供应办法的通知》（国发〔1978〕2 号），明确提出电力定量器是确保用电单位准确使用电证、合理安排内部用电、取得用电安排的主动权的工具，是电证制兑现的有效手段。必须由用电单位主管部门和电力部门一同作出规划，逐步推广使用。各地开始加快电力定量器的安装应用工作，具有强制执行性质，对一些高能耗等非重要用电企业，不但安装了电力定量器，还安装了电力时控开关装置，要求这些用户避峰用电或只能在低谷时间用电，以保证重要企业和部门及人民生活用电，并尽可能做到均衡供电，使有限的电力发挥最大社会经济效益。

1982 年 5 月，《国务院批转水利电力部关于省、市、自治区实行计划用电包干的暂行管理办法的通知》（国发〔1982〕78 号）明确：“各省、市、自治区对地、市、企业也可相应实行计划用电包干，并安装电力定量器，对农村要以县为单位实行计划用电包干，按县或线路安装电力定量器。”1983 年 1 月，水利电力部发布了《电力定量器装用管理办法》，推广装用电力定量器。1989 年 12 月，全国计划用电暨电力负荷控制技术推广应用工作会议在郑州召开，进一步加强了电力时控开关和电力定量器的推广应用工作。截至 1992 年 3 月，全国共装用电力定量器（含电力监控仪）4.2 万多台、电力时控开关 26 万多台，监

控用电负荷 1000 万千瓦左右，可限下高峰用电负荷 180 万千瓦。

电力时控开关和电力定量器的研制、生产和推广应用是在电力供需矛盾突出的背景下进行的，是落实计划用电政策的有效手段。在提高电网负荷率、保证电网供电质量、减少无计划拉闸限电、促进用电单位计划用电并加强用电管理等方面都取得了显著效果。但电力时控开关和电力定量器等分散型电力负荷管理装置由于时间调整、定值改变都需要派人去现场，工作量太大，缺少灵活性和实时性，20 世纪 90 年代后逐步被集中式电力负荷控制系统所取代。

六、节能技术改造工作的推进

改革开放后，经济社会开始全面复苏，但是电力增长长期滞后于国民经济发展和人民生活需要的增长，能源和电力供应不足成为制约国民经济发展的突出问题。1980 年 8 月，国务院副总理兼国家计委主任姚依林在五届全国人大三次会议上提出“实行能源的开发和节约并重，近期要把节能放在优先的地位。”“大力开展以节能为中心的技术改造。这是今后一个长时期的节能途径，也是向工业现代化前进的重大步骤。”❶

1981 年的全国电力工作会议提出，在国民经济调整期间，能源生产不可能有多少增长，工农业的增产主要依靠节约能源来解决。节能工作是调整期间的一项关键任务，而电力工业的节能尤占重要位置。1984 年，国家计委、国家经委和国家科委组织制定了《节能技术政策大纲》，系统提出了主要耗能行业的节能技术政策，阐明节能技术应达到的目标，引导各行业节能技术的开发、示范和推广。为此，电力行业积极响应国家政策，全面开展发供用各环节的节能技术改造工作。

在发电领域，采取技术措施降低燃煤电厂煤耗。用高参数大容量机组，更新高消耗高污染的低参数老机组。“六五”时期，全国基建新增单机 10 万千瓦及以上机组 1292.5 万千瓦，占新增大中型火电机组容量的 90%，提高了火电机组中单机 10 万千瓦以上机组的比重，电力装备水平较“五五”时期有了很大提高。

在供电领域，充分利用现有的设备、元件，在保证技术安全、经济合理的条件下，不投资或用较少的投资，通过相关技术论证，选取最佳运行方式以达到减少系统损耗的目的，降低供电线损。电力部门着重进行城市电网技术改造，在北京、上海、沈阳、武汉、西安、重庆、杭州、郑州、广州等城市试点改造配电网，重点减少线损并逐步在全国推广经验。

在用电领域，将降低能耗作为钢铁、化工、建材等耗能大户技术改造和基本建设的重要方针，耗能行业和企业节能指标、措施纳入国家计划，作为指令性计划下达执行。电力部门大力推动工业企业节电技术改造，利用全国各工业系统中的节电技术咨询点，做好企事业单位的节电工作。通过实行“计划用电，节约归己”“节奖超罚”政策，进一步调动企业节约用电和节能技术改造的积极性。纺织行业结合织机的机械特性，开发研制出织机专用的稀土永磁同步电动机，在无锡、上海、石家庄等棉纺织厂中试用，比原异步电机节

❶ 姚依林：《关于 1980、1981 年国民经济计划安排的报告》，中央政府门户网站。

电 7.5%～11.5%，同时，功率因数也由原 0.75 提高到 0.95，电机温升降低 5～8 摄氏度，减少空调负荷，经济效益、节能效果十分明显。石油行业针对游梁式抽油机的特殊负载特性，开发研制了抽油机的超高转差率电动机，节电率达 36%，还可大大减少电机和变压器烧坏的情况。截至 1985 年，电炉行业对全国工业电阻炉 5 系列 3 个品种，118 个规格的产品进行了更新换代，由于采用了轻质高铝耐火砖和耐火纤维，大幅度提高了产品的电气和热工性能，加上改进结构设计，贯彻国际标准，使整个产品的技术经济指标显著提高，空炉升温时间缩短，耗损降低，平均电耗比老产品降低 30%～50%。

在国家计委、国家经委、水利电力部、第一机械工业部等部门的联合努力下，逐步研发和推广了一批高效能的机电设备，有效节约了能源和电力。水利电力部将效果比较显著的节电技术措施汇编成 6 本资料，由国家经委和电力部共同推广。“六五”期间，电力行业使用节能专项贷款 9.7 亿元，建成以大代小、热电联产等节能项目 75 万千瓦，节能技术改造取得了显著的效果。

第三节　供电服务工作的改进

1980 年 4 月，电力工业部制订了《供电部门职工服务守则（暂行）》[（80）电生字第 52 号]，明确提出了发扬“人民电业为人民”的优良传统，整顿服务作风，提高服务质量等要求。1983 年 11 月，水利电力部印发《关于开展反对电霸作风的决定》[（83）水电党字第 413 号]，持续端正供电系统行业作风，提高服务质量。通过实行用电报装“一口对外”服务制度，简化报装接电手续，全力方便用户，并主动聘请群众行风监督会员，把整个供用电工作置于人民群众的监督之下，架起与电力用户联络、沟通、理解的“桥梁”等措施，职工队伍素质有了较大提高，行业作风逐步好转，服务质量不断提高，涌现了一批受到当地政府表扬和用户称赞的优秀供电单位和优秀工作者。1982 年 9 月，水利电力部和中国水利电力工会全国委员会首次对供电服务先进集体和先进个人进行了表彰。

一、《供电部门职工服务守则》的发布

1980 年 3 月，为纠正供电职工队伍中少数人的不正之风，发扬“人民电业为人民”的光荣传统，在郑州召开的全国用电管理会议讨论了整顿服务作风、提高服务质量的问题。同年 4 月，电力工业部印发《关于颁发“供电部门职工服务守则（暂行）”的通知》[（80）电生字第 52 号]，发布了全国电力行业第一个供电服务守则。

《供电部门职工服务守则（暂行）》从八个方面对供用电服务作出了规范：一要认真学习党和国家的方针政策，严格按政策办事，不要作违反政策，损害国家、集体和群众利益的事；二要刻苦钻研电力技术业务，熟悉本职业务和规程制度，不违反规程制度和照顾关系开后门、瞎指挥、乱指点；三要发扬人民电业为人民的优良传统和作风，简化手续方便

用户，不要以电权谋私利，徇私情，不要借用户的困难敲诈勒索，刁难称霸；四要做到外出和在本单位一个样，到用户施工、办事，要和在本单位一样讲效率、讲质量，不要拖拖拉拉，敷衍塞责，必须在用户处食宿时，要按人、按量、按质付足粮款，不要变相接受招待；五要热情接待用户，及时认真处理来信、来访，对用户的要求，能解决的要及时解决，不要推脱不办，暂时不能解决的要耐心细致地解释清楚，不要态度傲慢；六要关心用户的生产和生活，按照计划指标供电，除事先通知的检修、试验、紧急事故处理、超出计划指标用电和执行上级命令以外，不要对用户拉闸、限电；七要接受群众监督，领导干部要带头定期走访用户，召开座谈会，虚心听取群众意见，不要脱离群众，自以为是，无视群众的批评；八要定期检查服务工作的质量，开展批评和自我批评，发扬成绩，改正错误，不要隐私不报，互相包庇。

《供电部门职工服务守则（暂行）》下发后，全国供电部门按照文件精神，认真组织职工学习，贯彻落实。结合“质量月”活动开展“假如我是一个用户”的思想教育，制定服务公约，公布于众，做到家喻户晓，接受群众监督。如吉林省电力系统各级领导在“质量月”中组成“服务质量走访小组”，以走访和座谈的形式广泛听取群众意见；河北省各供电企业按照通知精神，结合开展“五讲四美三热爱”活动，开展为用户服务创优争先的竞赛，教育职工自觉接受用户监督，为用户办实事；天津杨柳青供电所制订了“服务准则”，对用户“来有迎声，去有送声”，深受用户欢迎。

《供电部门职工服务守则（暂行）》实施以后，职工为用户服务的自觉性有所提高，服务质量、水平有所提升，但依然存在服务意识不足，甚至极个别供用电单位依仗权力谋求私利等。1981 年 9 月 18 日，电力工业部召开全国供用电电话会议，再次提出用户服务的工作还需要大力加以改造，号召全国电力部门广泛开展为用户服务的教育活动，切实加强思想政治工作，大力表扬好人好事，批评坏人坏事，提高广大职工为用户服务的光荣感和责任感，树立全心全意为用户服务的思想，同时主动争取群众监督，征求用户的意见。同年 9 月 20 日，《人民日报》刊登了《供电部门职工服务守则》[1]，使供用电工作置于群众的监督之下，全社会对供电部门职工服务行为规范也有了更广泛的了解和认识。

《供电部门职工服务守则（暂行）》对当时的供电部门服务工作提出了带有根本性、方向性的质量要求，制订了供电职工职业道德和职业纪律的标准，对恢复和发扬供电部门的光荣传统起到很大的推动作用。在这一守则的指导下，各供电单位相继开展文明服务、创“双优”（优秀服务集体，优秀服务个人）活动，要求供电职工做到“四要”（要想用户之所想，急用户之所急；要坚持原则，按章办事；要钻研业务，提高服务本领；要热情接待用户，文明礼貌待人）和“四不”（不以电谋私，不敲诈刁难用户，不接受用户招待，不开后门照顾关系户），规范了供电职工的服务行为，提升了供电职工的职业素养。

[1] 人民日报 1981 年 9 月 20 日第四版。

二、电力行风的整治与加强

改革开放初期，电力供应严重不足，广大供电职工勇挑重担，任劳任怨，克服种种困难，主动为用户服务，使有限的电力发挥出应有的社会效益。但由于部分单位对职工的思想教育有所放松，加上社会上不良风气的影响，在服务作风方面还存在一些问题，少数供电部门职工利用大家等电盼电的急迫心情，以电谋私、以电称霸，引起不良的社会反应，影响了电力职工的形象和声誉。

1983 年 11 月 10 日，水利电力部作出了《关于开展反对电霸作风的决定》[水利电力部（83）水电党字第 413 号]，强调“家丑外扬、内外夹攻”“狠抓落实、不走过场”。对内，各级电业部门贯彻文件精神，党、政、工、团密切配合，齐抓共管，成立反电霸作风工作小组，广泛开展宣传教育，克服“电霸的帽子不能自己戴”“以权谋私哪个行业都有”“为什么只提反电霸”等错误思想，提高各级领导和职工对电霸作风危害性的认识，自上而下开展自查自检工作。对外，水利电力部发出了《水利电力部致全国电力用户的公开信》，发动社会，欢迎广大用户提出批评；通过《中国电力报》先后报道了 156 篇消息、评论等文章，引导舆论，推动反电霸作风的深入开展；各供电部门普遍设立了检举箱、意见箱、用户接待室，公布监督电话，并利用当地电视、广播进行宣传，据不完全统计，一年来各供电部门发出公开信约 100 万封，征求意见书 14 万份，收集意见 10 万多条。同时水利电力部抓住电霸作风的典型，重点突破，严肃查处，对山西沁县电力局、江西萍乡电业局、河北涿县电力局等电霸作风进行了公开揭露，并派工作组彻底检查，严肃处理，通过抓典型带动了全局，震动了社会，形成了内外夹攻的局面。

经过一年多的反电霸作风整治，电力行风取得了实效。一是提高了抵制电霸作风的自觉性，一心为用户服务成为电业部门的主流和方向；二是服务作风有明显提高。各供电部门普遍实行了营业一口对外，提出了“用户第一、服务第一、信誉第一”的服务理念，制定了“柜台语言”“抄收语言”“等待语言”等标准用语；三是解决了一批长期没有解决的用电单耗高、电压低、无电村等用电难题；四是促进了供电单位精神文明的建设，建成了一批文明用电村，开展了与街道、农村共建文明单位，出现了“文明供电、文明管电、文明用电”的可喜局面[1]；五是加强规章制度建设，划清电霸作风和正常供电管理的界限。1984 年 11 月 20 日水利电力部明确指出反电霸作风和坚持规章制度是统一的、不矛盾的。各供电部门执行水利电力部颁发的《用电监察条例》，用电监察工作的重点逐步转移到建立正常的供用电秩序、推广节电新技术和落实各项安全生产措施上。许多供电部门制订了拉闸限电和停电的管理制度，减少停电次数和停电时间。这些规定的出台促进供电部门逐步把改进服务作风纳入正常的制度中，既能有效地防止不正之风的发生，又能明确区别严格执行规章制度与不正之风的界限，巩固和发展反对“电霸作风”的成果。

水利电力部从 1985 年开始反电霸作风坚持正面教育为主，把工作重点转移到改进服

[1]《关于反电霸作风的一年回顾和今后的意见》[（84）水电党字第 170 号]，1984 年 11 月 20 日。

务态度、提高服务质量，修改和完善各种规章制度。1986 年 11 月 20 日，水利电力部下发《关于供电部门提高服务质量端正行业作风的决定》，从加强领导，提高认识；加强职业道德教育；减少无计划拉闸限电；改进和简化报装接电手续；改进服务态度，改善服务设施；按规定收取电费；整顿健全农村电管站；保证城乡居民生活用电；建立内外监督制度；严肃查处违章违纪案件十个方面提出具体要求，明确了供电服务的方向和重点，并要求各电管局、省电力局每年开展自查，形成常态管理，标志着全国供电企业把端正行业作风，开展优质服务，纳入了制度化管理的轨道❶。

三、用电报装“一口对外”制度的实行

1965 年 6 月，水利电力部制定了《供用电工作十五条》，明确要求用电报装❷业务手续要革命化，实行一口对外，简化手续。对于用电申请、查定方案、设计施工、竣工验收、内线检查、装表接电和工程结算工作，实行“一条龙”，做到“七事一贯制”❸，由用电管理部门一抓到底，根据供电能力的条件，及时解决用户的用电问题。多地电力部门积极响应，如云南省和山西省的供电部门对用电业务进行优化和改革，对用电报装工作实行了“一口对外”和“七事一贯制”等。“文化大革命”开始后，用电报装工作受到干扰，管理制度遭到批判和限制，“一口对外”未能得到有效落实。在相当长的时期内，用电报装过程中职责不清、手续繁琐、多口对外、办事拖拉等问题影响了报装接电效率，用户意见较大。

改革开放后，在新“八字方针”指导下，电力工业部于 1980 年 4 月 29 日颁发《供电部门职工服务守则（暂行）》[（80）电生字第 52 号]，要求发扬人民电业为人民的优良传统和作风，简化手续方便用户。多地电力部门努力改进行业作风，对用电报装实行“一口对外”，以此方便用户。如 1980 年广东省用电报装从用户申请报装、制订供电方案、设计、备料、施工、用电监察检验到装表接电，实行“一口对外”。同年，甘肃省为方便用户，简化用电审批层次，提出报装“一口对外”的要求，所属天水供电局在省内率先将过去多头管用电的七个程序，归营业部门一家办理，实行“七事一条龙、报装一口对外”的制度，提高了工作效率，方便了用户。此外，江西、浙江等地也于 1980 年开始对用电报装实行“一口对外”制度。

1982 年 4 月 20 日水利电力部召开的全国电力工作会议，提出了“要本着‘人民电业为人民’的方针，整顿经营管理思想和作风”“要简化用电申请手续，推行‘业扩报装，一口对外’的制度，并努力增设营业网点，以方便用户”。1983 年 8 月 25 日，国家经济委员会批转颁布的《全国供用电规则》（经能〔1983〕648 号），规定了用户的用电申请报装接电工作，由供电局用电管理部门受理，统一对外，即用电的一切手续由用电管理部门统一管理，以一个业务窗口统一答复用户，用电报装内部工作仍按专业组间原有的分工，

❶ 中国电力企业联合会：《改革开放三十年的中国电力》，中国电力出版社，2008 年，第 208 页。

❷ 用电报装，也称业扩报装。

❸ 七事一贯制，即用电申请、查定方案、设计施工、竣工验收、内线检查、装表接电和工程结算七个环节一体化贯穿制度。

各负其责，相互配合，密切协作，共同完成。在统一部署要求下，全国各省、自治区、直辖市电力部门陆续实行用电报装“一口对外”制度，做到报装流程内转外不转，解决了用户往返于供电部门各业务室的不便，改变了多口对外的局面。如1983年起，安徽省供电部门为改进行业作风，提高服务质量，开始推行业务扩充“一口对外”的管理方式，用户报装用电只需向用电管理所业务窗口提出申请，其余流程由供电部门内部履行。1983年7月，天津市用电服务公司成立，业扩报装工作由用电部门归口管理，实行了“一口对外”制度。1984年北京供电局在原有业务扩充科的基础上，成立了业扩报装管理处，统一负责业扩报装工作管理，形成对外一个口、内部成系列的工作制度和氛围。

用电报装“一口对外”制度的实行，有效避免了用电报装工作中长期存在的多口对外、互不衔接、拖拉推诿、用户为难的状况，不仅做到了简化手续、提高工效，也提升了用户对电力服务的满意度。

四、群众行风监督员的设立

1986年10月25日，水利电力部和中国水利电力工会全国委员会在北京联合召开第二次全国供电系统优质服务经验交流和表彰会议，会议上指出“搞好优质服务端正行业作风，要尊重依靠地方党政的领导，主动取得他们的支持和监督”。会上首次提到要建立企业内外监督，这是人民电业为人民、人民电业人民办的一种好方式。同年11月20日，水利电力部颁发《关于供电部门提高服务质量端正行业作风的决定》，要求搞好供电优质服务，建立内外监督制度，聘请用户任监督员或委托用户组织监督网，严格监督供电企业的行业作风。

各地供电企业积极响应，建立用户监督员制度，吸收地方政府的各工业局（公司）、区乡政府、新闻、信访、纪检、公安、街道、居委会、大中型企业的代表任群众行风监督员，组成监督网。监督员实行聘任制，代表各用电行业、群众行使行风监督职能。监督员通过找用户走访座谈、问卷调查、民意测验、新闻热线及接受举报投诉等方式，了解民意，掌握第一手材料，汇集社会各界对改进电力行业作风和服务工作的意见、建议。供电企业建立与监督员联络渠道，通过定期组织行风监督员座谈会、设立监督电话、用户走访、供电明察暗访等方式，认真倾听社会各界的意见和建议；对于监督员反馈的意见、建议，均深入调查处理和详细解答，对查实问题限期整改、严肃处理，做到了件件有落实，事事有回音。

群众行风监督员制的实施，在各地的实践中取得工作实效。如长春市成立了有新闻界、政府部门、厂矿企业、个体户协会等方面的代表，共18人组成的监督员理事会，独立行使社会监督的职能；杭州电力局通过用户代表及时与用户沟通联系，使端正行业作风逐步向提高服务质量、搞好优质服务发展；河南省建立群众监督网络，采取走出去和请进来的办法进行双向交流；山东省将对用户监督员制度的执行，纳入纪检监察工作范围；河北省以“不怕揭丑”的行动表明了为广大用户提供优质服务和抓好行风建设的决心。浙江、甘肃、山东等部分供电企业，设立行风建设专项奖励基金，“花钱向社会买意见”，对合理化建议被采纳、举报问题被查实的监督员及群众给予奖励。截至2000年年初，全国供电企业聘请约9000余名行风监督员，主动发放征求意见卡、信函、调研问卷等近38.7万份，实现答复落实率100%。

供电企业在坚持“开门评电”、局长接待日等多种监督形式基础上，不断丰富、拓展群众监督工作的内涵和外延，制定出台行风监督员工作制度、管理办法、监督奖励制度等，健全组织与监督措施；畅通用户联系渠道，通过行风监督员（网），及时传递、交流、沟通供用电发展形势等信息，架起与电力用户联络、沟通、理解的“桥梁”，增进社会各界对供电企业的了解，构建行风监督常态机制。

群众行风监督员的设立，对改变电力行风和提高服务质量发挥了积极的推动作用，成为供电企业加强行风建设、提高供电优质服务水平的重要措施之一。

五、全国首次表彰供电服务先进典型

1980年4月以来，电力工业部相继开展了“假如我是一个用户”讨论和“为用户服务”的教育活动，全国供电系统积极改进服务作风，涌现了一批为用户办实事、好事的先进事迹。1982年9月20日至24日，水利电力部和中国水利电力工会全国委员会在北京联合召开全国供电系统提高服务质量经验交流和表彰大会。

这次大会，以中共十二大精神为指针，首次明确提出把改进服务作风、提高服务质量作为供电企业建设社会主义精神文明的重要内容。水利电力部副部长李代耕作了《建设精神文明，提高服务质量，全面恢复和发扬“人民电业为人民”的光荣传统》的报告。大会交流了供电系统38个集体和16名个人为用户优质服务的经验，并分别授予全国供电系统为用户服务优秀集体、优秀工作者的称号。

38个为用户服务的先进集体中，有的坚持开展为用户服务的教育，抓好队伍建设，想方设法为用户服好务作出显著成绩；有的领导干部以身作则，带动广大职工，认真执行《服务守则》，改变服务作风作出显著成绩；有的积极推行营业报装一口对外，简化手续，提高效率，为用户解决用电难作出显著成绩；有的进行电网改造，保证电压质量作出显著成绩；有的主动帮助用户搞好“三电”工作，提高经济效益作出显著成绩；有的在防洪抢险、农业生产大忙等关键时刻，急用户所急，帮用户所需，作出显著成绩。

16名为用户服务的优秀工作者中，有管电30年，吃喝送礼不沾边，忠于职守，不徇私情，坚持原则，按章办事不搞特权，热心为用户服务的鞍山电业营业所内线班班长肖万春；有热爱本职工作，以主人翁精神苦练基本功，实现实抄率、实收率、出勤率、无差错率等指标达到百分之百的天津市电力局的市劳动模范，青年抄表员邓秋俊；有勤学苦练基本功，加强设备管理，人称“配电变压器的活档案”，一心为用户着想深受农民欢迎的河北武安县电力局维修工韩新生；有热爱祖国热爱本职工作，热爱用户，被当地群众称为“天门县牧马人”的湖北天门县电力局的技安员金保霆；有为少数民族地区的电力事业服务，积极宣传党的方针政策，为用户分忧解难，实现电费回收月清季清的内蒙古昭盟喀喇沁旗供电局的抄表员老模范穆祥等。

这是中华人民共和国成立三十年来第一次召开供电系统的服务质量经验交流和表彰会议，首次对供电服务先进集体和个人进行表彰。学先进、赶先进、创先进的活动在供电系统全体职工中蓬勃开展起来，开创供电服务工作新局面。1986 年 10 月，水利电力部和中国水利电力工会全国委员会联合召开第二次全国供电系统优质服务经验交流和表彰会议，从全国 130 万供电系统职工中，评选出 104 个优质服务先进单位、96 名优质服务先进个人。

第七章

集资办电机制下用电管理的发展（1982—1987）

1982年至1987年是电力工业体制机制改革创新的重要时期，在国家“电力要先行”的重要战略下，通过集资办电机制的实施，全国性缺电得到了逐步缓解。同时，随着民生和重点领域用电保障机制的确立、多种电价政策的完善、计量法的颁布、“县为实体”农电管理体制的形成，用电管理法制化水平和技术应用水平同步得到加强，有效促进了工农业发展、基础设施建设和人民群众生活的改善。

为了拓宽电力工业发展的资金来源，电力部门率先提出联合办电、集资办电、外资办电等解决电力建设资金不足问题的思路。国务院于1985年批准《关于鼓励集资办电和实行多种电价的暂行规定》，批准在华东地区按每千瓦时电量增收2分钱的电力建设专项资金，成为集资办电的一种新形式。同年，对部分电力打破电力单一计划价格，推行丰枯时期、峰谷时段电价等多项电价政策，促使平均电价平滑上升，有效激发了各方办电的热情。而1989年年底开始实行的电费、电度表保证金制度，也为经济体制改革的新形势下的电费回收秩序和电度表资产安全提供了保障。

这一时期，围绕解决缺电和确保长远发展两个重大主题，国家实行了计划用电管理与经济产业政策相结合的方针。以“保证重点、择优供应、统筹安排”为原则，国家相关部门相继印发了关于确保城乡人民生活用电、确保重点企业用电等文件规定，重新颁发新的功率因数调整电费办法，将有限的电力资源统一分配到保证群众生活、重点行业、企业生产等方面，有效地保障人民生活和重点领域的用电。与此同时，国家颁布了《节能技术政策大纲》，进一步加强了节约用电管理，开展了节约用电大检查和系列宣传活动，将节约用电推向新的高度，促进了国民经济持续、快速、稳定增长。以《中华人民共和国计量法》为核心内容的一系列计量法律规章制度相继出台，水利电力部贯彻落实电能计量的法制化管理，成立了计量办公室，组建了“部—电网管理局—省电力局—电力基层单位”的四级计量管理体系，进一步发挥了计量管理在降低消耗、节约能源、加强经济核算等方面的积极作用，推动了电能计量技术装备和管理水平的整体提升，电能计量工作逐步走向了规范化、制度化发展轨道。与此同时，无线电力负荷控制系统的自主研发与推广应用、电费抄表核算的微机应用标志着用电管理进入技术进步发展阶段。60千安工频大电流比例基准装置的研发成功代表中国大电流测量技术已经达到了国际先进水平。

农村电气化事业发展进入新的阶段，在农业生产水平提升和乡镇经济蓬勃发展的带动下，农村用电量增加显著。在新中国成立后30年农村小水电建设长足发展的基础上，通过地方为主，县为实体，统一规划，集中调度，分级管理的农电体制改革，形成了以县为单位的农电管理体制，使县级电力企业成为自主经营、自负盈亏、自我发展、自我约束的经济实体。小水电的发展规模和标准明显提升，全国5万多个通电的乡（镇）均建起了乡（镇）电管站，助推了农村用电事业的发展和农电管理水平的提升。

第一节　集资办电与多种电价等政策的形成与调整

1982年到1987年，中国的电力体制改革以投融资体制改革为先导，通过多渠道办电获得电力建设资金，从根本上解决了电力工业发展的核心问题，促进了电力工业大发展、大跨越。

由于各级各部门各层次办电的积极性越来越高，集资的方式也多种多样，形成了中央与地方联合办电、利用外资办电、地方自筹资金办电、出售用电权与发行电力建设债券办电、征收电力建设资金办电等各种渠道。用户的用电容量和电压等级不断升高，国家对供电工程贴费的收取作了调整，以解决配电网配套建设的资金来源问题。这一时期，中国的经济开放搞活，国家执行电费、电度表保证金制度，预防企业用户的电费逃缴和拖欠，保障电度表资产安全。为缓和电力供需矛盾，部分地区开始试行高峰、低谷用电浮动电价制度，以实现用电负荷削峰填谷，提高电力系统运行效率。

一、集资办电政策的形成与完善

为了拓宽电力工业发展的资金来源，电力部率先响应国家“拨改贷”改革试点，走出拓宽建设资金渠道的第一步。1980年，电力部在“电力工业十年计划汇报提纲”中提出部门与地方、部门与部门联合办电、集资办电、利用外资办电等办法来解决电力建设资金不足的思路。

在缺电较为严重的华东地区，相继出现了一些集资办电的实践，并形成了集资办电的三种不同模式。一是“闵行模式”，1980年电力部和上海市人民政府达成协议，合资建设闵行电厂第四台12.5万千瓦机组，即由地方贷款给电力部门建设电厂，电厂投产后地方按贷款所占新建电厂投资总数的比重分得相应的电力，贷款本金由电厂用发电获得的利润在若干年内逐年偿还；贷款还清后，电厂发出的电力纳入电网统一分配。二是“台州模式”，1981年7月浙江省人民政府与电力部签订合资建设台州电厂的协议，即由地方政府和电力部门联合投资办电，电厂投产以后，地方政府可按实际投资的比例，年年提取相应的利润，并留取相应的电力归地方使用，其余电力归电网统一分配。三是“龙口模式”，电力部与山东省合资建设龙口电厂。按国家批准的电力建设项目通过银行发放地方电力建设股票，这种股票由新建或扩建电厂地区的城镇全民所有制企业、集体所有制企业、公社企业和生产大队自愿认购，不强迫摊派，不平调，电厂建成后，购买股票的单位按投资比例优先分电、分红。

1982 年 11 月，国家计委、国家经委、财政部、中国人民银行、中国人民建设银行联合发布《关于试行国内合资建设暂行办法的通知》（计基〔1982〕878 号）。通知对集资办电的改革措施给予了充分肯定。随后，江苏、河北、黑龙江、福建、河南、湖南、四川、甘肃、云南、宁夏、天津等省（区、市）先后和水电部签订了合资办电的协议，大批地方政府掌握的建设资金进入电力建设领域，电力建设的资金大幅度增长，电力建设的规模迅速扩大。

1983 年 9 月，国务院副总理李鹏在《红旗》杂志上发表署名文章《经济要振兴，电力必须先行》，提出提高电力工业在国民经济各门类中的投资比重，加大财政拨款和银行贷款的投资力度，“同时还应该鼓励地方和企业投资作为补充。对投资单位的利益，包括投资的利润、电力使用权等，都要以法律或经济合同的形式给予保证。”[1]针对蓬勃兴起的办电热潮及其带来的一些新情况、新问题，1984 年 5 月，水电部颁发了《关于筹集电力建设资金的暂行规定》。文件中特别规定了以下四类资金可以作为集资办电资金：地方按国家规定超收留用的能源交通重点建设资金和地方财政机动财力；按照国家规定征用的土地补偿费；企、事业单位依据国家规定可以用于集资的各项预算外资金（包括电力企业、事业单位的资金）；向电力企业投入的劳务，也可按规定的标准计算出劳务费作为电力部门的投资。同时规定，银行贷款不得作为集资资金。这些具体规定对集资办电起到了推动作用。

1984 年 7 月底到 8 月初，水电部党组在北戴河向中共中央书记处、国务院汇报时，再次提出了“发动各行业集资办电，农村办电、集煤办电、热电结合和办自备电厂”。中共中央书记处、国务院听取水电部党组汇报后，明确提出要转变电力工业业务指导思想，实行多家办电、集资办电，尽快把电力搞上去。至此，“多家办电”“集资办电”从部门与地方实践上升为了国家政策。

按照中共中央和国务院确定的“多家办电、集资办电”新决策，水电部迅速开展集资办电的具体办法和政策制定。1984 年 8 月 23 日，水电部邀请江苏、山东等 12 省（区）的计委主任和国家经委、建设银行、农业银行、国务院上海经济区的有关负责同志，座谈讨论了集资办电办法；8 月 28 日，水电部邀请冶金、石油、交通、纺织、煤炭、化工等部及有色、石化总公司的负责同志座谈讨论集资、合资办电及办自备电厂的办法[2]。此后，水电部牵头制定了集资办电的相关文件。在一系列政策鼓励下，到 1984 年年底，浙江、江苏、河北、东北等 13 个省（区）相继开始集资办电，共筹集地方电力建设资金超过 16 亿元。

1985 年 5 月，《国务院批转国家经委等部门〈关于鼓励集资办电和实行多种电价的暂

[1] 李鹏：《经济要振兴，电力必须先行》，红旗，1983 年第 18 期。

[2] 《当代中国的电力工业》编辑室：《中国电力工业大事记（摘编）（一九四九至一九八五）》，1986 年，第 107 页。

行规定〉的通知》（国发〔1985〕72 号）为集资办电方针的实施提供了政策支持。文件决定把国家统一建设电力的办法，改为鼓励地方、部门和企业投资建设电厂。文件明确集资办电的两种形式：一是集资扩建、新建电厂，二是通过出售用电权集资办电。与以往加快电力建设的相关文件相比，《规定》更加注重用经济办法管理发电供电工作。对集资办电的合资公司有关经营管理、上网经济合同、多种电价等都作出了初步规定，使集资办电工作逐步规范化，特别是在合营公司经营管理和实行新电新价方面，使电力工业从计划经济走向市场经济迈出了一大步，为下一步改革奠定了基础。该项规定还加大了地方人民政府办电的责任，调动了地方和企业办电的积极性，有力地推动了集资办电的发展。

1985 年 11 月，水电部在江苏常州组织召开了全国集资办电工作会议。1986 年 1 月，在全国电力网局省局局长会议上广泛征求意见，就集资办电问题进行了讨论。1986 年 4 月，水电部印发了《贯彻国务院〈关于鼓励集资办电和实行多种电价的暂行规定〉中有关集资办电部分的试行办法》（国发〔1985〕72 号）。同年 5 月，水电部颁布《集资办电设计管理工作的暂行规定》。在集资办电试点经验、效果和政策的作用下，集资办电项目从建设周期短、投资见效快的火电工程逐步向水电、输变电工程扩展。

改革开放之前，大中型水电项目全部由中央政府投资。自国务院批转《关于鼓励集资办电和实行多种电价的暂行规定》后，大、中型水电站集资办电全面启动起来。1984 年 8 月，云南省政府与水电部协商一致决定合资建设漫湾水电站，漫湾水电站成为第一个中央和地方合资建设的大型水电项目（装机 150 万千瓦）。

1985 年，湖南省人民政府与水电部签订集资兴建五强溪水电站协议，因国内资金紧缺和需要引进国外先进的技术与机组设备，经国务院批准，五强溪工程利用日本政府贷款，主要用于机电设备、钢材、木材、部分施工机械的采购及技术咨询。

除云南漫湾、湖南五强溪水电项目之外，在“七五”初期，通过集资办电方式实行合资建设的大型水电项目还有四川宝珠寺和广西岩滩等水电站。与此同时，部分地方在中小水电工程中也采用集资办电的方式。地方参加集资建设送变电工程方面，1984 年水电部和湖南省合资建设 500 千伏葛洲坝—常德—株洲超高压输变电工程。之后，水电部又与辽宁大连合资建设了 500 千伏大连至营口送电线路等。

1987 年 9 月，在国家计委、国家经委、水电部联合召开的加快电力发展座谈会上，李鹏代表国务院提出“政企分开、省为实体、联合电网、统一调度、集资办电”和因地、因网制宜 20 字方针，集资办电成为电力体制改革和电力工业发展的方针之一。

二、峰谷分时电价[1]的试行

20 世纪 80 年代初，人民生活水平不断提高，生产与生活用电大幅度增加，电力供需形势紧张。乡镇工业发展很快，经济构成发生了变化，建材、轻工业增长，连续性负荷比

[1] 峰谷分时电价：是指根据用户用电需求，将每天的时间划分为高峰（尖峰）、平段、低谷三个时段，对各时段分别制定不同的电价水平，即峰谷电价，以引导和鼓励用户削峰填谷，提高电力资源的利用效率。

重相对下降等。这些变化拉大了电网负荷的峰谷差，在电网高峰时段，由于发电能力不足，经常被迫大面积拉闸限电，但是在电网低谷时间，发电能力有余，电能得不到有效利用。为了缓和电力供需矛盾，在有限的电力下取得更好的经济效益，部分地区开始试行高峰、低谷用电的浮动电价制度，以达到调整负荷、合理负担的目的。

1984 年，水利电力部批准在福建省、华中地区试行峰谷分时电价，西南地区试行丰枯季节差价。峰谷价差一般控制在 2～3 倍，每天高峰、低谷、平段的时间大多按照 8 个小时安排。考虑到经验和技术手段问题，实行的范围是有调节负荷能力的大工业用户，有条件的地区也可扩大到部分普通工业或趸售用户。西南地区试行的丰枯季节电价主要在四川主网中的大工业用户和贵州电网的优待工业用户中实施。

福建省综合考虑经济实效、计量手段等因素，确定的实行范围是有调节负荷能力，且由网省直供的装电容量在 320 千伏安及以上的工业用户和趸售用户。高峰负荷时段工业生产用电的电度电价，按国家物价局和水利电力部规定的工业生产用电的电度电价上升 20%，低谷负荷时段下降 30%。华中电网的峰谷分时电价，在大工业用户中选择月用电量在 50 万千瓦・时，且有调荷能力的用户试行；有条件的地区，也可扩大到月用电量在 30 万千瓦・时以上的用户和自然用电负荷率在 85%以下的普通工业或趸售用户。在维持电网电价总水平基本不变的情况下，高峰时段电度电价上浮 50%～72%，低谷时段电度电价下浮 50%～60%。西南地区试行丰枯季节差价，实施的范围为四川主网中的大工业用户和贵州电网优待工业用户。大工业用户丰水期在电度电价的基础上向下浮动 30%，枯水期向上浮动 40%，平水期维持电度电价不变；优待工业用户丰水期在优待电价的基础上向下浮动 10%，枯水期向上浮动 30%，平水期维持优待电价不变。

1987 年 11 月 28 日，水利电力部、国家经济委员会、国家物价局联合发布《关于多种电价实施办法的通知》(〔87〕水电财字第 101 号)，规定根据不同情况，电网必须试行峰谷分时电价。原则上高峰时段不得超过低谷时段 2 小时，峰、谷价差可适当拉大，高峰电价可为低谷电价的 2～4 倍。在水电比重较大的电网，实行丰、枯季节电价，丰水的弃水期电价按照可下浮 30%～50%，枯水期电价可上浮 30%～50%。通知还要求，企业自备、小火电、综合利用等电厂，上网电价也应实行分时电价，小水电上网电价应实行季节电价和分时电价。峰谷分时和丰枯季节的时间范围和电价升降幅度，由电网（省）局和省级物价部门提出方案，报水电部和国家物价局批准后实施。随后，水电部和国家物价局陆续批准了一些省峰谷分时电价和丰枯季节性电价的实施方案。

实行峰谷分时电价可以充分发挥价格的经济杠杆作用，引导用户主动削峰填谷，节约电力资源，提高电力系统的稳定性和使用效率，使有限的电力更好地为国民经济发展服务。2003 年，国家发展改革委员会总结各省经验，出台了《国家发展和改革委员关于运用价格杠杆调节电力供求促进合理用电有关问题的通知》(发改价格〔2003〕141 号)，决定大力推行峰谷分时电价。此后，全国各电网普遍实行了峰谷分时和丰枯季节性电价制度。

三、多种电价的实施

改革开放后，由于国家价格体系的调整，社会物价指数逐年上涨，原材料、煤炭等电力工业建设和生产的主要成本价格持续增长，但销售电价仍按照 1976 年国家制定的《电、热价格》执行。由于长期执行低电价政策，电力工业利润水平急剧下降，电力行业资金利润率从 1965 年的 15.3%下降到 1983 年的 9.78%、1985 年的 4.3%，大大低于全国工业部门平均资金利润水平。与此同时，燃料、运输、水价等价格的提高，使得 1985 年全国平均售电单位成本比 1980 年上升 33%。低电价和过低的行业利润率逐步降低了电力工业扩大再生产的资金来源，也制约了大家办电、集资办电的积极性，严重影响了电力工业的发展。

1984 年 8 月，水电部党组在向中共中央书记处、国务院汇报时，将“改革电价”作为其中一个方面的重要问题，明确提出了电价改革措施。1985 年 5 月，水电部党组向中共中央、国务院提交的《关于根本改革电力工业体制的建议》中提出，要解决缺电，必须实行以电养电，“国家在价格和税收上要保证电力企业有合理的足够的利润收入，使电力企业具有维持简单生产和扩大再生产的能力。”[1]1984 年 10 月，水电部在成都召开电价政策座谈会。会议研究了制定电价的原则、如何衡量电价水平、电价的科学分类及电价管理体制改革方面的问题。

1985 年 5 月，《国务院批转国家经委等部门〈关于鼓励集资办电和实行多种电价的暂行规定〉的通知》（国发〔1985〕72 号），决定把国家统一建设电力和统一电价的办法，改为鼓励地方、部门和企业投资建设电厂，并对部分电力实行多种电价，以适应国民经济发展的需要。对部分电力实行的多种电价包括：① 用国家分配的加价燃料所发电量，增加的燃料费用纳入成本，并相应提高售电价格，经水电部、国家物价局批准后执行；② 允许电网自行组织议价燃料多发电，对这部分电量，电网可加收燃料附加费；③ 电网可以组织用户自筹燃料，由电网组织有关发电厂多发电，电网统一收取合理的加工费；④ 为了充分利用电网低谷电量和控制高峰负荷，有调整用电负荷能力的用户应采取高峰低谷电价办法，水电比重较大的电网应采取丰水的弃水期、枯水期不同电价办法；⑤ 中外合资办电企业或利用外资办电企业，在还本利息期间所发电量全部进入市场调节，可以按成本、税收、合理利润核定售电价格，由水电部商省级物价部门批准后执行；⑥ 为保护广大用户正常安全用电，要严格执行计划供电和计划用电，对不按国家计划供电、用电的单位，应采取经济制裁措施。超计划用电的要扣还超用电量，对难以扣还的电量按现行电价 5～10 倍加价收费。加收的电费除按税法规定交纳产品税、所得税外，其余留给企业作为改善供电条件、加强用电计量等科学管理的资金，专款专用。

1985 年 7 月，水电部颁发了《关于通过用电加价收取煤炭加价和运输加价款的实施细则》，进一步完善与燃料、运输加价相适应的用电加价措施，即电价随燃料、运输价格

[1] 中共水电部党组《关于根本改革电力工业体制的建议》[（85）水电党字 28 号]，1985 年 5 月 31 日。

的变化而相应浮动。1985 年国家计委等 5 个部门拟定了煤炭加价和铁路运煤加价及负担办法，规定 1985 年统配煤矿增、超产煤和纳入国家统配的地方煤的加价款以及铁路运输超产煤加收的运费，由发电、冶金和铁路等用户承担，电力部门的新增电量实行加价出售。根据 1985 年新增电量占指令性计划发电量的比例及燃料、运输加价水平，确定按用电量 6%的比例，每千瓦时加收 4 分钱煤、运加价电费。加价电费免征产品税及地方附加费。1986 年，煤、运加价相应用电加价办法改为按电网实际情况分别核定。

1987 年 11 月，《水利电力部、国家经济委员会、国家物价局关于多种电价实施办法的通知》[（87）水电财字第 101 号] 印发，确立了指令性、指导性两种电价形式。① 指令性发电量的售电价格：电网计划内使用国家（含地方政府）分配的加价燃料的费用纳入成本，并相应提高售电价格。加价范围为除城乡居民生活照明和国家扶贫的贫困地区的农业排灌以外的各类用电量。加价燃料包括电力部门计划内使用的增、超产加价煤，地方加价煤、小窑加价煤以及增烧的高价燃油。加价燃料费包括加价燃料与计划内平价相同品种燃料的价差；经国务院有关部门同意列入的铁路加收的运费等费用；按规定增纳的税金。② 指导性发电量的售电价格：电量范围包含地方（含用户）和电网组织议价燃料多发的电量；中外合资、利用外资、集资和利用技措贷款扩机所发的电量；小水电、小火电、综合利用（余热、压差、煤矸石等）电厂的上网电量；企业自备电厂超过指令性计划的、新增集资或贷款建设机组的上网电量；按水电部固定资产管理权限经批准实行租赁、承包经营的退役发电机组所发的电量以及其他执行指导性电价的电量。实行指导性电价的各类上网电量，应分别计价；电网代售可以综合计价。指导性电价原则上一年核定一次，由电网（省）局和省级物价部门共同审定，报水电部和国家物价局备案。

多种电价的实施打破了电力单一计划价格长期不能调整的局面，使平均电价水平平滑上升，扭转了电价水平与成本水平逆向运行的状况，缓解了电力企业财务每况愈下的状况。还本付息电价、燃运加价、经营期电价、涉外电价等多项电价政策的实行，激发了各方集资办电的热情，对加快电力建设，促进电力企业加强管理、提高效率起到了积极作用。推行丰枯时期和峰谷时段电价，促使企业主动削峰填谷、调整用电负荷；随燃料、运输价格变化而相应浮动的机制，把弹性控制办法引入电价制度，为进一步推进电价改革打下了一定的基础。同时在电价改革中，部分类型的电价定价权下放至了省一级，这也为下一步开展的“省为实体”改革做了铺垫。

四、出售用电权与发行电力建设债券

按照国务院批转的《关于鼓励集资办电和实行多种电价的暂行规定》的规定，出售用电权成为集资办电的一种重要形式。从 1985 年起，各电网每年从国家投资建设电厂的增加发电装机容量中提留 10%，作为卖用电权集资办电的资源，并按电力短缺程度及用电经济效益、燃料供应的可能等条件，分别不同情况，将电力出售给各电网的有关省、自治区、直辖市及大用电企业。卖用电权集资办电按“一年办理一次”的办法，在每年全国计划编制期间，由水电部与省、自治区、直辖市人民政府，有关大用电企业主管部门（公司），

根据国家计委确定的年度计划，签订有关“卖用电权集资办电”的协议，并由国家计委监督执行。集资单位购买用电权，可按协议享有用电权20年不变，但不参与电网的经营管理活动，不与电网共享盈利。在国家统一组织电网出售用电权的同时，各地自有机组卖用电权问题由主权单位自主决定，不纳入国家的统一范围。卖用电权集资办电，主要是吸纳社会、企业的闲散资金，机动办电，其影响的范围有限。由于“六五”“七五”期间缺电严重，在出售用电权集资的执行过程中，国家计委、国家经委、水电部等部门对这部分电量作为调节和机动，对重点工程、重点企业、重点行业进行了一定程度的保障。

进入“七五”后，电力建设规模迅速扩大，资金缺口巨大，出售用电权等方式筹集到的资金规模有限。为保证完成1987年投产大中型发电装机550万～800万千瓦的任务，以及解决1988年和以后投产项目的建设资金，1987年1月，国务院会议讨论决定，在1987年发行国家重点建设债券55亿元，重点企业债券45亿元，其中包括30亿元的电力建设债券❶。1987年3月11日，《国务院批转国家计委关于发行一九八七年电力建设债券报告的通知》（国发〔1987〕18号）印发。电力建设债券作为国家重点建设债券的一部分，统一安排，优先落实。国务院要求，各省、自治区、直辖市要采取积极措施，压缩预算外资金开支和自筹资金安排的一般加工工业和非生产性建设，完成电力建设债券的认购任务。1987年3月，国务院发布了《企业债券管理暂行条例》（国发〔1987〕21号），允许全民所有制企业在境内发行债券。

电力建设债券是电力企业筹措电力建设资金所发行的有价证券，由各网局、省局作为发行单位，委托建设银行各分支行发行管理。电力建设债券是含用电权的债券，不计利息。每元面值的债券含用电量指标每年2千瓦·时，5000千瓦·时电量占用一个千瓦电力。从购买债券开始计算，一年后开始供电，用电指标有效期限20年。第11年开始，5年偿还本金，每年还本金的20%❷。电力建设债券在执行中贯彻合理负担，按照谁用电谁购买，多用电多购买的原则，同时还贯彻国家对用电的计划分配，保重点兼顾一般的原则。在分配债券时，先满足国家重点企业需求后，再出售给其他需要用电的单位。对没有购买债券的企事业单位和市政公用设施（含楼堂馆所）和虽购买债券但额度不足的部分，其电量根据电力平衡情况供应，在按规定收取电费的同时，加收电力建设附加费每千瓦时6分钱。加收部分也用于电力建设，只允许用于国家计划内电力建设❸。

1987年5月，水电部印发了《关于贯彻国务院发行1987年电力建设债券若干问题的补充说明的通知》。通知就电力债券发行主体、各电力企业分配的债券资金额度、优先购买的单位和免购单位范围作出规定。

发行电力建设债券是一种非常规意义上的资金募集方式，是在电力建设资金不足和严重缺电局面下采取的一种特殊手段，对拓宽电力建设资金渠道、调整电力建设和其他工业建设资金投入比例，保证重点企业用电起到了重要的作用。

---

❶ 引自国家计划委员会给国务院的《关于发行一九八七年电力建设债券的报告》，1987年2月16日。

❷ 引自国务院办公厅1987年3月12日印发的《关于发行电力建设债券的暂行规定》。

❸ 引自国务院办公厅1987年3月12日印发的《关于发行电力建设债券的暂行规定》。

五、供电工程贴费的调整

中华人民共和国成立后，根据当时在计划经济体制下，一般城市电网配电电压等级和国民经济各部门合理划分投资责任的原则，曾规定按电网电压等级区分投资责任，其中电压为 10 千伏及以下的供电工程均由申请用电的用户投资建设。在实际执行中，由于 10 千伏及以下电压供电的用户大部分是从公用配电网引入电源的，先申请的用户承担了本级公用电网的建设资金，而当公用电网建成后，本供电设施内再申请用电的用户就可不承担或很少承担建设资金，显然不够公平合理。为此，1963 年，国家计委颁发《协作配套工程投资划分规定》，对 10 千伏及以下公用及专用配电网的建设，由电力部门向用户按照申请用电容量和统一的贴费标准收取供电贴费。

随着国民经济的发展，新的大电力用户不断增加，用户用电容量和引入电压等级不断升高，110 千伏电网已经成为城市配电网络。由于 110 千伏及以下供电工程建设资金严重短缺，1984 年 3 月 31 日，国家计划委员会印发《关于供电工程收取贴费暂行规定的复文》（计资〔1984〕536 号），并随文下发《水利电力部关于 110 千伏以下供电工程收取贴费的暂行规定》（简称《规定》），将供电贴费的收取范围由原来的 10 千伏及以下扩大到 110 千伏以下的用户，收取标准见表 7－1。同时明确“用户受电电压的变电设施及以下各级电压的供电工程，均属用户内部供电工程，用户受电电压的变电设施以上（不含变电设施）各级电压的供电工程，均属用户外部供电工程。用户内部供电工程由用户自建”。

《规定》明确的贴费收取范围：① 按用户的受电电压，分 380/220 伏、10 千伏、35（66）千伏三种标准计算。② 如单独（或共同）自建本级供电工程者，也可免交本级电压的贴费，但仍应交上一级电压的贴费。③ 380/220 伏的居民用电，住统建或单位宿舍的由宿舍管理单位统一交纳贴费。对零散居民用户，其电度表容许通过的电流超过 5 安培的应交纳贴费。④ 临时用电应预交贴费。⑤ 中、小学的 380/220 伏用电（不包括校办工厂用电），县与县以下城镇中、小型医院以及民政部门举办的救济福利事业单位的 380/220 伏用电，可免交供电贴费，只交纳配电贴费。

表 7－1　　1984 年各级电压的贴费标准

用户受电电压等级	用户应交的贴费［元/（千伏·安）］	其中		备注
		供电贴费①［元/（千伏·安）］	配电贴费②［元/（千伏·安）］	
380/220 伏	150～180	90～110	60～70	适用于 35（66）千伏线路长度不超过 20 千米③
10 千伏	120～140	90～110	30	
35（66）千伏	80～100	80～100	—	

① 供电贴费系指用户应承担的 10 千伏以上电压等级的外部供电工程的建设费用。

② 配电贴费系指用户应承担的 10 千伏（包括 6 千伏）及以下的外部供电工程的建设费用。

③ 35 千伏线路长度超过上表规定的数值时，一般由用户自建线路。

另外，《规定》还对贴费的使用范围和管理进行了进一步明确：“贴费只能用于增加或改善用户用电而必须新建、扩建和改造的有关工程项目有关业务的支出，不得挪作他用”。

由于电网建设成本逐年上升及电压等级的提高，1993 年 2 月，《关于 110 千伏及以下供电工程收取贴费的暂行规定》（计投资〔1993〕116 号）印发，将贴费的征收范围由 110 千伏以下扩大到 110 千伏及以下的用户，并提高了 110 千伏以下供电工程贴费的收取标准，见表 7－2。

表 7－2　　1993 年各级电压的贴费标准

用户受电电压等级	用户应交纳的贴费［元/（千伏·安）］	供电贴费①［元/（千伏·安）］	配电贴费②［元/（千伏·安）］	自建③本级电压外部供电工程应交纳贴费［元/（千伏·安）］
380/220 伏	500～550	190～210	310～340	400～450
10 千伏	400～450	220～250	180～200	300～330
35 千伏	300～330	300～330	—	150～180
63 千伏	200～220	200～220	—	—
110 千伏	150～180	150～180	—	—

① 供电贴费系指用户应承担的 10 千伏以上电压等级的外部供电工程及其配套（工程概算内的辅助生产、生产福利等设施）的建设费用。

② 配电贴费系指用户应承担的 10 千伏（包括 6 千伏）及以下的外部供电工程及其配套的建设费用。

③ 35、63、110 千伏线路长度分别超过 20、30、40 千米，一般由用户自建线路。

征收供电工程贴费延续了近四十年的时间，为电网建设提供了稳定的资金来源，为保障电力供应、促进国民经济发展发挥了重要作用。2002 年 1 月 28 日，国家计委、国家经贸委联合发文，停止收取供（配）电工程贴费。

六、电力建设资金的征收与管理

20 世纪 80 年代初，由于电力建设资金不足，缺乏更新改造能力，电力工业发展缓慢，出现了全国性的电力短缺。“停三开四”❶、拉闸限电的现象严重，不能满足国民经济发展和人民生活水平提高的需要。为解决这一矛盾，在缺电较为严重的华东地区相继出现了一些集资办电的实践，并形成了如“闵行模式”“台州模式”“龙口模式”等不同集资办电的模式。但由于这些集资办电方式不能获得稳定的投资来源，电力建设投产跟不上地区负荷增长，供用电紧张的状况依然存在，电网频率下降和拉闸限电等情况还是经常发生。

1983 年 5 月，华东电网领导小组在江苏无锡召开会议，专题研究平衡协调计划用电问题。会议认为，如果不解决电力建设资金来源，电力供需矛盾的紧张局面将进一步加剧。同年 8 月，国务院上海经济区规划办公室在上海召开第一次会议，华东三省一市、国家经委、水利电力部有关领导出席了会议。会上，水利电力部分析了全国缺电形势和形成缺电的原因，提出“采用工业用电每千瓦·时提价 2 分钱的办法，进行集资办电”❷的建议。

❶ 指一个星期停电三天，供电四天。

❷ 张绍贤主编：《中华人民共和国电力工业史·华东卷》，中国电力出版社，2004 年，第 123 页。

此后，水利电力部和国务院上海经济区规划办公室经调查得出多数工业企业可承受该提价办法的结论。国务院上海经济区规划办公室于1983年12月向中央财经领导小组做了汇报。中央财经领导小组同意了这一办法。

1984年6月，华东电网领导小组在安徽合肥召开第五次会议，讨论通过了《华东电网筹集电力建设资金实施办法》。会后，国务院上海经济区规划办公室和水利电力部联合行文上报国家计委。1984年9月，国务院批准了该报告。1985年1月1日起，华东三省一市开始征收每千瓦·时2分钱的电力建设资金，为华东地区的电源建设提供了一定的资金来源，对增加电力工程投产继而缓解电力供需矛盾起到了促进作用。

为加快全国电力工业发展，确保电力建设投资有一个稳定增长的渠道，1987年12月，《国务院批转国家计委关于征收电力建设资金暂行规定的通知》（国发〔1987〕111号）下发。从1988年1月1日起，各省、自治区、直辖市对企业用电每千瓦·时电征收2分钱的电力建设资金，作为地方电力建设的专项资金，放在国家预算之外进行管理。特殊需减免征收的情况，由省、自治区、直辖市报水利电力部会同国家计委、财政部批准。过去经批准每千瓦·时电已加收2分钱的地区，一律改为按国务院统一规定的办法执行[1]。在资金的管理上，电力建设资金实行单立账户，专款专用，其有关电源建设规划和布局由水利电力部统一负责。在1988年至1990年期间，电力建设资金首先用于已列入国家计划的大中型电力项目建设，以弥补国家计划安排项目的投资缺口。

1988年9月，财政部、国家计委、能源部联合行文颁布了《电力建设资金征收和使用监督管理办法》[（88）财工字第179号]。办法明确，电力建设资金的征收对象是企业，标准为每千瓦·时电2分钱，不得随意扩大征收范围和标准。对农业排灌用电、民用照明及生活用电，由财政拨给经费的行政、事业单位等非企业用电，不征收电力建设资金；经国务院批准，对耗电量大的化肥（包括合成氨）、烧碱、黄磷、电石和国家指令性计划内的电解铝、铁合金用电，免征电力建设资金；对政策性亏损的国营统配煤矿企业、耗电量大的铀扩散厂和堆化厂生产用电，每千瓦·时电征收3厘钱的电力建设资金。办法要求，征收工作由省级人民政府委托电力部门统一组织，并允许计划单列市是否征收由各省自行研究决定，各省区市的电力建设资金要在本级财政预算上列收列支。办法明确，电力建设资金实行有偿使用，参照“拨改贷”的办法执行，项目投产后，收回的本息用于再投入电力项目的建设。

省级地方政府征收每千瓦·时电2分钱的电力建设专项资金，是电力建设投资领域的重大举措，也是集资办电的一种新形式。省级政府征收电力建设资金后，地方办电、建电的资金得到了有效的保障，一批地方电厂陆续建成投产，缓解了电力供需矛盾。1988年至1994年，通过征收电力建设资金，全国各省市区共筹集经营性建设资金153.07亿元，助力年度电源投产规模迅速增加。1988年，全国实现投产1083.2万千瓦，迈上了年度新

---

[1] 全国人民代表大会常务委员会办公厅编：《中华人民共和国第七届全国人民代表大会第一次会议文件汇编》，人民出版社出版，第104页。

增1000万千瓦规模的新台阶。此后每年电源投产规模均超1000万千瓦。

1996年5月22日，为贯彻落实国务院关于在“九五”期间继续征收电力建设基金[1]的决定，财政部、电力工业部联合颁发《电力建设基金征收使用监督管理办法》（财工字〔1996〕134 号），将电力建设基金征收执行范围由企业用电扩大为除孤立电网和贫困县农业排灌用电以外的其他所有电量，同时规定征收的基金，一半归当地省、自治区、直辖市政府，专项用于电厂建设；另一半归省级及以上电网经营企业，专项用于电网输变电和主力电厂建设。2001年1月1日起，国家取消征收电力建设基金，将2分钱并入电价用于解决农村电网改造资金的还本付息问题，为农网升级改造提供建设资金保障。

七、电费、电度表保证金制度的执行与取消

为保证电费回收和保障电度表资产安全，1951年，国家财委、燃料工业部颁发了有关收取电费保证金和电度表保证金的统一规定。1953年，燃料工业部颁发的《供用电暂行规则》[（53）燃计电字第5080号]中明确用户申请新装及增加容量需收取保证金的规定。1966年“文化大革命”中，电度表、电费保证金制度作为“四旧”[2]被全面取消。

20世纪80年代，随着中国经济的开放搞活，各种不同经济成分的用电户相继出现。一些企业由于经营不善破产倒闭，拖欠和逃交电费的现象日趋严重。有的用电户为了逃避债务，不惜采用毁表拆线等违法手段，给供电部门造成严重经济损失。为了适应中国经济体制改革的新形势，治理整顿电费回收秩序和保证电度表资产的安全，在吸取和借鉴国外成功经验的基础上，1989年12月20日，能源部和财政部印发《关于实行电费、电度表保证金制度的通知》（能源经〔1989〕561号），决定在全国范围内实行电费、电度表保证金制度，并随文下发附件《实行电费、电度表保证金制度的暂行规定》（简称《规定》）。

《规定》明确了实行电费、电度表保证金的范围、标准、要求等：① 电费保证金的收取范围包括集体所有制单位、私营企业、个体承包企业及其他个体经营户、各种临时用电用户。电度表保证金的收取范围为“凡属供电部门购置、安装在低压用电户和高供低计用电户处的电度表，均应由该用电户向供电部门存出电度表保证金”。② 电费保证金按“年内用电户计划申请的月均用电量（或近期实行月均用电量）、变压器容量（或最大需量）及现行电价核收”；电度表保证金按“电度表现行市场价格核收”。供电部门根据国家电价变更以及用电户用电情况变化，有权随时对用电户的电费保证金作出调整，但原则上限于一年调整一次。③ 电费、电度表保证金收取的方法：“属于收取电费、电度表保证金范围内的用电户，在办理增加用电或新申请用电手续时，应按规定向供电部门存出电费、电度表保证金；现有用电户应按规定向供电部门存出电费、电度表保证金”。

另外，《规定》还明确了管理、退还及使用等事项：① 用电户因撤销、解散、破产或其他原因未能履行供用电协议（合同）而发生拖欠电费债务时，供电部门有权将该用电户

[1] 1996年，原“电力建设资金”更名为“电力建设基金”。

[2] “旧思想、旧文化、旧风俗、旧习惯”的合称、统称。

存出的电费保证金抵作价款。用电户偿清电费债务后，供电部门应将抵作价款的保证金退存该用电户。② 由于用电户责任致使供电部门电度表损坏、丢失时，供电部门有权将该用户存出的电度表保证金抵偿损失。待用电户赔偿损失后，供电部门应将抵偿损失的电度表保证金退存该用电户。③ 用电户终止用电时，应结清电费，办完拆表销户手续并交验保证金收据后，供电部门应退还用电户存入的电费、电度表保证金。④ 供电部门退还用电户存入的保证金，只还本不付利息。供电部门所得保证金利息收入应冲减本单位的企业管理费。

各地供电部门根据能源经〔1989〕561 号文件精神，积极与当地财政部门协商出台相关实施细则。电费保证金一般按上年月均电费收取，电度表保证金按电度表的种类收取。如华东电业管理局电度表保证金的收取标准，按单相表、三相表和特种表，分别按 80、150、1500 元/只收取。

自 1989 年起，中国实行电费和电度表保证金历时近 10 年，对于规范用户的消费行为，预防电费的逃缴和拖欠，确保电费回收，保障电度表资产安全运行发挥了很好的作用。

为切实减轻企业负担，为企业生产经营创造良好的外部环境，积极扩大内需，改善有效供给，1999 年 11 月 6 日，财政部、国家经贸委、国家计委、审计署、监察部、国务院纠风办联合发出《关于公布第三批取消的各种基金（资金、附加、收费）项目的通知》（财综字〔1999〕180 号），公布了第三批取消的各种基金（资金、附加、收费）共计 73 项，其中包括国家电力公司收取的电费、电度表保证金，要求自通知发布之日起执行。1999 年 12 月 14 日，国家计委、国家经贸委发布《关于利用价格杠杆促进电力消费有关问题的通知》（计价格〔1999〕2189 号），要求整顿供电中间环节收费及经营性收费，进一步明确取消电力企业向用户收取的电费保证金和电度表保证金。

此后，电力部门对收取的电费、电度表保证金开展退还工作，用户可凭供电企业出具的保证金收据到当地供电部门的营业场所退还。原则上电费保证金可冲抵用户应缴电费，如果用户同意，电度表保证金也可以冲抵电费的方式处理。为确保清退工作有序进行，各省供电公司根据财政部等六部门颁发的财综字〔1999〕180 号文及各省物价局相关文件精神，制定了退还电费、电度能保证金的具体规定，并向社会公告，同时对于客户过于集中，难以在短时间内退还的，分批进行退还。至此，执行近 10 年的电费、电度表保证金制度正式取消。

第二节　统筹兼顾保障人民生活和重点领域的用电

在贯彻“调整、改革、整顿、提高”新“八字方针”之后，各行各业用电普遍回升，再加上有些地区枯水季节水电发电不足，火电燃料供应紧张等原因，使得原来已经出现的电力供需紧张局面更加严重。

为贯彻国家发展国民经济的方针政策，按照“保证重点、择优供应、统筹安排”的原则，将有限的电力资源重点向国民经济重点行业，尤其是改善人民群众生活的农业、轻工业及重点建设工程倾斜的同时，统筹安排好城乡人民的生活用电。为节约照明用电，全国推行了 6 年夏时制[1]；开展节约用电大检查活动，进一步推动了各地对节能承包责任制、用电定额管理以及超额加价等政策的落实。重新修订颁发的《功率因数调整电费办法》，充分考虑了 20 世纪 80 年代后电网负荷及用电情况的变化。通过采取一系列有效措施，在统筹保障城乡人民生活、重点企业和重点建设项目用电需求的同时，强化了计划用电管理，促进了国民经济持续、快速、稳定增长。

一、缺电时期人民生活用电的保障

在 1979—1980 两年期间，电力工业虽然增加了发电设备容量，填平补齐了 400 万千瓦发电设备，但电力工业仍落后于国民经济发展的需要，1980 年出现了全国性的缺电局面，缺口电量约 400 亿千瓦・时。由于电力供应不足，约有 20%的工农业生产能力没有发挥效益，一批新建工厂待电开工，有的地区对工业企业采取每周停二开五或停三开四[2]的办法供应电力；在农业灌溉排涝季节用电高峰期间，实施工业企业停工给农业让电的措施；许多地区的电力部门把城乡人民生活用电当成机动负荷，无计划地频繁拉闸限电，城乡居民早晚几个小时的基本生活用电也得不到保证，停电停水的情况经常发生。拉闸限电、工业挤农业、生产挤生活的现象时有发生，给工农业生产和人民生活带来极大不便。

1983 年 3 月 4 日，水利电力部印发了《关于确保城乡人民生活用电的通知》（水电电生字第 23 号）（简称《通知》），要求：① 要充实完善计划用电的行政、经济和技术手段，做到该限的限下来，该保的保上去，切实把人民生活用电列入保证供电的范围之内，纠正把城乡人民生活用电当作机动限电对象的做法；② 在电力供需矛盾尖锐的地区，要努力做到限电不拉路，尽可能避免“减少供电天数”“隔日拉路”“厂周休日拉路”等做法，在被迫必须拉路停电时，也要保证早晚照明、生活供水和冬季取暖设备的供电；③ 定期全面调查代表日的负荷曲线构成，分析调整负荷潜力和目标，随着日照时间的变化，调整工业企业电力分配指标，执行谁超限谁，安排好城乡生活所需电力；④ 认真安排好输、变、配电的检修、试验等工作的配合，在有条件的线路及设备上，积极开展带电作业，减少停电次数，充实紧急事故抢修队伍，及时处理城乡配网中发生的事故，把事故停电时间减少到最低限度；⑤ 大力宣传安全、合理和节约用电的常识，做到家喻户晓。

各省（区、市）电力局深入贯彻落实《通知》的要求，根据本地区的实际情况，按照“统筹兼顾，突出重点，择优供电，兼顾一般”的原则，积极采取有效可行的措施和方法，将保障人民生活用电的工作落到实处。北京市采取限制冶金、化工、机械等行业的用电，将较多的电力供给人民生活、农业等事关群众吃穿用的行业。天津市确保市区 32 条重要线路不停电，对近郊乡镇线路的工业用户安装负荷分配器，保证居民的生活用电。辽宁省对耗能大的小化肥、小钢铁、小铁合金、小烧碱等小企业坚决关停，对大用电企业严格执

[1] 夏时制是根据夏季日照时长人为设置的一种时间制度，又称经济时。它是充分利用夏季日光照明的一项节约照明用电的措施。

[2] 即一周内工业企业开工 5 天停工 2 天，或者开工 4 天停工 3 天。

行超扣节奖的政策，把农村用电和城市用电一起管起来。浙江省推广“电量到乡，负荷到线，乡长管电”的办法，农村主要线路实行24小时供电，做好“停机不停线”的供电工作，确保农村人民的基本生活用电得到保障。甘肃省根据电网运行方式，制定负荷分配方案和应急限电序位，优先保证城乡人民生活用电。江苏、四川重庆、新疆等地根据负荷曲线加强日负荷、周负荷的调整工作，规定企业使用电力的负荷限额，降低灯峰负荷，确保人民生活照明时间的供电。

各地电力部门把保证城乡人民生活用电作为电力工业建设社会主义精神文明、提高服务质量的重要内容，积极协调解决各行业之间的供需矛盾，将有限的电力资源优先分配到保证人民群众生活方面，基本保证了城乡人民生活的用电需求，对调动广大人民群众开创社会主义建设新局面的积极性具有重要意义。

二、确保重点生产企业和重点建设项目的用电

“六五”计划期间，中国电力实际净增装机2118.41万千瓦，比“五五”计划期间净增装机2246.31万千瓦还少装127.9万千瓦，电力建设速度在这一时期内陷入相对降低的状态。同时，由于贯彻“调整、巩固、充实、提高”新“八字方针”之后，各行各业用电普遍回升，再加上有些地区枯水季节水电发电不足，火电燃料供应紧张等原因，使得原来已经出现的电力供需紧张局面更加严重，有些缺电严重地区，电力供应已成为各省、各单位安排工农业生产的依据，形成“以电定产”的局面。

为切实保障重点生产企业和重点建设项目的用电，1984年1月18日，《国务院关于电力统一分配确保重点企业用电的暂行规定》（国发〔1984〕13号）（简称《规定》）明确：① 电力的分配，必须统筹兼顾、择优安排，在确保国家重点生产、重点建设需要的同时，妥善安排其他方面的需要；② 电网当年新增加的可供电量，由国家统一分配，主要用于重点生产企业和重点建设项目试车、投产的新增用电；③ 国家按生产、建设任务下达年度用电计划，在计划中分列出重点企业用电指标和各省（区、市）的用电指标，并严格按计划分别包干使用；④ 电网超计划的发电量和超用扣还的电量，由国家分配，主要保证重点企业增产用电；⑤ 所有地区和单位都必须严格计划用电，实行节约归己，超用扣还；⑥ 对重点企业安装电力定量装置，保证按计划供电；⑦ 从1984年起，在东北、华北、华东、华中四个电网试行。

为了认真贯彻落实国务院《规定》的精神，水利电力部于1984年2月召开了座谈会，会议明确提出，对国家确定的重点企业，要“一保、二管”，即必须按国家下达的用电指标保证其用电，同时又必须对其加强管理，监督其按分配指标安全、经济、合理用电。重点企业也要和其他企业一样，严格执行当地“三电”办公室和电力部门有关用电的规定和规程。

各省（区、市）深入贯彻落实《规定》的要求，依照本地区的实际情况，积极制定合理有效的措施和制度。在“保”方面，各地严格按照国家下达的年度用电计划，按季、月对实行用电包干的单位分配电力、电量指标，首先保证国家下达计划内重点企业产品、产

量的用电，对影响全局的骨干企业，在分配电力时不留缺口；另外，有计划地限制甚至停止那些能耗多、质量差、亏损大、滞销产品的生产，实行择优供电。在“管”方面，各地都实行用电指标按月（或日）结算，进行考核；对于超指标用电，制定具体的处理办法；对重点企业安装电力定量器，保证其按计划供电。

东北电网在重点企业、大机关和大企业的集体宿舍实行“一查四定”和凭证定量供电；对重点必保企业，推行供用电合同，把一些高耗能的“五小”企业停下来；对超用电实行加价收费，超用电量每千瓦时加收0.50元，尖峰超用电力每千瓦收费5.00元，冶金、煤矿、化工等大用户将用电指标分解下达到车间、工区、班组，严格考核管理。华北电网在新增发电能力中优先保证重点企业，对重点企业分配负荷、电量戴帽下达到供电地区；对大用电用户从实行月考核扩大为日考核。华东电网制定了《重点企业计划用电管理的若干规定》，对重点企业用电计划的制定与申请，加强用电管理、用电控制和考核，严格用电调度、用电纪律等工作都作出了具体规定；实行重点企业和地方用电分块包干；制定了编制年度和月度计划的办法，在执行中实行月考核、年结算的制度，对超计划用电的用户采取“谁超谁限”“昨超明还”的方法。华中电网对重点企业实行先保后分的方针；对超计划指标和超产品单耗的用户实行罚款制，组织供电部门安装电力定量器，作为罚款的依据，使重点企业的用电基本得到保证。

各地通过采取一系列有效措施，既保证了国家重点企业和重点建设项目的用电需求，又加强了计划用电管理，使重点企业和重点建设更好地发挥基础性、全局性作用，从而促进了国民经济持续、快速、稳定增长。

三、《功率因数调整电费办法》的修订实施

1953年，中国开始实行依力率调整电费[1]的办法，1958年、1965年国家对力率调整电费标准进行了两次修订。1976年，水利电力部颁发的《电、热价格》对《力率调整电费办法》作了规定。到20世纪80年代初，电网和用户的情况均发生了很大变化，不少大型坑口电站和水电站相继建成投产，机组的额定功率因数已从过去的0.8提高到0.85、0.9，原子能发电站机组的功率因数甚至高达0.95，发电厂提供的无功电力日趋减少，减少的无功电力需要电网和用户共同补偿。同时，大容量、大功率的用电设备和冲击负荷不断增加，用户功率因数的变化对发供电设备产生影响。为此，1983年11月，国家经委颁发的《全国供用电规则》适当地提高了用电功率因数的标准，之后，水利电力部、国家物价局对《力率调整电费办法》作了修订，并于1983年12月联合下发了《功率因数调整电费办法》（简称《办法》）。

《办法》根据20世纪80年代初中国电力用户无功负荷状况和无功补偿技术发展情况，就功率因数标准及适用范围、功率因数计算、电费调整、组织实施等内容进行了明确规定。

[1] 依力率调整电费，后称力率调整电费、功率因数调整电费等。

与《力率调整电费办法》相比，《办法》扩大了实行范围，将原适用于变压器总容量在 320 千伏·安及以上的用户扩大到 100 千伏·安及以上的用户，并适当提高了功率因数考核标准，原执行功率因数考核标准为 0.85 的，提高为 0.9。

不同性质、不同容量的电力用户实行 0.90、0.85 和 0.80 三种考核标准，具体来说，160 千伏·安以上的高压电力用户、装有带负荷调整电压装置的高压电力用户和 3200 千伏·安及以上的高压电力排灌站执行 0.90 功率因数考核标准；100 千伏·安（千瓦）及以上的其他工业用户、非工业用户执行 0.85 功率因数考核标准；100 千伏·安（千瓦）及以上的农业用户和趸售用户执行 0.80 功率因数考核标准，但大工业用户未划由电业直接管理的趸售用户，功率因数标准应为 0.85。根据电网的具体情况，对不需增设补偿设备用电功率因数就能达到规定标准的用户，或离电源点较近、电压质量较好、无需进一步提高用电功率因数的用户，可以降低功率因数标准值或不实行功率因数调整电费办法，但须经省、市、自治区电力局批准，并报电网管理局备案。

对实行功率因数调整电费的用户，应装设带有防倒装置的无功电度表，功率因数计算按用户每月实用有功电量和无功电量，计算月平均功率因数。对装有无功补偿设备且有可能向电网倒送无功电量的用户，应随其负荷和电压变动及时投入或切除部分无功补偿设备，电业部门并应在计费计量点加装带有防倒装置的反向无功电能表，按倒送的无功电量与实用无功电量两者的绝对值之和，计算月平均功率因数。对于电费调整，根据月平均功率因数和功率因数调整电费表对电费进行增减。

考虑到用电部门和电业部门执行新颁发的《办法》，尚需一定时间进行准备，各电业管理局可根据本地区的不同情况，按下述要求实施：① 已实行《力率调整电费办法》的用户，原执行 0.90 功率因数标准者和原执行 0.85 功率因数标准值而 1983 年 12 月的实际功率因数已达 0.90 及其以上者，自 1984 年 1 月 1 日起按新规定执行；其余用户可延至 1984 年 7 月 1 日起执行，其中实际功率因数 0.85 至 0.90 者，在此期间可不减收电费，0.85 以下者应增收电费。② 未实行《力率调整电费办法》的用户，可由各电业管理局按《办法》的有关规定，区别不同情况，拟定措施，分步实施。但执行新规定的时间，不应晚于 1986 年年底。

《办法》颁布后，电力用户无功管理得到显著改善，主要表现在：①《办法》中明确的功率因数考核标准和经济调节手段，有效引导了电力用户加强无功管理的主动性；② 供电企业积极贯彻落实《办法》相关要求，加强了无功电压管理和对电力用户功率因数的考核，调动了电力用户装设无功补偿设备提高功率因数的积极性。

根据调查，2007 年国家电网公司所属的 100 千伏·安及以上的电力用户平均功率因数已达到 0.89。2008 年 8 月 2 日，国务院发布了《国务院关于进一步加强节油节电工作的通知》（国发〔2008〕23 号），通知要求“加强无功管理，变压器总容量在 100 千伏·安以上的高电压等级用电企业的功率因数要达到 0.95 以上，其他用电企业的功率因数要达到 0.9 以上。”

四、夏时制的实施与终止

夏时制开始与结束的日期通常以国家法令的形式公布实行。夏时制最先由英国人威廉·威利特1908年在英国议会上提出，但当时被英国议会否决。1916年3月，德国率先实行夏时制，当年就节约燃料费约2亿马克。随后，法国、奥地利、荷兰、丹麦、挪威、意大利、葡萄牙、瑞典等欧洲国家也先后实行。1949年以前，中国曾在上海、重庆等局部地区试行过日光节约时间运动。

1978年改革开放后，随着工业化、城镇化建设的大规模开展，生产和生活的用电量都大幅增加，电力供不应求的情况在全国十分普遍。1983年6月召开的全国节能工作会议认为只有大力节约能源，才有可能实现“十二大”提出的总产值翻两番的目标。在全国号召节能以实现经济发展目标的背景下，中共中央、国务院经过调查研究，慎重考虑后，于1986年4月12日印发了《中共中央办公厅、国务院办公厅关于在全国范围内实行夏时制的通知》，明确从1986年起，每年夏季在全国范围内实行夏时制，并规定了实行夏时制的具体时间和办法：从当年5月4日2时起将时钟从2时拨至3时，到9月14日2时，再将时钟从2时拨回到1时，夏时制结束，共实行133天。这一通知在当年4月19日《人民日报》头版刊登，标志着夏时制在中国正式实行。1987年中国又规定每年从4月中旬第一个星期日作为全国夏时制开始日期，9月中旬第一个星期日作为夏时制结束日期。

中国实行夏时制的抽样调查显示，在1986年实行夏时制的133天内，城市居民每户平均节约电能6.2千瓦·时，农村居民每户平均节约电能1.72千瓦·时，机关、院校、部队商店等节约照明用电5%，全国共节约电能6.27亿千瓦·时。

1992年3月3日，国务院印发了《国务院办公厅关于暂停夏时制的通知》，指出了暂停实行夏时制的原因：由于中国南北温差大，东西时差大，全国又统一执行北京时间，因此，夏时制在西北、西南以及长江流域以南地区收不到节电效果，而且给人民群众的生活和铁路运输等行业的工作带来许多不便。根据这种情况，国务院决定从1992年起暂停实行夏时制，各地区可以根据季节的变化，合理调整作息时间，以达到充分利用日光、节约照明用电的目的。至此，在中国实行了6年的夏时制结束。

五、节约用电大检查的开展

20世纪80年代中后期，中国经济快速发展，电力供需矛盾十分突出，“停二开五”“停三开四”、拉闸限电频繁，严重影响工农业生产和人民生活。“七五”计划期间，虽然大力加快电力建设，发电量有较大增长，但仍低于国民生产总值和工业总产值的增长速度，电力供需矛盾仍难从根本上得到缓解。

1987年4月，水利电力部认真贯彻执行国务院关于进一步加强节约用电的规定，明确为加强对节约用电工作的组织领导，水利电力部设立全国节约用电办公室，并要求各级电力部门也要相应加强机构、调整力量，把节约用电的组织推动和监督检查工作切实抓起来。同年8月，国家经济委员会和水利电力部联合印发《关于开展节约用电大检查》（经能〔1987〕434 号），组织全面开展节约用电大检查工作，督促各地切实贯彻落实国务院关于加强节约用电的精神，深入推动全社会的节电工作，要求各地通过以自查为主、互查与抽查相结合的模式，围绕“查浪费、堵漏洞；查管理、降单耗；查潜力、订措施；查定额、上等级”等方面组织人力逐级开展节约用电大检查。

1987 年 9 月至 12 月，重庆市对 315 千伏·安及以上的 476 个重点耗电企业进行全面检查，共组织全市 478 个各级节能管理机构的节电工作人员 7776 人参加，检查单位占全市企业的 95%，对其中 41 个重点单位组织了复查和验收。通过检查使各级节电网进一步健全，节电定额管理落实到车间班组，改进工艺、设备 108 项，形成节电能力 2.64 亿千瓦·时。基本取消了用电照明包费制，做到装表计费、收费，加强了转供电管理，农村转供电实行合同制，安装了开关钟和定量器，控制用电量。1987 年至 1993 年，甘肃省先后组织了五次全省范围的节电大检查，通过听（听自查汇报）、看（看记录、文件、资料）、查（查负荷、查电量、查设备、查单耗）、评（评议、评分）的方式有针对性地对组织领导及管理机构、计划用电、电能计量、节电技术推广应用、电耗定额管理、培训工作六个方面进行了检查。对检查中发现的浪费电力现象，及时予以纠正，表彰先进，提倡节约用电。天津市组织企业开展行业节电竞赛，组织节电培训班、综合文艺晚会、三电杯知识竞赛、创办《天津三电》期刊等一系列的宣传活动，促进节约用电的深入开展。除此之外，全国各地在节约用电大检查工作中也相继涌现出各具特色的做法，如河南省建立以副省长为组长的省节电领导小组，建立专项节电基金、以节电效益还贷的方法推动节能风机、水泵更新改造，对资金困难的企业实施节能设备租赁，取得良好成果。

通过开展节约用电大检查，进一步推动了各地对节能承包责任制、用电定额管理以及超额加价等政策的落实，开拓了节电技改资金渠道，促进了节电技术的进步，使全国节电工作有了新的突破。

第三节　计量法的贯彻与落实

中华人民共和国成立后，中国的计量工作不断从行政管理向法制管理转变，国家先后颁布了一系列计量相关命令、条例、管理办法及技术法规，保证各行各业使用的计量器具量值准确可靠，加强了电能计量工作的管理，基本上完善了电能计量工作的技术标准体系。

1985 年 9 月，全国人大颁布了《中华人民共和国计量法》（简称《计量法》），标志着中国的计量工作进入了法制化管理阶段。为贯彻实施《计量法》，加强统一归口管理，水利电力部于 1986 年 3 月成立了计量办公室，负责在水利电力部门进行《计量法》的贯彻实施与计量管理工作。1986 年 5 月，国家计量局、水电部联合发布了国务院批准的《水利电力部门电测、热工计量仪表和装置检定、管理的规定》，水利电力部门获得了国家计量检定管理的授权，明确了水利电力部门电测、热工计量自成体系。同时，根据国家发布的一系列电能表、互感器等技术标准和管理规范要求，全面开展了电能计量工作的整顿与加强工作，加强了电能计量工作的监督，为实现电能计量工作的规范化、有序化奠定了基础。

一、《中华人民共和国计量法》的颁布

20 世纪 70 年代末，随着中国经济体制改革的深入发展，在生产、流通、分配、消费等领域里，需要有大批的经济法规来维护和加强社会主义经济秩序。在计量管理方面，仅有一个试行的《计量管理条例》，其法律权威性亟待强化。1980 年，国务院关于经济体制改革的初步方案中，要求有关部门抓紧经济立法工作，并明确提出了要制定包括《计量法》在内的 20 部重要经济法律。同年 9 月，《计量法》正式立项，开启立法进程。

1985 年 9 月，《中华人民共和国计量法》由全国人大常委会正式审议通过，并经国家主席正式批准公布，于 1986 年 7 月 1 日起施行。《计量法》共分六章三十五条，由总则、计量基准器具、计量标准器具和计量检定、计量器具管理、计量监督、法律责任和附则组成，主要对计量立法的宗旨和适用范围，中国的计量单位制度和国家法定计量单位，量值传递和计量器具的管理，各级计量机构的法律地位、职责、权利和义务，计量监督体制和违反本法应负的法律责任等做了规定。

《计量法》颁布后，水利电力部高度重视，于 1986 年 3 月 31 日印发《关于成立水电部计量办公室的通知》（水电劳字〔86〕第 32 号），明确水电部计量办公室作为水利电力部计量工作的统一管理机构，由水利电力部科技司、生产司和电力科学研究院作为成员单位共同组成，挂靠在水利电力部生产司，日常业务由生产司管理，对外代表水利电力部计量管理机构进行工作。同年 5 月，由国务院批准，由国家计量局、水利电力部联合颁发《水利电力部门电测、热工计量仪表和装置检定、管理的规定》❶，这是国家对水利电力部门开展计量工作给予的授权。为全面加强计量管理工作，水利电力部又于 1987 年 6 月发布了《水利电力部计量管理工作规定》，这是水利电力部门为贯彻执行《计量法》配套的规章之一。此后，水利电力部门进行了《计量法》及其配套规章的宣贯，完善组织建设和制度建设，进一步明确量传体系，加强检定机构建设，加强计量检定人员培训、考核、发证，开展标准设备和检定机构的考核、发证等工作，使水利电力部门的计量工作的法制化管理水平适应了《计量法》的要求，取得了显著进步。

《计量法》的颁布和实施是中国计量事业发展史上新的里程碑，标志着国家计量工作进入法制化新阶段，在中国计量史上具有十分重要的意义，它在加强中国计量法制监督，保障单位制的统一和量值的准确可靠，促进生产、科技和贸易的发展，维护社会经济秩序、国家和消费者的利益等方面起到了关键作用。电力行业深入贯彻落实《计量法》，建立了完善的电力系统量值传递和计量监督管理体系，保证了电能计量的准确可靠和电力交易的公平公正。

---

❶《水利电力部门电测、热工计量仪表和装置检定、管理的规定》俗称八条授权或授权八条。

二、水利电力部门获得国家计量检定管理的授权

中华人民共和国建立后，根据电力生产、科研的需要，电力部门逐步建立了电力计量管理体系并不断加强了计量管理工作。1963 年，国家科委授权电力部门电测、热工计量自成体系，开展检定、量传和监督管理，促进了电力部门计量管理工作的进步，满足了电力工业和国民经济发展的要求。

1985 年 9 月 6 日，《中华人民共和国计量法》颁布。1986 年 5 月 12 日，国务院批准《水利电力部门电测、热工计量仪表和装置检定、管理的规定》（国函〔1986〕56 号）（简称《规定》），对水利电力部门电测、热工、仪表和装置检定、管理工作作出八条规定，主要内容：① 由水利电力部建立本部门的计量标准，授权水利电力部门计量检定机构对所属单位的电测、热工最高计量标准执行强制检定。水利电力部门的电测、热工最高计量标准，接受国家计量基准的传递和监督；② 水利电力部门管理的各企业、事业单位，其电测、热工最高计量标准的建标考核，由被授权执行强制检定的水利电力部门计量检定机构考核合格后使用；③ 水利电力部门管理的各企业、事业单位内部使用的强制检定的工作计量器具，授权水利电力部门计量检定机构执行强制检定；④ 水利电力部门管理的用于结算、收费的电能计量仪表和装置，授权水利电力部门计量检定机构执行强制检定；⑤ 水利电力部门计量检定机构在计量器具的强制检定中，可根据需要开展修理业务；⑥ 执行强制检定工作的人员，在有关人民政府计量局监督下，由水利电力部门组织考核、发证；⑦ 水利电力部门要对授权检定的计量工作加强管理，保证结算、收费电能计量仪表和装置的准确。当用户对计量准确性提出质疑时，应负责认真查处；⑧ 计量纠纷调解和仲裁的程序与规定。

《规定》实施后，水利电力部进一步增强了计量工作法律意识，组建了“部—电网管理局—省电力局—电力基层单位”的四级计量管理体系，健全计量检定机构，制定了《计量管理工作规定》等相关规章制度，对电力部门计量管理机构设置、职责、计量器具检定等做了明确规定，从组织上、制度上保证了计量工作依法有序开展。建立了本部门最高计量标准，合理配置各级计量标准，建立了与电力生产相适应的量值传递体系。依法对电力系统 4 万多计量检定人员进行了全员培训、考核和复查，坚持考核合格持证上岗制度。建立了三级计量考评员队伍，依法开展了各级电测、热工计量标准和计量检定机构的考核认证工作。通过《规定》的贯彻实施，有 29 个电力企业达到国家一级计量企业标准，被授予国家计量先进企业称号，分别有 450 和 420 个电力企业达到国家二级、三级计量企业标准。1990 年国家技术监督局和能源部联合进行全国电能计量监督检查，电力部门分别有 37 个和 28 个单位获得全国电能计量先进单位和全国电能计量表扬单位的通报表彰。

经国家技术监督局组织的全国电能计量执法检查和全国电能计量标准比对，确认《规定》对做好电能表强制检定有重大作用，并对电力部门计量检定机构执行电能表强制检定工作给予了充分肯定。《规定》进一步强化了水利电力部门量值传递体系和计量检定管理工作，保证了电力安全稳定生产和科研活动过程中计量数据的准确可靠，尤其对做好电能

计量器具强制检定工作，保障供用双方的利益、促进国民经济健康发展和电力工业安全经济运行发挥了重要作用。

三、电能量值传递体系的建设与加强

新中国成立后，根据电网发展和电力系统生产运行及科研工作需要，电力系统逐步建立了由电力部门最高计量标准到各大区及省级计量标准，再到电力基层单位计量标准的三级电能量值传递体系。1963 年 3 月，国家科委同意将电力计量传递系统纳入国家计量体系[1]，确定除电力部门的最高计量标准由国家科委计量局传递外，各发电和供电单位的电气与热工计量标准，由电力系统自行负责量值传递和监督管理工作。

1980 年 5 月，电力工业部召开全国电力工业电气计量[2]工作会议。根据电力生产发、供、用同时完成的特点，以及电网必须统一调度、各种电气量值必须高度一致的客观要求，提出跨省电网的各省之间计量标准必须统一，减少传递层次，防止多头传递，并强调应进一步加强和完善长期以来行之有效的三级量值传递体系和监督管理制度。

1984 年 11 月，水利电力部印发《关于健全电力系统各级电能量值传递标准的规定》（水电电生字〔84〕第 82 号），强调水利电力系统的电能量值传递实行自成系统和分级管理的体制。电能量值传递的组织体系由中国电力科学研究院、各大区及各省电力试验所、电力基层单位电能计量检定机构三级组成。电能量值传递工作由中国电力科学研究院建立水利电力系统最高电能计量标准，接受国家计量局监督，并负责网、省级电能计量标准定期检定和监督；网省电力试验所负责电力基层单位电能计量标准的定期检定和监督。为防止造成量值传递的混乱和资金的浪费，对各级电能量值传递标准的配置作出明确规定：中国电力科学研究院建立的部级电能计量最高标准，按 0.01 级标准配置；网局和省（区、市）局电力试验研究所配置 0.05 级电能计量标准和 0.02 级功率标准；发（供）电单位配置 0.5 级电能计量标准；同时，还规定下一级的电能计量标准不能高于上一级的电能计量标准，对于已经购置超过本级应配置的电能计量标准级别的设备，由相应等级的量值传递管理部门统一调配。根据这一规定，各级水利电力部门严格按照电能量值传递体系的各项要求开展工作，三级电能量值传递体系的组织架构得到进一步加强，各级量值传递标准配置和使用更加严格，电力系统整体的电能量值传递和监督管理更加规范有序。

1986 年 5 月 12 日，国务院以国函〔1986〕第 59 号批复了关于《水利电力部门电测、热工计量仪表和装置检定、管理的规定》，规定中明确：由水利电力部建立本部门的计量标准，并负责检定、管理；授权水利电力部门计量检定机构对所属单位的电测、热工最高计量标准执行强制检定；水利电力部门的电测、热工最高计量标准，接受国家计量基准的传递和监督。此后，水利电力部门从计量检定人员的培训考核、标准的建标考核以及计量检定机构的考核等多方面，依法完善和加强了电能量值传递体系的建设。

---

[1] 1963 年 3 月，国家科委印发《同意水利电力系统自行负责量值传递和监督管理工作的通知》（科量张字〔63〕第 225 号）。

[2] 电气计量指对电测仪表电学量值的计量，包括电能、功率、电压、电流、电阻等量值计量。

电能量值传递体系的建设与加强，满足了电力系统生产、经营和科研工作的客观需要，适应了电力事业发展和社会进步的要求，纳入了国家计量管理体系，实现了法制化管理，为电力系统的安全稳定、经济运行，电能量值的准确、统一发挥了重要作用。

四、电能计量管理工作的整顿与加强

进入 20 世纪 80 年代，随着国民经济“调整、改革、整顿、提高”新“八字方针”的贯彻，中国电力工业快速发展，经济管理进一步加强，电力企业也在由生产型向生产经营型转变，电能计量管理作为关系电网安全稳定运行和企业经营效益的重要基础性管理工作也逐渐引起电力部门领导重视。

1982 年 7 月，水利电力部颁布了《电能计量装置管理规程（试行）》（简称《规程》），这是对 1963 年《计费电度表管理制度（草案）》的修订，是中国第一部全面系统的电能计量装置管理规程。《规程》是在国家面临经济体制改革新形势下制订和发布的，主要对加强和规范电能计量管理工作作出了具体规定。1982 年 12 月 25 日，国务院下发《国务院批转国家计量局〈关于加强计量工作报告〉的通知》（国发〔1982〕157 号），明确提出“各级人民政府和各部门要加强对计量工作的领导，结合本地区、本部门的情况采取必要措施尽快把计量工作搞上去”。

1983 年 5 月 6—12 日，水利电力部在广西南宁召开电能计量工作座谈会，贯彻落实国务院关于加强计量工作的指示精神，将加强电能计量管理工作作为企业整顿的重要内容之一，提出八条具体要求：① 加强对电能计量工作的组织领导；② 建立健全电能计量技术监督体系；③ 整顿和加强电能计量的管理工作；④ 抓紧电能计量业队伍的建设；⑤ 有计划地进行电能计量装置的更新和技术改造，提高电能计量精度；⑥ 切实改善电能计量室的条件；⑦ 开展电能计量的技术革新和技术研究；⑧ 使用好各项资金，搞好电能计量工作的物质建设。各级电力部门普遍加强了对电能计量工作的组织领导，结合本单位具体情况，对照会议要求和《规程》找差距，定措施，围绕尽快把计量工作搞上去，开展了一系列整改工作。通过建立健全组织机构并合理配备人员，切实改善电能计量工作场所条件，有计划地改造并更新试验设备，加强计量队伍建设并对计量员工开展技能培训，多方筹措并落实资金渠道等多项整改措施的逐步落实，电能计量管理工作得到了明显加强，取得了明显成效。

1985 年 5 月 16—22 日，水利电力部在湖北武汉召开全国电能计量工作经验交流会，在充分肯定南宁会议以来电能计量工作成效的基础上，重点对加强计量可靠性、健全量值传递系统、提高电度表精度、解决电能计量综合误差、提高队伍素质、落实资金来源等方面，提出了进一步的具体要求。各单位进一步提高了对电能计量工作重要意义的认识，加强对电能计量基础工作的管理，强化岗位责任制，将电能计量管理从电度表本身扩大到整个计量装置的管理，并对电能计量工作任务和质量实施全面考核，形成了常态化管理工作机制。重点加强了大用户电能计量管理，结合营业普查，对运行中电能计量装置进行综合误差测试，并逐步加以改造或更换，同时严格按《规程》要求，把好设计、审核、验收关，确保电能计量的准确、安全、可靠。1985年水利电力部举行全国计量检定人员培训考核，对考核合格人员颁发了计量检定员证书，使得电能计量队伍素质得到全面提升，管理也更加规范。

经过几年的整顿与加强，电能计量管理工作取得了显著成效，迎来了全新的局面。电能计量技术装备和管理水平得到了整体提升，电能计量工作逐步走向了规范化、制度化发展轨道，保证了电能计量的准确可靠，为电力部门的生产经营、维护供用双方的利益提供了有效的保障，不仅适应了改革和经济社会发展的需要，也为《中华人民共和国计量法》的贯彻实施打下了基础。

第四节　“县为实体”的农电管理体制形成

20世纪80年代，随着家庭联产承包制的实行，农村经济发展较快，农村用电需求日益增长，但农村电网建设相对滞后，且农村电网高压设备中有大量由社队集体和农民投资的集体资产，由于缺少资金疏于维护，对农村电网的安全运行构成了威胁。在农电管理上，则存在多头管理、管理职责不清晰、大小电网利益纷争、乡村管电组织不健全等问题，亟须进行农电体制改革。

1982年，电力工业部对农网高压设备中的集体资产实施了代管，并承担了这部分设备的维护费用。代管后，既改善了农村电网的健康水平，又减轻了农民负担。1984年，水利电力部提出了“地方为主、县为实体，统一规划，集中调度，分级管理”的二十字农电体制改革方针。在该方针的指导下，各地逐步健全了各级农电管理机构，对趸售县实施了归口管理，大小电网两家供电的县实施联营或股份制改造，在乡（镇）一级建立了管电组织，理顺了农电管理体制，加快了农村电气化建设。1987年，全国农村用电量达到1546.58亿千瓦·时，是1982年的191.5%。

一、农电体制改革的“二十字方针”

改革开放以后，随着经济的发展、社会的进步，多元化投资形成的多种管理形式并存的农电管理体制逐渐暴露出不少问题：有的县存在多家管电机构，在县域电网的规划和建设上产生矛盾；在小水电供电区，大小电网在电价、上网等方面产生纠纷，在经济利益上产生矛盾。农电管理体制需要改革，但由于它涉及中央与地方、全民与集体的关系，又涉及电力与水利及其他部门分工合作问题，还涉及整个电力工业体制改革问题，既急需改革又需慎重对待。

1983年，为缓解严重缺电局面，水利电力部提出了在小水电资源丰富的地区建设100个农村电气化县的方案。为了顺利推进农村电气化县建设，迫切需要对农电体制实施改革。1984年4月，水利电力部召开全国农电管理工作会议，会上提出了“地方为主、县为实体，统一规划，集中调度，分级管理”的二十字农电体制改革和机构设置的方向性意见。

根据农电体制改革“二十字方针”，农村电气化在工作方法上主要是调动地方办电的积极性，依靠、加强和支持县的自主权，以县为单位建立管理农村电气化的经济实体（县电力单位，包括县水电局下设的管电单位），这个经济实体应具有活力，能自我发展壮大，因地制宜采取不同的组织形式：① 大中城市郊区和经济发达地区，由大电网直供直管的县，仍旧直接管理并实行经营承包方式的经济责任制，可逐步完善、进一步扩大其自主权；② 与大电网为趸售关系，且以地方管理为主的县以及大电网外自办电源供电的县，设立独立核算的经济实体；③ 离大中城市较远，由大电网直供直管，而地方政府迫切要求改为地方管理的县，可逐步调整为地方管理，改为趸售关系，可建立独立核算的经济实体；④ 小水电供电量超过一半，且是两家管电的县，可把水利和电力合并建立发供用电统一管理的电力单位。以地方管理为主且独立核算的县电力单位，实行以电养电的政策。县电力单位的建设计划、人员编制和物资供应，按隶属关系和国家物资分配原则，分别纳入地方和部管渠道。

各地依照“二十字方针”进行了农电体制改革。各网局设立了农电处（局），负责全网范围内的农电工作。各省电力局、水电厅加强了对农村电气化工作的领导，设立了专门的农电管理单位。建立了乡（社）电力管理站，作为乡人民政府领导下的集体管电组织，管理全乡范围内的低压电网和用电设备。

1985 年 5 月，河北省政府批转了河北省电力工业局会同省财政厅提交的《关于加速实现农村电气化的报告》。贯彻“地方为主”的原则，实行多渠道、多层次、多形式的集资办电。农电事业得到迅猛发展。1990 年与 1985 年相比，农用高压线路增长了 20.86%，变电容量增长了 91.3%，配电容量增长了 33.7%，农村人均用电量由 146 千瓦•时上升到 214 千瓦•时。到 1987 年，东北电管局在东北地区逐步建立了省、市、县、乡四级农电管理机构，形成了“地方所有，县为实体，行业归口，分级管理”的农电体制。农电系统实现了规划、调度和技术标准的统一，解决了一个县存在中央直属的电业部门和地方农电部门两家管电带来的管理混乱、隶属关系不清、电网设备状况不良、电力损失浪费突出、人身设备事故十分严重等问题。1988 年，四川省什邡县政府和县电力公司，同德阳电业局达成了在“四不变”[1]和“四统一”[2]基础上建立供电联合经营体的协议，成立了什邡供电联营公司，缓解了大小电网之间的矛盾。

农电体制改革“二十字方针”，使县级电力企业成为“自主经营、自负盈亏、自我发展、自我约束”的经济实体，有利于农村电气化事业的发展。

二、农电资产维护基金的建立

20 世纪 80 年代初，在“全民办电”“集资办电”浪潮下，社队集体和农民开始大量集资建设生产、生活供用电设施，在广大农村地区形成产权属社队集体所有的电力资产。

[1] 双方体制、隶属关系、资金解缴和人员归属不变。

[2] 统一供电、统一调度、统一经营和统一县内电网规划建设。

这些产权属社队集体所有的农电高压供电设备分布范围广、价值高，如湖南省集体高压资产达 2.8 多亿元、江苏 62 个县及市郊达 5.56 多亿元，但其维修及维护管理费用开支却基本没有来源，其日常维护工作难以正常开展。因此，这部分设备的失修，已严重影响到农村电网安全运行。

1982 年 3 月 8 日，电力工业部征得财政部同意，下发《关于建立代管社队农电资产维护基金的通知》[（82）电财字第 47 号]（简称《通知》），建立“代管社队农电资产维护基金”（以下简称代维基金）制度。《通知》要求：一是凡部属电网直接管理的供电范围内的，由电网使用但产权又属于社队集体所有的农村高压供电设备，按照自愿原则，由产权所有者提出申请，经县人民政府核准后，由县电业部门同意并签订代管协议，协议生效后由电业部门负责代管维护，费用由电业部门负担；在交接代管时，必须将设备的有关情况（包括资产实物量、技术状况等）在代管协议中详细载明；同时明确资产转移后，当使用的维护基金超过原核定的资产价值时，则产权作自动转移处理，代管资产变为电业资产；但电业部门应保证其电力使用权。不愿交电业部门代管的，维护费用仍由产权所有者负担。社队企业和大中型电力排灌的专用线（站），仍由产权所有者负责维护管理。二是代管资产的核定工作，以县为单位由省电力局比照当地电业部门同类资产的标准并结合代管资产的实际状况核定，报电网管理局批准；经批准核定的代管资产，财务上应另立账户，单独反映。代维基金提取标准，按照电力工业部规定的基本折旧率和大修理基金提取率以及经批准核定的代管资产价值计提，在供电成本“费用—租赁费”项目中列支。三是维护基金的使用原则上由省电力局集中掌握，专款专用。财务上在专用基金项下增设“代管资产维护基金”二级科目核算，该项基金主要用于代管范围内原有资产的维护、大修和更新改造，不得用于基本建设和挪作他用。更新改造工程计划也应单独编报，由网局或省局审批。

各省市（地区）对代维基金的收取标准，基本按照电力工业部规定的基本折旧率和大修理基金提取率核定。以浙江省为例，是按核定代管资产重置价值提取维护基金，其中，大修折旧 1.4%，维护费 0.4%，更新改造配电变压器 5.3%，配电线路 3.7%。每年从上缴利润中提取维护基金集中使用，以解决产权属社队集体所有的农电高压供电设备的维修及维护管理费用开支系列问题。

电力工业部设立代维基金是一项发展农村用电事业、搞好安全经济供电的重要举措。如安徽省从 1982 年至 1984 年先后对直供县（市）的农电资产实行代管，逐步扩大代管范围，除阜阳供电区外，对 15 个地市、35 个县（市）实行代管，核定资产 1.44 亿元，代管设备有配电变压器 9571 台、总容量 94.21 万千伏·安，配电线路总长 1.62 万千米，核定代维基金额 793 万元，利用代维基金对这些农村集体电力设施的大修、更新和日常维护，改善了社队集体电力设施的健康水平，降低了农网线损，减轻了涉农负担。

三、乡（镇）电力管理站的成立

20 世纪 70 年代，农村电力网络损耗高、设备故障多、人身触电死亡事故居高不下。1971 年至 1980 年间，每年农村触电死亡人数均在 4000 人以上，农村用电管理和用电安全形势十分严峻。1971 年 10 月，国家计委转发水利电力部拟订的《农村安全用电管理条例》（草案）要求，社队应建立有领导干部、农村电工和贫下中农参加的“三结合”管电组织，对社队低压电网进行统一管理。“三结合”管电组织属社队（乡村）层面电力管理的早期职能机构，是乡（镇）电力管理站（简称乡电管站或者乡镇电管站）的前身。到 1975 年，全国凡是用上电的社队基本建立起三结合的群众管电组织，配备了社队专职电工，形成了专业管理与群众相结合的管理网。

1980 年 8 月，电力工业部印发《农村人民公社电力管理办法（试行）》[（80）电农字第 18 号] 明确规定：在县电力（电业、供电、水电）局下设立电力管理站管理社队用电和人民公社范围内的低压电力设备。电管站的组织性质和隶属关系根据社队电力状况和地理条件，采取下列两种形式之一：一种是隶属于县电力局，为县局的派驻单位，由县局派工人组成；另一种是隶属于人民公社管委会，是公社的集体管电组织，业务上受县电力局指导，人员的户口粮食关系按各地集体所有制职工的有关规定办理，电管站负责人由县电力局与公社商定。

1984 年 4 月，水利电力部在全国农电管理工作会议上要求，凡是用电的农村都要建立乡电管站，作为乡人民政府领导下的集体管电组织，管理全乡范围内的低压电网和用电设备（有的可管到配电变压器）。县电力单位对乡电管站实行业务领导，帮助乡电管站建立管理制度，制定明确的职责条例，实行技术经济指标考核，帮助解决管理经费、物资渠道，并加强财务监督。乡电管站经费的来源是由县人民政府确定收取的电费附加或设备管理费，同时还有县电力单位对乡电管站的补贴费用。据此，各地先后建立乡电管站，管理集体所有的电力设施。据统计，1990 年，全国 5 万多个通电的乡（镇）均建起了乡（镇）电管站。

1990 年 1 月 19 日，《乡电管站管理办法》（能源农电〔1989〕1286 号）印发，明确乡电管站职责、人员条件、资金来源等，加强和规范农村用电管理。乡电管站是服务性管电组织，行使乡人民政府的管电职能，实行乡人民政府和县电力部门双重领导，由县电力部门实行行业归口管理。乡（镇）电管站负责所辖范围农村低压电网生产运行、维护检修、更新改造工作，实行标准化管理；负责安全用电、计划用电和节约用电工作；按时按规定组织完成抄表和收缴电费工作；办理职权范围内的用电申请、报装、施工和竣工验收工作；会同有关部门保护电力设施等。

各省按照乡电管站管理办法具体做好落实，但发展形式略有不同。如广东省成立镇（乡）供电所（或供电公司），属县集体所有制单位，由县供电局直接领导和监督，并作为电力管理的基层单位，负责本镇（乡）范围内的供用电管理和收费工作。江苏省人民政府将乡（镇）电力管理站定性为“县属事业单位”，明确为县属集体事业单位，仍行使乡（镇）人民政府的管电职能，受乡（镇）人民政府和县供电局双重领导，由县供电局实行行业归口管理，其用工形式按农民合同制工人管理。

乡镇电管站的成立强化了农村供用电设施管理，加强了安全用电知识的宣传和常识的普及，有力地保障了人民群众生命财产的安全，为服务于农业生产、乡村工业和农民生活起到了较好的保障作用。

第五节　用电技术的自主研发与应用

改革开放初期，国家的经济发展活力快速释放，电力供需矛盾日益突出，传统的人工粗放型用电管理模式和老旧电能计量设备逐渐呈现出不适应新形势需要的情形。“六五”期间，国家大力推广应用计算机技术、电子技术等来振兴传统产业，在用电技术领域开展了多项卓有成效的自主研发与应用工作。

在电力负荷调整控制方面，自主研发了集中型无线电力负荷控制系统，提供了一种有效的负荷控制技术手段，实现了限电不拉路，并推广应用至全国，有效保障了将有限的电力资源最大限度地应用到国计民生领域。在抄表核算方面，大力推广微机、计算机技术，国产化抄表微机和大用户电量电费核算软件的应用，大大提高了抄表核算的数据准确性和工作效率。在电能计量设备方面，自主设计研制的 60 千安工频大电流比例基准装置达到了国际先进水平，后被国家批准作为国家计量基准；完成了 86 型系列电度表的联合设计。

一、无线电力负荷控制系统的自主研发与推广应用

20 世纪 80 年代初，中国电力供需矛盾日益突出，由于缺乏必要和有效的技术手段，只能靠行政命令的办法拉路限电，“不超不限、谁超限谁”的政策难以实现。各地虽装用了一定规模的电力时控开关和电力定量器等分散型电力负荷控制装置，因其时间设定和定值改变都需要人工到现场操作，灵活性和实时性较差。此阶段，中国从国外引进了工频、音频电力负荷控制技术并进行试用，但因国情不同，引进的技术和设备需进行改造才能发挥应有的作用。因此，中国开始自主研发适合国情的集中型电力负荷控制技术，并在一些地区进行了小规模应用。

1987 年，为贯彻落实李鹏总理提出的“要采用电力负荷控制装置把计划用电落到实处，实现电力供应基本控制到户”的指示，在国务院电子振兴领导小组办公室的组织协调下，先后成立了由国务院电子办、国家计委、原能源部、机械电子部联合组成的电力负荷控制协调组、工作组和联合技术组，电力负荷控制技术的推广应用迅速而有效地开展。在调查研究的基础上，国家正式确定济南、石家庄、郑州、南通 4 个城市分别为音频和无线电力负荷控制装置试点城市。同年 10 月，水利电力部、国家经委和国务院电子振兴领导小组办公室联合发布了《关于推广使用电力负荷控制装置的通知》[（87）水电电生字第 84 号]，1988 年 8 月，能源部、机械电子部印发《电力负荷控制系统技术规范》（试行）[（88）能源电字第 22 号]，同年，国家无线电管理委员会批准将 230MHz 频段的 15 对双工、10 个单工频点作为电力无线电负荷控制系统专用频率。通过试点城市的运行总结与对比，无线电力负荷控制系统具有双向通信功能，且组网方便，与电网一次系统无紧密连接，实时性强，监控效果较好。

1989 年 12 月 4 日，经国务院批准，国家计委、能源部、机电部、国务院电子信息系

统推广应用办公室在郑州联合召开了全国计划用电暨电力负荷控制技术推广应用工作会议，确定了推广应用的目标、步骤和相应的政策、措施。郑州、南通、济南、石家庄及北京、沈阳等城市，要在 1991 年建成完整的电力负荷控制系统；省会城市、自治区首府、直辖市、计划单列城市及苏州、无锡、常州、桂林等城市，在 1992 年基本实现电力供应控制到户；由国家大电网供电的地（市）级城市，在 1995 年基本实现控制到户，力争提前完成。所建系统监控负荷覆盖面应达到该地区总负荷的 70%以上，在电网发供电设备正常运行的情况下，只对超计划用电的用户进行限电，不拉 35 千伏及以上公用线路，基本不拉 10 千伏公用配电线路。1991 年，能源部印发《电力负荷无线监控系统专用频率规划设计原则》，从此，无线电力负荷控制系统的研究、应用在国内得到政府部门、研究单位和电子产品生产企业的大力支持，自主研发的无线电力负荷控制技术迅速推广应用。截至 1992 年 3 月，全国有 60 个城市和县装用规模不等的电力负荷控制系统，监控用电负荷 370 万千瓦左右，可限下高峰用电负荷 50 多万千瓦。1992 年，无线电力负荷控制系统获得国家科技进步二等奖。

1992 年 10 月，能源部、国家经贸委、国务院电子信息系统推广应用办公室联合印发了《电力负荷控制装置装用管理办法》和《电力负荷控制实用化考核验收标准》。之后，电力工业部陆续制定了 DL/T 533—1993《无线电负荷控制双向终端技术条件》、DL/T 532—1993《无线电负荷控制单向终端技术条件》、GB/T 15148—1994《电力负荷控制系统通用技术条件》等标准和系统实用化验收规程。无线电力负荷控制系统安全有序地投入使用，并逐步进入实用化运行阶段。

重庆是电力负荷控制系统实用化试点单位。在系统建设过程中，重庆电业局克服地形复杂、厂矿企业分散、工业电磁污染严重、空气含硫成分高等环境原因造成的困难，摸索出了在山区实现无线电力负荷控制技术的方法。1993 年，负荷控制系统一期投入运行后，重庆电业局全年拉闸限电条次比 1992 年下降了 35%；1995 年，建成的无线电力负荷控制系统达到监控负荷占总负荷的 71.84%，控制负荷占总负荷 19.87%的良好效果，在电力系统正常运行超指标用电时做到了不拉 35 千伏及以上公用线路，10 千伏配电线路计划用电保证率达到 99.88%，真正发挥了系统“控制到户、限电不拉路”的作用。1996 年 4 月，重庆电力负荷控制系统率先通过了电力工业部组织的实用化达标验收。

1996 年 9 月，电力工业部印发了《电力负荷控制系统实用化验收办法》（安生用〔1996〕78 号），要求装用的电力负荷控制装置所监控的用电负荷必须达到占地区总负荷的 70%以上，系统的控制能力应能限下地区总负荷的 15%以上；35 千伏及以上公用线路不拉路；10 千伏配电线路计划用电保证率应达到 99%及以上。从组织机构、装用范围、监控功能与效果、设备运行质量及运行维护管理五个方面对电力负荷控制系统进行实用化验收。从 1997 年起，电力工业部将电力负荷控制系统实用化作为创一流供电企业达标的必备条件之一。截至 1997 年，全国近 200 个地（市）级城市和部分县级市供电系统建立了规模不等的电力负荷控制系统，基本做到了对各地区大用户的实时监控，有效缓解了电力供应紧张的局面。

电力负荷控制系统逐渐成为落实计划用电的主要技术手段，最大限度地将有限的电力资源实现最大的经济效益和社会效益，为建立正常的供用电秩序，防止无计划拉闸限电，保证工农业生产、人民生活和电网安全运行作出了重要贡献。即使在电力供应比较富裕的时候，电力负荷控制装置也可以“削峰填谷”，优化电网负荷曲线，提高用电负荷率，改善电能质量，对实现用电管理的现代化、提升电力投资的经济效益发挥了重要作用。

二、微机在抄表核算中的初期应用

20 世纪 60 年代以后，世界上一些电力公司的电费核算工作逐步被计算机取代。而同时期的中国还主要依靠算盘（少数使用计算器），进行抄见电量、损耗电量、退补电量、各类电费的计算和复核，对于铜铁损耗电量、功率因数等复杂计算，通过查表法来实现，核算工作费时费力。

20 世纪 70 年代中后期，一些供电单位陆续开始在电费核算工作中使用计算机，主要解决复杂费时的大用户电费计算和重复枯燥的手工开票问题。微机[1]的使用，大大减轻了工作人员负担，提高工作效率，减少人为误差，从而改变了工作习惯和管理理念。如北京供电局在 1976 年采用国产 153 型计算机进行大电力用户的电费计算试验，从 1978 年开始，应用国产 320 型计算机对 1200 户大电力用户电费计算进行试点。江苏、浙江等一些地市电力局，于 1982 年引入 PC－1500（可用 BASIC 编程），开展大用户电费计算、计量综合误差计算、行业分类统计报表等方面应用。

1983 年，水利电力部成立推广应用计算机技术领导小组，要求电力系统调度、用电营业及办公室等单位或部门，要大力推广微机技术、计算机技术应用。同年，水利电力部电力科学研究院开始了电费电量信息管理程序的研发工作。1984 年，电费电量信息管理程序通过技术鉴定，实现了使用 PDP－11/23 型计算机对高压用户的电费计算和核算，在一定的人工干预的前提下，可生成全部用户营业管理的统计报表，并于 1985 年在南通、天津等供电局推广使用。1985 年后，山东、江苏、甘肃、四川、浙江、湖南、新疆、辽宁、湖北、内蒙古、河南、广东、广西、云南、贵州等电力局下属地市供电单位利用当时主流计算机自主编制电费计算软件，并陆续投入应用。

随着微机在电费核算中的应用，手工抄表逐渐成为阻碍电费微机应用障碍和瓶颈。采用手工抄表模式，不仅存在人工录入电费微机工作量大、占用机时长的问题，还增加了抄见数转录的差错率；而使用抄表机抄表（尤其是红外抄表），不但抄见示数准确度提高，而且数据采集时长短，大大提高了工作效率，对推动用电管理计算机化具有重要意义。

1985 年，能源部组派的供用电考察团在美国的休斯敦、达拉斯、洛杉矶、南加利福尼亚等地都看到了抄表微机的现场应用，受到了启发。1986 年起，一些供电单位陆续试用进口抄表机来解决因用户数量迅速增加而引起的抄表数据录入工作量大的问题，实现了借助抄表机批量录入抄表数据的功能。

[1] 即微型计算机。

由于引进的抄表微机绝大部分抄表程序及格式均固化于 ROM[1]，且只能作 5×7 点阵西文字符显示，不能完全适应中国的抄表需要。1988 年后，随着既可供编程又拥有汉字显示模式的国产抄表机陆续出现，各地供电单位相继采用国产主流抄表机开发相应抄表程序，进行现场抄表，通过批量导入的抄表数据进行电费计算，以解决在数据采集录入环节的瓶颈问题。手持抄表机的应用，改变了以往电力行业人工卡片抄表后录入微机的工作模式，在提高抄见数据准确度的同时，也大大提高了抄算人员的工作效率。

20 世纪 70 年代后期至 80 年代，微机在抄表核算中得到了推广应用。电费的抄表核算工作从传统的手工抄表、人工计算、坐点收费发展到应用抄表机抄表、微机电费计算、收费，提高了抄核收的工作效率和准确性，电费抄核收的工作方法和技术手段发生深刻变化，为用电管理信息化奠定了基础。

三、60 千安工频大电流比例基准装置的建成

1964 年，中国计量科学研究院牵头研制并建立了中国第一套 0.002 级、0.1 安～5 千安工频电流比例标准。随着电力、冶金、化工、电气设备制造和原子能等工业领域在高精密仪器、设备的制造应用中，对大电流测量的需求日益增加，建立工频大电流国家标准的需求十分迫切。1977 年 4 月，国家标准计量局在《关于下达一九七七年计量科研计划的函》（国标计字〔77〕第 091 号）中，要求国家高电压计量站负责研究建立 0.1 安～40 千安国家工频电流比例标准。经过多方研究和技术论证，考虑到国家已有 0.1 安～5 千安的工频电流比例标准，国家高电压计量站决定将研制的工频电流比例标准的电流范围从 0.1 安～40 千安调整到 5 安～60 千安。

1980 年，国家高电压计量站完成 60 千安主标准器与升流器组合体的设计。1982 年，5 安～60 千安/5 安工频大电流比例标准完成研制并交付试用。到 1984 年年底，国家高电压计量站对 5 安～60 千安/5 安工频大电流比例标准进行反复测试，积累了上千个数据，并在国内首次引用不确定度的概念，对电流比例标准误差测试过程中的数据进行处理，严格参照未补偿前的误差值来确定每台标准所能达到的误差限值，试用结果表明达到设计指标要求。

1985 年 9 月 25 日至 10 月 20 日，联邦德国 PTB 委派该院互感器实验室主任、国际法制计量组织互感器委员会主席来到湖北武汉，与国家高电压计量站有关科技人员共同完成了中国自行研制的 5 安～60 千安/5 安工频大电流比例标准的国际比对测量工作。两国专家通过对比对试验结果研究分析和评估后，确认两国工频大电流比例标准的误差差值小于联邦德国与其他欧美国家的比对结果，证明了中国自主研制的工频大电流比例标准的技术参数和中国大电流测量技术已经达到了国际先进水平。

1988 年 2 月，国家计量局批准将这套工频电流比例标准作为国家计量基准，命名为“5 安～60 千安/5 安工频电流比例基准装置”。该装置用于复现和保存具有最高准确度的

[1] 即只读存储器（Read-Only Memory），简称 ROM。

工频电流比例量值，是中国工频大电流比例计量器具量值溯源的基础，和 0.1 安～5 千安的工频电流比例标准共同担负起统一全国工频电流比例量值的工作，广泛服务于电力、核工业、冶金、石油化工、航天航空、铁路、国防等各个领域的科研生产，满足了各相关领域大电流计量溯源的需求。工频大电流比例基准装置属于 19 项电磁国家计量基准之一，也是电力行业唯一保存的现行有效的国家计量基准，并收录于《中华人民共和国国家计量基准名录》中。

四、86 型系列电度表的联合设计

1980 年，国家开始对民用电度表❶等产品试行工业产品生产许可证制度❷。为适应改革开放，参与国际市场竞争，制造出符合国际通用标准的电度表产品，1983 年 11 月，国家标准局发布了 GB 3924—1983《交流有功和无功电度表》。该标准参照采用国际电工委员会标准 IEC 521《0.5、1 和 2 级交流电度表》（1980）起草，在电度表轻负荷特性、倾斜影响、抗运输环境、耐压等方面的要求进一步提高，并对电度表的试验装置提出了具体要求。

为设计出既符合中国使用特点，又达到当代世界水平，满足国家标准 GB 3924—1983《交流有功和无功电度表》和国际电工委员会标准 IEC 521《0.5、1 和 2 级交流电度表》（1980）要求的电度表产品，1984 年 11 月，交流电度表联合设计组成立，聘请了电力部门和高校的专家担任技术顾问。联合设计组在《交流电度表系列产品联合设计任务书》分析了当前国内外电度表产品发展的特点和趋势，对系列产品的品种、规格、结构特点、有关技术指标和经济效益进行了论证，提出了联合设计产品的技术经济指标要求和要研究解决的技术关键，重点阐述了提高电度表精度、提高过载能力、提高不验修时间和提高标准化水平的问题，确定了验收标准为“按国家 GB 3924—1983 标准和国际推荐标准 IEC 521 对样机进行考核”。

经过两年的努力，联合设计组完成了基本产品样机设计和试制工作，经过型式试验和现场试运行，各项技术指标均达到了任务书和标准的要求。1986 年 12 月，交流电度表联合设计样机试制鉴定会召开，鉴定委员会同意联合设计系列产品通过样机鉴定，可以进行批量试生产，并确定了新产品名称和型号：① DD861 型单相电度表；② DD862 型单相电度表；③ DS862 型 2 级三相三线有功电度表；④ DS863 型 1 级三相三线有功电度表；⑤ DS864 型 1 级三相三线有功电度表；⑥ DS865 型 1 级三相三线有功电度表；⑦ DT862 型 2 级三相四线有功电度表；⑧ DT865 型 1 级三相四线有功电度表。86 型系列电度表的优越性主要体现在：① 过载能力提高、运行安全、拓宽了准确计量的范围。② 使用寿命长，可靠性好。86 型系列电度表使用寿命为 10～15 年，与旧表相比至少延长一倍。③ 标准化、系列化、通用化程度高，外形尺寸统一，规格少，有利于工厂制造和电力部门管理。

---

❶ 电度表：现称电能表，1984 年中华人民共和国法定计量单位颁布以前称为电度表，法定计量单位实施后称为电能表。

❷《关于整顿低压电器产品质量，试行颁发工业产品生产许可证的报告》（国机二发〔1980〕16 号），1980 年。

此后，各厂建成装配流水线，实现了 86 型系列电度表的规模化生产。

86 型系列电度表投放市场后，畅销海内外，反响良好。1987 年，国家机械工业委员会联合水利电力部等部门印发《关于下达机械工业第十批淘汰能耗高、落后产品的通知》（机委科〔1987〕208 号），淘汰了 DD5、DD9、DD28 等民用单相电度表和一大批三相电度表，并将 86 型系列电度表列为推荐更新的电度表。2000 年 11 月，国家对电度表生产企业改为颁发制造计量器具许可证。

86 型系列电度表全国联合设计的成功，是中国自力更生、艰苦创业的一项可喜的重大科技成果，改变了国内电度表生产落后的面貌，标志着中国电度表的生产技术达到了当代国际水平，是中国电度表生产史上的一次重大转折。同时，此项工作为国家培养了一批电磁测量、机械结构、工艺工装、试验检测等电能计量领域的专业技术人才，为“八五”期间中国电能计量技术迈上新的台阶奠定了坚实基础。

第八章

供用电法规体系的形成与电力需求侧管理的起步（1987—1996）

改革开放后，历经了新“八字方针”指导下的调整期、电力投资体制改革下电源建设的跃升期后，电力供需矛盾逐步缓解。1987 年，党中央提出了“政企分开、省为实体、联合电网、统一调度、集资办电”和因地、因网制宜的“20 字方针”，极大地促进了电力工业发展提速，全国工农业生产和人民群众生活的电气化水平不断提高，中国电力工业进入了发展改革的关键十年。用电领域也迎来了供用电法律法规的颁布与实施，实现体制机制创新发展的关键十年。

随着电力体制改革的持续推进，电力工业得到了空前的发展。在历经长达 10 年的立法过程后，《中华人民共和国电力法》由第八届全国人民代表大会常务委员会第十七次会议于 1995 年 12 月 28 日通过，确立了电力法律法规体系的核心。1996 年 4 月 17 日，国务院颁布了《电力供应与使用条例》，之后，电力工业部相继颁发了与之配套的 5 个行政规章，用电管理正式步入法制化轨道。

这一时期，用电领域贯彻执行供用电法律法规，加强用电秩序的整顿与管理，加大了对窃电、农村电价乱象的治理力度，强化了电费回收、国防军工供电保障及社会电工等工作的管理，并将城乡居民生活照明用电列入计划保障，规范了用电秩序，减少了拉闸限电。20 世纪 90 年代初，电力需求侧管理概念从西方引入中国，引起政府和电力部门的高度重视并在多领域组织开展了需求侧管理的探索。1991 年起，建立了节能宣传周活动的常态机制。实施“绿色照明”[1]工程、推广应用多种节电技术、推行家用电器能效标准等多种举措，在全社会逐渐形成合理用电、降低消耗、节约用电共识。与此同时，电子信息技术在用电领域得到初步应用，为今后的管理和技术发展奠定了基础。

“多家办电、集资办电、以电养电”“自建、自管、自用”等方针和政策指引下，农村电气化发展进入了新的阶段。1990、1995 年分别建成 109、209 个具有中国特色的初级农村电气化县，1996 年启动了第三批初级农村电气化县建设。电力共富工程纳入国家八七扶贫攻坚计划，1994—1997 年，共解决了近 7000 万农村无电人口的用电问题。电力部先后开展了“三为”（电力为农业、为农民、为农村经济服务）达标竞赛活动，农电企业对

[1] 绿色照明是美国国家环保局于 20 世纪 90 年代初提出的概念。完整的绿色照明内涵包含高效节能、环保、安全、舒适 4 项指标，不可或缺。

农村经济发展的服务水平、服务意识以及管理能力明显提升。

第一节　供用电法律法规框架的形成

进入20世纪90年代，供用电法律法规框架逐步形成。《中华人民共和国电力法》自1996年4月1日起正式施行，以法律的形式肯定了改革开放以来电力工业发展采取的一系列正确的方针政策及取得的成果。《电力供应与使用条例》以及配套的《供用电监督管理办法》《供电营业区划分及管理办法》《用电检查管理办法》《居民用户家用电器损坏处理办法》《供电营业规则》5个电力工业部行政规章颁布，供用电领域逐步形成了以《电力法》《电力供应与使用条例》为核心的供用电法律法规体系。《中华人民共和国节约能源法》的颁布，使节能工作纳入法制化，提高了能源利用效率和经济效益。

一、《中华人民共和国电力法》的制定和颁布

《中华人民共和国电力法》是中华人民共和国成立后电力领域第一部法律，是中国电力法律法规体系的核心。《电力法》的立法过程长达10年。1985年2月，六届全国人大三次会议上，38名代表提议起草和制定电力法。1986年，电力法被列入国务院立法计划，水利电力部成立电力法起草小组，在调研的基础上起草了《电力法》草案，并在电力系统内部征求意见。1988年能源部成立后，根据国务院立法计划继续开展《电力法》的起草工作。1991年3月，能源部起草了征求意见稿，经广泛征求意见并修改后，同年10月，提请国务院审议《电力法》送审稿。1995年，国务院第36次常务会议讨论通过了《电力法》草案，9月30日，国务院提请全国人大常委会审议。同年12月28日，八届全国人大常委会第十七次会议表决通过了《中华人民共和国电力法》，于1996年4月1日正式施行。

1996年4月3日，国务院办公厅印发通知，就实施《电力法》的有关问题作出了部署和要求。为了准确、全面、完整地理解、执行《电力法》，全国人大常委会法工委、电力工业部共同编写了《电力法释义》。同年10月，电力工业部发布了《电力法释义》。

《电力法》全文共10章、75条，对电力建设、电力生产与电网管理、电力供应与使用、电价与电费、农村电力建设和农业用电、电力设施保护、监督检查、法律责任等作出规定。《电力法》通过严格的法律管理制度，将电力生产、供应和使用纳入法治轨道，对维护发电、供电、用电的正常秩序，维护电力企业和用户的合法权益，维护公共利益有着积极的意义。该法对保护电力投资者、经营者的合法权益，吸引国内外经济组织和个人投资发展电力工业，对促进电力建设项目符合电力发展规划，电网建设与电源建设协调发展，促进电力工业发展有着积极作用[1]。

《电力法》通过法律形式肯定了改革开放以来电力工业发展采取的一系列正确的方针

[1] 电力工业部部长史大桢在第八届全国人大常委会第十七次会议上所作的《关于〈中华人民共和国电力法（草案）〉的说明》，1995年9月30日。

政策及取得的成果。该法针对当时电力工业发展中存在的电源建设与电网建设不配套、输变电工程重复建设、电力建设项目施工过程中受到的阻碍和干扰等问题，对电力建设领域的电力发展规划、环境保护和土地使用等问题作出相应的规定。针对现实中电厂与电网、电网与电网在并网过程中产生纠纷的情况，该法明确规定了电网统一调度和安全、优质、经济的原则，作出要按照统一调度、分级管理和平等互利、协商一致原则，签订并网协议等规定。针对电力行业的特殊性质和暂时短缺的特点，以及当时全国电价混乱，由电网到用户中间环节层层加费这一群众意见很大的问题，该法明确了电价的形成机制，对电价的构成要素、确定方法和审批权限、电价管理制度以及禁止在电费中加收其他费用等作出了明确规定。针对中国农村用电人口多，农村用电的特殊性，农村电力建设与农业发展的密切关系，该法在明确各级政府要保证和支持农村和农业用电的同时，规定国家对农村电气化实行优惠政策，对少数民族地区、边远地区和贫困地区的农村电力建设给予重点扶持。

随着电力工业管理体制改革的深入推进，《电力法》颁布实施后，全国人大常委会先后对其进行了 3 次修正。2009 年 8 月 27 日，十一届全国人大常委会第十次会议决定，将第 16 条中的“征用”修改为“征收”，将第 71、第 72 和第 74 条中的“依照刑法第 X 条的规定”“比照刑法第 X 条的规定”修改为“依照刑法有关规定”。2015 年 4 月 24 日，十二届全国人大常委会第十四次会议决定，删去第 25 条第 3 款中的“供电营业机构持《供电营业许可证》向工商行政管理部门申请领取营业执照，方可营业”。2018 年 12 月 29 日，十三届人大常委会第七次会议决定，将第 25 条第 3 款修改为“供电营业区的设立、变更，由供电企业提出申请，电力管理部门依据职责和管理权限，会同同级有关部门审查批准后，发给《电力业务许可证》。供电营业区设立、变更的具体办法，由国务院电力管理部门制定。”

二、《电力供应与使用条例》的颁布

20 世纪 80 年代中后期，随着电气化程度的提高和相关法律法规的出台，涉电矛盾纠纷增多。在司法实践中，一些地方人大和司法机关不再认为《全国供用电规则》是处理涉电民事案件的法律依据，其法律地位和效力受到怀疑和动摇。电力供应和使用涉及千家万户和社会方方面面，亟须制定适应现实需要的法律法规[1]。

1988 年起，能源部着手进行《电力供应与使用管理条例》草拟工作，并纳入了 1990 年国务院立法计划[2]。在制定过程中，中共中央确定了建设社会主义市场经济体制的目标，电力工业管理体制改革进一步深化。1995 年 12 月《中华人民共和国电力法》颁布后，原立法计划中的《电力供应与使用管理条例》更名为《电力供应与使用条例》，内容也作了

---

[1]《关于呈报〈中华人民共和国电力供应与使用管理条例〉（送审稿）的请示》（能源政法（1990）737 号）附件 2《中华人民共和国〈电力供应与使用管理条例〉编制说明》。

[2]《关于呈报〈中华人民共和国电力供应与使用管理条例〉（送审稿）的请示》（能源政法（1990）737 号）附件 2《中华人民共和国〈电力供应与使用管理条例〉编制说明》。

较大的调整，以适应电力工业发展的实际情况。1996 年 4 月 17 日，国务院颁布了《电力供应与使用条例》（简称《条例》），并于同年 9 月 1 日起正式施行。

《条例》适用的地域是中华人民共和国境内，凡是在中国境内从事与电力供应与使用活动有关的一切组织、个人以及与其相关的行为都受其约束和调整。适用的行为是电力供应与使用行为以及与其相关联的行为，包括供电企业供电及与其相关的行为、用户使用电力及与其相关的行为、其他与电力供应与使用有关的组织或个人的行为，如政府监督管理供用电的行为，供（受）电设施设计、安装、试验行为，建设规划、施工与电力设施相互关联的行为，窃电行为等。

《条例》调整的法律关系主要包括：① 供电企业与用户在电力供应与使用过程中发生的经济、民事法律关系，合同关系是供用电双方之间最基本的法律关系；② 供电企业与供电企业之间在电力供应过程中产生的法律关系，如供电营业区、电力电量交换或趸购转售电等；③ 供电企业、用户与第三者发生的法律关系，主要反映在供（受）电设施的设计、安装、施工质量或者相互妨碍而发生事故时的责任界定等；④ 国家在管理电力供应与使用过程中产生的法律关系，如国家电力管理部门对供电企业与用户行使供用电监督管理时发生的法律关系；⑤ 其他关系，如供电企业与主管的电网经营企业之间产生的法律关系，用户与其主管部门的关系等，主要是企业内部的业务管理关系。

《条例》体现的基本原则主要是：① 保障供用电双方合法权益，保护其他与供用电有关的组织和个人合法权益相结合的原则；② 电力供应实行按供电营业区专营的原则；③ 供用电法律关系民事主体平等原则，即合同关系是基本法律关系原则；④ 保障公共安全的原则；⑤ 有偿使用电力的原则；⑥ 供用电管理实行政府监督的原则；⑦ 实行安全、节约、计划用电的管理原则；⑧ 电力运行事故实行有过错赔偿原则；⑨ 法律责任对等原则；⑩ 对供用电监督人员、用电检查人员、电业工作人员以及承装（修、试）单位实行资格许可制度的管理原则。

《条例》全文共 9 章 45 条，其内容和条文按照政企职责分开，加强管理，明确责任，保障供用电双方合法权益的原则设置。对供电营业区、供电设施、电力供应、电力使用、供用电合同、监督与管理、法律责任等作出规定。根据《电力法》和《条例》确立的原则和授权，电力工业部颁布了《供电营业区划分及管理办法》《供用电监督管理办法》《用电检查管理办法》《居民用户家用电器损坏处理办法》《供电营业规则》5 个与之配套的行政规章，形成了供用电法律法规框架体系及严格的法律管理制度，电力供应和电力使用的经济活动纳入了法治轨道。

2016 年 2 月 6 日，国务院对《条例》进行了修订。删去第 9 条第 1 款中的“供电营业机构持《供电营业许可证》向工商行政管理部门申请领取营业执照，方可营业”。第 37 条第 2 款修改为：“承装、承修、承试供电设施和受电设施的单位，必须经电力管理部门审核合格，取得电力管理部门颁发的《承装（修）电力设施许可证》”。2019 年 3 月 2 日，国务院再次修订《条例》，将第 9 条第 1 款修改为：“供电营业区的设立、变更，由供电企业提出申请，电力管理部门依据职责和管理权限，会同同级有关部门审查批准后，发给《电力业务许可证》”，删去第37条第1款“在用户受送电装置上作业的电工，必须经电力管理部门考核合格，取得电力管理部门颁发的《电工进网作业许可证》，方可上岗作业”，第38条中的“供电营业许可证”修改为“电力业务许可证”。

三、《供电营业规则》的颁布

1953年8月29日，《供用电暂行规则》由政务院财政经济委员会批准颁发执行。此后于1963、1966、1972、1983年先后进行了4次修订[1]。1983年8月25日，国家经济委员会批准了《全国供用电规则》，同时还发布了《〈全国供用电规则〉条文解释》。

1995年12月28日，《中华人民共和国电力法》经八届全国人大常委会第十七次会议表决通过。1996年4月17日，国务院颁布了《电力供应与使用条例》。在立法过程中，按照建立社会主义市场经济体制和政企分开的原则，将《全国供用电规则》中电力供应与使用过程中的基本原则、权利义务、调整的法律关系及法律责任等条款，作为电力法律法规的重要组成部分，列入《电力供应与使用条例》中；将电力供应与使用活动中供用电双方的具体行为和操作程序进行了重新界定与规范，列入《供电营业规则》，作为《电力供应与使用条例》5个配套的行政规章之一，于1996年10月8日，由中华人民共和国电力工业部颁发施行。

《供电营业规则》全文共10章107条，包括总则、供电方式、新装增容与变更用电、受电设施建设与维护管理、供电质量与安全供用电、用电计量与电费计收、并网电厂、供用电合同与违约责任、窃电的制止与处理、附则等章节及条款内容。《供电营业规则》在对供用电业务及技术处理进行具体规范的同时，还对供用电双方的权利义务作出了明确规定。对供电质量标准、供配电设施的运行维护管理责任、供电企业对用户中止供电的程序、并网协议及并网电量购销合同、供用电合同的必备条款及形式以及承担违约责任的具体计算方法等方面的规定，《供电营业规则》比1983年颁布的《全国供用电规则》更具体，更便于实际操作。

《供电营业规则》是依法施行电力供应与使用而制定的规范性文件，对建立正常的供用电秩序、规范供用电活动中的经济关系和行为发挥了重要作用。

四、《供电营业区划分及管理办法》的颁布

1995年12月28日，八届全国人大常委会第十七次会议表决通过了《中华人民共和国电力法》。《电力法》第二十五条规定，供电企业在批准的供电营业区内向用户供电，供电营业区的划分应当考虑电网的结构和供电合理性等因素，一个供电营业区内只设立一个供电营业机构。1996年4月17日，国务院颁布《电力供应与使用条例》，对供电营业区的划分、设立、变更等内容作了原则规定，并授权国务院电力管理部门制定供电营业区划分和管理的具体办法。

---

[1] 4次修订后分别明取名为《全国供用电规则》《全国供用电规则（试行本）》《供用电规则（试行本）》《全国供用电规则》。

1996 年 5 月 19 日，电力工业部以第 5 号令颁布了《供电营业区划分及管理办法》（简称《办法》），于 1996 年 9 月 1 日起实施。

《办法》全文共 5 章 25 条，包含总则、供电营业区划分原则及分类、供电营业区申请与核准、供电营业区管理、附则，其主要内容：① 国家对供电营业区的设立、变更实行许可证管理制度。经国家核准的供电营业区是电网经营企业或者供电企业依法专营电力的地域。各供电企业都应按规定申请供电营业区及《供电营业许可证》。② 供电营业区原则上以省、地（市）、县行政区划为基础，根据电网结构、供电能力、供电质量、供电的经济合理性等因素划分确定。在一个供电营业区域内，只准设一个供电营业机构。③ 根据电网结构和行政区划不同，供电营业区分为跨省营业区、省级营业区、地级营业区、县级营业区共 4 类。④ 规定了申请供电营业区的条件及核准程序。跨省供电营业区由国务院电力管理部门核准，省级营业区、地级营业区、县级营业区都由省级电力管理部门核准，经核准后发给《供电营业许可证》。⑤ 供电企业不得越出核准的供电营业区供电。由于政治、军事、安全等原因，对供电质量有特殊要求或用电对供电质量产生严重影响的用户，可由省级以上电力管理部门指定的供电企业供电。

1997 年 5 月 22 日，电力工业部下发了《〈供电营业区划分及管理办法〉补充规定》（电政法〔1997〕283 号）（简称《补充规定》），进一步规范供电营业区的划分工作，确保供电营业区公正、合理地划分。《补充规定》明确要求各省（自治区、直辖市）电力局是本省（自治区、直辖市）电力管理部门履行职责，做好协调、核准和发证工作，并对申请不同类型供电营业区的条件、审查、核准的程序等内容作了补充。

五、《用电检查管理办法》的颁布

进入 20 世纪 90 年代，电力工业体制改革逐步推进，实行政企分开。1996 年 4 月 1 日，《中华人民共和国电力法》颁布实施。《电力法》授权供电企业对用户的电力使用情况履行检查职责，并接受国家电力管理部门的监督管理。

1996 年，电力工业部根据《电力法》和《电力供应与使用条例》的规定，按照政企分开的原则，制定了《供用电监督管理办法》和《用电检查管理办法》。其中，《用电检查管理办法》（简称《办法》）于 1996 年 8 月 21 日由电力工业部颁布，自 1996 年 9 月 1 日起施行。《办法》是供电企业履行《电力法》《电力供应与使用条例》规定的对用户的电力使用情况进行检查职责的重要依据。

《办法》全文共 6 章 25 条，对检查内容与范围、组织机构及人员资格、检查程序、检查纪律等作出了规定，明确用电检查实行按省电网统一组织实施，分级管理的原则，并接受电力管理部门的监督管理。与过去《用电监察条例》相比的根本区别是：① 实行政企分开，执行主体性质有别，由监察改为检查；② 对用电检查人员实行考核聘用制度。用电检查人员的资格分为一级用电检查资格，二级用电检查资格，三级用电检查资格 3 类，并由跨省电网经营企业或省级电网经营企业负责组织统一考试，合格后发给相应的用电检查资格证书；③ 严格了用电检查程序；④ 严肃了用电检查纪律。

《办法》规定的检查范围主要是用户受电装置。检查内容包括：用户执行国家有关电力供应与使用的法规、方针、政策、标准、规章制度情况；用户受（送）电装置工程施工质量检验；用户受（送）电装置中电气设备运行安全状况；用户保安电源和非电性质的保安措施；用户反事故措施；用户进网作业电工的资格、进网作业安全状况及作业安全保障措施；用户执行计划用电、节约用电情况；电能计量装置、电力负荷管理装置、继电保护和自动装置、调度通信等安全运行状况；供用电合同及有关协议履行情况；受电端电能质量情况；违章用电和窃电行为查处；并网电源、自备电源并网安全状况。

《办法》规定的用电检查程序与纪律：① 现场检查时，用电检查员的人数不得少于两人。在执行查电任务时，用电检查人员应向被检查的用户出示用电检查证。② 经现场检查确认用户有不符合安全规定或在电力使用上有明显违反国家有关规定的，用电检查人员应开具用电检查结果通知书或违章用电、窃电通知书。③ 现场检查确认有危害供用电安全或扰乱供用电秩序行为的，用电检查人员应按规定在现场予以制止。现场检查中确认用户有窃电行为的，用电检查人员应当场予以中止供电，并按规定追补电费和加收电费，必要时报请电力管理部门、公安机关或司法机关予以处罚。④ 用电检查人员必须遵纪守法，依法检查，廉洁奉公，不徇私舞弊，不以电谋私。违反规定的，给予经济的、行政的处分，构成犯罪的，依法追究刑事责任。

《办法》的颁布，规范了供电企业用电检查行为，促使供电企业依法履行好国家授予的查电职权，及时、有效地制止危害供用电安全和扰乱供用电秩序的行为，做到安全、经济、合理地供用电发挥了积极作用。2016 年 1 月，为贯彻落实党中央、国务院关于加强法治政府建设和推进简政放权、放管结合、优化服务的要求，营造良好营商环境，激发市场活力和创造力，国家发展和改革委员会发布第 31 号令，废止了《用电检查管理办法》。

六、《居民用户家用电器损坏处理办法》的颁布

20 世纪 90 年代，随着社会主义市场经济的发展和人民生活水平的不断提高，居民家用电器的使用日益普及，因居民家用电器损坏导致的纠纷也有所增加。

为保护供用电双方的合法权益，规范因电力运行事故引起的居民用户家用电器损坏的理赔处理，公正、合理地调解纠纷，根据《中华人民共和国电力法》《电力供应与使用条例》和国家有关规定，1996 年 8 月 21 日，电力工业部颁布了《居民用户家用电器损坏处理办法》（简称《办法》），自 1996 年 9 月 1 日起施行。《办法》全文共 15 条，对赔偿适用范围、赔偿程序、赔偿标准等相关内容进行了规范。

《办法》规定的赔偿范围是由供电企业以 220/380 伏电压供电的居民用户，因发生电力运行事故导致电能质量劣化，引起居民用户家用电器损坏时的索赔处理。电力运行事故是指在供电企业负责运行维护的 220/380 伏供电线路或设备上因供电企业的责任发生的下列事件：① 在 220/380 伏供电线路上，发生相线与零线接错或三相相序接反；② 在 220/380 伏供电线路上，发生零线断线；③ 在 220/380 伏供电线路上，发生相线与零线互碰；④ 同杆架设或交叉跨越时，供电企业的高电压线路导线掉落到 220/380 伏线路上或

供电企业高电压线路对 220/380 伏线路放电。

《办法》规定的主要赔偿程序及事项：当电力运行事故导致出现若干户家用电器同时损坏时，居民用户应及时向当地供电企业投诉，并保持家用电器损坏原状。供电企业在接到居民用户家用电器损坏投诉后，应在 24 小时内派员赴现场进行调查、核实、登记、取证。从家用电器损坏之日起七日内，受害居民用户未向供电企业投诉并提出索赔要求的，即视为受害者已自动放弃索赔权。经确认是供电企业责任的，由供电企业指定的或双方认可的检修单位检定认为可以修复的，供电企业承担损坏元件的修复责任。认为不可修复的，其购买时间在六个月及以内的，按原购货发票价，供电企业全额予以赔偿；购置时间在六个月以上的，按原购货发票价，并按各类家用电器平均使用寿命折旧后的余额，予以赔偿。使用时间以发货票开具的日期为准开始计算。在理赔处理中，供电企业与受害居民用户因赔偿问题达不成协议的，由县级以上电力管理部门调解，调解不成的，可向司法机关申请裁定。第三人责任致使居民用户家用电器损坏的，供电企业应协助受害居民用户向第三人索赔，并可比照《办法》进行处理。

《办法》的颁布为规范因电力运行事故引起的居民用户家用电器损坏理赔处理提供了依据，保护了供用电双方的合法权益。

七、《供用电监督管理办法》的颁布

随着《中华人民共和国电力法》《电力供应与使用条例》等配套法规的实施，逐步具备了按照政企分开原则对供用电活动进行监督管理的条件。1996 年 5 月 19 日，电力工业部颁布了《供用电监督管理办法》（简称《办法》），以加强电力供应与使用的监督管理。该《办法》于 1996 年 9 月 1 日起施行。

《办法》全文共 6 章 30 条，规定了监督管理、监督检查人员资格、电力违法行为查处、行政等内容。相比《用电监察条例》，《办法》在执行主体和对象上，将政企不分的电力部门对用户单方面的监督管理，改为由电力行政主管部门对电力企业和用户双方进行监督管理，保留并强化了行政监督管理职能，剔除了属于电力企业行为的内容。

监督管理职责包括：① 宣传、普及电力法律和行政法规知识；② 监督电力法律、行政法规和电力技术标准的执行；③ 监督国家有关电力供应与使用政策、方针的执行；④ 负责月用电计划审核和批准；⑤ 协调处理供用电纠纷，依法保护电力投资者、供应者与使用者的合法权益；⑥ 负责进网作业电工和承装（修、试）单位资格审查，并核发许可证；⑦ 协助司法机关查处电力供应与使用中发生的治安、刑事案件；⑧ 依法查处电力违法行为，并作出行政处罚。

监督检查人员资格：申请供用电监督资格者应具备下列条件：作风正派，办事公道，廉洁奉公；具有电气专业中专以上或相当学历的文化程度；有三年以上从事供用电专业工作的实际经验和相应的管理能力；经过法律指示培训，熟悉电力方面的法律、行政发挥好电力技术的标准以及供用电管理规章。供用电监督资格由个人提出书面申请，经申请人所在单位同意，县以上电力管理部门推荐，接受专门知识和技能培训，参加全国统一组织的考试，合格后发给供用电监督资格证。

电力违法行为查处：各级电力管理部门负责本行政区域内发生的电力违法行为查处工作。上级电力管理部门认为必要时，可直接查处下级电力管理部门管辖的电力违法行为，也可将自己查处的电力违法事件交由下级电力管理部门查处。对电力违法行为情节复杂，需由上一级电力管理部门查处更为适宜时，下级电力管理部门可报请上一级电力管理部门查处。电力管理部门对受理的电力违法事件，视其性质和危及电网安全运行的紧迫程度，可依法在现场查处，也可立案处理。

《办法》的颁布为从事供用电监督管理的机构和人员在执行监督检查任务时提供了法规依据，保障了供用电行为中各方合法权益不受侵害。2011 年 6 月 30 日，国家发展和改革委员会发布第 10 号令，对《办法》进行了修订，将第 29 条中“依照刑法第一百五十一条或第一百五十二条的规定”修改为“依照刑法有关规定”。

八、《中华人民共和国节约能源法》的颁布

1980 年，中国确定了“开发与节约并重，近期把节约放在优先地位”的能源发展方针；1986 年，国务院颁布了《节约能源管理暂行条例》，对于促进节能工作的开展发挥了积极作用。1996 年，八届人大四次会议批准的“九五”计划和 2010 年远景目标纲要中指出：能源工业要“坚持节约与开发并举，把节约放在首位”，并要求“加强节能立法和执法监督，制定节能标准和规范，强制淘汰高耗低效产品，大力推广高效节能产品。”

1997 年 11 月 1 日，第八届全国人大常委会第二十八次会议正式通过了《中华人民共和国节约能源法》（简称《节约能源法》），于 1998 年 1 月 1 日起施行。

《节约能源法》共 6 章 50 条，内容包括节能管理、合理使用能源、节能技术进步、法律责任等。该法将党和国家发展节能事业的一系列方针、政策，用法律的形式固定下来，明确提出节能是国家发展经济的一项长远战略方针，能源节约与能源开发并举，把能源节约放在首位的重要原则。要合理调整产业结构、企业结构、产品结构和能源消费结构，推进节能技术进步，降低单位产值能耗和单位产品能耗，改善能源的开发、加工转换、输送和供应，逐步提高能源利用效率，促进国民经济向节能型发展，并鼓励开发、利用新能源和可再生能源。要在基本建设、技术改造资金中安排节能资金，用于支持能源的合理利用以及新能源和可再生能源的开发；禁止新建技术落后、耗能过高、严重浪费能源的工业项目。制定节能标准与能耗限额的管理制度，对落后的耗能过高的用能产品、设备实行淘汰制度；建立节能产品标识制度，在用能产品或者其包装上使用节能质量认证标志。安排制定节能优惠政策，对节能示范工程和节能推广项目给予支持；鼓励开发先进节能技术，制定行业节能技术政策，发展、推广节能新技术、新工艺、新设备和新材料，限制或者淘汰能耗高的老旧技术、工艺、设备和材料。强化全国节能监督与检查工作，并规定违反《节约能源法》的法律责任。

《节约能源法》的实施取得了令人瞩目的成绩。单位产品、单位产值的能耗同《节约能源法》颁布之前相比大大降低，相同能耗的 GDP 产值大大提高。实施的第八年，单位

国内生产总值能耗由1998年的每万元1.56吨标准煤，下降到2005年的1.43吨标准煤（均为2000年可比价），主要用能产品单位能耗逐步降低，能源利用效率得到提高。节约能源产生了能耗量降低、能效提高、污染物排放量减少、环境改善、经济增长、国际形象提升、能源外交更加主动等一系列良性循环效应。

在进一步深化节能减排工作的环境下，2007年10月28日，第十届全国人民代表大会常务委员会第三十次会议通过了修订后的《节约能源法》，于2008年4月1日起正式施行。修订后的《节约能源法》明确规定："节约资源是中国的基本国策。国家实施节约与开发并举、把节约放在首位的能源发展战略。" 2016年7月2日第十二届全国人民代表大会常务委员会第二十一次会议《关于修改〈中华人民共和国节约能源法〉等六部法律的决定》对《中华人民共和国节约能源法》作出第一次修正。2018年10月26日第十三届全国人民代表大会常务委员会第六次会议《关于修改〈中华人民共和国野生动物保护法〉等十五部法律的决定》对《中华人民共和国节约能源法》作出第二次修正。

第二节 用电秩序的整顿与管理的加强

随着集资办电政策的持续落实，电力供需矛盾逐步趋于缓解。这一时期，电力部门强化集中管理，规范用电秩序。1990年，能源部、公安部联合开展反窃电专项整治，提高全社会对"电"的商品意识，增强了人民群众的法治观念和爱护国家财产的自觉性。针对当时农村地区随意加收和摊派不合理费用的突出状况，全国上下开展了多次电价电费整顿，在整治不正之风的同时，切实减轻了农民负担。社会电工的管理逐步规范，保证了电气作业人员的人身安全、企业生产和电气设备的安全。在电力分配政策调整下，电力部门落实"正常时间保工业，关键季节保农业，晚峰期间保照明"的工作方针，城乡人民生活照明用电得到保障。国家层面加强了国防军工特殊任务的供用电管理，保证了新形势下国防军工科研、生产、试验用电的需要。国家批准征收三峡工程建设基金，集中全国人民的力量支援三峡工程建设。同时，国家发布了多项电能质量标准和《用电安全导则》，供用电的安全管理得到加强。一系列的整顿和管理措施，促进了用电管理各项工作水平的提升，创造了良好的社会效益。

一、能源部与公安部联合下发严禁窃电的通告

20世纪80年代，电力供应十分紧张，生产建设和人民生活用电严重不足，但各地还普遍存在窃电现象，且有日趋加剧之势，全国一年被窃电量约达10多亿千瓦时。这种行为严重扰乱了供用电秩序，影响电力分配计划的正常实施，特别是在严重缺电情况下使宝贵的电力资源被无计划和无偿占用，直接影响了国家的财政收入，损害了国家利益，增加了社会不安定因素。

1990年5月28日，能源部、公安部联合公布了经国务院批准的《关于严禁窃电的通

告》（简称《通告》）。《通告》要求：① 全国城乡各企业、事业单位、机关团体和其他社会组织，要积极宣传和贯彻《全国供用电规则》，共同遵守和维护有关的法律、法规和规章；② 任何单位和个人不得有明令禁止的窃电行为；③ 供电部门对窃电行为，可视情况当即采取限制用电或停电措施，并按《全国供用电规则》规定处理，造成供电部门设备损坏的，窃电责任者还要照价赔偿或支付修复费用；④ 窃电构成违反治安管理情节的，公安机关可以依照《中华人民共和国治安管理处罚条例》（简称《条例》）有关规定予以处罚。窃电数额较大，情节严重，构成犯罪的，依法追究刑事责任；⑤ 检查窃电行为的工作人员必须持有专用证件，按章办事，被检查的用电单位和个人应予配合；⑥ 对持证查电的工作人员进行侮辱、殴打、非法拘禁或用其他方法威胁人身安全的，按照《条例》规定予以处罚，构成犯罪的，依法追究刑事责任。

《通告》公布后，各省电力、公安部门立即进行认真部署、层层贯彻。各省级广播、电视、主要报纸以及省以下的地方宣传机构做了广泛的宣传报道。全国城乡张贴《通告》185 万份，并以广播宣传车、电视专题片和给用户发送宣传卡等多种方式向群众宣传，做到家喻户晓，人人皆知。在强化用电管理的同时研究和推广行之有效的防窃电技术措施。各级电力部门根据两部要求整顿了检查用电队伍，全国共颁发《检查用电证》16.5 万张，建立了依法检查用电的工作程序和按电业规章制度的查处办法。在宣传贯彻《通告》的过程中，各级电力部门会同公安部门持续开展了联合的反窃电检查。1990 年下半年，河北、山西、吉林、黑龙江等 21 个省（自治区、直辖市）共出动 50 多万人次，查获窃电用户 8.5 万户，窃电量近 8000 万千瓦•时，追回电费 1410 万元，罚款 1922 万元；查获违章用电用户 5.2 万户，追补电费差价 1596 万元，罚款 1180 万元。1991 年 2 月，能源部对进一步深入贯彻执行《通告》的工作进行了再部署和再要求。

《通告》的公布营造了全社会谴责窃电行为的舆论环境，运用警企资源加大窃电处理力度，不仅对窃电分子起到了震慑作用，维护了正常的供用电秩序，而且极大地提高全社会对“电”的商品意识，增强了法治观念和爱护国家财产的自觉性。

二、农村电价电费的检查整顿

20 世纪 80 年代末，一些地区出现了向农民摊派、收费和集资等现象，加重了农民负担。不少地方农民负担增长已超过了其纯收入的增长，严重挫伤农民发展生产的积极性，损害了党群、干群关系。1990 年 2 月，《国务院关于切实减轻农民负担的通知》（国发〔1990〕12 号）下发，要求把减轻农民负担问题提到议事日程，作为当时治理整顿、加强廉政建设的一项重要工作认真抓好。同年 3 月 24 日，能源部召开全国农电工作会议，要求全面落实国务院“切实减轻农民负担”的指示精神，组织人员深入乡村，开展摸排调查，督导当地政府整顿农村电价电费，以实际行动落实国务院文件精神；同时联合国家物价局颁发《关于开展全国电价执行情况检查的通知》（〔1990〕价检字 545 号），部署全国性电价检查具体工作要求，坚决取缔一切违法违规收费。

1991 年，国家物价局和能源部分别于 4 月 21 日至 23 日，5 月 6 日至 8 日，在河北省邢台市和江苏省淮阴市组织召开全国（北、南片区）农村电价检查整顿现场会，提出整顿目标和重点工作：1991 年年内把 60%乡镇的农村照明电价降到当地合理水平，农村到户电价根据本地具体情况，在当时电价制度的前提下，实行分类综合电价；同时积极推广明码标价、电费公开、群众社会监督等行之有效的管理制度；完善农电财务制度，加强农村电能表计和电价、电费核收管理，逐步统一抄表卡、电费发票、抄表时间等管理措施。

各级地方政府统一领导，各级电力、物价部门密切配合，组织人员力量，广泛开展自查自纠工作。通过开展“优质服务达标竞赛”活动，将农村电价电费规范管理工作纳入活动考核内容；整顿农电机构，清理不合格农村电工；建立健全规章制度，对农村电价实行集中管理，统一账、卡、票据，统一抄表、核查、收费，公开电价，上墙公布农户用电情况，全面接受群众监督。同时，千方百计进行农电线路改造，提高电网质量，降低损耗，减少农民分摊费用等整顿措施，1991 年年底，全国农村到户照明电价平均由 0.45 元/（千瓦•时）下降到 0.35 元/（千瓦•时），65%的乡镇降到了当地合理水平，一年大约减少农民负担 13 亿元。国家物价局、能源部整顿农村电价和纠正不正之风的做法与成效受到了国务院纠风办的高度肯定，被国务院通报各部门、各省区市学习。

1993 年 3 月，能源部与国家物价局印发《关于进一步整顿农村电价切实减轻农民用电负担的通知》（能源经〔1993〕316 号），持续开展农村电价检查整顿工作：① 对涉农电价方面的文件进行全面清理，不符合物价法规、政策的加价收费，不管是哪一级部门制定的，一律停止执行，予以清除；② 规范集资办电政策性收费，对以集资办电为名的随电费加收费用和摊派，坚决取缔；③ 对以电谋私，用电不拿钱的“权力电、人情电、关系电”现象，发动群众检举、揭发，公开曝光，严肃处理；④ 加强农村电工的管理，防止窃电、防止少数农村电工利用收缴电费进行贪污；⑤ 继续落实国家对农业灌溉、排水用电的优惠政策，组织好农忙季节的生产用电和农业抗灾用电，做到用电指标、时间、电价三落实。1993 年 5 月，新成立的电力工业部继续开展整顿农村电价、减轻农民不合理负担活动。10 月 8 日，电力工业部下发《关于制止农村用电乱收费的通知》（电水农〔1993〕390 号），明确农村电费的项目组成，要求不合理部分严禁计入电费中收取，年底前要实现 80%以上的村电价达到合理水平。

1996 年年底，《中共中央国务院关于切实做好减轻农民负担工作的决定》指出：农民负担重的问题还没有从根本上解决，仍然是当前农民反映最强烈的问题之一，有些地方问题还相当严重。次年 3 月，电力工业部下发《关于检查、整顿农村电费减轻农民不合理负担的通知》（水农电〔1997〕22 号），继续开展全国性深化农村电费检查和整顿工作，严禁随意加收和摊派不合理费用，持续落实“电量、电价、电费”三公开和张榜公布的监督机制，多措并举，确保农村电价电费管理不放松，杜绝“权力电、人情电、关系电”等不正之风复发和蔓延，坚决将农村电价电费控制在当地合理水平之内。

经过几年不懈努力，整顿农村电价电费工作取得了阶段性成绩，截至 1997 年年中，在电力行业归口管理的 1668 个县（市）之中，73%的县实行了农村最高限价，电价电费行政村合格率达到 92.7%，电费张榜公布的村占 89.3%，全国累计减轻农民用电不合理负担近40亿元，得到中纪委监察部的充分肯定。

三、国务院批准随电量开征三峡工程建设基金

1984年4月，中共中央办公厅、国务院办公厅转发《关于开展三峡工程筹备工作的报告》（厅发〔1984〕43号），明确将葛洲坝电厂上交利润转作三峡工程建设基金（简称“三峡基金”），同时要求各有关地区、部门要从全局出发，关心、支援三峡工程建设。三峡工程需要大量资金，要多想办法，多开辟渠道加以解决。1991年12月，在征得国家计委同意后，财政部向水利部、能源部发布了《三峡工程建设基金收支使用管理办法》（〔1991〕财工字第429号），要求设立的三峡基金在中央财政预算中列收列支，专款专用。

为进一步筹集三峡工程建设资金，根据1992年国务院第205次总理办公会议决定，1992年12月财政部、国家计委、能源部、国家物价局联合印发了《关于筹集三峡工程建设基金的紧急通知》（〔1992〕财工字576号）。通知要求，从1992年1月1日起，在当年燃运加价[1]和用电加价的基础上，全国用电每千瓦·时征收3厘钱作为三峡基金。至此，随电量征收的3厘钱和葛洲坝电厂上交利润这两部分资金，共同作为三峡基金，专项用于三峡工程建设，在财政上列收列支，专款专用。任何部门和单位均不得截留、挪用。全国用电量每千瓦·时加收的3厘钱，由各省区市电力局（电管局）负责随电费一起征收。为收好、管好、用好这项基金，财政部等部委在《三峡工程建设基金收支使用管理管理办法》的基础上，制定了《三峡工程建设基金收支使用管理的补充规定》，作为《关于筹集三峡工程建设基金的紧急通知》（〔1992〕财工字576号）的附件发各部门、各地区同时予以执行。补充规定明确，三峡基金每千瓦·时3厘钱的征收范围为全国除国家扶贫的贫困地区农业排灌以外的各类用电量。县及县以下集资建设自行管理的孤立电网暂不征收。西藏自治区暂不征收。国家对三峡基金免征能源交通重点建设基金、国家预算调节基金和各种税费。三峡基金的征收、管理和使用接受财政、税务、银行、审计等部门的监督。

1993年2月，为了支持三峡工程建设，根据国务院的决定，国家物价局、能源部印发了《关于对城乡居民生活用电征收三峡工程建设基金的通知》（〔1993〕价工字41号），明确从1993年1月1日起，对城乡居民生活用电每千瓦·时征收3厘钱作为三峡基金，各地在征收工作开展的同时，对广大城乡居民用户做好宣传解释。

三峡基金的征收工作得到了国家的高度重视。1993年6月，国务院办公厅印发了《关于筹集三峡工程建设资金的通知》（国办发〔1993〕34号），要求各省、自治区、直辖市人民政府要从大局出发，服从国务院的决定，严格按规定的范围征交三峡基金，不得以任何理由减免和缓征。各有关银行对电力部门入库的三峡基金要及时汇入中央总金库，不得滞留和挪用。

1994年国家税制改革，根据国务院决定，将从1992年起全国范围内每千瓦·时电价外征收的三峡基金标准由3厘调高到4厘，同时按照《增值税暂行条例》，原价外征收的

[1] 1985年，提出了燃运加价政策，即在执行原目录电价的基础上，随燃料、运输价格调整相应加价的燃运加价方法。

三峡基金并入价内统一核算、单独反映，考虑到三峡工程的特殊性，免征城市维护建设税、教育附加费和所得税。开征增值税而减少的三峡基金，中央财政以拨款的方式给以补足。

1996 年 2 月，国家计委、财政部、电力工业部联合下发了《关于进一步筹措三峡工程建设资金的通知》（计价管〔1996〕277 号），明确为了保证三峡工程建设的顺利进行，经国务院同意，决定通过适当提高三峡基金征收标准和葛洲坝电厂上网电价，进一步为三峡工程筹措建设资金。自 1996 年 2 月 1 日起，三峡工程直接受益地区及经济发达地区的三峡基金征收标准从每千瓦•时 4 厘提高到每千瓦•时 7 厘。其中，对居民用电征收自 1996 年 4 月 1 日起执行。新增征收 3 厘钱的范围为湖北、湖南、河南、江西、广东、福建、浙江、江苏、上海、安徽、山东、北京、天津、河北、山西、四川共 16 省市（其中，对国家扶贫的贫困地区农业灌溉和县及县级以下集资建设、自行管理的孤立电网电量予以免征）。

1997 年 3 月，根据三峡工程和配套的输变电工程建设需要，经国务院批准，国家计委、电力工业部联合印发了《关于提高八省市三峡工程建设基金标准和葛洲坝上网电价的通知》（计价管〔1997〕463 号）。从 1997 年 3 月 25 日起，江苏、浙江、湖北、上海三省一市的三峡基金征收标准从每千瓦•时 7 厘提高到每千瓦•时 1.5 分。安徽、湖南、河南、江西四省的征收标准从每千瓦•时 7 厘提高到每千瓦•时 1.3 分。

2009 年 12 月 31 日，财政部、国家发展改革委、水利部联合印发《国家重大水利工程建设基金征收使用管理暂行办法》（财综〔2009〕90 号），决定将三峡工程建设基金向重大水利基金平稳过渡，保持三峡工程建设基金现行征收政策基本不变。该办法自 2010 年 1 月 1 日起执行，三峡工程建设基金同时停止征收。

国务院批准随电量开征三峡工程建设基金，是国家在一定时期内为三峡工程提供建设资金的重要举措，是在中共中央、国务院的统一领导下，汇聚各部门、各地区、各行业和全国人民的力量，集中力量办大事的一次集中体现，充分彰显了中国特色社会主义制度的优越性。三峡工程建设基金的收取，占三峡工程已完成投资额的一半左右[1]，已经成为三峡工程最为稳定的资金来源，在三峡工程建设中发挥着重要作用。

四、社会电工的统一管理

从 20 世纪 50 年代中期起，中国各级电力部门对工矿企业电工开始进行技术培训和安全教育，注重进网作业安全和作业实操能力的提高。20 世纪 60 年代中期，又开展了对农村电工的培训，取得了一定的实效。20 世纪 80 年代中后期，一些地区的社会电工管理出现了混乱现象，多家培训考核发证，但无人进行日常监督管理，造成专业化管理严重削弱，社会电工的技能水平明显下降，导致因社会电工违章作业造成的人身伤亡、电气设备损坏，进而引发用户停电事故明显上升，严重影响电力系统安全稳定运行。

为保证电网安全运行和人身、设备安全，加强社会上多层次电工作业人员的管理，

[1] 中国电力企业联合会编：《改革开放四十年的中国电力》，中国电力出版社，2018 年，第 29 页。

1988 年 2 月 21 日，国家标准局批准了 GB 8838—1988《电工作业人员安全技术考核标准》（简称《标准》），自 1988 年 10 月 1 日起实行。《标准》明确规定从事电工作业的技术人员、工程技术人员及生产管理人员，由劳动部门（或其指定的单位）和电业部门分别对其进行培训、考核、发证，电力系统和在用户受送电装置上从事电工作业的人员，由电业部门负责。

1988 年 3 月 28 日，水利电力部颁发《关于贯彻执行〈电工作业人员安全技术考核标准〉的通知》[（88）水电电生字第 21 号]，要求各地电业部门要在地方政府的领导下，按照《标准》的规定对电工作业人员进行管理。对明确属于其他部门管理的电工，也要给予积极支持和配合。

1991 年 9 月 5 日，能源部电力司印发《关于加强对社会电工管理工作的通知》（电用〔1991〕99 号）（简称《通知》）。要求各地切实把社会电工管理作为电力部门进行行业管理的一项重要职能，按《标准》的规定，把社会电工培训、考核、发证和日常监督管理工作做好，对尚未按《标准》进行管理的，必须予以纠正，以确保电力系统和广大用户的公共安全。在清理整顿社会电工管理中存在的培训机构混乱、师资队伍不正规，培训教材和学时不统一、培训收费过高等问题的基础上，组织力量进行重点检查并研究社会电工管理的规范化问题。

1992 年 9 月 3 日，能源部颁发了《进网作业电工管理办法》（能源部令第 9 号）（简称《办法》），要求对企业、集体、个人社会电工进行技术培训和安全培训，经电力部门培训、考核通过后，发放“电工进网作业许可证”后，方准进网作业。“电工进网作业许可证”由国务院电力主管部门或其授权单位统一监制，地（市）、县（市）电力部门签发，全国通用。之后，能源部编制下发了《进网作业电工培训教材》和音像制品。

各地供电部门陆续制定相应管理办法或细则，开展社会电工的培训、考试和发证工作，以加强管理工作。如 1992 年，贵州省电力工业局批准贵州电力学校、贵阳电力技工学校、贵州省电力职工教育培训中心承担进网作业电工的培训任务。1993 年，江西省电力工业局下发《关于加强用户电工管理、培训的通知》，南昌、九江、景德镇等供电地区陆续恢复社会电工培训、考试和发证工作，对社会电工进行规范管理。同年，吉林省电力工业局成立进网作业电工管理办公室，与省监察厅、劳动厅联合下发《关于加强电工培训管理的通知》，颁发《吉林省进网作业电工管理暂行规定》。1994—1997 年，全省共培训进网作业电工 5.57 万人 • 次，年检 7.63 万人 • 次，1994 年、1996 年、1997 年三年考核、发证及年审 5.66 万人 • 次，吉林省进网作业电工管理步入正轨。

电力部门对用户电工的统一管理，为保证电气作业人员的人身安全、企业生产和电气设备的安全，提高用户电工的技能水平，保障电力系统运行和广大用户的用电公共安全，发挥了重要作用。

2005 年，国家电力监管委员会颁布《电工进网作业许可证管理办法》（电监会 15 号令），明确由国家电力监管委员会负责组织全国电工进网作业许可考试、指导，监督全国电工进网作业许可证的颁发和管理。2017 年，《国务院关于取消一批行政许可事项的决定》

（国发〔2017〕46 号）印发，取消了电工进网作业许可证的考核发放，整合由安全监管部门考核发放特种作业操作证（电工）。2018 年 11 月 11 日，国家发展改革委发布第 20 号令，宣布废止《电工进网作业许可证管理办法》（国家电力监管委员会令第 15 号）。

五、城乡居民生活照明用电列入计划保障

党的十二大提出了到 2000 年力争全国工农业年总产值翻两番、人民的物质文化生活达到小康水平的战略目标，广大人民社会主义建设的积极性普遍高涨，国民经济快速发展，同时人民群众对物质文化生活的需求也不断增加。1991 年，全国城镇居民人均生活费收入为 1570 元，比上年增长 13.2%，农村居民人均纯收入 710 元，比上年增长 3.5%。居民收入水平的逐渐提高，人民群众的温饱问题基本得到解决，家用电器逐步由奢侈品转变为日常消费品，广播电视迅速普及，城乡居民对正常可靠供电的要求极为迫切。但是，由于长期以来电力供需矛盾突出，电力分配上又存在“重生产、轻生活”倾向，城乡居民特别是广大农村人民群众晚上几个小时的照明和看电视用电，往往得不到保证，晚高峰停电的情况仍时有发生，群众意见很大。为此，能源部要求贯彻落实“人民电业为人民”的宗旨，真心实意为群众办实事，采取得力措施，把保证城乡人民基本生活用电作为一件大事来抓。

1991 年 8 月，能源部下发了《关于保证城乡人民生活照明用电的决定》（能源办〔1991〕694 号）（简称《决定》），要求：① 凡电网供电的地区，供电部门都要切实保证城乡居民基本生活用电，不得对城乡居民生活用电的配电线路随意拉闸停电；② 抓紧电站、电网建设和设备的检修维护，努力增强调峰能力，努力做好自身的躲峰和降低自身电力消耗，做到安全、稳发、多供，为保证城乡居民生活用电提供条件；③ 将城乡居民生活照明用电列入计划、落实指标，保证城乡居民生活照明必需的电力、电量指标的落实，尤其要把保农村照明用电落实到每条线路、每个村镇、每户农民；④ 主动搞好服务，尽力加快城乡居民用电报装接电速度，使新建居民住房能够及时供电；⑤ 大力宣传计划用电和节约用电，对于高耗电的家用电器（电炊具、电加热装置、空调器等）按国家有关规定予以适当控制；⑥ 通过“三公开”[1]、设置监督电话等多种形式接受社会舆论和群众监督。1992 年 5 月下发了《关于进一步做好保证城乡人民生活照明用电工作的通知》（能源办〔1992〕522 号），提出“正常时间保工业，关键季节保农业，晚峰期间保照明”的方针，要求通过深入细致的工作，提高城乡人民生活照明保证率；加强计划用电工作，强化用电负荷管理，减少拉闸限电现象；把保证城乡人民生活照明用电的工作制度化。

自 1991 年 8 月《决定》实施以来，各网局、省局不断挖掘电网潜力，开源、节流两手抓，以确保城乡居民生活用电得到保证。在开源方面，加强发供电设备管理，努力多发电多供电；在节流方面，利用电力负荷控制装置强化用电负荷管理，将避峰、错峰让电的负荷全部用于居民生活用电。山东省将全网削峰和厂用电避峰的负荷全部用于生活照明用电，并辅以电力负荷定量装置的控制手段保证避峰措施的实现。在电网调度上实行“死指

[1] “三公开”是指向用户公开电量、电价、电费。

标活调度”，将每天“活调度”挖出的负荷全部投向照明用电。浙江省晚峰期间安排工业让电，全面实行“乡长负责、电量包干、负荷到线、电量到乡、定额到厂、责任到人、奖罚结合”，农村照明用电率在全国处于领先水平。天津市每月组织加工电10万千瓦，加上自备电厂等高峰期间的多发电，来增加电力负荷供应。同时，组织工业企业避峰、错峰让电，对部分超用电指标的双保企业在照明时间压负荷10%～15%。湖南省首先保证农业生产关键季节的抗旱排涝用电，同时把城市生活照明用电指标列入计划保障，农村居民生活用电从1991年10个保照明试点县的基础上扩大到1992年的20个。江苏省采取“以点带面”的做法，省局抓一个市，市局抓一个县，县局抓一个乡（镇），乡（镇）要抓一个村，以全面确保城乡居民的照明用电。

在保证城乡人民生活照明用电工作中，各地电力部门克服各种困难，因地制宜制定切实可行的办法和措施，做了大量工作，在满足人民物质文化生活水平迫切需求的同时，密切了党群关系、促进了安定团结、调动了人民群众建设社会主义积极性。

六、国防军工特殊任务的供电保障

进入20世纪80年代，随着改革开放的深入和国防现代化建设的加强，国防军工用电对供电质量提出了更高的要求。星弹发射任务频繁，阶段性的突击保电任务随时都可能发生。在新的尖端科研、生产、试验任务中，一旦发生供电中断，将会给国家造成重大的政治、经济损失。新形势下，特殊任务用电的供电保障任务十分艰巨、复杂。

1990年7月6日至12日，能源部在四川省西昌市召开了全国国防军工供用电工作会议。会议要求在新形势下做好国防军工供用电管理工作，保障特殊任务的供电，必须要在提高认识的基础上，落实组织，完善制度，建立健全国防军工供用电的日常管理体系；做好国防军工单位的电力分配，按军品优先的原则，全力保障军工产品的科研、生产、试验用电以及卫星导弹发射试验用电；改造和整顿经常承担保障安全供电的线路和变电设备，从技术装备上解决承担星弹发射等特殊任务的国防军工用电单位安全供电的可靠性。会上，对1979年颁发的《国防军工供用电管理办法》进行了讨论与修改，增加了特殊任务用电的相关内容。

1990年12月5日，能源部颁发了修订后的《国防军工供用电管理办法》（能源电〔1990〕1075号）。修订后的《办法》增加了“特殊任务用电”一章，主要明确：① 执行特殊任务的用电单位根据任务所涉及的范围，向当地电力部门提出特殊任务用电申请，供用电双方签订协议；② 特殊任务用电需临时增加的用电指标，电力部门可从指导性电量中优先安排；③ 在执行特殊任务期间，用电单位可委托电力部门检查、维修其供电设施。另外，《办法》还对“保守国家秘密”部分进行了充实完善，增加了国防军工供用电保密的范围、专用保密手册的使用规范等具体要求，便于实际执行。

1992年2月，能源部电力司又下发了《关于加强国防军工供用电管理的通知》（电用〔1992〕16号），要求进一步加强国防军工特殊任务供用电工作的管理，做好为国防军工特殊任务用电的服务，保证安全用电。各地电力部门落实通知有关要求，主要采取了以下措施：① 将特殊任务的供用电工作列入各级电力部门的议事日程，建立健全必要的制度，明确各级主管部门的职责；② 对用户申请特殊任务的供用电需求，进行认真研究，提出保证安全供电的方案，与用户签订“特殊任务供用电协议书”，并贯彻实施；③ 受理用户特殊任务用电申请后，协调内部关系，通力合作，做好供电工作，保证特殊任务的圆满完成，在执行特殊任务的保电过程中，对各工作环节做好详细记录，并随时向主管上级汇报。

加强国防军工特殊任务供用电管理工作，保障了新形势下国防军工科研、生产、试验用电的需要，保守了国防军工的秘密，为国防军工特殊任务的完成作出了贡献。

七、电费回收工作的加强

从 1989 年开始，全国欠收电（热）费大幅度上升，1989 年末达 17.1 亿元，1990 年末上升到 33 亿元，1991 年 10 月又上升到 49.6 亿元。造成欠费剧增的主要原因有“三角债”困扰和企业资金周转困难等，也有少数用户受“拖欠有理、欠费有利”的观念影响，用电后不履约付款，致使电费拖欠情况日趋严重，危及电厂的正常运行，影响电力投资与电网的安全稳定运行。

1991 年 12 月 20 日，为扭转电费拖欠严重的情况，能源部、财政部、国务院生产办公室、中国人民银行联合下发《关于进一步抓好电（热）费回收确保财政收入的通知》（能源经〔1991〕1111 号）（简称《通知》）。《通知》强调：① 电力、热力均是商品，必须坚持商品交换原则，用电、用热要及时交费。所有各类用户，都不得拖欠电（热）费；② 任何部门和地方，不得擅自决定电（热）费记账和豁免电（热）费，不得擅自截留电（热）费收入，不得以不适当的行政手段干预阻挠电力企业的正常经营；③ 电业部门要牢固树立人民电业为人民的思想，紧紧依靠地方政府，与各部门互相配合，加强营业管理，认真做好抄表、收费工作，特别要注意向用户宣传电价政策。

1992 年 4 月 15 日，为抓紧落实《通知》要求，能源部特别组织制订了《加强电费回收管理暂行规定》（能源经〔1992〕375 号），并颁发试行，明确：① 电费回收工作实行谁供谁收，分级管理，回收与清欠相结合的原则；② 电费回收与用户的用电申请、计划用电管理相结合，严格执行电费滞纳金制度；③ 为防止电费前清后欠或长期拖欠，电力企业应根据商品交换和互不占用资金的原则及用户信用程度，改革电费收费方式，确定电费结算方式，并对大宗工业用电要坚持每月分次划拨电费的规定。

各级电力部门根据《加强电费回收管理暂行规定》的要求，加大电费回收力度，千方百计克服困难，扎扎实实奋力收费。截至 1993 年 5 月，全国累计欠费 29.7 亿元，其中 1993 年 1～5 月新欠电费 15.29 亿元，1992 年及以前陈欠电费 14.45 亿元。

1993 年 7 月国家出台电价调整政策，并要求从当年 4 月开始计收，补收电费难度很大。部分亏损企业、军工企业资金紧张，相互拖欠增加，难以足额交清电费，拖欠电费又大幅增加。1993 年 8 月，电力工业部在北京召开了全国电费工作会议，要求各网省电力企业 1991 年以前欠费全部收回结零，1992 年欠费收回 50%，1993 年电费月结月清。

根据全国电费工作会议精神要求，各级电力部门转变观念，重视用电营业工作，加大电费回收力度，采取了相应措施：① 各供电局建立约束机制，成立以局长第一负责人的催费领导小组，把考核指标分解承包到所、站（班、组）和个人，一级考核一级，激励基层领导和职工奋力收费；② 电费抄收人员发扬“千言万语、千辛万苦、千方百计”的“三千”精神，勤跑、勤催、勤宣传，有理、有节、有据地把电费收回来。供电企业广大职工采用在储蓄所设收费点、上门收费、委托银行、储蓄所代收、收取滞纳金、煤电费互抵、债务转移、预付电费等措施开展电费回收工作。对于少数长期拖欠电费、金额巨大且屡催不交的重点欠费大户，由局长或分管副局长亲自出面到拖欠电费的企业催收，对实在久拖不交的欠费大户，甚至有的用电处长带着干粮住到欠电费单位催收；部分供电企业还成立了煤款电费抹账[1]工作领导小组；③ 供电企业采取一厂一策方式回收陈欠电费。对尚在生产的企业要求做到新电费不欠，旧电费签订还款协议，按月兑现。对停产企业密切关注其动向，采取以土地、资产抵交电费；对于准备复工的企业要求归还部分旧欠电费，新电费不欠，其余旧欠电费逐步归还。对个别企业采取还旧账的办法，避免形成呆死账；④ 开展舆论宣传，坚持依法收费。如吉林省局局长，分管局长多次向省长、主管副省长汇报电费收缴工作遇到的困难，引起省政府的高度重视，并组织有关部门到欠费多的吉林市现场办公解决欠费。各地在采取拉闸停限电催缴电费时，都严格遵循部规定的程序办事，做到“一通知、二警告、三拉闸”，使催费停限电做到了有理、有据、有度。

通过各级电力部门员工的努力，截至 1994 年 1 月 15 日，北京、天津、河北、山西、内蒙古、山东、云南、福建、海南、上海、江苏实现 1993 年和陈欠电费全部结零；河南、江西、安徽、浙江、四川、广东实现 1993 年电费结零，陈欠电费收回 50%以上；青海、宁夏、湖南、湖北、陕西当年电费未结零，但陈欠电费收回 50%以上。另外，各省电力企业还追收回因燃运并轨电价出台前需补收的电费 50 多亿元。由于一些客观因素和主观原因，13 个省（自治区、直辖市）未实现电力工业部规定目标，1994 年继续按全国电费回收工作会议提出的目标要求开展电费回收工作。

按期回收电费是维护国家利益、维护电力企业和电力客户利益的需要，保障国家财政收入，维持简单再生产，实现扩大再生产，促进电力企业更好地完成发、供电任务，满足了国民经济发展和人民生活的需要。

八、电能质量国家标准的发布

电能质量事关公用电网和用户设备的安全经济运行，保证电能质量既需要供电方的重视与投资，也需要用电方的参与及合作。从行政文件约束、到部分技术标准规定、再到制定电能质量国家标准，并陆续将其纳入法律法规，中国在保障电能质量方面经历了长期的探索与实践，逐步实现规范化、制度化、标准化。1953 年，政务院财政经济委员会批准的《全国供用电规则》中对频率偏差、允许的电压波动作出规定。随着各行各业的用电需

[1] 煤款电费抹账：对于供电企业的电厂，供电企业拖欠煤矿的买煤款，煤矿拖欠供电企业电费，引起的来往款直接抹帐；对于非供电企业的电厂，供电企业拖欠非供电企业的电厂的上网电费、煤矿拖欠供电企业电费、非供电企业的电厂拖欠矿煤款，这部分“三角债”通过合作抹账收回电费。

求不断增加、大容量的用电设备接入电网，根据长期供用电管理实践，在历次《全国供用电规则》修订时，电压和频率的要求也不断得到规范调整。

1978 年，中国成立了全国电压电流等级和频率标准化技术委员会（简称标委会）。标委会成立初期主要集中于制定电压电流等级和频率的标准，如 GB 156—1980《标准电压》和 GB 1980—1980《电气设备额定频率》，但这些标准并没有电能质量指标进行规定。

随着改革开放的深入，中国在生产生活中大规模使用大容量的用电设备，非线性、不平衡、冲击负荷大量接入电网，这类具有干扰性负荷的设备若未治理直接接入电网后，会导致电网产生谐波、电压波动与闪变、三相电压不平衡等电能质量问题，从而引发电力系统运行事故。如 1985 年 8 月 3 日，由大同北郊变电站的丰沙大电气化铁道四个电铁牵引站所产生的谐波和负序电流进入大同二电厂，使 2 号发电机 BFL－5A 负序电流保护动作而跳闸，造成向首都供电中断，导致北京发生大面积停电事故[1]。《全国供用电规则》中关于“用户端的电压与频率质量标准”已难以应对越发复杂的电能质量问题，亟需制定更加规范、细致的电能质量标准。

1990 年，国家技术监督局发布了 GB 12325—1990《电能质量　供电电压允许偏差》和 GB/T 12326—1990《电能质量　电压波动和闪变》两项国家标准。

1993 年，国家技术监督局批准了 GB/T 14549—1993《电能质量　公用电网谐波》，规定了谐波电压限值、谐波电流允许值以及测量谐波的方法，为中国公用电网谐波管理提供了有效的依据。

1995 年国家技术监督局发布了 GB/T 15543—1995《电能质量　三相电压允许不平衡度》和 GB/T 15945—1995《电能质量　电力系统频率允许偏差》。GB/T 15543—1995 规定了电力系统公共连接点正常电压不平衡度不允许超过 2%，以期降低电能损耗、减少系统零序电流、防止继电保护设备误动、保证用电设备安全运行。GB/T 15945—1995 规定了电网频率偏差的限值，弥补了 GB 1980—1980《电气设备额定频率》中缺少频率允许偏差值的计算及统计方法的问题。

1996 年颁布的《电力法》中，要求供电企业应当保证供给用户的供电质量符合国家标准。1998 年，电力部印发《电网电能质量技术监督管理规定》（电综〔1998〕211 号），明确指出公用电网供到用户受电端的交流电能质量应符合供电频率允许偏差、供电电压允许偏差、供电电压允许波动和闪变、供电三相电压允许不平衡度、电网谐波允许指标五方面的国家标准。1999 年颁布的《中华人民共和国合同法》要求供用电合同中一般应包含电能质量相关条款。

此后，电能质量国家标准不断得到补充和完善。截至 2002 年，中国已发布的主要电能质量标准有：

GB 12325—1990《电能质量　供电电压允许偏差》

[1] 林海雪，中国电源学会电能质量专业委员会：《分布式发电、智能微电网与电能质量——第三届全国电能质量学术会议暨电能质量行业发展论坛论文集》，2013 年，第 14 页。

GB 12326—2000《电能质量　电压波动和闪变》

GB/T 14549—1993《电能质量　公用电网谐波》

GB/T 15945—1995《电能质量　电力系统频率允许偏差》

GB/T 15543—1995《电能质量　三相电压允许不平衡度》

GB/T 18481—2001《电能质量　暂时过电压和瞬态过电压》

电能质量国家标准的发布对规范和改善中国的电能质量，确保发电机组、电网和用电设备安全稳定运行，保障国民经济发展和科学技术进步方面发挥了重要作用。

九、国家标准《用电安全导则》的发布

20 世纪 80 年代，触电事故在所有工伤事故中占有相当高的比例，农村和城市居民触电伤亡频发。电气火灾事故位列火灾事故的第二位，仅次于一般明火事故，造成的损失相当严重。为此，1987 年国家技术监督局将编制《用电安全导则》的课题列为国家标准重点项目之一，由全国电气安全标准化技术委员会归口，并由劳动部把此科研任务下达给上海市劳动保护科学研究所。经标准编制组近四年的努力工作，广泛收集资料、进行调研和征求意见，于 1991 年年底完成标准的编制工作[1]，1992 年国家技术监督局发布 GB/T 13869—1992《用电安全导则》（简称《导则》），于 1993 年 5 月 1 日起实施。

《导则》共有 4 个章节和 1 个附录，对适用范围、用电安全的基本原则、用电安全的基本要求、电气装置的检查和维护安全要求等做了规定。附录补充了电击防护的基本措施。《导则》适用于交流额定电压 1000 伏及以下、直流 1500 伏及以下的各类电气装置的操作、使用、检查和维护。《导则》的核心内容：提出了“直接接触防护”“间接接触防护”“热效应防护”的基本原则；规定了用电单位应遵守的基本规定、电气装置使用前后的注意事项、用电设备的安全使用方法、人身触电或电气火灾防护措施等基本要求；规定了电工作业人员应具备的资质条件及现场电工作业要求、电气装置修复或停止使用时的条件及操作等电气装置检查和维护要求。《导则》还为各类设备、产品、场所的具体安全要求和措施提供了标准依据。

随着经济快速发展，用电量急剧增长，电气装置和用电设备的应用也越来越广泛，《导则》已不能完全适应中国形势发展的需要。2008 年和 2017 年，国家对《导则》进行了两次修订，国家标准化管理委员会发布的 GB/T 13869—2017《用电安全导则》，于 2018 年 7 月 1 日起实施。

《用电安全导则》是安全用电的基础性和指导性标准，为各行业电气产品的正常使用和管理提供了原则性的安全要求，对于有效防范或减少电击伤亡、电气火灾、电气设备和电气装置损坏等事故的发生具有重要指导意义。

---

[1] 国家标准《用电安全导则》修订编制说明，第 1、2 页。

第三节　电力需求侧管理的起步

改革开放后的中国国民经济持续快速发展，社会用电需求不断增大，电力供给满足不了国民经济增长和人民生活的需要。20 世纪 90 年代初，电力需求侧管理的概念被引进中国。在电力主管部门的组织下，中国的电力需求侧管理开始起步。建立了节能宣传周活动常态机制，实施绿色照明工程，重点推广 10 项节约用电技术措施，相继发布并应用家用电器能效标准。20 世纪 90 年代中后期，电力供应形势趋于缓和，需求侧管理工作重点转向对用电负荷的管理，保障电网安全、稳定、经济运行。通过近 10 年的发展，电力需求侧管理进一步得到政府、电力部门和用户的重视，从中央到地方各级政府部门出台了各项推动电力需求侧管理、加快电力负荷管理系统建设的相关政策，助推了电力需求侧管理的发展。

一、电力需求侧管理概念的引入

20 世纪 70 年代，北美、欧洲等发达国家兴起了电力需求侧管理（Demand Side Management，DSM），采取有效的激励措施及适宜的运作方式，引导电力消费者改变用能方式和时间，使资源得到优化配置的活动。

20 世纪 90 年代初，需求侧管理与综合资源规划[1]一起被引进到中国，引起了政府部门和科研机构的高度重视。在组织向国外专家进行学习交流的基础上，相关部门陆续开展了电力需求侧管理试点研究和示范工程建设、宣传培训和经验交流、节电调荷技术推广应用等工作。1993 年，电力工业部组织丹麦电力需求侧管理专家在南京卷烟厂、无锡机床厂等企业，对照明系统、压缩机、风机类设备进行电能使用考察审计；1994 年又组织电力需求侧管理专业人员考察学习，邀请国外需求侧管理专家来国内培训，大力推广电力需求侧管理，并与丹麦电力公司进行合作，开展世界银行技术援助计划——江苏电力需求侧节能项目的研究。1996 年，电力工业部与日本、美国、加拿大、法国、意大利的电力公司开展合作，对石家庄、武汉、重庆等城市的电力负荷管理技术及应用情况进行考察和诊断，并开展电力需求侧管理的技术讲座与经验交流，同时派出专家赴德国、法国、意大利、美国、加拿大、日本的电力公司进行考察学习。通过一系列的学习和交流，政府和电力部门逐渐意识到“三电”管理与电力需求侧管理，在管理角度、实施方式方法等方面都存在本质区别，前者以行政手段为主，后者则以经济和技术相结合的市场化手段为主。

政府和电力部门积极引导推行需求侧管理工作。1992 年，在国家计委的指导下，深

[1] 综合资源规划（Integrated Resource Planning，IRP）：一种把电力需求侧资源与电力供应侧资源同等对待的资源规划方法，又称最小成本电力规划。

圳市能源集团公司在深圳电网开展了采用综合资源规划方法进行需求侧管理的试点研究。1994 年，国家计委、国家经贸委和电力部在郑州召开的全国节约用电会议上，号召推广应用电力需求侧管理，学习国际上行之有效的综合资源规划方法、需求侧管理方法等，把节电作为新的电力资源像电力建设一样纳入电力发展规划和节能规划，并要求加强需求侧管理，促使用户对负荷进行削峰填谷。1996 年 7 月，国家计委批准了胜利油田电网开展综合资源规划和需求侧管理试点研究的立项申请，1997 年正式实施。通过一年实践，最高负荷得到抑制，负荷曲线得到明显改善，电力最高负荷由 1997 年规划值 1133 兆瓦降到实际的 1087 兆瓦。作为首次以大型电力用户作为需求侧管理的实施主体，该项目把需求侧管理推进到实施阶段，开创了中国在大型终端用户应用需求侧管理技术的先河。1997 年 12 月，国家电力公司成立了电力需求侧管理指导中心，负责电力需求侧管理的政策研究、宣传培训、技术推广、信息交流等工作。

电力需求侧管理概念的引入，从根本上改变了单纯依靠增加能源供应来满足需求增长的传统观念，有效缓解电力供需矛盾和能源供应压力。

二、绿色照明工程的实施

20 世纪 90 年代初美国首先提出了“绿色照明”的概念。中国是较早接受“绿色照明”概念，并全面推广绿色照明工程的国家之一。

自 1993 年起，中国政府开始对绿色照明工程开展论证工作，并在上海、广东、北京等地区组织制定开展绿色照明工程的试点方案。1995 年 6 月，中国科协组织中国照明学会、中国电工技术学会和中国建筑学会对《中国推进绿色照明工程之提案》进行了论证，国家计委能源研究所对《中国绿色照明工程实施方案》进行了前期研究与设计。

1996 年 5 月国家经贸委会同国家计委、国家科委、中国轻工总会、电子部、电力部等部门和单位组建了中国绿色照明工程实施协调管理机构，四川、河北、北京、陕西及国内贸易部等一些地方和部门成立了绿色照明领导小组、办公室及促进高效照明电器产品推广的机构，指导本地区、本部门绿色照明工作的开展。

1996 年 9 月 18 日，为落实“资源开发与节约并举，把节约放在首位”[1]的方针，促进经济增长方式由粗放型向集约型的转变，做好“九五”时期的节能工作，国家经贸委以国经贸资〔1996〕619 号文件印发了《“中国绿色照明工程”实施方案》，推进“中国绿色照明工程”实施。实施方案指出虽然中国电力工业发展速度很快，但电力供应不足和用电效率低的状况依然比较严峻，并且在相当一段时期内将继续存在。推行终端节电技术节约电能，是改善电力负荷紧张状况的主要途径。中国照明用电量约占总发电量的 10%，且以低效照明为主，是终端节电的主要对象之一。照明用电大都属于峰时用电，因此，照明节电具有节约电量和缓和高峰用电的双重作用，对提高企业经济效益、保证电网安全运行也具有重要意义。实施方案确定了中国绿色照明工程的主要内容和重点工作，实施绿色照

[1] 《中华人民共和国节约能源法》，第 4 条。

明工程的主要目的，即发展和推广高效照明器具，逐步替代传统的低效照明器具，节约照明用电，建立优质高效、经济舒适、安全可靠、有益环境和改善人们生活质量、提高工作效率、保护人们身心健康的照明环境，以满足国民经济各部门和人民群众日益增长的对照明质量、照明环境和减少环境污染的需要。

1996 年 10 月，“中国绿色照明工程北京展示中心”正式成立，18 个省区市的 74 家照明电器企业参加了展示活动，向社会宣传了绿色照明工程动态和科普知识。同月，该展示中心办公室向联合国开发计划署申请的中国绿色照明工程能力建设的技术援助项目获得批准，项目赠款 99 万美元，用于中国绿色照明的实施工作。

1997 年，绿色照明工程加快推进，中国绿色照明工程办公室等机构组织开展了高效照明产品质量市场调查；国家经贸委和有关部门组织启动了高效照明产品性能标准和能效标准的制定，研究制订了两项强制性国家标准、两项推荐性国家标准和中国第一个照明产品能效标准。同时政府加大对科研和技术改造的支持力度，到“九五”末期，中国高效照明产品的生产能力、产品产量和技术装备水平得到显著提高，有力地促进了中国绿色照明工程的实施。

1998 年 5 月，中国绿色照明工程办公室与地方经贸委联合，开展“照明产品质量承诺制”试点。在北京、上海、南京、郑州四个城市的 5 家大型商厦或灯具专卖店，设立了“中国绿色照明工程质量承诺制”柜台，引导用户使用高效照明产品。之后，绿色照明工程得到快速推进。根据“中国绿色照明工程”实施效果的评估报告，“九五”期间，共推广高效照明电器产品 14 多亿只，实现照明终端节电量 257 亿千瓦·时，可减少装机容量 480 多万千瓦，相当于减少电力投资 400 多亿元。

2001 年 10 月 10 日，国家经贸委在《资源节约与综合利用“十五”规划》中，将高效电光源及镇流器技术列为“十五”重点发展的节能技术，将绿色照明示范工程列为“十五”期间组织实施的重大示范工程之一，以进一步完善和巩固中国可持续的高效照明市场及服务体系。

中国绿色照明工程无论是在促进照明电器行业技术进步、提高产品质量、完善有关标准、扩大产品市场方面，还是在促进节能环保工作，提高人们生活水平等方面都作出了贡献，取得了有益的经验，成为一项在中国影响面广、促进可持续发展的样板工程。

三、节能宣传周活动常态机制的建立

1990 年 12 月，国务院召开的第六次节能办公会议指出，从“七五”期间节能工作的实际进展情况和 1990 年资源节约与综合利用有关法规执行情况来看，仍然存在对节能降耗工作的重要意义认识不足的问题。重开发、轻节约；重速度、轻效益；重产量、轻物耗的现象还没有从根本上改变。另一个值得重视的问题是，宣传教育工作和全民节能意识的缺乏造成了许多不应有的能源浪费。因此，会议确定了从 1991 年开始，全国在每年 10 月的第 2 周举办节能宣传周活动。

1999 年全国节能宣传周活动延至 11 月初，安排在庆祝中华人民共和国成立 50 周年

与迎接澳门回归活动之间，既避开了国家的宣传热点，又给节能宣传增加了喜庆色彩，同时结合庆祝建国 50 周年活动，宣传展示建国 50 年来，特别是改革开放 20 年来中国节能工作取得的瞩目成绩。2004 年鉴于全国性的缺电状况，全国节能宣传周活动又改为每年 6 月举行，目的是在夏季用电高峰到来之前形成强大的宣传声势，唤起人们的节能意识。

经过多年的发展与完善，全国节能宣传周已经发展为由国家发展和改革委员会、教育部、科学技术部、工业和信息化部、环境保护部等 14 个部门联合主办的活动，在社会上形成了强大的影响力，成为一个活动开展、成果发布、信息共享、各方联络的综合宣传展示平台。每届全国节能宣传周都会有其特有的宣传主题与宣传口号，并且结合该主题在全国各地开展各项不同的活动，旨在不断地增强全国人民的资源意识、节能意识和环境意识。历年全国节能宣传周日期及主题见表 8-1。

自全国节能宣传周设立以来，电力部门积极配合政府部门做了大量工作，着重落实到基层，举办节能产品展览，在各繁华地段设摊咨询宣传，利用报刊、电视、广播、传单等手段，大力宣传节约用电的紧迫性和重要性，揭示电力使用中各种不合理的严重浪费现象。加强了人们的节能节电意识，对倡导绿色消费、低碳生活起到了积极作用，同时也对中国的能源利用、能源节约，起到了良好的促进效果。

表 8-1　　历年全国节能宣传周日期及其主题[1]

年份	日期	主题
1991	10 月 7—12 日	节约能源　保护环境　造福子孙
1992	10 月 5—10 日	厉行节约　反对浪费
1993	10 月 4—9 日	节约能源　利国利民
1994	10 月 3—8 日	节约能源，改善人类生存环境
1995	10 月 9—14 日	开发与节约并重
1996	10 月 7—12 日	综合利用资源　促进经济
1997	11 月 7—12 日	依法用能　提高能效
1998	10 月 5—10 日	依法用能　提高能效
1999	11 月 8—12 日	依法节能　节约增效
2000	11 月 6—10 日	依法节能　节约增效
2001	11 月 5—9 日	节约能源　持续发展
2002	11 月 4—9 日	依法节能　持续发展
2003	11 月 3—8 日	节能与全面建设小康社会
2004	6 月 6—11 日	节约用电　缓解瓶颈制约
2005	6 月 12—18 日	全民动员　共建节能型社会

[1] 主题取自中华人民共和国国家发展和改革委员会网站，2022 年 3 月 15 日，环资司《关于征集 2022 年全国节能宣传周主题的通知》。

续表

年份	日期	主题
2006	6 月 11—17 日	节约能源　从我做起
2007	6 月 10—16 日	节能减排　科学发展
2008	6 月 15—21 日	依法节能　全民行动
2009	6 月 14—20 日	推广使用节能产品　促进扩大消费需求
2010	6 月 12—18 日	节能攻坚　全民行动
2011	6 月 11—17 日	节能我行动　低碳新生活
2012	6 月 10—16 日	节能低碳　绿色发展
2013	6 月 15—21 日	践行节能低碳　建设美丽家园
2014	6 月 8—14 日	携手节能低碳　共建碧水蓝天
2015	6 月 13—19 日	节能有道　节俭有德
2016	6 月 12—18 日	节能领跑　绿色发展
2017	6 月 11—17 日	节能有我　绿色共享
2018	6 月 11—17 日	节能降耗　保卫蓝天
2019	6 月 17—23 日	绿色发展　节能先行
2020	6 月 29 日—7 月 5 日	绿水青山　节能增效

四、节约用电技术的推广应用

20 世纪 80 年代，电力供应形势十分严峻，除加快电力建设外，加强节约用电工作也尤为重要。1987 年 3 月 30 日，《国务院批转国家经委、国家计委〈关于进一步加强节约用电的若干规定〉的通知》（国发〔1987〕25 号）（简称《通知》）明确：在开展增产节约、增收节支运动中，要切实抓好原材料、能源的节约，尤其是电能的节约；要求严格生产用电的定额管理，开展调荷节电，发展高效省能设备，加速淘汰落后高耗能设备，认真推广节电技术措施，并从设备经济运行、老旧设备改造、工艺改革以及新技术、新工艺、新设备的推广应用等方面，提出了重点推广的节电措施。同年 6 月，国家计委、国家经委和水利电力部在山东济南联合召开会议，贯彻落实《通知》文件精神，部署进一步抓好计划用电、大力开展节约用电的工作任务。全国各地区、各部门多方面采取措施，积极改造老旧设备、改革工艺，推广节电新技术、新工艺、新材料、新设备，在工业领域重点开展了节能型照明电器、风机泵类、电子节电技术等方面的推广应用。

1. 节能型照明电器的推广应用

20 世纪 80 年代，中国主要推广的是第三代节能新光源金属卤化物灯、高压钠灯；

室内照明使用异型三基色日光灯；指示灯选用氖气指示灯，相比白炽灯平均每只可节省 21 瓦；用冷光灯替代晒图机、曝光机上的日光灯、长弧氙灯，可节电 70%；城市路灯普遍应用光电自动控制装置。20 世纪 90 年代中国推广的节能灯有稀土荧光灯、金属卤化物灯、高压钠灯、双绞丝型的白炽灯等。1 只 1 瓦的稀土荧光灯的光通量相当于 60 瓦的白炽灯所发的光通量，是国内居民家庭、商店、宾馆饭店等场所重点推广的灯具。到 1993 年，全国路灯约有 60%采用了节电的高压钠灯，稀土荧光灯也逐步在各地推广。

2. 风机、泵类节电技术的推广应用

据不完全统计，1989 年全国有各类风机 700 万台，泵类 3000 万台，总功率 1.1 亿千瓦，风机、泵类的年用电量约占全国总用电量的 1/3。由于当时的国产风机泵类的设计和制造性能差，配套不合理，运行维护水平低，实际运行效率与当时国外先进水平相比，风机运行效率低 5%～20%，泵类的运行效率低 10%～30%，一年因此多耗电约 200 多亿千瓦·时。1992 年，煤炭行业对 36 台容量 1.9 万千瓦的主扇风机和 105 台容量 4.6 万千瓦的主排水泵进行更新改造，同时清洗 2.1 万米排水管路。改造后，风机运行效率提高 8%～16%，水泵运行效率提高 16%～20%，一年可节电 4718 万千瓦·时。黄岛发电厂对厂内 40 多台给水泵进行改造，使运行效率提高 10%～12%，年平均节电 250 万千瓦·时[1]。

3. 电子节电技术的推广应用

20 世纪 80 年代，中国主要推广电子调压、调速技术，包括推广绕线式异步电动机串级调速、异步电机变频调速等。石油行业在油田注水、输油泵上采用变频调速，累计推广 5 万多千瓦容量的设备，一年节电达 10 万千瓦·时。20 世纪 90 年代，主要推广微电子技术，对生产工艺参数、操作过程进行自动控制。当时这项技术在国外普遍采用，国内也在机床加工、燃煤锅炉、无功补偿、车站照明、蓄电池充用、电炉钢冶炼、电解铝生产、合成氨生产等过程中示范应用，节能效果明显。黑龙江省对油田、煤矿、三大动力厂实行微机控制和微机管理，用微电子技术替代传统的产业技术，电子节电技术使用电单耗管理取得明显成效。

4. 蓄冷节电技术的推广应用

20 世纪 80 年代，电力供应紧张，但夜间低谷用电不足，因此，将空调从高峰用电转移到低谷用电，既可缓解高峰电力不足的情况，又可利用夜间气温低，制冷单耗小的有利因素节约用电。中国从 20 世纪 90 年代初开始蓄冷节电技术的开发研究，建立了一批示范工程。广东省水蓄冷空调改造示范工程于 1992 年 5 月 20 日投运，经实测在电网高峰停开制冷压缩机，减少用电负荷 246 千瓦，减少空调高峰电力的 2/3，蓄冷的节电率为 24.7%，改造投资的回收期为 1.54 年，节电效益和经济效益都十分显著。1995 年 6 月，浙江省科委、电力局、建设厅等单位联合在杭州萧山召开全省推广冰蓄冷中央空调系统技术现场会。

---

[1] 李如虎：《三电工作实用手册》，中国水利水电出版社，1997 年，第 156 页。

1995 年夏天，南京、杭州、上海等地的蓄冰（水）制冷空调正式投运。

5. 余能回收发电技术的推广应用

在 20 世纪 80 年代的 10 年中，中国建成热电联产机组 523 万千瓦，余热发电机组 15 万千瓦。南京磷肥企业将硫铁矿制硫酸过程中产生的高温余热加以利用，1978—1992 年 15 年间，共计发电 5 亿千瓦·时。宝钢、首钢、武钢、重钢、唐钢、邯钢在 1000 米^{3}以上的高炉安装了高炉顶压回收发电装置。湖南纺织印染企业在热电联产基础上，将电动压缩制冷改为蒸汽双效溴化锂制冷，不仅制冷的用电量减少 68%，而且使发电设备利用率提高到 90%，每年多发电 130 万千瓦·时。

6. 转移高峰电力措施的推广应用

随着用电负荷构成发生明显变化，高峰时段的用电负荷增长很大，1987—1992 年五年间，宾馆、饭店、乡镇工业、农村居民用电等用电量年均增长 20%，远高于其他用电的增长，使得一些电网高峰用电过度紧张，有时被迫拉闸限电，而用电低谷发供电设备能力被闲置。据统计，东北、京津唐、福建、四川、广东、山西几个电网峰谷差在 25%～40%。

转移高峰电力的措施主要包括行政、经济、技术手段。在行政手段方面，电力部门统一对一些高能耗等非重要用电企业安装电力定量器和电力时控开关装置，要求这些用户避峰用电或只能在低谷时间用电，以保证重要企业和部门及人民生活用电。在经济手段方面，推行峰谷分时电价，并辅之以负荷管理技术来刺激用户的削峰填谷，凡避开高峰用电的，都在电价上给予优惠。在技术手段方面，利用蓄冰制冷转移高峰空调负荷；利用储热技术将电加热水的负荷向后夜移；利用负荷管理技术将可间断使用的负荷避峰用电。20 世纪 80 年代至 90 年代，中国主要采用负荷管理技术转移高峰电力，截至 1992 年 3 月，全国共装用电力定量器（含电力监控仪）4.2 万多台、电力时控开关钟 26 万多台，监控用电负荷 1000 万千瓦左右，可限下高峰用电负荷 180 万千瓦❶。

7. 变压器节电技术的推广应用

变压器是电力生产、输送过程中的主要耗能设备，变压器的电能损耗占输配电环节的损耗比重较大，推行变压器节电技术意义重大。1983—1988 年，水利电力部出台了相关技术规定，包括《关于改造高能耗配电变压器的若干规定》[（88）技标字第 23 号] 及其附件《高能耗配电变压器降损改造暂行规定》[（88）物分字第 34 号]，要求在全国停止装用并更换、改造高能耗配电变压器。1987 年 7—11 月，重庆市更新淘汰了 60%的高耗能变压器。根据水利电力部《关于停止装用高耗能配电变压器的通知》《关于高耗能配电变压器更换问题的通知》，1990 年广东省电力工业局从节电基金拨出 1000 万元，专项用于淘汰 10 千伏公用配电高能耗变压器容量共 10 万千伏·安。“八五”期间，安徽省推广低耗损变压器容量达 197.8 万千伏·安。

❶ 能源部计划用电办公室：《1992—1993 年电力负荷控制装置推广应用计划》，1992 年 4 月 23 日，第 1 页。

8. 电动机节电技术的推广应用

电动机是工农业生产和日常生活中常用的动力设备，社会拥有量很大。中国电机制造业相对国外较落后，电动机本身的性能指标与先进国家相比有一定的差距，而且电动机容量级差大，专用电机开发研究少。因此，电动机与生产机械特性不匹配，“大马拉小车”的现象相当普遍，开发研制专用的节能型电动机，具有很大的节能潜力。

中国自 20 世纪 80 年代开始在交流电动机上应用无级调速、可控硅串级调速、机组串级调速以及变频调速等节电方法。1989 年，能源部节能司、国家科委成果办、机电部科技司、冶金部技术司联合印发《磁性槽泥应用推广会纪要》，推广电动机磁性槽泥应用技术。上海市计划用电办公室针对企业在电动机更新过渡时期仍有大量 JO 系列产品在使用的情况，在用电企业中推广电动机磁性槽泥应用技术，1989—1994 年上海全市共改造 6 万千瓦左右的 JO 型电动机，年节电 163 万千瓦 · 时。1989—1993 年，江苏省共改造 100 千瓦以下 7.5 千瓦以上电动机 24 万台，容量 286 万千瓦，约占全省电动机总量的 1/4，年节电 7 亿千瓦 · 时[1]。

9. 电炉钢节电技术的推广应用

20 世纪 90 年代，中国约有 1600 座炼钢电弧炉，年产钢锭（钢水）近 2000 万吨，年耗电 120 亿千瓦 · 时。与国外先进水平相比，中国冶金电炉钢吨钢电耗比国外高出 80～120 千瓦 · 时，机械电炉钢吨钢水的电耗比国外高出 120～200 千瓦 · 时。将电弧炼钢炉短网改造成导电横臂，可使吨钢电耗下降 13%；采用直流电炉炼钢技术，可使吨钢电耗降低 5%，采用微机控制的可控硅交流双绕组电机进行功率调整系统，可使吨钢电耗降低 15～20 千瓦 · 时；采用增加装（炉）料量、高氧冶炼技术、光谱分析等技术措施，既可增加产量，缩短冶炼时间，也使吨钢电耗下降 50～100 千瓦 · 时。

东北电业管理局在电炉钢较多的沈阳、鞍山等地坚持电炉钢协作活动，使电炉钢单耗一降再降，突破本企业的历史水平。自 1988 年起，广西电力工业局与广西政府相关部门组织全广西电炉炼钢、小化肥（合成氨）企业开展节电降耗竞赛，有力地推动行业节能技术的应用和降低用电单耗工作的开展。1988—1992 年，全广西 19 家企业参加电炉炼钢降耗劳动竞赛，年平均耗电由 950 千瓦 · 时/吨逐年下降至 810 千瓦 · 时/吨。

10. 电加热节电技术的推广应用

金属热处理和低温烘烤用电炉是各行业通用的设备，未改造的电炉性能差，表面散热大，热效率低，通过改造热工设计和采用性能好的绝热保温材料，一般可节电 20%～30%，金属热处理电炉推广耐热保温的多晶莫来石纤维或空气保温夹层可节电 40%。至 1990 年年底，湖南省将 1000 余套容量 9 万千瓦的 600℃以下的电加热设备改为远红外线加热，并采用硅酸铝保温材料，节电约 30%。1992 年，江西省推广远红外乳白石英低温加热技

[1] 上海市地方志编撰委员会编：《上海市志 · 工业分志 · 电业卷（1978—2010）》，上海辞书出版社，2021 年，第 286 页。

术，景德镇市“三电”办公室会同市技术监督局制定《景德镇市间接式陶瓷烤花炉产品标准》，并按标准对生产厂家的产品进行检测，淘汰老式传统电阻炉，推广节能烤花电阻炉，全市共改造烤花炉600台，节约电量达500万千瓦•时。

通过一系列节电技术的推广应用，截至1993年，全国节电工作取得了明显的成效，7年间全国共节电750亿千瓦•时[1]，对于保证国民经济的持续稳定增长和人民生活水平的提高起到了重要作用。1994年11月，国家计委、国家经贸委、电力部联合在河南郑州召开了全国节约用电工作会议，会议肯定了落实《关于进一步加强节约用电的若干规定》七年间取得的节电效果，总结交流了全国节电工作的经验，讨论了1994—2000年全国节电规划，并依托节电技术推广效果和经验，制定了10项重点推广的节电技术措施。

五、家用电器能效标准和标识的推行

1977年美国加州制定了历史上第一个综合性的家用电器能效标准，在不降低用能产品的其他特性，如性能、质量、安全和整体价格的前提下，对其能源性能作出具体的要求，经过10年的推广和实践，1987年美国政府将全国主要家用耗能产品和设备的能效标准均纳入国家节能法中，从此，产品能效标准作为一项联邦法律文件在全国强制实施。

20世纪80年代，中国国民经济迅速发展，人民生活水平和质量不断提高，家用电器的拥有量和民用耗电量也随之快速增长。为有效提高能源利用效率，引导节能技术进步，1981年，国家标准局成立了全国能源基础与管理标准化技术委员会，专门负责节能和能效领域及能源基础和管理方面的国家标准修订工作。

1989年12月25日国家技术监督局批准发布了中国第一批针对家用电器的能效标准GB 12021.1～GB 12021.9，包括家用电器电耗（效率）限定值及测试方法编制通则、家用电冰箱电耗限定值及测试方法、房间空气调节器电耗限定值及测试方法、家用电动洗衣机电耗限定值及测试方法、电熨斗电耗限定值及测试方法、自动电饭锅效率、保温电耗限定值及测试方法、彩色及黑白电视广播接收机电耗限定值及测试方法、收录机效率限定值及测试方法、电风扇电耗限定值及测试方法，并于1990年12月1日正式实施，该标准的实施对提高中国家用电器的能源使用效率发挥了积极作用。但由于当时条件所限，对标准的技术经济性分析不够，能效指标规定得不是很科学，再加上社会各方面对标准的认识还不到位，对标准的重视程度也不够，因而这批能效标准的实施没有达到理想的效果。

进入20世纪90年代后，随着科学技术的进步，中国家用电器的研制、生产水平也有了很大的提高。从1995年起，经国家质量技术监督局批准，中国标准研究中心、全国能

---

[1] 全国节约用电办公室编：《全国节约用电工作会议文件及资料汇编》，1994年，第14页。

源基础与管理标准化技术委员会陆续开始组织首批能效标准的修订和部分新的家用电器及照明产品能效标准的制定工作。尤其是伴随1998年《中华人民共和国节约能源法》的颁布实施，中国政府对节能管理工作的力度逐渐加强，节能和能效标准化工作被纳入法制化管理轨道，既为中国全面修订和逐步制定能效标准带来了机遇，也为能效标准的研制提出了更高的要求和目标。中国能效标准的研究工作进入了一个稳步发展的阶段。通过与美国环保局及其他国际机构的交流与合作，中国于1999年和2000年相继发布GB 12021.2《家用电冰箱电耗限定值及节能评价值》标准和GB 12021.3《房间空气调节器能源效率限定值及节能评价值》标准，替代1989年制定的家用电冰箱和房间空气调节器标准。新完成的能效标准在技术内容方面除提高产品（电耗）能效限定值指标要求之外，还同时增加了节能评价值指标。此外，标准中还明确了各种产品的分类、能效（能耗）指标参数、能效指标的测试方法以及产品的检验规则等。

随着技术的进步和节能要求的不断提高，中国政府对家用电器能效标准进行了多次修订，如家用电冰箱能效标准除了在1999年修订外，在2003、2008、2015年也进行了修订；房间空气调节器则分别在2000、2004、2010、2019年进行修订。一些逐渐退出现代家庭的电器，如电熨斗、收录机的能效标准则在2004年被废止，不再执行。

2004年8月13日，国家发展和改革委员会和国家质量监督检验检疫总局正式颁布《能源效率标识管理办法》，标志着我国能效标识制度的启动。同年11月29日，国家发展和改革委员会、国家质量监督检验检疫总局、国家认证认可监督委员会联合公布了《中国能源效率标识基本样式》《中华人民共和国实施能源效率标识的产品目录（第一批）》《家用电冰箱能源效率标识实施规则》《房间空空气调节器能源效率标识实施规则》，于2005年3月1日生效实施。2006年9月18日，国家发展和改革委员会、国家质量监督检验检疫总局、国家认证认可监督委员会联合公布了《电动洗衣机能源效率标识实施规则》《单元式空气调节器能源效率标识实施规则》，于2007年3月1日生效实施。[1]我国能效标识属于“能效等级信息标识”类型，实施模式是“企业自我声明+备案+市场监管”。能效标识随着能效标准的修订进行调整，每当新能效标准颁布，能效标识内容将随即进行更新和重新备案。

能效标准确定了市场的准入门槛，能效标识则提供了统一的能效评价体系。家用电器能效标准和标识的推行推动了家用电器市场从低效向高效的转换，减少了电力需求量，降低了电网高峰负荷，节约了电力基建投资，促进了中国家用电器节能与环保工作的开展。

[1] 国家标准化管理委员会、中国标准化研究院编著：《中国家用电器能效标准和标识》，中国标准出版社，2006年，第27、28页。

第四节　农村电气化的推进

1982 年，农村小水电装机容量达到 807.97 万千瓦，解决部分农村地区生产生活用电问题。同年，胡耀邦总书记提出要充分利用农村地区丰富的小水电资源，建设 100 个具有中国特色的电气化试点县。到 2000 年，全国共分三批完成了 653 个农村水电初级电气化县建设。同时，电力扶贫共富工程消灭了无电县，解决了偏远地区农村（牧区）困难群众生活生产用电问题；节电先进县建设促进了农村电网的降损节能；电力“三为”服务达标竞赛活动，提高了电力企业的服务质量，切实减轻了农民负担。

能源部继续推进“县为实体”的农电体制改革，逐渐形成了县级供电企业的直供、趸售、自发自供（水利系统主管、其他系统主管）等管理形式。

一、农电管理四种模式的形成

1979 年 2 月，水利电力部撤销，成立电力工业部和水利部。电力工业部内设置了农村电气化司，分工管理全国农村电气化事宜。水利部农田水利局内设立了小水电处，分工管理小水电站建设工作。

1982 年 3 月，水利部和电力工业部合并，第二次成立水利电力部，恢复了农村电气化司建制。小水电处重新回到农村电气化司。全国的农村电气化管理体系重新得到归口统一。

1988 年 3 月，水利电力部撤销，成立能源部和水利部。能源部内设置了农村能源及电气化司，简称农电司；水利部内设置了农村水电司。随后，地方各级政府在机构改革中，保留或重新建立起农电管理专业机构。机构设置有 6 种：① 设立省农电局，属省政府建制，交由省电力工业局代管；② 在省电力工业局内设农电局（处）或城乡用电处，统管城乡用电工作；③ 在省水利（水电）厅（局）内设小水电处、地方电力处（或公司），负责农村水电工作；④ 在地、市的电力部门内设农电处或农电科；在水利部门内设小水电科或农村水电科；⑤ 在县内设农电（电力）局（公司）；⑥ 在乡（镇）设乡（镇）电力管理站，简称乡电管站，在行政村设村民委员会管电小组。

1989 年 9 月，能源部印发了《关于加强农电行业管理有关问题的通知》（能源办〔1989〕918 号），进一步明确：健全农电管理机构，加强农电行业管理；加强“县为实体”建设，落实“以电养电”政策；积极支持发展小水电，协调好大电网和小水电的关系，处理好电力、水利两个部门的适当分工与合作，并强调：县电力企业要逐步成为实行统一管理、独立核算、自主经营、自负盈亏的经济实体。对实行趸售的农电企业，要认真执行趸售利润不纳入地方财政预算、趸售资金要专款专用的规定。一个县有两家或多家管电机构，要打破部门所有的界限，按照“多家办电、联合经营、统一管网”的原则，进行农电体制改革的试点；或者由省局负责，按规定管理范围严格划定营业区域，禁止互相挤占供电区，杜绝电网互相交叉、重复建设问题。

在“县为实体”的农电体制改革和农村电气化发展的不断推进中，逐渐形成了县电力企业管理的四种模式：① 全部由大电网供电，由大电网直接管理，县电力企业为中央企业；② 主要电源来自大电网，县电力企业隶属于县人民政府，由大电网向县趸售电力；③ 以小电站供电为主，县电力企业独立经营；④ 既不归电力，也不归水利部门管理，完全是独立经营发电、供电的地方自营电力单位。

1990 年，在已通电的 2339 个县中，由大电网直接供电的有 674 个，主要分布在上海、北京等大城市郊区和长江三角洲、华北平原、关中平原以及湖南、湖北等沿湖沿江地区；由大电网趸售的有 905 个，主要分布在平原和丘陵地区，如东北三省、山东、安徽以及中南、华北等部分地区；以小电站供电为主的有 741 个，其中小水电供电为主的 667 个，主要分布在南方山区和西北地区，小火电供电为主的 74 个，主要分布在河南、黑龙江和新疆；独立经营的有 19 个，主要分布在黑龙江和西藏。

农电管理的四种模式是伴随中国农村电气化的发展过程自然形成的，是适应各个地区的不同自然特点、能源特点和电力发展特点的，在各地解放农村生产力、满足地方经济发展、提高农民生活水平方面发挥了很大作用。

二、农村电气化县的发展

20 世纪 80 年代，中国能源、交通等基础设施建设极为薄弱，在中西部地区、少数民族地区和东部山区农村，仍普遍使用煤油灯照明。随着经济的发展、生活的改善、乡镇企业的崛起，人民对电的需求越来越迫切。

1982 年 11 月，胡耀邦总书记在考察了福建、四川等省小水电建设情况后，提出建设 100 个中国式的农村电气化试点县的建议。次年 3 月，水利电力部农村电气化司召开“中国式农村电气化县规划座谈会”；4 月印发了《关于组织试点县编制农村基本电气化县规划提纲》；6 月，在调查研究的基础上，公布了中国农村电气化县初级阶段用电水平标准：全县应有 90%以上家庭用上电能，满足全县农副产品加工和农牧业生产方面的用电需要，基本满足县办工业、乡村企业和专业户的用电需要。

1983 年 10 月，水利电力部在京召开全国农村电气化试点县座谈会，李鹏副总理出席会议并讲话。会议确定了建设中国式农村电气化试点县的方针、政策及措施。会后向国务院提交了《关于积极发展小水电建设中国式农村电气化试点县的报告》，在发展小水电的有关政策和管理体制等方面，提出了 8 条改进意见。100 个试点县中，85 个县在水力资源丰富的南方，15 个县在北方。12 月 12 日，国务院批转了该报告[1]，并指出：农村电气化是八亿农民的大事，应当在那些水力资源较好的地方，提倡以地方和群众自力更生为主，积极发展小水电，实现农村电气化。

---

[1]《国务院批转水利电力部关于积极发展小水电建设中国式农村电气化试点县报告的通知》（国发〔1983〕190 号），1983 年 12 月 12 日。

1986年，水利电力部制订了SD 178—1986《一百个农村电气化试点县初级阶段验收条例》❶。同年3月，水利电力部召开全国100个农村电气化试点县工作会，国务院副总理李鹏接见了全体代表，并为福建光泽，四川汶川、荥经，广东仁化、龙门等提前达到农村电气化初级标准的5个县颁发了证章和证书。1988年4月，成立水利部和能源部，第一批100个农村电气化试点县组织实施工作交由水利部负责。到1990年6月底，有109个县通过了省（自治区）人民政府的验收。这109个县分布在20个省（自治区），总计有人口3039万人和耕地3152万亩，其中95%的县属老、少、山、边、穷地区。试点县的建成，使96%的农户用上了电，人均年用电超过了200千瓦·时。

为适应农村商品生产和外向型经济发展的需要，浙江、江苏等省提出了在大电网供电区建设电气化县的目标和实施措施。1988年7月，浙江省制订了《浙江省大电网供电县农村电气化验收标准》，并开始在嘉兴地区的桐乡县进行试点。1989年10月，桐乡县通过了浙江省计划经济委员会验收，成为第一个大电网供电区农村电气化县。1991年1月，能源部发布了DL 407—1991《农村电气化标准》。1993年1月，能源部批准了浙江省桐乡、绍兴、嘉善、海盐、余杭、鄞县、余姚、平湖、德靖以及江苏省无锡、吴江为农村电气化县，这11个县是大电网供电区域内第一批农村电气化县。

1991年3月启动了第二批200个农村水电初级电气化县的建设，到1995年第二批200个农村水电初级电气化县实际完成209个，解决了近7000万人口的用电问题，户通电率达96%以上，人均年用电量达302千瓦·时。两批农村电气化县建设，累计投入543.5亿元，资金来源以地方自筹为主，国家给予必要的扶持，以及“以电养电”资金等❷。

第一批农村水电初级电气化县实现了“十年电气化，经济翻两番”，第二批农村水电初级电气化县实现了“五年经济翻一番”。发展农村水电，建设农村水电初级电气化县的成功经验，引起了世界各国的关注，1994年，由联合国工业发展组织、联合国开发计划署等国际组织和中国政府共同倡议，成立了有60多个国家200多个成员参加的国际小水电组织，其秘书处设在中国杭州，推动了中国小水电走向世界。

1996年3月，启动了第三批300个农村水电初级电气化县的建设。第三批农村水电初级电气化县涉及人口1.4亿❸。三批农村水电初级电气化县建设也被称为“农村水电123扶贫工程”。

截至1997年年底，大电网供电区累计建成农村电气化县500个。截至2000年年底，第三批农村水电初级电气化县建设实际完成335个县，三批累计建成农村水电初级电气化县653个。2000年，全国农村用电量达到2921.01亿千瓦·时，县城工业用电量达到2020.65亿千瓦·时；与1982年的457.06亿、350.61亿千瓦·时相比分别增加了5.4倍

❶ 1992年修订为SL 30—1992《小水电供电区农村初级电气化标准》。

❷《关于第二批农村水电初级电气化县完成情况及建设第三批电气化县的报告》（水电〔1995〕440号），1995年11月8日。

❸ 水利部农村水电及电气化发展局编：《中国小水电60年》，中国水利水电出版社，2009年，第161页。

和 4.7 倍。电气化县的建设大幅提升了中国的农村供用电水平。

三、节电先进县的建设

1990 年，全国农网有不合格的高压线路 80 多万千米，不合格的低压线路 100 多万千米，64 和 73 系列[1]高能耗配电变压器 120 多万台，缺乏无功补偿 1900 万千乏；高压综合线损率为 13.6%，低压线损率为 18%，功率因数为 0.75[2]。

1991 年 4 月，能源部召开全国农网技术改造与技术进步（简称“双技”）工作会议，按照“开发与节约并重，近期把节约放在优先地位”的能源发展方针，制定了“八五”期间农网降损节能目标：高压综合线损率达到 10%以下，低压线损率达到 12%以下；选择山东省惠民县等 10 个不同条件的县（市），进行农网节电试点，以探索农网节电的途径和经验。

10 个县（市）人民政府相继成立了节电工作领导小组。安徽省全椒县、辽宁省台安县政府出台了有利于节电的地方性政策和办法。各县（市）电力企业制订了本企业的降损节电实施计划，并进行多种形式的宣传，以唤起全社会的节电意识和责任感。在筹集资金方面立足自筹，依靠国家、集体和个人三方共同努力，且主要依靠地方和群众集资。优先抓节电效益明显的项目，重点抓高能耗设备的更新改造，全力搞好高低压线路改造，狠抓乡镇企业的节电改造。

1993 年 3 月，能源部撤销成立电力工业部。1994 年 4 月，电力工业部制订了《节电示范县验收细则》，明确了节电示范县应完成的 6 项指标和 9 项主要节电工作。到 1994 年 9 月，10 个县全部通过验收。3 年间，10 个县共投入资金 1.595 6 亿元，调整改造农村变电站 25 座，高压线路 1410 千米，低压线路 7993 千米，配电台区 2402 个；更新改造高能耗配电变压器 6001 台，电动机 56 768 台；增装高压电容器 51 846 千乏，低压电容器 178 281 千乏。完成了高低压线路调整改造、高能耗设备更新改造等 12 个方面的节电工程，取得了年节电 2.271 6 亿千瓦·时的效果，节电效益明显。

1995 年 9 月，电力工业部召开全国农网“双技”工作会议，确定九五期间着重解决农网电能损耗高、供电可靠率低、电压质量差的问题，并部署了建设 100 个节电先进县的任务。该任务既是农网“双技”工作的骨干工程，也是电力工业部跨世纪的“节能节电工程”[3]的重要组成部分，其建设期为 2 年。

各县（市）电力部门把节电工作作为重要任务，借鉴 10 个节电示范县总结出的经验，

---

[1] 指按 JB 500—1964《电力变压器》和 JB 1300—1973《三相油浸电力变压器基本参数和技术要求》标准生产的电力变压器。

[2] 电力部水电开发与农村电气化司：《搞好节电示范改造　探索我国农网节电新机制》，全国节约用电工作会议文件（26），1994 年 11 月，第 1、2 页。

[3] 1994 年 6 月，全国电力科技会议上，电力工业部党组提出我国电力工业将推进四项跨世纪科研引导工程：跨大区联网工程、电力扶贫共富工程、节能节电工程、洁净煤发电技术工程。

利用电视、广播、报纸等新闻媒介，开展节电宣传，提高全民节电意识。在各县（市）党委和政府的支持下，建立健全了节电管理制度，制定了节电优惠政策，多渠道筹集资金。针对各县供用电各个环节耗电情况，制订相应节电改造计划。加大投入，以降低线损为目的，进行电网结构优化，合理规划高低压线路供电半径，实施高能耗设备更新改造，加装无功补偿装置，应用多种新技术和新产品，开展社会节电工作等。

节电先进县的建设新技术、新设备的应用更多、更普遍。如辽宁省13个县广泛采用新型SF_6（或真空）断路器、自动重合器、自动分断器、综合集控装置、新型熔断器和熔断件、户外低压配电装置、新型智能化电能表等新设备，应用无功优化补偿供电区等技术。河北省正定县供电局对大中高压用户应用微机自动控制、变频调速等新技术，取得了十分可观的节电效益。

经过2年多的努力，1998年3月，累计69个县通过了验收，69个县共投入资金17.62亿元，完成了高低压线路调整改造、高能耗设备更新改造等12个方面的节电工程，每年可节电14.79亿千瓦·时，取得了明显的企业效益和社会效益。

四、电力扶贫共富工程的实施

1993年，中国县及县以下用电量2940亿千瓦·时，占全国用电量的35%，全国97%的乡、93%的村、89%的农户，近8.8亿农村人口用上了电，农村电网初具规模。电力已成为农业生产、农村经济、农民生活的重要基础设施。但全国还有28个县基本无电，1.2亿农村人口没用上电。28个无电县中，21个在西藏，6个在新疆，1个在青海。1.2亿无电人口主要集中在蒙东、陕甘宁、豫东皖西、三峡、贵州、滇桂、川青、西藏8个地区，主要分布在内蒙古、安徽、江西、河南、湖南、广西、四川、贵州、云南、陕西、甘肃、新疆12个省（自治区）。

1994年4月15日，《国务院关于印发国家八七扶贫攻坚计划的通知》（国发〔1994〕30号）印发，提出加强基础设施建设，消灭无电县，绝大多数贫困乡用上电的奋斗目标。1994年5月27日，国家计委、国家经贸委、电力部联合召开全国农村电气化工作会议，提出将“电力扶贫共富工程”纳入国家扶贫计划和国家科技攻关计划，作为八七扶贫攻坚计划的重要内容之一，从1994年开始到2000年，用7年时间消灭无电县，使95%的农户用上电。重点解决无电县、无电村和无电农户通电问题，结合老、少、山、边、穷地区的资源开发，商品生产、基础设施建设等用电需要，确定电力建设的规模和分阶段实施的具体安排。

在国家“集资办电、多家办电、以电养电”的政策指导下，各地结合实际情况因地制宜制定了许多扶贫上电的具体政策，促进了贫困地区农村电气化建设。根据国务院安排，西藏的21个无电县中，水利部负责有小水电资源的9个县；电力部负责的12个县中，9个县利用太阳能发电解决，3个县采用电网延伸的方式解决；新疆的6个无电县按国家计委和原能源部与新疆维吾尔族自治区人民政府达成的协议，由新疆维吾尔自治区政府落实解决；青海的1个无电县以开发当地小水电资源解决；对“八大片”[1]地区和国家确定的592个贫困县的无电乡、村、户的扶贫上电，要作为有关省（区）的重点，由政府组织，集中扶持解决。

在实施电力扶贫共富过程中，地方人民政府教育和引导干部群众，依靠自己的力量创造办电条件，各地人民政府把国家扶贫的信贷、财税和其他优惠政策用到电力扶贫共富过程中，多层次、多渠道争取和筹集资金。县级农电企业“以电养电”的收入也都用到扶贫上电项目中。

各级电力部门会同计（经）委，按照本地区农村经济发展的总体目标对电力需求，选择电源和电网建设的最佳方案；在电网供电可以达到在当地有煤炭、水利资源的地方，采取电网供电与开发煤炭、水利资源相结合的办法；在电网一时难以达到的地区，首先开发当地煤炭、水利资源、解决初期供电问题，在条件具备时实行联网；在缺煤、缺水、电网一时难以到达的地区，利用风能、太阳能地热能等一切可以利用的能源解决供电问题。

1994—1997年，共解决了近7000万农村无电人口的用电问题。到1997年年底，农户通电率达到95.89%，建成农村电气化县和农村水电初级电气化县832个，为保障农村地区经济发展，特别是为中西部地区经济发展和广大贫困地区农民脱贫致富奔小康作出了积极贡献。

2001年6月19日，北京举行的中外记者招待会上，国务院扶贫开发领导小组负责人宣布“八七扶贫攻坚计划”战略目标基本完成。电力扶贫共富工程的实施，助力农电系统有效开展电力“三为”服务达标工作、电气化县建设工程和农村电网建设与改造工程，惠及全国农户，确保经济快速发展对电力的需求。

五、电力“三为”服务达标竞赛活动的开展

20世纪90年代初，电力供应仍然紧缺，农村尚存在着不同程度的用电难、农民用电负担重的问题。1991年6月，能源部下发《关于开展“电力为农业、为农民、为农村经济服务达标竞赛活动”的通知》（能源农电〔1991〕494号），决定在全国电力行业中开展“电力为农业、为农民、为农村经济（简称电力‘三为’）服务达标竞赛活动”，贯彻党中央“各行各业都要大力支持农业”的号召，进一步落实“人民电业为人民”的服务宗旨，全方位做好电力服务工作。

电力“三为”服务达标竞赛以安全、效益、服务为主要内容。安全达标条件主要为：执行安全生产的各项规章制度，安全记录超过1000天，送、变、配事故率不超过0.5次/（百千米·年）、0.15次/（台·年）、0.7次/（百千米·年）。效益达标条件主要为：劳动生产率每年递增5.5%，高压电网综合线损率小于10%、低压线损率小于12%，按定员定额组织生产，电费回收率100%。服务达标条件主要为：认真执行《供电职工服务守则》

[1] 八大片：分别为内蒙古东部、陕甘宁、豫东豫西、三峡、贵州、滇桂、川青、西藏。

和《农电工服务守则》，被省级政府授予“文明单位”称号；建立报装接电“一口对外”、领导接待和走访用户制度，设立监督电话；加强电费管理，减轻群众用电负担，各类电价都在物价部门规定的范围内，农村电费定期定点张榜率达100%；加强计划用电工作，搞好电力支农和扶贫，农村照明用电保证率达80%以上；加强农村电工教育管理。对于达到达标条件的单位，由省电力局、区域电管局进行审查，每年报能源部审批。凡荣获达标单位荣誉称号的，由区域电管局、省电力局给以500万千瓦·时统配平价电量及相应的负荷指标奖励。

电力“三为”服务达标竞赛活动开展以后得到各级电力部门和当地政府的支持和重视。华北电管局通过地方电视台、电台、有线广播向广大群众宣传政府的电价政策。河北省电力局在物价部门配合下，以县为单位实行分类综合电价和最高限价，使河北南部地区农村照明用电每千瓦时降低了0.10元。黑龙江省抽调2100多人，组成310个工作组，对全省1125个乡（镇）的37 865个变电台区进行检查整顿，对整顿后的农村电价进行验收，合格者发给证书，不合格者继续整顿。四川省电力局普遍调整限电序位，做到晚峰不拉生活照明线路。电力“三为”服务活动开展一年，就减轻不合理电费负担13亿元，受到国务院纠风办公室的通报表扬。

1994年，电力工业部提出实施电力扶贫共富工程和推进农村电气化县建设，为电力“三为”服务活动注入了新的内容。到1994年年底，通过开展电力“三为”服务竞赛活动，全国共创建“三为”达标县507个，其中连续四年“三为”达标县42个，被授予电力“三为”达标先进单位称号，建成大电网供电的农村电气化县89个。全国近80%的行政通电村电费达到合理水平，68%的县人民政府制定了农村电价的高限价格，近70%的通电行政村电费上墙、张榜公布，11个省实行农村综合分类电价；消灭了两个无电县，4700个无电村通电，农民生活用电保证率达80%的通电行政村达到75%；全国整顿乡镇电管站17 320个，培训农村电工41.5万人，精简不合格农村电工3万多人；14个省、自治区、直辖市出台了加强农村用电管理的政策性文件，农村用电逐渐法制化、制度化。

1996年5月，全国农村电气化工作会议上提出，“九五”期间坚持电力为农业、为农村、为农民的“三为”服务活动，在改革和发展中完善农电社会化服务体系，让地方政府和老百姓满意。

到2000年，电力“三为”服务达标活动持续开展了十年，全国共有1365个县级供电企业分别获得了能源部、电力工业部、国家电力公司授予的“三为”服务达标单位称号[1]，占全国县级供电企业总数55%。电力“三为”服务达标竞赛活动的开展，逐步建立健全农村用户服务工作体系，进一步提高了农电企业和农电职工的素质，推动了农村电气化事业的发展，基本解决了农业生产和农民关心的热点和难点问题，取得了良好的社会效益和

[1] “三为”服务达标单位称号1992年由能源部表彰授予，1993年至1998年由电力工业部表彰授予，1999年至2001年由国家电力公司表彰授予。

经济效益。

第五节　用电领域电子信息技术的初步应用

国家“八五”计划纲要提出“要重视发展和推广应用电子计算机技术，重视发展软科学，提高决策的科学化水平。”“大力推广电子技术在各行各业的应用，用电子技术不断改造原有的传统工业。”为适应中国经济社会发展和技术升级换代，用电领域积极推进电子信息技术的开发应用，在《用电管理信息系统技术规范》指导下，各网省的供电单位相继开发建设了用电管理信息系统。自主研发的程控式电能计量校验装置的推广应用提升了自动化检定能力和检定工作效率。复费率电能表的质量监督，规范了电能表产品的生产制造标准，促进了复费率电能表的推广应用。

一、《用电管理信息系统技术规范》的实施

20 世纪 80 年代后期，随着局域网技术和计算机应用的普及，用电管理计算机应用逐渐由单独开发、单机运行向协同开发、信息共享的局域网系统过渡，各地供电单位相继组织开发建设电费管理系统、用电管理信息系统，业务应用范围也得到进一步拓展。但各供电单位基本处于自行开发的封闭状态，相互交流学习较少，也没有可参照的执行标准，造成大量低水平重复建设。

1989 年 9 月，能源部电力司组织中国电科院、东北电管局、广东省电力局、江苏省电力局、大连电业局、南京供电局、太原供电局、常德电业局等单位专家，研究用电管理信息系统建设的相关问题，着手起草技术规范。历时一年多时间，经过多次征求意见，能源部电力司于 1991 年 10 月下发了《用电管理信息系统技术规范》（试行）（电用〔1991〕93 号）（简称《规范》）。这是用电领域首次下发的关于信息化工作的指导性文件。

《规范》全文共 9 章 33 条，包括主题内容与适用范围，引用标准及术语，用电管理信息系统构成，部、网省局用电管理信息系统，供电企业用电管理信息系统，计算机系统配置原则，系统设计原则，信息管理，附则，从较为宏观的角度阐明了用电管理信息系统的构成和内容，强调了用电管理信息系统的相对独立性和完整性，也规定了与其他信息系统的数据交换关系。

《规范》明确了部、网省局级用电管理信息系统的信息需求和基本功能；对供电企业用电管理信息系统的建设要求是核心内容，包括业扩与变更用电管理、电量电费管理、电能计量管理、计划用电管理、节约用电管理、安全用电管理、综合管理 7 个子系统，并对每个子系统的基本功能、基本信息、指定输入信息都分别作了详细规定。

依据《规范》要求，各网省公司的供电单位先后开展了用电管理信息系统的建设与改造工作。在《规范》的指导下，各地的系统建设逐渐规范。如 1991 年，江苏省电力局用

电处组织开展全省用电管理信息系统的开发、推广应用工作，到1996年年底全省各市、县供电局基本实现了电费子系统、计量子系统的“单轨”运行。1993年，绍兴电力局在原3+网基础上，开发了Oracle For Unix用电管理系统，其实用性强，开放性好，安全、可靠、保密性高，实现了“三卡一台账”[1]单轨制、传票电子化等新的业务处理方式，大大提高了用电营业管理水平，处于全国用电营业计算机应用先进水平。

《规范》的实施提高了用电业务的工作效率，逐步改变了人工管理的落后方式，创造了有利于开发、建立、推广、使用计算机的环境，为此后用电管理信息化的发展奠定了基础。

二、程控技术在电能计量装置校验中的应用

20世纪80年代以前，国内广泛使用的电能表校定装置和互感器校验装置基本都是电工式，校定过程均为手动操作，劳动强度大、检定工作效率低。随着电子技术在计量领域应用的发展进步，1976年江西省试验研究所研制成功第一只PS4型0.1级单相数字功率标准电能表，1980年又成功研制出PE3—1型0.1级三相电子式数字功率标准电能表，实现误差自动计算；1982年研制成功中国第一个单相电能表校表源，解决了电工式校定装置随电网频率变化的问题，实现了电压和电流的幅值调节、频率调节和相位调节。1986年又研制成功CB3型0.05级三相电子式数字功率标准电能表，采用微机芯片和软件控制，实现自动校定和计算误差等功能。

1987年5月，江西省电力试验研究所研制成功电能表校定用数字程控校表源，解决了试验电压、电流、频率和相位的微机自动控制及量限自动切换问题，极大地提升了电能表校定用电源的输出功率、频率的稳定性等各项技术性能指标，为实现电能表自动检定创造了条件，该数字程控校表源在电力部组织的“全国电能表检验装置展评会”上获得同行高度认可。在此基础上，江西省电力试验研究所结合电子式数字功率标准电能表的自动检定和误差计算功能，同时研制成功JDM型程控式电能表检定装置，实现了自动切换电压、电流、功率因数，以及自动进行误差计算、数据处理和结果显示等功能。电能表的程控化自动检定，极大地促进了程控技术在电能计量检定装置中的应用与创新，此后，更高稳定性、更好技术指标、更强功能的单三相工频校表源不断涌现，逐步取代了常规电工式电源。

90年代初，中国研制成功了数显式互感器校验仪，开创了微机在互感器及其测试仪器上的应用[2]，实现了自动测取、显示和存储误差数据等功能，互感器的检定也走上了自动检测的道路。1995年，武汉高压研究所率先在国内研制出H－H型互感器程控检定装置，将全自动互感器校验仪、调压器、电流电压一体化负载箱和标准互感器等集成化设计，采用微机程序统一控制，实现互感器检定中的升压升流、平衡调节、负载调节、误差测量、

[1] 三卡一台账，即用户卡，抄表卡，电表卡，电费台账。

[2] 赵修民，等：《测量用互感器及其测试仪器的发展和创新》，《中国工程科学》，2000年3月第2卷第3期，第75页。

误差数据处理、证书打印等全过程的自动化，可一次检定12只互感器，调压时间由原来的30分钟缩短到10分钟内，极大地提升了互感器的检定效率。1996年9月，该装置通过电力部组织的产品鉴定。1996年年底，电力部下发《关于推荐H-H互感器自动检验全套装置的函》向电力行业推广应用，互感器程控校验装置开始规模化生产。武汉高压研究所又相继推出HEJH-H、HEJD-H、HEJS-H等系列互感器程控检定装置，在1996—1999年期间总产量达到300余套。国内其他机构也陆续研制出互感器程控检定装置，多种型号的互感器程控检定装置在行业内得到应用。

此后，程控式电能计量校验装置不断发展与完善，迅速在各省电力部门陆续配置使用，实现了校验过程的自动控制，减轻了计量检定人员的劳动强度，提升了规模化检定能力和检定工作效率；减少了检定过程中的人为干预与差错，提升了检定工作质量，满足了电力部门对大批量电能表、互感器及标准装置的周期检定的需求，保障了量值传递准确性。

三、复费率电能表的应用及质量监督

20世纪80年代末，为了缓和电力供需矛盾，部分地区开始试行高峰、低谷用电浮动电价制度，复费率开始被应用于峰谷分时电能计量。随着分时电价全面推行实施，供电部门对分时计量电能表的需求增加，但早期的复费率电能表需要与外置的时钟控制器一起使用，时段控制精度不高，而且表的功能、元器件、外观尺寸、产品质量没有统一标准，所生产的电能表产品质量及性能极不稳定，可靠性差、故障率高、抗干扰能力差，给供电企业及用户带来经济损失，对社会造成了不良影响。

1993年11月，在机械部和电力部的主导下，成立了机电式复费率电能表全国联合设计组成立，并于1994年上半年完成复费率电能表的联合设计工作，对机电式复费率电能表的标准化、通用化、系列化的生产制造起到了一定的规范和促进作用。

1994年6月，电力工业部发布《关于对国产机械电子式和全电子式电能表开展进网前性能检测的通知》（安生用〔1994〕48号），要求作为计费用的机械电子式和全电子式电能表在进网运行前必须做全性能检测。经检测合格的产品，供电部门才可选购作为用电计量器具。同时还印发了《机械电子式、全电子式电能表进网性能检测及质量监督管理办法》[1]（简称《办法》），明确进网产品的质量监督工作分为进网前性能检测和进网运行质量监督，进网运行质量监督工作分为定期和不定期两种形式，定期的质量检测原则上每两年进行一次；不定期质量监督抽检视需要随时进行。

1994年12月，电力工业部在进行电能表全性能检测的同时，指派专家小组对电能表企业的生产资格、检定资格、电能表型式、电能表设计方式、质量管控体系等基本情况进行核查评估。通过对112款电度表的全性能检测及其企业生产条件核查，1995—1996年，

[1]《办法》为《关于对国产机械电子式和全电子式电能表开展进网前性能检测的通知》（安生用〔1994〕48号）的附件1。

电力工业部分两批次公布了 48 张电能表产品《进网许可证》，对应 48 款电能表[1]。自 1995 年开始，各网省电力局按照每两年一次的原则，对取得进网许可的现场运行中电能表进行定期质量抽检，对生产厂家的电能表库房、物资部门的仓库，不定期的选取样品进行质量抽检，并发布质量监督通报，敦促生产厂家予以整改。

复费率电能表进网前性能检测和运行中质量监督工作的开展，对电能表产品质量的提升起到了极大地促进作用，基本解决了复费率电能表的选用问题，有力支撑了分时电价的实施。在此基础上，GB/T 15284—1994《复费率（分时）电度表》和 DL/T 614—1997《多功能电能表》也相继发布施行，彻底规范了电能表产品生产制造的标准，保证了电能计量的准确可靠。

[1] 第二批取得《进网许可证》的产品名称及生产企业名单（电安生〔1996〕72 号），1996 年 1 月。

第九章

电力企业政企分开与用电管理转型（1996—2002）

1996—2002 年，随着改革开放的持续深化，国民经济快速发展，社会对电力的需求日益增强。中国电力工业管理体制改革逐步深化，电力企业政企分开加速，实现了由计划经济向社会主义市场经济的历史性转变。随着电力政企分开实质性推进，供电企业承担的政府职能不断弱化，“三电”办公室被陆续撤销。用电领域管理变革提速，电力营销工作的市场属性逐渐显现，工作重点转向积极开拓电力消费市场、实行有序用电管理、推进供电服务标准化规范化、推动用电技术和设备升级等方面，为构建面向 21 世纪电力营销新体系奠定了坚实的基础。

1997 年 1 月 16 日，国家电力公司成立大会在北京人民大会堂举行，标志着在中央层面中国电力工业管理体制改革正式进入实施阶段。1999 年 10 月，国家电力公司在贵阳召开公司成立后的第一次电力市场营销工作会议，会议明确提出要建立社会主义市场经济条件下面向 21 世纪的电力营销新体系。这期间，中国第一张供电营业许可证颁发给了华北电力集团公司，全国近 3000 个供电营业区历经两年完成了划分，统一的销售电价政策得以全面执行。随着 20 世纪 90 年代中后期电力供需实现基本平衡，经国务院批准取消了电力短缺时期出台的多项收费政策，计划用电完成了历史的使命。电力需求侧管理的重要性显著增强。

1998 年 10 月至 1999 年 1 月，党中央、国务院部署实施了“两改一同价”[1]工作，切实减轻农民负担和解决农电管理体制机制不顺问题，“两改一同价”被赞誉为“民心工程”“德政工程”。2001 年 8 月，江苏省率先实现全省城乡居民生活用电同网同价。2004 年 4 月，全国除西藏自治区（西藏自治区农村电价低于城市电价）以外的地区均实现了城乡居民用电同网同价，每年可减轻农民电费负担 420 亿元。与此同时，全面完成县级供电企业、乡（镇）电管站的体制改革，较好地适应了农村社会经济发展。

1998 年 12 月，国家电力公司印发《城市供电营业规范化服务标准》，随后这项工作扩大到了农电系统，两年期间评选出“为人民服务，树行业新风”农电示范窗口 359 个。2001 年，国家电力公司开展“电力市场整顿和优质服务年”活动，提出了“优质、方便、

[1] 改造农村电网、改革农电管理体制、实现城乡电网同网同价。

规范、真诚”的供电服务八字方针，并首次向社会公布了供电服务八项承诺，开通了全国统一供电服务热线 95598，提出并实行用户受电工程“三不指定”[1]，供电服务行业作风得到大幅改善、服务水平显著提升。

第一节　电力政企分开加快用电管理变革

根据《中华人民共和国国民经济和社会发展“九五”计划和2010年远景目标纲要》和建立社会主义市场经济体制的要求，为有利于政府职能转变、实行政企职责分开，1996 年国务院决定组建国家电力公司。理顺关系后的国家电力公司依据《中华人民共和国公司法》和现代企业制度，遵循“公司制改组、商业化运营、法制化管理”的方针，开始按照实体化、集团化独立运作。之后，国家电力公司在贵阳召开了新中国成立以来的首次电力市场营销工作会议，会议提出要树立电力营销新观念，建立社会主义市场经济条件下面向 21 世纪的电力营销新体系，标志着国家电力公司作为电网经营企业在竞争和效益方面开始转变观念。

1996 年 10 月，电力工业部依据《电力法》和《电力供应与使用条例》的规定，开始研究并部署开展供电营业区划分工作。通过一年多努力，全国共颁发了 2422 张供电营业许可证。1997 年 10 月，全国统一的《供用电合同》文本印发，规范了供用电双方合同的管理。1999 年，全国第一部地方性反窃电办法在江西省落地，其他各省也相继出台，为维护供用电秩序解决了执法主体缺位问题。同时，电能计量装置的管理不断得到强化与进步。这一系列举措，为电力市场营销的发展、供用电管理的依法治理奠定了基础。

一、国家电力公司的成立

1996 年 12 月 7 日，《国务院关于组建国家电力公司的通知》（国发〔1996〕48 号）印发。通知明确，国家电力公司由国务院出资设立，采取国有独资的形式，是国务院界定的国有资产的出资者和国务院授权的投资主体及资产经营主体，是经营跨区送电的经济实体和统一管理国家电网的企业法人，按企业集团模式经营管理，注册资本为 1600 亿元。国家电力公司的主要职责有五个方面：一是经营国务院界定范围内的国有资产，承担保值增值责任；盘活存量资产，优化资源配置和产业结构；运用国家资本金并开展经批准的公司融资业务，对电力项目进行投资并负责偿还本息。二是享有产权收益，决定全资子公司的经营方针、重大产权变更、分配方式以及其他重大经营决策等事项；任免全资子公司的主要经营者及监事会成员；对控股、参股子公司派出董事会成员；研究决定所属事业单位的工作方针、发展规划等重大事项，任免其领导成员。三是研究制定公司发展战略、中长期发展规划和年度计划、投融资计划并组织实施；负责全国电力联网建设，经营管理联结区

[1] 即用户自建工程不指定设计、不指定施工队伍、不指定设备材料采购。

域电网的主干网络和跨区送电的大型电厂以及必要的调峰、调频骨干电厂。四是对国家电网实施统一规划、统一建设、统一调度、统一管理；依法对与国家电网相联结的发电厂和电网实施统一调度；监督全国电网安全、稳定、经济、优质运行，不断提高供电质量和服务水平。五是指导公司系统精神文明建设和思想政治工作，承担国务院及有关部门委托的其他工作。

1997 年 1 月 16 日，国家电力公司成立大会在北京人民大会堂举行。中共中央总书记江泽民、国务院总理李鹏为国家电力公司成立题词，国务院副总理吴邦国出席会议并讲话，为国家电力公司揭牌。国家电力公司首任总经理由电力工业部部长史大桢兼任。成立大会上，国家工商行政管理局向国家电力公司颁发了营业执照。成立大会后的第二天，国务院在中南海举行电力工业管理体制改革座谈会，会议由吴邦国主持，李鹏出席会议并讲话。李鹏在听取史大桢等人的汇报后明确，组建国家电力公司是政府深化改革的重要一步。

国家电力公司的组建标志着中央层面的政企分开正式进入实施阶段。1997—1998 年，电力工业部与国家电力公司实行两块牌子、两套班子、一套人马运行，电力工业开始政企分开。新组建的国家电力公司是一个对发电、输电、配电、供电实行资产和经营垂直一体化管理的巨型企业，拥有当时国内近 48.3%的发电总装机容量和 77%的总售电量，经营管理电力工业部直属或管理的全部电力企业集团公司、省级电力公司及其他电力企业的股权，国家电力公司按企业集团模式经营管理。国务院文件规定，电力工业部继续行使对电力工业的行政管理职能，而原有的国有资产经营职能和企业经营管理职能则移交给成立后的国家电力公司。❶

1998 年 3 月，九届全国人大一次会议批准国务院机构改革方案，决定撤销电力工业部，实行政企分开，将电力工业部的行政管理职能移交国家经济贸易委员会（简称国家经贸委），行业管理职能移交给中国电力企业联合会（简称中电联）。国家电力公司承接了电力工业部下属的全部资产，作为国务院出资的企业独立运营，自此电力工业从中央层面实现了政企分开。

在中国电力管理体制的改革历程中，成立国家电力公司、撤销电力工业部标志着中国电力工业管理体制由计划经济向社会主义市场经济转变，是实现政企分开的历史性转折。国家电力公司成立后，实施公司制改组、商业化运营、法制化管理，确立了建设“控股型、经营型、现代化、集团化管理和国际一流电力公司”的战略目标。❷

二、国家电力公司第一次市场营销会议的召开

1999 年 10 月 16—18 日，国家电力公司市场营销工作会议在贵州省贵阳市召开。这次会议是在国家电力公司面临政企分开改革、经营体制转变、供需矛盾缓和、世纪之交来临之际的关键时期召开的，是国家电力公司成立后召开的第一次电力市场营销工作会

❶ 中国电力企业联合会编：《改革开放四十年的中国电力》，中国电力出版社，2018 年，第 13 页。

❷《中国电力年鉴》编委会：《中国电力年鉴 2003》，中国电力出版社，2003 年，第 4 页。

议，也是新中国成立后电力系统召开的第一次市场营销工作会议。会议深刻分析了电力营销工作存在的问题以及面向21世纪等新形势下出现的新课题，要求结合实际尽快彻底转变国家电力公司的营销观念，树立起改革创新、优质服务、市场竞争和效益、依法经营、科技创新和人才开发5个方面的电力营销新观念，特别是要在树立市场竞争观念和全心全意为客户服务的观念上下功夫，在价格、质量和服务上与天然气、煤气、液化气、燃油等能源竞争，提高市场占有率，建立客户至上、以客为尊的优质服务体系，确定以市场需求为导向、以满足客户需求为中心、以引导客户消费并取得经济和社会效益相统一的市场营销新战略，建立面向21世纪的具有开拓、竞争、创新能力和现代化水平的电力营销新体系。各级电力企业必须建立适应市场经济的营销运行机制及管理体系，强化市场和服务功能，尽快改革不适应市场运行的机构设置，尽快将用电管理职能转换为市场营销职能，并不断充实完善，为国家电力公司的下一步改革打下坚实的基础。会议还专题讨论了《关于面向21世纪电力营销工作的若干意见》。

会后，国家电力公司于2000年2月下发了《关于面向21世纪电力营销工作的若干意见》（国电发〔2000〕74号，简称《意见》）。《意见》围绕“到2002年年初步建立市场化运营、法制化管理、规范化服务的电力营销新机制；到2002年建立起客户至上、以客为尊的优质服务体系，客户满意率达到95%以上；到2010年全面建立起适应社会主义市场经济发展的现代化营销管理体系”的电力市场营销工作目标，提出了具有较强针对性和可操作性的十个方面的工作措施：① 转变观念，加强领导，以市场为导向，以效益为中心，以政策法规为准则，树立电力营销新观念；② 建立适应市场经济需要的营销机制，按照电力营销规律，以提高电能的终端能源占有率为目标，以现代化的营销网络向社会提供优质、可靠、经济的电能，实现经营效益化；③ 建设高素质的电力营销队伍，重视人才资源开发，实施营销队伍知识结构调整策略，改革和创新在岗培训制度，加强营销人员的思想政治素质和专业技能培训；④ 建立切实有效的营销费用保证制度，支持电力营销活动高效有序开展；⑤ 积极开拓市场，推进用能结构调整，引导消费，刺激需求，加快城乡电网改造，提高供电服务质量，大力推进电能替代，提高电力在能源消费市场占有率；⑥ 大力开展需求侧管理，研究可供客户选择的电价机制，利用经济、技术手段，提高电网经济运行和资源综合利用的水平；⑦ 规范和发展高效、便民服务，创新服务水平，最大限度地为客户提供快捷、方便、高效、不扰民的服务，树立国家电力公司良好的服务形象；⑧ 依靠科技进步，逐步实现营销管理现代化；⑨ 逐步建立统一有序的城乡电力营销管理秩序，强化基础工作，规范工作秩序和业务流程；⑩ 努力造就一种高度开放的电力市场模式，按照社会效益优先的原则处理社会与企业效益的关系，为实现电力市场竞争奠定基础。

这次会议进一步明确了电力市场营销工作在国家电力公司发展战略中的重要地位和作用，是关系到国家电力公司市场营销工作大局的重要会议，标志着国家电力公司作为电网经营企业在竞争和效益的观念方面已经发生了根本性转变，对电力市场营销工作真正摆脱计划经济的束缚、成功地走向市场产生了深远影响。

三、全国供电营业区的划分

中华人民共和国成立后的40多年间，中国电力工业获得了迅速的发展，国家大电网延伸覆盖了全国近2000个县级行政区（其中直供的有707个县，趸售供电的有996个县，以小水电为主供电的有600多个县）。由于历史原因，在相当长的时间内，一些地区存在大小电网并存，还出现了大小电网相互交叉供电、互争用户的问题。20世纪80年代以后，一些地方电网的延伸发展呈无序竞争趋势，出现了严重的重复建设、网网交叉、网中套网的混乱现象，最为典型的如湖南的郴州、四川的宜宾地区，存在一个行政区内多家供电企业重复建设电力设施并网网交叉、供电抢用户的情况。这种无序的竞争不仅违背了电网发展的客观规律，严重危及电网的安全运行和用电安全，而且给国家资财造成极大的浪费。

1995年，中国颁布了《中华人民共和国电力法》（简称《电力法》），把划分供电营业区、实行供电营业许可证制度作为一项法律制度予以确定。规定在一个供电营业区内只准设立一个供电营业机构，电力在营业区内实行统一经销。1996年，国务院颁布了《电力供应与使用条例》，对供电营业区的划分、设立、变更做了原则规定，并授权国务院电力管理部门制定供电营业区划分和管理的具体办法。1996年5月19日，为划分和管理供电营业区域，依法保障电力供应与经销的专营权，保障向电力用户的安全供电和保护电力用户的合法权益，电力工业部依据《电力法》和《电力供应与使用条例》，下发了《供电营业区划分及管理办法》，并组织研究供电营业区划分工作，要求坚持尊重历史、维持现状的原则，依法公正地处理好省电网营业区的界定问题、交叉供电的问题、发证范围的问题、跨省界供电或营业的问题和无电地区的问题。同时要求各省积极开展工作，利用一年时间，将全国供电营业区依法划分完毕。

1997年5月，电力工业部下发了《关于颁发〈供电营业区划分及管理办法〉补充规定的通知》（电政法〔1997〕283号）（简称《补充规定》）和《关于划分供电营业区有关问题的通知》（电安生〔1997〕303号），就供电营业区的分类、供电营业区审查、核准程序、对划分过程中出现的问题提供解决措施等内容，对《供电营业区划分及管理办法》进行补充，并再次强调必须按法律规定，公平公正协调处理供电营业区划分中出现的各类矛盾。主要内容有：① 对于历史形成的跨省或跨县级行政区供电的，应按现有电网结构，维持跨省、跨县供电或营业。原则上不做调整，以后需要调整时，按供电营业区变更有关规定办理。② 跨省部分小于一个县营业区的，由担负供电营业任务的供电企业持营业区所在省（自治区、直辖市）电力局书面供电营业许可的证明，向供电企业所在省（自治区、直辖市）电力局申请。核准后，发给《供电营业许可证》。③ 对省电网未到达地区和无电地区，应根据区域经济和电网发展的规划、供电能力以及就近供电的原则，由省（自治区、直辖市）电力局商上述地区政府有关部门指定由省电网经营企业或供电企业承担供电义务。

1997年10月10日，国家工商局、电力工业部联合下发了《关于供电营业机构持〈供电营业许可证〉办理企业登记注册有关问题的通知》（电综〔1997〕537号），对于已获得电力工业部统一印制、经电力工业部或省（自治区、直辖市）电力局核发的供电营业许可证的供电营业机构，应持带有营业区平面图的供电营业许可证，向工商行政管理机关申请办理企业登记注册手续后领取工商营业执照。

各省电管局、电力局积极部署本网本省供电营业区的划分工作。在对供电营业区调查清楚的基础上，再自下而上地提出划分初步方案，根据先易后难、逐步推进的原则，开展交叉供电部分的协商和调整工作。各省在开展供电营业区划分工作时，主动及时向政府领导和经济综合主管部门汇报、取得支持，依法协调处理好各方面的关系和利益。各省电力管理部门公开办事程序和制度，公开接受社会的监督，对全国近3000个有独立法人资格的电力企业及其营业分支机构的供电营业区域进行认真细致的调查、指导、协调，相邻区域的供电企业均就边界线划分问题达成了协议。各省的电力报和专业刊物广泛宣传供电营业许可的法律制度，供电营业区划分工作按期顺利完成。

截至1998年3月，供电营业区划分工作基本结束。全国共颁发了2422张供电营业许可证，其中：跨省营业许可证共8张，全部核发（包括京津唐电网）；省级营业许可证核发28张（其中海南省未发）；地级营业证核发255张；县级营业证核发2132张。各省电力管理部门严格按照申请、初审、会审、核准和发证等程序办事，得到经贸委、水利部门、物价局、法制局及各级地方政府的广泛赞同。供电营业许可这项法律制度的执行，规范并促进了大小电网的有序发展，对保障电网的安全稳定运行、维护正常的供用电秩序发挥了积极作用。

四、第一张供电营业许可证的颁发

《电力法》第二十五条第三款规定，“省、自治区、直辖市范围内的供电营业区的设立、变更，由供电企业提出申请，经省、自治区、直辖市人民政府电力管理部门会同同级有关部门审查批准后，由省、自治区、直辖市人民政府电力管理部门发给供电营业许可证。跨省、自治区、直辖市的供电营业区的设立、变更，由国务院电力管理部门审查批准并发给供电营业许可证。供电营业机构持供电营业许可证向工商行政管理部门申请领取营业执照，方可营业”。《电力法》的颁布将供电营业区的划分纳入法制化的管理。

1996年10月，电力工业部开始研究并部署开展供电营业区划分工作。1997年4月，全国供电营业区划分工作会议结束后，各省（自治区、直辖市）电力局都成立了供电营业区划分工作领导小组，有组织、按程序、依法规范推进，并完成了供电营业许可证的资料审核和发证的准备工作。1997年9月24日，电力工业部在北京举行供电营业许可证颁发仪式，电力工业部副部长陆延昌向华北电力集团公司颁发了中华人民共和国第一张供电营业许可证，编号为京甲—001（京津唐电网），从法律上确立了华北电力集团公司在供电营业区内电力销售营业的专营权。之后，电力工业部发布《供电营业许可证公告》（第一号），公告明确：根据《电力法》第二十五条规定，经电力工业部审查核准，将发给供电营业许可证的跨省电网经营企业名单、许可证编号、供电营业区平面图号一并公布，并请获证的跨省电网经营企业按电力工业部、国家工商行政管理局联合印发的《关于供电营业机构持

〈供电营业许可证〉办理企业登记注册有关问题的通知》（电综〔1997〕537 号）的规定，向工商行政管理机关办理企业登记注册。此次获供电营业许可证的企业包括国家电力公司、中国华北电力集团公司、中国东北电力集团公司、中国华东电力集团公司、中国华中电力集团公司、中国西北电力集团公司 6 家跨省电网经营企业和中国南方电力联营公司。

第一张供电营业许可证的颁发标志着中国供电营业依据《电力法》在实施供电许可法律制度上迈出了坚实的一步，是贯彻实行政企分开、依法治企的重要体现，有利于电力改革与发展，不断提高服务水平和质量。

五、全国统一的供用电合同文本印发

1993 年 9 月 2 日，第八届全国人民代表大会常务委员会第三次会议审议通过国务院关于《中华人民共和国经济合同法修正案（草案）》的议案。新的《中华人民共和国经济合同法》规定“供用电合同，根据用电方需要和电力可供量签订。合同中应明确电力、电量、用电时间和违约责任等条款”。1995 年颁布的《中华人民共和国电力法》规定“电力供应与使用双方应当根据平等自愿、协商一致的原则，按照国务院制定的电力供应与使用办法签订供用电合同，确定双方的权利和义务”。1996 年颁布的《电力供应与使用条例》中对供用电合同的签订原则、应具备的主要条款以及履行、变更、解除等内容做了规定。供用电合同是中国十大类经济合同之一，它是确立电力供应与使用关系、明确供用电双方权利义务的法律文书，也是运用法律手段进行供用电管理的一项重要措施。为了便于供用电双方当事人签订合同方便，电力工业部部署制定统一的供用电合同格式文本，供各地电力部门使用。

为依法做好供用电合同文本制定和管理工作，1996 年 11 月，电力工业部在江苏省南京市召开供用电合同研讨会。会议就签订供用电合同的基本原则、供用电合同的分类及文本、供用电合同的管理等问题进行了讨论与研究，取得了共识。1997 年 2 月，电力工业部起草了供用电合同格式文本(范本)，于 1997 年 8 月修改后形成了供用电合同格式文本。1997 年 10 月 6 日，电力工业部印发《关于印发〈供用电合同〉文本、依法加强合同管理的通知》（电综〔1997〕553 号，简称《通知》），并随文印发了供用电合同格式文本。要求各地电力部门在 1998 年 6 月底以前依法完成供用电合同的重新签订工作。

根据中国的实际情况并考虑不同用户的特点，随《通知》下发的供用电合同格式文本分为 6 类：① 高压供用电合同：适用于供电电压为 10 千伏（含 6 千伏）及以上的高压电力用户；② 低压供用电合同：适用于供电电压为 220/380 伏低压普通电力用户；③ 临时供用电合同：适用于短时、非永久性用电的用户；④ 趸购电合同：适用于以向供电企业趸购电力，再转售给用户购电的情况；⑤ 委托转供电协议：适用于公用供电设施未到达地区，供电方委托有供电能力的用户（转供电方）向第三方（被转供电方）供电的情况；⑥ 居民供用电合同：由于居民用户用电需求类同，供电方式简单，且基本一致，居民用户的数量占了供电用户总数的 95%以上，因此对居民用户的供用电合同，采用背书的方式处理。

供用电合同格式文本是根据用户的用电需求和供电方式，以围绕明确双方的权利义务和在供用电活动中发生法律责任如何确认为主线制定的。凡是现有法律法规已作出规定的，则按法律法规执行，一般不再在合同文本中作出明文约定；现有法律法规未做规定的，如用电容量、供电方式、计量方式、供电设施维护管理责任、电费结算、违约责任等条款，综合考虑了可能出现的各种情况，在合同文本中提供了多种表述方式，实际使用时根据供用双方的实际情况选定其中一种或几种方案使用。此外，把需要签订的调度协议或并网协议、电费结算协议也纳入供用电合同之中，以合同附件或补充协议出现，与合同具有同等效力。对于合同条款的表述，采用了 3 种方式：① 根据实际情况直接填空；② 根据实际情况选择填空；③ 根据法规及有关规定来确定表述内容。如高压合同中的供电方式、电费结算方式条款等，都为选择填空条款。对主供电源（备用电源、保安电源）的表述需要根据实际情况，在文本列出的 3 种方案中选择一种进行填空；电费结算方式也是选择其中一种方式填空。

制定统一的供用电合同文本，对依法建立供用电合同制度，做好供用电合同的签约、履行和管理工作，实现规范化管理具有重要意义；同时，有利于推动电力企业实行商业化运行、法制化管理，促进电力企业加快实现“两个根本性转变”[1]。

六、江西颁布第一部反窃电地方性法规

1995 年 12 月 28 日，《电力法》正式颁布。1996 年 4 月 17 日，《电力供应与使用条例》也正式发布。《电力法》第七十一条和《电力供应与使用条例》第四十一条都明确规定窃电是盗窃行为，应当受到行政处罚，构成犯罪的应依法追究刑事责任。《电力供应与使用条例》第三十一条还规定了禁止窃电的 6 类行为。但由于电力是一种产、供、销同时完成的特殊的商品，在查处窃电行为的过程中，取证查处难度较大；此外，随着科技的发展，窃电手段亦呈多样化，并日趋隐蔽，加大了反窃电工作的难度，致使窃电屡禁不止并成为一种常见现象，严重损害了供电企业和广大用户的合法权益，造成国家和人民财产的巨大损失，影响社会稳定和发展。

1996 年 3 月，江西省八届人大四次会议上，14 位人大代表提出“关于请求制定反窃电地方法规”的议案，要求制定《江西省反窃电办法》。根据江西省九届人大常委会立法规划和省人民政府 1998 年立法工作计划，1998 年 4 月，江西省电力局根据《电力法》及有关法律、法规，针对反窃电工作的重点和难点问题，结合江西省实际，起草了《江西省反窃电办法（送审稿）》，并报送江西省人民政府。1999 年 10 月 23 日，江西省第九届人民代表大会常务委员会第十二次会议审议通过了《江西省反窃电办法》（简称《办法》），并于 1999 年 12 月 1 日起实施。

《办法》全文共 4 章 31 条，对窃电行为的认定、窃电量的计算、窃电行为的查处及法

[1] “两个根本性转变”：经济体制的根本性转变和经济增长方式的根本性转变。经济体制的根本性转变是由计划经济向市场经济转变，经济增长方式的根本性转变是由粗放型向集约型转变。

律责任等做了具体规定，对开展反窃电工作具有很强的指导性、针对性和可操作性。其突出特点是：① 在全国尚未出台规范反窃电工作的地方性法规情况下对地方立法的探索，为国家反窃电立法提供了经验，具有一定的超前性。② 对《供电营业规则》中对窃电的查处原则及规定通过地方立法，将部门规章上升到地方性法规，提升了法律效力，便于实际操作，有利于打击、遏制窃电行为，保障供用电双方的合法权益。③ 在反窃电执法主体方面，规定县以上人民政府电力管理部门负责本行政区域内反窃电的监督管理工作；电网经营企业和供电企业定期或不定期地进行用电检查并具体负责本供电营业区内的反窃电业务工作；各级公安、检察、审判机关及有关部门在各自的职责范围内密切配合，通力协作，依法制止窃电行为。④ 在窃电量计算方面，采用“推定”的做法，明确规定窃电时间无法查明时，窃电日数以 180 日计算，每日窃电时间：照明用户按 6 小时计算，其他电力用户按 12 小时计算。⑤ 在法律责任方面，规定电网经营企业和供电企业对窃电行为有追偿损失及追究违约责任的民事权利；规定了电力管理部门查处窃电行为的具体行政处罚程序；规定窃电行为构成犯罪的除依法追究刑事责任外，对“窃电行为构成犯罪的数额标准，依照本省司法机关关于盗窃罪具体数额标准的规定执行”。

《江西省反窃电办法》是全国第一部为制止窃电行为、保障供用电双方合法权益、维护供用电秩序和规范反窃电工作而制定的地方性法规。自江西省颁布《江西省反窃电办法》后，四川、云南、辽宁、宁夏、贵州、北京、内蒙古、新疆、山西、湖北、黑龙江、广西、吉林 13 个省（自治区、直辖市）相继出台了适应各省情况的地方性反窃电办法。这些地方性法规的出台，有效缓解了电力企业长期面临的执法主体缺位的现象，解决了打击窃电、违法用电行为无法可依的难题，对维护供用电秩序，创建和谐社会发挥了重要作用。

七、电能计量装置管理的强化与进步

1998 年年底，国务院办公厅转发国家经贸委《关于深化电力工业体制改革有关问题的意见》，确定上海、浙江等六省市作为“厂网分开、竞价上网”试点，试点工作随即展开。当时电能计量装置管理仍延续政企不分时的老办法，将计量发电厂上网电量（非贸易结算）的电能计量装置按内部考核电能计量装置实施管理，显然已不适应改革发展的要求。2000 年，国家经贸委发布 DL/T 448—2000《电能计量装置技术管理规程》（简称《规程》），2001 年 1 月 1 日实施。《规程》对新形势下的电能计量装置技术管理作出了规定，对促进技术进步和管理提升具有重要的指导意义。

2001 年，为深入贯彻实施《规程》，国家电力公司发输电运营部组织编写并出版了《DL/T 448—2000〈电能计量装置技术管理规程〉学习读本》和《电能计量装置技术管理规程配套工作规定和标准汇编》。同年，在福州、杭州分别组织两期大规模宣贯培训活动，收到良好效果。此后，各省级电网企业，发、供电企业依据《规程》制定本企业电能计量装置管理制度或实施细则，确立了在供电营业区划分范围内以供电企业、发电企业管理为基础，以省级及以上电网企业统一归口，实行分类、分工、监督、配合的电能计量装置技术管理原则。形成了供电企业负责、相关发电企业配合，对贸易结算（含计量发电厂上网电量）电能计量装置进行管理，各省电力试验研究所作为本网的电能计量技术监督部门，对发、供电企业的电能计量装置技术管理工作进行技术监督、指导和帮助的格局，建立起规范有序的管理体系。同时，逐步加强了对各类电能计量装置的全过程管理。根据不同类别用户确定计量方案，推广应用宽量限电流互感器和轻负荷特性好的电能表；对新建工程，严把设计审查和投运前验收关，确保符合《规程》要求的电能计量装置方可投入运行；对在运电能计量装置，制定计划逐步改造，并应用电能计量装置微机管理信息系统，加强对首次检定、历次现场检验和运行数据的监测，提前发现并及时处理可能出现的问题，确保电能计量装置的计量性能和运行可靠。

各电网企业按照《规程》要求，重点对Ⅰ类、Ⅴ类[1]电能计量装置的技术要求及管理方式进行了调整和改进。将发电厂及跨省电网间的关口电能计量装置作为Ⅰ类贸易结算用电能计量装置管理，提升各项技术指标，增设为主副两套电能表，有效提高了电能计量装置的准确性与可靠性，并按实时交易计费要求，将关口电能表接入各省级电网电能量计费系统，为“厂网分开、竞价上网”提供了必要的技术支撑条件。同时，国家电力公司还加强了重要关口电能计量装置现场检验，由中国电科院负责跨网、跨国关口，各省电力试验研究所负责本网关口，所涉贸易结算各方共同参与关口电能计量装置的现场检验，并对检验结果共同签字确认。2002 年 10 月，国家电网公司对所有关口电能计量装置及现场检测工作开展了摸底调查，并安排专项资金对不符合《规程》要求的电能计量装置进行了全面整改。对量大、面广的居民用电能计量装置划为Ⅴ类电能计量装置，按《规程》提出的管理方式和判定方法，将不同厂家、型号、规格、订货时间和安装区域划分为不同批次；对同一批次的电能表，从运行的第 6 年起，随机抽取一定样本进行检验。合格的则整批次表继续运行一年，待下年再抽检，不合格的则整批次表全部更换。以此改变了长期以来按规定的运行周期全部轮换的管理方式，不仅提高了工作效率，促进了表计质量提升，更适应了电子式电能表大规模推广应用的管理需要，提高了管理科学水平。

电能计量装置技术管理的强化与进步，适应了电力体制改革与发展要求，保证了电能计量装置技术管理工作规范有序开展，为电力工业持续健康发展提供了有力的计量技术支撑。

第二节　供需矛盾缓解放开计划用电限制

20 世纪 90 年代中后期，电网建设进入历史上最快阶段，城乡电网改造成效明显，困扰多年的全国电力供需矛盾问题基本得到解决。在缺电时期形成的一些电力管理政策、运

[1] 运行中的电能计量装置按其所计电量多少和计量对象重要程度分为五类。其中，Ⅰ类指月平均用电量 500 万千瓦时及以上或变压器容量为 10 000 千伏安及以上的高压计费用户、200 兆瓦及以上发电机、发电企业上网电量、电网经营企业之间的电量交换点、省级电网经营企业与其供电企业的供电关口点的电能计量装置；Ⅴ类指单相供电的电力用户计费用电能计量装置。

行机制和规章制度制约了电力消费和经济发展，已经不能适应新的形势要求。

为了进一步扩大内需和促进经济发展，提高用户用电的积极性，减轻企业负担，国务院批准停止执行买用电权、控制非生产用电和超计划用电加价等集资办电、限制用电的规定；取消电力企业向用户收取的电费保证金和电度表保证金，停止收取供（配）电贴费，在全国开展电价秩序整顿，疏导各地电价矛盾，实行“双轨制”的并轨，全面推行统一销售电价政策。

国家电力公司成立了电力需求侧管理指导中心，有效地推动全国电力需求侧管理工作，促进全社会推广和应用节电、用电新产品和新技术，提高电力需求侧管理水平和电能利用效率。国家经济贸易委员会通过引进合同能源管理机制扩大了国内能效投资，促进了中国节能服务产业的形成和发展。同时，为完善城市功能照明、改善人居环境、推广节能技术，电力企业配合各级地方政府开展了城市光亮工程建设。

一、国务院批准取消电力短缺时出台的收费政策

20 世纪 90 年代后期，中国电力供需矛盾得到了有效缓解，部分地区出现了装机规模相对富余的现象。为贯彻落实中共中央、国务院关于进一步扩大内需，大力拓展消费领域的精神和国务院关于减轻企业负担的要求，扩大电力销售，减轻企业电费负担，规范电力市场，结合电力供需矛盾缓和的形势，1998 年 9 月 7 日，国家经贸委、国家计委提出了《关于停止执行买用电权等有关规定的意见》（简称《意见》）。1998 年 9 月 30 日，国务院以国发〔1998〕32 号文转发了该《意见》，决定停止执行若干限制用电的规定。《意见》主要提出对部分集资办电、限制用电的规定和用电管理办法进行了调整。

《意见》认为买用电权的政策在电力供应紧张、电力建设资金严重不足的情况下，对广开集资门路、加快电力建设、保证国民经济发展的用电需要起到了积极作用，但同时也增加了地方和企业的负担，且在政策执行中还出现了既执行还本付息电价又买用电权，投资者还不能拥有产权等不合理现象。为此，建议停止执行《国务院批转国家经委等部门〈关于鼓励集资办电和实行多种电价的暂行规定〉的通知》（国发〔1985〕72 号）中对买用电权的规定。对已购买用电权的用户，各电力企业要根据当地实际情况，研究具体补偿办法，保证用户经济利益不受损失，处理情况报国家经贸委备案。各级地方政府出台的买用电权办法同时停止执行，并妥善处理好善后事宜。

停止执行控制非生产用电的规定。为缓解电力供应紧张的矛盾，中国一直实行控制非生产用电的政策。在大电网供电地区，对宾馆、饭店（包括外资企业）、商店以及机关、事业单位等，实行计划供电，并定期下达用电指标。规定不得使用电热烧水、取暖，限制使用空调、冷热风机等。同时，严格控制城乡居民生活用电的增长速度。在电力供需矛盾总体趋于缓和的情况下，为推动国民经济的发展，支持第三产业和满足居民日益增长的用电需求，停止执行《国务院批转国家经委、国家计委〈关于进一步加强节约用电的若干规定〉的通知》（国发〔1987〕25 号）中关于控制非生产用电、限制第三产业和居民生活用电的有关规定。各省、自治区、直辖市政府和电力企业也要取消原有各种限制非生产用电

的规定和办法。

停止执行超计划（指标）用电加价收费的规定。在电力供应紧缺时期，为保证电力供需平衡和电网安全，各省、自治区、直辖市均实行计划用电包干，规定各地区和各企业都要按月（或按日）结算，超用电扣还。对超用电并拒绝扣还的地区和企业实行限电、停电，强制扣还，或加倍收取超用电费；有些地方对城乡居民也规定了用电基数指标，超用电要加价收费。电力供需矛盾已经缓解，超计划（指标）用电加价的规定已不适应形势的要求。因此，停止执行《国务院批转水利电力部〈关于按省、市、自治区实行计划用电包干的暂行管理办法〉的通知》（国发〔1982〕78 号）以及国发〔1985〕72 号和国发〔1987〕25 号文件中关于对超计划（指标）用电加价收费的规定。

此后，国家全面放开了用电限制，适时出台了促进电力消费的政策，加大推行峰谷、丰枯电价的力度，鼓励用户采用节电技术措施，鼓励用户多用低谷电，削峰填谷，缓解高峰用电对电网安全稳定运行的压力。对符合国家产业政策、达到合理经济规模的高耗电企业实行优惠电价政策。一些地区对工业企业新增用电实行电价优惠，对“一户一表、抄表到户”的城镇居民生活电价实行超基数优惠。

二、国务院批准停止收取供（配）电贴费

在计划经济体制时期，供（配）电贴费资金是城市电网建设资金的主要来源。从 1963 年起，由国务院批准征收供（配）电贴费，征收对象是受电电压等级在 10 千伏及以下的供电工程，1984 年扩大到 110 千伏以下的供电工程，1993 年扩大到 110 千伏供电工程，收取的资金主要用于 110 千伏及以下各级电压外部供电工程的建设和改造。随着改革开放和社会主义市场经济体制的逐步建立，收取供（配）电贴费政策已不利于经济发展，客观上限制了用户用电的积极性。为开拓电力市场，促进电力消费，减轻电力用户负担，促进投资需求的增长，同时考虑供（配）电贴费政策的延续性，2000 年先调减供（配）电贴费的收取标准，到 2002 年再停止收取供（配）电贴费。2000 年 6 月 13 日，国家计委和国家经贸委联合下发《国家计委、国家经贸委关于调整供电贴费标准等问题的通知》（计价格〔2000〕744 号）。主要内容有：一是取消省及省以下各级政府及部门自行出台的电力增容费；各省（区、市）自行提高的贴费标准一律停止执行。二是贴费标准[1]降低一半，降低后的贴费收入用作城市电网建设与改造工程项目资本金。地下电缆线路供电工程贴费标准不得超过架空线贴费标准的 1.5 倍，具体标准由各省级物价部门核定。调整后的标准自 2000 年 6 月 10 日起执行，待 2001 年年底国家批准的城市电网建设与改造工程基本完成后，停止征收供电工程贴费。三是城乡电网改造过程中新增的用电容量，免征一切贴费或增容费。四是企业破产后经改制重新投入生产，无须供电单位对其进行线路改造和变压器增容的，供电单位不得再收取贴费。

[1] 国家计委《印发〈关于调整供电贴费标准和加强贴费管理的请示〉的通知》》（计投资〔1993〕116 号）中规定的贴费标准。

2000 年 8 月 22 日，针对各地在执行计价格〔2000〕744 号文中提出的问题，两委下发了《国家计委、国家经贸委关于调整供电贴费有关问题的补充通知》（计价格〔2000〕1288 号）。补充通知的主要内容是：采用电蓄能技术的环保项目新增用电容量免征贴费或增容费；申请用电或增加用电容量的用户，除委托供电部门对其自建供电工程进行设计或施工的之外，供电部门不得再收取除贴费之外的任何费用；委托供电部门对其自建供电工程进行设计施工的，供电部门可适当收取工程设计费、设备材料费和人工费，收费标准由省级价格主管部门核定；城乡电网改造中新增的容量免征一切贴费或增容费的使用范围为：由乡镇及以下电网供电的用户新增用电容量，城市（包括县城）新增的居民生活用电容量；2000 年 6 月 10 日前已经交纳部分供（配）电贴费单位结清的，剩余部分按调整后的新标准执行，2000 年 6 月 10 日及以后未按调整后的新标准执行的，供电单位要将多收的部分退还用户。

2002 年 1 月 28 日，国家计委、国家经贸委联合发出《国家计委、国家经贸委关于停止收取供（配）电工程贴费有关问题的通知》（计价格〔2002〕98 号），决定停止收取供（配）电工程贴费。主要内容包括：一是对一般供电要求的电力用户申请新装及增加用电容量，停止收取供（配）电工程贴费。二是 2002 年 1 月 1 日前用户已按原规定交付供（配）电工程贴费的，供电单位不再退还；用户已经交纳部分供（配）电贴费但未结清的，剩余部分可不再向供电单位交纳。

2003 年 12 月，国家发展改革委发布《国家发展和改革委员会关于停止收取供配电贴费有关问题的补充通知》（发改价格〔2003〕2279 号），针对各地在执行停止征收贴费政策中反映的问题作出补充条款：停止征收供（配）电贴费，是国务院为扩大电力市场、促进经济发展而作出的一项重大决策，是规范用电秩序、减轻用户负担的重要政策措施。各地区要严格执行国家有关规定，对各类用电一律停止征收供（配）电贴费。对停止收取供（配）电贴费前申请新装及增加用电容量的电力用户，供用电双方已经签订缓交供配电工程贴费的合同或协议的，继续按合同或协议约定执行。为了节约电力建设投入，合理配置电力资源，对申请新装及增加用电容量的两路及以上多回路供电（含备用电源、保安电源）的用电户，在国家没有统一出台高可靠性电价政策前，除供电容量最大的供电回路外，对其余供电回路可适当收取高可靠性供电费用。临时用电的电力用户应与供电企业以合同方式约定临时用电期限，并预交相应容量的临时接电费用，临时用电期限一般不超过 3 年。在合同约定期限内结束临时用电的，预交的临时接电费用全部退还用户。确需超过合同约定期限的，由双方另行约定。停止收取供（配）电贴费前申请临时用电的电力用户已预交贴费的退还问题，仍按《国家计委关于 110 千伏及以下供电工程收取贴费的暂行规定》（计投资〔1993〕116 号）第 104 款规定执行。高可靠性供电费用和临时接电费用收费标准，由各省（自治区、直辖市）价格主管部门会同电力行政主管部门，在《国家计委、国家经贸委关于调整供电贴费标准等问题的通知》规定的收费标准范围内，根据本地区实际情况确定。

2017 年 11 月 21 日，《国家发展改革委办公厅关于取消临时接电费和明确自备电厂有关收费政策的通知》（发改办价格〔2017〕1895 号）发布，明确自 2017 年 12 月 1 日起，临时用电的电力用户不再缴纳临时接电费，已向电力用户收取的临时接电费，电网企业应按照合同约定及时组织清退，进一步助推了企业减负，推进了供给侧结构性改革。

三、整顿电价秩序坚决制止乱收费

"九五"以来，随着电力供需矛盾缓和，国家加强了对电价的规范管理，坚决制止电价执行中的乱加价、乱收费和乱摊派行为，切实减轻企业和人民群众负担，为促进国民经济发展创造一个良好的经济环境。

1998 年 11 月 5 日，国家计委、国家经贸委、财政部、监察部、审计署、国务院纠风办等六部委（计价格〔1998〕2212 号）下发《关于整顿电价秩序坚决制止乱加价乱收费行为的通知》（简称《通知》）。《通知》要求：一是坚决取消各地违反国家规定在电价外加收的各种附加费、基金等费用；各省级电网对电力用户的销售价格，必须严格按照国家计委批准的价格执行；个别省级物价部门受国家计委委托在省内实行二级加价的，要从严审核，并重新报国家计委备案；各地在电价外加收的费用，只限于国务院批准的电力建设基金（每千瓦时 2 分钱）、三峡工程基金和财政部批准的城市公用事业附加，其他部门和地区在电价外收取的各种基金和附加费用，均一律取消；对已查明各地违纪征收的 569 项加价项目将向社会公布，并自公布之日起一律停止执行，凡隐瞒不报或继续收取的，一经发现要追究当地政府及有关部门的责任。二是地方经国家批准的在建电力项目，由于取消违反国家规定加收的基金和附加费后项目资本金出现的资金缺口，要区别不同情况，采取措施，妥善解决，具体由国家计委、国家经贸委商有关省、自治区、直辖市办理；凡已查明的各种违纪加价的基金、附加等，其账面余额由物价部门按有关规定，收缴财政。具体办法由财政部会同有关部门另行下达。三是要抓好改造农村电网和改革农电管理体制的工作，力争用 3 年时间完成农村电网的改造，实现城乡同网同价，切实减轻农民的电费负担。四是电力企业是收取电费的唯一合法单位，禁止地方政府及有关部门参与收取电费；严禁各级地方政府截留电力企业的销售收入，将其转作地方电力建设基金或其他专项资金；电力企业不得以任何理由代收非法或违规的加价和收费。五是整顿电力企业的经营性收费项目。电力企业对用户提供服务的收费标准，要严格按照国务院颁布的《电力供应与使用条例》及国家计委的有关规定执行，不得自立名目或超范围、超标准向用户收费。六是实行对用户销售电价公告制度。各地要将国家规定的电价政策和批准的电价水平向社会公布，接受群众监督。

国家电力公司转发了国家六部委文件，并进一步明确有关要求，立即停止代收国家规定以外的各种基金、加价和收费，严格执行国家规定的销售电价，对擅自变更国家规定电价的行为立即纠正。严格按照国家规定的标准和范围征收贴费，坚决制止超标准、超范围征收。各供电企业在公共场所公布国家规定的电价政策和批准的电价标准，自觉接受电力用户监督。

通过整顿秩序，全国城市电力用户平均电价由每千瓦时 0.47 元下降到每千瓦时 0.42

元，农村电力用户平均电价由每千瓦时 0.67 元下降到每千瓦时 0.57 元。与电价整顿工作同步进行的是城乡用电同网同价工作。至 2004 年，全国除西藏外的地区均已实现城乡居民用电同网同价，结束了几十年来农民用电价格一直高于城市居民的历史，促进了农村经济发展和农民生活水平的提高。

四、统一销售电价的推行

改革开放以后，与其他商品一样，中国的电力价格也出现了双轨并存的格局。传统计划经济时期建成的电力项目由国家拨款建设，电厂、电网实行一体化管理，电价水平较低；20 世纪 80 年代以来建成的电力项目主要采用银行贷款、社会集资和外资建设，资金成本较高，造成电价水平上升。两种电价之间的价差为每千瓦时 0.1～0.15 元。电价双轨制虽然促进了电力工业的发展，但也带来了许多弊端，主要表现为：价格秩序比较混乱，有的地区新建电厂对用户的销售电价实行“一厂一价”；同一地区的同类用户用电价格水平各不相同，不利于企业间公平竞争；同时还导致电量分配出现不公平的现象。

鉴于电价“双轨制”存在的问题较多，为体现公平负担的原则，20 世纪 90 年代初，湖南、湖北、山西、陕西省人民政府将新建电力项目电价高出老电价的部分在全部电量上进行均摊，实行了统一销售电价。为了推动其他地区尽快实行统一销售电价，1996 年国家计委向国务院提出了全面推行统一销售电价的意见，经国务院批准，1997 年 3 月 26 日，《国家计委、电力部关于 1997 年电价调整方案有关问题的通知》（计价管〔1997〕437 号）印发，要求“加快推行统一销售电价的步伐”。

统一销售电价的工作按照先易后难的原则推进。1997 年，在华北、西北、西南和华东的上海地区推行了统一销售电价。1999 年、2000 年，在疏导各地电价矛盾的同时，将江苏、安徽、浙江、河南、山东、广西、内蒙古、福建、辽宁、吉林、黑龙江 11 个省（区）的双轨制电价进行了并轨。至此，全国除广东、海南、西藏外，已全面推行了统一销售电价。但对于山东、广西、河北南部等电力体制比较复杂、地市办电较多的地区，为了缓解省内地区间利益转移过大带来的矛盾，暂时允许其在 2～3 年的过渡期内在省内划分若干价区（每个价区内是统一电价，但各价区之间水平略有差异），逐步缩小各价区价差，最终实现全省（区）统一销售电价[1]。

实行统一销售电价不影响省（区）的电价总水平，但为了减少实行统一销售电价对社会的震动，在改革过程中采取了以下配套措施：一是将推行统一销售电价与清理整顿电价、疏导电价矛盾相结合，使绝大多数地区的电价总水平较整顿前有所降低；二是为了保证实行统一销售电价后原来使用低价统配电较多的国有大型企业的电费负担不增加，在部分省区的销售电价方案中安排了一定的电价空间对这些企业实行电价优惠；三是在安排销售电价结构时对用电电压等级和负荷率较高的工业企业电价从低安排，其中达到合理经济规模的电解铝、铁合金、氯碱等高耗电企业的用电电价比一般工业电价低 15%～30%。采取上

[1] 国家计委价格司编：《能源供水价格政策法规指南》，中国物价出版社，2002 年，第 485 页。

述措施后，各地区的统一销售电价方案执行比较平稳。

五、合同能源管理机制的引进

合同能源管理[1]是以市场为导向的节能新机制。20 世纪 70 年代，世界爆发能源危机，能源成本成倍增长，企业利润空间被大大压缩。但很多企业发现，通过为能源用户提供优化能源利用方式的技术改造或服务，可以节约资源并减少污染排放，同时还可以获得商业利润。于是，一个以用户能源需求优化管理为市场的经营方式——合同能源管理由此产生。合同能源管理在市场经济国家中逐步发展起来，尤其是在美国、加拿大和联邦德国等国家，基于这种节能投资机制，迅速发展了新的节能产业，带动和促进了全社会的能源投资和节能项目的实施。

1992 年至 1994 年，在世界银行和全球环境基金（GEF）的支持下，中国完成了“中国温室气体排放控制问题及战略研究”。该项研究的一个重要结论是：中国有着巨大的节能潜力，也有大量技术成熟、经济和环境效益都很好的节能项目，但因种种市场障碍而未能普遍实施，不仅浪费了能源资源，污染了地区环境，也不利于控制温室气体的排放。

为解决以上问题，国家经济贸易委员会代表中国政府与世界银行多次协商后决定，合作实施世界银行/全球环境基金中国节能促进项目，在中国引进、示范基于市场的合同能源管理机制，提高中国的能源效率，减少温室气体及其他污染物的排放。项目一期于 1998 年开始实施，主要任务是节能服务公司（EMCo）示范和节能信息传播。项目选择在北京、辽宁、山东成立了 3 个示范性的节能服务公司和一个节能信息传播中心。3 个示范节能服务公司借鉴发达国家节能服务公司的运作方式进行商业化经营，与客户签订能源管理合同，其类型包括确保节能效益型合同、效益共享型合同和设备租赁型合同。节能信息传播中心代表国家节能主管部门收集、开发并无偿向相关用能单位发布有权威性和实用性的节能技术信息，推动全社会的节能与环保工作。3 个示范节能服务公司成立之初就按合同能源管理机制实施节能项目，节能业务涉及照明改造、电动机变频调速改造、锅炉分层燃烧改造、电液锤替代蒸汽锤改造、电弧炉短网改造、工业炉窑改造等。3 个节能服务公司利用赠款、贷款和自有资金实施节能项目，在企业中开拓出初具规模的业务市场，担当着行业排头兵的角色。自 1997 年成立至 2005 年，3 家示范节能服务公司在众多行业中成功实施了 400 多个合同能源管理项目，能效投资逐年稳步增长，到 2005 年年底 3 家公司的累计投资总额约 11.72 亿元。1997 年至 2005 年，3 家公司累计实现节能量 399 万吨标准煤，二氧化碳减排量 322 万吨。项目二期于 2003 年 11 月 13 日启动，主要任务是开展节能服务公司服务和商业贷款担保计划。

示范节能服务公司的实践证明，合同能源管理这一以市场为导向的节能新机制在中国是可行的，具有广阔的市场和发展前景。2000 年 6 月，国家经贸委资源节约与综合利用司发布了《关于进一步推广合同能源管理机制的通告》，这也是中国第一个由国家主管部

[1] 合同能源管理（energy performance contracting，EPC）是以减少的能源费用来支付节能项目全部成本的投资机制。

门发出的推广合同能源管理的文件。这一通告得到了社会各界的响应，中国众多企业和节能工作者受到示范成功经验的鼓舞和激励，纷纷投入到宣传、推广和实践合同能源管理工作中。2004 年 11 月，国家发展改革委把推广合同能源管理纳入《节能中长期专项规划》，将合同能源管理作为节能新机制进行推广。

六、城市光亮工程的实施

城市光亮工程是现代城市的一项重要照明手段。20 世纪 80 年代末，受经济发展水平及电力供应紧缺的限制，中国城市照明多以功能性照明为主，满足将城市“照亮”的需求，起到保障交通安全、提高交通运输效率、方便人们出行及治安防范的作用，还谈不上城市夜景照明的概念。仅有北京、上海、杭州等大城市在个别区域做了一些光亮工程的试点建设。

20 世纪 90 年代中期，电力工业持续快速发展，长期存在的严重缺电局面得到基本缓解。1996 年下半年以后，国家加大对国民经济的宏观调控力度，企业用电需求下滑，出现了电力供大于求的现象。为了鼓励用电，同时改善人居环境、提升城市内涵、完善城市功能，各级地方政府开展了以装扮城市、美化市容为主题的城市光亮工程建设，对标志性建筑、商场、旅游景区、街道等人流量多的地方进行灯光亮化。政府部门联合当地电力部门对城市光亮工程开展规划和研究。1997 年，上海城市规划设计研究院和南宁市城市规划设计院共同完成中国第一个城市照明专项规划——《南宁市灯光景观系统规划》。

为推进城市光亮工程的实施，电力部门积极开展城市电网改造，完善电网系统结构，为光亮工程提供足够的供电电源；一些地方政府出台了城市光亮工程的优惠电价政策、减收或免收供电贴费等政策。这一时期，北京实施了将市区 8 条主要大街架空杆线改为与国际大都市接轨的入地电缆工程，对长安街、平安大街等 13 条大街和多处有纪念性的建筑实施更新灯具、提高照度的路灯改造，高质量地完成了中南海、天安门广场等重要地区的供电系统改造和市区亮丽工程。上海建成公建配套设施及街坊路灯新的灯光夜景，全面完成外滩地区和人民广场灯光工程，以及商业街区橱窗布置“内光外透”的延伸工程。杭州实施西湖全面亮灯工程，照亮了亭台楼阁，造就了西湖夜明珠氛围，并规定了市区和环湖景区的亮灯时间，强调了保证重要节日和夏秋季亮灯，全区实施联网监控。山东、湖南、重庆等许多省市都以重要标志、繁华街道为集中区域，实施路灯、霓虹灯、高楼装饰射灯的改造建设，形成了亮丽的城市夜景照明体系。

2004 年，建设部和国家发展改革委对城市照明管理提出了经济适用、集约用电、保护环境的原则[1]。之后，建设部相继出台了《城市道路照明设计标准》《城市夜景照明设计规范》《城市照明管理规定》等，规范了城市照明功能和景观功能，推广绿色照明，引导城市照明向“高效、节能、环保、健康”的方向发展，实现节能型的城市照明体系。

伴随着城市光亮工程的发展，照明光源与灯具技术不断变化和提高，从高能耗的白炽

---

[1] 《关于加强城市照明管理促进节约用电工作的意见》（建城〔2004〕204 号），2004 年 11 月 23 日。

灯、霓虹灯发展成高效节能的钠灯、金卤灯、无极灯、LED 等电光源；从传统的大面积投光照明发展为与内透光、动态等多种组合照明；从道路、街区或区域到整个城市，已成为展示城市形象，促进经济发展和对外宣传的靓丽名片，对完善城市功能、改善城市环境、提高人民生活水平发挥了积极作用。

七、国家电力公司电力需求侧管理指导中心成立

为有效地推动全国电力需求侧管理工作，促进全社会推广和应用节电、用电新产品和新技术，提高电力需求侧管理水平和电能利用效率，以适应十四届五中全会提出的两个根本性转变[1]的需要，1997 年 12 月 11 日，国家电力公司下发《关于成立国家电力公司电力需求侧管理指导中心的通知》，决定成立国家电力公司电力需求侧管理指导中心（简称中心）。日常工作由江苏省电力公司负责管理，业务上接受国家电力公司安全生产与发输电运营部的指导。1998 年 1 月 13 日，在江苏无锡市举行了中心成立大会（揭牌仪式）。

电力需求侧管理指导中心的主要职责和任务是：负责国家电力公司系统电力需求侧管理的宣传和具体指导工作，以及电力需求侧管理的培训、发布信息和经验交流工作；设立展厅，向各级电力公司及电力用户展示和提供电力需求侧管理方面的新技术和新产品及其信息和服务；开展电力需求侧管理的开发、交流（包括国际交流）、咨询等活动。

电力需求侧管理指导中心自成立之后，通过专门会议、媒体、文字、图像、资料汇编开展了一系列宣传工作，普及电力需求侧管理知识和理念。受国家发改委经济运行调节局的委托，承担国家电力需求侧管理平台的培训网站建设及培训平台课件开发，组织承办能源政策、节能技术、负荷管理、电能替代及清洁能源技术等电力需求侧管理培训班，在普及的基础上提高电力需求侧管理的水平，为培养一只专业管理队伍打下基础。创办了国内唯一的《电力需求侧管理》期刊，组织编写《电力需求侧管理实用技术》《电力需求侧管理工作指南》《电力需求侧管理系列丛书》，向全社会广泛宣传电力需求侧管理政策、法律、法规，为相关学术研究和典型经验提供展示和交流平台。同时，积极推广应用电力需求侧管理新技术、新产品。会同有关单位和部门开展负荷特性研究、节能材料研究、电力需求侧管理对策、政策、发展趋势等方面的研究及策划。与政府部门、高等院校、电网企业、国际组织等机构开展深入合作，与 10 多个国家（地区）在培训和信息交流方面建立了长期的合作关系，并多次组织有关人员去国外考察访问，学习了解欧美国家的需求侧管理经验。这些工作为普及电力需求侧管理知识和理念，推广应用相关技术起到了良好的引领、指导作用，有效推进了中国电力需求侧管理工作的开展，促进全社会提高电能利用效率。

2003 年，国家电力公司电力需求侧管理指导中心更名为国家电网公司电力需求侧管理指导中心。2012 年 6 月，国家发展改革委经济运行调节局在中心设立国家电力需求侧管理培训工作办公室，负责电力需求侧管理相关培训工作。2017 年 9 月，经公司制改制，中心更名为国网（江苏）电力需求侧管理指导中心有限公司。

---

[1] 两个根本性转变是指计划经济体制向社会主义市场经济转变、粗放型增长方式向集约型转变。

第三节　农村“两改一同价”与城镇“一户一表”改造

改革开放以后，中国农村用电量增长迅速，到1997年年底，县及县以下用电量已占全国用电量的40%，农村电气化事业取得了长足进步，但是长期以来农村电网存在的网架薄弱、设施老化严重、损耗高、安全可靠性和电能质量较低，农村用电管理政企不分、职责不清、队伍庞大、管理粗放，“人情电、关系电、权力电”和“乱收费、乱加价、乱集资”等诸多问题也日益突出。这些问题造成农村电价远远高于城市，农民不堪重负。1998年，党中央、国务院为减轻农民负担、提高农民生活质量、加快农村经济发展，以及扩大内需、保持国民经济持续快速健康发展，作出了实施“两改一同价”[1]的重大决策，以改造为基础，以改革为保证，以同价为目标，有效规范了农村用电秩序、缓和了社会矛盾，提升了农村地区用电服务水平，在中国农村电气化发展史上写下了浓墨重彩的一笔。城镇居民用电水平也随着“一户一表”工程的推进不断提高。电子式电能表和低压集中抄表技术得到了快速发展。

一、农村“两改一同价”的启动与推进

1997年下半年开始，农村地区用电电价高、收费乱的现象引起国务院领导的高度重视，也受到社会各界的广泛关注。1998年1月22日，《国内动态清样》反映江西省九江瑞昌市范镇七房曾村电价高达3.6元/（千瓦·时），农民意见很大。国务院副总理朱镕基看后当即批示给江西省委书记、省长和电力部负责同志[2]。随后朱镕基在山西省政府关于免征农电维护费税收的请示上批示：“税负虽免，电价奇高，农民重负，其何以堪”[3]。

1998年6月19日，国家计委和国家电力公司联合召开全国农村电网建设与改造电视电话会议，传达国务院工作要求，部署农村电网的建设与改造工作。8月24日，国家计委和国家电力公司有关负责人向国务院总理朱镕基汇报了关于农电管理体制改革、农村电网建设改造、实行城乡用电同网同价工作的方案，朱镕基同意了国家电力公司提出的“两改一同价”的工作思路和分步实施的设想。8月27日，朱镕基在国家开发银行行长陈元《关于赴苏、皖两省进行基础设施调研的报告》上批示：“农村电网建设与改造是国务院统一部署的工作，由国家电力公司牵头，由计委审批项目，由农业银行贷款，以农电体制改革、农村电网改造、实现同网同价为三大目标。”[4]10月4日，《国务院办公厅转发国家计委关于改造农村电网、改革农电管理体制、实现同网同价请示的通知》（国办发〔1998〕134号）要求，在改造农村电网、改革农村供电管理体制的基础上，力争用3年时间，统

[1] 两改一同价：建设和改造农村电网、改革农电管理体制，实现城乡用电同网同价。

[2]《德政工程　千秋伟业——“两改一同价”工程回顾》，农电管理，2009年10月，第56页。

[3] 李建伟：《朱镕基与农村电气化事业》，高科技与产业化，2009年11月，第104－105页。

[4] 中国电力企业联合会：《中国电力工业史（综合卷）》，中国电力出版社，2021年，第398页。

一城乡用电价格，实现同网网价。至此，全国范围的农电“两改一同价”工作全面开启。

1999 年 1 月 4 日，《国务院批转国家经贸委关于加快农村电力体制改革加强农村电力管理意见的通知》（国发〔1999〕2 号）下发，具体部署电力体制改革工作，为全国电力体制改革提供全面的改革方针政策和方案，推动农村电网建设与改造落到实处，进一步减轻农民负担，促进农村经济发展。

在“两改一同价”实施过程中，国家电力公司是实施的主体，负责农村电网建设改造的项目管理和农电体制改革的落实。国家电力公司认真宣贯党中央、国务院“两改一同价”指示精神，出台了一系列相关配套政策细则，规范工程管理；积极与各级政府协调，创造良好的外部支持环境；开展调查研究，摸清实际情况，寻找具体实施策略；做好“两改一同价”全过程督导、督查和协同工作，确保各项工作有序、平稳推进。各省（市）电力公司按国家电力公司整体要求，在省（区、市）人民政府的统一领导和安排下有序地实施“两改一同价”工作。

2001 年全国基本完成第一期 1893 亿元农村电网建设与改造投资项目，并谋划后续完善提升项目建设方案；全面完成乡镇电管站体制改革，把原来的乡镇电管站改为由县级供电企业直接管理的农村供电所。2002 年完成 1168 个趸售县供电企业代管，同时健全和完善代管县级供电企业规章制度，加强基础管理。2003 年完成第二期 992 亿元农村电网建设与改造投资，重点完善了 10 千伏及以下低压电网。2004 年 4 月全国实现城乡居民用电同网同价目标。

“两改一同价”工程投资规模之大、建设改造地域之广、实施速度之快，都是中国农电发展史上一个空前的里程碑。通过实施“两改一同价”，建成了一个基本满足农村社会经济发展需要，布局比较合理、结构比较坚强、技术装备比较先进的农村电网；全面理顺了农电管理体制，初步建立起符合现代企业制度要求的农电企业；大幅降低了农村电价，减轻了农民用电负担；开拓了农村电力市场，拉动了相关产业发展，为全面建设小康社会奠定了坚实的基础。

二、农村电网的建设与改造

1998 年以前，由于投资渠道不畅、投入严重不足，农村电网普遍存在网架薄弱、供电设施陈旧老化、供电质量水平较低、网损较高的情况，不少地方供电设备“卡脖子”问题突出，存在拉闸限电现象。这些问题不仅影响了农村电气化事业的建设，也制约了农村经济的进一步发展，影响了农民生活质量的改善和提高。1998 年，在国家计委、国家经贸委、国家电力公司进行广泛调查研究的基础上，党中央、国务院在全国部署实施“两改一同价”工作，中国农村电网进入了大规模建设和改造时期。

1998 年 6 月 19 日，国家计委召开全国农村电网建设与改造电视电话会议，全面启动农村电网建设与改造工程。6 月 29 日至 7 月 1 日，国家计委在北京召开第一次农村电网建设（改造）工作会议，研究农村电网建设与改造有关政策，落实工程开工进度和实施方案。7 月 8 日，国家计委发布《国家发展计划委员会关于加快农村电网建设（改造）工作有关问题的通知》（计电〔1998〕73号），对建设（改造）内容、项目法人、资金筹措、项目审批程序等七个方面问题提出解决措施。1999年3月、1999年12月、2000年8月，国家计委和国家电力公司又分别在河南郑州、山东济南、山东青岛召开第二、三、四次全国农村电网建设与改造工作会议，及时安排、部署、解决农网建设与改造中的重大问题。

农村电网建设与改造工程点多、面广、影响大，从工程启动之初，国家计委和国家电力公司先后印发农村电网建设与改造工程质量管理办法、工程验收规定、工程投资管理规定等一系列配套制度，规范工程的立项、概预算、设计、物资采购、施工管理、工程监理、竣工验收、决算、档案管理和验收各环节，明确农网建设改造的技术要求和标准，控制工程造价，提出“农户用电必须实行一户一表”的要求，有效保证工程的进度和质量。农村电网建设与改造工程得到各级地方政府大力支持，纷纷成立农网改造协调领导小组，落实责任，制定相关配套政策，为工程实施保驾护航。

农村电网建设与改造利用国债资金作为项目资本金（不低于20%），银行贷款作为配套资金，实行专项存储、专款专用的制度；工程执行“五制”管理[1]，实行质量终身负责制；积极采用先进、实用、经济、可靠的新产品，提高农村电网技术装备水平。国家电力公司邀请政府相关部门共同参与工程、设备招投标工作，全过程实施监督，公开、公正、公平采购工程设备物资；各单位严格执行物价部门批准的涉农收费标准，加大监督及查处力度，避免加重农民负担。农村居民用电按照“一户一表”方式建设，合表用户按照“一户一表”方式改造，纳入农村电网建设与改造工程。不少省，特别是经济欠发达的省，紧紧抓住农网建设与改造的机遇，努力扩大电网的覆盖面，解决无电村的通电问题。同时，部分省市试点开展了县城配网自动化、县调自动化、农电科技示范乡（镇）建设、一点多址微波、扩频通信以及光纤通信工程的建设，大大提高了农村电网的科技含量。

农村电网建设与改造工程从1998年开始到2003年结束，历时6年，分两期进行，国家共安排投资2885亿元。第一期农村电网建设与改造工程1998年启动，到2001年年底基本完成。国家共投入资金1893亿元，工程涉及全国31个省（自治区、直辖市）所有农村县（区、市）。新建和改造110千伏变电站1599座、输电线路3.6万千米，35千伏变电站7896座、输电线路12.86万千米，10千伏输电线路147万千米，改造高能耗变压器109万台、容量7833兆伏·安，低压线路258万千米，新装和更换配电变压器78.5万台，全国农村低压电网改造的覆盖面达到60%左右[2]。工程实施后，初步解决了农村电网结构薄弱、设备陈旧老化的问题，增强了农村供电能力，改善了供电质量和供电可靠性。农村地区供电可靠率达到了95%以上，提高了8个百分点；电压合格率达到了90%以上，提高了12个百分点。但是，由于受投资资金限制，全国尚有40%的低压电网未得到改造，还有一些省（市、区）存在改造不到位或因改造受资金限制没有能够改造的县区。

[1]“五制”是指项目法人责任制、资本金制、招投标制、工程监理制、合同管理制。

[2] 中国电力企业联合会：《中国电力工业史（综合卷）》，中国电力出版社，2021年，第398页。

2002 年，为加快实现“两改一同价”目标，解决一期工程投资不足问题，党中央、国务院启动第二期农村电网建设与改造工程。二期工程国家共投入资金 992 亿元，2003 年年底完成，主要集中在 10 千伏及以下电网。[1] 2002 年 12 月 29 日，中国电力新组建（改组）公司成立大会在北京人民大会堂召开，11 家新组建公司（改组）公司宣告成立，随后国家电力公司相关工程由国家电网公司和南方电网公司负责继续实施。

大规模农村电力建设和改造带动相关产业发展，扩大了内需，拉动投资增长。据不完全统计，全国两期农网建设改造工程直接增加变压器、导线、开关等电工产品的工业产值达 1490 亿元，对后期的大规模家电下乡活动提供了电力保障。两期工程实施后，农村电网结构有了很大提升，改变了农村电力基础设施简陋落后的面貌，供电能力大大增强，农村供电可靠性和电压合格率提高，线损率明显下降，农村用电实现了“一户一表”。截至 2003 年年底，国家电网公司供电营业区内农网中压供电可靠率达到 99.22%，农村居民端电压合格率达到 91.5%；南方电网公司供电区域内农村供电可靠率提高到 99.07%、综合电压合格率提高到 93.1%。两期工程的实施解决了 2500 多万人的通电问题，营造了良好的农村用电环境，为“城乡同网同价”目标的实现奠定了坚实的物质基础，因用电难被压抑多年的农民投资和消费能量得到了极大释放，农村产业大量兴起，农民的生活质量有了很大改善，中国农村电气化事业进入了新的历史发展时期。

三、城镇“一户一表”改造的推进

20 世纪 90 年代以前，由于电力基础设施落后，居民住宅大部分实行合表用电，普遍存在供电质量差、电价高、居民之间纠纷多及资源配置效率低等问题。1998 年 5 月，国家电力公司印发《关于对新建居民住宅供电设施收费及管理的意见》（国电安运〔1998〕185 号），要求新建住宅配套工程的供电容量应满足人民生活不断增长的需要，并符合国家或有关行业标准。同时提出，新建居民住宅按“一户一表”抄表到户的方式进行管理，以保障供用电安全，规范电费收费行为。

1998 年 5 月，党中央、国务院作出加快基础设施建设、扩大内需、拉动国民经济发展的重大决策，把城乡电网的建设改造列入国家 6 项基础设施建设工程。计划用 3 年左右的时间分步投入 1800 亿和 1200 亿元，建设和改造全国 2400 多个县农村电网和全国 280 个地级以上城市电网，降低线路损耗和城乡居民电价，提高供电可靠性，加速中国电气化进程。城乡电网进行如此大规模的建设与改造是中华人民共和国成立以来第一次。

之后，国家电力公司决定在城市电网改造的同时，对城镇居民住宅供配电系统实施“一户一表”改造，鼓励城镇居民提高用电水平。1998 年 8 月，国家电力公司下发《关于加快城市电力网建设改造的若干意见》（国电安运〔1998〕418 号），要求在城市电力网建设改造的同时，大力推进城市居民住宅户内配线的建设改造工作，并对新建住宅户和现有居

[1] 中国电力企业联合会：《中国电力工业史（综合卷）》，中国电力出版社，2021 年，第 398 页。

民住宅户内配线供电能力以及负荷密度提出了具体要求。

1998 年 11 月，国家电力公司在浙江绍兴召开“一户一表”座谈会，专题研究实施“一户一表”的规划、方案、居民住宅用电负荷标准以及电能表的选型原则、“一户一表”后的抄表与收费管理模式等问题，并对拟颁发实施的《城镇一户一表改造的若干规定》进行了广泛的讨论。

1998 年 12 月 8 日，国家电力公司下发《关于颁发〈城镇一户一表改造的若干规定〉的通知》（国电安运〔1998〕669 号），主要内容有：① 工程改造应以满足居民用电在 30～50 年内增长达到中等电气化水平的目标（每户住宅日均用电水平达到 7～20 千瓦·时），“一户一表”进户线及户内配线应能保障 30～50 年内不再改造，其供电能力达到 4～10 千瓦的水平。② “一户一表”工程改造将利用 2～3 年时间，有计划、有步骤，因地制宜地对各类居民住宅的供配电设施进行改造。首先重点抓好公用配变供电的合表用电的居民住宅的改造，同时对新建居民住宅必须严格按新的标准进行建设，一步到位，不搞重复改造；其次有计划地对物业管理小区居民住宅分表用电进行改造；最后逐步把企事业单位自供职工住宅及由其转供电的居民住宅改造为“一户一表”，抄表到户。③ 工程改造的资金按工程改造所涉及的现有配电设施产权归属的原则确定，即现有产权归属谁，谁就应担负该设施的改造费用。④ 对于电能表的选型，新建居民住宅和物业管理小区改造以选用长寿命表技术的电能表为主，减少电表维修量和节能；合表用电的住宅改造，根据住宅使用年限的不同，选用寿命相当的电能表。但对临时用电、餐饮娱乐场所、个体摊点、难以结算电量的场所（如广告牌等）、长期欠费户等选用预付费电能表。⑤ 对传统的抄表、收费方式同步进行改革。推进社会化的抄表收费方式，采用银行储蓄付费和委托银行代收电费，重新确定抄表周期，按月划收电费。试点使用自动抄表系统抄表。

到 2000 年年底，国家电力公司系统累计完成城镇居民“一户一表”改造的户数为 2101.86 万户，其中：零散居民 1397.03 万户，物业小区居民 485 万户，单位住宅居民 219.79 万户。累计投入资金 129.98 亿元，平均每户改造费用 618.63 元。

“一户一表”工程的实施实现了供电到户、抄表到户、收费到户、服务到户（即“四到户”），较好地解决了居民生活用电的瓶颈问题，从各地反映的家用电器购买力成倍增长和夏季用电负荷节节上升中得到了验证。2001 年 7 月 2 日，上海市电网最高用电负荷达到 1072 万千瓦，浙江省电网最高用电负荷达到 953.7 万千瓦，湖北省电网最高负荷达到 781.7 万千瓦，均创历史最高水平。

到 2000 年年底，国家电力公司列入规划需进行“一户一表”改造的城镇居民还有 2931.92 万户，计划分 2～7 年完成改造。关于国有企业职工家属区供电设施接收改造工作将视条件，积极稳妥推进，力争达到当地居民“一户一表”的平均水平，实现“四到户”管理。

四、城乡用电同网同价的实现

1998 年 10 月 24 日，国家计委印发《国家计委关于制定城乡用电同价方案有关问题的通知》（计价格〔1998〕2114 号），确定了城乡用电同网同价总体方案，并制定了具体实施方法和步骤，开启城乡用电同网同价[1]实施工作。

全国城乡用电同网同价工作首先考虑的是城乡用电同价价格水平标准问题，要既能有效地减轻农民负担，又能解决企业城乡电价的交叉补贴问题，以保持农电事业持续良性发展。国家计委、国家电力公司在杭州、南宁、大连等地多次召开同价工作会议，研讨、分析电力价格构成因素，还本付息能力，形成了同价加价标准口径：农村电网建设与改造固定资产形成率按 100%计算，其投资中的资本金税后利润率按比同期用于农村电网改造投资的专项财政债券（含中央和地方债券）利率高 2 个百分点计算，银行贷款的还本付息年限按项目经济寿命期 20 年测算，农网改造形成的固定资产年折旧率和修理费分别按 5%、1.5%计算，折旧资金 90%用于偿还贷款本金，还贷加价平摊的电量按贷款中期（农网改造完成后 8～10 年）的预期电量计算，并依法计入税金（要考虑抵扣进项税因素）。

在同价实施过程中，各省（市）人民政府及其相关职能部门和电力部门按照国家计委的同价标准对本省同价水平进行测算，起草同价方案，召开价格听证会，完成了同价的主要测算工作，并将测算结果上报物价部门。在同价具体操作上，坚持从实际出发、因地制宜、稳妥推进的原则。在同价的地域上，采取了分县（市、区）、分地区、分省逐级扩大区域的同价策略，避免了工作上的一刀切。在尽可能大的范围内尽早地实现同价，让尽可能多的农村用电户早日得到实惠，让政府提前满意放心。在城乡用电同价类型上，普遍采取的是先居民生活用电同价、后分类用电同价的方式，将与农民群众生活有最直接关系的居民生活照明电价首先降下来，在条件允许的时候再将其他分类电价实行同价。在同价过程中采取的这种因地制宜、分类实施的办法客观、实际、省时，从而保证了在较短的时间内较好地完成了同价任务。

2001 年 8 月 1 日，江苏省率先实现全省城乡居民生活用电同网同价，其他省（市）份相继实行同价，2004 年 4 月 1 日内蒙古自治区实现城乡居民生活用电同价，是时全国除西藏自治区以外的地区均已实现城乡居民用电同价（西藏自治区农村电价低于城市电价）。全国城乡用电同网同价后，农村到户电价平均下降 0.23 元/（千瓦•时），每年可减轻农民电费负担 420 亿元，有效地减轻了农民的用电负担；同时在电费电价管理上消除中间环节，从机制上解决了向农民“乱集资、乱摊派、乱收费”和“人情电、关系电、权力电”等问题，改善了农村供用电秩序，进一步缩小了城乡差距，对提高农民生活水平、开拓农村市场、繁荣农村经济具有十分重要的意义。

五、农村供电所的成立

1990 年，全国所有通电乡镇均建起了乡镇电管站，到 1998 年年底，全国共有乡镇电管站 35 562 个。乡镇电管站多数隶属乡镇政府，由县电力部门实行行业归口管理，责权不清，管理办法和手段落后，人员素质和能力参差不齐，农村用电管理较为混乱，到户电

---

[1] 城乡用电同网同价是指在一定区域范围内（如省、直辖市）同一类别、相同性质的用电客户，其用电价格执行标准相同，不存在城市与乡村地域上的差别，是农电“两改一同价”任务的主要目标。

价奇高，农民不堪重负。1999 年，根据党中央、国务院有关“两改一同价”工作要求，国家经贸委相继印发《印发〈关于加快乡（镇）电管站改革若干问题的指导意见〉的通知》（国经贸电力〔1999〕294 号）和《批转国家电力公司关于加快乡（镇）电管站改革实行县（市）乡（镇）电力一体化管理实施意见的通知》（国经贸厅电力〔1999〕85 号），明确提出改革乡（镇）电管站的管理模式，将乡（镇）电管站改为县级供电企业所属的农村供电所，其人、财、物纳入县级供电企业统一管理。

农村供电所的组建以电力服务于农民生活、农村经济、农业生产为宗旨，以实现降低农村电价、减轻农民负担和开拓农村电力市场为目标。县级供电企业对农村供电所实行收支两条线管理，供电所的电费收入全额上缴县级供电企业，所需费用支出由县级供电企业统一核拨。乡及以下农村集体电力资产采取自愿上交、无偿划拨的方式由县级供电企业管理，并由其承担维护管理责任。个人或外商投资建设的农村电力资产已经基本收回投资的，原则上无偿划拨；投资尚未收回的，要进行清理结算，有关方面可根据不同情况，具体协商后划拨；已经报废或接近报废的供电设施和高能耗设备，不在清理结算之内。

农村供电所采取营配合一的管理模式，负责所辖供电区域农村 10 千伏及低压电网的运行、检修和维护管理，按规定受理用户业扩报装、变更用电、装表接电及用电检查，计量装置的安装、维护，农村安全用电管理，农村供用电秩序维护，农村供用电优质服务等工作。所有人员纳入供电企业统一管理，由供电企业根据实际需要，本着精简的原则进行定编、定岗、定责，按照定编标准对供电所人员实行聘用制，通过统一培训、统一考试，择优聘用，保留了原电管站人员和村电工中的管理、技术骨干，吸收了社会优秀人才，组建起一支胜任新工作、满足新要求的职业化农电工队伍。供电所建立规范的抄表收费制度，全面推行“五统一”“四到户”“三公开”[1]；严格执行国家电价政策和规定，拒绝乱加价、乱收费、乱摊派和各种不符合国家规定的价外收费，逐步建立起规范的农村电力市场。

2001 年年底，乡镇电管站体制改革全面完成，全国调整组建了县级供电企业直接管理的农村供电所 30 514 个，撤销原乡镇电管站。农村供电所成立后，一方面加强基层农电队伍建设，开展农电职工全员培训教育，培训合格后持证上岗。从 2002 年开始，开展农电工职业技能竞赛活动，从基础知识和技能操作两方面对农电职工的知识技能进行检验，激发了农电职工学习知识、提升技能的积极性，确保新组建的农电队伍满足改革的需要。另一方面加强和规范农村供电所管理，2002 年开展“农村供电所管理年”活动，建立了线损管理、供电可靠性管理、无功电压管理的统计分析工作机制，农村供电所安全生产和供电营销管理水平明显提升，供电服务水平和社会形象有了明显好转。

农村供电所的成立理顺了县级供电企业与用户的关系，减少了农村供电的中间环节，实现了一体化管理，改善了农村供用电秩序，农民用电电价稳步下降，农村用电“三乱”问题逐步解决，为城乡用电同网同价目标的实现创造了先决条件。“两改一同价”之后，

[1] “五统一”“四到户”“三公开”：统一电价、统一发票、统一抄表、统一核算、统一考核；销售到户、抄表到户、收费到户、服务到户；电量公开、电费公开、电价公开。

新的农村供电服务机制和体系建立起来，农村供电所成为电网企业服务“三农”最前沿阵地，持续不断为农业、农村、农民经济提供更高效、更优质的供电服务。

六、县级供电企业体制的改革

改革开放以后，中国农村电力事业迅速发展，为农村经济发展作出了巨大贡献，但落后的农村电网和农村电力体制严重制约了农村经济的进一步发展，远不能适应农村电力发展的需要。

1999 年 1 月 4 日，《国务院批转国家经贸委关于加快农村电力体制改革加强农村电力管理意见》（国发〔1999〕2 号，简称 2 号文件）提出，“用 3 年左右时间，理顺并建立符合我国农村经济发展水平的农电体制，完成农村电网的建设与改造，规范农村用电秩序，促进农村电气化事业的发展。”在农电管理体制上，原则上一县一公司（企业实体）。县级管电机构和供电企业实行政企分开，由县经贸委（经委、计经委）行使政府管理职能；供电企业为独立核算实体，行使企业经营职能。存在多家供电企业的，按出资关系，组建有限责任公司或股份有限公司。直供直管县供电企业逐步改造成为省（区、市）电力公司的子公司，其承担的乡及乡以下农村电网维护管理费用，据实从严核入电网供电成本，并通过相应调整目录电价解决。趸售县供电企业原则上应上划由省（区、市）电力公司直接管理，暂时不能上划的，可以在产权关系不变的前提下由省（区、市）电力公司代管，或者按照建立现代企业制度要求，通过参股入股等方式，逐步改组为有限责任公司或股份有限公司。自供自管县供电企业按照电力工业的改革方向，因地制宜、因网制宜，根据不同情况进行改革，条件成熟的，可参照直供直管县、趸售县的改革原则和步骤进行改革。农村电力体制改革工作由国家经贸委全面组织指导、监督落实，各省（区、市）人民政府、国家电力公司具体实施。

2 号文件下发当月，国家经贸委会同国家电力公司组织召开全国电视电话会议，宣贯国务院 2 号文件精神并部署农电体制改革工作。国家经贸委、国家电力公司相继出台趸售县供电企业代管办法[1]、关于进一步做好农村电力体制改革工作有关问题的通知[2]等配套政策，指导县供电企业体制改革。各省经贸委按照国家政策要求结合本省实际情况，编写了本省农电体制改革方案。国家经贸委与国家电力公司共同组织审批了 31 个省（区、市）和新疆生产建设兵团的农电体制改革方案，为各省（市）农电体制改革的顺利实施奠定了基础。

国家电力公司组织有关人员对其管理的所有省份，深入 400 多个县（市）的乡镇、村民小组和农户，了解了大量的情况和数据，完成调研报告数十篇，为农电体制改革提供了详实的信息支持和决策参考。各省、地市供电企业也在各自范围内根据工作需要，积极开展调查研究，为各地出台对路的改革方案和措施提供了依据。国家电力公司按照先试点、

[1]《关于转发国家电力公司关于趸售县供电企业代管办法（试行）的通知》（国经贸厅电力〔1999〕103 号），1999 年 5 月 18 日。

[2]《关于进一步做好农村电力体制改革工作有关问题的通知》（国经贸电力〔1999〕915 号），1999 年 9 月 21 日。

再推广的方针推进县级供电企业体制改革工作。1999 年 11 月在河北省石家庄市召开全国农电体制改革会议，推广河北南网趸售县代管的经验；2000 年 5 月与国家经贸委在江西省井冈山市联合召开供电企业股份制改革会议，介绍江西省县级供电公司股份制改革试点经验；2000 年 7 月在安徽召开了农电体制改革座谈会，推广安徽省县级供电企业进行子公司改革试点的做法；在北京进行了地方电力企业上划的尝试。在各项改革试点取得成功的基础上，及时总结并召开现场会，组织参观学习，印发交流材料，推广经验和思路，避免了由于改革措施行使不当造成的影响和损失。2001 年，国家电力公司改革与管理两手抓，在系统内全面开展一流县级供电企业创建活动，巩固县级供电企业体制改革成果，提高县级供电企业管理水平。

农电体制改革涉及面广，利益格局调整大，存在问题较为复杂。为此，各级供电企业积极与各级政府协调沟通，争取政府支持，在整合一县内多家管电机构等工作中，地方政府的支持起了关键作用。2002 年年底中国南方电网有限公司成立之前，南方五省区陆续接受地方政府委托代管县级供电企业 212 家，占其总数的 62%[1]。1999 年至 2003 年 5 月间，国家电网公司对 1015 个地方趸售县的供电企业管理体制进行了改革，其中 11 个进行了上划，1004 个实行了代管，其后在代管的基础上又对 241 个县供电企业进行了股份制改造；同时按照 2 号文件精神对 26 个直供直管县级供电企业完成县公司改子公司试点。经过改革，基本形成了一个县域内一家管电的格局，消除了体制不顺、多头管理的弊端，县级供电企业生产、经营管理水平明显提升，较好地适应了农村经济的发展。

随着电力体制改革的深入和农村经济的快速发展，2010 年 7 月，国家发展改革委提出取消县级供电企业代管体制。到 2019 年 12 月，全国县级供电企业代管体制全面取消。

七、电子式电能表的推广应用

20 世纪 80 年代初，中国就研制出第一台 0.5 级 EE2 型三相安装式电子式电能表，曾在江西南昌和上海的供电部门短期试用，但因制造成本较高，性能不够稳定，没有形成规模化生产和应用。直到 20 世纪 90 年代，国内使用的单相电能表仍以 86 型感应式电能表为主，具有分时、最大需量测量需求的三相电能表也是以机电一体式电能表为主。

1993 年年初，国内生产厂家采用模拟时分割乘法器原理研制的 DD21－S 型单相电子式电能表问世，投入批量生产后逐步在一些省份供电部门得到小批量挂网运行。由于电子式单相电能表面市之初的市场价格约为 DD86 型单相感应式电能表的两倍，且属于新产品，没有实际应用经验，大多数供电部门虽积极试用但比较谨慎。电子式电能表所具有的调校方便、准确度较好、功能易扩展的优势普遍受到关注。同年，国内生产厂家成功研发出 BL0931 单相表电能计量专用集成电路芯片。随着电子式电能表使用经验的积累和对芯片性能的改进，之后出现了 BL0932 芯片。国产芯片的出现和技术性能改进，促进了单相电子式电能表制造技术和质量的快速提升，生产成本和销售价格不断降低，有效推动了单

[1] 中国南方电网有限责任公司：《中国南方电网志（2002～2012）》，中国电力出版社，2014 年，第 267 页。

相电子式电能表的应用。1994 年，国内首款基于数字计量芯片研制的三相电子式多功能表（DSSD－331 型、DTSD－341 型）问世，其计量性能、功能扩展等远优于感应式电能表，特别是其支持峰谷分时电价、远程抄表等功能，得到供电部门的青睐和认可，因此得以逐步应用。随后，电能表专用数字计量芯片 BL6503 和 BL6513 的研发成功并投放市场，中国的电子式电能表芯片技术逐步成熟，国产电子式电能表量限更宽，性能更加稳定，价格与 86 型感应式电能表相差无几，且运输、安装、运维更加方便。1995 年，中国批量生产的第一批民用电子式电能表并逐步推广应用。

1998 年 12 月，国家电力公司决定在城市电网改造的同时，对城镇居民住宅供配电系统实施“一户一表”改造[1]，给电子式电能表提供了一次难得的发展机遇。国产电子式单相电能表具有过载倍数大，检定、运输、安装方便且体积相对较小等优点，在城乡电网改造和“一户一表”改造中得到了推广应用。2002 年，江苏、浙江、黑龙江的电能表运行总量分别为 2368.42 万只、469.06 万只、316.35 万只，其中电子式电能表运行量分别为 1705.75 万只、46.91 万只，80.38 万只，电子式电能表占比分别为 72%、10%、超过 25%。随着城乡电网改造和城镇一户一表改造的推进，电子式电能表的生产与销售量急剧增长，很快就超过了感应式电能表。在第二期电网改造时，86 型感应式电能表逐渐被取代，电子式电能表成为主要的表计。

国产电子式电能表的推广应用为城乡电网改造和城镇“一户一表”的实施，以及更为精准的电能计量、用电管理及费制改革提供了物质基础和技术条件。在推广应用水平快速提升的同时，积累了丰富的电子式电能表应用经验，为后来的智能电能表和自动抄表技术的研发和应用打下坚实的基础。

八、低压电力用户集中抄表系统的研发与应用

20 世纪 90 年代初，随着“一户一表”工作的推进，传统的人工抄表方式无法解决抄表工作量激增的压力，各地陆续开始研发不同技术路线、不同通信方式、不同指标要求的低压电力用户集中抄表系统，并在一些供电部门试点应用。但由于缺乏统一的技术要求，盲目开发生产和无序应用的问题较为突出，未能取得预期效果。1993 年，上海电力工业局试用美国的无线集中抄表系统，因无线通信网络建设难度大且单机价格昂贵而难以推广。1994 年，电力工业部从以色列引进 3 套自动抄表系统，分别在浙江、吉林两省电力工业局和北京供电局进行试用，因该技术对中国配电网的适应性不够理想，系统运行不够稳定，也难以推广应用。

1995 年，中国电力科学研究院研发了 MD 系列电能表数据采集系统，远程采用无线专网和电话线通信，本地采用 RS－485 和红外通信，在大连市金州区供电局试点安装 5 万多户，通信抄收功率达 99.9%以上。同年，上海市市东供电局研发的远程自动抄表系统采用电力线载波通信技术，在浦东供电局接入 312 户居民用户和 6 户动力用户的电表，不

[1] 《国家电力公司关于颁发〈城镇一户一表改造的若干规定〉的通知》（国电安运〔1998〕669 号），1998 年 12 月。

仅可以远程抄表，还可分析用户用电状况、电表准确度变化以及有无偷漏电现象，试点应用成功。此后，上海市电力公司陆续建设远程集中抄表系统，至2000年末，远程抄表户数已达近13万户。这一时期，虽然全国有不少地区都在小范围试用国产低压电力用户集中抄表系统，但由于不同厂家、不同时期的产品不能兼容，导致低压电力用户集中抄表系统难以在全国范围内大规模推广应用。

1997年10月，电力工业部总结低压集抄系统的建设状况、运行情况及存在的问题，编制了《低压电力用户集中抄表系统技术条件（试行）》，从技术、功能、质量、验收试验方法等方面提出了规范要求，对研发与应用起到很好的指导作用。同年，电力行业标准《多功能电能表通讯规约》（DL/T 645—1997）发布，又进一步规范了电能表的通讯规约。经过两年的试行，电力行业标准《低压电力用户集中抄表系统技术条件》（DL/T 698—1999）发布。这些标准的实施为低压集中抄表系统的研发设计、供电企业的采购及验收提供了技术依据，促进了低压电力用户集中抄表系统的应用。据不完全统计，至2008年9月，实现一般工商业用户自动抄表的用户数达到188万户、居民用户自动抄表的用户数达533.1万户。

低压集中抄表系统的研发与应用，加快了营业抄表工作自动化的进程，改变了传统的人工抄表方式，对提高电费抄核收业务的质量和效率起到了积极的促进作用，为后续用电信息采集系统的大规模建设提供了技术储备和借鉴。

第四节 标准化供电服务的推进

进入20世纪90年代中期，以经济效益为中心的企业运营观念逐步树立，加强行风建设、提高供电服务水平已成为电力企业的工作重点。1996年12月，电力工业部积极响应中宣部和国务院纠风办联合推出的“窗口行业”文明创建活动，在全国电力系统组织开展了“为人民服务，树行业新风”活动，创建了首批20个供电营业示范窗口，并以此带动，全面提高供电服务规范化水平，树立了良好的社会形象。

随着电力体制改革的深化，电力企业实现了政企分开，1997年国家电力公司挂牌成立，提出了面向21世纪建立客户至上的新型优质服务体系，大力推进供电服务规范化、标准化建设。随后几年间，国家电力公司相继印发了《城市供电营业规范化服务标准》《农村供电营业规范化服务标准》和《供电营业职工文明服务行为规范》，统一城乡供电营业标准，完善供电环境，实行窗口规范化服务。2001年1月，国家电力公司部署开展了“电力市场整顿和优质服务年”活动，落实“人民电业为人民”的服务宗旨和“优质、方便、规范、真诚”的供电服务八字方针。同时，信息产业部批准核配“95598”作为国家电力公司开展供电服务使用的统一电话号码。随着服务年活动的深入，员工思想观念、服务意识都发生了根本性转变，涌现出了以“李庆长共产党员服务队”为代表的一批先进典型，提升了供电服务的良好社会形象，供电服务进入标准化的新历程。

一、电力市场整顿和优质服务年活动

随着经济体制改革的不断深入，电力工业开始了由计划经济向市场经济的转型。1995年，电力部在全国电力工作会议上提出了“转变经营思想、树立以经济效益为中心组织企业运作”的新观念。1997年国家电力公司挂牌成立，1998年电力工业部撤销，国家电力公司独立运营，电力工业体制完成了政企分开改革，开启了市场化征程，供电优质服务开始受到重视。随后几年，电力企业大力开展“为人民服务，树行业新风，创建文明行业”活动，开展供电服务承诺制试点，建设供电营业示范窗口，掀起了全行业加强供电服务作风建设的热潮，努力践行“人民电业为人民”的宗旨。

针对在供电服务中存在的对客户用电工程指定设计单位、施工单位、设备采购单位等垄断经营作风问题，客户反映的收费不规范、报装难、交费难、报修难等供电服务质量问题，以及由于配电网建设滞后造成的一户一表到户率、供电可靠率和用户端电压合格率偏低等问题，2001年1月17日，国家电力公司召开了全系统电视电话动员会，部署开展了“电力市场整顿和优质服务年活动”，明确提出落实“人民电业为人民”的服务宗旨和“优质、方便、规范、真诚”的供电服务八字方针，首次向社会公布供电服务八项承诺。具体内容是：① 所有营业场所公开电价标准和服务标准程序；② 县以上营业场所实行无周休日制度；③ 城市地区供电可靠率不低于99.89%，城市地区居民客户端电压合格率不低于95%；④ 不断提高农村地区安全可靠优质供电水平；⑤ 提供24小时电力故障报修服务，到达事故现场抢修时限城市为45分钟、农村为90分钟、特殊边远地区为2小时；⑥ 供电设施计划检修停电，提前7天向社会公告；⑦ 供电企业在受理居民客户申请用电后，5个工作日内送电，其他客户在受电装置验收合格后5个工作日内送电；⑧ 公布电力故障报修、供电服务投诉与举报电话。

按照国家电力公司的要求，各省公司制定了包括任务分解、服务标准、人员考核、奖罚兑现、客户监督、强化管理、检查整改、宣传教育等方面的实施细则，并结合本省实际迅速推出了多种形式的服务活动，认真落实供电服务八字方针，严格履行供电服务八项承诺，如山东公司的“彩虹工程”、江苏公司的“心桥行动”、福建公司的“双满意工程”、四川公司的“光明工程”、黑龙江公司的“连心桥工程”、陕西公司的“德政工程”等，使服务年活动逐步深入，取得了实效[1]。一是供电服务得到显著改善，电能质量进一步提高。2001年国家电力公司电网频率合格率99.9%，供电电压合格率97.8%，城市供电可靠率99.892%，农村供电可靠率99%，城市和农村抢修时间均达到了承诺要求；二是增强了系统员工的凝聚力，成为推动全局性工作的载体，维护了电力企业改革、发展、稳定的大好局面，促进了全年工作任务的完成；三是促进了员工思想观念转变，广大员工的市场意识、竞争意识明显增强，改进工作作风和服务作风的自觉性、主动性普遍提高，为客户提供优

[1] 国家电力公司纠风办：《电力市场整顿和优质服务年活动经验交流文集》，中国电力出版社，2002年，第217–248页。

质、方便、规范、真诚的电力服务已逐步成为广大员工的自觉行动；四是推动了供电服务体制、机制、技术、管理的创新，随着电力营销管理信息系统、自动负荷控制系统、客户语音应答系统的投运，以及远程抄表、银企联网的实施，使客户足不出户即可享受全天候的实时供电服务。经过全行业共同努力，供电服务八项承诺得到全面兑现，行业作风得到大幅改善，在各省政府组织开展的行风评议活动中，各省电力公司均取得排名第一、优秀或免评的最好成绩，电力行业良好服务形象初步建立。

二、全国统一供电服务热线 95598 开通

进入 21 世纪，全国各省市供电单位普遍设立了电力故障抢修、供电服务投诉举报电话。随着经济快速发展和人民生活水平逐步提高，广大电力客户对供电服务质量、效率和便捷性提出更高要求，设立统一的供电服务热线，成为电力行业为客户提供便捷供电服务的一种高效方式。2001 年 1 月，国家电力公司在全系统部署开展“电力市场整顿和优质服务年”活动，提出了“优质、方便、规范、真诚”供电服务八字方针，公开服务承诺，公布电力故障抢修、供电服务投诉举报电话。2 月 7 日，国家电力公司向信息产业部提出申请要求配置全国统一的供电服务电话特服号码。同年 6 月 4 日，国家电力公司发输电运营部印发《关于建立和完善客户服务支持系统的指导意见》（发输电营销〔2001〕72 号），要求建立起一个畅通、高效、快速响应并被广大客户接受与欢迎的电力客户服务支持系统，用以支撑向客户提供优质服务的特服电话系统运转。

2001 年 8 月 13 日，经信息产业部批准，核配“95598”作为国家电力公司开展供电服务使用的统一电话号码。同年 10 月 10 日，国家电力公司下发《关于开通全国统一供电服务电话系统的通知》（纠办〔2001〕2 号），全面启动 95598 供电服务电话系统建设工作，提出建成一个覆盖国家电力公司全系统的多媒体客户服系统，要求各地（市）供电公司尽快开通供电服务电话系统。同年 12 月，国家电力公司印发《关于建设“95598”客户服务系统的实施意见》和《“95598”客户服务系统建设规范》（国电发〔2001〕829 号）的通知，提出分三阶段、用 2～3 年时间全面建成一个具有国内先进水平的以地市为核心覆盖所辖各区（县）的客户服务网络系统，向客户提供多层次和多样化服务。根据计划，第一阶段，2002 年内，50%以上的地（市）供电企业开通“95598”客户服务系统，实现通过“95598”受理客户用电申请业务；第二阶段，2003 年年内，所有地（市）供电企业开通“95598”客户服务系统，通过 95598 提供电力事故报修、供电服务投诉、电力业务咨询、电力信息查询、电力信息发布等服务；第三阶段，2003 年年底，国家电力公司系统全部统一使用“95598”客户服务系统，通过“95598”客户服务热线全面受理客户用电申请业务，并停止使用原各地使用的客户服务电话号码。《“95598”客户服务系统建设规范》则进一步明确了客户服务网络系统的软硬件性能、技术标准、应用功能等要求。

2002 年年初，江苏、广东等省公司陆续在全省范围内开通“95598”全国统一供电服务热线电话。2003 年 3 月 17 日，国家电网公司完成 www.95598.cn 网站域名注册。2003 年年底，全国各地市供电单位原属地供电服务电话全部归并至 95598 服务热线，实现了

95598 供电服务电话的高度集中与号码统一，为电力客户提供电力故障报修、投诉、信息查询/咨询、业务受理等服务。同时，原各地使用的客户服务电话号码全部停止使用。部分省电力公司还设立 95598 监控管理中心，对全省各供电企业的“95598”呼叫中心实行适时监控与管理，促进客户服务质量不断提升。

全国统一供电服务热线 95598 开通后，推行无节假日、无周休日、24 小时全天候服务，突破了时间、地域的限制，在任何时间、地点实现与客户沟通，受理客户的电力故障报修、电量电费、缴费情况、报装进度查询、用电业务咨询、行业作风举报、投诉等业务诉求，大大方便了用电客户，受到客户的普遍欢迎，通话量逐日增加，尤其是用电高峰和故障停电时段通话量更高；在服务窗口实行首问负责制和限时服务管理办法，部分供电公司利用“95598”热线为客户构筑用电服务的“绿色通道”，对孤寡老人、残疾人实行电话预约，派人上门办理用电申请业务，在社会上受到广泛的关注和好评。

随着全国统一供电服务热线的全面推广，实现了“只要您一个电话，其余的工作由我们来做”的服务目标，95598 服务热线成为继供电营业厅后又一便民服务窗口，树立了电力企业良好的社会形象。

三、用户受电工程“三不指定”

1994 年 5 月，电力工业部在规范业扩报装管理方面明确，在用户新建、扩建或改建的电气工程中，用户有权按照自己的意愿选择设计、施工安装单位和选购合格的材料、设备。国家电力公司成立后，转变服务理念，进一步加强业扩报装管理，提升行业作风。

2001 年 1 月 17 日，为贯彻落实“三个代表”重要思想和中央经济工作会议精神，依法规范电力市场秩序，进一步提高供电质量和服务水平，国家电力公司决定在全系统开展以“优质、方便、规范、真诚”为方针，以“供电优质服务八项承诺”为主题的“电力市场整顿和优质服务年”活动。其中，在公开服务承诺、规范服务行为方面明确，在报装工程中对客户自建工程不指定设计单位、不指定施工队伍、不指定设备材料采购（即“三不指定”）。

各省公司结合本省实际，针对用户受电工程“三指定”问题迅速开展全面自查、整改和完善提升工作，主要采取了以下措施：① 成立了由本单位主要领导为组长的“三指定”专项治理工作领导小组，明确各部门工作职责，全面开展清理工作，特别是清理和规范主业和多经企业的关系；② 根据公司统一部署，于 2001 年 2 月 24 日开展了电力市场整顿和优质“服务年”宣传日活动，广泛宣传“三不指定”等服务承诺，在扩大社会影响力的同时增强职工的使命感和责任感；③ 主动公开信息，在供电营业窗口公示具备资质的设计、施工、设备供货单位信息，供客户自愿选择；④ 加快客户服务技术支持系统的建设，投运电力营销管理 MIS 系统、客户语音应答系统等，实现与客户之间的充分交流和信息共享，便于客户查询在办工程信息及办理进度，实现工程信息透明化；⑤ 开展工程项目执法监察工作，重点查处在客户自建工程中利用市场准入、准销、准用等手段封锁市场等问题，严肃追究当事人责任；⑥ 建立业扩报装客户回访制度，由供电公司和客户共同对参与其受电工程设计、施工、设备材料供应单位的设计、施工及设备质量、服务水平等进行满意度测评，公布评价结果；⑦ 根据统一的特服电话，分级设立投诉电话，并在系统内建立投诉处理信息渠道，保证客户诉求有专人处理，并在规定时间内及时反馈情况。“电力市场整顿和优质服务年”活动在社会上和行业内产生了广泛积极的影响，违反市场公平竞争原则的“三指定”行为得到有效治理，供电企业业扩报装工作进一步规范，依法经营和服务意识得到提高。

2003 年 3 月 20 日，国家电力监管委员会成立，由国务院正式授权行使政府电力安全监督管理职能，对全国电力行业实行监管。之后，国家电力监管委员会在全国范围内开展了用户受电工程“三指定”问题专项治理工作，推动供电企业进一步规范业扩报装工作。

实施用户受电工程“三不指定”，深化业扩报装管理，对规范电力市场秩序、提高供电优质服务水平、维护电力投资者和电力用户合法权益具有重要意义。经过全行业共同努力，供电行业作风得到了提升，在各省组织开展的行风评议活动中，各省电力公司均取得了较好成绩。

四、全国供电示范窗口的创建

为贯彻落实党的十四届六中全会精神，推动创建文明行业活动的开展，1996 年，中央宣传部和国务院纠风办邀请铁路、民航、交通、建设、邮电、内贸、金融、卫生、电力、公安十个部门座谈，共同组织开展“为人民服务，树行业新风”主题行动，并强调这十个部门是国家直接面向社会、面向群众，同亿万人民群众的生产、工作、生活息息相关的“窗口行业”。如果这些“窗口行业”都向社会提供上乘的服务，同时也从其他群体得到上乘的服务，那么就能够在全社会形成良性互动的可喜态势，营造出亲密和谐的人际关系，从而使全国人民的精神面貌发生重大变化。

1996 年 12 月 24 日，按照中央宣传部、国务院纠风办的部署，电力工业部纠正行业不正之风领导小组办公室印发《全国电力系统开展“为人民服务，树行业新风”活动方案》（纠办〔1996〕4 号），在全国电力系统开展以规范服务为主要内容的“为人民服务，树行业新风”活动，选择与国民经济发展和人民群众生活密切相关的供电窗口单位为重点，在全国电力系统推出 20 个供电营业站所作为示范窗口，要求以下 10 条服务规范首先在示范窗口得到落实：① 礼貌服务：营业人员要着装整洁，挂牌上岗，使用文明用语，礼貌待人，热情服务；② 文明环境：营业场所整洁美观，各种标志齐全，为用户提供休息座位和饮用水；③ 公开办事程序：营业厅内张贴供电服务有关规章制度、业扩报装流程图和用户办理用电程序，并提供服务指南宣传材料；④ 公开电费电价：严格执行现行电费电价政策，公开收费标准，杜绝乱收费现象；⑤ 报装接电：规范工作流程，减少环节，实行“一口对外”，严格执行报装时限规定；⑥ 咨询服务：设立咨询服务台，热情接待用户查询，耐心解答用户提出的问题。用户来电话查询时，电话铃响 5 声内摘机通话。⑦ 科学管理：运用计算机等现代科学管理手段，为用户提供优质高效的服务。⑧ 杜绝以电谋私行为：严格执行电力部下发的“严禁以电谋私”的规定，不发生“吃拿卡要”等问题。

⑨ 受理投诉：公开投诉电话，设立投诉箱、对用户的投诉在3日内答复受理情况，15日内反馈处理结果。⑩ 开展便民服务，主动为用户排忧解难，让用户满意。接着印发了全国电力系统“为人民服务，树行业新风”示范窗口10条规范服务要求实施细则，将规范服务要求进一步分解为58条实施细则以指导示范窗口的创建工作。

电力系统各省局认真落实电力工业部的部署，严格按照建设示范窗口10条规范服务要求和实施细则，改善窗口环境设施、加强职工教育培训、公开业务办理程序，并接受社会、用户和广大群众的监督检查，不断改进和提高服务质量，积极践行“人民电业为人民”的宗旨。例如，石家庄电业局对桥东营业大厅进行了全面改造，将封闭式的高柜台改为开放式对面低柜台，使用户与营业员面对面坐着办理有关业务，拉近了营业员和用户的距离；新开发研制的用户咨询微机系统可以触摸查询用电须知、电价查询、报装进度、法律条文等九方面内容以及营业厅的业务知识和有关法规条文。湖南省电力局加强营业窗口硬件建设，增设营业网点，实行无周休日和提供无偿服务，将营业窗口建设列入行风的重要内容以接受社会评议，大幅提升了用电服务水平。北京供电局西城营业站每月组织职工学习《电力法》、部颁40条文明用语、局颁《职业道德规范》等，有效地规范了职工的行为。成都电业局青羊供电局在报纸上公开向社会承诺，主要有：用户在营业窗口办理用电业务的时间不超过15分钟；事故检修实行24小时值班，电话铃响5声之内必须接电话；接到用户事故报告后，10分钟内必须出发赴现场处理停电事故，凡属低压用户和10千伏架空线，城区不超过12小时，农村不超过24小时。福建省电力局研发福建省客户服务管理信息系统，完善了触摸屏自助查询内容，提高了办事效率，方便了用户。

经过各省局及示范窗口单位近一年积极、认真、扎实的工作，20个示范窗口的面貌焕然一新：① 职工服务行为规范化，出现了热情、周到、便捷、文明的服务新风。一些示范窗口在普遍进行职业道德教育、岗位培训的基础上，还对职工进行礼仪培训或军训。不少示范窗口被评为当地的窗口行业规范服务优秀单位。② 营业管理规范化，做到了规章制度健全、服务标准明确、服务手段科学化。各示范窗口规范服务用语，挂牌上岗，公开业务流程、收费标准，实行承诺制，建立计算机查询触摸系统、电话语音查询系统、收费电算化系统等。③ 营业场所环境规范化，为用户创造了交通便利、设施先进、舒适方便、环境优美的办理业务场所。各示范窗口增添了饮用水，设置了休息座位、服务指南卡片、咨询台，有些示范窗口增添投币电话、老花镜、残疾人通道，推出为老弱病残客户特种服务等。1997年7月，各电力省局对20个示范窗口进行检查、评估，电力工业部对其中的4个示范窗口进行抽查[1]，20个示范窗口都达到了10条规范服务和实施细则的要求。1997年9月，经电力工业部纠风领导小组审批，对20个示范窗口正式授牌。

在总结20个示范窗口创建工作经验的基础上，电力工业部进一步广泛、深入地开展“为人民服务，树行业新风”活动，1997年9月，推出了第二批城市供电营业示范窗口（共10个）和农村乡镇电管站示范窗口（共23个）。在这期间，各电力集团公司、省电力公

[1]《石成梁同志在全国电力系统纠风工作会议上的报告》，1997年9月27日。

司也积极开展示范窗口的创建工作，并参照10条规范服务要求和实施细则，推出了一批自己的示范窗口。到1997年年底，各电力集团公司、省电力公司的示范窗口达到了282个，这些窗口的规范服务和各项工作也取得了明显成效。

五、营业服务标准及行为规范的统一

1998年3月，九届全国人大一次会议批准国务院机构改革方案，决定撤销电力部，并授权国家电力公司为电力投资主体和经营主体，负责对国家电网的统一规划、统一建设、统一调度、统一管理，监督全国电网安全、稳定、经济、优质运行，不断提高供电服务水平。随后几年，国家电力公司通过大力开展供电营业规范化服务建设，促进供电营业服务标准及行为规范的统一。

1998年12月9日，国家电力公司决定，在公司所属地级及以上城市的供电营业窗口，实行供电营业规范化服务，并印发《城市供电营业规范化服务标准》。该标准对供电营业和供电营业场所进行了定义，从营业环境、柜台服务、报装服务、查询服务、特别服务、供电服务、服务监督七个方面作出了规定。其中，在特别服务方面，规定“对具备条件的居民客户，实行电话预约装表接电”；在服务监督方面，提出设立公布服务质量投诉电话、在营业场所设立意见箱或意见簿、在客户中聘请服务监督员、定期召开客户座谈会听取意见等具体要求。1999年6月19日，《人民日报》以《提高优质服务水平　促进电力工业的改革和发展　电力系统开展供电营业规范化活动》为题，在第二版要闻中进行了报道。

2000年7月4日，国家电力公司又将供电营业规范化服务范围扩大到公司所属和代管的农电系统，开展了农村供电营业规范化服务活动，并印发了《农村供电营业规范化服务标准（试行）》和《农村供电营业规范化服务考核细则》。《农村供电营业规范化服务标准（试行）》对农村供电营业和供电营业场所进行了定义，对营业环境、服务行为、电价电费、报装和维修、便民措施、社会监督六个方面作出了具体规定。《农村供电营业规范化服务考核细则》细化规定了服务标准六个方面27小项的评分标准，便于农村供电营业场所自查和主管部门进行考核；农村供电营业规范化服务考核满分为1000分，评分900分以上即达到规范化服务标准要求；活动开展情况及考核验收结果纳入“双达标”“创一流”“双文明单位”检查验收的必备条件。各地电力企业结合当地实际组织实施，加强各级营业窗口建设，争创规范化服务示范窗口。通过创建评比，国家电力公司审议确定了1999年“为人民服务，树行业新风”农电示范窗口100个、2000年“为人民服务，树行业新风”农电示范窗口259个。农电示范窗口的创建有效发挥了示范、带动、辐射作用，有力推动了农电系统的优质服务和行风建设工作。

2001年，针对一些地区在供电服务中存在的垄断经营、供电服务质量等问题，国家电力公司在全系统部署开展了“电力市场整顿和优质服务年”活动。在活动中，为加强供电职工的职业道德建设、规范供电窗口服务行为、落实活动提出的各项承诺，2001年7月26日，国家电力公司印发《供电营业职工文明服务行为规范（试行）》，提出基础行为规范、外在形象规范、一般行为规范、具体行为规范的要求；对供电营业职工的品质、技

能、纪律、着装、仪容、举止、接待、会话、服务、沟通以及柜台服务、电话（网络）服务、现场服务等方面作出了明确、具体的规范。通过日常的养成教育和训练，使供电营业职工全面提高职业道德素质，树立良好的文明服务风尚。同年 12 月，在总结 1998 年以来城市供电营业规范化服务窗口建设工作经验和“电力市场整顿和优质服务年”活动的基础上，国家电力公司修订并印发《城市供电营业规范化服务标准》。该标准从原七个方面 25 条规定优化为服务环境及标准、服务方式、服务内容及标准、服务监督等四个方面 29 条规定。其中，新增了供电可靠性、电压质量管理的服务标准，要求确保供电可靠率、居民客户端电压合格率不低于省电力公司规定标准；补充了营业场所、服务规范、服务方式、服务监督相关内容，修订了报装接电和故障报修到达现场时限，进一步深化城市供电营业规范化服务活动。

各地电力企业在认真执行国家电力公司《农村供电营业规范化服务标准（试行）》《城市供电营业规范化服务标准》《供电营业职工文明服务行为规范》的基础上，细化管理规定，加强职业道德教育，提高职工整体素质，广泛接受社会监督，供电营业服务进一步向标准化、规范化的方向发展。

六、李庆长共产党员服务队的成立

1993 年，哈尔滨电业局道里供电局变电亭班的班长李庆长主动将自己的数字传呼机号码向社会公开，从这天开始，不管分内分外，不管班上班下，他随呼随到，真心实意地帮助群众解决困难。他一心为民，积极为“希望工程”捐款，为扶贫助困献爱心；危急时刻，他挺身而出，从冰冷的松花江水中 3 次救出落水人员；抗洪抢险，他冲锋在前，1998 年松花江抗洪清障保电中，他昼夜巡逻在江堤上。随着受到帮助的人越来越多，他在群众中的知晓度和影响力也越来越大。2001 年 4 月，哈尔滨电业局为推动“电力市场整顿和优质服务年”活动的开展，率先在道里供电局成立了由李庆长担任队长的共产党员服务队。同年 7 月，哈尔滨《新晚报》以《有事，呼他好使》为题，连续发出 9 篇专题报道，李庆长的事迹引起了百姓和媒体的广泛关注和赞誉。

2001 年 9 月 28 日，哈尔滨电业局为更好发挥共产党员服务队的品牌效应，全面启动实施品牌服务战略，以“李庆长”名字命名并由他担任队长的“李庆长共产党员服务队”在哈尔滨电业局客户服务中心正式挂牌成立。服务队共有李庆长、栾国祥、张洪黔三名同志，并制定了行为规范，确立了“真诚服务为人民”的服务目标。李庆长共产党员服务队的队员们每天穿行于哈尔滨街头巷尾进行义务帮助，他们的便民服务带动了哈尔滨电业局优质服务工作的深入开展。李庆长先后荣获了全国劳动模范、全国五一劳动奖章、国家电力公司特等劳动模范等荣誉称号。2001 年至 2006 年间，黑龙江省委、哈尔滨市委、国家电力公司党组先后下发《关于开展向李庆长同志学习活动的决定》（国电〔2001〕48 号）。随着李庆长的名字在哈尔滨广为流传，其事迹和他带领的共产党员服务队也传遍了全国，成为享誉全国的服务品牌。

从 1993 年一个人一台传呼机开始，队伍逐步发展壮大，到 2020 年已经形成了 1 支总队 31 支分队 556 名队员的规模。服务队由事故抢修、线路施工、电缆运维、带电作业、电力保障、技术支持等人员构成，在做好本职工作的基础上，主动为人民群众提供超过供电企业正常业务范畴之外的服务，服务队的服务范围覆盖哈尔滨供电公司供电区域内的所有城乡。2015 年，李庆长共产党员服务队深入推进“十二进”服务活动[1]，全力提供“十二项服务”[2]，在社会上引起强烈反响。李庆长共产党员服务队把温暖辐射到哈尔滨的每个角落，树立了“真诚服务为人民”的电力人形象。

作为电力系统的第一支共产党员服务队，李庆长共产党员服务队从未停止过深化进取的步伐，先后荣获“全国学习雷锋、志愿服务先进集体”“国资委中央企业红旗标杆班组”“国家电网公司青年志愿服务先进集体”“国家电网金牌共产党员服务队”等荣誉称号，并被中宣部确立为“加强和改进思想政治工作先进典型”及“四个一百”最佳志愿服务组织。2010 年 1 月，李庆长光荣退休，继任队长在李庆长精神的带领下，将服务队持续发扬光大。

李庆长共产党员服务队的成立和发展，在电力企业起到了良好的示范引领作用，带动了一大批共产党员服务队的发展壮大。四川连心桥共产党员服务队、山东彩虹共产党员服务队、浙江红船共产党员服务队等如雨后春笋般涌现出来。2011 年 8 月 20 日，中共中央政治局常委、中央书记处书记、国家副主席习近平在四川考察时强调，共产党员服务队的工作要常态化、制度化，要围绕着为人民服务的宗旨，成为党联系群众的一道连心桥。2012 年，国家电网公司创先争优活动领导小组印发《国家电网共产党员服务队管理办法（试行）》（国家电网创先组发〔2012〕2 号），要求各省公司共产党员服务队以“国家电网”统一命名。到 2020 年，国家电网公司共产党员服务队已发展壮大到 4200 余支队伍 10.7 万余名队员，覆盖国家电网公司全部经营区域。共产党员服务队已成为国家电网公司加强基层党建的金色名片，是国家电网公司加强基层党组织管理、筑牢基层党建阵地、提升基层党组织创造力、凝聚力、战斗力的重要抓手。

---

[1] “十二进”：走进机关、企业、学校、社区、街道、医院、工地、部队、农村、林区、垦区、居民客户。

[2] “十二项服务”：用电咨询、客户回访、义务售电、日常报修、便民检修、应急抢修、重要保电、助老助残、希望工程、关爱农民工、扶贫帮困、抢险救灾。

第四编

新世纪用电领域的重大突破与成就

（2002—2020）

2002—2020 年是中国电力体制改革稳步推进、用电管理模式发生重大变革、供电服务能力全面提升、电网企业实现跨越式发展的重要时期。《国务院关于印发电力体制改革方案的通知》（国发〔2002〕5 号文件）的发布，推动了“厂网分开、竞价上网”的实施。电力市场竞争格局的形成、供电监管体系的建立、国家电网公司和中国南方电网有限责任公司（简称南方电网公司）的成立，给用电管理带来了深刻的影响。电网企业积极转变观念，主动适应电力体制改革带来的变化，以客户为中心，以市场为导向，大力实施用电管理模式的创新变革，全面加强优质服务建设，积极参与销售电价改革，确保电力用户和发电企业直接交易、煤电价格联动、居民阶梯电价、销售电价分类调整等一系列改革举措的稳妥落地。2015 年新一轮电力体制改革推出以后，电网企业面对输配电价改革、电力市场建设和售电侧改革等新的考验，认真贯彻落实新发展理念，加快供电服务数字化转型，奋力开拓新兴业务，全力推动电力营商环境改善，积极履行社会责任，取得了电力服务脱贫攻坚战的全面胜利，自主创新成果丰硕，用电领域实现了跃升蝶变。

坚持市场化改革方向，用电管理模式实现创新变革。这一时期，电力体制改革不断深化，用电管理面临全新挑战。电网企业以电力体制改革为契机，大力推进用电管理的组织整合、流程再造，以地市供电公司为单位设立客户服务中心、电费管理中心、电能计量中心，将电力营销核心业务资源，按照集约化、扁平化、专业化的方式进行重构，形成了职责清晰、功能统一、层级简约、规范高效的新型供电服务体系和“一口对外”的协同服务机制。建立了统一的营销业务模型、管理制度、工作标准与技术标准，强化了执行力和穿透力，营销业务管控能力明显提升，流程运作规范顺畅。实施县供电企业管理提升工程和乡镇供电所管理提升工程，县供电企业、乡镇供电所管理标准和工作标准得到统一，基础工作得到夯实，队伍素质明显提升，管理水平再上新台阶。全面完成县级供电企业创一流工作，创建了一批星级供电所，发挥了示范引领作用。

树立优质服务理念，客户服务能力不断提升。这一时期，电网企业将供电服务工作提升到新的高度，全面加强客户服务能力建设，对外发布供电服务承诺，对内开展服务品质评价。国家电网公司提出了“你用电，我用心”大众传播品牌口号，南方电网公司提出了“万家灯火　南网情深”主题形象语，不断将优质服务的理念深入人心。国家电网公司于 2006 年 3 月 10 日发布中国企业首份社会责任报告——《国家电网公司 2005 社会责任报告》。95598 客户服务热线实现了全国网集中，建成世界规模最大、服务人口最多、服务功能最全的电力客户服务中心。大力实施便民交费网络建设，实现大中城市地区“十分钟缴费圈”、农村地区“村村有缴费点”。用电安全服务得到强化，电网企业积极配合做好重要电力客户安全隐患排查治理，强化了对高危及重要客户供电电源的安全配置。在应对冰灾、地震、泥石流等重大自然灾害，火神山、雷神山医院抢供电，“神舟”五号载人飞船发射保电，以及奥运会、世博会、亚运会等重大活动保电中，发扬了电网人特别能吃苦、特别能战斗、特别能奉献的精神，确保了电网安全稳定运行和重大活动圆满举办，确保了抗灾抢险及灾后恢复重建的电力保障。

全面推进电力需求侧管理，电能替代成效显著。进入 21 世纪以后，在国家的积极推动下，电力需求侧管理受到了全社会前所未有的关注，进入了快速发展阶段。2004 年，全国电力需求侧管理会议的召开，对中国电力需求侧管理工作的开展起到了推动和指导作用。随后，《电力需求侧管理办法》《有序用电管理办法》等一批规范性文件相继出台。以这些规范性文件为指引，中国开展了对电网企业实施电力需求侧管理目标责任考核、电力需求侧管理工业领域试点和城市综合试点等工作，建设了电力需求侧管理标准体系，建成了国家电力需求侧管理平台。电网企业抓住电力需求侧管理迎来的历史性发展机遇，挖掘电力需求侧资源潜力，推广电力蓄能和节电技术，提高用能用电效率。有序用电在缓解电力供需矛盾中发挥了积极作用，使有限的电力资源为经济和社会发展贡献最大的效能。大力实施电能替代，推进北方地区冬季“煤改电”清洁取暖，推动港口与船舶进行岸电改造，京杭运河区段服务区实现岸电系统全覆盖。一些地方积极开展需求响应试点，并推动需求响应在新能源消纳、供需平衡、现货市场交易等方面的深度应用。电力需求侧管理的作用日益凸显。

坚持技术和标准引领，电能计量管理实现突破。这一时期，电网企业积极推进电能计量的标准化、规范化、智能化建设。各省电网企业及其所属计量检定机构全部获得政府专项授权，电能计量检定工作得到法定认可。统一规范计量装置配置原则和技术要求，推广运用电能计量装置通用设计，实施计量器具检定省级集中，达到整体式授权、自动化检定、智能化仓储、物流化配送的目标。国网计量中心和南网计量中心的相继成立，基本形成了体系完整、技术先进、管理科学、运转高效的计量管理体系。智能电能表和用电信息自动采集实现城乡全覆盖，有力支撑了电网企业管理与服务的自动化和智能化水平。

大力推进营销信息化建设，业务应用水平实现飞越。2006 年起，国家电网公司集全公司之力，自主开展营销业务应用标准化设计，提出了具有电网公司特色的营销业务模型构建方法和描述体系，设计了统一的营销数据模型和营销标准代码体系，建成了纵向贯通、横向集成、公司统一的营销信息系统，全面提升了营销管理信息化水平，有力支撑了营销发展方式和管理方式的转变，为营销集约化、精益化、标准化管理提供了强大的技术保障，实现了客户服务信息化、营销业务自动化、市场响应快速化、质量管理可控化、决策支持前瞻化。各网省公司不断深化营销信息化应用，在业务管理、运行效益及实用化水平等方面得到显著提升，极大提高了营销管理与客户服务工作的效率。南网电网公司应用营销信息化的成果，完成了电费核算省级集中试点，实现了电费业务的集约化管控、扁平化管理。

实施营销数字化转型，电力营商环境获得显著改善。进入“十三五”以后，面对内外部环境的变化，电网企业供电服务加速向数字化转型，相继推出“网上国网”“南网在线”App，实现了用电业务的线上办理，满足了电力客户全天候、个性化、便捷化的服务需求。以国家电网公司为代表的中国电网企业，认真贯彻国务院颁布的《优化营商环境条例》，积极承担国有企业的社会责任，通过持续不断的技术升级、精简业扩流程、压缩办电时间、改进作风和完善服务，推动实现大中型企业客户办电“最多跑一次”，小微企业客户办电“一次都不跑”，各类企业获得电力的便利化水平持续提升。积极配合政府做好一般工商业电价的多次下调、转供电加价的清理规范，助力小微企业的发展。不断深化营销大数据应用，推出“企业复工电力指数”“能效账单”“数字化稽查监控体系”“转供电费码”等大数据产品，推动营销服务向更精细、更精准、更精益方向迈进。电力营销在改善企业用电环境方面取得了明显进步，为中国营商环境的改善起到了积极作用。2019 年 10 月 23 日世界银行发布的《营商环境报告 2020》显示，中国“获得电力”指标排名提升至第 12 名，保持国际领先水平。

推进电力城乡一体化服务，电力扶贫攻坚取得全面胜利。电网企业按照习近平总书记“精准扶贫”的重要思想，充分发挥电力央企的重要生力军作用，坚定不移地推进电力扶贫工作。通过农网改造升级工程，解决了无电人口用电问题，实现了动力电在全国农村地区基本全覆盖，极大提高了农村供电能力和可靠性。实施“三区三州”❶电网攻坚、中西部贫困地区电网改造升级、抵边村寨电网改造升级三大重点工程，为深度贫困地区脱贫攻坚提供坚强的电力保障。把光伏扶贫作为精准扶贫的重要举措，捐赠光伏扶贫电站，为光伏扶贫项目接网和并网运行提供技术保障，确保国家下达的光伏扶贫项目如期接网。派出驻村干部实行精准帮扶，助力定点扶贫县（区）全部脱贫摘帽，圆满完成了中央单位定点扶贫任务。推进乡村电气化提升工程，推动乡村振兴计划实施。探索“台区经理制”网格化服务供电服务模式，2019 年圆满完成取消县级供电企业代管体制的任务。

服务国家能源转型战略，电力新型业务得到蓬勃发展。进入新世纪，中国经济高速发展，能源供应持续增长，生态环境问题日益显现。电网企业按照国家能源转型战略，持续推进能源生产和消费革命，大力推动以电动汽车为代表的电力新型业务发展，电动汽车充换电业务从无到有，发展迅猛。截至 2020 年年底，中国已建成全球最大规模的电动汽车充换电服务网络，公共充电桩达到 79.8 万个。南方电网公司基本实现了中国南方五省区城际高速公路快速充电网络的互联，国家电网公司全面完成“十纵十横两环”高速公路快充网络建设，有力促进了中国电动汽车产业的发展。电网企业加快节能业务向综合能源服务业务的转型升级，成立综合能源服务公司，全面推进综合能源服务业务，以园区、工业企业、大型公共建筑等为重点，为客户提供多元化、个性化的综合能源服务，打造核心竞争力，延伸价值链条，建成了苏州同里新能源小镇、河北雄安新区市民服务中心综合能源项目、张家口崇礼奥雪小镇酒店清洁能源电供暖等一批综合能源示范项目，引领了能源消费的新格局。

持续加强科技研发投入，用电领域自主创新成果丰硕。电网企业坚持走科技创新之路，在多个领域取得突破性进展。建成了世界规模最大的电能表自动化检定系统，电能计量器具全自动智能运储系统、高压互感器和低压计量箱自动化检定流水线相继研制成功，电能计量器具自动化检定达到国际领先水平。中国的智能电能表和用电信息采集系统大规模进入了海外市场。“电能表智能化计量检定技术与应用”项目和“国家工频高电压全系列基础标准装置关键技术与工程应用”项目荣获国家科学技术进步奖二等奖；国家电网公司

❶ “三区”是指西藏自治区和青海、四川、甘肃、云南四省藏区及南疆的和田地区、阿克苏地区、喀什地区、克孜勒苏柯尔克孜自治州四地区；“三州”是指四川凉山州、云南怒江州、甘肃临夏州。“三区三州”是国家层面的深度贫困地区，是国家全面建成小康社会最难啃的“硬骨头”。

《智能电能表功能规范》等 39 项标准、《电动汽车交流充电桩技术条件》等 19 项标准分别荣获中国标准创新贡献奖一等奖。电能计量现场检测技术在特高压领域实现突破，研制成功特高压交直流互感器现场检测标准装置。建成智能量测设备典型环境实验基地，填补了中国极端环境条件下智能量测设备长期运行特性评价的空白。国内首条百米级电动汽车移动式无线充电试验线路在河北省张北地区的国家风光储输示范基地建成。国家电网公司、中国电力企业联合会与日本电动汽车快速充电器协会、日本东京电力公司共同发布了《电动汽车 ChaoJi 传导充电技术白皮书》，为全球电动汽车领域提供了一个统一、安全、可靠、低成本的充电系统解决方案。

新世纪用电领域取得的突破与成就是中国电力工业艰苦奋斗、锐意进取的真实写照。面对电力体制改革和能源消费革命，电网企业勇于变革，开拓创新，砥砺前行，用电领域队伍建设、技术装备、服务水平实现了质的飞跃，极大地促进了生产力的发展，更好地满足了人民群众美好生活的用能需要，电力营销真正迈入了新时代，为中国电力工业的发展作出了重大贡献。

第十章

电力厂网分开下用电领域发展方式的转变（2002—2010）

2002—2010年，中国电力工业进入了一个新的发展时期。2002年2月10日，《国务院关于印发电力体制改革方案的通知》（国发〔2002〕5号）印发，厂网分开的电力体制改革进入实施阶段。同年12月29日，国务院在原国家电力公司的基础上，成立2家电网公司、5家发电集团公司和4家辅业集团公司，电力行业厂网分开、竞争发展的格局开始确立。与此同时，新一轮电价改革全面推进，明确了上网电价、输配电价和销售电价的改革方向，全国电力行业相继开展竞价上网、大用户与发电企业直接交易等方面的试点和探索。2003年3月，国家电力监管委员会成立以后，相继颁布了《电力监管条例》《供电服务监管办法（试行）》，在供电服务监管方面陆续出台了一系列举措。2006年8月1日，在全国统一开通了12398电力监管投诉举报热线。

国家电网公司和南方电网公司认真贯彻落实科学发展观，以客户为中心、以市场为导向、以服务为宗旨，变革传统的营销管理模式，立足集约化、专业化、精益化、标准化建设，以组织架构合理、业务管控能力增强、流程运作规范顺畅、资源配置趋于合理为目标，建立了一系列规章制度和质量标准，推进县级供电企业标准化建设，构建了新型供电服务体系。两大电网公司向社会公布供电服务承诺、发布《社会责任报告》，实现供电服务的制度化、标准化。积极配合政府，加强并规范重要电力用户的安全供用电服务与管理，提高对电力突发事件的应急处置能力，有效防止次生灾害发生。国家电网公司坚持“自主研发、标准先行、分批实施、集中管控”的原则，推进营销业务应用的信息化建设。用电领域的管理能力和供电服务水平得到明显提升。

在国民经济快速增长的拉动下，新世纪初出现了区域性、时段性缺电局面，引起了党中央和国务院的高度重视。电网企业在政府主导下积极推进电力需求侧管理，将计划用电向有序用电转变。按照“先错峰、后避峰、再限电”的实施原则，切实做好有序供电、用电，有效缓解了电力供需矛盾。同时，国家推出高耗能企业差别电价政策，浙江、福建、四川等地开始实行居民生活用电阶梯电价。在政府的积极推动下，电力需求侧管理工作得到快速发展，并逐渐成为用电管理的日常工作内容。

在各类自然灾害的抗灾抢险与供用电恢复中，电网企业全力以赴展开电网抗灾抢险和灾后恢复重建，为灾区提供紧急供电保障，最短时间恢复客户电力供应，最大限度减少灾害损失。在历次的重大事件保电中，电网企业集全网之力，精心制定保电方案，建立完善的供电保障指挥与协调工作机制，圆满完成了北京奥运会、上海世博会和广州亚运会等重大活动的保电工作，充分彰显了电网企业的责任担当。

第一节　供电监管体系的建立与地方供用电法规

2002年，根据《国务院关于印发电力体制改革方案的通知》（国发〔2002〕5号），国家电力公司拆分重组为两大电网公司、五大发电集团公司和四大辅业集团公司，打破了电力行业垂直一体化管理模式，实现了厂网分开和主辅分离。

2003年3月，国家电力监管委员会正式成立。2005年2月，《电力监管条例》颁布。随后，电监会出台了《供电服务监管办法（试行）》、开通了12398监管投诉热线、发布供电监管报告，进一步推动了监管工作规范化、制度化和公开化，逐步形成了供电监管体系。同一时期，地方立法工作也取得了重要的进展，以《云南省供用电条例》为代表，各省根据本地实际情况相继出台了供用电方面的地方性法规，增强了法规的针对性和可操作性，为国家供用电立法工作提供了宝贵经验。

一、厂网分开与电力企业重组

改革开放以来，中国电力建设取得了巨大成就。到2000年，中国发电装机容量和发电量先后超越法国、英国、加拿大、德国、俄罗斯和日本，均跃居世界第二位。大部分地区形成了跨省的区域性高电压等级的主网架，缺电状况得到明显改善，电力工业有力地支持了国民经济的快速发展。在电力市场供求状况发生明显变化之后，原有的电力体制不能适应社会主义市场经济体制的要求，垄断经营的体制性缺陷日益明显，省际之间市场壁垒阻碍了跨省电力市场的形成和电力资源的优化配置，管理方式不适应发展要求。为了促进电力工业发展，提高国民经济整体竞争能力，必须加快深化电力体制改革的进程。

2001年12月，国家计委上报了新的电力体制改革方案并最终获国务院通过。2002年2月，《国务院关于印发电力体制改革方案的通知》（国发〔2002〕5号）（简称《改革方案》）印发，决定对电力工业实施以“厂网分开、竞价上网、打破垄断、引入竞争”为核心内容的电力体制改革。按照总体设计、分步实施、积极稳妥、配套推进的原则，有步骤、分阶段完成改革任务。

《改革方案》包括：① 指导思想。从国情出发，遵循电力工业发展规律，充分发挥市场配置资源的基础性作用，加快完善现代企业制度，促进电力企业转变内部经营机制，建立与社会主义市场经济体制相适应的电力体制。② 总体目标。打破垄断，引入竞争，提高效率，降低成本，健全电价机制，优化资源配置，促进电力发展，推进全国联网，构建政府监督下的政企分开、公平竞争、开放有序、健康发展的电力市场体系。③ 主要任务。实施厂网分开，重组发电和电网企业；实施竞价上网，建立电力市场运行规则和政府监管体系，初步建立竞争、开放的区域电力市场，实行新的电价机制；制定发电排放的环保折价标准，形成激励清洁电源发展的新机制；开展发电企业向大用户直接供电的试点工作，改变电网企业独家购买电力的格局；继续推进农村电力管理体制改革。④ 核心内容。在发电环节引入竞争机制，首先实现“厂网分开”，将国家电力公司管理的电力资产按照发电和电网两类业务进行划分。发电环节按照现代企业制度要求，将国家电力公司管理的发电资产直接改组或重组成规模大致相当的若干个全国性的独立发电公司，逐步实行“竞价上网”，开展公平竞争；电网环节分别设立国家电网公司和中国南方电网有限责任公司，国家电网公司下设华北、东北、华东、华中和西北5个区域电网公司。

根据《改革方案》，国家电力公司拆分为2家电网公司、5家发电集团和4家辅业集团，分别是国家电网公司、中国南方电网有限责任公司、中国华能集团公司、中国大唐集团公司、中国华电集团公司、中国国电集团公司、中国电力投资集团公司、中国水电工程顾问集团公司、中国电力工程顾问集团公司、中国水利水电建设集团公司和中国葛洲坝集团公司。

2002年12月29日，中国电力新组建（改组）公司成立大会在北京人民大会堂召开，11家新组建（改组）公司宣告成立。

随后，在2003年一年时间里，国务院分别对国家经贸委和国家发改委上报的11家公司组建方案、公司章程等有关问题逐一作出批复，对各公司的业务、职责、管理、人员和机制等事项作出安排。

11家公司的组建（改组）实现了厂网分开，引入了竞争机制，是中国电力体制改革的重大事件和重要成果，是建立社会主义市场经济体制不可分割的组成部分。电力体制改革的成功为电力工业的持续、快速、稳定发展奠定了良好的体制基础，标志着中国的电力工业进入了一个新的发展时期。

二、《电力监管条例》的颁布

2002年，中国全面启动了电力市场化改革。其重要内容之一就是改革政府对电力行业的管理体制，改变原来政府部门对电力行业多头、分级、分散管理的状况。2003年3月20日，国家电力监管委员会（简称国家电监会）正式挂牌成立，由国务院授权，依照法律、法规统一履行全国电力监管职责。

2005年2月15日，《电力监管条例》经国务院第80次常务会议通过，以中华人民共和国国务院令第432号公布，自2005年5月1日起施行。《电力监管条例》是为了加强电力监管、规范电力监管行为、完善电力监管制度而制定的，由总则、监管机构、监管职责、监管措施、法律责任、附则等六章组成，共37条。

《电力监管条例》（简称《条例》）确立了国家电监会及其派出机构履行电力监管职责的法律地位和行政执法主体地位。《条例》指出，“国务院电力监管机构依照本条例和国务院有关规定，履行电力监管和行政执法职能”。电力监管的主要职责是依照有关法律、行政法规和《条例》的规定，在其职责范围内开展如下监管工作：一是制定并发布电力监管规章、规则；二是颁发和管理电力业务许可证；三是对发电企业在各电力市场中所占份额的比例实施监管；四是对发电厂并网、电网互联以及发电厂与电网协调运行中执行有关规章、规则的情况实施监管；五是对电力市场向从事电力交易的主体公平、无歧视开放的情况以及输电企业公平开放电网的情况依法实施监管；六是对电力企业、电力调度交易机构执行电力市场运行规则的情况，以及电力调度交易机构执行电力调度规则的情况实施监管：七是对供电企业按照国家规定的电能质量和供电服务质量标准向用户提供供电服务的情况实施监管；八是负责电力安全监督管理工作；九是对电价实施监管。《电力监管条例》还明确了监管措施和法律责任。

《电力监管条例》的颁布与实施，是中国电力工业发展进程中的一件大事，是深化电力体制改革的重要举措，对于建立和维护正常的电力市场秩序，在电力行业开展公平竞争，依法保护电力投资者、经营者、使用者的合法权益和社会公共利益，保障电力系统安全稳定运行，促进中国电力市场化改革的深入和中国电力事业的健康发展都具有重要意义，标志着电力工业进入了依法监管的新阶段。

三、《供电服务监管办法（试行）》的出台

2003 年，国家电力监管委员会成立后，积极推进电力监管法规体系的建设。2005 年 2 月，国务院颁布《电力监管条例》，明确了电力监管机构的职责、具体监管内容和要求。

2005 年 6 月 21 日，电监会以 8 号令发布《供电服务监管办法（试行）》（简称《办法》），自 2005 年 8 月 1 日起正式实施。《办法》是《电力监管条例》的配套规章之一，旨在加强供电服务监管，规范供电服务行为，维护电力使用者的合法权益和社会公共利益。供电服务监管应当依法进行，并遵循公开、公正、效率的原则。供电企业应当按照法律、行政法规和规章的规定，向用户提供质量合格、价格合理、行为规范的供电服务，并接受电力监管机构的监管。《办法》共 5 章 31 条，主要明确了供电服务监管的目的、对象和原则、监管内容、监管措施及罚则等。

《办法》的出台为加强供电服务监管提供了依据，是《电力监管条例》对供电服务实施监管要求的细化和延伸，促进了电力监管配套法律法规的完善和供电监管机制的形成，对维护电力经营者和使用者的合法权益及社会公共利益具有重要意义。

《办法》明确了电力监管机构对供电企业的监管内容：① 履行电力社会普遍服务义务的情况；② 供电质量；③ 执行国家规定的电价政策和收费标准的情况；④ 实施电力需求侧管理的情况；⑤ 按规定披露信息的情况；⑥ 办理用电业务的情况；⑦ 向用户受电工程提供服务的情况；⑧ 实施停电、限电规定的情况；⑨ 履行紧急供电义务的情况；⑩ 处理供电故障的情况；⑪ 处理用电投诉的情况。

《办法》提出了电力监管机构的监管措施：一是有权要求供电企业按照规定报送电压合格率、供电可靠率、重大的用电投诉及其处理情况等信息；二是根据监管工作的需要，在用户中开展供电服务情况调查并向社会公布调查结果；三是可以向社会公布供电企业违反《办法》的行为；四是对供电企业未按照《办法》规定实施供电服务的，电力监管机构

应予以记录；五是明确任何单位和个人对违反《办法》和国家有关供电服务监管规定的行为有权向电力监管机构举报。

2009年11月26日，电监会27号令公布《供电监管办法》，自2010年1月1日实施，同时，《供电服务监管办法（试行）》废止。《供电监管办法》在《供电服务监管办法（试行）》的基础上，进一步明确了维护供电市场秩序、保护电力使用者的合法权益和社会公共利益的监管目的，对供电企业的供电能力、供电质量、供电安全保障和供电市场行为等20项监管内容进行了详细规定，为电力监管机构依法监管提供了有效手段，在促进供电企业提高服务水平方面起到了积极作用。

四、首份供电服务监管报告的发布

2005年5月1日起施行的《电力监管条例》明确指出："电力监管机构应当建立监管责任制度和监管信息公开制度，对电力企业、电力调度交易机构违反有关电力监管的法律、行政法规或者有关电力监管规章、规则，损害社会公共利益的行为及其处理情况，可以向社会公布。"

2006年，国家电监会在监管工作中首次引入了监管报告制度，成为监管工作开展的重要举措之一，当年发布了《〈购售电合同（示范文本）〉、〈并网调度协议（示范文本）推行情况监督检查报告〉》《电网安全情况监督检查报告》《供电服务情况监督检查报告》《全国500千伏电网运营及跨地区电能交易监管报告》和《电力建设施工安全专项工作督察情况监管报告》等专项监管报告。在此基础上，2007年4月5日，《电力监管年度报告（2006）》（简称《报告》）在北京正式发布，从保障电力安全、促进市场竞争、维护市场秩序、贯彻方针政策四个方面反映了2006年度国家电监会履职情况。供电服务监管情况是《报告》的主要内容之一。在供电质量与服务方面，《报告》指出：供电企业的供电质量明显提高，电能质量指标基本满足《供电服务监管办法（试行）》；绝大多数供电企业能够规范执行国家规定的电价政策；大部分供电企业按规定在营业场所的显著位置公示了电价政策、收费标准、服务标准和业务办理流程；大部分供电企业制定并完善了保修、抢修服务制度；供电企业普遍建立了投诉处理制度，并向社会公布投诉电话。同时《报告》也给出了供电服务中存在的四个方面的主要问题：一是供电质量统计数据可信度有待提高；二是电价与收费执行不规范；三是用电业务办理不规范；四是受电工程不规范。

2007年4～6月，国家电监会在全国范围内开展了供电服务专项检查，并根据此次检查情况，于2007年12月6日发布《2007年供电监管报告》。报告显示，自2006年电力监管机构开展供电检查以来，大部分供电企业认真宣传贯彻《供电服务监管办法（试行）》，针对存在的主要问题和薄弱环节及时整改，供电质量不断提高，供电服务水平稳步提升，供电市场行为进一步规范，各项指标基本符合国家有关规定。但检查中也发现，部分受检供电企业在供电质量、供电服务和供电市场行为等方面还存在一些问题，电力监管机构已向相关供电企业提出了整改意见，责成限期整改。

监管报告的发布，是监管机构履行监管职能的重要手段，是调动社会力量参与监管的有效方式，充分体现了依法监管的要求，促进了电网企业不断提升供电服务水平。2009年3月23日，《国家电力监管委员会关于进一步完善监管报告编制发布制度　做好今年编制发布工作的通知》（办发〔2009〕14号）下发，从2009年开始，进一步规范监管报告形式，精简监管报告数量，且通报不再列入监管报告编制发布计划。同时，对报告发布的类型和时效性等作出调整，不再跨年度发布，重大案件可发布单项监管报告等。此后，发布监管报告成为国家电监会的一项例行性工作。

五、12398监管投诉热线的开通

依据国务院《信访条例》和《电力监管条例》，国家电监会于2006年8月1日在全国统一开通电力监管投诉举报热线12398，旨在落实依法监管、高效便民，履行电力监管职能。12398热线主要受理当事人对在电力安全、市场准入、成本价格和收费、电力交易、节能减排、供电服务、输电服务等方面的侵权及违法违规行为的投诉举报。

12398热线开通后，国家电监会不断加强其软硬件建设和运行维护，完善管理制度，加大宣传力度。通过12398热线受理了大量投诉举报，有效信息数量从开通当年的6000余件，以平均每年30%的速度递增，切实解决了一批关系群众切身利益的问题，社会反响良好。

2013年，国家能源局、国家电监会职能整合后，新组建的国家能源局决定从2014年11月1日起，将全国统一开通的“12398电力监管热线”使用用途变更为“12398能源监管热线”，并规定任何单位或者个人可以通过拨打12398电话或发送传真、电子邮件的方式，对属于国家能源局及其派出机构能源监管职责范围的，涉及电力、煤炭、石油、天然气、新能源与可再生能源等方面的事项进行投诉举报。国家能源局及其派出机构依法受理办理群众反映的投诉举报事项，定期统计投诉举报事项的办结率、回访率和当事人满意率，适时开展12398能源监管热线社会知晓度调查，确保12398能源监管热线投诉举报渠道的畅通。❶

六、云南省颁布第一部供用电地方性法规

1995年12月28日，第八届全国人民代表大会常务委员会第十七次会议通过《中华人民共和国电力法》（简称《电力法》）。1996年4月17日《电力供应与使用条例》（国务院令第196号）发布，1996年10月8日《供电营业规则》（电力工业部令第8号）发布，逐步形成了以《电力法》为核心的供用电法律法规体系，在维护供用电秩序，促进电力事业发展，保障电力安全运行，维护电力投资者、经营者和使用者合法权益，满足国民经济发展和社会需要等方面发挥了积极作用。

云南地处少数民族地区，水能资源丰富，可开发水电站装机容量位居全国第二位。21世纪初，云南省委、省政府提出“建设电力大省”的经济发展战略思路，电力成为一大支

❶ 国家能源局关于印发《12398能源监管热线投诉举报处理办法》的通知（国能监管〔2017〕25号）。

柱产业。但由于当地供电主体较多，供用电环境也较为复杂，电力供应与使用过程中存在的一些矛盾和问题，需要通过具有可操作性强的地方性法规去调整解决，以更好地维护供用电双方的合法权益，为云南的电力工业和民族经济发展提供法律依据和保障。为此，2001年，云南省人大常委会把地方供用电立法正式列入2002年、2003年立法工作计划。2003年9月1日，云南省人民政府第七次常务会议通过了《云南省供用电条例（草案）》。2004年3月26日，云南省第十届人大常委会第八次会议审议通过《云南省供用电条例》（简称《条例》），自同年6月1日正式生效。

《条例》全文共8章47条，对供用电设施的规划建设和保护、电力供应、电力使用、供用电合同、供用电事故处理、法律责任等作出规定。《条例》在不违背上位法的原则下，突出了以下几个特点：① 在全国尚未出台规范供用电行为的地方性法规的背景下，《条例》的制定和颁布是对地方立法的探索，为国家供用电立法提供了经验，具有一定的超前性。② 《条例》细化了电力法的相关原则及规定，便于实际操作，有利于维护供用电秩序，保障供用电双方的合法权益。③ 在电力供应方面，《条例》更系统地规范了供电企业的行为，强调了供电企业的服务功能。条例第十六条规定："供电企业的计量检定机构在各级质量技术监督部门的监督管理下，按照国家标准或者电力行业标准，对用于结算、收费的用电计量装置进行检定，确保电能计量准确，不得违规检定计量装置"；第十九条规定："供电企业中止供电的，应当提前7日将中止供电通知书送达，并在中止供电前30分钟将停电时间再次通知用户。中止供电可能会导致人身伤亡或者财产重大损失的，须报电力行政主管部门批准；电力行政主管部门应当自接到报送之日起7日内给予答复"；第二十六条规定："城乡居民用户有权要求供电实现国家规定的一户一表、抄表到户"。④ 在电力使用方面，《条例》更好地规范了用户用电行为，规定用户对其使用的用电设备进行管理、按时交清电费等义务。条例第十七条规定："供电企业对用户可以预收电费，但不得超过用户一个月预计用电量的电费"；第二十八条规定："专用变压器供电、临时用电、安装预付费计量装置的用户应当按月预交电费；预交电费确有困难的用户可以先用电后交付电费，但应当依法提供担保"。⑤ 在供用电设施管理方面，《条例》强调了共用供用电设施的统一管理，对产权不属于供电企业的共用供用电设施的管理做了明确规定。条例第六条规定："由用户投资建设的供电设施涉及公用性质或者属于公用线路规划走廊的，供电企业在保证原用户用电容量的前提下，有权通过其设施向其他用户供电。对以上供电设施的运行维护，供电企业应当与产权人协商，达成协议，统一管理；协商意见不一致的，由电力行政主管部门负责协调处理"。⑥ 在供用电事故处理方面，《条例》专门设立一章具体规定了电力事故处理的原则、责任的划分、解决的程序等，有利于电力纠纷的解决，依法维护受害人的权益。

《云南省供用电条例》是中国第一部规范供用电关系的地方性法规，条例的出台对依法规范供用电行为，建立正常的供用电市场秩序，促进云南经济社会发展具有非常现实的意义和作用。

随后，甘肃、天津、青海、广西等14个省（自治区、直辖市）相继出台了供用电方面的地方性法规，根据各省的实际情况补充细化了电力供应与使用、电力设施保护等方面的内容，增强了法规的针对性和可操作性。

第二节 电力市场建设与大用户直购电试点

厂网分开以后，在国家电力监管委员会的指导下，东北、华东、南方区域相继开展了电力市场试点建设。同时三峡—广东±500千伏直流输电工程（简称三广直流）投运，国家电网公司与南方电网公司之间的跨区电力交易正式开启。2008 年，全国首个电力多边交易市场在内蒙古自治区建立，优化了电力资源配置，加快了内蒙古自治区工业结构调整、产业升级和煤电转化的步伐。

2004 年，吉林炭素有限责任公司率先开展大用户直购电试点，为中国电力市场化改革起到了示范作用。广东、四川、湖北、内蒙古等省（自治区）也逐步开展了不同规模、不同模式的电力用户与发电企业直接购电试点工作。这为发展和完善电力市场竞争机制、构建有效竞争的市场格局积累了宝贵经验。

一、区域电力市场建设试点

《国务院关于印发电力体制改革方案的通知》（国发〔2002〕5 号）提出，要打破垄断，引入竞争，提高效率，降低成本，健全电价机制，优化资源配置，促进电力发展，推进全国联网，构建政府监管下的政企分开、公平竞争、开放有序、健康发展的电力市场体系，初步建立竞争、开放的区域电力市场。

2003 年 6 月，《国家电力监管委员会关于建立东北区域电力市场的意见》（电监供电〔2003〕15 号）印发，这是中国推进区域电力市场建设的第一个指导性意见。同月，《国家电力监管委员会关于在华东进行电力市场建设试点的通知》印发，全面启动了东北和华东区域电力市场建设试点工作。7 月 24 日，《国家电力监管委员会关于区域电力市场建设的指导意见》（电监市场〔2003〕21 号）印发，明确了：① 电力市场建设的指导思想、原则和任务；② 区域电力市场建设的基本目标和模式，选择区域电力市场模式应根据区域内电力资源与用电负荷特点、电网技术条件、电力体制情况，结合当地社会经济的客观情况综合考虑；③ 区域电力市场的主要交易方式按照“合约交易为主，现货交易为辅”的原则组织；④ 加快区域电力市场建设的主要措施；⑤ 推进电力市场建设的步骤及组织实施。10 月，下发《关于印发〈电力市场运营基本规则（试行）〉、〈电力市场监管办法（试行）〉、〈电力市场技术支持系统功能规范（试行）〉的通知》（电监市场〔2003〕22 号）。

2004 年 1 月，东北区域电力市场在辽宁沈阳启动模拟运行，标志着中国第一个区域电力市场开始模拟运行。东北区域电力市场选择全电量竞争、两部制电价模式，2004 年 5 月开始试运行。华东区域电力市场采用单一制电价、全电量报价、部分电量按竞价结果结算、差价合约的市场模式，于 2004 年 5 月进入模拟运行。南方区域电力市场采用单一制电价、部分电量竞争的市场模式，于 2005 年 11 月模拟运行。国家电力市场也于 2005 年 12 月正式启动模拟运行。

电网经营企业和发电集团公司积极配合和参与区域电力市场建设试点工作，相关区域电网公司加大电力市场基础设施的资金投入，建设和完善电力市场技术支持系统。国家电网公司积极推进全国联网，实施西电东送、南北互供，为建立开放的省级市场、竞争有序的区域市场和实现更大范围优化配置资源的国家级电力市场创造了条件。

区域电力市场在试点建设过程中，不同地区的电力市场试点采取不同的竞争模式，有利于验证模式的适用性，对建立什么样的电力市场体系等有一定的启示意义。通过区域电力市场建设试点，为电力市场体系建设、市场交易规则制定、技术支撑系统建设开展了大量有益探索，为深入推进电力市场建设奠定了基础。

二、国家电网与南方电网开展跨区电力交易

2004 年 4 月，三广直流双极投运，送电能力 300 万千瓦，中国“西电东送”和全国联网战略又向前推进了一大步。同年 5 月 18 日，三广直流向南方电网送电容量 185 万千瓦，其中国家电网向南方电网送电容量 20 万千瓦，三峡水电站送电容量 165 万千瓦，此举标志着两大电网公司跨区电力电量交易正式开启。

此后，随着丰水期到来，国家电网加大与南方电网电力电量的交易力度。2004 年 6 月 22 日，中国长江电力股份有限公司作为售电方，国家电网公司作为输电方，与购电方——南方电网公司签订了《2004 年度三峡水电站购售电及输电合同》。合同约定，2004 年南方电网公司消纳三峡水电站发电量 81.6 亿千瓦·时。

2004 年 9 月 3 日，国家电网公司与南方电网公司再度合作，在广州正式签署了《2004 年 9、10 月份国家电网向南方电网送电购售电合同》。根据合同约定，该次跨区送电交易起止时间为 9 月 1 日 0:00—10 月 31 日 24:00。当日，南方电网公司还与国家电网公司签订了《2004 年三峡水电站购售电及输电合同》的补充协议，就南方电网消纳三峡水电站超合约电量、临时电量输电价格等有关问题进行了约定。当时，国家电网公司组织 70 万千瓦电力通过三广直流送广东，日送电量为 1680 万千瓦·时，9、10 月份合计送电量 10 亿千瓦·时，对缓解南方电网特别是广东电网的供电压力起到了积极的作用。

国家专门制定了三峡水电站电能消纳方案，供电区域为河南、湖北、湖南、江西、上海、江苏、浙江、安徽、广东等八省一市。三峡水电站在汛期的调峰电力电量，原则上按各地设计输电能力的比例安排，即广东 300 万千瓦，华东 720 万千瓦，其余均送华中。

国家电网与南方电网实现联网后，不但为消纳三峡水电站电力电量搭建了平台，而且为在更大范围内优化资源配置、加大余缺调剂力度创造了有利条件。截至 2017 年 2 月 23 日，国家电网通过三广直流向南方电网输送清洁电能累计已突破 2000 亿千瓦·时，相当于每年减少原煤消耗超过 1 亿吨、减少二氧化碳排放超过 2 亿吨、减少二氧化硫排放超过 200 万吨。

三、全国首个电力多边交易市场在内蒙古自治区建立

内蒙古自治区自然资源丰富，区内支柱产业多以资源型企业为主，这些企业用电成本占生产成本比例较高、对电价极其敏感。2008 年，受金融危机影响，企业大面积减产、停产，区内企业用电量严重下滑，以重化工业为主的内蒙古自治区经济遭到重创。

内蒙古作为资源大省，一方面电力过剩，电力工业发展遇到瓶颈；另一方面电力价格均为国家定价，使得电价在资源配置中的作用难以发挥。因此，进行电力市场化改革，引入市场竞争，尝试用市场配置资源，缓解电力工业和用户之间的深层次矛盾成为当务之急。

2008 年 6 月，《内蒙古电网电力多边交易市场方案》（简称《方案》）出台。《方案》明确，内蒙古电力公司既是市场购电主体，也是电力多边交易的运营机构和电力系统运行机构。内蒙古电力市场交易平台面向发电企业、大用户、区外市场，通过适当扩大市场主体、增加交易品种、增强交易的透明性，弥补了大用户直购电交易的不足，促进大用户直购电交易健康有序发展，确保多边交易的公平性和竞争的充分性，规避市场风险，形成“多买多卖”的竞争格局和活跃的区内外电能交易。

《方案》分三个阶段实施：第一阶段从 2008 年 6 月到 2010 年年底，建立部分发电机组和部分直购电大用户参与的、有限电量竞争的市场模式。先以计划电量为主，市场电量为辅，视市场运营情况，分阶段、平稳地将计划电量向市场电量过渡。在方案实施过程中，由内蒙古电力（集团）有限责任公司与发电企业按照价格主管部门批准的电价签订发电企业年度合同。在多边交易市场启动初期，政府授权合同交易电量占内蒙古自治区经济委员会发电量预期调控目标的 85%，总电量的 15%作为市场竞争交易电量。此后，每年根据电力市场的不断完善和市场供需平衡状况逐年提高市场竞争交易电量比例。每月市场竞争交易电量比例根据当月需求预测修正值进行适当调整。区外年度合同交易分为年度合同电能交易和市场竞争交易。年度合同交易电量由内蒙古电力公司与相关区外电网公司根据区外市场需求和省间联络线输送能力协商确定。当年度合同电能交易不能满足需求时，针对外送电量需求，开展区外电量竞争交易。第二阶段从 2011 年到 2015 年，建立部分电量日前竞价市场和辅助服务市场。第三阶段从 2016 年开始建立批发竞争市场、零售竞争市场和金融性电力市场。

自 2008 年 9 月开始，国际金融危机的影响不断加深，内蒙古电网用电负荷呈跳水状曲线急剧下滑。大部分盟市的用电负荷在短短两个月内由两位数的正增长变成两位数的负增长。冬季临近，如果蒙西电网继续维持低负荷，在冬季供暖时期，自治区将有一半的供热机组不能启动。2008 年 11 月 16 日，内蒙古自治区政府决定立即启动多边交易市场，目的是争取恢复和启动用电负荷 200 万千瓦，保证内蒙古平稳过冬。截至 2009 年 2 月 17 日，在 3 个月里电力多边交易电量达 85.5 亿千瓦 • 时，共启动用电容量 293 万千伏 • 安，扣减停退的用电容量 53 万千伏 • 安，增加用电容量 240 万千伏 • 安，折合用电负荷 200 万千瓦。内蒙古电力多边交易市场的紧急启动，不仅及时有效地遏制了用电负荷急剧下降的趋势，还有力地帮助企业恢复生产，而且保证了供热机组全部启动。

2009 年 7 月，内蒙古电力多边交易市场开始模拟运行，截至 2010 年 4 月，共有 19 个发电企业和 18 家大用户参与市场交易，累计交易电量 225.1 亿千瓦·时，模拟运行均进行了真实结算。区内最大的铝冶炼企业——包头铝业原用电成本占总成本的 45%，自 2009 年 8 月参与电力多边交易起，至当年年底用电成本降低了 7100 多万元，成功扭转了濒临破产的危机。

2010 年 5 月 6 日，内蒙古电力多边交易市场在呼和浩特市正式建立，这是中国第一个电力多边交易市场。内蒙古电力多边交易市场运行以来至 2018 年，累计为区内企业降低用电成本 223.2 亿元。

通过实施电力多边交易，充分发挥了内蒙古自治区的能源优势，优化了电力资源配置，加快了工业结构调整、产业升级和煤电转化的步伐，培育了竞争、开放、有序的内蒙古电力市场。

四、吉林炭素有限责任公司率先开展大用户直购电试点

2002 年电力体制改革实施以后，全国电力行业相继开展了竞价上网、大用户与发电企业直接交易、发电权交易、跨省区电能交易等方面的试点和探索，试点规模、试点形式等均不相同。当时，吉林地区是全国电力供应相对宽松的地区。吉林炭素有限责任公司（简称吉林炭素）和国电吉林龙华热电股份有限公司（简称吉林龙华）是全国首个开展直购电试点的用户和发电企业。

吉林炭素是国家“一五”期间建设的 156 项重点工程之一，1998 年由吉林炭素总厂改制组建为国有独资公司，是国家重点扶持的大型企业，生产能力达 12 万吨/年。石墨电极、炭块、各种非标准炭素制品等产品广泛应用于冶金、化工、机械、电子、航天等领域，远销国内 30 多个省、自治区、直辖市以及世界 40 多个国家和地区，位居国际炭素企业第四名。但由于用电价格相对较高，影响了其国际市场的竞争力。国电吉林龙华热电股份有限公司下属的龙潭热电厂也是国家“一五”期间建设的 156 项重点工程之一，原为吉林化工的自备电站，划归电力部门管理后改为吉林热电厂。后经改制，称为吉林龙华公司龙潭热电厂。其装机容量 90 万千瓦，年发电能力 60 亿千瓦·时，但发电利用小时低于全国平均水平。这两家企业均有意愿参与直购电试点。

2003 年 9 月 25 日，吉林炭素向吉林省人民政府报送了《吉炭集团关于申请加入全国首批直售电试点的请示》。吉林省人民政府高度重视，于 2003 年 10 月以吉政文〔2003〕110 号《吉林省人民政府关于申请将吉林炭素和吉林铁合金两户企业列为全国首批直购电试点用户的函》报国家电监会。2004 年 1 月 14 日，国家电监会召开直购电试点工作会议，确定吉林省为首批直购电试点省份，吉林炭素和吉林铁合金集团公司被列为首批参与试点的大用户企业，国电吉林龙华被列为试点的发电企业。会后，吉林省人民政府成立了大用户向发电企业直购电试点工作领导小组，负责组织制定大用户直购电试点实施方案，协调试点各项工作。

为保证试点工作的规范有序，2004 年 3 月 29 日，《国家电监会　国家发展改革委关

于印发〈电力用户向发电企业直接购电试点暂行办法〉的通知》（电监输电〔2004〕17 号）下发，强调试点工作一要规范有序，稳步推进；二要坚持试点先行，不能一哄而上；三要充分研究和处理好发电企业、电网企业和电力用户之间的关系以及利益调整问题，坚持共同发展的原则；四要确保电力安全，既要强调电力生产安全、电网运行安全，也要强调用电企业的用电安全。

2004 年 9 月 21 日，国家电监会会同国家发展改革委在吉林省召开会议，原则上通过了吉林省大用户向发电企业直接购电试点方案。

2005 年 3 月 8 日，吉林炭素与吉林龙华在长春签订了《电量直接购售合同》，吉林省大用户直购电试点正式启动，吉林省成了中国首个直购电试点省份。

吉林省电力公司与上述两家企业签订的《委托输电服务合同》约定，通过吉林省电力公司的公共电网供电，只需要支付少量过网费，取消以往电网公司向用电企业收取的线损网损等费用。协商后吉林龙华出厂电价为 0.25 元/（千瓦·时），吉林省电力公司收取过网费 0.139 元/（千瓦·时），再加上其他附加费用，吉林炭素用电价格约为 0.41 元/（千瓦·时），而直供前吉林炭素的电价为 0.45 元/（千瓦·时），按照 2004 年吉林炭素用电量超过 4.7 亿千瓦·时计算，直购电试点使吉林炭素每年减少 2000 万左右的用电成本。2009 年，吉林炭素、吉林龙华、吉林省电力公司续签《委托输电服务合同》和《电量直接购销合同》，约定全年合同电量为 4.732 亿千瓦·时，购电价格约为 0.496 元/（千瓦·时），电费结算统一由电厂按合同价格委托电网公司收取，由电网公司与电厂一并结清。

此次直购电试点的意义，不仅在于吉林市几家企业通过合约方式改变了固有的电力交易模式，而且也对中国电力市场化改革起到了示范作用。

五、电力用户与发电企业直购电试点的推进

在具备条件的地区，开展较高电压等级或较大用电量的电力用户向发电企业直接购电（简称大用户直购电）的试点，是深化电力体制改革的重要内容。根据《国务院关于印发电力体制改革方案的通知》（国发〔2002〕5 号）的要求和国务院电力体制改革工作小组第六次会议的精神，2004 年 3 月 29 日，《国家电监会　国家发展改革委关于印发〈电力用户向发电企业直接购电试点暂行办法〉的通知》（电监输电〔2004〕17 号）下发，对试点的指导思想、目的和原则、范围和条件、主要内容以及组织实施作出了规定，电力用户向发电企业直接购电的试点工作正式启动。2009 年 6 月 25 日，《国家电监会、国家发展改革委、国家能源局关于完善电力用户与发电企业直接交易试点工作有关问题的通知》（电监市场〔2009〕20 号）发布，明确市场准入条件、试点主要内容、计量与结算等问题，进一步规范和推进大用户直购电试点工作。

最早获准开展大用户直购电试点的省份是吉林和广东。之后，四川、湖北、内蒙古等省（自治区）也逐步开展了不同程度的试点工作，试点的规模和模式不尽相同。

2005 年 3 月，吉林炭素、吉林龙华、吉林省电力公司签订合同，正式启动了全国首家大用户向发电企业直购电试点，试点采用点对点直连模式。

2006 年 11 月，广东电网公司、广东国华粤电台山发电有限公司及首批参加试点的台山市化学制药有限公司等 6 家大用户签订了直购电试点合同，年直接交易电量约 2 亿千瓦·时，广东大用户直购电试点工作自此进入实施阶段。广东的试点规模较小，为“一对多”的简单模式。

2008 年 7 月 18 日，《四川省人民政府办公厅关于印发〈四川省电力用户向发电企业直接购电试点办法〉的通知》（川府办发电〔2008〕104 号）发布，明确了“十一五”期间全省用电量的 10%～20%用于实施直购电，并选择多晶硅、钒钛、电解铝深加工、氰碱、碳素、黄磷、电石、钢铁等行业的 78 家企业开展直购电试点。

2008 年 11 月 17 日至 2009 年 2 月 17 日，内蒙古通过多边交易模拟运行，完成电力多边交易电量 85.5 亿千瓦·时。内蒙古试点工作的起点较高，直接进行了多边交易市场的尝试。

2008 年 12 月，湖北直接启动了双（多）边交易，完成了大用户与省内发电企业多边交易电量 53 亿千瓦·时，以及大用户与跨省发电企业的双边交易电量 3.5 亿千瓦·时。

2009 年 10 月，辽宁抚顺铝业与内蒙古伊敏电厂开展了直购电交易，是全国最早进行跨省直接交易的大用户直购电交易探索。2009—2012 年，试点累计直接交易电量 105 亿千瓦·时，相关各方取得多赢，交易增加了华能伊敏电厂的发电量，发挥了资源与成本优势，电厂 2012 年设备利用小时数高于东北区域火电机组的平均水平；同时交易扩大了电网企业的售电量，提高了电网企业的经济效益。

自 2004 年启动大用户直购电试点工作到 2014 年，全国已有重庆、黑龙江、辽宁、吉林、河南、湖北、湖南、山东、山西、安徽、江苏、福建、广东、四川、云南、江西、宁夏、广西、陕西、浙江、贵州、甘肃、内蒙古、新疆等 24 个省（自治区、市）在不同时间进行了不同程度的大用户与发电企业直接交易试点。截至 2020 年年底，全国所有省（自治区、市）均开展了大用户与发电企业直接交易，电力直接交易（仅中长期）电量合计为 24 760 亿千瓦·时。大用户直购电是电力市场化交易的一种表现形式，是电力市场化改革的重要内容，是构建多买多卖竞争市场结构的重要环节，对发展和完善电力市场竞争机制、构建有效竞争的市场格局、丰富电力市场交易模式、促进合理电价机制形成具有重要意义。

第三节　电价改革的全面推进

2003 年 7 月 3 日，《国务院办公厅关于印发电价改革方案的通知》（国办发〔2002〕62 号）印发，拉开了电价改革的序幕。2005 年 3 月 28 日，《国家发展改革委关于印发电价改革实施办法的通知》（发改价格〔2005〕514 号）印发，并随文下发《上网电价管理暂行办法》《输配电价管理暂行办法》《销售电价管理暂行办法》三个配套暂行办法，推进电价改革的有效落地，实现销售电价与上网电价联动，开启了新的电价定价机制。

随着电价改革的推进，国家通过电力价格政策引导，不断优化电力资源配置，充分发挥市场调节作用。自 2004 年起，国家发展改革委对高耗能行业按淘汰类、限制类、允许和鼓励类推行差别电价，抑制高耗能行业盲目发展，促进经济结构调整和产业升级；浙江、福建、四川等地相继试行居民生活用电阶梯电价，引导居民合理用电、节约用电。

一、国务院电价改革方案及配套文件的出台

改革开放以来，中国电价形成机制经历了一系列变革，先后实行了还本付息电价、燃运加价、经营期电价等多项电价政策。这些政策对扭转中国长期存在的缺电局面，支持国民经济持续快速增长，促进电力企业加强管理，提高效率，都起到了积极作用。但随着电力供求关系、市场结构的变化，这些电价定价方法及体制已难以适应电力工业健康发展的要求。

2003 年 7 月 3 日，《国务院办公厅关于印发电价改革方案的通知》（国办发〔2003〕62 号）（简称《方案》）发布实施，确定了电价改革的指导思想、目标和原则。《方案》指出，电价改革是电力体制改革的重要组成部分，国家发展改革委要根据《方案》的总体要求，坚持统一领导与分级负责相结合的原则，总体设计、循序渐进、搞好试点、分步实施。电价改革要结合各地电力供求情况，因地制宜，因时制宜，稳步推进，确保新旧电价体制平稳过渡，逐步建立与社会主义市场经济体制相适应的电价形成机制。《方案》就厂网价格分开、上网电价改革、输配电价改革、销售电价改革、电价管理等明确了改革方向。

国务院电价改革方案出台两年后，为确保电价改革近期目标的实现，为之后长期目标打下改革基础，2005 年 3 月 28 日，国家发展改革委根据《方案》要求，发布了《上网电价管理暂行办法》《输配电价管理暂行办法》《销售电价管理暂行办法》三个配套暂行办法，加快电价改革步伐。

《上网电价管理暂行办法》明确上网电价[1]管理应有利于电力系统安全和稳定运行，有利于促进电力企业提高效率和优化电源结构，有利于向供需各方竞争形成电价的改革方向平稳过渡。竞价上网前，独立发电企业的上网电价，由政府价格主管部门根据发电项目经济寿命周期，按照合理补偿成本、合理确定收益和依法计入税金的原则核定；原国家电力公司系统直属并已从电网分离的发电企业，暂执行政府价格主管部门按补偿成本原则核定的上网电价；电网公司保留的电厂，已核定上网电价的，继续执行政府价格主管部门制定的上网电价；未核定上网电价的，电网企业全资拥有的，按补偿成本原则核定上网电价，并逐步过渡到与独立发电企业上网电价的定价原则一致。竞价上网后，参与竞争的发电机组主要实行两部制上网电价，其中，容量电价由政府价格主管部门制定，电量电价由市场竞争形成；容量电价逐步过渡到由市场竞争确定；实行销售电价与上网电价联动机制。

[1] 上网电价是发电企业与购电方进行上网电能结算的价格。

《输配电价管理暂行办法》明确输配电价[1]按合理成本、合理盈利、依法计税、公平负担的原则，由政府制定，实行统一政策，分级管理。办法确立了输配电价体系，明确了输配电价核定方法和管理原则。将输配电价分为共用网络输配电服务价格[2]、专项服务价格[3]和辅助服务价格[4]。电价改革初期，共用网络输配电服务价格由电网平均销售电价（不含代收的政府性基金）扣除平均购电价和输配电损耗后确定，逐步向成本加收益管理方式过渡。专项服务价格分为接入价、专用工程输电价和联网价三类。共用网络输配电价、联网价、专项输电工程输电价和接入跨省电网的接入价由国务院价格主管部门负责制定；接入省内电网的接入价由省级价格主管部门提出方案，报国务院价格主管部门审批。独立配电企业的配电价格由省级价格主管部门制定。

《销售电价管理暂行办法》明确销售电价[5]按“坚持公平负担，有效调节电力需求，兼顾公共政策目标，并建立与上网电价联动的机制”的原则，实行政府定价，统一政策，分级管理；明确销售电价由购电成本、输配电损耗、输配电价及政府性基金四部分构成；提出销售电价分类根据用户承受能力逐步调整，改革的目标是分为居民生活用电、农业生产用电、工商业及其他用电价格三类；明确居民生活、农业生产用电，实行单一制电度电价，工商业及其他用户中受电变压器容量在 100 千伏·安或用电设备装接容量 100 千瓦及以上的用户，实行两部制电价，受电变压器容量或用电设备装接容量小于 100 千伏·安的实行单一电度电价，条件具备的也可实行两部制电价，销售电价实行峰谷、丰枯和季节电价，具体时段划分及差价依照所在电网的市场供需情况和负荷特性确定；销售电价的调整采取定期调价和联动调价两种形式。在输、配分开前，销售电价由国务院价格主管部门负责制定；在输、配分开后，销售电价由省级人民政府价格主管部门负责制定，跨省的报国务院价格主管部门审批。

三个电价改革配套文件的执行，建立了与发电环节适度竞争相适应的上网电价机制，初步建立了有利于促进电网健康发展的输配电价格机制，并实现了销售电价与上网电价联动，标志着中国开始实行新的电价定价机制。

二、高耗能企业差别电价的执行

进入 21 世纪以后，中国的电解铝、铁合金等高耗能行业发展过快，且存在着大量高耗能、高污染、工艺设备落后的企业，超出了环境和资源承载力，单纯依靠低成本消耗资源的经济增长之路已不可持续。为了抑制高耗能行业盲目发展，提高能源利用效率，亟需利用价格杠杆的调节作用，调整产业结构，淘汰落后生产能力，提高整体技术装备水平和竞争能力，实现资源优化配置。

---

[1] 输配电价是电网经营企业提供接入系统、联网、电能输送和销售服务的价格总称。

[2] 共用网络输配电服务价格是指电网经营企业为接入共用网络的电力用户提供输配电和销售服务的价格。

[3] 专项服务价格是指电网经营企业利用专用设施为特定用户提供服务的价格。

[4] 辅助服务价格是指电力企业提供有偿辅助服务的价格。

[5] 销售电价是电网经营企业对终端用户销售电能的价格。

2004年6月，经国务院批准，国家发展改革委印发了一系列的通知[1]，疏导华北、南方、华中、华东、东北、西北区域电网电价矛盾，对电解铝、铁合金、电石、烧碱、水泥、钢铁6个高耗能行业的企业按照国家产业政策的要求，区分淘汰类、限制类、允许和鼓励类首次试行差别电价政策。政策允许和鼓励类企业用电执行正常的电价，限制类和淘汰类企业用电价格在正常电价的基础上每千瓦·时分别加价0.02元和0.05元，该政策自实施之日起暂执行一年。各地认真制定并出台实施方案，工作进展总体顺利，但部分地区也出现了对政策认识不一致、落实不积极、执行时间滞后等问题。为此，2004年9月6日，《国家发展改革委 国家电监会关于印发进一步落实差别电价及自备电厂收费政策有关问题的通知》（发改电〔2004〕159号）下发，要求各地要把思想统一到中央决策上来，充分认识实行差别电价政策的重要意义，采取有力措施落实差别电价等政策。

2005年11月1日，《国家发展改革委关于继续实行差别电价政策有关问题的通知》（发改价格〔2005〕2254号）印发，决定继续执行差别电价政策，明确执行差别电价增加的收入用于疏导各地急需解决的电价矛盾。

截至2006年5月，全国除西藏以外的30个省（自治区、直辖市）均实行了差别电价政策。但由于实行差别电价政策的力度较小，加之部分地方政府担心实行差别电价政策影响当地经济发展，实际政策执行情况不是十分理想，需要进一步完善。2006年9月17日，《国务院办公厅转发发展改革委关于完善差别电价政策意见的通知》（国办发〔2006〕77号）发布，明确完善差别电价的总体思路是：根据国家产业政策，对允许和鼓励类企业执行正常电价水平，对限制类、淘汰类企业用电适当提高电价；禁止各地擅自对高耗能企业实行优惠电价；通过加大差别电价实施力度，并提前公布后3年内对限制类、淘汰类高耗能企业的电价加价标准，引导高耗能企业加快节能降耗技术改造，逐步淘汰落后生产能力，实现资源优化配置，达到促进产业结构调整、促进资源节约和保护环境的目的。并提出五方面的措施：一是禁止各地自行出台优惠电价措施。二是扩大差别电价实施范围；在对电解铝、铁合金、电石、烧碱、水泥、钢铁6个行业继续实行差别电价的同时，将黄磷、锌冶炼2个行业也纳入差别电价政策实施范围；根据国务院批准的《产业结构调整指导目录（2005年本）》，制定《部分高耗能产业实行差别电价目录》，明确实行差别电价的8个高耗能行业淘汰类、限制类企业的划分标准。三是加大差别电价实施力度，在3年内，将淘汰类企业电价提高到比高耗能行业平均电价高50%左右的水平，提价标准由0.05元调整为0.20元；对限制类企业的提价标准由0.02元调整为0.05元。四是严格执行对企业自备电厂的收费政策。五是加强对差别电价收入的管理，对执行差别电价增加的电费收入作为政府性基金全额上缴中央国库，并实行“收支两条线”管理。

[1] 《国家发展改革委关于疏导华北电网电价矛盾有关问题的通知》（发改价格〔2004〕1036号）、《国家发展改革委关于疏导南方电网电价矛盾有关问题的通知》（发改价格〔2004〕1037号）、《国家发展改革委关于疏导华中电网电价矛盾有关问题的通知》（发改价格〔2004〕1038号）、《国家发展改革委关于疏导华东电网电价矛盾有关问题的通知》（发改价格〔2004〕1039号）、《国家发展改革委关于疏导东北电网电价矛盾有关问题的通知》（发改价格〔2004〕1124号）、《国家发展改革委关于疏导西北电网电价矛盾有关问题的通知》（发改价格〔2004〕1125号）。

2007 年 6 月，国务院部署对高耗能、高排放行业的专项大检查。检查中发现，各地贯彻落实差别电价政策工作取得了显著成效，但进展很不平衡。其中，河北、福建、江西、宁夏、新疆等省（自治区）只对部分高耗能行业执行了差别电价政策；云南省尚未执行 2007 年差别电价标准；四川、湖北等省仍以大用户直供电和协议供电等名义对部分高耗能企业实行电价优惠。为确保差别电价政策的全面贯彻落实，同年 9 月 30 日，国家发展改革委、财政部、国家电监会联合印发《关于进一步贯彻落实差别电价政策有关问题的通知》（发改价格〔2007〕2655 号）要求：一是加强对高耗能企业的甄别工作。各省（自治区、市）发展改革、经贸、价格、电监等部门要按照省级人民政府确定的职责分工，对本地区高耗能企业进行逐个甄别，将其区分为允许鼓励类、限制类和淘汰类企业，并在当地主要媒体上向社会公告。国家电网公司、南方电网公司应要求所属省级电网公司，严格按照省级人民政府有关部门确定的企业名单，全面、及时地将差别电价政策落实到位。二是调整差别电价收入的用途。将电网企业执行差别电价增加的电费收入全额上缴地方国库，纳入省级财政预算，实行“收支两条线”管理，专项用于支持当地经济结构调整和节能减排工作。三是取消对高耗能企业的优惠电价政策。取消国家出台的对电解铝、铁合金和氯碱企业的电价优惠政策，立即停止执行各地自行出台的对高耗能企业的优惠电价措施。

实施差别电价政策后，技术先进、环保达标的允许和鼓励类企业仍然执行正常电价，不会增加支出，相对于限制类、淘汰类企业而言，其竞争优势将更加明显，可以达到鼓励先进的目的。对限制类企业用电加价标准不高，主要是引导其进行技术升级和更新改造，避免出现新一轮盲目投资和低水平扩张，对企业经营影响不大，且通过技术更新改造进入允许和鼓励类企业行列后，将取消对其的用电加价。淘汰类企业由于加价幅度大，加价标准高，将受到较大影响。多年的实践证明，实行差别电价对抑制部分高耗能、高污染产业盲目发展的势头，加快淘汰落后的生产工艺和设备，促进经济结构调整和产业升级，提高能源利用效率，推动经济、环境与资源的协调发展起到了积极作用。

三、浙江、福建、四川等地的居民生活用电阶梯电价

2004 年，受全国性电煤价格持续攀升的影响，电网企业购电成本和发电企业用煤成本同步增加，能源供应趋于紧张，浙江成为全国拉闸限电范围最大、缺电最严重的省份之一。为了建设节约型社会，促进资源节约和环境保护，解决居民用电价格偏低等矛盾，浙江省开始研究试点推出居民生活用电阶梯电价（递增模式）调整方案。居民阶梯电价既可以减轻低收入阶层的电费负担，又对高消费用电采取了“惩罚性”电价，缓解电力供需紧张的局面，以此促进居民合理、节约用电和建立公平负担的用电价格机制。之后，福建、四川也相继推出了居民生活用电阶梯电价。

2004 年 6 月，浙江省物价局组织召开了居民生活用电价格听证会，在广泛听取各界群众的意见后，由省政府最终确定调整电价方案报国家发展改革委核准。同年 7 月 26 日，《国家发展改革委关于调整浙江省居民生活电价的通知》（发改价格〔2004〕1469 号）印发，自 8 月 1 日起，浙江省正式实施居民阶梯电价，居民生活“一户一表”用户月用电量

分为三档，实行分档递增的阶梯电价。浙江的电价调整方案综合考虑了浙江省经济社会发展水平、电力供应能力和需求状况、群众可承受能力以及周边省市居民生活电价水平等因素。

2004 年 7 月，福建省召开了调整直供区居民生活用电价格听证会，多数代表提出了实行居民阶梯电价的建议，为此福建省正式向国家发展改革委申请实行居民阶梯电价模式。同年 7 月 26 日，《国家发展改革委关于调整福建省居民生活电价的通知》（发改价格〔2004〕2312 号）印发，自 11 月 1 日起，福建省电网直供区正式实施居民阶梯电价，居民生活“一户一表”用户月用电量分为三档，实行分档递增的阶梯电价。

2006 年 6 月，《国家发展改革委关于调整华中电网电价的通知》（发改价格〔2006〕1233 号）印发，从 6 月 30 日起，四川省执行居民生活阶梯电价，居民生活“一户一表”用户月用电量分为四档，实行分档递增的阶梯电价。浙江、福建、四川阶梯电价分档情况见表 10-1。

表 10-1　　浙江、福建、四川阶梯电价分档情况[1]

电量及电价分档		浙江	福建	四川
电量分档	第一档	50 千瓦·时及以下	150 千瓦·时及以下	60 千瓦·时及以下
	第二档	51～200 千瓦·时	151～400 千瓦·时	61～100 千瓦·时
	第三档	201 千瓦·时及以上	401 千瓦·时及以上	101～150 千瓦·时
	第四档			151 千瓦·时及以上
电价分档	第一档	现价	现价	现价
	第二档	加 0.03 元/（千瓦·时）	加 0.01 元/（千瓦·时）	加 0.08 元/（千瓦·时）
	第三档	加 0.10 元/（千瓦·时）	加 0.07 元/（千瓦·时）	加 0.11 元/（千瓦·时）
	第四档			加 0.16 元/（千瓦·时）
合表电价		第一档电价基础上加价 2 分	第一档电价基础上加价 1 分	第一档电价基础上加价 5 分

实行居民生活阶梯电价后，浙江、福建、四川三省居民用电售电量增速明显趋缓，居民售电量增速 2007 年比 2006 年分别下降了 16 个百分点、5 个百分点和 1.4 个百分点。由于基数电量覆盖用户比例不一，分档的价差不大，阶梯电价的实际节能效果不尽相同。三地居民阶梯电价的试行，一是发挥了价格杠杆的作用，促使居民合理用电、节约用电，在居民生活水平快速提高和出现持续高温天气的情况下，增幅放缓；二是合理兼顾了城市低收入居民和农村居民的利益，同时又通过经济手段对用电大户起到一定的限制作用；三是促进了抄表、核算等电费管理的加强，有效推动了供电企业管理和服务水平的提高。浙江、福建、四川等地执行的居民阶梯电价政策为 2012 年全国居民阶梯电价的推行提供了经验。

这一时期，全国还有甘肃、青海等部分地区执行居民阶梯递减电价，主要是西北地区

[1] 数据来源：国家发展改革委发改价格〔2004〕1469 号、〔2004〕2312 号、〔2006〕1233 号文。

电能资源充裕、电力无法外送，采取了鼓励城乡居民使用电力政策。2001 年 10 月，为了开拓居民生活用电市场，经甘肃省物价局同意，甘肃省电力公司印发《关于对居民生活用电实行阶梯优惠电价的通知》（司财发〔2001〕41 号），自 10 月 1 日起，甘肃省对直供到户、抄表到户、收费到户、服务到户的“四到户”城乡居民生活用电实行阶梯优惠电价，居民用户月用电量分为四档，实行分档递减的阶梯电价。同年，《青海省发展计划委员会关于调整青海电网城镇居民生活用电电价优惠办法的批复》（计价格〔2001〕923 号）印发，自 11 月 1 日起，青海省对“一户一表，抄表到户”的城镇居民生活用电实行阶梯优惠电价，居民用户月用电量分为三档，实行分档递减的阶梯电价。

第四节　电网企业构建新型供电服务体系

国家电网公司和南方电网公司组建后，坚定不移推进电网发展方式和公司发展方式转变，构建以客户为中心的供电服务组织体系，为实现营销工作集约化、专业化、精益化管理奠定了坚实基础。在业扩报装工作中实施全过程闭环管理，在电费抄核收工作中强化全面质量管控，在电能计量工作中规范关口电能计量的管理并实现了电能计量装置设计的统一规范，在农电系统开展了“抓基础、上台阶”的标准化建设，用电领域的各项工作进入集约化、规范化、标准化的快速发展阶段。同时，国家电网公司开启了自主研发营销业务应用系统的建设历程，经过 3 年多的努力，2010 年年底全面完成了营销信息化系统建设，真正做到了营销信息高度共享、营销业务高度规范、营销服务高效便捷、营销监控实时在线、营销决策分析全面，支撑了国家电网公司营销能力和服务水平的快速提升。

这一时期，各省电网企业及其所属计量检定机构，相继获得政府质量监督管理部门的电能计量检定授权，确保了电能计量检定工作的法制化管理。

一、构建以客户为中心的供电服务组织体系

2006 年开始，国家电网公司着力推进集团化运作、集约化发展、精益化管理、标准化建设，在用电领域致力于提升管理理念、转变管理模式、增强服务能力、提高队伍素质，通过对传统的营销业务组织架构进行变革，集约核心业务管理，建设标准化体系，在地市公司全面推进客户服务中心、电费管理中心、电能计量中心建设，初步实现了组织架构合理、业务管控能力增强、流程运作规范顺畅、资源配置趋于合理的新型管理模式，为有效解决管理层级多、业务链条长、服务资源分散、工作效率偏低等问题创造了最佳实践。南方电网公司积极探索建设一体化、规范化的营销组织机构，开展了客户服务中心、计量中心、营销稽查中心、节约用电服务中心的试点建设。

（一）客户服务中心的建设

2006 年 8 月 23 日，国家电网公司下发《关于推进客户服务中心建设的指导意见》（国家电网营销〔2006〕706 号），旨在彻底改变传统的营销组织结构，突破相对独立的专业

界面，统一服务品牌、服务标准、服务流程，整合服务资源、信息资源、服务渠道，在地市供电公司建成集业务受理、业扩报装、咨询查询、故障报修、市场开拓、需求侧管理、用电检查、客户信息资源建立和维护等功能为一体的客户服务中心，为客户提供规范化、标准化服务。

各网省公司结合实际情况，采取先试点后推广的做法稳步推进实施。客户服务中心有机整合了所辖区（县）的营业厅、95598 电话及网站、业扩报装及安全用电现场服务等服务资源，为电力客户提供统一、规范、专业的服务，有效避免了企业“多头”对外、客户要在各个部门间“穿梭”的现象，基本形成了用电业务的同城异地办理、“一口对外”“内转外不转”的服务格局，并通过规范服务标准、理清职能层次、优化业务流程、合并业务岗位等措施缩短了报装接电时间。国家电网公司系统 2007 年新增客户报装接电时间比同期平均缩短了 5 天，进一步提高增供扩销的效率。同时，通过信息化网络平台，实现了业务过程的可控、在控和闭环管理。在各区（县）成立客户服务分中心，接受客户服务中心的业务指导和监督，按照统一的业务流程、统一的服务标准就近实施供电服务，形成扁平、高效、便捷的服务体系。至 2007 年年底，国家电网公司全面完成了 312 个客户服务中心的建设任务。

2012 年，南方电网公司在广州供电局试点的基础上全面推进客户服务中心建设[1]。至 2012 年 12 月，完成广州、深圳 2 个省级供电局、78 个地市供电局客户服务中心建设工作，构建了统一的营销业务体系、制度、流程，实现客户服务专业化管理，提升了客户服务能力。

（二）电费管理中心的建设

2006 年 4 月，《国家电网公司关于加快电费管理中心建设的指导意见的通知》（国家电网营销〔2006〕269 号）印发，要求在地市供电公司组建电费管理中心，对抄表收费实行专业化管理，对电费核算、发行、账务处理、资金归集实行集中管理。取消各供电基层分公司的电费账户及电费核算和账务处理业务。降低电费管理运营成本，减少资金闲置和浪费，实现抄核收业务处理的自动化，建立有效规避、主动防范的电费回收快速反应及风险预警机制。

各网省电力公司积极推行电费抄核收业务的集约化、专业化、标准化和精细化管理，编制相应的管理办法、业务规范、质量手册、程序文件和作业指导书等，按照数据集中、分级负责的管理要求，以地（市）供电公司为单位建立的电费管理中心，职责清晰，电费账户统一，电费核算和发行统一，电费资金安全，电费信息流与资金流实时交互，彻底改变了电费业务分级管理、电费资金分层归集的传统管理模式，以及电费账户分散、资金归集周期长的弊端，做到了对抄核收全过程的监管和控制，有效提升电费管理的穿透力。同时，优化了人力资源配置，核算发行人员减少 50%以上；实现同城异地缴费服务功能；减少了账务处理中间环节，实现了电费资金实时归集。2007 年，国家电网公司系统的电

[1] 《关于印发公司营销四中心建设方案的通知》（南方电网市场〔2012〕10 号）。

费在途时间平均缩短了 3 天，降低了公司的财务费用。电力销售情况、电费收入、电费回收、欠费构成、欠费账龄、工作质量的集中监管，减少了电费差错，有效防范了电费资金风险，也极大提高了电费工作的规范化、标准化和信息化管理水平。至 2007 年年底，国家电网公司全面完成了 251 个电费管理中心的建设任务。

（三）电能计量中心的建设

2006 年 4 月，国家电网公司印发了《关于推行电能计量体系建设的指导意见》（国家电网营销〔2006〕223 号），全面推行电能计量体系建设，建立由国家电网公司总部、省公司本部两级电能计量管理机构和省电力公司电能计量中心、地（市）供电公司电能计量中心两级电能计量中心，构成国家电网公司电能计量体系，实现电能计量的集约化管理。

各网省公司积极推进两级电能计量中心建设，并依法取得了政府质量技术监督部门的电能计量检定专项授权。原来由地（市）和县（区）供电公司分级组织的电能计量器具选型和招标采购工作，上收由省公司计量中心负责，组织统一招标、统一采购；省公司电能计量中心负责计量器具出厂（到货）前的统一抽检；地（市）供电公司电能计量中心负责计量器具的首次统一检定和配送；县（区）供电公司仅负责电能计量装置的轮换和故障处理工作，实现了计量设备检定与现场装、拆、换业务的分离。省市两级电能计量中心建设了专用的计量库房，配置了现场检测和计量设备配送所需的车辆，规模化效益初步显现，2007 年，国家电网公司累计减少库存电能表、互感器约 380 余万只，降低 25%左右，压减了库存成本约 5.7 亿元。截至 2007 年年底，国家电网公司系统共建成省级电能计量中心 26 个（其中独自设立 5 个，与省电力试验研究院合署设立 21 个），市级电能计量中心 246 个，建设任务全部完成。

二、《供电服务规范》的出台与完善

2003 年，是电力体制改革“厂网分开”实施的第一年，也是国家电网公司正式成立的第一年。随着市场经济的逐步完善和电力体制改革的不断深化，广大客户对供电服务质量的期望值也在不断提高。在新形势下，国家电网公司认真分析客户对供电服务的诉求，查找供电服务中业务素质不高、服务技能差异大、服务行为欠规范等各类问题，从基础行为规范做起，加强供电服务的规范化和制度化建设。同年 11 月 13 日，国家电网公司首次颁发了《供电服务规范》（简称《规范》）。

《规范》立足于服务社会经济发展，履行向全社会提供普遍服务的责任和义务，从基本道德和技能、诚信服务、行为举止、仪容仪表、营业场所服务、“95598”服务、现场服务内容、现场服务纪律、抄表收费服务、故障抢修服务、装表接电及现场检查服务、停复电服务、有偿服务、投诉举报处理服务 14 个方面，分别提出了供电企业在向客户提供电力供应及服务时应达到的基本行为规范和质量标准。其中，将供电质量细化为电压质量标准和供电可靠性指标；对营业场所服务、95598 服务、现场服务、投诉举报处理等服务行为作出必须遵守的操作规范要求；明确规定了现场服务内容和现场服务纪律；要求执行首问负责制、限时办结、一次性告知、客户回访等制度。

《规范》发布后，各网省公司制定贯彻落实意见及实施细则，结合当地的实际情况，强化内部管理，细化业务规范和工作标准；一些省公司还自我加压，发布并执行了超过《规范》的更高标准。上海市电力公司发布的城市供电可靠率不低于99.9%，供电营业室365天对外营业；江苏省电力公司出台了营销服务标准化作业指导书等一系列供电服务工作标准；福建省电力公司在厦门电业局试点开展了人员管理常自律、物品管理常整理、环境管理常改善、现场管理常规范、后台管理常优化的“五常管理”供电服务工作，将供电服务工作纳入规范化、制度化建设的管理轨道。《规范》的发布不仅引导并约束了供电员工的服务行为，促进了供电员工的基本素质和服务技能的提高，而且便于社会公众的监督，成为评价和监督供电服务质量的有效管理手段，为实现供电服务长效化管理打下坚实基础。

2009年，国家电网公司组织制定《供电服务质量标准》（简称《标准》），并于2010年3月发布实施。《标准》按照通用性、科学性、可操作性、可持续性原则，将服务过程中可量化的服务质量要求，按供电产品、服务渠道和服务项目归类，并转化为定量指标，进一步促进了供电服务的科学量化管理。

2009年9月17日，国家电力监管委员会启动国家标准《供电服务规范》的制定工作。2012年6月29日，《供电服务规范》（GB/T 28583—2012）正式发布，于同年10月1日开始实施，这是中国供电服务领域的首个国家标准。该国标从10个方面对供电服务内容和行为进行了规范，包括通用服务规范、供电质量、用电业务办理、抄表及电费收缴、供电故障处理、停电限电或者中止供电、用电安全服务、信息公开和披露、用户投诉处理、服务渠道等，同时发布了《电压合格率测量及算法》《10（6、20）kV用户供电可靠率统计方法》《电压检测仪基本功能要求》3个附录，统一规范了量化指标的算法和统计方法。

《供电服务规范》（GB/T 28583—2012）的发布，在国家层面统一规范了供电服务标准，进一步促进了电网企业内部管理和供电服务的不断提升，也为供电服务监管提供了统一的依据和标准。

三、供电服务品质评价的开展

2005年2月，国务院颁布《电力监管条例》，同年6月，国家电监会颁布《供电服务监管办法（试行）》，供电企业外部监管环境发生显著变化。与此同时，国家电网公司已确立建设“一强三优”现代公司发展战略，把优质服务提升到公司发展战略的高度，采取向社会公开发布“三个十条”[1]、《社会责任报告》等重大措施，贯彻落实电力监管制度，有效提升供电服务水平。但是，在供电服务品质评价的规范化、精细化方面还有待提高。2001年，福建省电力公司在学习借鉴美国顾客满意度指数模型（ACSI）的基础上，把体现电力公用事业的特征作为结构变量，率先开展客户满意度评价（CS评价）。上海、山东、重庆、湖北、四川、华北等网省公司陆续开展了客户满意度调查工作，也都取得了较好的效果。

---

[1] 三个十条：国家电网公司员工服务“三个不准”、“三公”调度、“十项措施”和供电服务“十项承诺”。

国家电网公司在总结各网省公司客户满意度调查经验的基础上，为加强供电服务品质管理，全面做好供电服务品质评价工作，于 2007 年 1 月 19 日印发《供电服务品质评价办法（试行）》❶（以下简称《评价办法》），将供电服务品质评价引入供电服务管理。供电服务品质是电网企业的电能供应与服务满足客户需求的程度。供电服务品质评价是通过建立常态的服务品质监督机制，及时发现供电服务的薄弱环节，采取有针对性的改进措施，不断促进电网企业服务能力的提升。《评价办法》包括总则、组织体系、评价内容、评价管理、附则五个章节 21 条，以及附件《供电服务品质年度评价报告内容深度要求》。供电服务品质评价采用外部评价与内部评价相结合，定性与定量相结合的方法。供电客户满意度调查以客户满意度指数（customer satisfaction index，CSI）为核心，围绕客户期望、客户体验、客户感知、客户抱怨、客户忠诚等主要内容，从供电服务的有形性、保证性、可靠性、响应性、移情性等不同维度，由供电客户通过调查问卷等形式对供电服务进行全方位评价。各网省（直辖市）公司客户满意度指数（CSI）由地市供电公司客户满意度指数（CSI）与客户数、售电量加权平均构成。网省（直辖市）满意度指数=60%×Σ（地区满意度指数×地区客户数权重）+40%×Σ（地区满意度指数×地区售电量权重）。内部评价由电网企业自行组织开展，围绕供电服务指标、供电服务监管指标、供电服务规划与保障体系、供电服务制度建立与执行、供电服务技术支持系统建设与应用五个方面，主要涉及电压合格率、客户平均停电时间、履行电力社会普遍服务义务和向用户受电工程提供服务情况、是否建立完善的报修服务制度及先进技术在供电服务中的运用情况等。

《评价办法》发布后，国家电网公司系统全面启动了供电服务品质评价工作。2007 年 7 月，国家电网公司委托华北电力大学对福建省电力公司和重庆市电力公司所辖直供电力客户进行了客户满意度调查试点，这是国家电网公司总部首次委托第三方对所属省市电力公司开展的客户满意度调查。国家电网公司所属其他网省公司同步开展供电服务品质评价，采取聘请各级行风监督员、召开座谈会、第三方明察暗访等调查方式，完成了《国网公司供电服务品质年度评价报告（2007 年）》的首次编制。满意度数据分析在统计方法上采用 5 级量表，即很满意（100）、较满意（80）、一般（60）、不满意（40）、很不满意（20）。从国家电网公司外部评价结论来看：客户满意度指数接近 80，说明供电质量和服务水平达到了较高的水平；满意度指数的七项内容中，客户期望最高，客户抱怨最低，形象、价值感知、供电服务、忠诚度和满意度处于居中水平。从内部评价结论来看，在制度建设、技术应用、资金投入、组织管理等方面需要进一步加强。针对客户抱怨最多的收费服务和抢修服务等问题，国家电网公司持续通过提高交费便利度、加快抢修速度等措施进行重点改进。

2011 年，南方电网公司也建立了以客户满意度为主要指标的优质服务评价体系，将客户满意度评价分为客户满意度自评价和第三方满意度评价分析❷。其中客户满意度自评

---

❶《关于印发〈国家电网公司供电服务品质评价办法（试行）〉的通知》（国家电网营销〔2007〕35 号），2007 年 1 月。

❷《关于印发〈市场营销业务模型说明书〉的通知》（南方电网市场〔2011〕44 号），2011 年 11 月。

价主要包括专项客户满意度评价和常态客户满意度评价，专项客户满意度评价由供电企业围绕某一方面存在的问题组织实施针对性强的客户满意度评价调查工作，常态客户满意度评价是直接从服务渠道（主要包括营业厅、95598供电服务热线等）中收集客户满意度评价结果。第三方满意度评价分析由第三方开展客户满意度调查并出具评价报告，各供电单位根据评价报告开展评价分析及改进工作。2013年12月，南方电网公司印发《中国南方电网有限责任公司客户关系管理办法》，将政府机构评价纳入客户满意度评价体系，与客户满意度第三方测评及业务满意度调查统一归纳为客户满意度评价[1]。通过开展客户满意度评价，为南方电网公司提升客户服务水平提供了决策支持。

电网企业通过每年开展客户满意度调查，全面了解客户需求，以评价为切入点，有针对性地制定改进措施，改善服务薄弱环节，形成了供电服务"评价—分析—改进—提升"的良性循环，不断提高供电服务品质。

四、业扩报装工作的全过程闭环管理

业扩报装具有政策性强、技术要求高、影响面广、涉及电网企业内部专业部门多等特点，是社会关注、客户意见的主要焦点。电网企业始终重视优质服务，致力于保障供用电安全，优化业扩报装流程，规范业扩报装工作。但是，一些供电企业在业扩报装工作中依然存在着流程审批周期过长、操作不规范、管控不闭环等问题。国家电网公司按照集约化、精细化的管理要求，对业扩报装工作进行规范和细化，强化业扩报装全过程闭环管理，提高服务水平。

2007年1月23日，《国家电网公司业扩报装管理规定（试行）》（国家电网营销〔2007〕49号）（简称《规定》）印发，提出对业扩报装工作实行从受理客户用电申请开始到向其正式供电为止的全过程闭环管理。以规范业扩报装工作的管理职能、业务流程、服务项目及办理时限为主要目标，确定了一口对外、便捷高效、三不指定、办事公开的业扩报装管理原则，规范了包括业务受理及现场勘查，供电方案确定及答复，受电工程设计审核、检查及竣工检验，收费管理及合同签订，装表与接电各环节应遵守的管理制度、技术标准和服务时限，要求通过集约化、精细化管理和技术进步，实现业扩报装的工作程序标准化、业务流程规范化，简化用电手续，缩短周期，提高服务质量和服务效率。

《规定》下发后，各网省公司结合本省实际，由营销部负责组织协调生产、调度、发展策划等部门，建立了业扩报装工作管理体系和协调机制；以客户为中心优化了业扩报装流程，做到对内不推诿、对外不搪塞，使业扩报装流程畅通、信息共享和过程可控；杜绝为客户指定设计单位、施工单位和设备材料供应单位；在营业场所及客户服务网站，公布业扩报装的办理程序、服务标准、收费标准和收费依据，使用户能够方便查询业扩报装工作进程，主动接受客户及社会监督。在此基础上，各网省公司依托营销业务应用系统，将所有受理的业务工单直接进入系统流转，实施时限考核。各地客户服务中心履行"一口对

[1]《中国南方电网有限责任公司客户关系管理办法》（QCSG 214009—2013），2013年12月。

外”职责，主动做好与配电业务的有效衔接，及时传递业扩报装信息，协调业扩装表接电与供电设施计划检修停电的合理安排，最大限度地减少停电次数，缩小停电范围。上海市电力公司建立质量监控和业绩考核体系，消除流程瓶颈；湖北省电力公司实行供电方案分级答复，推广带电接电作业，缩短了报装接电时间；山东省电力公司开展“业扩工程服务月活动”，在 30 个环节建立了全过程监督考评机制。2007 年，国家电网公司全年新增直供客户 2574 万户，新增容量 1.66 亿千伏 • 安，同比增长 22.9%，公司营业户数达到了 1.7 亿户，新增报装客户供电方案答复时间平均减少了 3 天，接电时间平均减少了 5 天，业扩报装实行全过程闭环管理取得明显实效。

2010 年 9 月 7 日，为进一步加强对业扩报装工作全过程的闭环管理，《国家电网公司业扩报装工作规范（试行）》（国家电网营销〔2010〕1247 号）印发，对业扩报装工作再次提出了管理要求和作业操作规范。

2009 年 4 月 29 日，南方电网公司出台《业扩管理标准》，要求业扩报装工作：① 统一受理，一口对外，按照“内转外不转”的原则，组织协调内部相关部门完成业扩相关工作；② 便捷高效，限时办结，优化业扩流程，简化办电手续，加强时限控制，缩短办电周期，让客户尽早尽好地用上电；③ 公开透明，“三不指定”，向社会公布业扩的办理程序、服务标准、收费标准和收费依据，开放客户受电工程市场。

业扩报装工作的全过程闭环管理，在建立以客户为中心的业扩报装管理机制、简化流程、缩短服务时限等方面取得了明显成效，为不断提升供电服务质量、服务效率和客户满意率发挥了重要作用。

五、电费抄核收工作的全面质量管控

“十一五”期间，电网企业全面推进以客户为中心的供电服务体系建设，以集约化发展、精益化管理、标准化建设的核心理念，全面强化营业基础管理工作。2005 年，国家电网公司提出坚持标准化、集约化、信息化管理原则，通过管理创新和技术进步，对电费抄核收工作过程实行量化监控和流程优化。2008 年，随着营销业务应用系统和用电采集系统建设的推进，电费抄核收的工作方式、工作流程发生了根本性变化，为确保电费安全，必须建立完善的质量监督管理体系，有效实现电费抄核收管理过程的可控、在控。

2009 年 5 月 6 日，《国家电网公司电费抄核收工作规范》（国家电网营销〔2009〕475 号）（简称《规范》）印发，将电费抄核收工作的管理规定细化成电费抄核收业务的规范化流程和标准化作业，并通过营销业务应用系统支撑其全过程的量化监管和控制，提升自动化管理水平。在管理上，严格执行抄表制度、电费收缴制度、电费账务管理制度，严格电费票据和印章管理，确保数据安全、电费安全。在作业层面，对每一环节的业务流程和具体操作行为进行规范。同时，建立质量评价和监督考核制度，实施全过程质量管控。

各网省公司全面落实电费回收工作责任制，制定实施细则，细化落实电费抄核收相关工作规定，加强电费抄核收工作的质量管控力度。以防范因管理不到位、作业不规范、管控不及时等引起的电费差错、电费纠纷、电费拖欠等风险为重点，建立健全了电费安全管

理与差错责任追究制度，定期开展电费工作的专项稽查和监督，采用信息化技术提高自动化作业和实时管控能力，对抄表正确率、抄表信息的完整率、电量电费核算差错、电费收取差错、报表差错率、电费回收率、应收电费余额等指标进行绩效考核，有效实现了电费工作全过程的可控、能控、在控，全面提升了电费抄核收工作的质量和业绩，切实保障了电费的按时足额回收以及电费资金的安全。

2009 年 5 月 7 日，南方电网公司为全面贯彻落实“打造经营型、服务型、一体化和现代化的国内领先、国际著名企业”的战略总体目标，出台了《电费抄核收工作管理标准》，加强供电营业标准化管理，规范公司电费抄核收工作，将电费回收各项指标纳入绩效考核，有效促进了电费回收管理水平的提升。

电费抄核收工作的全面质量管控，是电网企业在用电领域推进集约化、精益化、标准化、信息化建设的重要成果，不仅提高了电费抄核收的工作效率、工作质量和实时监管能力，同时促进了自动化管理水平和供电服务质量的提升。

六、电能计量装置设计的统一规范

2001 年，中国加入世界贸易组织后，持续扩大自主开放，全面参与全球经济合作，快速学习和吸收国际先进科学技术和管理经验，全社会现代化、智能化水平不断提升。面对新时期新环境，电网企业积极采用国际先进的计量技术和管理模式，不断提高电能计量装置的技术水平并加强了电能计量装置的精细化、标准化管理。2006 年，国家电网公司组织开展电能计量装置典型设计研究工作，完成了 220 伏至 750 千伏 10 个电压等级电能计量装置的典型方案，绘制出 86 个典型方案的原理图、接线图与端子排图等整套图纸，并在国家电网公司所属网省公司开展了推广应用。2008 年，国家电网公司在总结各单位应用经验的基础上，组织开展电能计量装置通用设计企业标准的编制工作，并于 2009 年 9 月 8 日发布了企业标准《电能计量装置通用设计》（Q/GDW 347—2009）。

《电能计量装置通用设计》旨在统一电能计量装置的配置原则和技术要求，规范设计方案和管理要求，积极推进和提升电能计量装置配置水平、提高施工工艺和工程质量、保障现场检测安全。一是按计量点用途的不同，明确计量点设置原则。贸易结算用电能计量点设置在购售电设施产权分界处，经济技术指标考核用电能计量点设置在变压器侧、输电和配电线路端及无功补偿设备处。二是按一次系统主接线方式的不同，规范计量互感器的接线形式。明确了在五种典型一次系统主接线方式[1]下，计量用互感器的安装数量和位置。三是按电网中性点运行方式的不同，对中性点非绝缘系统和中性点绝缘系统的电能计量装置，分别要求采用三相四线和三相三线的接线方式。四是根据一次系统接线方式及计量用电压互感器配置情况的不同，规范电压互感器计量二次回路配置要求。五是按照变电站、低压用户等负荷数据监测需求的不同，规范电能采集终端的配置要求。10 千伏及以上变电站配置厂站采集终端，400 伏及以下电力客户配置用电信息采集终端。

[1] 五种典型一次系统主接线方式分别为 3/2 断路器接线、双母线接线、单母线接线、线路—变压器组接线和内桥接线。

2009 年，国家电网公司据此完成改造项目 329 项，电能计量装置配置合格率达到 99.92%，全面提高了电能计量装置的准确性和可靠性，为工程设计人员提供了技术依据，进一步强化了电能计量装置建设管理和运行管理，提高了电能计量装置的准确性和安全可靠性，提升了电能计量装置配置的技术水平，有力支撑了国家电网公司营销现代化建设和管理提升。

2015 年，根据特高压和新能源快速发展的需求，国家电网公司发布了修订后的《电能计量装置通用设计规范》（Q/GDW 10347—2016）。新修订的标准对交流 1000 千伏电压等级、分布式电源并网、电动汽车充电装置等电能计量装置提出了设计规则和技术要求。

七、关口电能计量的规范管理

20 世纪 90 年代末，中国电力体制改革实现了“政企分开”。新组建的国家电力公司遵循“公司制改组、商业化运营、法制化管理”的方针，开始按照实体化、集团化运作，逐步成为经济实体。在电能计量管理工作方面，国家电力公司按照市场化发展方向和原则，开始重视关口电能计量管理工作。2002 年，深化电力体制改革，实现了“厂网分开”，引入了竞争机制，电力投资经营主体变得多元化，发电上网的电能计量关口性质，也由原电力企业内部的经济考核转为发电厂和电网两企业间的贸易结算关系。关口电能计量规范管理的重要性更加凸显，因此电网企业全面强化了关口电能计量的规范管理。

在实际工作中，国家电网公司依据《电能计量装置技术管理规程》（DL/T 448—2000），全面加强了对所辖关口的分类精益化管理。一是 2006 年统一划分了关口类型。按其性质将所辖关口划分为发电上网、跨国输电、跨区输电、跨省输电、省级供电、地市供电、趸售供电、内部考核 8 类。二是确立了关口电能计量的管理原则。省级及以上电网企业负责本网（含发电企业）关口电能计量管理，发电企业配合电网企业管理与本企业有关的关口电能计量工作；省级及以上电网企业的电能计量技术机构负责对发供电企业关口电能计量管理工作的技术监督、指导和帮助。三是规范了各类关口电能计量管理的技术要求。明确了对各类关口计量点的电能计量装置配置类型、技术参数、准确度等级、安装套数等要求。单机容量 100 兆瓦及以上的发电上网关口、跨区输电关口和跨省输电关口要配置准确度等级相同的主副两套电能表。四是规范了关口电能计量日常管理和现场检测工作要求。按照关口管理的职责，由相应计量技术机构开展电能计量装置投运前实验室检定和运行中现场检测工作。对于跨国输电关口、发电上网关口和跨区输电关口，需双方均在场时开展现场检测，并对检测数据达成共识后签字互认；对于跨国输电关口、发电上网关口，还需签订检测合同。

2013 年，南方电网公司发布了企业标准《电能计量管理规定》（Q/CSG 214001—2013），将所辖关口分为网级发电上网关口、跨国输电关口、跨区输电关口、跨省输电关口、省级发电上网关口、省级供电关口、地市级发电上网关口、地市级供电关口、趸售关口、县级发电上网关口、县级供电关口 11 类，从严加强了对关口计量的分类管理。

截至 2020 年年底，国家电网公司共有跨区关口计量点 146 个、跨省关口计量点 842

个、发电上网关口计量点 12 039 个。南方电网公司共有跨区关口计量点 9 个、跨省关口计量点 189 个、发电上网关口计量点 3389 个。

电网企业通过对关口电能计量的规范管理，使得关口电能计量管理职责更加清晰、技术要求更加明确、工作程序更加规范，实现了关口电能计量的统一归口、分级管理、分工负责，有效保障了关口计量装置的准确性和稳定性，切实维护了电力贸易结算的公平、公正。

八、标准化设计引领用电领域的信息化建设

用电领域的信息化建设自20世纪80年代初开始，从大用户电量电费计算的单项应用、单机运行，逐步发展到以营业所、地市公司、省公司为主导，具有用电基本业务处理功能的计算机局域网络系统。经历了 20 多年的历程，浙江、上海、山西等电力公司率先建设了省级统一集中的营销信息化系统。国家电网公司成立之初，用电领域因地域差异大，在管理要求、业务处理、技术支持手段等方面没有形成规范统一且完整的标准化体系，信息化建设的重复投资、低水平建设现象比较突出，其应用功能无法适应“集团化运作、集约化发展、精细化管理、标准化建设”的管理要求，也不能满足新形势下用电领域业务发展和客户服务的要求。

2006 年，国家电网公司决定全力推进“十一五”信息化战略部署，全面实施“SG186 工程”[❶]，助力实现建设“一强三优”现代公司的发展目标。国网总部邀请了国际知名咨询公司从信息技术和业务应用两方面对全公司的信息化建设进行咨询，国网营销部组织专家组对重庆等电力公司利用国外套装软件开发建设的营销信息系统进行了实地考察。2007 年 6 月，在经过充分考察调研并借鉴咨询成果的基础上，国家电网公司确定在标准化基础上推进营销信息化系统建设，作为“十一五”营销信息化工作的重要任务，决定以标准化设计引领信息化建设，采取自主研发的技术路线，做到全网系统架构统一、应用软件统一、应用功能统一，并通过国家电网公司一体化信息集成平台实现与其他应用的有效集成。

2007 年 7 月 1 日，国家电网公司在福州市组织召开了营销业务应用标准化设计工作启动会，从 27 个网省公司和系统建设合作单位调集 100 多名专家，开始了营销业务模型和需求规格的标准化设计。业务模型设计是标准化设计的关键，通过归纳、整理、分析，按照业务类、业务项、业务子项的分类方法，首次在国家电网公司系统内构建了统一规范的营销业务标准体系，清晰定义了 19 个业务类[❷]、128 个业务项、762 个业务子项以及各项业务之间的耦合关系，同步完成了需求规格设计，实现了从业务模型到系统设计的转化。

---

❶ “SG186 工程”中的“1”是指一体化企业级信息集成平台；“8”是指依托公司企业信息集成平台，建设财务（资金）管理、营销管理、安全生产管理、协同办公管理、人力资源管理、物资管理、项目管理、综合管理八大业务应用；“6”是指信息化安全防护体系、标准规范体系、管理调控体系、评价考核体系、技术研究体系和人才队伍体系六个体系。

❷ 19 个业务类包括新装增容及变更用电、供用电合同管理、抄表管理、核算管理、电费收缴及账务、用电检查、95598 客户服务、资产管理、计量点管理、计量体系管理、电能信息采集、市场管理、线损管理、能效管理、有序用电管理、客户关系管理、客户联络、稽查及工作质量、客户档案资料管理。

2008 年 1 月，标准化设计任务全面完成，形成了包括业务模型、需求规格、功能精化、数据模型以及 IT 架构、标准代码等全系列设计成果。标准化设计期间，在全公司范围内征集意见和建议共 1.5 万条，组织省公司共 80 多名专家到设计现场进行讨论、分析、比对，累计处理解决问题 10 万多个，统一了业务流程，规范了管理差异。标准化设计文档共 81 册 640 余万字，设计成果首次构筑了覆盖国网总部、网省公司、基层供电公司的营销业务应用完整的设计蓝图。2008 年 10 月，该设计成果作为《国家电网公司信息化建设工程全书　八大业务应用典型设计卷》中的营销业务应用部分，由中国电力出版社出版发行。

2008 年 3 月，依照标准化设计成果，国家电网公司开始了营销业务应用系统的实施建设工作。2008 年 10 月 1 日，青海省电力公司率先完成了系统上线前符合度验证并进行整体割接上线，黑龙江、上海、江西、福建、辽宁、四川、天津、江苏、河北、宁夏、新疆等第一批 12 个网省公司相继于 2008 年 11 月、12 月完成了系统的推广建设工作。2009 年 12 月，第二批吉林、浙江、安徽、河南、湖北、湖南、陕西、甘肃、西藏 9 个网省公司完成了营销业务应用系统的推广建设工作。2010 年 10～12 月，随着第三批华北、北京、重庆、山西、山东、蒙东 6 个网省公司完成了营销业务应用系统的推广建设，国家电网公司营销业务应用系统的建设工作全面完成，其应用范围覆盖了国家电网公司总部、27 个网省公司、297 个地市公司和 1377 区县级供电单位，实现了直供直管及控股公司的全部覆盖，浙江、河北、山东等网省公司完成了代管县推广。

随着系统的推广应用，营销业务应用标准化设计分别在 2009 年 4 月、2010 年 5 月和 9 月进行了 3 次修订。2012 年 3 月，在营销业务应用标准化设计《营销代码设计》的基础上，国家能源局组织编制并发布了电力行业标准《营销业务信息分类与代码编制导则》（DL/T 291—2012）。

以标准化引领用电领域的信息化建设，是国家电网公司营销信息化建设实现集中、统一、规范、标准的关键里程碑。标准化设计成果为推进用电领域的信息化建设，支撑电网企业营销发展方式和管理方式的转变奠定了坚实基础。

九、用电领域信息化建设的深化应用

2008—2010 年，国家电网公司各网省公司分三批完成营销业务应用系统的推广建设，通过统一、标准化的实施管控，实现了业务模式统一、业务流程统一、数据结构统一、代码标准统一。

2010 年 1 月，国家电网公司组织制定了《营销信息化系统实用化评价规范》[1]，明确了实用化评价要求、评价程序、评价内容，建立实用化评价标准体系，要求从系统运行的稳定性、标准化设计成果应用的符合度、业务应用的广度和深度、数据支持的可信度等方面，对各网省公司营销业务应用系统的实用化应用水平进行评定，以推动营销信息化系统的深化应用，持续提升各网省公司营销业务应用系统的实用化应用水平，检验营销信息化

[1]《关于印发〈国家电网公司营销信息化系统实用化评价工作规范〉（试行）的通知》（营销营业〔2010〕7 号）。

系统的实际应用效果。

随着各网省公司的营销业务应用系统建成投运，国家电网公司对营销业务应用系统稳定运行 6 个月以上的网省公司开展实用化评价。各网省公司在系统建设和深化运行阶段，严格遵循标准化设计，在实施实用化中不断优化完善，提高应用水平。27 个网省公司在应用功能、数据模型、标准代码等方面的设计和运行指标符合度均达到 95%～98%以上；各类单据和报表的符合度为 100%；对总部抽取各网省公司的 72 张数据表、1002 数据字段、804 个关键指标的支持度为 100%；系统月均工作日登录人数值约 15 万余人、日均处理业务工单 140 余万。2010 年，系统接入业务终端近 20 万台；月均处理抄表数据 3.1 亿条、发行电费 1.6 亿笔、收取电费 1053 亿元；月均受理 95598 电话 1650 万个；10 千伏及以上用户明细、低压客户分类数据每月自动上传总部；总部存储各类基础数据共 16 亿条，月均新增 5 千万条；治理整改各类数据上亿条，平均数据完整率为 99%，准确率为 98%，报表差错回退、超时上报现象从 2009 年年初的 12%下降到小于 1%。各网省公司实现了业务集成、信息共享、过程透明、管理规范、监控到位，在业务管理、运行效益及实用化水平等方面得到了跨越式发展。

国家电网公司在用电领域的信息化建设和深化应用，为全方位提升用电领域自动化水平以及信息化、互动化、智能化的供电服务能力作出了重要贡献。2011 年，“国家电网公司营销业务应用标准化设计与系统应用”获得了国家电网公司科技进步奖二等奖。

十、“抓基础、上台阶”的农电标准化建设

党的十六届五中全会提出建设“生产发展、生活富裕、乡风文明、村容整洁、管理民主”的社会主义新农村。2006 年，国家电网公司提出实施“新农村、新电力、新服务”农电发展战略，构筑城乡一体化农电发展模式，服务社会主义新农村建设。但是，由于当时县级供电企业多种体制并存，管理比较粗放、标准不健全、制度不规范，各类人才比较缺乏，农电供电服务能力和水平与国家电网公司的要求存在较大差距。

2008 年 4 月，国家电网公司启动“抓基础、上台阶”农电标准化建设工作，通过夯实基础管理，促使县级供电企业管理水平上台阶，更好地服务社会主义新农村建设。农电标准化建设以加强基础管理为重点，以建立评价机制和强化指标管理为手段，以夯实基础管理、强化专业管理、完善管理手段、加强队伍建设为目标，确定了八个专项工作：① 开展农电标准体系建设，在网省公司、县级供电企业、供电所三个层面建立农电基础标准体系，健全相关标准；② 开展作业组织专业化工作，完成供电所作业组织专业化整合，在县级供电企业范围内推广集中检修；③ 全面实施现场标准化作业，并建立持续改进的长效机制；④ 推进农网工程典型设计应用工作，所有农网新建变电站（开关站、配电站）、输配电线路和电缆敷设工程全面应用典型设计，扩建工程参考执行，已建工程在电网改造中逐步执行，有条件的用户工程也执行典型设计；⑤ 开展输配电设施“两清理”[1]，完

[1] “两清理”：清理输配电线路标识，清理配电设施。

成农网输配电线路名称标识及编号完善工作，完成对地距离不符合标准的设施整改工作，完成跨越公路、鱼塘等线路警示标识的设立工作；⑥ 深入开展农网节能降损，完成农网10千伏线路和配电台区的降损整治工作；⑦ 完成农电培训基地建设和培训质量评价工作，实现供电所全部人员持证上岗；⑧ 推进农电信息化建设工作，完成国家电网公司总部、网省公司和县级供电企业的农电信息系统应用建设。同年6月底，国家电网公司印发《农电基础标准目录》《农电标准化建设工作管理办法》《农电标准化建设工作考核标准》等配套文件和制度，确定省公司、县公司、供电所三个层面26个示范单位先行探索模式、积累经验。各网省公司结合实际情况，制定标准化建设年度规划，广泛动员、层层宣贯，积极推动八个专项工作开展。

2008年9月，国家电网公司在杭州召开农电标准化建设工作推进会，会上14个单位交流了农电标准化建设的工作经验，现场参观了浙江嘉兴海宁、湖州德清两个县供电企业的农电标准化建设工作。会议认为，大力推进农电标准化建设，是解决当时农电管理问题的重要手段，是实现体制多样的县级供电企业各项管理与国家电网公司管理接轨，推动农电管理走向规范化、精益化、专业化的必由之路。此后，农电标准化建设工作加速推进。

2008年10月，党的十七届三中全会提出"大力推动城乡统筹发展、实现城乡经济社会发展一体化"的要求，对农电企业管理提出了新课题。2009年2月，国家电网公司印发《关于深化农电标准化建设工作的意见》（国家电网农〔2009〕141号），总结农电标准化建设成效和存在问题，提出要通过在农电系统全面推进标准化建设，提高农电企业的法治化运营和规范化管理水平，为城乡电力一体化发展奠定基础；首次提出开展标准化供电所建设工作，推动农电标准化建设工作向纵深开展。2009年9月，国家电网公司在河北邯郸召开深化农电标准化建设现场会，总结农电标准化建设工作成果，交流农电标准化体系建设及贯标工作经验，参观标准化供电所现场。

2009年年底，国家电网公司基本完成农电标准化建设八个专项工作。网省公司、县级供电企业、供电所三级农电基础标准体系建设完成，23个网省公司、99%的供电所完成作业组织专业化整合，农网工程典型设计纳入农网建设管理全过程，农网输变电、配电实施现场标准化作业的比例分别达到91.8%和99.6%，完成输变电设施"两清理"工作，农电基础管理进一步夯实；农网综合线损率达到6.53%，同比下降0.32个百分点，农网供电可靠率完成99.615%，农网综合供电电压合格率完成97.25%，同比分别提高0.07个、0.2个百分点，农电工全部实现持证上岗，SG186"农电系统应用"实现国家电网公司总部到网省公司、县级供电企业的纵向贯通，管理水平跃上新台阶。

通过"抓基础、上台阶"的农电标准化建设，国家电网公司对各类县级供电企业实行统一的管理要求、管理标准、管理模式、管理流程，建立起农电管理新机制，农电安全生产基础、精益化管理能力、供电服务水平和队伍整体素质明显提升，加快了县级供电企业与国家电网公司管理接轨的进程，开启了农电事业持续健康发展的新篇章。

十一、县级供电企业创一流工作的全面完成

"两改一同价"工作启动后，县级供电企业长期以来形成的管理粗放，市场意识、成本意识、服务意识淡薄，人员多、成本高、劳动生产率低等问题，引起国家电力公司高度关注。2000 年，国家电力公司借鉴多年电力系统达标创一流工作经验，决定开展创建一流县级供电企业活动，巩固"两改一同价"成果，推动县级供电企业管理水平、经营水平、技术水平、服务水平和整体素质全面提升，提出到 2010 年系统 50%以上的县级供电企业达到一流标准。

2000 年 5 月 16 日，国家电力公司印发《关于颁发〈一流县级供电企业考核标准（试行）〉的通知》（国电农〔2000〕261 号），明确一流县级供电企业创建的必备条件、考核指标及评分标准、申报流程及考核验收要求。考核标准主要有：一流县级供电企业要建立现代企业制度，实现规范化管理；全面实现"三公开""四到户""五统一"；客户评价满意率≥95%；供电所全面实行微机开票到户，营业窗口采用计算机管理；安全管理、经营管理、文明生产、设备与生产管理、营业管理与优质服务、节能管理、技术进步、科学管理与企业文化八项考核内容通过国家电力公司考核验收。按照试点先行的工作思路，国家电力公司选择山东、江苏部分县级供电企业进行试点。2000 年 8 月，在山东威海召开的县级供电企业创一流工作会议上，试点单位交流了创建一流县供电企业的工作思路和做法，为其他县级供电企业创一流工作提供经验。

2001 年，县级供电企业创一流工作在国家电力公司系统全面展开。各单位以安全生产为基础，充分利用农网改造的有利时机，加强电网建设，不断优化和完善电网结构，加大管理力度，提高线损管理水平，依靠科技进步抓好综合自动化建设。同年 12 月，在严格标准审查的基础上，国家电力公司审定山东省文登电业总公司、江苏省江阴市供电局、浙江省桐乡市供电局、陕西省户县供电分局等 22 个县供电企业达到一流县供电企业标准，授予首批国家电力公司"一流县供电企业"称号。

2002 年 12 月，国家电网公司组建后，持续开展县级供电企业创一流工作。根据农电发展新形势，国家电网公司多次修订下发一流县级供电企业评价标准和县级供电企业创一流工作管理办法，不断提高建设标准。同时，坚持动态管理和典型示范相结合的方法，以命名促创建、以创建促提高，有力地推动县级供电企业创一流工作纵深开展。

国家电网公司系统各省市公司按照国家电网公司统一标准，结合实际情况，制订具体的实施细则和考核办法，加强对创建工作的组织领导和过程管控。各县供电企业从自身的具体情况出发，对照一流标准，分专业分年度制定工作计划，强化指标分析，持续对标补短，逐步向国家电网公司一流县供电企业目标推进。

2005 年 4 月 18 日，国家电网公司印发《关于在县级供电企业开展同业对标深化创一流工作的指导意见》（国家电网农〔2005〕246 号），结合当时农电改革、发展、管理状况，提出在县级供电企业开展同业对标，进一步深化创一流工作，通过选定标杆企业进行规范、连续的比较分析，帮助企业寻找、确认、跟踪、分析并超越自己的竞争目标。县级供电企

业同业对标指标采取分级发布的原则，国家电网公司负责汇总发布一流县级供电企业指标，并进行指标动态排序，各省公司、市公司负责发布本地区的指标和动态排序。各县级供电企业对照发布的指标，明确自己与一流标准、一流企业的差距，通过实施针对性措施，不断优化管理流程，提高指标水平。国家电网公司总结标杆单位典型经验，出版了《农电同业对标典型经验库》，同时在《中国电力报》《国家电网报》等媒体对标杆单位和典型经验进行宣传报道，帮助县级供电企业及时了解先进的管理思想、实践经验和有效方法，对照自我不断学习超越。2006—2014 年，国家电网公司共发布农电综合管理、安全管理、线损管理、优质服务、科技进步等 10 类 565 个标杆。

2001—2013 年，国家电网公司累计命名一流县级供电企业 750 个，完成了 2000 年提出的一流县级供电企业创建目标。县级供电企业创一流和同业对标工作的开展，提高了县级供电企业电网建设、基础管理和供电服务能力，使县级供电企业更安全、更经济、更文明、更高效，使客户对服务更满意。一流县级供电企业代表了当时农电管理的先进水平，发挥了较好的示范带动作用，极大促进了我国农电事业的发展。

十二、电能计量检定获得政府专项授权

1986 年，经国务院批准，国家计量局和水利电力部共同发布了《水利电力部门电测、热工计量仪表和装置检定、管理的规定》（又称“授权八条”），这是水利电力部门开展电能计量检定工作获得的法律授权。1997 年，国家电力公司成立，1998 年 3 月，电力工业部撤销，同年 6 月，《国务院办公厅印发关于国家质量技术监督局职能配置、内设机构和人员编制规定的通知》（国办发〔1998〕84 号）下发，将原电力工业部承担的用于贸易结算电能表强制检定的行政监督管理职能划入国家质量技术监督局。虽然国务院并未废止“授权八条”，但由于授权主体发生了变化，需要对国家电力公司进行授权才能依法继续开展贸易结算用电能表的强制检定工作。

此后，国家电力公司就电能计量检定授权问题积极与国务院法制办、国家经贸委、国家质量技术监督局进行汇报沟通，商议向国家电力公司授权，依法开展电能计量检定工作。2002 年，电力体制改革实现了“厂网分开”，国家电网公司、南方电网公司及其所属各省级电网企业为确保电能计量工作的正常开展，一方面，认真接受各级质量技术监督部门的行政监督管理，继续开展电能表强制检定工作；另一方面，积极与所在地质量技术监督部门汇报沟通，申请办理电能计量检定的授权事宜。各地政府计量行政部门经过认真研究并严格审查，根据各省的具体情况，分别以整体授权[1]或分级授权[2]的形式，对各省级电网企业予以电能计量检定专项授权，保证了电网企业电能计量检定工作依法合规地持续开展，维护了电能计量的公平、公正。截至 2006 年年底，上海、云南、江苏、天津、内蒙

---

❶ 整体授权：省级政府质量技术监督部门统一对省级电网企业及其所属地市、县级供电公司的电能计量检定机构进行授权，对在授权范围内使用的强制检定计量器具执行强制检定。

❷ 分级授权：省市县级政府质量技术监督部门分别对同级电网（供电）企业的电能计量检定机构进行授权，对在授权范围内使用的强制检定计量器具执行强制检定。

古、海南、广西、吉林、湖南、江西、宁夏、福建、北京、重庆、山东、华北、青海、河北、黑龙江 19 个省级电网企业获得了电能计量检定的省级整体授权，安徽、湖北、四川、山西、新疆、浙江、陕西、辽宁、河南、甘肃 10 个省级电网企业获得了电能计量检定的分级授权。2011 年后，广东电网公司、西藏电力公司和贵州电网公司也陆续取得了电能计量检定的整体授权。至此，全国 32 个省级电网企业全部获得政府部门电能计量检定专项授权。

电网企业获得政府质量技术监督部门电能计量检定专项授权，确保了电网企业电能计量检定工作法制化管理的严肃性，保证了电能计量的准确可靠及贸易结算用电能表强制检定的公平、公正。

十三、国网计量中心的成立

为进一步健全完善国家电网公司计量检测体系和技术监督体系，加快计量标准化建设，提升公司计量实力和管理水平，更好地维护电力市场主体和公司合法权益，国家电网公司决定组建国网计量中心。

2009 年 3 月 12 日，国家电网公司印发了《关于组建国家电网计量中心的通知》（国家电网人资（259）号），明确在中国电力科学研究院电测量技术研究所和国网电力科学研究院高压计量与测试技术研究所计量资源基础上，组建国网计量中心。同年 12 月 18 日，国网计量中心举行揭牌仪式，并于 2010 年 4 月完成工商注册，其中国家电网公司股权占比 0.01%，中国电力科学研究院股权占比 54.99%，国网电力科学研究院股权占比为 45%。2013 年 6 月，国家电网公司下发《关于划转公司总部、国网电力科学研究院所持国网计量中心股权的批复》（国家电网产业〔2013〕950 号），将国家电网公司、国网电力科学研究院所持的国网计量中心股权全部划转至中国电力科学研究院，国网计量中心成为中国电力科学研究院全资子公司，是国家电网公司最高计量技术机构。

2010 年 7 月和 12 月，国网计量中心分别获得国家电能表型式评价实验室（电力）、跨区电网关口电能表检定和校准的授权，成为电力行业首家获得国家授权的电能表型式评价计量技术机构，并依法开展跨境跨区电网关口电能表检定和校准。国网计量中心拥有国家高电压计量站、国家基准实验室、国家电能表型式评价实验室、国家 3C 强制式产品认证实验室、用电信息采集及应用技术重点实验室和高电压大电流技术溯源技术实验室，以及智能量测系统、反窃电技术、商用密码管理等测试、研究中心；为制定国家电网公司的电压工作基准、电阻工作基准、功率电能计量标准和数字多用表计量标准以及国家工频高电压全系列基础标准，开展了研制、建立、维护、考核和管理等一系列工作，并对省级电能计量中心实施量值传递，开展计量标准的溯源和标准比对。通过总部和网省两级国家电网计量生产调度平台，实现了对计量器具和用电信息采集设备的统一监督和管理，构建了集约、高效、科学的计量工作体系，为国家电网公司依法开展计量工作和科技创新能力建设作出了贡献。

国网计量中心的成立，开启了国家电网公司电能计量技术管理新局面，促进了国家电网公司计量检定检测体系和技术监督体系的完善与升级，对维护电力市场的公平、公正起到了很好的推动作用。

第五节　结构性供需矛盾下的电力需求侧管理

为缓解2002年以来的电力供需矛盾，2004年4月，国家发展改革委和电监会在南京召开了全国电力需求侧管理经验交流会，随后印发了《加强电力需求侧管理工作的指导意见》，电力需求侧管理工作得到快速发展，并持续向纵深推进。采取行政、经济和技术手段，有序调节电力供需矛盾，引导合理用电，优化各类用电方式，维护电网安全稳定运行和供用电秩序平稳。充分挖掘资源潜力，在江苏开展能效电厂[1]建设，为实现经济和社会的可持续发展探索新的有效途径。同时，开展“千家企业节能行动”，落实节能责任，强化企业节能管理，推动各行各业积极落实节能减排，为缓解经济社会发展面临的能源和环境问题作出贡献。

一、全国电力需求侧管理会议的召开

进入21世纪以来，中国经济快速发展，资源“瓶颈”对经济增长的制约凸显，电力供需紧张成为经济运行中的突出矛盾和社会各界关注的焦点。2002 年，电力供需形势已由基本平衡略有富裕转为总体平衡趋于紧张，部分地区出现高峰拉闸限电。2003 年全国电力供需总体紧张，拉限电更加频繁。2004 年电力供需紧张形势进一步加剧，全国结构性电力供需矛盾突出，电力缺口超过3500万千瓦。

面对严重缺电局面，党中央、国务院多次对开展电力需求侧管理工作作出重要指示，将电力需求侧管理作为应对电力短缺的重要措施，要求及时总结行之有效的经验，完善相关政策措施。通过采取法律、行政、经济、技术等手段，加强电力需求侧管理，同时要做到有计划，保重点，保生活用电，保重点企业、重点项目和重点行业的用电。

2004年4月6–7日，国家发展改革委和国家电监会在江苏南京联合召开全国电力需求侧管理经验交流会，总结推广需求侧管理经验，研究需求侧管理办法。会议总结了电力需求侧管理的主要经验：一是政府高度重视，不断加强政策扶持和引导；二是充分运用经济手段，调节电力供求关系；三是广泛采用先进技术和设备，实现错峰、避峰和节能；四是采取必要的行政措施，实现有序用电；五是正确引导社会舆论，在全社会树立科学用电、合理用电的基本理念。会议强调加强电力需求侧管理工作，既是缓解当前电力供需矛盾，做好电力供应的必要手段，也是保障电力系统安全运行的重要举措，更是提高能效、促进电力工业健康持续发展的长远战略。在加快电源建设、增加供给的同时，必须将需求侧管

[1] 能效电厂：通过实施节电措施和节能项目，获得需方节约的电力资源而减少的电力消耗需求，是一种虚拟电厂。国际能源界将实施电力需求侧管理，开发、调度需方资源所形成的能力称为能效电厂，将减少的需求视同虚拟电厂提供的电力电量。

理提升到与电力供应同等重要的地位，供给与需求要两手抓、两手都要硬。要建立加强需求侧管理工作的长效机制，加快完善需求侧管理工作的法律、法规体系，营造良好的实施需求侧管理的政策环境。

2004 年 5 月 27 日，《国家发展改革委　国家电监会关于〈加强电力需求侧管理工作的指导意见〉的通知》（发改能源〔2004〕939 号）（简称《意见》）印发。要求通过采取有效的激励措施，引导电力用户改变用电方式，提高终端用电效率，优化资源配置，改善和保护环境，实现以最小成本电力服务进行用电管理，促进电力工业与国民经济、社会的协调发展。

全国电力需求侧管理会议召开后，各地认真贯彻会议精神，按照《意见》要求，以提高电力资源利用效率、节约能源为目的，全面推进电力需求侧管理工作。一是根据本地区经济发展目标和电力供需特点，提出负荷管理目标、节电目标和实施方案，将电力需求侧管理节约的电力和电量，纳入电力工业发展规划。二是实施峰谷分时电价等经济激励政策，引导用户移峰填谷、合理用电。三是积极扶持高耗电企业开展节电降耗的技术改造，降低用电成本，提高竞争力。能效电厂的试点工作也相继在广东、江苏等地开展。四是按照“先错峰、后避峰、再限电”的实施原则，制定有序用电方案，采取科学、合理、有效措施，解决电力供需矛盾。五是通过“全国节能周”等活动，宣传和倡导科学用电和需求侧管理的理念、意义、作用以及技术、产品和成功案例。同时，对中小学生开展节电教育，取得了社会的理解和支持。

此后，中国电力需求侧管理进入快速发展和全面推进阶段。有序用电、节能节电、负荷管理、峰谷分时电价等各项需求侧管理措施进一步有效落实，取得了很好的效果。电力需求侧管理也逐步成为用电领域的重点工作任务。

二、有序用电有效缓解电力供需矛盾

进入 21 世纪，国家电力公司按照市场经济要求，遵循电力生产、供应、使用规律，提出了有序用电概念，将以行政为主的用电管理手段逐步向行政、经济和技术相结合的方向转变。2003 年，在经济持续增长的推动下，浙江省用电需求呈现了近 20 年来最强劲的增长势头，出现了持续性缺电。浙江省经贸委与省电力公司联合成立省有序用电工作协调小组及办公室，在全国率先建立了有序用电工作体系，在以“错峰、避峰、限电为主，拉电为辅”的有序用电原则下，采取一系列措施，减少拉闸限电对社会的影响。

2004 年，电力供需形势日趋紧张，全国 26 个省级电网先后出现了拉闸限电情况，引起了党中央、国务院的高度重视。6 月 7 日，《国务院办公厅关于做好电力迎峰度夏工作的通知》（国发办〔2004〕47 号）印发，要求认真贯彻有保有限的原则，强化电力需求侧管理，切实做好有序供电、限电。千方百计确保居民生活用电不受影响，确保农业生产用电不受影响，确保医院、学校、金融机构、交通枢纽、重点工程等重点单位正常用电不受影响，确保高科技等优势企业用电的合理需要。对高耗能、低产出的企业，要实行严格的错峰、避峰和限电措施；对不符合产业政策与规划布局、高污染的企业要停止供电。同年

7 月 26 日，中共中央总书记胡锦涛视察华东电网公司时指出，电力系统要加强需求侧管理，合理用电，有序供电，确保电网的安全运行，努力完成好迎峰度夏的各项任务。

为缓解电力供需矛盾，各地全面贯彻落实胡锦涛总书记的指示精神和国家对电力需求侧管理工作的要求。在各级政府电力运行主管部门的指导下，电网企业科学制定有序用电方案，根据“有多少，用多少；缺多少，错多少”的原则，精心安排和处理好保电的重点和顺序，在确保电网安全运行的基础上，以最大限度地降低社会成本和损失为目标来安排不同负荷水平下的有序用电方案和应急预案。2004 年，国家电网公司在迎峰度夏安全生产电视电话会议中指出，要切实安排好错峰、避峰、移峰以及事故和紧急情况下的限电序位措施。各地因地制宜制定有序用电预案，将经济效益优、产品技术含量高、市场前景好、信誉好的企业用电放在优先序列，对高能耗、低产出、信誉差的企业实行严格的错峰、避峰和限电措施。浙江省按 200 万～800 万千瓦的电力缺口制订了 7 级错避峰方案，全省日均错峰、避峰及限电负荷达到 534.40 万千瓦；江苏省在保证电网安全前提下，通过落实错峰、限电等措施，减少电网拉闸限电达 90%以上，拉闸限电得到有效控制；上海采用错、避、限、拉等共计 14 种措施，涉及 2.4 万余用户，预案负荷达 391 万千瓦；福建、江西制订了 5 级预案；北京按预控、应急和紧急三个层次制订了调控措施。电网企业执行地方政府批复的有序用电方案，逐级将错避峰指标分解落实到线路、单位、设备，按照“先错峰、后避峰、再限电，最后拉路”的原则，合理安排用电计划，优化电力负荷管理，拉闸限电得到有效控制，确保了电网的安全稳定运行，保障了全社会的安全有序用电。

2004 年 7 月 23 日，国家电网最大电力缺口达 2983 万千瓦，共对 13.08 万用户实施了有序用电措施。通过移峰、错峰、避峰和负控限电，有效转移高峰用电 2186 万千瓦，占全部电力缺口的 73.3%。同年，南方电网全网统调负荷 15 次创历史新高，达 4607 万千瓦，广东电网约有 400 万用户参与错峰用电，最大错峰负荷 425 万千瓦，全省平均错峰率达到 98%。

从全国各电网拉闸限电情况分析来看，在电力缺口不断加大的情况下，通过实施有序用电措施，实现了从简单的以拉闸限电来削减高峰负荷的计划用电方式向以有序的错峰避峰来转移高峰负荷的有序用电方式转变，在严重缺电情况下，全国没有发生大面积停电事故，确保了电网安全稳定运行，使有限的电力资源为经济社会发展发挥了最大效能。

三、河北率先建立电力需求侧管理专项资金

在政府主导和推动下，以电网和供电企业为主体，广大电力用户、需求侧产品制造厂家的多方参与下，中国电力需求侧管理工作取得了积极进展，但所采用的手段主要以行政命令为主，因缺少相应的政策支持导致技术、经济等方面的措施缺乏，尤其是没有建立专门用于支持开展电力需求侧管理工作的资金渠道。河北省自 2002 年开始实施电力需求侧管理工作，省政府一直高度重视，多次安排专题会议研究工作部署，不断完善政策法规，推动工作落到实处。

2002 年 7 月 18 日，河北省经济贸易委员会、河北省财政厅、河北省物价局等六部门

联合印发《关于大力开展电力需求侧管理的意见》（冀经贸电力〔2002〕342 号），在全国率先设立电力需求侧管理专项资金，并成立河北省电力需求侧管理指导中心。明确在电价所含的城市附加费中每度电先集中上缴 1 厘钱，作为省电力需求侧管理的专项资金，用于电力需求侧管理技改技措、产品推广和开发研制的补贴等费用。同年 7 月 28 日，河北省召开全省电力需求侧管理新闻发布暨工作会议，这是该省首次由地方政府组织召开的电力需求侧管理工作会议。

2003 年 1 月 10 日，河北省财政厅、河北省经济贸易委员会印发《河北省电力需求侧管理专项资金管理办法（试行）》（冀财建〔2003〕1 号），明确了专项资金的管理和使用，主要执行河北省预算外资金管理的有关规定，实行预算外资金收支两条线，资金的使用纳入省级财政年度预算。申请补贴的项目由企业自主逐级上报，省经贸委和省财政厅对项目的有关材料进行审核。对符合补贴条件的项目由省经贸委和省财政厅共同组织华北电力集团公司、河北省电力公司、省电力需求侧管理指导中心和有关专家进行验收，验收合格的项目存入项目库。在每年财政预算草案编制前，由省经贸委根据专项资金收入计划，从项目库中选择项目，并提出资金安排意见后报送省财政厅。省财政厅根据批准的预算文本和专项资金收缴进度，拨付省直项目资金，并与省经贸委联合下达对各市的项目资金。省财政厅和省经贸委定期对专项资金的落实、使用情况进行督查，确保专项资金及时足额到位，并真正用于电力需求侧管理。

2004—2006 年，河北省安排电力需求侧管理专项资金总金额近 1 亿元，用于补贴“绿色照明”工程、变频调速、无功补偿、谐波治理及“双蓄”工程等节能节电项目，涉及钢铁、医药、化工、纺织等行业的相关企业 100 多家。其中：2004 年获得补贴的企业有 29 家，项目总投资额 2351.18 万元，总节约电力 4312.35 万千瓦，补贴总额 705.05 万元；2005 年获得补贴的企业有 61 家，项目总投资额 9192.19 万元，补贴总额 2751 万元；2006 年补贴总额大约占项目总投资额的 30%以上。

河北省设立的电力需求侧管理专项资金在引导及支持企业进行节能改造、补贴示范工程建设方面发挥了重要作用，积累了丰富的经验，对推进全国电力需求侧管理工作具有很好的借鉴意义。

四、江苏开展国内首个 60 万千瓦能效电厂项目

江苏省既是经济大省又是能源消费大省，随着经济的持续快速发展和人民生活水平的不断提高，江苏省用电快速增长，电力供应紧张局面日益加剧，尤其是夏季供电形势更加严峻。江苏省将电力需求侧管理作为缓解用电紧张矛盾的重要手段，采取行政、经济、技术、引导等多种措施，将缺电对经济发展和社会稳定的影响降到最低，保障了居民和重要用户的用电需求，但与发达国家相比，需求侧管理工作在深度和广度上还有较大发展空间，尤其是能效资源潜力尚未得到充分挖掘。

2005 年，江苏省经贸委和江苏省电力公司在总结前几年电力需求侧管理经验的基础上，推进能效电厂建设。与常规电厂相比，能效电厂具有建设周期短、运营成本低、不占

用土地资源、零污染等显著优势；与分散管理的一般节电措施相比，能效电厂采用市场化模式，进行较大规模地投资和运营，其投资回收和盈利主要来源于节约的综合成本，无需政府全额补贴，是践行开发与节约并重能源方针、缓解电力供需矛盾、实现节能减排的一种有效途径。

为了分析江苏能效电厂的潜力，确定能效电厂实施的领域和设备，以及所采取的措施，2005 年下半年，江苏省经贸委与江苏省电力公司共同对装接容量在 500 千伏安及以上的大工业、1000 千伏安及以上的商业和其他照明共 16 276 个单位进行了能效潜力调查。调查发现，化工、冶金、建材、纺织、机械、电气电子六大行业列入国家淘汰目录的设备容量占用电设备总量的 15%以上，能效改造潜力巨大。据测算，这六大行业参与潜力计算的设备总容量为 2304 万千瓦，其中可改造容量为 855 万千瓦，潜力率为 37.1%。通过江苏省能效电厂的潜力分析，江苏省把目标定为 5 年内在江苏建设一个 60 万千瓦容量的能效电厂。

2006 年，江苏省电力公司首先对冶金、机械、化工、建材等六大行业的 309 家用电大户实施了能效电厂运作，通过对电动机、拖动类、调速和照明等设备的共计 660 个项目实施技术改造和新上高能效设备，市场测试完成节约峰荷 16.02 万千瓦，累计节约电量达 8.25 亿千瓦·时。2007 年，增加了以节电为核心的工艺改造项目并纳入能效电厂项目范围，共 167 个能效电厂项目完成并通过测试，完成合格率为 99.4%，市级测试完成节约峰荷 17.53 万千瓦，累计节约电量达 10.57 亿千瓦·时。2008 年，增加了空调系统节电改造等工业企业系统性节电项目，共 182 个能效电厂项目完成并通过测试，完成合格率为 99.5%，市级测试完成节约峰荷 17.46 万千瓦，累计节约电量达 10.66 亿千瓦·时。2009 年，注重引导企业开展技术创新，推广新产品新技术，共 190 个能效电厂项目完成并通过测试，完成合格率为 100%，市级测试完成节约峰荷 23.74 万千瓦，累计节约电量达 12.66 亿千瓦·时。

截至 2009 年年底，江苏能效电厂年节约峰荷达 68.7 万千瓦，提前一年完成建设 60 万千瓦容量能效电厂的目标。年节约电量达 42.1 亿千瓦·时，为企业节约电费约 21 亿元，同时每年可实现减排二氧化碳 387 万吨、二氧化硫 19 366 吨，节能减排效果显著，并取得了良好的社会效益，降低了企业成本，提高了企业竞争力。

能效电厂从根本上改变了单纯注重依靠增加能源供应来满足需求增长的传统思维模式，建立了把需求方节约的资源作为一种可替代供应方资源的新概念。江苏省通过开展能效电厂试点工作，为建立电力需求侧管理长效机制、实现经济社会的可持续发展探索了新的发展思路。继江苏省之后，广东、上海等省市也相继启动能效电厂建设计划，推动节能减排机制创新，培育企业节能内生动力。

五、“千家企业节能行动”的开展

“十五”期间中国单位产值能耗是发达国家的 3～4 倍，而中国人均能源可采储量中，石油、天然气、煤炭仅为世界平均值的 10%、5%和 57%。针对中国人均资源匮乏但单位产值能耗较高而导致资源日益紧张的问题，“十一五”规划提出：“十一五”期末单位国内生产总值能源消耗比“十五”期末降低20%左右。工业是中国能源消费的大户，能源消费量占全国能源消费总量的70%左右。重点耗能行业中的高能耗企业又是工业能源消费的大户。国家发展改革委会同国家统计局在钢铁、有色、煤炭、电力、石油石化、化工、建材、纺织、造纸9个重点耗能行业的企业中，筛选出2004年企业综合能源消费量达到18万吨标准煤以上的共有1008家，总计综合能源消费量为6.7亿吨标准煤，占全国能源消费总量的33%，占工业能源消费量的47%。

为贯彻落实党的十六届五中全会和《国务院关于做好建设节约型社会近期重点工作的通知》（国发〔2005〕21号）精神，加强重点耗能企业节能管理，促进合理利用能源，提高能源利用效率，2006年4月，国家发展改革委、国家能源办、国家统计局、国家质检总局、国务院国资委联合发布《关于印发千家企业节能行动实施方案的通知》（发改环资〔2006〕571号）（简称《实施方案》），同时公布《千家企业名单》，决定针对上述重点耗能行业1008家企业，组织开展千家企业节能行动。要求以企业为实施主体，通过调整和优化结构，开发和推广应用节能技术，建立严格的管理制度、有效的激励和约束机制，接受公众监督等方式，实现能源利用效率大幅度提高，主要产品单位能耗达到国内同行业先进水平，部分企业达到国际先进水平或行业领先水平，带动行业节能水平的大幅度提高，完成节能1亿吨标准煤左右。

2006年7月26日，在北京召开的全国节电工作会议上，国家发展改革委与30个省、自治区、直辖市人民政府和新疆生产建设兵团以及14家中央企业签订了千家企业节能目标责任书，正式启动千家企业节能行动。各级地方政府根据《实施方案》先后分别与所属地千家企业签订节能目标责任书。

节能目标责任书签订后，各级政府组织企业开展能源审计、编制节能规划。辽宁省于2006年9月组织各市经委、节能监测机构和64户企业的主管领导和统计人员参加能源审计培训，并随后开展相关审计工作，其中大连市从当地8家企业共查找出各种问题148个，共挖掘节能潜力18.19万吨标准煤，投入技改资金11 822万元，当年8家企业共节能11.88万吨标准煤。

为降低重点耗能企业主要产品单位能耗、重点工序能耗，使部分企业能效水平达到国际先进水平，国家发展改革委于2007年启动重点耗能企业与国际国内同行业能效先进水平对标活动，并组织国家发改委能源研究所和相关行业协会根据部分企业实施经验编制了《重点耗能行业能效对标指南》。

2007年11月，国家发展改革委要求重点用能单位每年报送能源利用状况报告，并制定了省级人民政府节能目标责任评价考核制度以及千家重点耗能企业节能目标责任评价考核制度。根据行动实施方案要求，国家发展改革委发布了各年千家企业节能目标责任评价考核汇总表及《“十一五”期间千家企业节能目标完成情况表》。

千家企业节能行动实施过程中，相关企业结合实际运用多种方式开展节能行动：部分企业通过技术改进方式降低能耗，如江苏省一家水泥企业对生产设备进行技术改进及更新换代，淘汰了 6 条机立窑、2 条湿法回转窑，并利用生产线窑头、窑尾余热资源，建设低温余热电站，每年减少燃烧标煤 25 986 吨；部分企业通过健全制度、强化管理的方式降低能耗，如重庆发电厂提出加强燃料管理、加强运行管理等六项节能降耗重点措施和对策，2008 年超额完成当年节能任务。

“十一五”期间，纳入考核的 881 家企业（1008 家企业中部分由于兼并、破产、关停等原因没有参加考核）共实现节能 16 549 万吨标准煤，超额 65%完成预定 1 亿吨标准煤的节能目标，其中 866 家企业完成了“十一五”节能目标；15 家企业未完成“十一五”节能目标。主要产品能耗中单位氧化铝综合能耗、乙烯生产综合能耗、烧碱生产综合能耗等指标下降了 30%以上，单位原油加工综合能耗、电解铝综合能耗、水泥综合能耗等指标下降了 10%以上，部分企业的指标达到了国际先进水平。

千家企业节能行动体现了落实科学发展观，加快经济增长方式转变，建设资源节约型、环境友好型社会和实现可持续发展的要求。行动的开展促进了企业加强节能管理、加快节能技术改造、提高能源利用效率，对提高企业经济效益、缓解经济社会发展面临的能源和环境约束作出了一定贡献。行动取得的良好成效，对其他企业的节能减排起到了促进作用，形成了一定的示范效应，为国家发展改革委等 12 部门于 2011 年启动“万家企业节能低碳行动”提供了借鉴。

第六节　用电安全服务的加强

21 世纪初，全国安全生产形势十分严峻，重特大事故时有发生，引起了党中央和国务院的高度重视。2003 年，国务院发布《国务院办公厅关于加强电力安全工作的通知》（国办发〔2003〕98 号），要求各地区、各部门高度重视电力安全工作，强化电力安全生产责任，严格安全生产监督检查。2004 年又发布了《国务院办公厅关于加强中央企业安全生产工作的通知》（国办发〔2004〕52 号），通过落实中央企业安全生产主体责任，进一步加强安全管理。

针对 2006 年发生的几次特大煤矿安全事故，同年 12 月 1 日，国家安全生产监督管理总局等单位联合印发了《关于加强煤矿供用电安全管理工作的紧急通知》（安监总煤矿〔2006〕251 号），国家电力监管委员会、国家安全生产监督管理总局和国家煤矿安全监察局组织开展了煤矿安全供用电检查和隐患整治专项工作，煤矿安全供用电水平得到明显改善。2008 年 10 月 17 日，国家电监会印发了《关于加强重要电力用户供电电源及自备应急电源配置监督管理的意见》（电监安全〔2008〕43 号），提出了重要电力用户供电电源及自备应急电源的配置原则和技术要求，明确了供用电双方在自备应急电源管理方面的责任义务。国家电网公司也出台了《国家电网公司业扩供电方案编制导则（试行）》（国家电网营销〔2007〕655 号），从源头上规范供电方案中对供电电源的配置要求。同时，国家电网公司还全面加强了营销安全风险控制与管理。

这一时期，中国的电能质量标准体系得到不断完善，形成包括了基础类、限值和基本要求类、监视测量分析仪器设备类、电能质量管理类等系列标准，推动电能质量的监测和治理。

一、重要电力用户的安全管理

2007 年，煤矿、非煤矿山、冶金、危险化学品、烟花爆竹、建筑施工、道路交通、水上交通等行业和领域存在大量的安全事故隐患，一些重大危险源未能得到有效治理和监控，重特大事故时有发生，安全生产形势严峻。2007 年 5 月 12 日，《国务院办公厅关于在重点行业和领域开展安全生产隐患排查治理专项行动的通知》（国办发电〔2007〕16 号）发布，决定在全国重点行业和领域排查治理事故隐患和薄弱环节，认真解决存在的突出问题，有效防范和遏制重特大事故的发生，促进全国安全生产状况稳定好转。

国家电网公司高度重视，于 2007 年 5 月 20 日至 6 月 30 日对经营区内 27 463 户高危及重要电力用户的供用电安全情况进行了普查。此次普查工作共排查出 11 632 个用户存在各类用电安全隐患 26 937 项，为此国家电网公司下发整改通知建议书 14 860 份，提出 6 项措施加强重要及高危电力用户的供用电安全：一是切实消除用户存在的供用电安全隐患；二是建立供用电安全管理监督联动机制；三是深化和拓展用电安全服务工作内涵；四是加强业扩报装各环节的管理；五是加快高危及重要客户供用电电网规划与建设；六是认真配合做好小煤矿的关停工作。2007 年 7—9 月，组织对经营区内的煤矿、非煤矿山、冶金、危险化学品、电气化铁路及其他高危用户的供用电安全隐患进行了全面排查，共计排查高危用户 21 754 个，存在供用电安全隐患的 14 765 个，占高危用户总数的近 70.0%；共计排查出隐患 35 057 条（其中重大隐患近 3597 条），完成整改 11 122 条。

为了加强重要电力用户供电电源及自备应急电源配置监督管理，提高社会对电力突发事件的应急能力，有效防止次生灾害发生，维护社会公共安全，10 月 17 日《国家电监会关于加强重要电力用户供电电源及自备应急电源配置监督管理的意见》（电监安全〔2008〕43 号）（简称《意见》）印发。《意见》根据供电可靠性的要求和中断供电的危害将重要电力用户分为特级、一级、二级和临时性重要电力用户；明确由供电企业提出重要电力用户名单，经地方人民政府有关部门批准后报电力监管机构备案，电力监管机构按照名单加强对供电电源配置情况的监督管理；提出各级重要电力用户供电电源和自备应急电源的配置要求；规定重要电力用户在新装和变更自备应急电源时向供电企业办理相关手续，签订使用协议，明确安全责任后方可投入使用；要求重要电力用户按照国家和电力行业有关规程、规范和标准，对自备应急电源定期进行安全检查、预防性试验、启机试验和切换装置的切换试验，运行维护人员须持有电力监管机构颁发的电工进网作业许可证，持证上岗。

2008 年，根据《意见》相关要求，国家电网公司全面开展重要电力用户供用电安全隐患排查治理工作。一是在电网侧重点排查治理输配变设备存在的安全运行缺陷、电网未能提供双电源或专线供电、停送电制度执行不到位等隐患；在用户侧重点排查治理单电源配置、自备应急电源不符合安全技术要求、继电保护及安全自动装置不配合、受电设施长期存在且未得到治理的隐患，制定治理计划和方案，落实事故防范措施，限期完成整改。二是对井工煤矿、城市基础设施、电气化铁路牵引站、北京奥运会等相关重要用户，开展供电安全性评价及 2 次以上用电安全检查，发现问题后立即采取措施，妥善加以解决和整改。三是对隐患治理实行全过程闭环管理，建立档案，跟踪督办，整改销号。四是排查整治已经发现的安全隐患，严把业扩报装入网关，严格执行国家规定、规程标准，杜绝新增用户发生安全隐患。五是构建用户供用电安全管理长效机制，以重要用户供用电安全隐患排查治理为契机，认真分析安全隐患类型，总结安全隐患排查治理经验，加强人员培训，完善服务管理体系和协调机制，完善有关技术标准，建立健全隐患排查治理制度、隐患分级管理制度和重大隐患监控、督办制度。六是在开展供用电安全隐患治理的活动中，传达国家电网公司的安全管理基本要求，与用户分享公司在变电站安全运行管理、反事故措施、隐患排查治理方面的经验。2008 年，国家电网公司经营区域内的供用电隐患排查治理取得明显成效，36 471 个重要电力用户共排查出有 23 479 个用户存在 67 254 条隐患，完成整改 30 104 条，整改率 44.76%，未完成整改治理的 37 150 条隐患全部落实了责任主体。重要电力用户供用电安全状况明显提升，隐患排查彻底，治理初见成效，隐患治理率达到 42.45%；双电源配置 43.73%，较 2007 年末上升了近 2 个百分点，应急电源配置率 51.37%，较 2007 年末上升了近 8 个百分点，未发生重要电力用户重特大供用电安全事故。

2012 年 12 月，国家质检总局和国家标准委员会发布《重要电力用户供电电源及自备应急电源配置技术规范》（GB/Z 29328—2012），依据重要电力用户自身对供电可靠性的实际需求与应急电源的运行特性，提出了重要电力用户供电电源及自备应急电源的配置原则和技术要求，规范了重要电力用户的供电方式和自备应急电源配置要求，引导重要电力用户科学合理地配置自备应急电源。2018 年 12 月，国家质检总局和国家标准委员会对该标准进行了修订，调整补充完善重要电力用户供电电源配置要求、应急电源运行维护要求以及重要电力用户的类别范围和认定主体方法等。

二、煤矿供用电安全整治专项行动

2006 年 11 月 5 日，山西省大同煤矿集团轩岗煤电公司焦家寨煤矿发生特别重大瓦斯爆炸事故，造成 47 人死亡；11 月 25 日，黑龙江省鸡西市远华煤矿发生特大瓦斯爆炸事故，造成 22 人死亡，4 人下落不明；11 月 26 日，山西省临汾市芦苇滩煤矿发生瓦斯爆炸事故，造成 24 人死亡。这三起特大事故都是由于全矿井停电停风或井下局部停电停风造成瓦斯积聚，在没有采取措施的情况下重新送电引起瓦斯爆炸而引发的，充分暴露出一些煤矿用电管理混乱，也暴露出一些地区供电部门对煤矿安全供电管理存在脱节、不到位等问题。国务院领导对此高度重视，明确要求各地各矿加强供用电安全管理，认真执行停送电制度，决不能随意停电，一旦发生故障停电，要立即采取有力措施，迅速撤离工作人员，决不能存有侥幸心理，要千方百计保证矿工生命安全。

2006 年 12 月 1 日，国家安全生产监督管理总局、国家煤矿安全监察局、国家电力监管委员会联合印发《关于加强煤矿供用电安全管理工作的紧急通知》（安监总煤矿〔2006〕

251 号），要求各供电企业加强对煤矿企业的供电安全管理，严格依法依规对煤矿实施供电，防止随意停电现象的发生；各煤矿企业加强自身用电管理，矿井必须具备双回路电源，建立并严格执行井下停送电和用电制度，不得无计划停送电；地方各级煤矿安全监管、煤炭行业管理部门和驻地煤矿安全监察机构，会同电力监管部门加大对煤矿供用电的安全监管力度。

2006 年 12 月，国家电力监管委员会、国家安全生产监督管理总局和国家煤矿安全监察局联合对山西、内蒙古、辽宁、黑龙江、河南、贵州、河北等省（区）的 16 个电力公司及其供电区域内的煤矿供电情况进行了安全专项检查，实地检查了鄂尔多斯、临汾、本溪、峰峰、邯郸等矿区 27 座煤矿的用电情况。检查发现煤矿供用电安全方面存在：① 农村电网向煤矿供电的安全问题；② 电力企业供电管理、煤矿企业用电管理、供用电应急管理及电力设施保护工作等有待加强；③ 已公告关闭矿井的停供电程序需进一步规范。

对专项检查反映出的问题，国务院领导高度重视，要求“对非法煤矿和公告关闭煤矿要严令禁止供电；重点研究解决农村电网由于建设标准低、不具备对一级负荷连续可靠供电的问题；加强供用电安全管理，煤矿一旦停电，必须迅速撤离工作人员。”2007 年 4 月 28 日，国家电力监管委员会、国家安全生产监督管理总局、国家煤矿安全监察局联合下发《关于加强煤矿供用电安全工作的意见》（电监安全〔2007〕15 号），提出加快煤矿供用电电网规划与建设、严禁向非法煤矿供电、加强供电企业安全管理、强化煤矿企业用电安全管理、严格落实煤矿供用电应急措施、加强供用电设施保护以及加大煤矿供用电安全监管监察力度七项要求，电监会各派出机构、各省级煤矿安全监管部门及时对各基层电力企业、各煤矿企业的执行情况进行监督。

2007 年 5 月 20 日至 6 月 30 日，国家电网公司对经营区内直供直管的高危及重要用户的供用电安全状况进行了专项普查。其中煤矿供电电源隐患表现在三个方面：一是单电源供电比例大。部分高危客户安全意识薄弱，重效益，轻安全，不愿投资建设双电源或专线，有些规模小的煤矿企业，由于缺乏资金，无论电网能否提供双电源，自身也无力投资建设双电源或专线。二是农网供电的比例大。由于规划、投资及管理体制等原因制约，农网供电系统存在电源点不足、一次网架薄弱、线路无法满足 N－1[❶]要求、变电站内供电设施陈旧、供电方式不合理等问题，无法保证对客户的可靠供电。三是应急电源配置比例低。部分企业不愿意配置自备应急电源，即使配置也存在维护不到位、关键时刻不能发挥作用的现象。

针对专项普查突出的问题，国家电网公司提出具体的整改措施：健全高危客户供用电安全隐患档案，定期完善更新，对重大安全隐患指定专人跟踪、督促整改；建立隐患分级督办制度，网（省）公司负责督办重大安全隐患整改，地（市）公司、县供电企业负责督办一般安全隐患整改；隐患整改前或整改过程中，采取严密的监控防范措施，对于重大隐

❶ 当某个范围（一个变电站或一个区域电网）的同一类设备中一台（套）因检修或故障退运时，没有对电网的用户或下级电网造成影响，就称为该设备的“N－1”方式；如果能保证两台设备退运时仍能正常供电，则称为“N－2”。N 减的数越大，说明设备冗余越高，电网的供电可靠性就越高。

患，制定停电应急预案，组织供电企业和客户进行联合演练，杜绝事故发生；对电网结构薄弱、供电设备缺陷、安全管理不到位等供电原因形成的隐患，由各单位制定针对性的整改措施，严格落实；对于客户原因形成的隐患，加强与客户的沟通，做好用电安全服务，帮助完善整治方案，积极督促整改；认真配合做好小煤矿的关停工作，按照“政府主导、联合执法”的工作方式，对政府公告关闭的矿井，停止供电并拆除相应供电设施，对整顿关闭后为提供生活、保安需要而保留部分电源的，通过负荷管理系统加强监控，防止小煤矿死灰复燃，造成新的事故隐患。

各网省公司贯彻各级政府和国家电网公司关于安全生产工作的一系列指示，推进煤矿安全供用电保障工作。山西省电力公司把握“高危企业安全生产责任、政府主管部门全面监管责任、供电企业用电安全服务”三个主体定位，强化“责任落实、信息沟通、风险防范、结果考核”四个关键环节，制定实施了《煤矿安全供电指导意见（试行）》《用户用电安全隐患检查及督查整改管理办法》等一系列规范性文件；在煤矿等高危用户供用电管理过程中严把业扩报装准入、供用电合同签约、停复电通知、用电安全检查服务等环节，建立多层次全方位风险防范体系；通过实施双电源、双主变压器的建设与改造，补强优化电网结构；通过持续开展煤矿等高危用户供用电安全隐患排查，同时向各地安监局、工信局等政府主管部门书面汇报安全隐患，争取地方政府以文件形式明确用户限期整改的时间和安全责任，建立了隐患排查治理长效机制。2008 年，山西省全年各类煤矿的事故数量比 2007 年减少 28 起，死亡人数减少 155 人，煤矿安全控制指标有了很大改善。

为保障煤矿安全供用电，国家和各地政府出台了一系列相关政策，供电企业积极配合政府部门做好各类高危客户供用电隐患专项整治工作，提高了煤矿企业的安全供用电水平。

三、高危及重要用户供电电源的安全配置

2006 年 11 月，山西省大同煤矿集团轩岗煤电公司焦家寨煤矿、黑龙江省鸡西市远华煤矿、山西省临汾市芦苇滩煤矿连续发生特大瓦斯爆炸事故，造成多人伤亡。这 3 起特大事故都是由于煤矿安全用电管理混乱，供电电源配置不合理等严重问题造成的。

频频发生的煤矿事故引起了国家相关部门对高危及重要用户供用电安全的高度关注，要求采取各种措施提高煤矿供电的可靠性。国家电网公司紧急部署对煤矿、非煤矿山、危险化学品生产、冶金化工等高危企业开展安全供电专项大检查。在被检查的 27 463 户高危及重要用户中，双回路供电的只占 41.2%；配置应急电源的只占 34.95%；配置合规非电性质保安措施的只占 40.7%；6 万吨以下煤矿和非煤矿山基本上都是单电源供电，分别为 85%和 93%。这些高危及重要用户的供电电源配置存在极大的安全隐患，严重威胁供用电双方的安全运行。

国家电网公司在充分调研的基础上，组织专家对照国家供用电方面的技术标准、运行规程以及煤矿等相关行业的技术标准规定，根据国家安全监督管理部门对供用电安全的要求，制定了《业扩供电方案编制导则（试行）》（简称《导则》），于 2007 年 8 月 13 日以国

家电网营销〔2007〕655号行文下发，从源头上对高危及重要用户供电电源的安全配置提出了管理要求和技术规范，针对前期排查出的供用电安全隐患，在全公司范围内开展供用电安全隐患综合治理工作。

各网省公司全面落实供用电安全责任，积极主动向地方政府主管部门汇报，规范供用电安全法规建设，进一步明确供用电安全监管主体及各方用电安全方面的权利和义务，促进形成政府、电网企业和高危用电企业共同提高供用电安全用电水平的良好局面。同时，落实《导则》要求，细化管理和技术措施，严把业扩入口关，从源头上消除供用电安全隐患。① 根据用户的用电容量、用电性质、用电时间以及用电负荷的重要程度，确定供电方式，确保高危及重要用户供电电源安全配置到位。② 对于新报装的重要客户[1]，一级负荷[2]的供电除按双电源进行配置外，还要增设保安电源，并严禁将其他负荷接入应急供电系统。二级负荷[3]的供电，按双电源进行配置，但当一路电源发生故障时，另一路电源不应同时受到损坏。所有重要客户都应配置自备应急电源及非电性质的应急措施，且自备应急电源配置容量标准必须达到保安负荷的120%，启动时间满足安全要求，客户的自备应急电源与电网电源之间应装设可靠的电气或机械闭锁装置。③ 自备应急电源、非电性质的应急措施及谐波治理措施应与供用电工程同步设计、同步建设、同步投运、同步管理。④ 对于已接入电网的高危及重要用户，加强监督管理，落实供电电源配置不到位等安全隐患整改措施，做到重大隐患"一患一档"，提出治理隐患方案建议，并书面通知用户，跟踪、落实整改。短期不能完成整改的，采取安全措施，完善应急预案，防止重大和恶性事故发生。⑤ 对于电网原因形成的安全隐患，做到整改责任、措施、资金、期限和应急预案"五落实"，加快电网建设，提高供电可靠性。努力为重要用户配置双回路供电电源提供条件，使部分农村电网逐步具备向一级负荷供电的能力。⑥ 建立了供用电安全隐患排查和治理工作的常态机制。

2010年9月7日，国家电网公司对2007年的《业扩供电方案编制导则（试行）》进行了修订，将高危及重要用户改称为重要电力用户，并划分为特级、一级、二级重要电力用户和临时性重要电力用户。

高危及重要用户供电电源安全配置的规范，对进一步夯实供用电安全基础、加强供用电安全服务、提高供用电安全管理水平、保障经济社会发展和人民生活幸福发挥了重要作用。

四、用电领域的安全风险防范与管理

"十一五"期间，全国全社会用电量从28 248亿千瓦·时增加到41 923亿千瓦·时，年均增长11.09%，电网规模跃居世界第一。随着社会进步和电网高速发展，用电领域在

[1] 具有一级负荷兼或二级负荷的客户统称为重要客户。

[2] 中断供电将产生下列后果之一的，为一级负荷：① 引发人身伤亡的；② 造成环境污染的；③ 发生中毒、爆炸和火灾的；④ 造成重大政治影响、经济损失的；⑤ 造成社会公共秩序严重混乱的。

[3] 中断供电将产生下列后果之一的，为二级负荷：① 造成较大政治影响、经济损失的；② 造成社会公共秩序混乱的。

经营管理、供电服务、供用电公共安全等方面的经济和法律风险也逐步加大。因内部管理或供电服务不到位、突发事件处理不当、营销自动化系统宕机等问题时有发生，直接影响电网企业的经营成果和电力优质服务形象。

2009 年 2 月，国家电网公司结合用电领域安全管理形势和发展要求，出台了《营销安全风险防范与管理规范（试行）》（国家电网营销〔2009〕138 号）（简称《规范》），要求深入贯彻“安全第一、预防为主、综合治理”方针，建立营销安全风险防范与管理机制，规范风险防范措施与管理要求，从供用电安全、电费安全、现场作业安全、客户服务安全、营销自动化系统安全五个方面，有效降低和化解营销安全风险。同时下发的《国家电网公司营销安全风险防范工作手册（试行）》，将营销安全涉及的五大类风险分解细化到每一项业务、每一个流程、每一个岗位的每一个作业面，对 130 个安全风险点进行了 299 种风险描述和 239 种风险影响评估，提出了 388 条具体的安全风险防范措施。

各网省公司强化营销基础管理工作，按照风险识别、风险分析、风险评估、风险防范等风险管理环节，建立了包括风险分析、风险预警、风险报告的管理制度，以及风险应急处置程序和应急预案，采取了有效措施防止风险扩大和蔓延。① 在供用电安全风险管控方面，常态化开展对高危及重要客户用电安全隐患的排查治理工作。“十二五”期间累计排查高危及重要客户 58 万余户次，“服务、通知、报告、督导”到位率 100%。山西公司针对用电项目审核不严、重要负荷识别不准确、供电方案制定不合理等风险点，对业扩全流程实行集中监控。重庆公司针对供用电合同超期、签订主体不合法、必备条款不完善等风险点，上线了供用电合同管理系统，重新签订了 29 750 份高压供用电合同。② 在电费安全风险防范方面，网省公司全面建立“堵新欠、清陈欠、防风险”的电费回收常态管控机制，成功应对 2008 年国际金融危机、国家宏观调控、执行差别电价、调整销售电价等带来的电费风险，2009 年、2010 年电费回收率达 99.99%以上。上海、江苏、安徽、湖北、湖南、重庆、陕西等公司开展了客户信誉等级评价，其中上海和重庆将客户电费缴纳情况纳入了城市信用体系。③ 在现场作业安全风险控制方面，各网省公司实施标准化作业流程，加强抄表收费、表计安装等现场作业人员的安全管理。吉林公司推行电能表成像、表码识别及批量复核系统；山东公司制定了电能计量实验室检定、现场测试等岗位的作业指导书和现场作业指导卡。④ 在供电服务安全风险预防方面，全力推进“塑文化、强队伍、铸品质”供电服务提升工程，2010 年客户投诉回访率和业扩报装回访率均达到 100%。北京公司聘请第三方机构开展服务危险源识别和预控，防范窗口现场服务风险。⑤ 在营销自动化系统安全风险防范方面，建立和完善信息化系统运行维护管理制度，定期开展系统安全检查、运行日志分析，建立主机、数据存储等重要设备的容灾方案，2012 年年底营销业务应用系统成功接入国家电网公司三地灾备中心，实现了营销业务数据实时灾备，有效降低了营销自动化系统安全风险。

用电领域安全风险防范与管理的不断强化，提高了用电领域各类业务事前监管和事中控制能力，减少了人为失误和工作差错，有效降低和化解了安全风险，为提高用电领域整体运行水平奠定了基础。

五、电能质量国家标准体系的建设与完善

随着国民经济和科学技术的飞速发展，供配电电能特性和需求发生了较大的变化。虽然全国电压电流等级和频率标准化技术委员会（SAC/TC 1）（简称标委会）持续对电能质量标准进行修订，如 2003 年将《电能质量　供电电压允许偏差》变更为推荐性标准等，但已有的 6 项电能质量标准已远不能满足实际需要。中国亟须研究建立一个电能质量标准体系框架，并在这个框架内有计划地开展标准制修订工作。2004 年，标委会在国家发展改革委下达的“电能质量标准体系完善化研究”项目中提出了电能质量标准体系框架，并据此开展了电能质量标准体系的建设工作。

由于早期制定的电能质量标准主要集中于对限值的规定而缺乏对测量方法、合格率统计方法的规定，为提高标准的可操作性，标委会于 2008 年集中对频率偏差、供电电压偏差、电压波动和闪变、三相电压不平衡度四个标准进行了修订：《电能质量　电力系统频率偏差》（GB/T 15945—2008）规定了电力系统频率偏差限值、测量及合格率的统计方法；《电能质量　供电电压偏差》（GB/T 12325—2008）规定了电网供电电压偏差的限值、测量、合格率统计；《电能质量　电压波动和闪变》（GB/T 12326—2008）规定了电压波动和闪变的限值及测试、计算和评估方法；《电能质量　三相电压不平衡度》（GB/T 15543—2008）规定了三相电压不平衡度的允许值及计算、测量和取值方法。另外，此次集中修订还将《电能质量　电压波动和闪变》由强制性标准变为推荐性标准，至此全部限值和基本要求系列的电能质量标准均变更为推荐性标准。

除已经制定的 6 项电能质量标准外，标委会在限值和基本要求系列标准中还提出将间谐波、电压暂升/暂降、短时和长时断电、电压波形缺口及信号电压纳入电能质量国家标准的范围。

随着电力电子元件等非线性设备在电力系统中的广泛应用，其产生的间谐波引起电压闪变和干扰放大、电动机振动及异常等问题而受到重视，电能质量的标准体系需要不断完善。2009 年，中国首先将电网间谐波作为电能质量指标单独制定标准，制定了《电能质量　公用电网间谐波》（GB/T 24337—2009）。另外，新型电力负荷的迅速发展对电能质量提出了更高的要求，电压暂降和短时供电中断已经成为影响许多用电设备安全运行最主要的电能质量问题。对电压暂降十分敏感的微电子控制设备和电力电子装置等，几分之一秒的电压暂降就可能破坏这类设备或装置的正常工作，造成重大损失。为此，标委会于 2013 年制定了《电能质量　电压暂降与短时中断》（GB/T 30137—2013），作为电力企业和用户处理该类问题的技术依据。

2016 年，标委会制定了多个国标。在术语方面，标委会制定了《电能质量　术语》（GB/T 32507—2016），正式将电能质量相关术语纳入国家标准范围，该标准明确了电力生产、输送、分配、储存与使用中的电能质量技术和管理领域中的基本名词、术语和定义。随着电能质量监测设备的发展，《电能质量监测设备通用要求》（GB/T 19862—2005）已无法满足时代的变化，标委会于 2016 年依据 IEC 61000—4—30—2008《电磁兼容（EMC）

试验和测量技术　电能质量测量方法》等标准对其进行了修订。在电能质量经济性方面，标委会还制定了《电能质量经济性评估》系列3项标准，包括《电力用户的经济性评估方法》（GB/Z 32880.1—2016）、《公用配电网的经济性评估方法》（GB/Z 32880.2—2016）、《数据收集方法》（GB/T 32880.3—2016）。

截至2020年，中国电能质量标准体系中基础性和通用性的国家标准主要有：

（1）基础标准：

《标准电压》（GB/T 156—2017）

《标准电流等级》（GB/T 762—2002）

《标准频率》（GB/T 1980—2005）

《电特性的标准化》（GB/Z 26854—2011）

《电能质量　术语》（GB/T 32507—2016）

（2）限值和基本要求（包含监视、测量、评估方法）：

《电能质量　供电电压偏差》（GB/T 12325—2008）

《电能质量　电压波动和闪变》（GB/T 12326—2008）

《电能质量　公用电网谐波》（GB/T 14549—1993）

《电能质量　电力系统频率偏差》（GB/T 15945—2008）

《电能质量　三相电压不平衡度》（GB/T 15543—2008）

《电能质量　暂时过电压和瞬态过电压》（GB/T 18481—2001）

《电能质量　公用电网间谐波》（GB/T 24337—2009）

《电能质量　电压暂降与短时中断》（GB/T 30137—2013）

（3）监视、测量、分析仪器设备：

《电能质量监测设备通用要求》（GB/T 19862—2016）

《电能质量监测设备自动检测系统通用技术要求》（GB/T 35725—2017）

（4）电能质量管理：

《电能质量经济性评估　第1部分：电力用户的经济性评估方法》（GB/Z 32880.1—2016）

《电能质量经济性评估　第2部分：公用配电网的经济性评估方法》（GB/Z 32880.2—2016）

《电能质量经济性评估　第3部分：数据收集方法》（GB/T 32880.3—2016）

除以上基础性和通用性标准外，电能质量标准体系中还包含大量针对特定装置或应用方法的标准，如《并联型有源电能质量治理设备性能检测规程》（GB/T 35726—2017）、《互感器　第103部分：互感器在电能质量测量中的应用》（GB/T 20840.103—2020）等。

从20世纪80年代开始，国家标准主管部门将制定电能质量系列标准列为重点项目之一，同时大量引进以IEC 61000系列为主的先进国际标准。截至2020年国内标准化技术委员会组织制定了电能质量指标国家标准8项，围绕指标制定的标准有电能质量测量的国家标准4项、相关设备的国家标准1项、分布式电源接入电网的国家标准3项、电能质量治理设备的国家标准 5 项、电能质量经济评估的国家标准 3 项、能源行业标准 11 项、电力行业标准 43 项。

随着电力系统工程技术的不断发展、电能质量监测和治理等产业的崛起、能源互联网和微电网的发展、分布式电源的广泛应用、各类新型负荷对电能质量要求的多样化和不断提高，电能质量标准体系还在不断地进行扩充、调整和完善。

第七节　供电服务承诺与社会责任报告

进入 21 世纪，电力体制改革“厂网分开”开始实施，电网企业承担着服务社会经济发展，向全社会提供供电服务的责任和义务。随着市场经济的逐步完善和电力体制改革的不断深化，广大客户对供电服务质量的期望值也在不断提高。国家电网公司和南方电网公司把优质服务提升到公司发展战略的高度，采取向社会公开供电服务承诺、发布《社会责任报告》等重大措施，不断提升供电服务能力，同时接受社会监督。南方电网公司提出“万家灯火　南网情深”，并以此为主题开展优质服务系列活动，国家电网公司提出“你用电，我用心”的大众传播品牌口号，全面提升供电服务能力和水平，塑造了电网企业的品牌形象。

一、电网企业发布供电服务承诺

社会服务承诺制度是纠正行业不正之风，加强行业作风建设的新途径，是加强社会主义精神文明建设的一个重要载体。1996 年 8 月，电力工业部制定《全国电力系统推行供电社会服务承诺制试点工作方案》，将 35 个市供电部门列为开展承诺制的试点单位，重点解决与群众利益密切相关并迫切需要解决的问题。

2001 年，国家电力公司向社会公布了供电服务投诉电话并作出供电服务八项承诺，包括营业场所信息公开、县以上营业场所实行无周休日制度、提供 24 小时电力故障报修服务及到达现场时限、计划停电提前 7 天向社会公告、供电企业在受理居民客户申请用电后以及其他客户在受电装置验收合格后 5 个工作日内送电、公布报修和供电服务投诉与举报电话等内容。

2005 年 4 月 8 日，国家电网公司为在新形势下进一步推进公司内质外形建设[1]，向社会公开发布了《国家电网公司供电服务“十项承诺”》，对供电服务行为提出了更高要求。内容包括：① 城市地区：供电可靠率不低于 99.90%，居民客户端电压合格率 96%；农村地区：供电可靠率和居民客户端电压合格率，经国家电网公司核定后，由各省（自治区、直辖市）电力公司公布承诺指标。② 提供 24 小时电力故障报修服务，供电抢修人员到达现场的时间一般不超过：城区范围 45 分钟；农村地区 90 分钟；特殊边远地区 2 小时。③ 供

[1] 内质外形建设：国家电网公司推出的内强素质、外树形象建设。

电设施计划检修停电，提前 7 天向社会公告。对欠电费客户依法采取停电措施，提前 7 天送达停电通知书，费用结清后 24 小时内恢复供电。④ 严格执行价格主管部门制定的电价和收费政策，及时在供电营业场所和网站公开电价、收费标准和服务程序。⑤ 供电方案答复期限：居民客户不超过 3 个工作日，低压电力客户不超过 7 个工作日，高压单电源客户不超过 15 个工作日，高压双电源客户不超过 30 个工作日。⑥ 装表接电期限：受电工程检验合格并办结相关手续后，居民客户 3 个工作日内送电，非居民客户 5 个工作日内送电。⑦ 受理客户计费电能表校验申请后，5 个工作日内出具检测结果。客户提出抄表数据异常后，7 个工作日内核实并答复。⑧ 当电力供应不足，不能保证连续供电时，严格按照政府批准的有序用电方案实施错避峰、停限电。⑨ 供电服务热线“95598”24 小时受理业务咨询、信息查询、服务投诉和电力故障报修。⑩ 受理客户投诉后，1 个工作日内联系客户，7 个工作日内答复处理意见。2005 年 5 月 20 日，《国家电网公司供电服务“十项承诺”考核办法》（国家电网营销〔2005〕335 号）印发，用以加强服务承诺的监督与考核。2005 年，国家电网公司供电优质服务工作赢得了各级政府、社会各界的理解支持和高度认可，在当年开展行风测评的 19 家省级供电单位中，11 家单位取得行风测评第一名、8 家单位获得行风免评单位称号。

2007 年，南方电网公司积极响应国资委关于中央企业开展“优质服务年”活动的倡议，提出以保障电网安全稳定运行、服务新农村建设为主要内容的八项服务承诺：① 落实国家“西电东送”战略，促进东西部协调发展，“西电东送”电力超过 1400 万千瓦。② 优化资源配置，保证电力供应，供应紧张时做好有序用电，做到限电不拉路，错峰不减产。③ 依法经营，诚信服务，严格遵守国家价格政策。④ 保证电网安全运行，城市供电可靠率不低于 99.85%，农村供电可靠率不低于 99.5%；综合电压合格率不低于 99%，主网频率合格率不低于 99.99%。⑤ 新增报装客户供电方案答复期限：居民客户不超过 3 个工作日，低压电力客户不超过 7 个工作日，高压单电源客户不超过 15 个工作日，高压双电源客户不超过 30 个工作日。⑥ 提供 24 小时电力故障报修服务，供电企业工作人员到达现场抢修的时限自接到报修之时起，城区范围不超过 45 分钟，农村地区不超过 90 分钟，边远、交通不便地区不超过 2 小时。因天气、交通等原因无法在规定时限内到达现场的，向用户进行解释。⑦ 推动资源节约和环境保护，开展节能、环保和经济调度。主动宣传节约用电，为客户提供节能咨询服务。⑧ 服务新农村建设，2007 年解决 12 万户农村无电人口用电问题。2011 年，南方电网公司发布《中国南方电网公司供电服务承诺》，更加严格地规范了服务行为和服务时限。

随着电力体制改革不断深入推进，面对新形势、新要求，国家电网公司分别在 2011 年、2020 年对“十项承诺”做了修订，承诺内容更加丰富，服务标准进一步提高，涉及停电信息公告、欠费复电、信息公开、优化营商环境、服务投诉、市场化售电等多个维度。南方电网公司分别在 2011 年、2017 年对供电服务承诺做了修订，承诺内容更加充分展现“人民电业为人民”的企业宗旨，提高了承诺标准，更好满足客户多样化、个性化供电服务需求。

电网企业发布的供电服务承诺得到社会各界的充分肯定，充分体现了电网企业高度的政治责任感和社会责任感，展现了两大电网公司认真负责的国企形象、真诚规范的服务形象、严格高效的管理形象、公平诚信的市场形象、团结进取的团队形象。

二、电网企业发布社会责任报告

企业社会责任[1]运动兴起于 20 世纪 80 年代的西方发达国家。从 20 世纪 90 年代起，随着经济全球化进程的不断深入，形成了持续发展的国际潮流，各大跨国公司开始把社会责任上升为公司战略，视其为公司核心业务运作的重要组成部分。企业在创造利润的同时，可获得良好的品牌形象和社会赞誉，实现企业与社会共同可持续发展，实现企业利益和社会发展的双赢。社会责任竞争是跨国公司继价格竞争、质量竞争之后新一轮国际竞争的重要标志。

企业社会责任理念在中国的传播与中国经济全球化的进程相一致，特别是在中国社会主义市场经济体系不断完善、全面建设小康社会进入新的阶段、党中央提出落实科学发展观和构建社会主义和谐社会的背景下，企业社会责任得到了政府和社会的普遍关注。

作为关系国家能源安全和国民经济命脉的国有重要骨干企业，国家电网公司肩负着十分重要的经济责任、政治责任和社会责任。2005 年，国家电网公司研究了数十家国际一流企业的社会责任创新实践，梳理了其发展历程、认识程度、关注议题、责任管理、评价指标体系、利益相关方六个方面的主要特点。2006 年 3 月 10 日，国家电网公司发布中国企业首份社会责任报告——《国家电网公司 2005 社会责任报告》。

报告中，国家电网公司系统客观地阐述了 12 个方面的公司社会责任，初步建立了国有独资企业社会责任报告的模式，包括科学发展、安全供电、环保节约、服务“三农”、优质服务、科技创新、卓越管理、沟通交流、员工发展、企业公民、合作共赢、全球视野等。报告中，国家电网公司从国家、员工、客户、环境和社会主义新农村等方面全方位阐释了对企业社会责任的理解和所做的努力，从理念和实际行动两个方面报告了对企业社会责任的认识和所取得的业绩。

《国家电网公司 2005 社会责任报告》明确了公司社会责任的具体内容：一是坚持全面履行社会责任的基本价值取向，化为公司上下的自觉行动；二是坚持一切工作从党和大局出发，实现企业经济效益和社会效益的协调统一；三是坚持公司和电网的科学发展，建设世界一流电网、国际一流企业；四是坚持提升公司经营效率和效益，最大限度地创造社会财富；五是坚持安全可靠供电，为经济社会发展提供坚强电力保障；六是坚持优质服务，持续为客户创造价值；七是坚持以人为本，实现员工与公司的共同发展；八是坚持合作共赢，推动电力工业可持续发展；九是坚持依法经营，自觉接受政府监督和社会监督；十是坚持回报社会，争当优秀企业公民。

[1] 企业社会责任是指在市场经济条件下，企业经济功能与社会功能相剥离，企业有目的、有计划地主动承担对员工、对客户、对供应商、对环境、对社区以及对国家的社会责任，以实现企业与经济社会可持续发展的协调统一。

这是第一份中国企业公开发布的社会责任报告，是中国企业社会责任发展的一个重要里程碑，为中国企业履行社会责任、促进企业和社会的可持续发展树立了榜样。同时，它是中国企业履行社会责任与国际接轨的一个重要标志。中国已有51家企业加入联合国所倡导的《全球契约》，社会责任竞争（以2008年颁布ISO 26000社会责任管理体系为标志）是继质量竞争（以ISO 9000质量管理体系为标志）、环境竞争（以ISO 14000环境管理体系为标志）后更高级的竞争形态。企业竞争由此进入包括质量、环境和社会责任的全面责任竞争时代。发布企业社会责任报告是先锋企业积极参与社会责任竞争的一种主动行为方式。

2006年3月19日，国务院总理温家宝为《国家电网公司2005社会责任报告》的发布作出批示："这件事办得好。企业要向社会负责，并自觉接受社会监督。"媒体认为这是"中国企业社会责任发展元年"的三大标志性事件之一。

自2006年以后，国家电网公司每年发布社会责任报告。之后发布的社会责任报告信息披露更加丰富，社会责任指标更趋系统，提高了报告的公信力与客观性，充分体现了国家电网公司追求开放、公开、透明、诚信的经营理念以及利益相关方的参与。

2007年12月29日，国务院国有资产监督管理委员会印发了《关于印发〈关于中央企业履行社会责任的指导意见〉的通知》（国资发研究〔2008〕1号），确立了中央企业履行社会责任的指导思想和基本原则，概括了中央企业履行社会责任的主要内容，要求中央企业增强社会责任意识，积极履行社会责任，建立和完善履行社会责任的体制机制，建立社会责任报告制度，加强企业间交流与国际合作，加强党组织对企业社会责任工作的领导，成为国家经济的栋梁和全社会企业的榜样。指导意见的出台，推动了中央企业在建设中国特色社会主义事业过程中积极履行社会责任，促进企业与社会、环境的全面协调可持续发展。

2008年5月9日，南方电网公司发布了《2007年社会责任报告》，主要内容由安全供电、经济绩效、节能环保、社会和谐四部分构成，介绍了南方电网公司的社会责任理念和成功实践，重点阐述了南方电网公司2007年履行社会责任的主要工作和绩效。此外，报告还总结了南方电网公司成立5年来改革发展的主要成果。

此后，南方电网公司将社会责任与提升企业核心竞争力紧密结合，融入日常运营管理，主动与利益相关方进行沟通，每年都发布社会责任报告，积极向社会公众、媒体、专家学者和合作伙伴等相关方披露南方电网公司的信息，让社会公众和相关方了解南方电网公司履行社会责任的进展和实践。

两大电网公司的社会责任报告系统阐述了企业价值取向和社会责任追求，是电网企业加强社会责任工作的具体行动，也是主动融入世界发展的历史潮流，勇于自我加压、追求卓越的自觉行动。两大电网公司社会责任报告的发布，有利于激发创造企业活力、提升品牌形象；有利于提升服务品质、增强企业凝聚力；有利于树立负责任的企业形象，提升中国企业的国际影响；有利于进一步加强与社会各界的广泛沟通，促进企业内质外形建设，为推动企业转变发展方式，提高发展质量，服务经济发展和社会进步起到了积极作用。

三、南方电网公司的“万家灯火　南网情深”

南方电网公司成立后，抓战略、定方针，确立了“对中央负责、为五省区服务”的宗旨，制定了“打造经营型、服务型、一体化、现代化的国内领先、国际著名企业”的总体战略目标，提出了“六个更加注重”的工作方针，即更加注重依靠科技进步、更加注重树立科学发展观、更加注重社会效益、更加注重管理出实力、更加注重深化改革、更加注重人的发展。在战胜缺电困难的过程中倡导实践“主动承担社会责任”的服务理念，2004年首次提出“万家灯火　南网情深”，并以此为主题开展优质服务系列活动，2006年发布的南方电网公司企业文化理念（2006年版），首次正式将“万家灯火　南网情深”作为南方电网公司主题形象语。

“万家灯火　南网情深”是南方电网公司形象宣传的标志语。“万家灯火　南网情深”聚焦于“情”，其内涵是：服务客户之情，以客户为中心，以提高供电可靠性为根本；关爱员工之情，以员工为本，员工与企业共同成长，建设幸福南网；回报社会之情，承担社会责任，打造绿色电网；以南网人的真情，点亮万家灯火，给社会带来光明和幸福。为更好地开展“万家灯火　南网情深”企业形象的宣传工作，南方电网公司印发《“万家灯火　南网情深”优质服务系列活动方案》，从规范化服务、开放式服务及卓越服务三方面，通过提升供电可靠性及抢修效率、推行供电服务承诺及规范化营业窗口服务、开展“万家灯火　南网情深”宣传、95598客户满意度调查等16个专项工作开展优质服务提升，外塑企业形象，不断升华服务水平、服务质量和创新服务意识、服务手段，打响优质服务品牌。其中，广东电网公司首创短消息服务，采取多种形式拓宽与客户沟通渠道等工作，全省133个城市营业窗口达到南方电网公司营业示范窗口标准，2004年95598客户满意度调查客户满意率达到97.8%。2005年5月，南方电网公司在国务院国有资产监督管理委员会的官方网站上以《万家灯火　南网情深》为题目刊登文章，全面开展“万家灯火　南网情深”的宣传工作。2007年1月，南方电网公司2007年工作会议完整提出“南网方略”，“南网方略”是对南方电网公司大政方针的进一步总结，是南方电网公司的治企章法，是新时期更加系统化、规范化指导南方电网公司工作的行动指南。

“万家灯火　南网情深”就是奉献光明，凝聚真情。点亮万家灯火，既是南方电网公司的责任，也是南方电网公司的成果；既是服务社会的体现，也是推动文明的象征；既是优化资源配置的亮丽呈现，也是追求和谐发展的诗意传达。

四、国家电网公司的“你用电，我用心”

国家电网公司成立以来，把优质服务提升到公司发展战略的高度，创新发展能力显著提升，综合实力不断增强，已逐步成为国际上有较强影响力的能源领域领军企业。打造国际一流公司，加强和加快品牌建设，推出和使用令人过目不忘、拉近与公众情感距离，既传播企业理念又能表达公司主营业务与受众关系的品牌口号，实施品牌引领战略，提升公司软实力，对促进公司又好又快发展有着重要的意义。

国家电网公司高度重视企业形象的树立和品牌口号的宣传，组织开展形式多样的企业形象宣传活动，多年来不断探索适应形势发展的品牌标识。2010 年 4 月，国家电网公司面向系统内外开展国家电网品牌口号征集活动。经内部推荐、专家评审、网络评选，"你用电，我用心"最终在 18 230 个参赛作品中脱颖而出获得第一名，成为国家电网公司新的大众传播品牌口号。口号的释义：公司积极履行"保障更安全、更经济、更清洁、可持续的能源供应"的基本使命，"你用电"代表了国家电网公司的功能定位，将抽象的"电"又拉回到了眼前，富有内涵、耐人回味；"我用心"诠释了服务党和国家工作大局、服务电力客户、服务发电企业、服务社会发展的企业宗旨，表达了企业对于自身价值的思考，承诺将用心发挥好企业核心功能、用心回应利益相关方的诉求、用心编织更美好的未来。"你用电，我用心"生动形象、亲和力强，语言平实直白、文字简练清晰，朗朗上口、易于引起集体记忆，具有丰富的想象空间，可以很好地拉近与公众的情感距离，获得广泛的价值认同。

2011 年 4 月 11 日，国家电网公司对外联络部下发《关于"你用电，我用心"品牌口号推广应用的通知》（外联联络〔2011〕24 号），同年 8 月发布了《国家电网品牌口号推广应用手册》，将品牌口号的传播与品牌标识标准化工作相结合，先期推出"95598 服务热线版"，首批大众传播口号推广形式限定为各地区户外大型路牌广告。大众传播口号及其系列画面由国家电网公司总部统一策划，各网省电力公司结合户外大型路牌广告的更换周期，优先选择位于机场、高速路等位置的广告予以更换。对一些国家电网标志标识产品也引入了"你用电，我用心"口号，"你用电，我用心"作为企业品牌形象正式对外展示，并融入对外服务形象宣传的方方面面，走进了千家万户，为国家电网成功树立了理想的品牌形象。2011 年，国家电网公司被中央创先争优活动领导小组确定为重点联系单位，创先争优活动得到中央领导同志的肯定。国家电网公司积极履行企业社会责任，荣获"2011 中国企业社会责任特别大奖"，蝉联"中国 500 最具价值品牌排行榜"第二名。

"你用电，我用心"将国家电网公司的价值理念与核心业务紧密结合，将社会公众的普遍诉求与责任担当紧密结合，拉近了国家电网公司与用电客户、合作伙伴、社会公众之间的心理距离，诠释着央企的责任担当，汇聚着企业对社会的关爱，彰显着供电人奋发有为的进取精神，更好地塑造了国家电网公司的品牌形象。

第八节　抗灾抢险与重大事件的保电

2007 年 12 月，国务院国资委以国资发研究〔2008〕1 号文件印发了《关于中央企业履行社会责任的指导意见》。电网企业坚定不移地主动承担社会责任，积极履行维护公众利益和电力普遍服务义务，着力保障服务党和国家大局，服务经济建设和民生，为南方罕见冰灾、汶川特大地震等各项抢险救灾恢复供用电任务提供了坚强的电力保障；在北京奥运会、上海世博会、"神舟"五号载人飞船发射等重大事件的保电工作中实现"零失误、零事故”，充分彰显了电网企业以责任为先的理念和“人民电业为人民”的宗旨。

一、南方罕见冰灾后的供用电恢复

2008 年 1 月中旬开始，一场 50 年罕见的特大冰雪灾害袭击了中国南方大部分地区，低温雨雪冰冻极端天气持续时间长达 42 天之久，造成中国华中、华东、华南等区域不同程度受灾。此次冰雪凝冻灾害呈现出范围广、持续久、灾害重的特点，时值春运期间，直接造成电力输送中断、列车停运、电煤供应紧张，对交通、电力、通信、能源供应、农业及群众生活造成严重影响和重大损失。

灾害发生后，党中央、国务院高度重视，明确提出“保交通、保供电、保民生”的决策部署。2008 年 1 月 29 日，中共中央总书记、国家主席胡锦涛主持中央政治局会议，专门研究雨雪冰冻灾情，部署做好保障群众生产生活工作。2 月 13 日，国务院总理温家宝主持召开国务院常务会议，研究部署冰雪灾后重建工作，对电网恢复重建和电煤保障工作提出要求。

受灾害影响，全国共有 14 个省（含直辖市）级电网、664 个县 3348 万用户供电受到不同程度的影响，部分地区电力设施受灾损坏极其严重，其中湖南、江西、贵州、广西受灾最为严重，局部地区由于电力设施毁坏严重，电力供应中断达 10 余天之久。湖南电网与主网解列，一度濒临崩溃，东江等 3 个主力电厂送出通道全部中断，全网最大可供电力一度下降到正常负荷的 35%左右；江西电网先后 5 次与华中主网解列，省网一度解列成 3 片运行；浙江多条省间 500 千伏联络线停运，4 个地市电网失去与 500 千伏主网的联络；福建电网孤网运行 31 天；贵州电网一度解列成 4 片运行，受损线路占其总数的 77%，停运变电站占其总数的 70%；广西桂林电网一度孤网运行；贵州、三峡、湖南鲤鱼江和桥口电厂送出通道中断，西电送广东比原计划减少近 800 万千瓦，广东最大电力缺口超过 1000 万千瓦；京广、沪昆、鹰夏电气化铁路的 15 个牵引变电站供电受到影响。灾害造成全国范围内的 500 千伏变电站全站停电 15 座，220 千伏变电站全站停电 86 座，停运的 500 千伏电力线路 119 条，停运的 220 千伏线路 343 条；还造成 500 千伏杆塔倒塔 678 基、受损 295 基，220 千伏杆塔倒塔 1432 基、受损 586 基。国家电网公司所属 10 千伏及以上电网杆塔倒塌损毁 18.4 万基、断线 12.9 万处，低压线路倒/断杆 51.9 万根、受损 15.3 万千米；各电压等级线路停运 15.3 万条，35 千伏及以上变电站累计停运 884 座，累计停电台区 21.93 万个。南方电网公司所属 10 千伏及以上电网杆塔倒塌损毁 12.9 万基、断线 22.5 万处，低压线路倒/断杆 14.2 万根；各电压等级线路停运 7541 条，35 千伏及以上变电站累计停运 859 座。两大电网公司的直接经济损失达到 238.8 亿元。

国家电网公司坚决贯彻党中央、国务院决策部署，迅速响应，周密安排，举全公司之力开展抗冰抢险保供电工作。1 月 27 日，国家电网公司以〔2008〕1 号令发布《国家电网公司抗灾抢险十项重点措施》，对抗冰抢险保供电进行全面系统的部署，2 月 14 日，根据国务院部署成立抗冰抢险恢复重建工作领导小组，主要负责人担任组长，其他领导率领工作组分别在浙江、湖南、江西现场指挥协调恢复重建工作。以确保主网安全为前提，充分发挥大电网互联和输配电一体化优势，统一调配电力资源，加大跨区、跨省和网内支援力度，避免主网瓦解事故。严格按照电网实际供电能力送电，及时组织对严重受灾电网的事故支援，保证了华中、华东主网的安全运行。

灾情发生后，受灾省市电力公司紧急组织抢险队伍，赶赴冰雪集中区和覆冰严重的高寒山区，全力开展线路特巡、人工除冰保网和损毁设备设施的抢修恢复工作。两大电网公司短时间内从 28 个网省公司调集 3 万余人的抢修队伍紧急驰援灾区，总计投入 43.6 万人开展抢修和恢复重建。国家电网公司共筹措了灾区急需的 2.9 万吨铁塔、71.7 万根水泥杆、11.07 万吨导线、563 万片绝缘子、274.63 万副金具，以及 18 766 台配电变压器、4517.9 千米电缆、4290.7 千米光缆等物资。南方电网公司累计运送塔材 26 065 吨、导线 24 885 吨、光纤复合架空电线 778 吨、光缆 422 盘、电杆 173 000 余根，确保了抗冰抢险恢复重建的物资供应。

在加快电网抢修恢复重建工作的同时，两大电网公司紧急从 32 个省（市）电力公司筹集应急发电设备，共计投入发电机（车）8981 台，保障救灾指挥中心、电力调度中心、医院、交通枢纽、电信、矿山、政府部门、部队、学校、新闻媒体等 832 个重要客户和居民生活的基本用电需求。国家电网公司抽调 1000 余名精干力量对铁路沿线实行 24 小时不间断排查，及时消除安全隐患，帮助沿线各车站完善保安电源，保住了京九、沪昆、鹰厦、皖赣四条铁路干线的畅通。2 月 4 日 13 时 10 分，京广铁路衡阳地区衡北、衡山、耒阳、东阳渡 4 个牵引变电站全部恢复双回路供电。2 月 16 日 14 时 43 分，京广铁路郴州地区槐树下、马田城和白石渡 3 个牵引变电站恢复正常供电，国家电网公司经营区域内电气化铁路运输基本恢复正常。同时紧急调动发电车，成功确保了萍乡煤矿、抚州 721 铀矿等供电。全力抢修供电线路，帮助丰城煤矿救出全部 132 名被困井下的矿工，解救了萍乡巨源煤矿 5 名被困矿工，圆满实现了“保电网、保铁路、保民生”的目标。

面对电网抢修恢复期间紧张的用电形势，国家电网公司指导湖南、江西省电力公司迅速启动有序用电方案，大力压缩高耗能、落后生产能力的电力需求，分别组织 373 万千瓦和 232 万千瓦工业负荷提前停产，让电于民；组织继续生产的企业采取避峰、负荷管理系统限电等措施，分别组织客户限电 27 505 户次和 4108 户次，再压限负荷 397 万千瓦和 238 万千瓦。1 月底，二滩送出输电通道因遭受冰灾停运，四川、重庆电网也出现巨大电力缺口，国家电网公司再次指导四川、重庆公司分地区、分线路细化负荷结构，挖掘电力需求侧管理潜力，通过实施提前制定的有序用电方案分别组织客户限电 14 260 户次和 12 191 户次，平均每日减少电量需求 3841 万千瓦·时和 973 万千瓦·时。春节之前，国家电网公司系统最大拉闸限电负荷达到 2361 万千瓦，由于措施得力，通过加强电力需求侧管理，实施有序用电转移用电负荷 2139 万千瓦。2008 年 2 月 3 日，四川、福建、安徽、重庆、湖北等省的城市营业区全部恢复供电。2 月 6 日（除夕）之前，组织援赣的 436 台发电车（机）对抚州等重灾区进行特殊方式下的补充供电，使灾区 7.9 万多户居民春节前用上了电。至此，国家电网公司经营区域内受灾严重地区的全部县城和 86%的农村用户恢复供电，南方电网公司灾区的全部县域、乡镇恢复供电，圆满完成了党中央、国务院确定的通电目标，让广大群众过了个亮亮堂堂的春节。

在党中央的统一指挥下，解放军和武警指战员也积极投入电网的抗冰灾抢险工作，两大电网公司相互协作开展抢险救灾工作，其中国家电网公司3次为贵州东部电网提供“黑启动”电源；为保证贵州东部地区的可靠供电，湖南电网与贵州东部电网联网运行27天；国网系统所属14个网省公司派出7200多人的施工队伍支援南方电网的贵州、云南、广西等地区电网的恢复重建工作，并派出1000多人协助华润集团鲤鱼江电厂开展送出线路的修复设计、现场抢修及施工监理工作。

2008年2月22日，江西电网与主网恢复正常联络运行。2月23日，三峡送出线路宜华直流恢复运行。2月25日，江西电网因受灾停电台区和停电用户全部恢复供电。2月26日，福建电网完成全部抢修恢复正常供电。2月27日，湖北电网恢复正常运行，广西境内南方电网管辖的供电区域全部恢复正常供电。2月28日，重庆、四川、安徽、华中、云南电网恢复正常运行。2月29日，江西、广东电网恢复正常方式运行。3月3日，因冰灾中断31天的福建与华东电网再度恢复联网运行。3月6日，向广东送电的江城直流线路恢复送电。3月8日，湖南、浙江电网恢复重建工程全面竣工，电网全面恢复正常运行，提前23天圆满完成党中央、国务院部署的电网灾后重建任务。至此，抗冰抢险保供电工作取得全面胜利。

两大电网公司的抗冰抢险工作受到国家发改委、国资委、电监会的充分肯定。抗冰抢险救灾中，国网系统涌现了许多可歌可泣的英雄事迹，先后有10位同志献出了宝贵生命，周景华、罗海文、罗长明、曹响林、肖建华、阳紫平、江玉新、黄快生8位同志分别被所在省政府追认为革命烈士，林泽艳、沈权武2位同志被民政部评定为烈士，周景华、罗海文、罗长明、曹响林、肖建华、江玉新6位同志被追授为全国“五一劳动奖章”，林泽艳、沈权武2位同志被追授为地州级劳动模范荣誉称号。

二、汶川特大地震后的供用电恢复

2008年5月12日14时28分，四川省汶川地区发生8.0级特大地震。汶川特大地震是新中国成立以来破坏性最强、波及范围最广的一次地震，地震的强度、烈度都超过了1976年的唐山大地震。

汶川特大地震造成四川、甘肃、陕西、重庆4个省级电网23个地市的110个县供电受到影响，累计停电用户525.36万户，35千伏及以上变电站停运245座、10千伏及以上线路停运3322条，灾区电力设施损毁严重，电力供应形势异常严峻。四川省电力公司停运的变电站和线路分别占受损总数的70.0%和65.9%，有17座35千伏及以上变电站和68条10千伏输电线路全部毁坏，500千伏变电站停运1座，220千伏变电站停运5座，川西地区江油、金堂、宝珠寺、茂县水电群、达州东岳等电厂与系统解列。四川电网用电负荷减少约400万千瓦。陕西省两座220千伏变电站停运，3台发电机停运。用电负荷减少约150万千瓦。国家电网公司直接经济损失超过120亿元。

汶川特大地震发生后，中共中央总书记、国家主席胡锦涛就抗震救灾工作作出重要指示，国务院成立了抗震救灾指挥部，并设立有关部门、军队、武警部队和地方党委、政府主要负责人参加的救援组、预报监测组、医疗卫生组、生活安置组、基础设施组、生产恢复组、治安组、宣传组 8 个抗震救灾工作组。地震当天 16 时 40 分，国务院总理温家宝飞赴灾区指导救灾工作。

汶川特大地震发生后 1 小时内，中央军委、国家减灾委、国家地震局等纷纷启动应急预案。国家电监会迅速发出了《关于做好抗震救灾保电工作的紧急通知》，要求有关派出机构和有关电力企业立即进入一级应急状态，启动应急预案，全天 24 小时值守。

灾情发生后仅 12 分钟，国家电网公司启动应急机制，成立抗震救灾工作领导小组，设立国家电网四川抗震救灾指挥部，统一指挥和协调抗震救灾工作。相继下发《关于加强抗震救灾应急工作的紧急通知》《转发国资委关于加强地震灾情监测和应对工作的紧急通知》和《关于做好重要用户和高危用户抗震救灾保供电工作的紧急通知》及抗震救灾六项措施。在成都设立国家电网抗震救灾工作组和华中电网公司抗震救灾指挥部。国家电网公司指挥系统各单位迅速查明灾区停电范围、电力设施受损及单位人员伤亡等情况，做好进行电网抢修和恢复的基础性工作。组织人员步行前往四川阿坝、甘肃陇南等通信、交通中断地区现场了解情况，及时上报信息。尽全力保障对电气化铁路、通信、医院等重要用户和居民生活供电，加快电网抢修恢复，优先恢复重点单位、重要用户正常供电，调集抢修队伍、发电车及电力物资支援受灾地区。同时，认真做好对次生灾害的防范和应对，密切监视国家电网公司所属水电站大坝情况，组织对重要线路和变电站的特巡，合理安排电网运行方式，有针对性地做好事故预想，做好发生余震的应急准备，防止次生灾害事件发生。保障运行值班人员的人身安全，确保抢修恢复过程中的人身安全。加强重点场所的安全保卫工作，防止无关人员进入电网生产运行区域。加强与地方政府的沟通联系，配合地方政府做好抗震救灾和灾后重建工作。千方百计做好通信设施电力供应保障工作，加强应急值班和信息报告。国家电网公司总部及相关网省公司均实行 24 小时应急值班制度，及时跟踪了解电网受灾及恢复情况。

5 月 12 日晚，国家电网公司连夜召开电话会议，部署抗灾抢险的具体工作，指示四川省电力公司协助各级地方政府查明震情，积极开展抗灾救灾工作。充分发挥集团整体优势，全体动员，科学组织，紧急调集各兄弟省市公司 4300 余名电力技术骨干组成援建队伍以及 242 辆越野车、工具车，另外和南方电网公司共调集了 1415 台电力应急车和柴油发电机等应急电源星夜兼程开赴灾区为抢修和救灾提供电力保障；国家电网公司派出的 170 人组成的 10 支医疗队、25 台医疗车和南方电网公司支援的 3800 顶帐篷到达灾区，全力开展医疗救护。当晚，重庆市电力公司 4 台大功率发电车分别开赴四川德阳、绵阳灾区，2 台发电车赶往广元灾区，另外 1 台发电车留守成都作为备用电源。这是国家电网公司组织的第一支进入四川灾区的先头队伍。

与此同时，四川省电力公司与各基层单位取得联系，统计供电损失情况，明确抢险工作重点，在最短时间内恢复了新闻单位、政府指挥中心、通信单位、医院、供水等单位的电力供应，第一时间保障了抗震救灾指挥机构供电，恢复了东汽、821 厂、宝成铁路牵引站等重要用户供电。接到省里要求尽快恢复映秀镇的通电任务后，四川省电力公司主要领导连夜召开会议，成都电业局、乐山电业局、四川电力物流集团等单位和部门紧急动员，迅速组织救灾物资和抢修人员。抢修人员冒着余震不断、滑坡塌方随时发生的危险赶赴现场，为映秀镇的1000多顶帐篷、临时住房和主要路段接线安灯。从接到任务开始到恢复供电，不到24小时，使因灾停电的映秀镇重放光明。

5月18日，重庆、甘肃、陕西电网受损电力设施基本恢复，主网运行正常，三省市的用电负荷接近或达到灾前水平。甘肃受灾的9个县全部恢复供电。宝成铁路四川段电铁牵引站全部恢复供电。受灾最严重的四川电网最大用电负荷恢复至灾前最大用电负荷的80%，恢复受损电力设施85%以上，四川电网主网运行正常。

5月27日，四川省电力公司供区内164个受灾乡镇全部恢复供电（含临时供电），成都电网供电量达到6208万千瓦•时，最大负荷347.3万千瓦，已恢复至震前水平。5月31日，四川省电力公司经营区域内的342.64万户全部恢复供电。

6月2日，国家电网公司贯彻党中央、国务院决策部署，对口支援四川汶川、北川、松潘、理县、小金、茂县6个地震重灾区的地方电网重建工作，在成都成立了国家电网公司援建地方电网恢复重建协作组，调集华中电网五省一市电力公司的力量，投入1140名专业抢修人员、256台施工车辆，全力支援六县地方电网抢修恢复工作。经全力抢修，6月10日，229座可恢复的35千伏及以上变电站、3160条可恢复的10千伏及以上电力线路全部恢复运行。8月8日，国家电网完成援建汶川、北川、松潘、理县、小金、茂县6个地方电网抢修任务，六县需恢复供电的83个行政乡镇570个行政村87 160个用户全部恢复供电，为灾区居民观看奥运会开幕式提供了电力保障。8月27日，5座原地重建的变电站全部建成投运，其中原地重建220千伏变电站2座、110千伏变电站2座、35千伏变电站1座。截至8月25日，国家电网公司累计为已建受灾群众临时安置的24.5万顶帐篷、48万间活动板房及其他13.5万间临时设施通电，实现灾后居民安置临时设施100%通电。

5•12汶川特大地震，给灾区人民群众生命财产和经济社会发展造成了巨大损失。在这场撼天动地的抗震救灾斗争中，两大电网公司坚决贯彻党中央、国务院关于抗震救灾的一系列重要指示精神，迅速反应、果断决策、周密部署，夺取了电网抗震救灾的全面胜利。面对艰巨繁重的灾后恢复重建任务，广大电力职工不怕牺牲、不怕疲劳、坚守岗位、团结奋战、顽强拼搏，在灾难面前表现出了舍生忘死、勇于牺牲的奉献精神。充分展示了“特别负责任、特别能战斗、特别能吃苦、特别能奉献”的良好精神风貌和崇高职业道德。

三、青海玉树地震后的供用电恢复

2010年4月14日7时49分，青海省玉树藏族自治州玉树县结古镇发生7.1级强烈地震，造成大量人员伤亡，当地电网也遭受巨大损失。玉树藏族自治州电网是由青海水电集团经营管理的独立电网，玉树县输配电线路损毁最为严重，全县3条35千伏线路，有2条受损，受损长度约35千米；9条10千伏线路全部受损，受损长度达100千米；400伏线路几乎全部损毁。受灾最严重的结古镇无正常电力供应，只有部分街道由太阳能路灯提供照明。

地震发生后，党中央、国务院立即作出部署，要求全社会全力做好抗震救灾工作。国家电网公司坚决贯彻党中央、国务院的决策，主动履行社会责任，立即启动应急响应，组织指挥、协调抗震救灾各项工作，派出抗震救灾督导组，部署甘肃省电力公司、四川省电力公司配合青海省电力公司参与一线抗震保电，全力以赴支援玉树灾区抗震救灾。青海水电集团在第一时间紧急动员、快速反应，启动应急预案，各级领导干部迅速投身于抗震救灾工作中。

4 月 14 日上午，青海水电集团、青海省电力公司各自召开紧急会议部署抗震救灾工作。当日 10 时，青海水电集团组织第一批电网和水电站抢修人员赶赴玉树灾区。11 时 48 分，经一线人员紧急检查测试，称多拉贡电站 2 号机组恢复运行，其连接至结古中心变电站及称多县城的两条 35 千伏线路率先通电，结古中心变电站功能得到恢复。13 时，青海省海南供电公司的 10 名先遣人员出发，当晚 21 时 50 分到达结古镇，立即与青海水电集团的员工一起，着手勘察当地电网受灾情况，制定抢修方案。当日 14 时，青海省电力公司抗震保电负责人乘坐飞机到达玉树灾区现场，确定国网系统的抗震保电工作为布置应急电源和抢修电网。与此同时，青海省电力公司派出抗震抢险队从西宁出发，奔波 20 小时抵达玉树，及时为灾区的 4 所医院提供了供电保障。周边省份的救援队伍也及时出发支援灾区供电抢修，17 时 30 分，在四川甘孜州石渠县集结后，四川省电力公司第一支抗震救灾抢险队共计 21 人，携带车辆 6 辆及 2 台 30 千瓦、1 台 20 千瓦发电机连夜驱车赶往玉树县；甘肃省电力公司首批救援队包括 26 名专业技术人员和保障人员，携带 2 辆应急发电车、3 辆工程车、1 辆应急救援车、1 辆保障车以及 25 千米 70 毫米^{2}的导线，从兰州出发赶赴灾区。19 时 40 分，青海省水电集团领导到达灾区现场，成立前线指挥部并召开第一次会议，初步摸清了玉树电力公司受灾情况，研究制定结古地区电力设施抢修和临时供电方案，确定在 4 月 21 日实现结古地区主干网架抢修恢复目标，除统一协调组织灾区各专业队伍实施电力设施抢修外，青海水电集团负责其中 5 条受损高压线路的抢修任务，包括结古至禅古 35 千伏线路、干线长 50 多千米的结古至歇武 10 千伏线路等，并承担绝大部分分支线路、变压器抢修和供电到户任务。当晚，青海省电力公司的其他抢险队伍也带着救灾物资向灾区进发。

4 月 15 日 1 时，玉树中心变电站至结古镇主城区的 10 千伏结四线路抢通，并恢复对省抗震救灾指挥部、省广播电视局抗震救灾宣传驻地（点）、州电视台等重要单位的临时供电，这是灾后第一条恢复临时供电的线路。11 时，青海省电力公司带来的两辆应急发电车中的一辆为抗震救灾指挥部通电，另外一辆负责给最大的受灾群众安置点——赛马场供电。海北供电公司带来的发电车在体育场为伤员救治医疗点供电，青海省海南供电公司带来的发电机负责给格萨尔广场的灾民安置点供电。14 时 15 分，玉树中心变电站至结古镇主城区的 10 千伏结三线抢通，恢复对州人民医院的供电。17 时 22 分，四川省电力公司第一批抗震救灾抢险队到达灾区，当晚交接 3 台发电机，用于灾民安置点的供电。

4 月 16 日上午 8 时，到达玉树不久的甘肃电力抢险队接到青海省抗震指挥部布置的供电任务，随行的 2 辆应急发电车、一辆 300 千瓦应急发电车用于保障格萨尔中心广场灾民用电，另一辆 50 千瓦应急发电车主要保障某部队临时战地医院用电。布点、布线、调试，经过甘肃电力抢险队不到 30 分钟的共同努力，格萨尔中心广场所有新的灾民安置点全部通电。在震后仅 40 余个小时，玉树灾区全面实现应急供电保障，抗震保电任务取得阶段性胜利。

4 月 16 日下午，由 74 名电力员工、21 辆车组成的四川省电力公司第二批抗震救灾抢险队从成都出发，携带应急发电车 1 辆、28 台发电机、高低压电力抢险设备及救援物资紧急奔赴灾区。抵达灾区后，他们立即为支援灾区的八家医院和救护队的临时医疗救助点供电，为第一时间抢救伤员提供了有力的电力保证。此外，四川省电力公司抗震救灾抢险队为玉树州第一民族中学的 19 座帐篷教室制定了供电照明方案，进行照明线路安装工作，17 日 20 时 50 分白炽灯齐刷刷亮起，玉树州第一民族中学帐篷教室成为灾区最早恢复上课的学校之一。

玉树的 35 千伏结飞线是结古变电站至玉树机场的专线，共 22 千米，地震使该线路严重受损，供电中断。青海海东供电公司于 4 月 15 日 13 时到达灾区后，对该线路进行受损排查。经过 5 个小时的排查，确定共有缺陷 119 条，其中严重缺陷 27 条、一般缺陷 92 条。16 日 18 时，结飞线抢修方案确定。17 日 20 时 33 分，在玉树电力公司、青海海东供电公司和青海火电工程公司抢险队员的共同努力下，仅仅用了 49 个小时，结飞线成功合闸，玉树机场恢复电网供电。当晚 21 时 15 分，抢险队员又对结飞线进行特巡，对机场变电站的频率进行检测。18 日至 21 日，海东供电公司和青海火电工程公司的抢险队员对结飞线的受损铁塔进行了修复。

4 月 18 日玉树地区 4 条 10 千伏主干网线路全部恢复。4 月 20 日 21 时 30 分，整个结古镇 10 千伏、35 千伏主干线路全面贯通。震后第 6 天，玉树城区通往外围乡村的供电主线打通。4 月 21 日至 5 月 1 日，青海省电力公司各抢修队伍配合青海水电集团抢修了 50 台配电变压器，党政机关、医院、通信基站、灾民安置点等重要负荷全部接到主电网，实现由电网供电，并先后进行了 3 次排查。至此，受灾严重的玉树主电网全面恢复供电，抗震保电工作顺利告捷。

对于玉树地震后的供用电恢复工作，国家电网公司参与一线抗震保电的 3 个省电力公司累计投入抢修队伍 946 人、车辆 228 辆、应急发电车 9 辆、发电机 52 台、大型照明装置 150 套，以及配电变压器、导线、塔材等大量电网抢修物资，累计投入资金及各类捐助总计约 3500 万元。青海水电集团调集抢修队伍共 9 批次 620 人，调运近百吨救灾物资，抽调机械设备、车辆累计达 120 余台套，累计投入资金 1800 多万元。南方电网公司组织向灾区运送 110 台柴油发电机，累计捐款捐物 2776 万元。各抢险救援队伍团结努力、奋力拼搏，在确保安全、确保质量的基础上，圆满完成了玉树抗震救灾保供电任务，得到国务院、青海省委省政府的高度赞赏和充分肯定。

2013 年 6 月 6 日，青海玉树灾后重建项目——玉树电网与青海电网联网工程投运。新建了唐乃亥、玉树 330 千伏变电站和玛多 330 千伏开关站，实现了与青海电网联网，从根本上解决了玉树地区长期缺电、供电可靠性低的问题，彻底结束了玉树电网孤网运行的历史，玉树进入大电网时代。

四、甘肃舟曲特大山洪泥石流灾后的供用电恢复

2010 年 8 月 7 日 22 时左右，甘肃省甘南州舟曲县发生特大山洪泥石流灾害，舟曲县城三分之一的面积被淹，舟曲县超过三分之二的区域供电全部中断，19 个乡镇 176 个自然村不同程度受灾，108 个自然村交通中断，101 个自然村通信中断。舟曲县城电网由两回 10 千伏线路主供县城，锁儿头水电站 1 条 6 千伏线路带县城部分区域和坪定、东山两乡负荷。泥石流灾害造成舟曲电网受损严重，一条 10 千伏线路受损停运，锁儿头水电站全停造成所带 6 千伏线路停运，172 个配变台区因灾停电，119 个自然村电力中断，涉及停电户数 11 000 户。

灾害发生后，党中央、国务院及时对抢险救灾工作作出全面部署，要求把保护人民群众生命财产放在最突出位置，千方百计做好抢险救援各项工作。国务院总理温家宝第一时间赶赴灾区，国务院副总理、国家防汛抗旱总指挥部总指挥回良玉主持召开专题部署会议。

国家电网公司认真贯彻党中央、国务院决策部署，全力抢修受损电网，公司领导亲临现场指挥协调抢险工作，成立了国家电网公司、甘肃省电力公司、甘南供电公司三级抢修指挥部。8 月 8 日 2 时 40 分，甘肃省电力公司在接到甘南供电公司灾情汇报后，立刻启动《甘肃省电力公司防汛应急预案》，研究制定抢险工作方案，组建抢险队伍。

8 月 8 日 4 时 30 分，甘南公司第一梯队 40 人奔赴灾区抢险；7 时 15 分，第二、第三梯队 80 人开赴灾区。共计派出抢险车辆 28 台、应急发电车 1 辆、发电机 7 台、抢修人员 120 人。与此同时，调派兰州、天水、定西、陇南 4 家供电单位的 5 台发电车和 111 名抢修人员，组织抢修物资从不同方向奔赴灾区，甘肃省电力公司各级领导亲临一线，靠前指挥，全力投入抢险救灾工作中。

8 月 8 日 12 时，第一支抢险队抵达现场，成立甘肃舟曲电力抢险现场指挥部，并迅速展开应急保电和电网抢修。经过布点勘察、立杆架线，当日 16 时 10 分，受损停运的 1 条 10 千伏、1 条 6 千伏线路抢修完毕，城区 13 个台区包括医院、临时安置点、通信、政府机关等重要负荷恢复供电，坪定乡 36 个台区全部恢复供电。16 时 40 分，2 台发电车在医院、临时安置点等地做应急备用，部分路段路灯由发电机应急供电。8 月 9 日 18 时，东山乡 79 个台区全部恢复供电。至此，初步恢复了重点区域和重要场所的供电。

为使灾区人民早日用上电，电力抢修人员发扬吃苦耐劳、连续作战的工作精神，日夜加班加点超负荷工作，克服重重困难，鏖战 3 天 3 夜，以最快的速度、最大的力度、最高的效率完成了沙川村灾民安置点 1006 顶帐篷的通电任务。截至 8 月 11 日 24 时，舟曲农村受灾电网全部恢复，城区电网除水淹区 24 个台区未恢复外，其他台区全部恢复供电。同时，电力抢险队伍利用发电车供电保障了移动公司、解放军野战医院、净水车辆等重要用户临时用电需求，及时接通了广电总台临时用电。

8 月 11 日夜间，雷雨交加，导致主供舟曲县城变电站的 110 千伏宕舟线跳闸两次，

县城已恢复供电的10千伏配电网局部发生停电，经紧急处理，十几分钟后供电及时恢复。曲瓦、南峪乡4条10千伏线路亦因雷雨再次停运，舟曲供电抢险指挥部派出3支队伍共35人巡查线路，摸排受损情况，并就地开展抢修，另两队共30人后续支援，确保供电恢复。同时，甘肃省电力公司全面加强甘南和与之相邻的陇南地区35千伏变电站的运行值班，对涉及舟曲县城的电网全部进入一级保电状态，尤其对通信设施、解放军野战医院、净水车辆、广电总台、居民集中安置点等用电和临时用电全面进入一级保电状态。舟曲电网经受住了泥石流灾害后第一场大雨的考验，运行基本稳定，保障了重要客户、重要场所正常用电。

8月13日，电力抢险人员完成了舟曲灾难哀悼日活动地点的供电和保电工作。8月14日9时40分，甘肃舟曲电力抢险指挥部接到舟曲通信应急指挥部供电抢修的求援电话，立即派出8名抢修队员，半小时内架设了一条380伏临时电源线路，10时30分，给舟曲通信应急指挥部供上了电。

舟曲特大山洪泥石流灾害电力抢险现场共投入人员411人，6台发电车共950千瓦，26台发电机共170千瓦，抢修车辆43台，全力开展抗灾抢险保电工作；另有抢修人员260人、发电车2台、发电机12台及其他抢险救灾物资在周边待命，历经12天的艰苦奋战，圆满完成舟曲电力抢险、恢复供电工作。8月19日，舟曲灾害电力抢险转入正常供电阶段。根据电力抢险指挥部的要求，电力抢险人员继续做好居民安置点的安全用电宣传和检查工作，对龙舟酒店、统办楼、三中、一中、独立初中、党校灾民安置点、医院住院部及门诊等重要客户进行保电值班，对10千伏、6千伏及各低压线路继续特巡，对缺陷隐患进行登记、处理，确保各项抢险救灾及灾区生产生活的用电需求。8月20日，外援力量开始逐步撤离，舟曲供电公司继续开展供电恢复及灾后重建工作。10月5日，前期被水淹未恢复的台区全部恢复通电，全面完成了灾后供电恢复任务。

舟曲特大山洪泥石流灾害给当地电力设施造成了巨大损失，甘肃省电力公司紧紧围绕“水退人进电通”的目标，通过各抢险队伍全力奋战，在最短时间内恢复和保障了灾区的基本电力供应，为灾区有序、有效、有力开展抢险和恢复重建作出了不懈努力和重大贡献，受到党中央、国务院的充分肯定。甘肃电力抗洪抢险救灾指挥部和甘南供电公司抗洪抢险突击队被中华全国总工会授予抗洪救灾、重建家园“工人先锋号”，兰州供电公司抗洪抢险突击队和陇南供电公司抗洪抢险突击队被甘肃省总工会授予“工人先锋号”荣誉称号。

五、“神舟”五号载人飞船发射保电

2003年10月15日9时，中国第一艘载人飞船“神舟”五号从酒泉卫星发射中心发射成功，10月16日6时23分，飞船返回舱顺利降落到指定区域，实现了中华民族千年飞天愿望。“神舟”五号载人飞船的成功发射是祖国的荣耀，标志着中国人民在攀登世界科技高峰的征程上树立了一座新的里程碑。

2002年10月，“神舟”五号载人飞船发射保电进入准备阶段。确保“神舟”五号载人飞船发射期间电网的安全稳定运行和对指挥、发射、测控等要害部门的可靠供电，是国

家电网公司的一项光荣任务。甘肃省电力公司承担向酒泉卫星发射中心保电的艰巨任务。为了完成“神舟”五号载人飞船发射期间的保电任务，甘肃省电力公司进行了周密部署和精心安排，提出了“倾注全力确保安全保电万无一失”的工作要求，从电网建设、电网运行维护、保电值班等方面全方位为酒泉卫星发射中心提供了强有力的电力保障。

2003 年 1 月，嘉酒电网与酒泉卫星发射中心联网的 110 千伏输变电工程竣工，结束了发射基地电网孤立运行的历史。为确保保电工作万无一失，甘肃省电力公司组织专家对嘉酒电网调度系统分调度运行、运行方式、继电保护、调度自动化、电力通信和综合管理 6 个专业进行了逐项查评；嘉峪关供电公司制定了详细的保电方案和事故预案，将任务分解到部门、责任落实到人，组成抢修队伍，准备了备品备件、抢修车辆，充实了相关变电站值班人员，并对 110 千伏变电站和线路进行拉网式设备巡检和安全检查，排查设备隐患、排除故障。为满足“神舟”五号载人飞船发射对供电质量和供电安全的极高要求，嘉峪关供电公司在变电站安装了全新的全封闭组合电器，35 千伏、10 千伏设备采用了铠装移开式交流金属封闭开关柜，配置了最新的母差保护、失灵保护、光纤纵差保护、高频保护、振荡解列装置等二次设备，确保变电站的安全运行。

2003 年 10 月 1 日，“神舟”五号载人飞船发射进入一级保电状态。嘉酒电网实行“封网”管理，进入全接线、全保护运行方式。设备检修和投运全部停止，涉及保电的主网和配网基建、业扩工程全部停工，并禁止一切电源和负荷接入；无人值守变电站恢复有人值守，并配备专业技术保电小组；线路保电人员分成 8 组，分片包干线路杆塔巡视，重点区域派人蹲点看守；变电检修人员每天进行 3～4 次设备特巡，运行人员每 2 小时巡视一次设备，随着发射时间临近，巡视时间缩短为 30～10 分钟；指挥系统和抢修系统 24 小时保持通信畅通，人员、车辆整装待命，做到措施到位、人员到位、设备状态良好、电网运行安全，全方位确保电力设施安全和“神舟”五号载人飞船顺利发射。

“神舟”五号载人飞船从发射到返回的全过程中，承担对指挥、测控等单位保电任务的华北电力集团公司、国家电网公司西北公司、陕西省电力公司、北京供电公司、西安供电公司等单位也圆满完成了所在区域的保电任务。

2003 年 10 月 16 日 6 时 23 分，随着“神舟”五号载人飞船返回舱顺利降落到指定区域，国家电网公司出色完成了“神舟”五号载人飞船发射期间的保电任务，做到了万无一失。甘肃省电力公司受到酒泉卫星发射中心的赞誉，为中国航天事业作出了应有贡献。国家电网公司对“神舟”五号载人飞船发射保电期间作出突出贡献的网省公司给予了表彰奖励。

六、北京奥运会保电

2008 年 8 月 8 日，第 29 届奥运会在北京开幕。成功举办一届有特色、高水平的奥运会，是中华民族的百年期盼和海内外中华儿女的共同心愿。国家电网公司承担为奥运会提供安全可靠的电力保障的任务。

2008 年北京奥运会电力保障范围包括北京、天津、秦皇岛、青岛、沈阳、上海 6 个城市的 40 个奥运比赛场馆，62 个训练场馆，239 个签约宾馆、饭店、医院、新闻机构、重要交通枢纽等涉奥重要用户，同时承担 347 个涉奥重要变电站（所）和 1231 条重要线路等电力设施的安全保障专项防护任务。

2006 年 4 月 24 日，国家电网公司和北京市人民政府签署了《关于共同推进北京电网建设和发展的会谈纪要》，正式启动奥运电力工程。为满足奥运供电需求，国家电网公司累计投资 239 亿元，在北京实施电力强网工程，新建 5 座 500 千伏输变电工程，新建、扩建 26 项 220 千伏和 84 项 110 千伏输变电工程，增加变电容量 2459 万千伏安，北京地区供电能力提升 33%以上，北京电网 500 千伏线路、主变压器、220 千伏线路全部满足 N-1 运行要求，220 千伏和 110 千伏电网容载比具备很高的裕度，供电可靠性居于国内领先水平。同时，国家电网公司投资 108.86 亿元，在天津、秦皇岛、青岛、上海、沈阳 5 个涉奥城市新建、扩建了包括输变电工程、外电源工程、电力管线工程、架空入地工程、临时供电设施工程 5 大类共 228 项奥运配套电网建设项目，各涉奥城市电网供电能力得到有效提升，电网裕度、输送能力和事故抵御能力明显加强，电网卡脖子、重载等结构性问题得到有效缓解。

国家电网公司充分发挥大集团作战优势，整合全网资源，建立了三级奥运保电指挥体系：国家电网公司总部成立了奥运保电工作领导小组；北京市电力公司和有关网省公司成立了以主要领导任总指挥的奥运供电保障指挥部；在奥运场馆现场成立现场指挥部，加强场馆供电指挥调度。

2008 年 7 月 10 日，国家电网公司向全系统发布了 2 号令，下达《国家电网公司奥运保电十项重点要求》，进一步加强涉奥城市电网建设和隐患排查治理，提高各级电网的供电能力和可靠性；强化电网运行管理，结合迎峰度夏，周密制定奥运会期间保电方案，制定并完善 1792 个应急预案，增强应急处置能力，全面落实网络与信息安全十项防护措施，为北京及其他涉奥城市配置近百台应急发电车（机）；突出“保奥运供电，创金牌服务”主题，深化奥运优质服务。

在奥运保电准备阶段，国家电网公司组织电网专家对北京、天津、上海、沈阳、青岛、秦皇岛六个涉奥城市电网开展了奥运供电专项安全性评价，对涉奥 347 个重要变电站、1231 条重要线路以及公司所属发电厂开展了全面的技术监督。特别是加强对老旧设备、满载设备及存在缺陷设备的巡视和检测，共完成 212 项设备缺陷的排查治理，确保了涉奥设备以零缺陷状态进入奥运保电期。同时，将供电安全检查评估延伸到涉奥重要用户内部，公司组织用电专家对涉奥场馆开展了供电安全评估和消缺检查。针对奥运场馆用电保障特点，对场馆内的受电设施和装置、重要技术负荷保障、自备应急电源配置与启动等方面存在的薄弱环节和问题隐患进行分析，提出了 67 条咨询意见和建议。协助所有场馆编制完成了用电保障手册，建立了用电技术档案和安全用电隐患档案，累计发现并消除用电安全隐患 1512 项，确保了奥运会期间场馆和重要用户的设备零缺陷投入运行。

2008 年 7 月 20 日开始，国家电网公司奥运保电工作全面进入赛时保障阶段，各项保电措施到位，从 16 家网省公司调集支援北京的 3000 多名骨干力量、250 多辆抢修车和发电车全部到位，全网 16.7 万保电人员全部到岗，形成了全方位、多层次奥运保电格局。系统各涉奥单位采取了严格的电网封闭运行措施，电网处于全接线、全保护运行状态；各比赛场馆、训练场馆执行赛时供电保障方案；重要变电站、输电线路执行特级和一级赛时防护方案；各级电力调度大楼执行赛时安全保卫措施；网络信息系统实 24 小时在线监控；实行奥运保电 24 小时值班、应急值守和“零报告”制度。

国家电网公司为奥运会的 40 个比赛场馆全部配备两路及以上供电电源，并为场馆配备了柴油发电机和应急发电车，作为应急热备用保电手段。北京市电力公司的 1684 名员工深入奥林匹克中心区、31 个比赛场馆和重要附属设施，与场馆工作人员组成电力保障团队，为各场馆和重要附属设施的正常运行提供专业技术保障。奥运供电保障现场指挥部与场馆和重要附属设施电力保障团队保持 24 小时不间断联络，以最快的速度解决任何可能影响比赛的供电问题。北京市电力公司建立了包括岗位应急、小组应急、团队应急和支援应急在内的四级应急体系，抢修队伍分专业、分区域部署，24 小时备班。

奥运会场馆外，涉奥及其他重要变电站全部采取有人值守方式运行。16 支支援队伍 24 小时坚守在北京涉奥 110 千伏及以上变电站，严防死守 200 余条输电线路 1000 余千米、杆塔 4000 余基；华北电网有限公司和北京市电力公司组建的特别防护队伍巡视线路万余条近 12 万千米。

奥运会开、闭幕式当天，北京市电力公司全面启动特级防护，共投入 2.3 万余名保电人员、340 支应急抢险队伍、808 辆抢修车和 50 台应急发电车，对与开、闭幕式直接相关的国家体育场等 13 个场馆、国际广播中心等 7 个重要附属设施和天安门广场等礼花燃放点的相关供电设施实施了重点看护。华北电网有限公司还投入 18 629 名保电人员、80 辆抢修车和 60 台应急发电车参与开、闭幕式供电保障工作，对防区内涉奥重要变电站、涉奥线路进行特巡特护，确保向北京提供安全可靠电源。

截至 2008 年 9 月 20 日 24 点，历时两个月的奥运保电工作圆满结束。国家电网公司各涉奥单位累计执行保电任务 2344 次，累计出动场馆保障人员 85 657 人次、配备抢修队伍 1813 支次、抢修人员 27 228 人次、抢修车辆 4431 车次。电网经受住了“海鸥”“凤凰”“鹦鹉”3 次强台风的袭击，成功避免了极端强对流天气等自然灾害对电网安全的影响；及时发现并处理了 22 起电力设施异常；全力克服了比赛场馆供电方式复杂、布局分散的困难，未发生电网安全事故、电力设施外力破坏事故、场馆供电事故、网络信息安全事故、优质服务事故和泄密事故。

奥运保电工作得到了北京奥组委的充分肯定和社会各界的高度赞扬。国家电网公司以“三个百分百”的坚定信念，确保了两个奥运会的安全可靠供电。国家电网公司经受了历史上时间最长、范围最广、规模最大、要求最高的保电任务的考验，胜利完成了第 29 届北京奥运会各项保电任务，创造了中国电力工业史上的奇迹——大型国际性活动电力可靠性接近 100%，也是奥运会历史上保电工作“零失误、零事故”的最好成绩，兑现了奥运保电万无一失的庄严承诺。

七、上海世博会保电

2010年5月1日至10月31日，举世瞩目的第41届世界博览会在中国上海举办，这是159年世博史上第一次在发展中国家举办的全球盛会。上海世博会保电区域跨黄浦江两岸，面积达5.28千米^2，包括世博会展馆、政府机构、机场、重要交通枢纽、新闻机构、世博会定点医疗机构和宾馆等重要用户。做好世博会供电保障工作，是国家电网公司肩负的重大政治责任和社会责任。

2010年1月中旬，中共中央总书记、国家主席胡锦涛就世博会筹办提出“六个确保”❶的重要指示。国家电网公司及时贯彻落实，在总结奥运保电工作经验的基础上，提出了“国家电网保华东、华东电网保长三角、长三角保上海”的梯度保电责任体系，构建一条世博会安全供电防线。成立了总部、区域公司、省公司等多级保电机构，以及生产保障、跨区输电、用电营销、调度运行、电力交易、安全监督与应急6个专业工作组，全面加强对世博会供电保障的统一领导、统一指挥和统一协调。各有关网省公司、直属单位层层分解落实责任，形成了全覆盖工作体系。

上海世博会保电从4月20日园区试运行到11月15日全部结束，时间长达210天，是国家电网公司成立以来历时最长的保电任务。保电范围直接涉及华东、华北、华中、西北4个区域公司和上海、江苏、浙江、四川等11个省电力公司。世博会期间，累计举办各类重大活动2万余场，几乎每天举办一次国家馆日活动，先后有101批国家元首、政府首脑访沪参观。

根据国家电网公司的总体部署，国网上海市电力公司成立以党政主要领导为组长的世博保电工作领导小组，下设世博电力保障指挥部、世博综合保障指挥部及8个专项工作组。制定印发《上海市电力公司世博供电保障工作总体方案》，有步骤、有重点地推进各项工作。

国家电网公司累计投资155亿元用于世博会供电工程建设，优化上海市电网结构。上海市电力公司从2005年开始，严格按照“N－1”标准，部分重要用户供电可靠性满足“N－2”准则，使直接向世博园区供电的35～220kV变电站达到一级双电源标准。同时为世博会、迎峰度夏建设重点工程项目25项，安排涉及世博会的技改、大修项目16项。2010年1月8日，上海世博会事务协调局和上海市电力公司签署《2010年上海世博会世博园区电力保障框架协议》（简称《框架协议》），世博会园区电力配套工程也陆续完工并转入正式运营。3月18日，500千伏静安变电站建成投运，该变电站是当时世界上变电容量最大、技术水平最先进的全地下、智能化500千伏变电站。4月9日，完成葛南直流系统改造并投入试运行。4月18日，圆满完成基于FCB功能百万机组的上海500千伏电网黑启动试验。这些项目的实施进一步提升了上海电网遭遇特大灾难性事故下的快速处置能力，

❶ 确保场馆设施建设和布展如期完工、确保运营服务保障全面到位、确保安保工作万无一失、确保外事工作落实到位、确保新闻宣传有声有色、确保社会氛围文明祥和。

优化了电网结构，大幅提升了上海核心市区电网的安全供电水平。

上海市电力公司积极开展设备在线检测，做到世博会供电设备“零缺陷”运行。运用红外线、紫外线、超声波局部放电等在线检测技术，对主网重要设备开展在线检测工作，建立数据、图片等信息专档15.96万份。世博会开园前对供电设备存在的195起缺陷完成两轮普查、核对和消缺，全部按时间节点处理完毕。组织召开设备专题运行分析会23次，重点对电网设备基础数据管理、状态检修推进、“飘物威胁”控制、技术监督和抽检等重点、难点问题进行分析和讨论，制定加强状态监测、设备巡视等28条措施，切实保证主网设备安全稳定运行。同时，世博会开园前完成21辆应急发电车、14辆照明车、82辆高架车、5辆卫星指挥车、195台电力保障对讲机的部署，新购2辆1200千伏安发电机组和2辆250千伏安飞轮发电车。

2010年3月20日，由上海市经信委牵头，国网上海市电力公司与世博园区外284户重要用户签订安全用电保障责任书，制定印发《加强世博会期间重要电力用户安全用电管理工作的规定》，建立健全安全技术档案，做到“一户（馆）一档”。强化世博园区外重要用户隐患排查，对排查发现的隐患，督促用户加强治理，指导重要用户做好应急预案编制和演练。还报请华东电监局、上海市经信委、市安监局等部门对整改不力的重要用户进行督查，大力推动用户隐患整改。根据《框架协议》，国网上海市电力公司接受委托负责世博园区内5座35千伏用户变电站、25座10千伏用户配电站、286座箱式变电站、234条电缆线路（265千米）、2112盏路灯的运维工作，按照“验收符合一个、验收代维一个”的原则，逐步开展配电站和箱式变电站等设备的接收工作。2010年4月20日，上海市电力公司对园区内42家委托运行用户和184家委托指导用户安排用电服务人员，编制用电保障手册，做到“一馆一册”，保证所有委托运行和指导的用户设备不留服务盲点。

国网上海市电力公司设置了世博保电应急指挥中心和园区应急指挥中心，在园区应急指挥中心下分设浦东、浦西园区两个分中心，协调指挥园区内供电保障工作，提高应急响应速度。在世博局的园区运营指挥中心设置2个电力热线席位，实行24小时值守，加强世博局与电力公司间的沟通与协调。自2010年4月15日开始，各级应急指挥中心正式进入应急保障状态，由各级领导带班值守，建立常态和突发事件下的内外协调和联动机制。涉博变电站视频监控和电网运行信息接入国网上海市电力公司应急指挥中心并上传至国网总部。同时，补充修订世博会保电专项应急预案30个，建立健全点面结合、上下协调的应急预案体系。

世博会保电期间，把确保开幕式、开园仪式、中国国家馆日、高峰论坛、闭幕式安全供电作为重中之重，对活动主会场电力设施实行高标准、全方位的重点防护，变电站和输电线路实行24小时不间断巡视和现场守护，园区内29个驻守网点实行全天候值班，随时应对可能出现的突发情况。国网上海市电力公司用电服务人员坚持动态跟踪园区展馆负荷变化情况，及时提醒上海企业馆、铁路馆、阿根廷馆等存在超载线路的展馆改善负荷分布，确保进线负载率维持在40%～70%。在进入极端高温期后，再次组织力量对园区用户及展馆开展负荷实测工作，确保所有展馆进线电流均在允许范围内，确保了各项重大活动的顺利举行。

迎峰度夏时期，上海电网负荷屡创历史新高，最高达2621万千瓦，同比增长10.1%。国家电网公司坚持“全公司一盘棋”，发挥国网整体优势，大范围优化配置电力资源，跨区跨省向上海送电982万千瓦，约占上海用电负荷的三分之一，满足了上海的用电需求。2010年7月8日，投运了向家坝—上海±800千伏特高压直流输电工程，将56.5亿千瓦·时的清洁水电送到了上海负荷中心，实践了低碳世博和绿色世博的理念。

点多、面广、战线长、标准高，是此次世博会保电工作的主要特点。世博会期间正值电网迎峰度夏时期，由于预想充分，措施到位，全网累计投入保电人员41.98万人次，保证了华东、上海电网稳定运行和世博会各项活动顺利进行。做到开幕式、开园式、中国国家馆日、闭幕式等一级保电和园区内外重要客户供电万无一失，经受住了持续极端高温、雷暴恶劣天气及外损、外破的严峻考验，取得了供电保障服务“零故障、零事故、零投诉”的优异成绩。国网上海市电力公司和四家直属单位等一批先进集体、四位先进个人受到了中共中央和国务院的隆重表彰。

上海世博会的保电成功，充分展示了国家电网公司讲政治、顾大局、负责任的央企形象，为世博会取得圆满成功，促进世界文明成果交流、展示国家形象作出了重要贡献。

八、广州亚运会保电

2010年11月12日至27日，在广州举行的第16届亚洲运动会是继2008年北京奥运会之后，在中国举办的又一项举世瞩目的国际体育赛事。确保广州亚运会期间南方区域电力系统安全稳定运行，保障广州亚运会期间涉亚城市安全可靠供电，是电力企业的重要职责，也是电力系统广大干部职工义不容辞的政治责任。

2009年9月18日，南方电监局和第16届亚洲运动会组委会联合召开广州亚运会保电工作启动会议，部署广州亚运会保电工作。会议提出细化保电方案、加快电力配套工程建设、加强隐患排查治理、组建高素质亚运保电工作队伍、增强处置应对突发电力事件能力五项工作要求，确保为亚运会成功举办提供安全可靠的电力保障。

南方电网公司高度重视亚运保供电工作，超前分析亚运保供电所面临的电网风险，对重点工程、重点设备、运行措施、应急预案等作出明确安排。南方电网公司明确提出了全网保广东，广东保涉亚城市的工作重点，成立亚运会保供电三级指挥部，建立高效、完善的保供电指挥体系和规范统一的值班和信息报送体系，开展提升应急指挥平台和应急装备水平、组建应急队伍及技术专家队伍、编制应急预案、开展应急演练、储备备品备件、调配发电车等工作。

亚运会保供电期间，各指挥部及其专项工作组在应急指挥中心24小时值班，做到对各类突发事件的准确、高效处置。按照“有保有限”原则，南方电网公司积极配合政府部门，明确亚运会期间保供、限供范围，确保比赛场馆、涉亚场所、政府机关、宣传媒体、重要接待单位等重要用户和居民用电的安全可靠；全面落实三级错峰预警机制，提前做好错峰预警，做到事前通知、事中沟通和事后解释；储备应急发电设备23万千瓦，有力地支持了亚运会期间比赛场馆的应急用电需求。完成 70 个场馆“一馆一册”和 350 个重要用户的“一户一册”的编制工作；完成 54 个新建、改造场馆供电工程的设计审核、中间检查、缺陷整改、竣工验收及装表接电工作；对 420 个场馆及重要用户共开展 5542 户次检查，整改安全隐患 1150 个，整改率 100%。另外，针对亚运会场馆业主方提出的部分亚运会比赛场馆用户侧供电设施基础薄弱、供电保障人员不足和技术力量薄弱问题，南方电网公司从五省（区）39 个供电局紧急调集 1880 名专业技术人员，全方位援助比赛相关场馆和重要场所的电力保障工作。支援人员仔细梳理所有场馆的用电回路，排查到每个插座和灯头，消除所有比赛场馆的隐患和缺陷，确保场馆安全可靠供电。

从 2010 年 6 月至 11 月 12 日亚运开幕，广州供电局共组织参加了 28 次涉亚大型应急演练。9 月 27 日 10 时，广东省举行了 2010 年亚运会保电应急联合演练。演练由广东省政府主办，南方电监局（省电力应急办）、第 16 届亚运会组委会办公室承办，广东电网公司协办，在广州、佛山、东莞、汕尾 4 个地市同时举行。政府、电力企业、重要用户联合参与，广东省政府统一指挥，四地市政府配合，公安、武警、消防、电力、气象等多部门参与演练。此次应急演练针对亚运保供电实施阶段特点，模拟强台风正面袭击广东，涉亚保供电地区电网遭到严重破坏，西电东送主通道故障停运，广州、东莞、佛山、汕尾等市发生大面积停电，市区道路交通灯熄灭，涉亚宾馆及一批体育场馆停电的“事故”场景，全网负荷损失约 1500 万千瓦，减供负荷达到事故前总负荷的 23%以上。应急演练期间，广东省政府启动了《广东省处置电网大面积停电事件应急预案》Ⅱ级应急响应；南方电网公司应急指挥中心迅速发出指挥令，协调全网资源支援广东；广东电网公司应急指挥中心迅速部署应急处置工作，电力抢修车及人员迅速出动，第一时间赶赴事故现场，实施抢修；重要用户启动应急自备电源，电网进行转供电操作。5 小时后，停电负荷恢复 95%以上，省电力应急办解除Ⅱ级停电应急状态。通过保供电应急演练，各级指挥部及一线保供电人员熟悉现场情况与工作流程，完善信息沟通模式，检验方案、预案的可操作性，提升亚运保供电团队应急处置能力。

亚运会期间，广东电网运行平稳，最高负荷 5499 万千瓦，闭幕式当天最高负荷达 5247.8 万千瓦，电网频率和电压合格率均达 100%。亚运会主办城市广州和 3 个协办城市（佛山、东莞、汕尾）的全部比赛场馆和重要场所供电正常，网络与信息系统运行正常，亚运会各项赛事、重要外事活动、各项涉亚活动供电正常。2010 年 11 月 12 日开幕式期间，广州供电局保电共投入电力技术人员 26 696 人，海心沙现场投入 338 名保电人员、18 辆应急保电车辆；主要变电站、输配电设施等重要电力设施特巡和保卫投入 23 662 名人员；海心沙等亚运场馆周边保障供电安全投入 14 辆应急发电车。2010 年 11 月 27 日闭幕式期间，广东省内广州、佛山、东莞、汕尾、深圳等 10 个地市启动特级保供电措施，广东电网公司共投入 50 008 名员工坚守在保供电一线，其中电力设施安保人员 22 753 名，闭幕式现场特别派遣 232 名精兵强将组成海心沙保供电团队。

南方电网公司举全网之力保亚运会供电，亚运会保电期间，重点变电站、比赛场馆、重要保供电场所及重要线路区域 24 小时专人值守和不间断巡视，平均日投入技术值守人员 2.6 万人、643 支应急队伍、654 名应急专家、61 辆应急发电车。实现输、变、配电及通信等设备零事故运行，营销服务零投诉，各涉亚城市供电正常，无拉闸限电、停电等异常情况发生。南方电网公司实现了“万无一失”的总体目标，实现了“绝不发生一起涉亚重点保电场所供电事故、绝不发生一起影响公司形象的重大供电服务事件”两个“绝不发生”的承诺。

第十一章

电力市场化改革中用电领域的快速发展（2010—2017）

随着经济社会持续快速发展，电力体制改革不断深化。2015 年 3 月 15 日，《中共中央　国务院关于进一步深化电力体制改革的若干意见》（中发〔2015〕9 号）（简称中发 9 号）印发，新一轮电力体制改革由此启动。新一轮电力体制改革要求建立健全电力行业“有法可依、政企分开、主体规范、交易公平、价格合理、监管有效”的市场体制，努力降低电力成本、理顺价格形成机制，逐步打破垄断、有序放开竞争性业务，实现供应多元化，调整产业结构，提升技术水平、控制能源消费总量，提高能源利用效率、提高安全可靠性，促进公平竞争、促进节能环保。

作为关系国家能源安全与国民经济命脉的国有重点骨干企业，国家电网公司和南方电网公司坚持市场化改革方向，积极配合做好输配电价改革、增量配电业务放开、交易机构独立规范运作、现货市场建设、售电侧改革试点等改革任务，电力市场化改革部署得到有效落地。这一时期，煤电价格联动机制不断完善，销售电价分类结构调整和居民生活用电阶梯电价政策持续推进，各省市逐步将本地区的销售电价分类向居民生活用电、农业生产用电、工商业及其他用电价格等三类过渡。2012 年 7 月起，除个别省份外，居民生活阶梯电价政策在全国得到普遍推行。

在国家转变经济发展方式，调整优化经济结构，实施节能减排战略，着力提高和改善民生等政策的推动下，电网企业持续推进制度、流程、业务、技术的创新和变革，完善市场化的运营模式与多元化的业务体系，加快供电服务转型，提升市场竞争优势，用电业务得到快速发展，管理能力与技术水平不断升级。2014 年 10 月，国网客户服务中心将 95598 业务集中统一受理，实现了国家电网公司经营区域内客户服务的统一规范和无地域差别的线上服务。“精简、透明、高效”的业扩报装服务新模式，开放电网容量、压缩流程环节与时限、城市打造“十分钟缴费圈”、农村“村村设缴费点”，使客户办电和缴费更加方便快捷。智能表的推广应用、电能计量检定的省级集中管理，促进电能计量技术和管理水平得到较大提升。电动汽车充换电服务业务快速发展，智能充换电服务网络相继建成，北京奥运会、上海世博会、广州亚运会等电动公交车充换电站投运，形成了充换电设施投资主体的多元化。同时，电力需求侧管理体系得到不断完善和发展。《电力需求侧管理办法》《有序用电管理办法》相继出台，电力需求侧管理工业领域试点和城市综合试点有序开展，电力需求侧管理工作在保障电力供需平衡，促进用户能效提升，支撑国家节能减排等方面作出了积极贡献。

大力推进新农村电气化建设，电力服务“三农”成效显著，农村供电管理和服务水平持续提升。全面落实国家部署实施的“无电地区电力建设”和“全面解决无电人口用电问题三年行动”，2015 年 12 月，无电人口用电问题得到全面解决。

第一节　电力市场化改革与配套机制的建立

2015 年 3 月 15 日，《中共中央　国务院关于进一步深化电力体制改革的若干意见》（中发〔2015〕9 号）印发，启动新一轮电力体制改革。随后，国家发展改革委、国家能源局等部委相继印发了一系列电力体制改革的配套文件，明确了电力体制改革的具体实施路径。通过输配电价改革、电力市场建设、交易机构组建、有序放开发用电计划、推进售电侧改革、加强燃煤自备电厂监管等措施，明确市场竞争的主体、机构，建立公平规范的市场竞争规则，完善市场信用体系，促进清洁能源消纳，充分发挥市场在资源配置中的决定性作用。新一轮电力体制改革开始进入全面实施阶段。

2015 年 11 月，云南、贵州率先启动了新一轮电力体制改革综合试点，翌年相继铺开了 19 个省（区、市）的改革综合试点。2016 年 3 月 1 日，北京、广州电力交易中心同时挂牌成立。此后，全国 33 个省、区、市交易中心组建工作陆续完成，电网企业、发电企业、电力用户纷纷成立售电公司，在电力交易平台进行注册，积极参与多元化市场主体的市场交易。截至 2020 年年底，电力价格形成机制逐步完善，形成燃煤发电上网电价“基准价+上下浮动”的市场化价格机制，完成第二个周期的输配电价核定，平均输配电价较“购售价差”模式有所降低；经营性电力用户发用电计划全面放开，电力市场化改革红利不断释放。电力市场主体实现多元化，电力市场交易机制逐步完善，市场化交易电量规模大幅提高，2020 年直接交易电量 24 760 亿千瓦 • 时，占全社会用电量的 32.9%。南方（以广东起步）、蒙西、浙江等 8 个电力现货市场建设试点稳步推进，电力体制改革取得了重要阶段性成果。

一、输配电价改革的推进

长期以来，除部分跨省跨区输电工程外，中国没有独立的输配电价。根据《国务院办公厅关于印发电价改革方案的通知》（国办发〔2003〕62 号）要求，2005 年 3 月 28 日，国家发展改革委以发改价格〔2005〕514 号文件印发了《上网电价管理暂行办法》《输配电价管理暂行办法》《销售电价管理暂行办法》。《输配电价管理暂行办法》适应“厂网分开”改革的要求，规定输配电价由政府制定，电网输电业务、配电业务应逐步在财务上实行独立核算，输配电价按“合理成本、合理盈利、依法计税、公平负担”的原则制定。中国的输配电价改革以深圳电网和蒙西电网试点起步，由点及面、逐步扩大，相继在省级电网、区域电网、跨省跨区专项工程、地方电网和增量配网等全领域推进。

2014 年 10 月 23 日，《国家发展改革委关于深圳市开展输配电价改革试点的通知》（发改价格〔2014〕2379 号）印发，在全国率先启动输配电价改革试点，并随文印发了《深圳市输配电价改革试点方案》，明确改革试点的目标是“在深圳市建立独立的输配电价体系，完善输配电价监管制度和监管方法，促进电力市场化改革；为其他地区输配电价改革积累经验，实现输配电价监管的科学化、规范化和制度化”。

2014 年 12 月 15 日，《国家发展改革委办公厅关于内蒙古西部电网列入输配电价改革试点范围的复函》（发改价格〔2014〕3052 号）印发，同意内蒙古西部电网启动输配电价改革试点，并于 2015 年 6 月 9 日批复《内蒙古西部电网输配电价改革试点方案》[1]，这是全国第一个省级电网输配电价改革试点。该方案总体上与深圳试点方案基本一致，不同的是蒙西试点结合内蒙古实际情况，增加输配电价核定时需考虑交叉补贴等内容，对电网输配电成本费用的具体指标核定标准更加明确和严格。

2015 年 4 月 13 日，《国家发展改革委关于贯彻中发〔2015〕9 号文件精神加快推进输配电价改革的通知》（发改价格〔2015〕742 号）印发，将安徽、湖北、宁夏、云南四省（区）列入先期输配电价改革试点范围，并鼓励具备条件的其他地区开展改革试点。同年 5 月 31 日，国家发展改革委发文同意将贵州省列入输配电价改革试点范围，并于 10 月 11 日批复了《贵州电网输配电价改革试点方案》[2]。

2015 年 6 月 9 日，《国家发展改革委 能源局关于印发〈输配电定价成本监审办法（试行）〉的通知》（发改价格〔2015〕1347 号）下发，明确了输配电定价成本构成、归集办法以及主要指标核定标准，标志着初步建立起科学、规范、透明的电网输配电成本、价格监管框架体系，对电网网络型自然垄断环节成本进入实质性监管阶段。

2015 年，国家发展改革委组织开展的输配电定价成本监审共核减不相关、不合理费用约 1284 亿元，平均核减比例 15.1%。

2015 年 11 月 26 日，国家发展改革委、国家能源局印发了《关于推进输配电价改革的实施意见》（简称《实施意见》）。由于已经有了深圳、蒙西和第一批扩大试点省份的实践，该《实施意见》对输配电价改革的方向目标、办法路径规定得更加清晰。明确输配电价改革的总体目标是：建立规则明晰、水平合理、监管有力、科学透明的独立输配电价体系，形成保障电网安全运行、满足电力市场需要的输配电价形成机制。还原电力商品属性，按照“准许成本加合理收益”原则，核定电网企业准许总收入和分电压等级输配电价，明确政府性基金和交叉补贴，并向社会公布，接受社会监督。健全对电网企业的约束和激励机制，促进电网企业改进管理，降低成本，提高效率。《实施意见》为改革试点进一步提速创造了条件。

2016 年 3 月 7 日，国家发展改革委发出通知，将北京、天津、冀南、冀北、山西、

[1]《国家发展改革委关于内蒙古西部电网输配电价改革试点方案的批复》（发改价格〔2015〕1344 号）。

[2]《国家发展改革委关于贵州电网输配电价改革试点方案的批复》（发改价格〔2015〕2311 号）。

陕西、江西、湖南、四川、重庆、广东、广西 12 个省级电网和经国家发展改革委、国家能源局审核批复的电力体制改革综合试点省份的电网，以及华北区域电网纳入输配电价改革试点范围❶。同年 9 月，国家发展改革委再发通知，全面推进输配电价改革试点，在蒙东、辽宁、吉林、黑龙江、上海、江苏、浙江、福建、山东、河南、海南、甘肃、青海、新疆 14 个省级电网启动输配电价改革试点。2017 年，在西藏电网及华东、华中、东北、西北等区域电网相继开展输配电价改革试点。

2016 年 12 月 22 日，《国家发展改革委关于印发〈省级电网输配电价定价办法（试行）〉的通知》（发改价格〔2016〕2711 号）下发，明确了省级输配电价核定原则、准许收入和输配电价的计算办法、输配电价的调整机制。核价监管周期暂定为 3 年。到 2017 年 7 月，除西藏外省级电网输配电价首个周期核定工作全部完成，2016 年之前完成输配电价改革的部分省份降价 100 亿元，2017 年上半年完成两批，涉及 26 个省份，降价 380 亿元。全国 32 个省级电网，合计降价 480 亿元，改革取得了初步成效❷。

2017 年 8 月 16 日，《国家发展改革委办公厅关于全面推进跨省跨区和区域电网输电价格改革工作的通知》（发改办价格〔2017〕1407 号）印发，决定在省级电网输配电价改革实现全覆盖的基础上，开展跨省跨区输电价格核定工作，于 2017 年 10 月底前完成华北区域电网输电价格核定工作，12 月底前完成华东、华中、东北、西北区域电网输电价格核定工作。同年 12 月 29 日，《国家发展改革委关于印发〈区域电网输电价格定价办法（试行）〉〈跨省跨区专项工程输电价格定价办法（试行）〉和〈关于制定地方电网和增量配电网配电价格的指导意见〉的通知》（发改价格规〔2017〕2269 号）下发，标志着中国已经建立了覆盖跨省跨区输电工程、区域电网、省级电网、地方电网、增量配电网的全环节输配电价格监管制度框架，输配电价改革也成为电力体制改革领域首个全面完成的专项改革。

2019 年 1 月 23 日，《国家发展改革委关于开展第二监管周期电网输配电定价成本监审的通知》（发改价格〔2019〕165 号）印发，部署开展第二监管周期输配电成本监审工作。针对第一轮发现的突出和难点问题，本轮监审工作更加深化和细化，重在提升监审的科学化、规范化，进一步完善输配定价机制。

2019 年 5 月 24 日，《国家发展改革委　国家能源局关于印发〈输配电定价成本监审办法〉的通知》（发改价格规〔2019〕897 号）下发，强化了成本监审约束和激励作用，对电网企业部分输配电成本项目实行费用上限控制；细化成本监审审核方法，明确不得计入输配电成本的项目，细化输配电定价成本分类、界限及审核方法，增加分电压等级核定有关规定等；规范成本监审程序要求，进一步明确经营者配合责任及义务，增加对信息报送要求、程序以及失信惩戒等的规定。

2020 年 1 月 19 日，《国家发展改革委关于印发〈区域电网输电价格定价办法〉的通

❶《国家发展改革委关于扩大输配电价改革试点范围有关事项的通知》（发改价格〔2016〕498 号）。

❷《首轮输配电价改革试点全面完成　32 省级电网核减收入 480 亿》，周程程，中国经济网，2017 年 7 月 27 日。

知》（发改价格规〔2020〕100 号）和《国家发展改革委关于印发〈省级电网输配电价定价办法〉的通知》（发改价格规〔2020〕101 号）下发，进一步提升输配电价核定的规范性、合理性，完善输配电价定价机制。《区域电网输电价格定价办法》进一步厘清了定义范围、明确了核价原则、改进了核价方法、完善了核价公式；《省级电网输配电价定价办法》强化了合理约束、细化了核价范围、优化了电价结构、实化了监测制度。

2020 年 9 月 28 日，国家发展改革委核定了第二监管周期 32 个省的输配电价（2020—2022 年）[1]。与第一监管周期相比，第二监管周期输配电价核定在诸多方面取得了重要突破，表现为“一个全面、三个首次”，即全面完善了定价规则，规范了定价程序，实现了严格按机制定价；首次实现了对所有省级电网和区域电网输配电价核定的一次性全覆盖，首次核定了分电压等级理论输配电价，首次将“网对网”外送输电价格纳入省级电网核价[2]。第二监管周期全国省级电网输配电价制定和出台，标志着中国输配电价监管体系基本完善。

二、市场化交易机制的完善

随着社会主义市场经济体制的建立和电力工业的发展，计划经济模式下的电力管理方式逐渐表现出它对不同时段、不同区域的电力供求状况无法形成正确的市场和价格信号，不能对电源优化布局和用户资源投入实施有效引导等弊端。为了充分发挥市场在电力资源配置中的作用，必须完善市场化交易机制，增加直接交易、市场电量份额，加速电力市场化改革落地。

为贯彻落实中发 9 号的有关要求，推动电力供应使用从传统方式向现代交易模式转变，2015 年 11 月 26 日，国家发展改革委、国家能源局印发《关于推进电力市场建设的实施意见》，要求逐步建立以中长期交易规避风险，以现货市场发现价格，交易品种齐全、功能完善的电力市场，在全国范围内逐步形成竞争充分、开放有序、健康发展的市场体系。主要任务是建立相对稳定的中长期交易机制，完善跨省跨区电力交易机制，建立有效竞争的现货交易机制。

2016 年 12 月 29 日，《国家发展改革委　国家能源局关于印发〈电力中长期交易基本规则（暂行）〉的通知》（发改能源〔2016〕2784 号）发布，规定了市场成员、市场准入与退出、电力中长期交易的品种、周期和方式、价格机制、交易组织、安全校核与交易执行、合同电量偏差处理、辅助服务、计量结算及信息披露等内容，确立了相对完整的电力中长期交易规则。各省在此基础上，因地制宜制定了操作性更强的规则，中长期电力市场的初期构建取得重要进展。同时，电力现货市场和跨区跨省交易工作也全面展开。

2017 年 8 月 28 日，《国家发展改革委办公厅　国家能源局综合司关于开展电力现货市场建设试点工作的通知》（发改办能源〔2017〕1453 号）印发，选择广东、蒙西、浙江、

[1] 《国家发展改革委关于核定 2020—2022 年省级电网输配电价的通知》（发改价格规〔2020〕1508 号）。

[2] 国家发展改革委价格司：《国家发展改革委核定省级电网第二监管周期输配电价》，国家发展和改革委员会网站。

山西、山东、福建、四川、甘肃八个地区作为第一批电力现货市场建设试点。各试点地区秉持“中长期交易规避风险、现货交易发现价格”的思路，坚持“中长期交易为主、现货交易为补充”的市场建设原则，加快了电力现货市场建设进程。

2018 年 9 月，《北京电力交易中心跨区跨省电力中长期交易实施细则（暂行）》《南方区域跨区跨省电力中长期交易规则（暂行）》相继获批实施。跨区跨省交易在促进电力资源利用跨区跨省输电通道更大范围优化配置方面发挥了积极作用，提升了中长期交易的省间余缺互济能力，保障了协议计划落实和最大限度消纳清洁能源。

自 2015 年新一轮电力体制改革启动以来，电力中长期交易、现货交易、跨省跨区交易机制相继建立，市场范围逐步扩大，全国电力市场化交易规模不断攀升。据中电联《中国电力行业年度发展报告 2021》显示，2020 年全国各电力交易中心组织完成市场交易电量 31 663 亿千瓦·时，同比增长 11.7%。其中，全国电力市场电力直接交易电量合计为 24 760 亿千瓦·时，比上年增长 13.7%，占全社会用电量比重为 32.9%，比上年提高 2.8 个百分点；占电网企业售电量比重为 40.2%，比上年提高 3.3 个百分点。

三、电力交易机构的组建

中发 9 号明确要求建立相对独立的电力交易机构，形成公平规范的市场交易平台，完善电力交易机构的市场功能。电力交易机构的组建是深化电力体制改革和加快电力市场建设的关键。

2015 年 11 月 26 日，国家发展改革委、国家能源局印发《关于电力交易机构组建和规范运行的实施意见》（简称《意见》），明确了电力交易机构负责市场交易平台的建设、运营和管理；负责市场交易组织，提供结算依据和相关服务，汇总电力用户与发电企业自主签订的双边合同；负责市场主体注册和相应管理，披露和发布市场信息等。交易机构可以采取电网企业相对控股的公司制、电网企业子公司制、会员制等组织形式。《意见》要求有序组建相对独立的区域和省（区、市）级交易机构。区域交易机构包括北京电力交易中心、广州电力交易中心和其他服务于有关区域电力市场的交易机构。

电力市场体系分为区域和省（区、市）电力市场，市场之间不分级别。区域电力市场包括在全国较大范围内和一定范围内资源优化配置的电力市场两类。在全国较大范围内资源优化配置的功能主要通过北京电力交易中心（依托国家电网公司组建）、广州电力交易中心（依托南方电网公司组建）实现，负责落实国家计划、地方政府协议，促进市场化跨省跨区交易。一定范围内资源优化配置的功能主要通过中长期交易、现货交易，在相应区域电力市场实现。省（区、市）电力市场主要开展省（区、市）内中长期交易、现货交易。同一地域内不重复设置开展现货交易的电力市场。

2016 年 2 月 26 日，国家发展改革委、国家能源局批复同意了北京、广州电力交易中心组建方案。同年 3 月 1 日，北京电力交易中心和广州电力交易中心分别在北京、广州挂牌成立。北京、广州电力交易中心在业务上与电网企业其他业务分开，在财务上独立核算、自负盈亏，在运营上按照政府批准的章程和市场规则提供交易服务，不受发电企业、供电企业、售电企业和电力用户等市场主体干预，接受政府监管。之后，全国各省级电力交易中心相继成立。2017 年 12 月 25 日，全国最后一个省级电力交易平台海南电力交易中心正式挂牌成立，至此全国共成立了 33 家省级电力交易中心。

2018 年 8 月 28 日，《国家发展改革委　国家能源局关于推进电力交易机构规范化建设的通知》（发改经体〔2018〕1246 号）印发，要求对两个区域和各省（区、市）电力交易中心进行股份制改造，非电网企业资本股比应不低于 20%，鼓励按照非电网企业资本占股 50%左右完善股权结构。2020 年 2 月，《国家发展改革委　国家能源局印发〈关于推进电力交易机构独立规范运行的实施意见〉的通知》（发改体改〔2020〕234 号）发布，提出要加快推进电力交易机构股份制改造，单一股东持股比例不得超过 50%。要求 2020 年上半年，北京、广州 2 家区域性交易机构和省（自治区、直辖市）交易机构中电网企业持股比例全部降至 80%以下，2020 年年底前电网企业持股比例降至 50%以下。

截至 2020 年 7 月，国家电网有限公司经营区内北京电力交易中心和 27 家省级电力交易机构全部完成股份制改造。28 家电力交易机构共引入非电网企业股东超过 240 家，40%的电力交易机构引入了民营企业参股，电网企业对电力交易机构的持股比例全部降至 80%以下。其中北京电力交易中心股东中，国家电网有限公司持股比例 70%，中国大唐集团有限公司、国家电力投资集团有限公司等新增 10 家股东持股占比 30%。

2020 年 12 月 29 日，广州电力交易中心在广州举行增资协议签署仪式，增资完成后，南方电网公司持股比例由 66.7%降至 39%，南方五省区政府出资企业持股比例 39%，电力规划总院、水电水利规划设计总院和南方五省区电力交易中心等新增 7 家股东持股占比 22%。南方电网有限公司经营区内电网企业对电力交易机构的持股比例全部降至 80%以下。

电力交易机构的组建与股份制改造，实现了电力交易机构的相对独立和规范运行，加快推动了全国统一电力市场建设，进一步激发了市场活力，持续释放了改革红利。

四、发用电计划的有序放开

为贯彻落实中发 9 号有关要求，推进发用电计划改革，更多发挥市场机制的作用，逐步建立竞争有序、保障有力的电力运行机制，2015 年 11 月 26 日，国家发展改革委、国家能源局印发《关于有序放开发用电计划的实施意见》，进一步明确了发用电计划改革的总体思路："通过建立优先购电制度保障无议价能力的用户用电，通过建立优先发电制度保障清洁能源发电、调节性电源发电优先上网，通过直接交易、电力市场等市场化交易方式，逐步放开其他的发用电计划。"

2017 年 3 月 29 日，《国家发展改革委　国家能源局关于有序放开发用电计划的通知》（发改运行〔2017〕294 号）印发，标志着发用电计划放开迎来实质性进展。通知从十个方面对有序放开发用电计划工作进行了安排：加快组织发电企业与购电主体签订发购电协议（合同）；逐年减少既有燃煤发电企业计划电量；新核准发电机组积极参与市场交易；规范和完善市场化交易电量价格调整机制；有序放开跨省跨区送受电计划；认真制定优先发电计划；允许优先发电计划指标有条件市场化转让；在保障无议价能力用户正常用电基础上引导其他购电主体参与市场交易；参与市场交易的电力用户不再执行目录电价；采取切实措施落实优先发电、优先购电制度。

为进一步加大力度推动发用电计划放开，2018 年 7 月 16 日，《国家发展改革委 国家能源局关于积极推进电力市场化交易 进一步完善交易机制的通知》（发改运行〔2018〕1027 号）印发，试点在煤炭、钢铁、有色、建材四个重点行业全面放开电力用户发用电计划，用户全电量参与交易，通过市场化交易满足用电需求，建立市场化价格形成机制。

2019 年 5 月 7 日，国家发展改革委、工信部、财政部、中国人民银行四部门在联合发布的《关于做好 2019 年降成本重点工作的通知》（发改运行〔2019〕819 号）中明确要求：“提高电力交易市场化程度。深化电力市场化改革，放开所有经营性行业发用电计划，鼓励售电公司代理中小用户参与电力市场化交易，鼓励清洁能源参与交易。”

2019 年 6 月 22 日，《国家发展改革委关于全面放开经营性电力用户发用电计划的通知》（发改运行〔2019〕1105 号）（简称《通知》）印发，明确规定了全面放开经营性电力用户发用电计划的范围、原则和保障措施。除城乡居民生活用电、公共服务及管理组织、农林牧渔等行业电力用户以及电力生产所必需的厂用电和线损之外，其他大工业和一般工商业电力用户原则上均属于经营性电力用户范畴，均要求全面放开。同时支持中小用户由售电公司代理参与市场化交易，中小用户需与售电公司签订代理购电合同，与电网企业签订供用电合同，明确有关权责义务。《通知》明确经营性电力用户全面放开参与市场化交易的主要形式包括直接参与、由售电公司代理参与、其他各地根据实际情况研究明确的市场化方式等。《通知》要求切实做好公益性用电的供应保障工作，落实规范优先发电、优先购电管理的有关要求，对农业、居民生活及党政机关、学校、医院、公共交通、金融、通信、邮政、供水、供气等重要公用事业、公益性服务等用户安排优先购电。结合本地实际，加强分类施策，抓紧研究保障优先发电、优先购电执行的措施，统筹做好优先发电优先购电计划规范管理工作。

2020 年，全国完成市场化交易电量 31 663 亿千瓦·时，同比增长 11.7%，占全社会用电量的 42.1%。随着发用电计划的有序放开和全面放开，发用电由计划逐步向市场过渡，充分发挥了市场在资源优化配置中的决定性作用，大大促进了改革红利释放和实体经济发展。

五、推进售电侧改革的重点任务

2015 年随着新一轮电力体制改革的实施，在“管住中间，放开两头”的体制架构下有序推进售电侧放开，鼓励社会资本进入售电市场，形成“多买方—多卖方”的电力市场格局成为必然。推进售电侧改革成为新一轮电力体制改革的重要任务。

2015 年 11 月 26 日，国家发展改革委、国家能源局印发《关于推进售电侧改革的实施意见》（简称《实施意见》），首次明确了售电侧改革的指导思想、基本原则和工作目标，提出向社会资本开放售电业务，多途径培育售电侧市场竞争主体，给予用户更多的选择权，以提升售电服务质量和用户用能水平，促进有效竞争的市场结构和市场体系的形成，提高能源利用效率、清洁能源消纳水平和供电安全可靠性。售电侧改革的重点任务包括明确售电侧市场主体及相关业务，售电侧市场主体准入与退出管理，市场化交易的开展，信用体系建设与风险防范。

《实施意见》明确售电侧市场主体包括电网企业、售电公司和用户。电网企业是指拥有输电网、配电网运营权（包括地方电力公司、趸售县供电公司），承担其供电营业区保底供电服务的企业，履行确保居民、农业、重要公用事业和公益性服务等用电的基本责任。售电公司分为三类：第一类是电网企业的售电公司；第二类是社会资本投资增量配电网，拥有配电网运营权的售电公司；第三类是独立的售电公司，不拥有配电网运营权，不承担保底供电服务。用户是指符合市场准入条件的电力用户，可以直接与发电公司交易，也可以自主选择与售电公司交易，或选择不参与市场交易。鼓励社会资本在已核定输配电价的地区组建售电公司，开展试点工作。

2015 年 11 月 28 日，《国家发展改革委办公厅　国家能源局综合司关于同意重庆市、广东省开展售电侧改革试点的复函》（发改办经体〔2015〕3117 号）印发，同意重庆市、广东省率先开展售电侧改革试点，要求加强组织领导，细化试点方案；把握改革方向，规范推进试点；稳妥推进改革，确保电力安全。随后，为了培育合格的市场主体，防范改革初期售电市场风险，保障改革有序推进，国家发展改革委、国家能源局又陆续批复了福建、河北、黑龙江等 7 省售电侧改革试点方案。

2016 年 10 月，《国家发展改革委　国家能源局关于印发〈售电公司准入与退出管理办法〉和〈有序放开配电网业务管理办法〉的通知》（发改经体〔2016〕2120 号）发布。《售电公司准入与退出管理办法》明确售电公司的准入条件、准入程序、退出方式、权利义务等内容；明确售电公司只要符合资产规模、人员、场地设备、信用等级等要求，即可按照“一注册、一承诺、一公示、三备案”的流程完成注册，参与市场交易；规定了售电公司应强制退出市场并注销注册的六种情形。《有序放开配电网业务管理办法》明确增量配电网项目管理、配电网运营、配电网运营者的权利与义务等内容，规定发电企业及其资本不得参与投资建设电厂向用户直接供电的专用线路，也不得参与投资建设电厂与其参与投资的增量配电网络相连的专用线路。文件的出台，为引导民营资本进入配售电领域，促进配售电业务发展提供了制度保障。

2017 年 2 月，国家发展改革委办公厅、国家能源局综合司复函同意江苏省开展售电侧改革试点，加上 2015、2016 年获批的售电侧改革试点，全国售电侧改革试点省份达到 10 个，市场发育日益完善，市场活力得到激发。

2018 年 7 月，《国家发展改革委　国家能源局关于积极推进电力市场化交易　进一步完善交易机制的通知》（发改运行〔2018〕1027 号）印发，要求积极培育售电市场主体，支持供水、供气、供热等公共服务行业和节能服务公司从事售电业务，支持售电公司代理中小用户参与交易，帮助用户了解用电曲线，探索建立对售电企业的余缺调剂平衡和偏差考核机制，提高市场化意识，减少市场风险。

六、燃煤自备电厂监督管理的加强

20世纪80年代，旺盛的用电需求与相对滞后的电力供应能力之间的矛盾日益突出，各级政府鼓励企业建设燃煤自备电厂缓解缺电状况。燃煤自备电厂在为工业企业生产运营提供动力供应、降低企业生产成本的同时，还可兼顾周边企业和居民用电用热需求。随着自备电厂装机规模持续扩大和火电行业能效、环保标准不断提高，进一步加强和规范自备电厂监督管理，逐步推进自备电厂与公用电厂同等管理，有利于加强电力统筹规划，推动自备电厂有序发展；有利于促进清洁能源消纳，提升电力系统安全运行水平；有利于提高能源利用效率，降低大气污染物排放；有利于维护市场公平竞争，实现资源优化配置。

2015年11月26日，国家发展改革委、国家能源局印发《关于加强和规范燃煤自备电厂监督管理的指导意见》（简称《意见》），明确了加强和规范燃煤自备电厂监督管理的基本原则：一是坚持统筹规划的原则，强化电力发展规划的引领约束作用，统筹能源资源和市场需求，科学规划建设自备电厂。二是坚持安全可靠的原则，严格执行电力行业相关规章，提升自备电厂运行水平，维护电力系统安全稳定运行。三是坚持节能减排的原则，严格新建机组能效、环保准入门槛，落实水资源管理“三条红线”控制指标。持续升级改造和淘汰落后火电机组，切实提升自备电厂能效、环保水平。四是坚持公平竞争的原则，执行统一的产业政策和市场规则，推动自备电厂成为合格市场主体，公平参与市场交易。五是坚持科学监管的原则，构建“规划、政策、规则、监管”协调一致的监管体系，强化对自备电厂的监督管理，维护电力建设运行秩序。

在规划建设、运行管理、责任义务、节能减排、市场交易、监督管理等方面，《意见》对燃煤自备电厂的规范化发展作出明确要求：一是强化规划引导，科学规范建设。新（扩）建燃煤自备电厂项目（除背压机组和余热、余压、余气利用机组外）要统筹纳入国家依据总量控制制定的火电建设规划，禁止以各种名义在总量控制规模外核准；新（扩）建燃煤自备电厂要符合国家能源产业政策和电力规划布局要求，与公用火电项目同等条件参与优选；自备电厂要按照以热定电、自发自用为主的原则合理选择机型和装机规模，禁止公用电厂违规转为企业自备电厂；鼓励有条件并网的自备电厂按自愿原则并网运行。二是加强运行管理，参与辅助服务。并网自备电厂要严格执行调度纪律，服从电力调度的运行安排；全面落实电力行业相关规章和标准，主动承担维护电力系统安全稳定运行的责任和义务；并网自备电厂要按照“两个细则”参与电网辅助服务考核与补偿，根据自身负荷和机组特性提供调峰等辅助服务。三是承担社会责任，缴纳各项费用。企业自备电厂自发自用电量应承担并足额缴纳政府性基金以及政策性交叉补贴；拥有并网自备电厂的企业应与电网企业协商确定备用容量并支付系统备用费。四是加强综合利用，推动燃煤消减。鼓励建设余热、余压、余气自备电厂；推动可再生能源替代燃煤自备电厂发电。五是推进升级改造，淘汰落后机组。自备电厂应安装脱硫、脱硝、除尘等环保设施；自备电厂运行要符合相关产业政策规定的能效标准要求；淘汰类机组予以强制淘汰关停。六是确定市场主体，参与市场交易。参与市场交易的自备电厂应符合国家产业政策，达到能效、环保要求，并按规定承担国家依法合规设立的政府性基金以及与产业政策相符合的政策性交叉补贴。七是落实责任主体，加强监督管理。国家能源局及其派出机构要加强对未核先建、批建不符、越权审批等违规建设项目及以余热、余压、余气名义建设常规燃煤机组等问题的监管。

第二节 售电侧改革试点与销售电价分类结构调整

售电侧改革是新一轮电力体制改革的重要突破点。围绕全面深化电力体制改革，国家相继出台了一系列售电侧改革、增量配电等方面的政策措施，向社会资本开放售电业务，多途径培育售电侧市场竞争主体，给予用户更多的选择权。建立公平规范的市场竞争规则，完善市场信用体系建设。根据《关于推进售电侧改革的实施意见》，各省相继开展了售电侧改革试点的具体实践，结合本省实际积极制定售电侧改革和市场化交易试点方案，有力推进了电力市场体系构建和电力市场交易试点的实施。2015 年 11 月，重庆、广东率先开展售电侧改革试点；随后，全国首家混合所有制供电企业深圳前海蛇口自贸区供电公司正式挂牌成立，大庆油田电力集团获得第一张电网企业以外的《电力业务许可证》（供电类），并列入第一批增量配电业务改革试点项目。2016 年起增量配电业务改革试点逐步推进，截至 2020 年年底，国家发展改革委、国家能源局先后分五批在全国范围内开展了 459 个增量配电业务改革试点。售电侧改革试点覆盖了全国所有省（市、区），电力市场主体的数量以及参与市场交易的形式不断增加，社会资本投资售电业务热情高涨，初步形成多买多卖的市场竞争格局。

与此同时，国家大力推进销售电价分类结构调整改革，将销售电价逐步归并为居民生活用电、农业生产用电和工商业及其他用电价格三个类别；全面推行居民生活用电阶梯电价，引导居民节约用电，建立合理的公平负担机制，改善中国电价结构，促进其逐步趋于合理。

一、重庆、广东率先开展售电侧改革试点

2015 年 11 月 26 日，国家发展改革委、国家能源局印发《关于推进售电侧改革的实施意见》，明确了售电侧改革指导思想、基本原则和工作目标，并提出在已核定输配电价的地区，鼓励社会资本组建售电公司，开展试点工作。广东省和重庆市作为资源输入型省市，同时也都是负荷大省，在广东省、重庆市推进售电侧改革试点，有利于厘清参与售电的各方利益，为改革进入深水区提供宝贵经验。

2015 年 11 月 28 日，《国家发展改革委办公厅 国家能源局综合司关于同意重庆市、广东省开展售电侧改革试点的复函》（发改办经体〔2015〕3117 号）印发，批复同意重庆市、广东省率先开展售电侧改革试点，要求试点区域坚持市场定价、平等竞争、节能减排的原则，进一步细化试点方案、完善配套细则，加快构建有效竞争的市场结构和市场体系。同时，复函提出四点建议：① 建议重庆加快推进输配电价改革，按“准许成本加合理收益”原则核定电网分电压等级输配电价；② 建议重庆市参与市场交易的用户购电价格由

市场交易价格、输配电价（含线损和交叉补贴）、政府性基金三部分组成；③ 建议广东省无议价能力或不参与电力市场的用户，由提供保底服务的供电企业按照政府核定的目录电价或政府确定的定价规则供电；④ 建议广东省将“拥有分布式能源电源或微网的用户可以委托售电公司代理购售电业务”的内容纳入《试点方案》。

2015 年 11 月 30 日，全国首家混合所有制供电企业——深圳前海蛇口自贸区供电公司正式挂牌成立，注册资本 1 亿元，股东包括南方电网公司、前海控股等国企和民企，主要从事供电、售电和综合能源服务业务，这是在增量配电领域引入社会资本的一次积极探索。截至 2015 年年底，广东省已成立华能广东能源销售有限责任公司、深电能售电公司、华润电力（广东）销售有限公司、中电投（深圳）电力销售有限公司等 29 家售电公司。2016 年 3 月 25 日，广东电力交易中心完成第一单集中竞价交易，共有 13 家售电商获批，交易规模为 10.5 亿千瓦 • 时，这也是全国首次纳入第三方售电商参与市场交易。2017 年 1 月 19 日，《广东省发展改革委　广东省经济和信息化委　国家能源局南方监管局关于印发广东省售电侧改革试点实施方案及相关配套改革方案的通知》（粤发改能电〔2017〕48 号）下发，明确要求分三个阶段建立健全售电侧市场机制，通过电力市场竞争、需求侧管理和综合能源服务，提升能源利用效率，促进互联网、节能服务等技术的应用。随文下发《广东省有序放开发用电计划和推进节能低碳电力调度实施方案》《广东省有序放开配电网业务实施方案》《广东电力市场建设实施方案》《广东电力交易机构组建方案》4 个配套方案，为该省售电侧改革提供了依据。

2015 年 12 月 18 日，重庆两江长兴电力有限公司、重庆能投售电有限公司、重庆渝西港桥电力有限公司 3 家售电公司挂牌成立。2016 年 2 月 3 日，重庆市组织了首批用户购售电协议签约，两江长兴电力有限公司与大唐重庆分公司签订了购电协议，与重庆长安汽车公司等 12 家用户签订了售电协议，签约电量 1.3 亿千瓦 • 时，平均签约电价 0.6 元/（千瓦 • 时），降低企业成本约 2600 万元。2016 年 2 月 5 日，重庆市人民政府办公厅印发《重庆市售电侧改革试点工作实施方案》，明确改革试点范围为支柱产业和战略性新兴产业重点项目集聚区，包括两江新区水土、鱼复、龙兴三个园区，长寿经开区晏家、江南、八颗三个组团，万州经开区，万盛平山工业园区，永川港桥工业园区，以及中石化页岩气开发、管输、利用领域。

重庆、广东售电侧改革试点的率先开展，多途径培育了市场主体，让用户能够自由选择售电主体。售电公司在开展购售电业务的同时，更注重向用户提供增值服务，构建综合能源服务体系，有效降低了用户用电成本，释放了售电侧改革红利，为全国售电侧改革的推进探索了路径、积累了宝贵经验。截至 2016 年年底，重庆电力市场交易主体中，发电企业 11 家，售电公司 5 家，电力用户 638 家；电力交易规模 88 亿千瓦 • 时。其中两江长兴电力有限公司通过创新配售电模式、提供差异化供用电服务等方式，让 18 家新增大用户共享了电力改革的实惠。广东电力市场交易主体中，发电企业全部为省调以上燃煤电厂，售电公司 256 家，电力用户 665 家，采用年度双边协商、月度集中竞价的电力市场交易方式，电力交易规模 440 亿千瓦 • 时，其中长协 280 亿千瓦 • 时、竞价 160 亿千瓦 • 时。

二、广东大用户与发电企业直接交易的深化试点

广东大用户与发电企业直接交易起步较早，大用户与发电企业直接交易试点于 2006 年启动，由台山电厂与当地六家企业直接交易，当年交易电量约 2 亿千瓦·时。广东物价局为此专门核定其输配电价为 0.179 元/（千瓦·时），低于 2006 年广东电网输配电价 0.181 元/（千瓦·时）。大用户与发电企业直接交易，降低了用户的用电成本，促进了经济发展。

2013 年 8 月 9 日，广东省经济和信息化委组织召开广东省电力大用户与发电企业直接交易扩大试点启动工作会议，首批 7 家发电企业和 15 家电力大用户的代表现场签约，累计交易电量约 2.1 亿千瓦·时。

2013 年 12 月 27 日，广东首次电力用户与发电企业集中竞争交易在清远开市，符合准入条件的 86 家大用户和 29 家发电企业参与了本次交易。最终实现 17 家发电企业成功售电，26 家电力用户成功购电，交易电量 4.995 亿千瓦·时。

2014 年 11 月 7 日，广东电力交易中心成立。2015 年 3 月，广东电力市场交易系统正式通过互联网试运行。

2015 年 3 月 30 日，《广东省经济和信息化委　国家能源局南方监管局关于电力大用户与发电企业集中竞争交易的实施细则（试行）》（粤经信法规〔2015〕133 号）印发，规定集中竞争交易通过技术支持系统或现场报价，按照价格优先原则确定成交。在这期间，广东省电力大用户与发电企业直接交易试点工作持续推进，先后制定印发了工作方案、交易规则、实施细则、集中竞价规则、用户准入办法等一系列文件，直接交易发电量占省内总发电量的比例持续提高，每年提高幅度在 2%左右。直接交易工作制度基本完善，直接交易市场框架已经确立，总体运行情况良好，试点取得阶段性成效。

2015 年 4 月 9 日，经广东省政府同意，《广东省经济和信息化委　广东省发展改革委　国家能源局南方监管局关于印发广东电力大用户与发电企业直接交易深化试点工作方案的通知》（粤经信法规〔2015〕132 号）发布，正式启动广东省电力直接交易深度试点工作。《方案》明确提出了“直接交易”的工作目标：“建立健全公平开放、规则透明、竞争有序、监管有效的直接交易市场机制，设立电力交易机构，建设交易平台，实现直接交易的专业化、信息化运作；在充分考虑西电东送送电安排的基础上，逐年减少省内年度调控目标电量比例，扩大直接交易电量规模。2014 年度直接交易电量规模约 150 亿千瓦·时，达到上一年省内发电量的 4%。2015 年度直接交易电量规模约 227 亿千瓦·时，达到上一年省内发电量的 6%。2016 年度直接交易电量规模约 306 亿千瓦·时，达到上一年省内发电量的 8%。2017 年后，依据节能发电调度原则，逐步扩大年度发电组合方案内的电力市场直接交易部分电量。”从 2016 年开始，第三方售电公司正式开始参与到月度集中竞价电力交易。

2017 年 1 月 17 日，《南方能源监管局　广东省经济和信息化委　广东省发展改革委关于印发〈广东电力市场交易基本规则（试行）〉和〈广东电力市场监管实施办法（试行）〉的通知》（南方监能市场〔2017〕20 号）发布。依据《广东电力市场交易基本规则（试行）》，

2017 年度广东省内省级及以上调度火电机组全部参与市场化交易。截至 2017 年 12 月底，广东省内售电公司数量达 374 家，同比增长 152.7%。同时，该省电力直接交易市场已基本形成了诸如双边协商+集中竞价、统一边际价格出清机制、由返还结算规则改为偏差结算等一些主要规则和特点。

广东电力市场 2020 年累计交易电量 2716 亿千瓦•时，其中年度双边协商交易累计成交 2110.2 亿千瓦•时，同比增长 78.1%。截至 2020 年 12 月底，广东电力市场准入主体 25 072 家，同比增长 39%，电力用户 24 498 家，售电公司 477 家，发电企业 97 家。在获得准入的 25 072 家市场主体中，已在广东电力市场交易系统注册登记 23 666 户，占 94.39%。❶

三、全国首家增量配电领域混合所有制供电企业的成立

深圳前海作为国家推进自由贸易试验区、深港现代服务业合作区，具有高起点的战略定位，同时，该区域也肩负着现代服务业体制机制创新区、现代服务业发展集聚区、香港与内地紧密合作的先导区、珠三角地区产业升级引领区的特殊功能，其产业结构主要为金融业、现代物流业、信息服务业等，负荷密度大，对电能质量与供电可靠性要求高。

2013 年，深圳供电局与前海管理局签订《深圳前海深港现代服务业合作区供电合作协议》，确定将前海列为引入国际先进电力企业管理模式的创新试点和战略合作示范区，开始了供电企业混合所有制改革的探索，筹划创建前海蛇口供电公司。

中发 9 号开启了新一轮电力体制改革，提出“按照有利于促进配电网建设发展和提高配电运营效率的要求，探索社会资本投资配电业务的有效途径。逐步向符合条件的市场主体放开增量配电投资业务，鼓励以混合所有制方式发展配电业务”。深圳前海电网的供电业务属于增量配电业务，作为南方电网改革发展先行先试的区域，与新一轮电力体制改革中放开增量配电投资的导向高度契合。同年 11 月 30 日，深圳前海蛇口自贸区供电有限公司由南方电网公司深圳供电局、招商局集团招商地产、中广核集团能之汇投资有限公司、云南文山电力股份有限公司、前海控股有限公司联合组建。注册资金 1 亿元，其中：深圳供电局出资 4100 万元，占比 41%；招商局集团招商地产出资 3600 万元，占比 36%；中广核集团能之汇投资有限公司出资 1000 万元，占比 10%；云南文山电力股份有限公司出资 800 万元，占比 8%；前海控股有限公司出资 500 万元，占比 5%。这是中共中央、国务院部署开展深化电力体制改革、国资国企改革以来，在增量配电领域成立全国首家混合所有制供电企业。

深圳前海蛇口自贸区供电有限公司主要负责前海蛇口自贸区总面积约 28 千米 ^{2} 范围内配售电及综合能源供应等业务，并为电网建设运营管理模式的创新发展以及供电服务领域的混合所有制改革积累经验。作为一家混合所有制供电企业，不同于传统供电企业，公司在股权结构设计上，任何一方股东不直接或间接持有公司 50%以上股权，任何单一股

❶ 数据来源：广东电力市场 2020 年年度报告。

东不形成对公司的实际控制权。同时，合理设置董事会和监事会席位，任何一方对重要决策事项均不掌握绝对控制权。通过持续探索完善，公司累计研究和审议100余项重要决策事项，建立起完善的现代企业制度。在各方股东平等合作、优势互补的基础上，不仅形成“三会一层”❶的有效制衡和协调运转，也实现各方在公司治理层面的有效制衡和精诚合作，为公司的科学决策提供了重要保障。

深圳前海蛇口自贸区供电有限公司自成立以来，积极探索拥有配电网运营权的售电公司发展路径，在稳步推进供电业务的同时主动参与市场化售电业务。2016年7月5日，该公司经政府主管部门批准进入广东省售电公司名录，具备参与广东电力市场的资格。同年8月，该公司首次参与广东电力交易中心组织的月度集中竞争交易，并最终成交电量480万千瓦·时，平均为客户降低电价0.04元/（千瓦·时），该公司增量配电业务在售电侧改革中取得突破。2016年11月，深圳前海蛇口自贸区供电有限公司成为国家发展改革委第一批混合所有制改革试点之一，为电力央企践行混合所有制改革踏出了先行探索的第一步。

深圳前海蛇口自贸区供电有限公司的成立，是在增量配电领域引入社会资本的一次积极探索。公司以建设资源节约型、环境友好型的智能、高效、可靠、绿色现代城市电网为目标，完成了前海电网综合能源供应、输电网、智能配电网等系列规划。按照规划，前海电网全部采用220千伏直降20千伏全新供电体系，通过对22个单元、102个街坊、661个地块各类用户精细化的能源需求预测，打造智能、绿色电网应用示范区，远景供电可靠率高达99.999%，客户年平均停电时间小于5分钟，达到国际先进水平。截至2019年10月，公司已服务客户7.43万户，完成供电超过10.5亿千瓦·时，年度市场化售电量已突破2亿千瓦·时；运营配电变压器1318台，容量119.571万千伏·安，配网线路336回，并已完成前海10回20千伏馈线建设，片区合环线路供电可靠性100%，电压合格率100%，为中国高负荷密度、高可靠性需求区域电网建设提供了重要经验。

前海供电公司作为增量配电领域首家混合所有制供电企业，其探索发展混合所有制经济的有效路径及股权多元化背景下国有企业的现代法人治理模式，为电力行业安全发展、创新发展、高效率发展、可持续发展实践探路，也为下一阶段电力央企深度推进混合所有制改革提供了重要经验和参考样板。

四、增量配电业务改革试点的逐步推进

2016年10月8日，国家发展改革委、国家能源局印发《有序放开配电网业务管理办法》❷，提出要按照“管住中间、放开两头”的体制架构，结合输配电价改革和电力市场建设，有序放开配电网业务，鼓励社会资本投资、建设、运营增量配电网，通过竞争创新，为用户提供安全、方便、快捷的供电服务。拥有配电网运营权的售电公司，具备条件的要

❶ 根据《中华人民共和国公司法》，“三会一层”指股东大会、董事会、监事会和高级管理层。

❷ 《国家发展改革委　国家能源局关于印发〈售电公司准入与退出管理办法〉和〈有序放开配电网业务管理办法〉的通知》（发改经体〔2016〕2120号）。

将配电业务和竞争性售电业务分开核算。有序放开配电网业务要遵循规划引领、竞争开放、权责对等、创新机制原则。该文件还对增量配电网项目管理、配电网运营和配电网运营者的权利与义务等做了明确规定，推进了电力体制改革进程。

2016 年 11 月 27 日，《国家发展改革委　国家能源局关于规范开展增量配电业务改革试点的通知》（发改经体〔2016〕2480 号）印发，确定并公布 105 个项目为增量配电网业务改革试点项目（后增补宁东增量配电业务试点项目为第 106 个项目）。2017 年 11 月 21 日，两部委公布了第二批 89 家试点名单。

增量配电网业务改革试点工作的开展，有效激发了社会资本投资增量配电项目的积极性，促进了配电网建设发展，一定程度上提高了配电网运营效率，改善了供电服务质量。但部分地区试点项目迟迟难以开工建设，推进受阻。为此，2018 年 3 月 13 日，《国家发展改革委　国家能源局关于印发〈增量配电业务配电区域划分实施办法（试行）〉的通知》（发改能源规〔2018〕424 号）发布。该文件阐释了增量配电业务配电区域划分原则、申请与办理、资产与用户、变更与管理，提出了系统完备、分工明确、可操作性较强的配电区域划分方法，明确一个配电区域内只能有一家售电公司拥有该配电网运营权，为增量配电业务配电区域划分提供了政策支撑和制度遵循，为增量配电业务改革试点项目落地创造了条件。同年 4 月 18 日，国家发展改革委、国家能源局确定 97 个项目为第三批增量配电业务改革试点；6 月 25 日补充确定 28 个项目为第三批增量配电业务改革试点。

2019 年 1 月 5 日，《国家发展改革委　国家能源局关于进一步推进增量配电业务改革的通知》（发改经体〔2019〕27 号）发布，进一步规范了项目业主确定、增量和存量范围、增量配电网规划、增量配电网投资建设与运营等内容。明确尚未确定业主的试点项目，地方政府部门不得直接指定试点项目业主，任何企业不得强行要求获取试点项目控股权，不建议电网企业或当地政府投资平台控股试点项目。已确定业主的试点项目可维持项目各投资方股比不变。同年 6 月 21 日，国家发展改革委、国家能源局发文确定 84 个项目作为第四批增量配电业务改革试点。

2019 年 9 月 29 日，《国家发展改革委办公厅　国家能源局综合司关于取消部分地区增量配电业务改革试点的通知》（发改办体改〔2019〕948 号）印发，指出部分项目在试点工作推进过程中，由于前期负荷预测脱离实际、未与地方电网规划有效衔接、受电主体项目没有落地等原因，不再具备试点条件，取消 24 个增量配电业务改革试点项目试点资格。

2020 年 8 月 21 日，在各地推荐报送和第三方机构评估论证的基础上，《国家发展改革委　国家能源局关于开展第五批增量配电业务改革试点的通知》（发改运行〔2020〕1310 号）印发，确定 79 个项目增量配电网业务改革试点项目，并要求各地主管部门要高度重视试点项目的落地实施工作，积极协调相关部门、电网企业、项目业主等有关方面，妥善解决试点过程中遇到的困难与问题，确保试点工作扎实推进、取得实效。

自 2016 年增量配电业务改革试点启动以来，国家发展改革委、国家能源局先后分五批在全国范围内开展了 483 个增量配电业务改革试点（其中 24 个试点项目被取消），以鼓励社会资本投资配电业务，有效提高配电网运营效率，优化供电服务，降低配电成本。增量配电业务改革试点有效激发了社会资本投资增量配电项目的积极性，促进了配电网建设发展。已经确定业主的试点项目中，大部分项目都有社会资本的参与，并且由非电网的社会资本控股的项目占据了大多数，一些项目已经进入正常运营，起到了一定试点示范作用。通过增量配电网试点项目引入市场竞争机制，在推动提高配电网运营效率、改善供电服务质量等方面作出了积极探索。

五、大庆油田电力集团获得电力业务许可证（供电类）

大庆油田是中国第一大油田，石油年产量约4000万吨，拥有全国最大的企业电网和石油行业最大的企业自备电厂，年发电能力50亿千瓦·时，年用电量150亿千瓦·时，占黑龙江全省用电量的五分之一，是黑龙江省经济和能源发展的重要支撑。由于先有油田后有城市的历史原因，大庆市近30万居民、社会企事业单位及商业用户一直由大庆油田电力集团提供转供电服务。

2015年正式启动的新一轮电力体制改革，重点解决交易机制缺失、价格关系没有理顺、政府职能转变不到位、发展机制不健全及立法相对滞后等问题，明确了开放售电侧等方面要求。大庆油田电力集团积极筹备成立售电公司，申请办理电力业务许可证(供电类)，开展增量配电业务及核定合理的购电价格。

为了维护电力业务许可证的权威性，强化行政许可监管，发证前，东北能源监管局对大庆油田电力集团是否具备许可条件等问题，开展了近两个月的全面调查研究，并组织大庆市人民政府、大庆石油管理局、国网黑龙江省电力有限公司大庆供电公司等各有关单位进行座谈，在确认大庆油田电力集团和国网黑龙江省电力有限公司对供电营业区划分情况达成共识的前提下，于2016年6月23日正式作出对大庆油田电力集团颁发供电类电力业务许可证的决定。

2016年7月25日，东北能源监管局向大庆油田电力集团颁发了电力业务许可证（供电类），这是新一轮电力体制改革启动后东北能源监管局发出的区域内第一张电网企业以外的电力业务许可证（供电类）。

2016年9月26日，拥有全国最大规模配电网资产的售电公司——大庆油田售电有限责任公司（简称售电公司）正式成立。其增量配电网拥有近30万居民、社会企事业单位和商业用户，年供电量达13亿千瓦·时。其业务范围包括电能购销，配电网投资、建设、检修和运营业务管理，电力节能技术的投资、开发和服务，电动汽车充电站系统建设、运营和咨询，清洁能源项目开发和投资建设、技术咨询和服务，智能综合能源和用电增值咨询服务，新能源技术开发、技术咨询、技术转让、技术服务，工程项目管理，合同能源管理等内容。2016年12月，大庆油田增量配电网被国家发展改革委、国家能源局确定为第一批增量配电业务改革试点项目。

大庆油田电力集团获得增量配电业务许可，在东北电力体制改革进程中具有里程碑意义，为此后东北地区石油、煤炭、钢铁等大型国有企业升级转型、参与售电业务作出了积极探索。

六、电力市场信用体系的建立

建立健全市场主体信用体系是新一轮电力体制改革的重点任务之一。中发9号文提出要建立健全电力市场主体信用体系，加强市场主体诚信建设，规范市场秩序。2015年11月26日，国家发展改革委、国家能源局印发了《关于推进售电侧改革的实施意见》，要求针对发电企业、供电企业、售电企业和电力用户等不同市场主体建立信用评价指标体系，做好信息披露和信用评价。

2016年10月8日，国家发展改革委、国家能源局印发了《售电公司准入与退出管理办法》❶，对售电市场信用体系建设提出完善售电公司信用评价制度、信用公布、信用监管、失信惩戒等四条要求。按照“一注册、一承诺、一公示、三备案”准入程序，电力交易机构负责售电公司注册服务，符合准入条件的售电公司自主选择电力交易机构办理注册，获取交易资格。售电公司办理注册时，应按固定格式签署信用承诺书。接受注册后，电力交易机构要通过“信用中国”等政府指定网站，将售电公司满足准入条件的信息、材料和信用承诺书向社会公示。电力交易机构按月汇总售电公司注册情况，向能源监管机构、省级政府有关部门和政府引入的第三方征信机构备案，并通过“信用中国”网站和电力交易平台网站向社会公布。

2016年10月8日，国家发展改革委与大公国际信用评级集团有限公司签署《合作开展电力行业信用建设框架协议》，由大公国际信用评级集团有限公司开展电力行业信用建设工作，建立电力行业信用记录，参与电力行业准入备案和准入资质监管。同年11月8日，中电联发布《售电企业信用评价指标体系（试行）》和《电力大用户信用评价指标体系（试行）》❷，对售电企业的基础信息、企业资质、业务结构、基础管理、营销能力、设备技术能力、信用管理、制度规范、交易管理、市场行为、合同履行、电力调度管理、资产运营能力、盈利能力、偿债能力、成长能力、优良记录、不良记录等十八项指标和电力大用户的基础信息、企业资质、基础管理、能源管理、信用管理、节能减排、交易管理、市场行为、合同履行、盈利能力、偿债能力、优良记录、不良记录等十三项指标进行评价，为电力行业信用评价体系提供了参考。

2017年9月6日，国家发展改革委办公厅复函同意委托中国电力企业联合会开展电力行业信用体系建设有关工作，明确中电联作为电力行业市场主体相关备案信息共享单位，协同政府部门加快推进电力行业信用信息平台建设，推动行业标准出台，规范电力行业信用评价工作。2018年1月1日，中电联搭建的“信用电力”行业信用信息共享平台上线运行，实现发电、电网、售电、电力用户等涉电力领域企业信用信息采集、信用评价、

❶《国家发展改革委　国家能源局关于印发〈售电公司准入与退出管理办法〉和〈有序放开配电网业务管理办法〉的通知》（发改经体〔2016〕2120号）。

❷《中电联关于印发售电企业及电力大用户信用评价指标体系（试行）的通知》（中电联评询〔2016〕331号）。

信用公示、信用查询、信用服务等多项功能。该平台与“信用中国”“信用能源”建立共享机制，定期交换行业信用评价结果，借助公共信用信息、社会舆情信息等对平台企业用户进行信用动态监测。

2018年7月16日，《国家发展改革委　国家能源局关于积极推进电力市场化交易　进一步完善交易机制的通知》（发改运行〔2018〕1027号）印发，再次明确引入全国性行业协会、信用服务机构和电力交易机构开展电力直接交易数据采集工作，实行市场主体年度信息公示、守信联合激励和失信联合惩戒机制，限制有不良信用记录的市场主体参与电力市场化交易。

电力市场信用评价体系的建立与完善进一步提升了电力行业的信用建设质量和水平，增强了全行业成员的诚信意识，为营造行业优良信用环境、电力市场的规范运行发挥了重要作用。

七、销售电价分类结构的调整和规范

中国的销售电价体系从计划经济时代沿革而来，主要按照行业、用电用途进行分类。在电力短缺时期，细分用电类别有利于实现有限电力资源的高效利用。但随着电力供应的增加，以及电力市场化改革的持续推进，基于用电用途的销售电价分类方式分类过细，不能充分反映用电成本，用电类别间的比价关系不合理，用户间交叉补贴较多，总体上已经不适应中国市场经济改革发展的要求，需逐步调整为按用电负荷特性为主分类，以促进电力用户公平负担，平稳推进销售电价改革。

2003年7月3日，《国务院办公厅关于印发电价改革方案的通知》（国办发〔2003〕62号）发布，明确要求根据用户用电负荷特性及便于与上网电价联动的原则对销售电价的分类进行调整，目标是将用户分为居民生活用电、农业生产用电、工商业及其他用电三类，每类用户按电压等级和用电负荷特性定价。2005年3月28日，国家发展改革委印发的《销售电价管理暂行办法》中再次明确，销售电价分类改革的目标是分为居民生活用电、农业生产用电、工商业及其他用电价格三类。根据用户承受能力逐步调整，先将非居民照明、非工业及普通工业、商业用电三大类合并为一类；合并后销售电价分为居民生活用电、大工业用电、农业生产用电、贫困县农业排灌用电、一般工商业及其他用电五大类，大工业用电分类中只保留中小化肥一个子类。

由于相比非工业及普通工业，商业用电的价格一直较高，商贸企业要求实施工商业电价合并的呼声很高。2008年12月30日，《国务院办公厅关于搞活流通扩大消费的意见》（国办发〔2008〕134号）中也提出要实行商业与工业用电、用水同价政策，尽快落实对列入国家鼓励类的商业用电与工业用电同价政策。随后，各地积极推进商业与工业用电同价工作，大部分省（自治区、直辖市）商业用电与工业用电已执行了相同的目录电价标准；没有实现同价的省（自治区、直辖市）也适当缩小了商业用电与工业用电的价差。2009年6月，《国家发展改革委办公厅关于做好商业与工业用电、用水同价工作有关问题的通知》（发改办价格〔2009〕1255 号）印发，要求加快推进商业与工业用电同价工作，尚未实现商业与工业用电同价的省（自治区、直辖市），要认真做好商业与工业用电同价的实施方案，结合销售电价调整，尽快实现工商企业用电同价。

随着销售电价改革的深化，为健全和完善销售电价体系，促进电力用户公平负担，合理配置电力资源，2013 年 5 月 24 日，《国家发展改革委关于调整销售电价分类结构有关问题的通知》（发改价格〔2013〕973 号）（简称《通知》）印发，决定：① 调整销售电价分类结构。将销售电价由主要依据行业、用途分类，逐步调整为以用电负荷特性为主分类，逐步建立结构清晰、比价合理、繁简适当的销售电价分类结构体系；将销售电价逐步归并为居民生活用电、农业生产用电和工商业及其他用电价格三个类别。② 规范各类销售电价适用范围。明确城乡居民住宅小区公用附属设施用电（不包括从事生产、经营活动用电）、学校教学和学生生活用电、社会福利场所生活用电、宗教场所生活用电、城乡社区居委会服务设施用电以及监狱监房生活用电执行居民生活用电价格；农业、林木培育和种植、畜牧业、渔业生产，农业灌溉以及农业服务业中的农产品初加工用电执行农业生产用电价格；农村饮水安全工程供水用电执行居民生活或农业生产用电价格，由省（自治区、直辖市）价格主管部门根据实际情况确定。

考虑到调整销售电价分类结构对用户利益有较大影响，解决销售电价分类存在问题需要逐步推进，既要考虑资源性产品价格改革方向，也要考虑用户承受能力，特别是要保护居民、农业用户利益。因此，《通知》要求销售电价分类结构调整要分步实施，平稳过渡，原则上应于 5 年左右调整到位。过渡时期考虑用户及电网企业承受能力，采取以下措施：① 暂单列大工业用电类别。将大工业用电中的电解铝、电炉铁合金、电解烧碱、黄磷、电石、中小化肥等用电逐步归并于大工业用电类别。② 将非居民照明、非工业及普通工业、商业三类用电归并为一般工商业及其他用电类别。③ 一般工商业及其他用电与大工业用电逐步归并为工商业及其他用电类别。④ 将单列的农业排灌用电、贫困县农业排灌用电和深井高扬程用电逐步归并到农业生产用电类别。

各省市在《通知》的指导下，分步骤地将本地区的销售电价分类向居民生活用电、农业生产用电、工商业及其他用电价格等三类过渡。截至 2020 年年底，天津、河北、辽宁、上海、安徽、福建、江西、山东、河南、湖北、广西、海南、重庆、贵州、西藏、陕西、青海、宁夏 18 个省（自治区、直辖市）已将销售电价分类合并为三类。

推进简化销售电价分类改革，有利于销售电价和上网电价进行联动，促进电力用户公平负担，减少交叉补贴，有利于更加科学地反映不同电力用户用电特性和供电成本差异，更大限度发挥价格信号调节市场供求的作用。

八、居民生活用电阶梯电价的推行

居民电价大致经历了四个阶段：第一阶段是计划经济时代，此时的家庭用电以照明为主，故称为居民照明电价，电价水平远高于工业电价。第二阶段是 1978 年改革开放后至

2000 年，居民生活电价开始普遍低于平均电价，逐渐形成了工业用户对居民用户的交叉补贴❶。第三阶段是 2000—2004 年，全国普遍实行统一销售电价，但居民电价的调整幅度和频率低于其他行业用电，除新疆、青海、广西、山西等个别地区外，居民生活电价普遍为非、普工业电价的 60%～95%、商业电价的 50%～60%。“十五”时期，随着居民生活水平的提高和家用电器的普及，居民用电量逐年提高，导致居民生活电价的交叉补贴金额进一步扩大。第四阶段是 2004 年至 2012 年，居民阶梯递增电价在浙江、福建、四川等地开始实行，2012 年全国范围全面推行，原来单一形式的居民电价调整为按照电力消费量分段定价，用电价格随着居民用电量增加呈阶梯状逐级递增。以浙江省为例，其居民生活与非、普工业和商业电价对照情况见表 11－1。

表 11－1　浙江省居民生活与非、普工业和商业电价对照情况表（不满 1 千伏电压等级）❷

单位：元/（千瓦·时）

年份	居民生活	非、普工业	商业
1965	0.20	0.085	—
1978	0.15	0.085	—
1993	0.30	0.762	—
2000	0.53	0.708	0.899
2004	第一档 0.53、第二档 0.56、第三档 0.63；合表 0.55	0.756	0.947

2008 年，国务院副总理李克强安排国家电网公司研究居民生活阶梯电价等政策，国家电网公司于 8 月 29 日向李克强提交了《关于推行居民阶梯电价、峰谷分时电价等有关工作的汇报》，就全国推行居民阶梯电价提出了有关建议：一是实行居民生活阶梯电价政策，有利于引导合理的电力消费，调节电力供求关系，实现节能减排；二是阶梯电价实施要把握合理确定基数电量和电价分档、保证城乡居民同网同价政策的连续性和有利于理顺电价机制的原则；三是针对阶梯电价涉及千家万户，全面推行后面临的电能表改造规模大、时间紧等问题，提出了合理确定阶梯电价实施方案、适当提高居民生活用电电价水平、筹措资金补偿解决表计改造等投资、统筹制定相关能源的节能政策等四个方面的具体举措。

2009 年 11 月，国家发展改革委提出加快推进居民用电阶梯电价的研究，国家电网公司组织浙江、福建、四川、甘肃、山东、辽宁等网省公司研究商讨阶梯电价政策推进工作，开展全网居民用电情况调查，系统评估实行阶梯电价的条件以及需统筹考虑的因素。随后，国家电网公司向国家发展改革委上报了《关于居民生活用电价格调整以及实施阶梯递增电价有关意见的报告》，建议对“一户一表”的城乡居民用户实行阶梯电价，将城乡居民每

❶ 交叉补贴：指因商品定价造成的一部分用户对另外一部分用户的补贴。具体到中国的电价，大致存在以下三类交叉补贴：省（自治区、直辖市）内发达地区用户对欠发达地区用户的补贴；高电压等级用户对低电压等级用户的补贴；大工业和一般工商业用户对居民和农业等国家政策扶持用户的补贴。

❷ 数据来源：浙江省历年目录电价表。

月用电量按照满足基本用电需求、正常合理用电需求和较高生活质量用电需求划分为三档，电价实行分档递增，第一档和第二档电量之和原则上覆盖 80%～90%的居民用电户。

2010 年 10 月 9 日，国家发展改革委正式公布《关于居民生活用电实行阶梯电价的指导意见（征求意见稿）》，向社会公开征求意见，引起社会各界广泛关注。意见主要明确了推行居民阶梯电价的必要性、遵循的原则、电量分档和电价确定的具体规定、实施范围、其他事项和有关要求等六项内容。截至 10 月 21 日，共收到各类意见 21 794 条，其中，通过国家发展改革委网络平台反馈意见 21 716 条，传真及信函意见 78 条。随后国家发展改革委对收到的各类意见和建议进行了深入探讨，最终达成了共识。试行阶梯电价，改变单一居民生活用电价格模式，有利于完善电力价格体系，有利于促进节能减排和环境保护工作，有利于使居民生活电价反映资源稀缺性。

2011 年 11 月 29 日，《国家发展改革委印发关于居民生活用电试行阶梯电价的指导意见的通知》（发改价格〔2011〕2617 号）（简称《指导意见》）下发。《指导意见》明确了实施阶梯电价的基本原则，即补偿成本与公平负担相结合，统一政策与因地制宜相结合，立足当前与着眼长远相结合。国家实施阶梯电价，初期着力于建立机制，保证大多数居民电价基本稳定，长远目标要逐步反映电力资源价值，引导居民节约用电。《指导意见》将居民阶梯电价划分为三个档次，实行分档累进递增。第一档电量按满足居民基本用电需求确定，电价维持原价格水平；第二档电量反映正常合理用电需求，电价加价幅度不低于 0.05 元/（千瓦·时）；第三档电量体现较高生活质量用电需求，电价加价幅度不低于 0.3 元/（千瓦·时）。居民阶梯电价的电量分档标准以省（自治区、直辖市）为单位，按照覆盖一定居民用电户的比率确定，第一档电量覆盖 80%居民用户的月均用电量，第一档和第二档电量之和覆盖 95%居民用户的月均用电量。同时，对城乡“低保户”❶和农村“五保户”❷家庭每户每月设置 10 千瓦·时或 15 千瓦·时免费用电基数。2012 年 3 月 5 日，“两会”政府工作报告正式提出“实施居民阶梯电价改革方案”，国家发展改革委决定上半年在全国范围内全面推行居民阶梯电价。

此后，各省（自治区、直辖市）相继制定阶梯电价具体实施方案，组织召开听证会，对各自省级电网供电区域内的一户一表城乡居民用户实施阶梯电价。2012 年 7 月起，全国除新疆和西藏外，全面推行居民生活用电阶梯电价❸。各地在制定居民阶梯电价实施方案过程中，结合本地实际，对实施范围、档次划分、户数认定等方面进行深入研究论证，并广泛征求意见，居民阶梯电价执行平稳有序。电网企业也加快了对居民用电的一户一表改造，提升抄表到户率，推进远程自动抄表的建设实施。

各省阶梯电价执行周期一般分为按月（双月）或按年两种方式，体现各地季节性差异

❶ 低保户是指家庭人均月收入低于市低保标准的居（村）民，享受国家最低生活保障补助的家庭。

❷ 五保户是指《农村五保供养工作条例》中的五保供养对象，指农村中无劳动能力、无生活来源、无法定赡养扶养义务人或虽有法定赡养扶养义务人，但无赡养扶养能力的老年人、残疾人和未成年人。

❸ 2019 年 7 月 1 日起，西藏自治区居民生活用电实行阶梯递减电价，超过基数电量的用电量给予优惠电价；新疆未执行居民阶梯电价。

对居民用电的影响因素。北京、山东、浙江、江西等15个省（自治区、直辖市）以年为周期执行居民阶梯电价；山西、湖南、重庆等14个省（自治区、直辖市）以抄表周期[1]执行阶梯电价，对于预付费表用户，则普遍采用按年为周期的方式。结合地区用电水平差异，第一档分档电量标准分为三类：① 月用电量在150千瓦·时～180千瓦·时之间，有青海、黑龙江、陕西、安徽等15个省（自治区、直辖市）；② 月用电量在200千瓦·时～260千瓦·时之间，有北京、天津、山东、上海、江苏、浙江、福建、重庆、广东9个省（自治区、直辖市）；③ 月用电量分季节（或丰、枯水期）有不同的分档电量标准，有湖南、广西、云南、贵州、海南等5个省（自治区、直辖市），如海南实行分季节分档电量标准，4月至10月为夏季（共计7个月），11月至次年3月为冬季（共计5个月），夏季的第二、三档电量标准分别高于冬季标准37.5%、24.1%，满足了不同季节的用电需求。对城乡“低保户”和农村“五保户”家庭，各省全部实行了每户每月10千瓦·时或15千瓦·时免费用电政策，政策兑现有即征即返、先征后返、货币化明补等三种方式。如北京地区城乡“低保户”和农村“五保户”家庭的免费用电量采取货币化明补方式，电力企业依据民政部门提供的用户情况和有效月数，按照每户每月15千瓦·时免费电量和第一档电价标准计算免费用电电费，交由民政部门定期随低保金发放到户（月用电量不足15千瓦·时，也按15千瓦·时进行免费电量补贴）。

同时，对人口较多的家庭，上海、江苏、山东、江西、宁夏5个省（市）出台了“一户多人口”的优惠政策，一般对户内常住人口5人及以上的，增加阶梯基数电量或可以选择执行居民合表电价。上海、浙江、福建、安徽、江西、吉林、甘肃7个省（市）还在推行居民阶梯电价的基础上，推行了峰谷分时电价。实施煤改电后，北京、天津、青海等地对电采暖用户也出台了相应的居民阶梯电价政策。

居民生活用电阶梯电价的实施，是国家促进节能减排、引导居民用户合理用电、维护低收入群体利益、减少我国现有电价体系构成中工业用电、商业用电、非居民照明用电交叉补贴居民生活用电而采取的重要价格举措，有利于建设资源节约型和环境友好型社会，建立合理的公平负担机制，改善我国电价结构，促进其逐步趋于合理。

九、煤电价格联动机制的建立与取消

中国从1993年开始逐步放开煤炭价格，使得煤炭价格呈现不断上涨趋势，而与之密切相关的电价却未能作出相应的调整，由此带来的成本增加就只能由发电企业自行消化。进入2004年，煤炭价格快速上涨，“市场煤”和“计划电”之间的矛盾更加凸显。为理顺煤电价格关系，促进煤炭和电力行业全面、协调、可持续发展，2004年12月15日，《国家发展改革委印发关于建立煤电价格联动机制的意见的通知》（发改价格〔2004〕2909号）印发，按照“市场导向、机制协调、价格联动、综合调控”的思路，实行上网电价与煤价联动，煤电价格联动机制正式建立。2005年5月1日起，启动机制建立后的第一轮调

[1] 抄表周期：电力企业对用电户实行定期抄表，两个抄表时间之间的时间段称为抄表周期，一般为单月抄表或双月抄表。

价。此后，2006—2011 年又进行了 5 轮电价上调。

2012 年，全国煤炭供需形势较为宽松，重点合同电煤与市场煤价差明显缩小，一些地方甚至出现了倒挂，电力企业经营状况有所改善。同年 12 月 25 日，《国务院办公厅关于深化电煤市场化改革的指导意见》（国办发〔2012〕57 号）印发，针对煤电联动实施过程中，“合同电煤”和“市场煤”在资源供给、运力配置和价格水平上存在的明显差异，合同电煤限制了市场机制发挥作用，造成不公平竞争等现象，对煤电价格联动政策进行第一次调整。一是取消重点电煤合同、实施电煤价格并轨，逐步形成合理的电煤运行和调节机制；二是完善煤电价格联动机制，将煤电价格联动周期由 6 个月调整为 12 个月；三是当电煤价格波动幅度超过 5%时，相应调整上网电价，同时将电力企业消纳煤价波动的比例由 30%调整为 10%。2015 年，根据煤电价格联动机制规定，全国燃煤发电上网电价平均每千瓦时下调约 0.02 元，全国工商业价格平均每千瓦时下调约 0.018 元。

2015 年 12 月 31 日，《国家发展改革委关于完善煤电价格联动机制有关事项的通知》（发改价格〔2015〕3169 号）（简称《通知》）印发，对煤电价格联动政策进行第二次调整。一是明确了煤电价格联动机制基准，电煤价格按照中国电煤价格指数确定，即以中国电煤价格指数 2014 年各省（价区）平均价格为基准煤价，原则上以与基准煤价对应的上网电价为基准电价，统筹解决省份间煤电生产成本差别问题；二是对煤电价格实行区间联动，以 5000 大卡/千克代表规格品电煤价格为标准，当周期内电煤价格与基准煤价相比波动不超过每吨 30 元（含）的，成本变化由发电企业自行消纳，不启动联动机制，煤价波动在每吨 30 元至 150 元之间的部分，实施分档累退联动，煤价波动超过每吨 150 元的部分不再联动。《通知》还向社会公布了联动机制计算公式。煤电价格联动机制的公开透明实施，有利于合理引导社会预期，促进煤电市场稳定。

2016 年，煤电联动机制触发，自 1 月 1 日起全国燃煤机组上网电价和一般工商业用电价格平均每千瓦时下调 0.03 元。2017 年，因新的煤电价格联动未达到触发条件，所以不进行调整；2018、2019 年，新的联动机制虽然达到了触发条件，但由于国家宏观调控，连续两年下调一般工商业电价，致使煤电价格联动机制搁浅。

2019 年 10 月 21 日，《国家发展和改革委员会关于深化燃煤发电上网电价形成机制改革的指导意见》（发改价格规〔2019〕1658 号）印发，宣布自 2020 年 1 月 1 日起不再执行煤电价格联动机制，将燃煤发电标杆上网电价机制改为“基准价+上下浮动”的市场化价格机制。煤电价格联动的实施，缓解了煤电矛盾和发电企业成本压力，保证了电力供应，对实现向竞价上网平稳过渡发挥了积极作用，也为电力市场化改革积累了经验。

第三节　电力需求侧管理体系的完善与发展

为提高电力资源利用效率，改进用电方式，实现科学用电、节约用电、有序用电，国家有关部门不断推进电力需求侧管理体系的完善和发展。2010 年 11 月 4 日，国家发展改革委等六部委（局）印发了《电力需求侧管理办法》。之后，国家发展改革委制定了《电网企业实施电力需求侧管理目标责任考核方案（试行）》，对国家电网公司、南方电网公司及所属省级电网企业的电力需求侧管理实行目标责任评价和考核制度。

电网企业在各级政府领导下，依据《有序用电管理办法》实施有序用电，确保在电力供应不足、突发事件等情况下，依法控制部分用电需求，维护供用电秩序平稳。同时，积极推动电力需求侧管理标准体系的建设、国家电力需求侧管理平台的建设与应用，配合国家发展改革委和工信部开展电力需求侧管理城市综合试点和工业领域试点工作。持续深化电力需求响应新机制，引导用户削峰填谷的同时促进新能源消纳，确保电网安全稳定运行，保障社会用电秩序。

一、《电力需求侧管理办法》的发布

2006 年以来，中国政府把节能减排作为调整经济结构、转变发展方式的重要抓手，节能减排工作取得重要进展，“十一五”前期全国单位国内生产总值能耗累计下降 14.38%，但与实现“十一五”降低 20%左右的目标仍差距较大。同时，虽然电源项目陆续投产、电网基础设施逐渐完善，但是区域性、结构性、时段性缺电的供需矛盾依然存在。2010 年 5 月 4 日，《国务院关于进一步加大工作力度确保实现“十一五”节能减排目标的通知》（国发〔2010〕12 号）要求加强电力需求侧管理，制定和实施有序用电方案，在保证合理用电需求的同时，压缩高耗能、高排放企业用电。

为贯彻落实国务院关于加强电力需求侧管理的要求，2010 年 11 月 4 日，国家发展改革委、工业和信息化部、财政部、国资委、电监会、能源局联合印发《电力需求侧管理办法》（发改运行〔2010〕2643 号），这是继 2004 年国家发展改革委联合国家电监会印发《加强电力需求侧管理指导意见》后，中国在电力需求侧管理工作方面又一个重要的指导性文件。

《电力需求侧管理办法》全文包括总则、管理措施、激励措施和附则四部分。① 总则明确了电力需求侧管理是为提高电力资源利用效率，改进用电方式，实现科学用电、节约用电、有序用电所开展的相关活动。国家发展改革委负责全国电力需求侧管理工作，县级及以上人民政府电力运行主管部门负责本行政区域内的电力需求侧管理工作；电网企业是电力需求侧管理的重要实施主体；电力用户是电力需求侧管理的直接参与者。② 管理措施要求各省级电力运行主管部门会同有关单位制定电力需求侧管理规划、年度工作目标和实施方案，制定电网企业的年度电力电量节约指标并考核；各级价格主管部门推动并完善峰谷电价制度，鼓励低谷蓄能；电网企业通过电力负荷管理系统开展负荷监测和控制；电力用户配合政府主管部门和电网企业开展电力需求侧管理。③ 激励措施明确了电力需求侧管理资金主要用于电力负荷管理系统的建设、运行和维护，实施试点、示范和重点项目的补贴，实施有序用电的补贴和有关宣传、培训、评估费用。④ 附则明确了《电力需求侧管理办法》自 2011 年 1 月 1 日起实施。

按照《电力需求侧管理办法》的要求，电网企业积极贯彻落实主体责任。2010 年 12

月9日，国家电网公司印发《关于开展国家电网公司节能服务体系建设工作的通知》（营销市场〔2010〕61号），要求各省公司编制本单位节能服务公司建设方案，启动节能服务体系建设工作。同年12月20日，南方电网公司成立了南方电网综合能源公司，支持绿色经济发展，服务经济社会发展方式转变。

2011年，全国24个省不同程度缺电，最大电力缺口超过3000万千瓦。各地按照《电力需求侧管理办法》等政策文件要求，组织开展电力需求侧管理，科学编制有序用电方案，大量压缩高耗能、高排放企业用电。国家电网公司和南方电网公司加强电力需求侧管理，深入推进有序用电工作，当年最高调控负荷分别达到1038万千瓦、901万千瓦。

2012年，电网企业通过实施电力需求侧管理，取得了较好的成果。国家电网公司和各省级公司组建27家节能服务公司，共开展节能服务项目294个，节约电量11.74亿千瓦·时；开展能效测评机构建设，认定节约电量62.6亿千瓦·时。南方电网公司节约电力48.02万千瓦，完成节能目标的140.7%；节约电量23.63亿千瓦·时，完成节能目标的199.1%。

随着中国经济进入新常态，电力供需形势相对宽松，电力需求侧管理面临的外部形势和内涵发生了较大变化，工作方向和重心需要及时调整。为贯彻落实供给侧结构性改革有关部署，促进供给侧与需求侧相互配合、协调推进，国家发展改革委等六部委于2017年9月20日联合印发《关于深入推进供给侧结构性改革做好新形势下电力需求侧管理工作的通知》（发改运行规〔2017〕1690号），对2010年发布的《电力需求侧管理办法》进行了修订。《电力需求侧管理办法（修订版）》在原版的基础上增加了环保用电、绿色用电、智能用电三项内容，同时把电网企业、电能服务机构、售电企业和电力用户并列为电力需求侧管理的重要实施主体。其中环保用电要求开展电能替代，重点推进北方地区“煤改电”清洁取暖工作；绿色用电要求因地制宜开展需求响应，促进可再生能源消纳，推动能源绿色转型；智能用电要求开展“互联网+”智能用电示范，创新用电管理模式，提高电力需求侧管理智能化水平。

《电力需求侧管理办法》的发布及修订，推动中国电力需求侧管理工作取得了积极成效。按照科学用电、节约用电、有序用电的理念，有关部门和地方政府各司其职，电网企业全力配合，电力用户积极参与。无论是紧张时期保平衡，确保居民和重点用户用电，还是宽松时期提能效，支撑国家节能减排，电力需求侧管理工作都发挥了重要的作用，作出了积极贡献。

二、《有序用电管理办法》的出台

2004年4月，国家发展改革委和电监会在江苏南京联合召开全国电力需求侧管理经验交流会，提出要“采取必要的行政措施，实现有序用电”。随后几年，各省结合当地供需实际，相继开展有序用电工作，在缓解电力供需矛盾方面取得了较好的效果。但各地在有序用电实施过程中，还存在政策标准不统一、措施执行不规范的问题，实施效果也相差较大。为了使有限的电力资源发挥更大的作用，最大限度减少电力紧缺对生产生活的影响，需要进一步规范有序用电工作。

2011 年 4 月 21 日，国家发展改革委印发了《有序用电管理办法》（发改运行〔2011〕832 号）（简称《办法》），为各地有序用电工作的开展提供了政策依据。《办法》突出强调了有序用电工作应遵循“安全稳定、有保有限、注重预防”的原则，全文包括总则、方案编制、预警管理、方案实施、奖惩措施、附则六章。① 总则规定了《办法》的法律依据、适用范围、定义、主要原则和职责分工。明确国家发展改革委负责全国有序用电管理工作，县级及以上人民政府电力运行主管部门负责本行政区域内的有序用电管理工作，电网企业是有序用电工作的重要实施主体，电力用户应支持配合实施有序用电。② 方案编制规定了有序用电方案的编制程序，由省级电力运行主管部门组织指导省级电网企业等相关单位，根据年度电力供需平衡预测和国家有关政策，确定年度有序用电调控指标，各地市电力运行主管部门组织指导电网企业，根据调控指标按照先错峰、后避峰、最后拉闸的顺序编制本地区年度有序用电方案。③ 预警管理规定了信息披露要求和不同等级的预警信号。预警信号的等级、颜色规定[1]参照了《国务院关于实施国家突发公共事件总体应急预案的决定》（国发〔2005〕11 号）的有关规定。④ 方案实施对方案启动、各方面应采取的措施、满足用户合理需求以及告知、统计等工作做了相关规定。明确了有序用电方案的实施流程，由电网企业依据有序用电方案，结合实际电力供应能力和用电负荷情况，在保证有序用电方案整体执行效果的前提下，优化有序用电措施，在电力电量缺口缩小时及时有序释放用电负荷，尽量满足用户合理需求，减少限电损失。⑤ 奖惩措施明确了从补贴、电价、放宽用电限制方面对参与有序用电的用户给予适当补偿，同时对违反有序用电预案和相关政策的用户实施相应惩罚。⑥ 附则明确了《办法》自 2011 年 5 月 1 日起施行，并要求各地电力运行主管部门制订实施细则。

2011 年 6 月 30 日，国家发展改革委在杭州召开全国有序用电工作经验交流会，宣传贯彻《办法》，交流各地好的做法和经验，推动有序用电工作规范、深入开展，确保电力供应平稳有序，促进结构调整和节能减排。

2011 年是实行《办法》的第一年，国家电网公司落实有序用电的各项工作要求，按照“有保有限”的原则深入推进有序用电工作，当年有序用电调控负荷达到 1038 万千瓦，成功应对最大 2716 万千瓦电力缺口。南方电网全网最大错峰电力 901 万千瓦，有效应对严重缺电，基本实现了“限电不拉闸”目标，保障了经济社会健康有序运行。2012 年 6 月，国家发展改革委经济运行调节局会同国家电网公司、南方电网公司编写的《有序用电工作指南》正式出版，在总结各地经验的基础上，从有序用电工作基础管理、方案编制和演练、方案实施、监督检查、发布管理、保障措施等方面，进一步规范有序用电管理，用于指导各省级电网企业更好地开展有序用电工作。

随着《办法》的落实，各地有序用电措施不断完善，有序用电效果不断显现，为保障

---

[1] 预警级别依据突发公共事件可能造成的危害程度、紧急程度和发展态势，一般划分为四级：Ⅰ级（特别严重）、Ⅱ级（严重）、Ⅲ级（较重）和Ⅳ级（一般），依次用红色、橙色、黄色和蓝色表示。

经济平稳发展、加强和改善民生、保持经济社会和谐稳定发挥了重要作用。

三、电力需求侧管理标准体系的建立

电力需求侧管理工作开展以来，中国在相关领域的标准化工作取得了一定成果，在用户侧设备装置、负荷管理等方面制定了 15 项国家标准、7 项行业标准和 4 项团队标准。然而，电力需求侧管理工作涉及面广、持续性强，需要政府、电力公司、科研单位、电力设备与电力管理系统制造企业、服务提供商和电力用户等利益相关方共同参与，各种智能量测设备、自动化系统、用电设备和系统软件协调运行。因此，在已有标准的基础上，还需要制定基础架构、技术方法、运营管控、配套机制等方面的标准，以满足电力需求侧管理工作开展过程中迫切的规范性需求。

2013 年，中国电力企业联合会以《关于申请全国电力需求侧管理及需求响应和全国功率微电子标准化技术委员会的请示》（标准函〔2013〕160 号）致函国家标准委员会，申请启动全国电力需求侧管理标准化技术委员会的筹建工作。2017 年 3 月 10 日，《国家标准委办公室关于筹建全国电力需求侧管理标准化技术委员会的批复》（标委办综合〔2017〕9 号）下发，同意由中电联筹建全国电力需求侧管理标准化技术委员会。2018 年 10 月 31 日，国家标准化管理委员会以 2018 年 12 号公告正式批复成立全国电力需求侧管理标准化技术委员会。2019 年 4 月 2 日，全国电力需求侧管理标准化技术委员会成立大会在广州召开。

全国电力需求侧管理标准化技术委员会秘书处设在南方电网科学研究院，主要负责电力需求侧管理基础、需求侧设备、需求侧管理技术、用电与交易策略（不包含用户用电策略管理）等领域国家标准制修订工作。标准体系架构如图 11－1 所示。

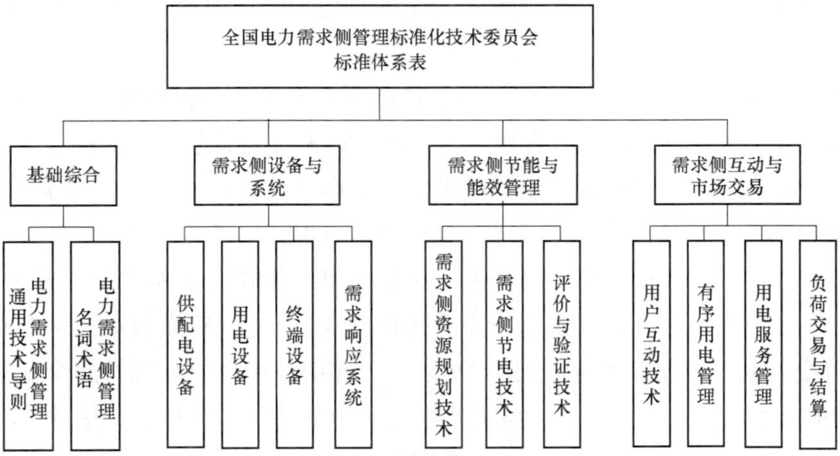

图 11－1　电力需求侧管理标准体系架构

截至 2020 年年底，全国电力需求侧管理标准委员会归口行业标准 8 项。其中，3 项行业标准已于 2020 年正式发布，5 项行业标准进入报批阶段，范围涵盖电力需求侧管理基础综合、需求侧管理系统、能效管理、需求侧互动等技术方向。

已发布的《电力需求侧资源分类与特性分析技术导则》（DL/T 2161—2020）规定了电力需求侧资源的分类和通用特性分析方法，可有效指导电网企业、电能服务机构、售电企业、电力用户开展电力需求侧项目管理和电力需求侧资源的整合、规划和利用；《用户参与需求响应基线负荷评价方法》（DL/T 2162—2020）规定了电力需求响应基线负荷的评价原则和评价方法，可有效指导监管机构、电力公司、电力用户、售电公司或第三方服务商实施需求响应工作，为需求响应基线负荷计算的效果评价提供参考；《电力需求侧辅助服务导则》（DL/T 2196—2020）通过规定电力需求侧辅助服务总体要求、技术要求、组织实施、考核与评价要求，旨在电力需求侧建立辅助服务标准，对为电力系统提供辅助服务的单位或企业给出相应指导规范。

四、电力需求侧管理工业领域试点和城市综合试点

“十一五”中后期，中国工业化、城镇化进程不断加快，电力消费快速增长，工业用电量占全社会用电量的比重超过 70%，城市用电峰谷特征明显。电力资源的有限性与城市及工业快速发展的矛盾及环境制约因素逐渐显现。

2011 年 1 月 17 日，工业和信息化部印发《关于做好工业领域电力需求侧管理工作的指导意见》（工产业政策〔2011〕第 4 号），要求大力推进工业领域电力需求侧管理示范工程。工业和信息化部先后确定北京、宁夏、广东、广西作为首批开展试点的省份（区、市），要求各试点地区结合实际编制电力需求侧管理试点工作实施方案，指导实施电力需求侧管理；引导建立工业用电全流程信息化监测系统；鼓励园区企业应用现代管理方法、信息化技术等手段，实现以较低电力消费创造更多工业增加值产出，促进工业转型升级。2013 年，工信部继续扩大工业领域试点辐射面，湖北、内蒙古、安徽、四川、山西等地相继开展试点，电力需求侧管理与电力市场直接联动，初步形成了较好的工作氛围。

首批四个工业领域试点省（自治区、直辖市）采取多项措施推进电力需求侧管理工作。在政策引导方面，四省（自治区、直辖市）各自编制工业领域电力需求侧管理试点工作实施方案，北京市另外编制了节能机电产品推荐目录和淘汰落后机电设备目录；宁夏回族自治区把开展电力需求侧管理工作写进《宁夏供用电条例》；广东省创新有序用电管理办法，强化差别电价征收；广西壮族自治区开展丰枯季节电价和峰谷分时电价政策研究。在资金支持方面，宁夏回族自治区建立了电力需求侧管理专项资金；广东省设立了差别电价电费收入专项资金。在人员培训方面，北京市在 2013 年组织中国电科院等四个专家团队对现代汽车等 10 家首批工业领域试点企业提供电力需求侧管理诊断服务；宁夏回族自治区在 2013 年共举办培训班 13 场次，对 323 家重点用能企业及电力运行主管部门的 450 余名负责人进行了集中培训；广西壮族自治区对各市工信委、供电局有关业务负责人以及第一批试点企业及重点用电企业负责人 120 人进行了培训。

为宣传推广工业领域电力需求侧管理试点经验，2014 年 12 月 26 日，工业和信息化部公布首批全国工业领域电力需求侧管理示范企业名单，确定北京水泥厂有限责任公司等

12 家企业为首批示范企业。截至 2018 年 9 月，全国共有 25 个省（自治区、直辖市）的 153 家企业（园区）被评为全国工业领域电力需求侧管理示范企业（园区），其中示范企业 141 家，示范园区 12 家。示范企业涉及有色、水泥、化工、钢铁等 16 类行业，示范园区涉及节能环保产业、装备制造业、原材料工业、电子信息产业等领域。其中江苏省无锡星洲工业园区建设储能电站，参与需求响应，消纳电网的清洁能源和削峰填谷；海尔工业园区建设全产业链的海尔能源智慧平台，实现对各产线的能源结构和消耗分析，同时开发光伏发电等可再生能源，实现多种能源的互补利用；包头石拐工业园区在采煤沉陷区建设光伏电站，引导园区内企业实施电能质量治理、节能改造、企业用电智能化管理；山西省榆社化工股份有限公司建设电力需求侧管理平台，利用平台数据对变压器及运行方式进行升级改造，改造后年节电量约为 70 万千瓦·时。

2012 年 7 月 3 日，财政部、国家发展改革委印发了《电力需求侧管理城市综合试点工作中央财政奖励资金管理暂行办法》（财建〔2012〕367 号），明确奖励资金支持范围包括建设电能服务管理平台，实施能效电厂，推广移峰填谷技术，开展电力需求响应相关科学研究、宣传培训、审核评估等，以此推动电力需求侧管理城市综合试点工作的开展。2012 年 10 月 31 日，财政部经济建设司、国家发展改革委经济运行调节局确定北京市、江苏省苏州市、河北省唐山市、广东省佛山市为首批电力需求侧管理城市综合试点城市。2015 年 4 月 7 日，国家发展改革委、财政部印发《关于完善电力应急机制做好电力需求侧管理城市综合试点工作的通知》（发改运行〔2015〕703 号），要求在前期北京市、苏州市、唐山市、佛山市电力需求侧管理城市综合试点和上海市需求响应试点工作基础上，进一步突出特色，吸引用户主动减少高峰负荷，并自愿参与需求响应。

四个综合试点城市分别结合自身负荷特点和工作基础，积极发挥财政资金的撬动作用，不断探索电力需求侧管理的技术创新和制度创新。北京市把项目细化为基准型、整合型、示范型三大类，组织实施金融街、商业数据中心、城市照明系统、在京部委大楼等电力需求侧管理改造工程，2015 年夏季实施需求响应削减电力负荷 64.11 万千瓦，拨付财政奖励资金 47.88 万元，并在 2016 年完成了该项目的第三方审核工作。苏州市侧重于推进企业在线监督电能服务平台，组织实施六批能效电厂项目第三方核查工作，核查通过企业 407 家次，项目 805 个，实现永久性降低和转移高峰电力负荷 62.12 万千瓦。唐山市侧重于钢铁、化工、建材、装备行业，组织第三方审核机构对 2015 年试点项目及非奖励项目进行现场审核，出具了 25 份现场项目审核报告。佛山市利用良好的有序用电工作基础，研究开展需求响应，提高电力应急处置能力，2015 年开展电力需求响应 15 次，达标企业 134 家，总削减电力负荷 19.81 万千瓦。

电力需求侧管理工业领域试点和城市综合试点，对电力需求侧管理进行了探索创新，有利于削减或转移高峰用电负荷，节约大量电源电网投资；有利于提升电力应急保障能力，有效应对重大自然灾害和突发事件，保障电力供需总体平衡；有利于消纳可再生能源电力，推动智能电网的运用和发展，提升用能管理水平。

五、国家电力需求侧管理平台的建设与应用

随着中国电力需求侧管理工作的持续推进，迫切需要充分运用现代信息技术，加快电力需求侧管理创新，促进电力需求侧管理广泛开展，有效发挥电力需求侧管理在保障电力供应、提高电能利用效率、加强经济运行监测以及促进电力企业转型升级等方面的积极作用。

2014 年 4 月 8 日，《国家发展改革委办公厅关于做好国家电力需求侧管理平台建设和应用工作的通知》（发改办运行〔2014〕734 号）印发，要求各地区充分认识国家电力需求侧管理平台（简称平台）的重要性，科学把握平台总体架构和主要功能，加快平台体系建设，提前做好平台的应用准备工作。

国家电力需求侧管理平台是国家发展改革委为广泛深入推进电力需求侧管理工作而组织开发的网络应用平台，具有门户、业务两类功能，为电力用户、电能服务商、电网企业和政府有关部门等提供电力需求侧管理信息。平台分为主站、子站两个层级，两个层级之间通过统一规约实现数据传输和共享。主站主要提供全国层面的功能、信息和公共服务，满足共性需求。国家电网公司负责实现国家平台基本功能，开发经济分析功能，丰富有序用电、需求响应等功能模块；南方电网公司负责实现所属区域相应功能的开发；江苏省经信委负责组织有关单位加强对在线监测功能的管理和监督，规范数据接入和运用，为电能服务商平台和大用户平台接入主站提供服务；电力需求侧管理培训办公室负责实现网络培训功能。子站由各单位自行开发维护或委托主站运维单位开发维护，满足个性化需求，各地方政府平台、电网企业平台、电能服务商平台、大用户平台均为子站。

2014 年 6 月，平台主站成功上线。同年 12 月，各省级子站基本实现全覆盖，各地利用平台开展了多项电力需求侧管理工作。北京市利用电力需求侧管理综合服务平台需求响应功能模块，辅助第三方核证机构开展了 2015 年夏季及冬季需求响应核证工作，并将结果上传至平台，作为拨付需求响应奖励资金的工作依据。江苏省于 2015 年 8 月 4 日通过电力需求侧管理平台开展全省范围内的电力需求响应，邀约申请需求响应的全部 557 家用户和 8 家负荷集成商，实际参与用户 513 户和集成商 8 家，邀约负荷 162.74 万千瓦，实际减少负荷 165.77 万千瓦。广东省佛山市电力需求侧管理平台接入全市 17 000 多家工业用户关口数据，实施能效电厂、需求响应企业 264 家，平台日访问量达到 1 万人次。河北省唐山市通过电力需求侧管理平台实现 27 家数据子站的在线监测，涉及 69 个厂区，共 4739 个监测点，变压器监测总容量达 426 万千伏・安，设备监测总功率达 331 万千瓦。山东省电力公司依托原有电能服务管理平台建设省级子站，从用电企业总览界面可以看到整个企业的基本信息和用能情况，包括最近的月电费、年电费、12 个月的用电曲线图、最近 30 天的负荷曲线图、12 个月电量电费情况曲线图以及各设备单元上月的用电排名等信息。国网能源研究院有限公司依托平台定期编制企业开工率分析、住房空置分析、电力看经济运行等材料，并报送国家发展改革委经济调节运行局，部分研究成果被中共中央办公厅《每日汇报》、国务院办公厅《专报信息》等中央级刊物采纳。

国家电力需求侧管理平台的建设与推广应用，有利于帮助用户实时、形象地了解用电情况，提升管理水平，降低用电成本；有利于帮助电能服务企业拓展市场，持续深入开展电能服务；有利于引导电网企业从传统的能源供应商向现代能源供应服务商转变；有利于创新电力运行调节手段，加强信息引导服务和事中事后监管，强化经济运行监测分析，更好发挥政府的作用。

六、电网企业实施电力需求侧管理目标责任考核

2010 年 11 月 4 日，国家发展改革委等六部委制定的《电力需求侧管理办法》中明确了电网企业是电力需求侧管理的重要实施主体，应自行开展并引导用户实施电力需求侧管理，为其他各方开展相关工作提供便利条件；应加强对电力用户用电信息的采集、分析，为电力用户实施电力需求侧管理提供技术支撑和信息服务。各省级电力运行主管部门应会同有关部门和单位制定本省、自治区、直辖市电网企业的年度电力电量节约指标，并加强考核。

2011 年 11 月 9 日，国家发展改革委印发了《电网企业实施电力需求侧管理目标责任考核方案（试行）》（发改运行〔2011〕2407 号）（简称《考核方案》）。《考核方案》明确了考核对象、内容、方法和程序，考核对象包括国家电网公司、南方电网公司及所属省级电网企业；考核内容为电力电量节约指标完成情况和电力需求侧管理工作开展情况；考核采用量化办法，相应设置电力电量节约指标和电力需求侧管理措施落实指标，满分为 100 分。其中电力电量节约指标为定量考核指标，年度指标原则上不低于经营区域内上年售电量的 0.3%、最大用电负荷的 0.3%，根据目标完成率进行评分，满分为 60 分，超额完成指标的适当加分；电力需求侧管理措施落实指标为定性考核指标，是对电网企业落实电力需求侧管理措施情况进行评分，满分为 40 分。

《考核方案》印发后，国家发展改革委将实施电力需求侧管理列入各地区年度节能目标考核指标（即单位 GDP 能耗考核），国资委在电网企业负责人绩效考核中也考虑了相关因素。为组织好考核工作，国家发展改革委经济运行调节局组织研究确定了考核适用项目类型及简要计算方法，并在国家电力需求侧管理平台上予以公布；组织开发了有关项目数据填报的软件，在平台上初步应用；设立了电力需求侧管理培训工作办公室，为考核等工作提供培训服务。各省电力运行主管部门和相关电网企业加强沟通协调，就本地区的工作重点、组织方式、考核设想进行了较为充分的沟通。2017 年 9 月 20 日，国家发展改革委等六部委印发了《电力需求侧管理办法（修订版）》，强调：电网企业应依法依规开展电力需求侧管理工作，实施电网企业电力需求侧管理目标责任考核评价制度。

为顺利完成目标责任，电网公司积极开展工作，统筹研究部署安排。国家电网公司制定了节约电力电量指标管理办法和指标计划，将节约电力、电力计划完成率作为企业负责人年度业绩指标进行考核；不断推进电网升级改造，深入开展有序用电管理，积极探索电力需求响应，大力实施电能替代，并在总部和各省公司成立了节能服务公司，组织开展能效服务，推动热泵、余热余压利用等大型社会节电项目；推进电能服务管理平台建设，完

成了总部平台和省级平台的上线运行和远程验收，电力需求侧项目管理全部实现在线填报和统计汇总，对部分用户实施了在线监测和能效诊断。南方电网公司制定《客户能效服务管理办法》，明确了客户能效服务的内容和考核要求；成立网、省、地 3 级节约用电服务中心 71 家，承担电力需求侧管理考核具体任务；开发建设了“南度度节能服务网”，开展节能技术与产品推广、节能产品认证、节能培训等服务，为用户提供优化能效的综合解决方案。

2012 年是电网企业实施电力需求侧管理目标责任考核的第一年，国家电网公司和南方电网公司细化工作方案和各项措施，积极组织所属省级电网企业实施节电项目，全年节约电力 302 万千瓦，节约电量 117 亿千瓦·时。2013 年至 2018 年，电网企业持续深化实施电力需求侧管理目标责任考核，国家电网公司和南方电网公司累计节约电力 2121 万千瓦，节约电量 897.4 亿千瓦·时，均超额完成电力需求侧管理目标任务。

七、电力需求响应的实施

进入“十二五”以后，随着电力工业的快速发展和经济发展方式的转变，电力供需形势逐步呈现为时段性、结构性、区域性的特点。一方面，夏冬季用电高峰时段，电力供应无法满足迅速增长的用电需求，因此出现对用户的拉闸限电；而在用电低谷时段，发电容量冗余，造成了资源浪费。另一方面，新能源在发电环节的占比越来越高，新建调峰电厂既不利于可再生能源的消纳利用，又会降低系统效率与效益。各地借鉴国外经验，根据电力需求侧管理的研究成果，积极探索开展电力需求响应工作，实现缓解供需矛盾和节能减排的双重目标。

2012 年 7 月，财政部、国家发展改革委明确对“开展电力需求响应”给予资金奖励。2017 年印发的《电力需求侧管理办法（修订版）》把需求响应纳入有序用电资源，需求响应逐渐成为需求侧管理中的重要内容。

2014 年，上海在夏季进行全市范围内的需求响应工作，通过在电力供应紧张时段实施需求响应削减高峰负荷，缓解电力供需矛盾，实现有序用电，共发动 64 户试点用户，包括 33 户楼宇和 31 户工业企业，总的需求响应可控容量超过 10 万千瓦。2015 年国家发展改革委要求其他地区借鉴上海需求响应的实践和国际经验，在 2015 年夏冬两季用电高峰以及供应紧张时组织实施电力需求响应，吸引用户主动减少高峰用电负荷。

2015 年和 2016 年，国家发展改革委两次发布公告，要求各地经济运行主管部门和电网企业积极探索需求响应等电力需求侧管理新机制，继续加大电力电量节约特别是社会节电工作力度，进一步提高市场主体参与电力需求侧管理工作的积极性。2016 年 7 月 26 日下午，江苏省在全省范围内实施了电力需求响应，共有 3154 个用户参与，削减高峰负荷 352 万千瓦，是当时国内最大规模的需求响应事件，既保障了电力供需平衡，又尝试了用户参与电力市场化改革的路径。

需求响应实施早期，主要措施是在用电高峰时段，通过市场激励的方式使用户自愿参与削峰，最大限度减少高峰电力负荷对电网安全的影响，保障民生用电和重点用电安全平稳。而随着中国新能源装机比例不断提高，冬季低谷时段调峰压力越来越大，需要引导用户在用电低谷时段实施反向需求响应，促进新能源消纳。2018—2020 年，天津、江苏、上海、浙江、山东等地实施了“填谷”需求响应。几个省市的实施背景和侧重点略有差异，但实质均为缓解各种因素导致的电网运行调节压力。如天津是为了缓解春节期间用电、用热矛盾；江苏、上海、浙江、山东等则主要为解决空调负荷快速增长等造成的电网峰谷差增大，以及风电、光伏等新能源发电大规模并网带来的电网平衡问题。

2018 年，国家电网公司推动经营区 7 个省份出台需求响应补贴或可中断电价政策。全年累计实施电力需求响应 16 次，单次最大响应负荷 168 万千瓦，合计响应负荷 604 万千瓦，涉及 45.62 万用户。其中江苏在国庆期间实施“填谷”电力需求响应，并在国内首创竞价模式，最大填补低谷负荷 142 万千瓦，促进了清洁能源消纳，保障了江苏电网安全稳定运行。2019 年，重庆市首次组织丰水期电力需求响应试点，实施方案包括低谷电增量交易试点和主动移峰负荷需求响应试点，主要利用四川丰水期低谷水电丰富、价格较低的资源优势，将价差空间作为需求响应补贴资金来源，并传导至工业用户，引导用户调整生产，实现电网负荷削峰填谷。

随着电力需求响应工作的持续深化，需求响应实施手段也不断更新。2020 年 6 月 25 日端午节，国网上海市电力公司开展填谷响应，采用激励手段引导用户主动认购负荷指标，鼓励在节假日电网负荷较低时段多用电，从而促进电力资源的优化配置。7 月，山东省推出基于电力现货市场的“双导向、双市场”新机制，建立了适应电力现货市场模式的需求响应机制，探索了多方持续共赢的商业模式，为其他省份继续创新需求响应机制提供了借鉴。同年 12 月 14 日，江西电网用电负荷受降温和雨雪冰冻天气的影响急剧增长，达到 2547.5 万千瓦，电力供需形势严峻。12 月 15 日 17—18 时，江西省电力公司组织实施 2020 年迎峰度冬居民需求响应工作，首次邀约居民客户 112.2 万户，实际参与响应客户 25.1 万户，降低电网高峰负荷 15.15 万千瓦。

政府、电网公司、发电企业、售电公司以及电力用户等各方参与的电力需求响应，在化解多年来反复出现的高峰电力短缺问题、确保电力用户正常生产、提高电力应急处置能力以及节约电源电网投资中起到了重要作用，有利于推进清洁低碳、安全高效的能源体系建设。

八、“能效管理与技术应用”中德合作项目的实施

随着经济的高速增长，中国对能源的需求量及碳排放量急剧上升，2009 年成为全球最大的能源消费国。2007 年 8 月 26—29 日，德意志联邦共和国总理安格拉·默克尔访华期间中德签署《中华人民共和国国家发展和改革委员会与德意志联邦共和国联邦经济和技术部关于在中德经济技术合作论坛框架下成立能源工作组的框架协议和关于在中德经济技术合作论坛框架下成立环保技术和循环经济工作组的框架协议》，通过技术合作方式开展中国企业的节能减排工作。

中德合作能源政策和能源效率政策（EPEE）项目是中国政府与德国联邦政府之间的一项重要技术合作，该项目的德方合作伙伴是受德国经济合作发展部（BMZ）委托的德国国际机构（GIZ），中方由国家能源局牵头，国家发展改革委、国家电网公司等各方参与。项目的总目标是国家及地方的重要能源机构根据可持续发展的原则制定能源政策，并实施提高资源利用效率和能源效率的措施。

2007 年中德政府双边协商中，德国政府承诺提供 800 万欧元实施中德能源政策与能源效率项目，12 月底各方签署协议备忘录。2008 年 8 月，GIZ 向德国经济发展与合作部提交项目建议书，项目获得立项。次年，中、德各子项目合作伙伴共同签署项目执行协议，项目正式启动。项目共包含四个子项目：工业园区能效与产业共生，能效管理与技术应用，能效措施的制度手段，能源资源及其副产品的高效利用。

能效管理与技术应用是由国家电网公司和 GIZ 共同执行的子项目，旨在协助国家电网建立独立自主的能源服务体系，并改善其能效咨询能力，帮助工业及公共领域用户提高能效。2009 年 11 月和 2010 年 12 月，分别在北京和西安举办了国家电网“能效管理与技术应用”培训班，为国家电网公司培养能效技术力量和开展能效服务工作奠定了基础。

2010 年 4 月，常州中天钢铁、洛阳万基铝业和兰州腾达西北铁合金成为第一批能效审计试点企业。9 月，中德能效审计团队为常州中天钢铁实施能效审计，以通用技术为重点提出十六项节能措施建议，发掘节电潜力每年 4870 万千瓦·时，节煤 13 900 吨，潜在节能效益 3250 万元。10 月，审计团队为洛阳万基铝业提出近 20 项节能措施建议，发掘节电潜力每年 4.2 亿千瓦·时，煤气 62.5 万米^3，潜在节能效益 5752 万元，并向企业介绍了电解槽 9 区控制法。10 月，审计团队为腾达西北铁合金实施能效审计并提出节能建议，发掘节电潜力每年 1.29 亿千瓦·时，节煤 3.38 万吨，潜在节能效益 4976 万元。此后，中德能效审计团队为福州万象城、唐山弘也水泥等 14 家企事业单位进行审计并提出建议。

2010—2013 年，国家电网公司每年组织学习交流团赴欧洲考察，交流学习能效网络小组机制、需求响应、节能量测量与检测、白色证书、能效技术、能效建筑、备用市场和节能服务公司发展等多方面经验。交流团就引进能效小组作为新型需求侧管理工具、建立国网节能服务体系、光伏发展政策、能效基金机制、成立第三方节能量验证与测评机构等多方面问题提出建议。

2011 年 2 月，国家电网公司根据欧洲学习交流团建议，正式通过建设国家电网节能服务体系方案。3 月，国家电网公司出台《国家电网公司能效服务网络管理办法（试行）》，将组织能效服务网络小组正式作为需求侧管理的工具引入到所有省市公司。随后于上海、郑州、拉萨组织三期能效服务网络小组培训班，为全面推动能效小组的建设打下基础。为加强能效网络小组的管理、提升技能服务水平，国家电网公司于北京、潍坊组织了三次能效网络小组主持人和咨询师培训，共约 70 名学员通过考试并获相关资格证书，成为国家电网公司开展能效网络小组工作的中坚力量。

2011—2013 年，通过对试点企业能效审计进行汇总和整理，出版《能效审计报告汇编》（共三卷）。2012 年 4 月，翻译出版德国北威州能源署的《通用技术能效导则》供技术人员使用。10 月，翻译出版《联邦德国第二个国家能效行动计划（NEEAP Ⅱ）》以及《联邦德国第二个国家能效行动计划实施办法》，为相关政策研究人员提供德国在能效政策方面的案例参考。2013 年 10 月，受国家发展改革委委托，正式出版《欧盟能效指令与白色证书》。作为国家发展改革委需求侧管理系列书籍之一，该书详细介绍欧洲节能目标配额和节能量交易体系，为政策研究和决策提供参考和建议。

2013 年 6 月，国家电网公司在北京举办节能服务公司合同能源管理项目经济分析第一期培训班，GIZ 聘请国际能源署专家开发经济分析工具，并对 50 多名学员进行培训。11 月，在杭州举办第二期培训班，将汉化后的工具再次介绍给学员。

2013 年 11 月，完成项目执行期五年内的培训资料、技术文件、审计报告等资料的汇总和整理，制作《能源政策与能效咨询》电子书作为技术档案和学习资料，制作完成《能效服务网络小组》视频资料，以国家电网节能服务公司常州小组为例介绍组织流程和经验。随后共同举办中德项目总结大会，邀请政府主管部门和试点企业参加，汇报合作成果。

五年中，中德双方共同举办研讨会和专题讨论、各类能效培训班 12 次，总共培养能效服务骨干人才超过 700 人次。双方共同合作，引入德国的能效网络服务小组模式，辅导企业提高能效。截至 2013 年 11 月，由国家电网节能服务公司成立的节能服务小组超过 573 个，覆盖了全国 27 个省（自治区、直辖市），服务企业超过 5000 家，累计活动超过 3052 次。双方共同实施了 17 个能源审计项目，在全国不同省份开展的能源审计项目领域覆盖工业生产的多个环节，不仅为业主企业发掘节电潜力超过 46 亿千瓦·时（相当于 13 万吨标准煤）、履行了双方的社会责任，还为 17 个代表行业积累了大量有行业代表性的节能措施，同时现场培训超过 300 名节能服务骨干技术人员。中德能效合作的良好效果为后续中德继续加深能效领域合作奠定了基础。2012 年 8 月 30 日，国务院总理温家宝和德国总理默克尔在北京共同主持第二轮中德政府磋商，签订了《中华人民共和国国家发展和改革委员会与德意志联邦共和国联邦经济和技术部关于在中德经济技术合作论坛框架下能源工作组继续进行合作的框架协议》。2014 年 4 月 22 日，由中国国家发展改革委与德联邦经济和能源部共同举办的中德能效论坛在北京举行，国家发展改革委主任徐绍史以及德国副总理兼经济和能源部部长加布里尔分别致辞，论坛围绕能效政策、工业和基础设施以及建筑能效等内容，就深化中德经济技术合作论坛框架下能效合作的具体行动开展交流。

中德合作能源政策和能源效率政策项目对推动中德两国节能低碳发展，促进经济转型升级，积极应对全球气候变化，都具有重要意义。在中国积极改善资源和能源利用效率、实现经济转型以及德国退核能源转型的大时代背景下，这一项目合作和项目所取得的成果更具有特殊的时代意义。

第四节　用电领域的业务发展与技术突破

2010 年起，国家电网公司开启了为期三年的“塑文化、强队伍、铸品质”供电服务提升工程，拓展了服务文化新境界，树立了服务队伍新面貌，提升了供电服务水平，展现了央企良好的责任担当和服务形象。2012 年 3 月，国家电网公司组建客户服务中心，2014 年 10 月，全面完成了其经营区域内 95598 服务热线业务集中建设，构建了以总部为核心的 95598 一体化运营的新型服务体系。国家电网公司和南方电网公司推出了网上营业厅、95598 渠道、支付宝、微信、POS 机、有线电视、自助服务终端等一系列便民交费方式，实施一系列精简业扩手续、提高业扩报装效率的措施，极大地提升了供电服务的便利度。

随着智能电能表与用电信息采集系统的大规模推广应用，智能电能表技术标准不断完善，基于国产密码的用电信息安全防护体系全面建成，电能计量现场检验技术在特高压领域成功应用，中国的电能计量管理和水平跨入了世界先进行列。

一、95598 服务热线实现全网集中统一受理用电业务

全国供电服务热线 95598 开通之初，95598 系统布设在各地市公司，在县公司层面设有 95598 远端座席。受当时服务管理模式和服务标准不统一的影响，各省公司之间、各地市公司及县公司之间在 95598 服务内容、服务质量上存在一定的差别。2006 年，福建公司率先将全省范围内 95598 投诉业务集中到省客服中心统一受理，提升了客户投诉处理的规范性。2009 年，福建公司将全省 95598 电话集中到福州、厦门两个 95598 呼叫中心统一接听。同年，国家电网公司组织开展了 95598 省级集中建设的研究工作。2010 年，国家电网公司以山西、江苏为试点单位启动了 95598 省级集中建设，并于同年年底实现了试点单位 95598 系统、95598 座席省级集中，省客服中心统一接听 95598 服务电话，受理业务咨询、信息查询、故障报修、投诉、举报、意见、建议、表扬、服务申请等业务。到 2012 年，国家电网公司经营区域内江苏、山西等 12 家单位完成了 95598 系统、座席的省级集中部署，冀北、浙江等 7 家单位完成了 95598 系统省级集中部署，为 95598 服务热线集中统一受理客户用电业务打下坚实基础。

2012 年 2 月，为推进“两个转变”[1]，落实“四化”[2]工作方针，全面增强供电服务管理穿透力，提升供电服务标准化、规范化水平，提高客户诉求响应速度和受理质量，国家电网公司决定构建以总部为核心的 95598 一体化运营的新型服务体系。同年 7 月，国家电网公司组建客户服务中心，全面启动 95598 业务集中建设工作。2014 年 10 月 24 日，随着最后一个省 95598 业务集中的完成，国家电网公司客户服务中心实现了经营区域内 27 家省级电力公司 95598 集中运行，世界上规模最大、服务人口最多的电力客户服务中心全面建成。为提高 95598 业务集中运行可靠性，国网客服中心下设南、北两个分中心，互为容灾备用。位于南京的南方分中心负责河北、冀北、山东等 14 个省（自治区、直辖市、地区）电力公司的 95598 业务；位于天津的北方分中心负责北京、天津、山西等 13 个省（自治区、直辖市）电力公司的 95598 业务。国网客服中心拥有人工座席 5000 个，

---

[1] “两个转变”：转变国家电网公司发展方式、转变电网发展方式。

[2] “四化”：集团化运作、集约化发展、精细化管理、标准化建设。

可同时接听 3000 通电话，单日最大话务承载量 100 万通，历史单日最高话务峰值达 84.16 万通（2016 年 7 月 25 日）。95598 运行成本进一步降低，2020 年 95598 服务热线用工数量较国网客服中心成立前各省公司 95598 人员总数压减超 2000 人。

集中运行后的 95598 服务热线，统一了服务受理标准、工单处理标准、质检标准、回访标准及服务评价标准等，做到地域有差异，服务无差别。集中运行后的 95598 服务热线对供电服务质量的监督发挥了作用，有效提升了对客户诉求的响应速度和质量。2014 年集中后，投诉、举报的平均处理时长分别缩短了 13.9%、31.8%，95598 业务处理满意率达到 98.48%。2018 年 12 月 19 日，中国消费者协会发布《重点服务领域部分企业服务热线体验式调查报告》，在与消费者日常生活关系较为密切的 8 个行业共计 47 个企业服务热线中，国家电网有限公司 95598 热线排名第一。

在 95598 热线集中的同时，2011 年，国家电网公司同步启动了 95598 网站集中运行。2012 年 12 月 23 日，95598 智能互动网站在江苏、重庆、山西、辽宁、黑龙江等单位试点上线。2013 年 11 月，完成国家电网公司 27 家省公司 95598 网站集中，各省（直辖市）自建网站系统逐一下线，统一由国网客服中心 95598 智能互动网站提供服务。2015 年 7 月 15 日，完成 95598 网站改版，开通用电缴费、业扩报装、电费查询、服务申请等核心业务功能，95598 网站月均访问量 856 万次，同比 2014 年增长 34%。

2017 年，南方电网公司开展了 95598 省级集中运行建设，同年 2 月，广东电网客服中心作为南方电网公司试点单位率先完成省级客户服务中心建设任务。随后云南、广西、贵州等省公司相继完成供电服务热线 95598 全省大集中，解决了各地市资源不均衡的问题，统一了投诉统计口径，实现了随时调取数据开展分析，跟踪服务进度，省级客户服务中心逐步成为问题解决中心。

95598 业务集中为助力中国营商环境提升发挥了积极作用，让人民群众切实感受到电力发展带来的幸福感、获得感、安全感。

二、业扩报装手续的精简和流程的优化

党的十八大提出开展党的群众路线教育实践活动，要求问政于民、问需于民、问计于民，着力解决涉及民生的突出问题。作为服务社会民生的电力供应企业，在业扩报装业务方面仍主要以企业内部管理为导向，业扩受理渠道单一、业务收资内容复杂、业务流程繁琐，在一定程度上影响客户感知。因此迫切需要以客户需求为导向对业扩流程进行重新设计，持续提升服务水平。

自 2014 年起，国家电网公司顺应电力客户期盼，从简化业扩报装手续、优化流程出发，组织部分网省公司开展了相关研究，相继印发了《国家电网公司关于进一步简化业扩报装手续优化流程意见》（国家电网营销〔2014〕168 号）、《国家电网公司关于简化业扩手续提高办电效率深化为民服务的工作意见》（国家电网营销〔2014〕1049 号）、《国家电网公司进一步精简业扩手续、提高办电效率的工作意见》（国家电网营销〔2015〕70 号）、《国家电网公司关于进一步提升业扩报装服务水平的意见》（国家电网办〔2015〕1029 号），

提出了坚持客户导向，构建公司统一的“一口对外、流程精简、智能互动、协同高效、全程管控”的业扩报装精益化管理新模式，出台了一系列精简业扩手续和优化业扩流程的新举措。① 简化手续，方便客户办理业务。推行业扩报装现场申请免填单及远程申请电子化；实施“一证受理”，即在收到客户用电主体资格证明并签署“承诺书”后，直接受理用电申请，现场勘查时补充收资；履行一次性告知义务，已有客户资料或资质证件尚在有效期内，则无须客户再次提供，最大限度减少客户申报资料。② 拓展业扩报装服务渠道，为客户提供便捷的报装服务。开通 95598 网站、电话、手机客户端等业务受理渠道，推广应用自主服务终端，实现营业厅服务的电子化。③ 优化流程，加快报装接电速度。对低压客户，合并现场勘查和装表接电环节，具备直接装表条件的，勘查确定供电方案后当场装表接电；不具备直接装表条件的，现场勘查时答复供电方案，根据与客户约定时间或电网配套工程竣工当日装表接电。对普通高压客户，取消设计审查和中间检查，并简化竣工检验内容。实施业扩流程“串改并”，并行处理营业收费、配表装表、工程检查、合同签订（含调度协议和电费结算协议签订）等环节。④ 优化方案编制环节，提高方案编审效率。取消供电方案分级审批，实行直接开放、网上会签或集中会审，缩短方案答复周期。推行供电方案标准化制订，按照电压等级、容量审批权限，编制供电方案标准化模板，依托信息技术手段，实现供电方案辅助制定。⑤ 优化业扩配套电网工程管理模式，确保与客户工程同步实施、同步投运。低压业扩电网配套工程，按照抢修领料模式管理。10 千伏业扩电网配套工程，由各省设立“业扩配套电网技改项目”和“业扩配套电网基建项目”两个项目包，纳入各省生产技改和电网基建年度计划，实行打捆管理。⑥ 简化竣工检验内容，优化停（送）电计划安排。取消客户内部非涉网设备施工质量、运行规章制度、安全措施等竣工检验内容，优化客户报验资料，实行设计、竣工报验资料一次性提交。完善业扩项目停（送）电计划制订、告知、执行机制。35 千伏及以上业扩项目实行月度计划管理，10 千伏及以下业扩项目推广试行周计划管理。

国家电网公司一系列提升业扩报装服务水平新举措的实施，精简申请资料种类 50%；并行业扩核心流程，报装环节压缩 20%；积极推行电网容量开放，开展网上会签、集中会审，高压客户平均接电时间缩短了 3.5 天，客户往返平均减少两次；低压居民客户实现“当日受理、次日接电”，低压非居民实现“当日受理、7 个工作日接电”，低压居民、非居民供电方案答复环节较之前分别缩短了 2 个、6 个工作日。

同一时期，《南方电网公司 10kV 及以下业扩受电工程典型设计（2014 版）》（南方电网市场〔2014〕14 号）、《关于印发〈南方电网公司 10kV 电力客户供电方案制定规范（试行）〉及相关业务指导书（模板）的通知》（南方电网市场〔2014〕27 号）、《关于印发〈南方电网公司增供扩销措施 30 条〉的通知》（南方电网市场〔2015〕24 号）相继发布，加快业扩报装速度，提高业扩报装效率。主要措施包括：① 拓展渠道，精简资料。推行 95598 等电子化业扩受理渠道，实现报装受理“一口对外、快速响应”。推行同城跨区受理，推行预约上门业扩报装服务，现场收集客户资料。推行客户资料电子化管理，所有受理渠道全口径实行客户报装免填单。统一一次性告知书模板，推行业务环节短信提醒。② 推行业扩方案、设计、验收的标准化管理。推广一体化营销管理系统，加强营配信息集成应用，实现供电方案制订、设计、中间检查、竣工检验标准化。对已具备营配信息集成条件的单位，制定2至3套可执行供电方案供客户选择，提高方案科学性。标准化供电方案免审批。居民用电实现“即受理、即装表、即送电”。全面推广业扩典型设计，典型设计图纸免审查。③ 优化业扩流程，进一步提高服务效率。推行客户受电工程的工程子流程与合同子流程并行处理；推行业扩费用收费、调度协议、电费结算协议等并行处理；推行合同签订、费用结算等手续提前办结；推行竣工检验合格、计量装置安装、启动送电“三同时”。[1]④ 以广州、深圳供电局为试点，推进业扩工程投资界面延伸至客户红线工作，并逐步将业扩工程投资界面全口径延伸至客户红线的做法推行至全网，实现最大限度优化社会资源配置。

2015 年，南方电网公司通过推行业扩标准化、业扩投资延伸等举措，业扩报装服务水平得到有效提升。供电方案标准化应用率、典型设计应用率均达到 90%以上，中间检查和竣工验收一次通过率分别为97%、96%；客户报装资料从26份减少到12份，办理环节从40个减少到11个，供电方案制订、审批平均缩短3个工作日。

两大电网公司简化业扩报装手续、优化流程是贯彻落实党的群众路线教育实践活动要求，加强服务型企业建设的重要举措，解决了服务群众“最后一公里”问题，最大限度地实现业扩报装服务便民、为民、利民，客户满意度明显提升。

三、全面推进供电服务提升工程

自国家电网公司提出建设“一强三优”现代企业目标以来，先后发布了“三个十条”，开展了“优质服务进万家”“优质服务年”“金牌服务迎奥运”和“迎祖国60华诞，展供电服务风采”等主题活动，采取一系列重大举措，供电服务整体水平有了显著提高。但与建设“一强三优”现代公司的要求和与广大电力客户不断增长的供电服务需求相比，员工服务意识、服务技能、服务质量还有一定差距，存在较大提升空间。

2010年1月27日，国家电网公司印发《关于实施“塑文化、强队伍、铸品质”供电服务提升工程的意见》（国家电网营销〔2010〕113号）（简称《意见》），通过开展服务文化体系建设、开展服务文化宣贯、打造供电服务品牌，塑造统一优秀的服务文化；通过切实关心员工成长与发展、加快培育高素质的营销队伍、不断提升协作与执行能力，打造一流的营销队伍；通过努力确保客户用电安全可靠、全面实现供电服务规范高效、积极推进供电服务智能互动，铸造卓越的供电服务品质。《意见》明确供电服务提升工程自 2010年至2012年，分三个阶段分别完成“全面建设、巩固提升、持续完善”的任务，旨在全面增强员工服务意识、提升员工服务技能、努力解决供电服务存在的突出问题、不断提高供电服务水平。

《意见》下发后，国家电网公司系统各单位迅速组织动员，按照实施意见提出的具体要求与任务，结合各自实际，组织开展各类特色活动，全面深化服务文化引领作用，不断

[1] “三同时”即竣工检验、计量装置安装和送电三个环节在同一天完成。

加强员工队伍建设，努力打造一流的供电服务品质。① 围绕文化建设、品牌传播，组织编写《国家电网公司客户服务手册》和《国家电网公司员工守则》，寓服务文化理念于制度建设之中；编制出版《国家电网公司供电营业厅标准化建设手册》，实施企业Ⅵ标识改造工程，统一规范应用国家电网品牌标识，统一窗口服务人员对外服务形象。江苏公司开展了“四个一”[1]工程，将文化理念导入日常工作。河南公司实行了企业文化联络员制度，编辑企业文化手机报，建立企业文化墙，着力营造浓厚的文化氛围。② 围绕素质提升、队伍建设，制订不同岗位、不同专业人员的轮训计划，针对营销管理和专业技术人员设计编排系统实用的职业技能综合培训课程，从多层面、多角度巩固员工的专业理论，掌握相关政策和规程标准；举办国家电网公司首届供电服务技能竞赛，以技能竞赛促进日常培训。湖南公司按照随机抽题、随机抽班组、随机抽人、随机抽裁判“四个随机”原则，连续三年开展现场培训竞赛，竞赛地点由赛场向现场转移，竞赛内容由基本技能型向复合型转移。蒙东公司通过“服务沙龙”、集中授课、分片交流、体验服务、分享“亲情九法”等方式开展城乡 2900 名窗口服务人员培训。③ 围绕可靠服务、品质提升，组织开展供电服务专项检查 2903 次，明察暗访 9853 次，深化首问责任制和限时办结制，规范服务行为，确保各项条款落实到位；推广差异化、个性化服务，推出远程报装、绿色通道、“契约式”服务、“一对一”客户经理、自助缴费等一大批创新服务举措，满足客户差异化、个性化服务需求。上海公司利用“互视通”平台向用户提供智能电网宣传、客户服务信息、账单查询、停电通知、用电小贴士等功能。山东公司率先启用短信温馨提示综合服务平台，整合短信服务资源，拓展短信服务范围，构筑供电服务短信立体服务体系，实现短信服务双向延伸，业扩报装全过程嵌入短信服务，强化服务品质的客户感知。

2012 年，是“塑文化、强队伍、铸品质”供电服务提升工程的收官年，三年来，国家电网公司系统各单位组织开展各类营销培训 5207 次，调考 979 次，广大员工比服务规范、比创新举措、比岗位技能、比客户满意、比爱岗敬业，通过两届“服务之星”劳动竞赛，162 名在基层服务岗位作出突出成绩的先进个人分别被授予国家电网公司“十佳服务明星”“优秀服务之星”和“服务之星”荣誉称号，实现了个人成长的新进步。累计完成电网建设投资 7824.34 亿元，投产 110 千伏及以上输电线路 15.99 万千米，110 千伏及以上变电容量 7.47 亿千伏·安。实施新一轮农村电网改造升级工程，集中开展农村“低电压”综合治理，共消除“低电压”用户 1864.9 万户，99 个县域电网实现与主网强连接，解决 22.93 万户、96.4 万人无电人口用电问题。抗击历次台风灾害累计投入抢修人员 23 万人次、抢修车辆 3.9 万台次、应急发电设备 1200 余台，最大限度减少了自然灾害对人民群众生命财产造成的损失。主动为客户提供能效诊断服务，共组织实施节能项目 294 个，投入资金 4.78 亿元，实现节约电量 13.7 亿千瓦·时，有效降低了客户的生产成本，促进了社会节能减排。2012 年，城市、农村地区供电可靠率分别达到 99.94%和 99.74%，分别比 2009 年提高了 0.04 个和 0.12 个百分点；城市、农村地区综合电压合格率分别达到

[1] “四个一”：一日一省、一日一读、一周一考、一月一星。

99.82%和 98.07%，分别比 2009 年提高了 0.38 个和 0.82 个百分点。

“塑文化、强队伍、铸品质”供电服务提升工程拓展了服务文化新境界，树立了服务队伍新面貌，开创了优质服务新局面。企业文化与供电服务工作实现有机结合，“你用电，我用心”成为公司员工的广泛共识；常态化的营销队伍培训机制逐步建立，营销队伍整体素质与能力得到强化提高；供电服务水平和品质得到有力提升，进一步加深了国家电网公司与电力客户及社会各界的沟通和理解，充分展现了央企良好的责任形象和服务形象。

四、方便快捷的交费服务网络

2011 年 7 月，中央在窗口单位和服务行业深入开展“为民服务创先争优”活动。同年 10 月 25 日，国家电监会在全国启动“居民用电服务质量监管专项行动”，要求向广大居民客户提供更加优质便捷的供电服务。电网企业始终致力于提高交费手段信息化、现代化水平，实施银电联网，开通银行托收电费和柜台收交电费业务，部分省公司积极探索，实践应用了 POS 机、充值卡、自助服务终端等多种新型交费方式，给客户交费带来了便利。但由于农村地区地域广阔，加之银行网点的收缩，造成了部分区域交费点的缺失，一些交费点高峰期间存在排队交费情况。同时，POS 机、自助交费终端等新型电费交费方式的推广力度不够，难以发挥有效作用；个别偏远地区电费收交仍采用现金走收方式，存在着较大的人身及资金安全风险。因此，迫切需要进一步拓展居民客户电费交费渠道、丰富收费方式，着力解决服务客户“最后一公里”问题。

2012 年 1 月，国家电网公司印发《关于进一步拓展居民客户电费缴费方式的指导意见》（国家电网营销〔2012〕64 号），提出以提供方便快捷的交费服务为重点，以巩固发展现有交费方式、大力宣传推广新型交费方式为手段，以信息通信技术为支撑，统筹考虑不同地区和客户群体的差异，合理部署拓展电费交费方式，构建综合成本低、交费效率高、服务效果好的居民客户交费服务体系。2012 年基本实现大中城市地区形成“十分钟缴费圈”、农村地区争取“村村有缴费点”和城市 5 种、农村 3 种及以上可选交费方式的拓展目标。

国家电网公司以提供方便快捷的交费服务为重点，大力增加收费网点，深化与银行等第三方合作代收电费业务，充分利用邮储、农合、农商等银行在广大农村地区网点众多的优势，依托其营业网点，向农村居民客户提供电费代收、代扣或卡表购电等交费服务，进一步扩大交费服务在农村地区覆盖范围。不断拓展新型交费方式，以信息通信技术为支撑，加快网上支付、手机支付等新型交费方式的实施及推广，加大 POS 机及自助交费终端部署力度，推广建设 24 小时自助营业厅，减轻柜台收费压力，增加离柜交费业务比例。2012 年，国家电网公司推出居民电费短信提示服务，增加 3.2 万个实体交费点，各网省公司开通了支付宝交费、电费充值卡、移动 POS 机、自助交费终端等多达 15 种的新型交费方式[1]。

---

[1] 《加快提升营销服务运营能力　为建成“一强三优”现代公司做出积极贡献》（国家电网公司 2013 年营销工作会议文件），2013 年 1 月。

其中，蒙东公司与中国邮政联合启动农村用电交费“村村通”工程，辽宁公司安装无线自助交费终端遍布全省 1.2 万个行政村，形成了覆盖合理、功能完善、便捷高效的交费网络，江苏公司建设国家电网公司系统首个省级微信服务平台，提供多种便捷服务，关注人数和绑定户号超过 60 万个。“十二五”期间，国家电网公司累计新增交费点 85.88 万个，投运 3.95 万台自助终端，扩大金融代收点 26.97 万个，邮政交费点累计 27.86 万个，拓展 95598 网上营业厅、手机 App、微信、微博、短信、电话、支付宝等移动服务渠道，有效解决了交费难问题。

2012 年 5 月，南方电网广东电网公司利用 95598 服务热线、网上和掌上营业厅、自助服务终端等渠道，为用电客户提供用电业务预受理、业扩报装办理进度和时限信息实时查询等功能，进一步拓宽业务办理、电费缴纳途径。2013 年，南方电网广东电网公司、广州供电局、深圳供电局等三家供电单位先后推出各自的微信公众平台，为客户提供更多元化的服务渠道，用电客户随时随地享受电费账单查询、用电新装、用电变更、故障报修、吐槽、积分互动等服务。2013 年 7 月 10 日，南方电网深圳供电局微信公众平台“深圳供电”上线，成为全国首家可直接交电费的微信公众平台。

支付宝、POS 机、充值卡、互联网、手机支付、有线电视、第三方支付等各种便捷交费方式的推出，构建了全方位、立体式交费服务网络，拓展和丰富了便民交费服务手段，形成更加方便快捷的交费服务网络，极大方便了客户就近交费，客户交费难的问题得到彻底解决，供电服务便利度得到极大提升。

五、电能计量检定的省级集中管理

“十一五”期间，电网企业转变观念，构建了以客户为中心的新型供电服务体系，并积极推进集约化、专业化、标准化建设工作。至 2009 年，国家电网公司所属各省级电网企业均构建了省市两级电能计量检定体系，变革了历史上固有的属地化分散管理模式，形成了电能计量检定及配送工作向地市公司集中的基本管理方式。

2010 年 1 月，国家电网公司印发了《关于省级计量中心建设的指导意见》（国家电网营销〔2010〕118 号）以及相关配套文件，要求建设网省公司直接管理、省级集中、独立运转、整体授权的省级计量中心，实现电能表、低压电流互感器等计量设备在省级层面的集中检定与管理的目标。省级计量中心承担本网省公司范围内计量设备的首次检定、检测和配送工作，地市供电公司计量中心承担所辖范围内计量设备的安装、拆换和客户申校、故障处置等工作。国家电网公司所属各网省公司积极推进电能计量检定的省级集中管理，调整优化组织架构、工作职责、人才和设备资源，整合优化电能计量检定与配送业务流程。按照总部的统一规范要求，各省积极研制计量自动化检定系统和智能化仓储设施，新建或优化检定检测、仓储的场地，建立健全了质量管理体系，依法取得了政府市场监督管理部门授权，完成了开展电能计量检定省级集中所需的各项基础设施和软硬件平台建设。

2011 年，国网重庆、江苏等电力公司率先建成了集约、高效的省级计量中心，通过集中全省（市）检定资源、应用机器人等自动化设备，实现计量设备的省级集中检定，提升了计量检定管理效率，实现了集约化管理、自动化检定的基本目标。2011—2019 年，国家电网公司所属 27 个省级计量中心分别完成了电能计量设备自动化检定系统的建设任务，投运后在检定效能、检定质量、经济运行及管理水平等方面形成了规模效益。国家电网公司电能计量检定装置减少 69%，检定实验室面积减少 40%，检定成本下降 52%，检定效率提高 6.3 倍。

2016 年，海南电网有限公司电能计量中心在中国南方电网公司范围内率先实现电能计量检定的省级集中与管理。2017 年，贵州电网有限责任公司计量中心实现实体化运作。2018 年，南方电网云南、广东、广西三家省级电力公司，依次成立计量中心，获得授权并依法开展电能计量设备的省级集中检定。

电能计量检定的省级集中管理和“规模化生产”的电能计量设备自动化检定，满足了智能电能表等计量设备大规模推广应用的需求，不仅突破了传统人工检定效能壁垒，而且提升了电能计量检定业务的集约化、专业化与智能化管理能力，提高了服务客户的水平。

六、智能电能表系列标准的发布

2003 年，随着城乡电网改造基本的完成，电子式电能表已逐步发展成为主要的应用表计，满足了“一户一表”、分时电价政策推行的需要。然而随着互联网时代的快速发展和社会生产力的提高，无论是企业管理还是用户使用都要求电能表更直观显现、能双向互动、易抄表结算、可网上缴费等应用功能，亟须提升电能表的智能化应用功能和技术水平。

2008 年开始，国家电网公司着手开展计量、抄表、收费的标准化建设研究工作。在电子式电能表广泛应用的基础上，结合国内外电能计量技术装备和通信技术应用经验，对智能电能表的型式结构、技术性能、功能应用、通信传输、安全认证等方面进行规范统一。2009 年 9 月，国家电网公司发布了《智能电能表功能规范》（Q/GDW 354—2009）、《单相智能电能表型式规范》（Q/GDW 355—2009）、《0.2S 级三相智能电能表技术规范》（Q/GDW 357—2009）、《1 级三相费控智能电能表（无线）技术规范》（Q/GDW 360—2009）、《智能电能表信息交换安全认证技术规范》（Q/GDW 365—2009）等共计 12 项智能电能表企业标准。该系列标准统一了国家电网公司范围内电能表的外观型式，从结构上要求满足电能信息采集和自动化检测的需要，并规范了具体的技术要求和试验方法，以及电能表的功能和安全设计要求。自此，电能表生产企业开始依据智能电能表的规范要求进行电能表的设计、研发、生产，电能表的采购方式也开始从传统分散的采购模式转变为集中采购方式。2010 年，国家能源局发布了智能电能表行业标准制定计划[1]，电力行业电测量标准化技术委员会启动了行业标准的制定工作。

2011 年 11 月，南方电网公司发布了《单相电子式电能表（费控）技术规范》（Q/CSG 113004—2011）等 8 项企业技术标准，指导南方电网公司范围内电能表的招标采购、检验

[1] 《国家能源局关于下达 2010 年第一批能源领域行业标准制（修）订计划的通知》（国能科技〔2010〕320 号），2010 年 9 月。

验收及质量监督等工作。2012 年 2 月，内蒙古电力公司发布了《智能电能表技术规范》（Q/NMDW－YX－005－2012）等 2 项企业标准，实现了对内蒙古地区范围内电能表外观、功能、通信协议等的统一。

2013 年 3 月，国家电网公司综合考虑阶梯电价政策、智能电网建设等提出的新要求，将 2009 版智能电能表系列企业标准进行了修订，标准数量由原 12 项归并为《智能电能表功能规范》（Q/GDW 1354—2013）等 6 项。在智能电能表行业标准起草过程中，以国家电网公司 2013 版智能电能表企业标准的主要内容为基础，融入了南方电网公司、内蒙古电力公司先进适用的技术和功能要求，将经过现场运行实践证明的技术和要求纳入智能电能表行业标准中。

2015 年 7 月，国家能源局发布了《三相智能电能表技术规范》（DL/T 1485—2015）、《单相智能电能表技术规范》（DL/T 1487—2015）、《单相智能电能表型式规范》（DL/T 1488—2015）、《三相智能电能表型式规范》（DL/T 1489—2015）、《智能电能表功能规范》（DL/T 1490—2015）、《智能电能表信息交换安全认证技术规范》（DL/T 1491—2015）共计 6 项电力行业标准，分为功能、型式、技术、安全认证四部分，分别从功能定义、外观结构、技术指标、试验检测等方面进行了规范和统一。① 智能电能表可实现电能量双向及阶梯计量、负荷控制、智能防窃电、实时监测、数据采集、双向交互、网上缴费和电量信息查询等功能。② 智能电能表外观形式设计由原来的上千种缩减至 4 种，大幅降低了电能表企业设计、开发、加工等成本。③ 统一通信规约及安全规范。可为智能家居的电能应用提供大数据、云计算等数据支撑。④ 建立了标准化检测方法体系，大大提高了产品质量和可靠水平。该系列行业标准的发布进一步推动了智能电能表技术发展，提升了智能电能表安全防护、抗强磁干扰等技术水平，为智能电网建设提供了重要的技术支撑。

截至 2020 年年底，智能电能表已累计推广应用 8.47 亿只。电力行业智能电能表标准体系的建立，促进了电能表产品的创新升级，推动了电能表生产企业制造的标准化，提升了生产效率。首次统一了行业内智能电能表领域的设计生产及检验管理工作，为电力行业提升智能电能表管理的规范化、标准化水平提供了技术支撑，有利于电能表行业的产业整合和市场的良性运作，带动行业领域内技术水平的整体提升。

七、电能计量现场检验技术在特高压领域的突破

随着特高压交、直流输电示范工程相继开工建设，特高压交、直流互感器开始陆续安装应用，其计量准确与否不仅事关特高压输电系统安全稳定运行，也事关巨额电量交易的公平公正。根据《电能计量装置技术管理规程》（DL/T 448—2000）要求，互感器在投运前必须进行现场检验，但 2008 年以前世界上还从未开展过如此高电压等级互感器的现场检验。

2008 年，国家电网公司成功研制了中国首套 1000 千伏交流互感器现场误差试验标准成套装置。同年，通过了国家高电压计量站的校准，1000 千伏交流互感器现场误差试验标准成套装置的准确度达到了国家计量检定规程《电力互感器》（JJG 1021—2007）要求，

具备了特高压交流电力互感器现场交接试验的能力。2008 年 10 月，国家电网公司使用该现场误差试验标准成套装置，首次完成 1000 千伏晋东南站、南阳站和荆门站总计 18 台电容式电压互感器和 36 台电流互感器的现场检验，实现了世界上 1000 千伏特高压交流电力互感器现场检验技术从无到有的突破。

2010 年，国家电网公司又研制出一套特高压直流现场校验标准装置。2011 年 1 月，经过四川省科技厅组织开展的项目鉴定，特高压直流现场校验标准装置的技术指标达到了现场校验水平，整套装置具备了开展±800 千伏特高压直流互感器现场交接试验的能力。同年，首次应用特高压直流现场校验标准装置，在向家坝—上海±800 千伏特高压直流输电示范工程的四川复龙换流站完成了 800 千伏直流分压器和全光纤电流互感器 100%额定值的误差检测工作。此次试验实现了世界上 800 千伏特高压直流互感器现场检验技术从无到有的突破。

在特高压交、直流互感器现场检验的实际工作中，因试验所用设备、仪器等庞杂且体积相对巨大、笨重，给运输及现场移动、吊装和人力组装等带来许多困难，现场试验时的安全和工作效率也受到很大影响。为解决这些问题，2015 年 6 月，国家电网公司研制了特高压互感器试验车，将各种试验设备集成在车载平台上，实现了检测工作的机动化、集成化。同年 12 月 4 日，首次应用特高压互感器试验车在安徽淮南 1000 千伏变电站完成了 2 台特高压交流互感器的现场交接试验，大大提高了试验效率和现场作业安全水平。

2018 年，国家电网公司又成功研制了 1200 千伏直流电压标准装置，并将试验设备集成在特高压互感器试验车上。经过国家高电压计量站的校准，该标准装置的技术指标达到了电力行业标准《高压直流互感器现场校验规范》（DL/T 1788—2017）要求，具备了特高压直流电力互感器现场交接试验的能力。2019 年，国家电网公司使用该标准装置，对世界首条±1100 千伏特高压直流输电工程——昌吉—古泉±1100 千伏特高压直流输电工程中的特高压直流互感器进行了校准测试。

截至 2020 年年底，特高压交、直流现场校验标准装置已陆续应用于淮南—南京—上海、蒙西—天津南等 13 条特高压交流输变电工程和锦屏—苏南、青海—河南等 12 条特高压直流输电工程的互感器现场交接试验工作，为中国特高压输电工程建设、技术发展和安全稳定运行提供了可靠的计量技术支撑。2018 年，“国家工频高电压全系列基础标准装置关键技术与工程应用”项目荣获 2018 年度国家科学技术进步奖二等奖。

八、用电信息安全防护体系的技术突破

随着信息化、网络化、数字化、智能化进入人类社会的各个领域，改变了人们的社会空间和生活方式，对社会发展和人民生活产生了深刻影响。信息已成为社会发展的重要战略资源，信息安全的威胁也成为影响和制约国家发展的重要因素。电力工业作为国民经济基础性支柱产业，信息安全尤为重要。国家电网公司在推进自动化、互动化、智能化的供电服务中，实现了智能电能表和用电信息自动采集的城乡全覆盖。由于终端设备均安装在亿万电力用户侧，海量设备的接入和运行数据的双向传输，必须有坚强可靠的安全策略和

技术措施，才能保障智能电能表和采集系统的安全运行，保护电力用户的切身利益和信息不受侵害。建立用电信息的安全防护，必须重点突破信息双向互动、设备接入控制、防止黑客攻击或篡改数据等关键环节的安全防护技术，制定有效的安全策略和安全措施，解决电能表安全芯片、电能计量密码机、采集终端安全模块、用电信息密钥管理和数字证书管理等研发应用的技术难题。

2009 年年初，国家密码管理局印发《关于请协助做好 IC 卡系统密码管理工作的函》（国密局函〔2009〕4 号），要求在能源等关键领域使用商用密码算法进行网络信息安全防护。国家电网公司严格执行国家商用密码的配备、使用和管理规定，发布了《智能电能表信息交换安全认证技术规范》标准，成功研发了基于国产对称密码算法的安全芯片和基于商用密码算法的电能计量密码机，将安全芯片大规模应用到智能电能表中，实现了超大规模智能电能表并发接入采集系统主站的身份鉴别，用电工况、电价参数、交费信息等数据的安全可靠传输和控制指令的正确下发与执行。为有效解决超大规模密钥安全分发和传递的技术难题，国家电网公司首创“多因子循环加密”产生根密钥的方法，建成了国网—省公司两级用电信息密钥管理系统，对智能电能表安全芯片的应用密钥进行全生命周期安全管理，并于 2011 年 9 月 7 日通过了国家密码管理局组织的安全性审查。2013 年 3 月，国家电网公司攻克了采集终端实时高效身份认证及密钥协商的技术难题，成功研制了基于对称密钥和数字证书的采集终端安全模块，实现了海量用电信息采集终端安全接入主站系统，并得到大规模推广应用。

2015 年 4 月，为突破大规模数字证书全生命周期的安全管理和分发的技术难关，国家电网公司依据国家能源局《电力监控系统安全防护整体方案》的要求，建成了用电信息数字证书管理系统。2017 年 4 月 17 日，国家电网公司用电信息密码基础设施数字证书认证系统通过了国家密码管理局组织的安全性审查。

2019 年 4 月 30 日，国家电网公司在中国电力科学院有限公司成立了国家电网商用密码管理中心，负责除调度专业外所有专业的密码应用服务和管理。2020 年 8 月和 2021 年 1 月，中国电力科学研究院有限公司分别获得了国家密码管理局颁发的《电子认证服务使用密码许可证》、工业和信息化部颁发的《电子认证服务许可证》，成为电力行业唯一资质齐备的电子认证服务机构。

截至 2020 年年底，国家电网公司用电信息安全防护体系已经覆盖 5.0895 亿只智能电能表、3723 万台采集终端设备。用电信息安全防护体系的全面建成，是认真落实国家信息安全管理策略和制度，切实保障用电信息安全的重要成果，对保障电力系统安全稳定运行，支撑电网数字化转型和智能化供电服务，保障国家能源信息安全具有重大意义。

九、南网计量中心的成立

为进一步完善计量体系，提升计量管理水平，更好地维护南方电网与澜湄区域国家及港澳地区电力交易的公平、公正，南方电网公司决定组建南网计量中心。

2017 年 6 月 27 日，南方电网公司印发了《关于南网科研院增挂南方电网计量中心牌子的通知》（南方电网人资〔2017〕22 号），明确在南方电网科学研究院增挂南方电网计量中心牌子。南方电网计量中心作为南方电网区域最高计量技术机构，为南方电网公司计量业务提供技术支持和技术服务，在业务上接受南方电网公司市场营销部指导。

为加快推动智能电网、数字电网建设，助力南方电网公司转型发展，2019 年 7 月 15 日，南方电网公司印发《关于成立南方电网数字电网研究院有限公司（简称南网数研院）的通知》（南方电网人资〔2019〕19 号），明确南方电网计量中心的职责由南网数研院承担。2019 年 12 月 25 日，南方电网公司市场营销部组织召开网级计量中心业务工作协调会，明确南网数研院于 2020 年 1 月 1 日起正式履行南网计量中心职责。

2017 年 1 月，南网计量中心获得“南方电网公司跨区域关口电能表计量检定”授权，依法开展南方电网区域内跨境、跨区、跨省关口计量检定与现场周期检验，促进了南方电网与澜湄区域国家及港澳地区电力交易的公平公正。2018 年，建成了网级电能量数据平台，实现全网超 1 亿电力用户数据的实时采集、集中管理和统一应用，并通过系统实用化评价促进了省级计量中心计量自动化系统的能力提升。2020 年，建成了网级计量生产管理平台，实现了全网电能计量设备的智能生产管理和计量资产全生命周期综合监控，通过强化技术监督与质量管控，提升了计量设备的精益化管理水平。

南网计量中心的成立，实现了南方电网计量业务在更大平台上的集约管理、计量资源在更大范围内的优化配置、计量数据在更高层次中的深化应用，进一步提升了电能计量管理法制化、集约化、精益化水平，在支撑新型电力系统和现代供电服务体系建设方面发挥了重要支撑作用。

第五节　电动汽车充换电服务的起步与发展

电能的终端利用效率高于现存的其他能源，社会电气化发展普及情况决定着国家在能源应用方面的效率水平。发展新能源汽车是中国从汽车大国迈向汽车强国的必由之路，是应对气候变化、推动绿色发展的战略举措。随着国内机动车保有量的快速增长，汽车能源消耗比重逐年增大，新能源汽车特别是纯电动汽车的发展进程，将对国家能源战略安全和国民经济发展产生重大影响。

2006 年 2 月，国务院发布《国家中长期科学和技术发展规划纲要（2006—2020 年）》，将新能源汽车列入优先主题和前沿技术。2009 年 2 月，财政部等四部委组织实施“十城千辆”试点工作[1]，推进节能和新能源汽车示范应用。2012 年 6 月，国务院发布《节能与新能源汽车产业发展规划（2012—2020 年）》（国发〔2012〕22 号），提出以纯电驱动为新能源汽车发展和汽车工业转型的主要战略取向。

---

[1] 2009 年 2 月，财政部、科技部、发展改革委、工业和信息化部共同组织实施“节能与新能源汽车示范推广应用工程”，计划在 13 个城市开展节能与新能源汽车示范推广试点工作，简称“十城千辆”工程。

作为电动汽车普及和推广的重要基础设施，国家电网公司对电动汽车充换电设备的技术发展和建设高度重视，自 2006 年起就开始了电动汽车充换电技术研发、模式探索和工程示范。南方电网公司也积极跟进，同国家电网公司一起引领着全国各地区充换电基础设施的迅速发展，有力支撑了该时期中国汽车工业的电动化转型。电动汽车充换电服务网络适度超前的规划建设，对电动汽车行业快速起步和蓬勃发展起到了积极的推动作用。

一、充换电设施建设的开启

中国真正意义上电动汽车的出现可追溯到 20 世纪 90 年代。1995 年，在国防科工委领导下，北京理工大学、国防科技大学等单位与美国诺思罗普－格鲁曼（Northrop Grumman）公司合作，使用铅酸电池为能量源，成功开发出中国首台纯电动大型客车。2001 年 7 月，国内自主研制的 2 台纯电动客车在北京公交 121 路投入测试运营。2003 年，在国家“863 计划”[1]项目扶持下，运用自主全新动力和电池技术的小批量 20 辆纯电动公交车在北京公交 121 路正式投入运营。此过程中，电网企业更多的是为实验和试运营提供电力供应和保障，但也逐渐开始积极参与到其中。

随着中国“十一五”规划对节能减排的明确要求，各行业加强了对能耗和能效的重视。2006 年 8 月，《国务院关于加强节能工作的决定》（国发〔2006〕28 号）印发，提出必须把节能和减排工作作为紧迫任务推进执行。作为能源行业的排头兵，为贯彻国家节能减排政策和方针，国家电网公司在 2006 年 12 月发布《关于加快推动纯电动汽车发展有关工作的通知》，率先在管辖的 26 个省级供电营业区成立纯电动汽车应用工作小组，开展电动汽车供电服务业务，研究制定各地区电动汽车发展和推广方案，落实执行减排工作。在上海推广电力工程车和城市清洁车辆的电动化应用；在湖南探索旅游景区电动车辆的低碳运营；在浙江试点纯电动电力客服车辆并取得全国首张纯电动电力服务车牌照；各省区在电动汽车推广应用方面均取得一定成效。2008 年 3 月，国网北京市电力公司参与建设的北京奥运电动公交车充换电站落成，这是全国首座正式投入商业运行的规模化纯电动公交车辆充换电站，服务于奥运中心区 50 辆电动公交车辆，国家电网公司依托于国家“863 计划”项目科研成果，将研制的充换电监控系统应用于本站，实现了奥运中心区公共交通的零排放。

中国政府为进一步推动节能减排与新能源汽车产业化进程，2009 年 2 月，财政部、科技部、发展改革委、工业和信息化部共同组织实施“节能与新能源汽车示范推广应用工程”，即电动汽车“十城千辆”试点。电网企业积极行动，配合四部委示范工程落实，开展电动汽车充换电设施试点和示范建设。2009 年 8 月，国家电网公司在上海市徐汇区漕溪路建成了国内首座电动汽车充电站[2]；同年 12 月，南方电网公司首批充电站在深圳

[1] 国家高技术研究发展计划（简称“863 计划”）：1986 年 3 月 3 日，王大珩、王淦昌、杨嘉墀、陈芳允四位科学家向国家提出要跟踪世界先进水平，发展中国高技术的建议。经过邓小平批示，国务院批准了《高技术研究发展计划（“863 计划”）纲要》。

[2] 电动汽车为了连续行驶，要求其电能可得到补充。电能的补充可以分为整车充电（快速充电和慢速充电）和电池快速更换两种方式。充电站和充换电站因此而产生。

投运，位于龙岗大运会场馆西面（大运中心站）和龙岗中心城和谐路西面（和谐站）的两座充电站可提供 24 小时不间断充电服务；2010 年 11 月，国内第一座高海拔电动车充电站——云南省盘龙电动汽车充电站建成启用；同年 12 月，国网河南省电力公司试点建设的新乡振中路充换电站落成，向本地区纯电动出租汽车开展底盘式换电服务。

随着电动汽车在全国各试点城市的推广应用，行业标准不统一、重复建设导致的资源浪费、“充电桩等车”或“车等充电桩”的发展难点日趋明显，电动汽车企业之间、车企与充电桩企业之间各自为政。这些情况极大地阻碍了各试点地区电动汽车发展势头，成为当时中国发展电动汽车急需解决的主要问题。为此，2010 年 8 月，国务院国资委倡导成立了中央企业电动车产业联盟，包括国家电网公司和南方电网公司在内的 16 家充换电服务、电动汽车、动力电池领域中央企业参与其中。该联盟旨在有效发挥中央企业在中国经济结构调整和产业转型中的带头引领作用，加快推动国内电动车产业的发展。以联盟的方式，促进企业间的合作与协同发展，快速、有效地突破电动车产业核心技术，规范统一技术和标准体系，快速形成规模化发展态势。

经过自 2006 年以来电网企业的坚持和努力，电动汽车充换电业务发展已成为电力行业落实国家能源战略和节能减排政策、履行社会责任的重要工作举措。电网企业积极响应国家新能源汽车试点推广，在充换电站建设中不断积累核心技术、总结经验教训，为中国汽车行业电动化转型的试点应用打下良好的发展基础。

二、充换电技术的研究与示范

2006 年 2 月，国务院发布了《国家中长期科学和技术发展规划纲要（2006—2020 年）》，将新能源汽车列入优先主题和前沿技术。国家科技部组织的国家高技术研究发展计划（863 计划），于 2006 年和 2010 年在现代交通技术领域设立了“节能与新能源汽车”和“电动汽车关键技术与系统集成”两个针对新能源电动汽车的重大项目，同时在“先进能源技术领域智能电网关键技术研发（一期）”项目下设立了相关课题，从科研和技术层面推动国内电动汽车及其配套能源补给网络的发展。2007 年 4 月，国家发展改革委印发《能源发展“十一五”规划》，再次强调了清洁汽车行动计划的实施[1]。电网企业积极响应政府号召，主动承担社会责任，推动电动汽车充换电技术的研究与示范应用。

2007 年 8 月，中国电力科学研究院承担“节能与新能源汽车”项目中的“电动汽车电能供给系统关键技术研究与运行考核”课题，重点开展电动汽车充电设备技术、数据监控平台和建设模式方面的研究。本课题取得了电动汽车充电过程优化控制技术、电动汽车充电系统技术和典型设计等研究成果，研制出了电动汽车直流充电机和车辆监控终端，开发完成了电动汽车充电监控系统和示范运行管理系统，总结形成多项直流充电机和充电站建设方面的国家和行业标准，申请获得专利 27 项、软件著作权 2 项。同时配套建立了电池特性实验室，为本课题的研究提供试验和数据分析支持。2008 年 7 月，由国网北京

[1] 国家发展改革委：《能源发展“十一五”规划》，2007 年 4 月，第 12 页。

市电力公司参与建设的北京奥运会中心区充电站建成，本课题研究成果应用其中，为奥运场馆的绿色出行提供技术支撑和保障。2010 年 4 月，中国首个电动汽车充电设备实验室在中国电力科学研究院建成。该实验室具备电动汽车充电设备、充电监控信息网络、充电电能计量等方面的完整试验和研究能力。实验室的骨干技术力量多数来自本课题参与人员。

2011 年 10 月，国网上海市电力公司承担“智能电网关键技术研究（一期）”项目中的“电动汽车智能充放储一体化电站系统及工程示范”课题启动❶，本课题主要进行电动汽车电池充放电、电池更换与梯级利用方面的研究。研究完成了电网与充换电站信息能量流控制互动技术、梯次电池筛选再成组技术，提出了广义能量/功率调度策略、多元化能量综合管理策略，申请获得发明专利 19 项，建成了充换储放一体化示范站，实现了电动汽车与电网之间的能量双向可控流动。本课题为电动汽车规模化应用情况下大容量充电需求与智能电网协调发展积累了技术经验。

2011 年 12 月，国网浙江省电力公司承担“电动汽车关键技术与系统集成”项目中的“电池组快速更换系统集成技术研究与装备开发”课题，对电动乘用车电池快换技术展开研究，确立了车辆底盘电池更换技术为本课题的技术路线，同步进行电池全寿命周期、维护设备和综合检测方法等方面的技术研发。课题研制出了适合于电动乘用车底盘换电的标准电池箱、适用于电动汽车底盘换电的电池箱承载与锁止系统、基于底盘换电的电动汽车电池箱快换装备系统。课题成果成功应用于杭州地区电动乘用车充换电站的技术升级和优化项目，有效提高了车辆的能源补给效率。根据 2014 年 1 月数据，课题成果示范站整车底盘电池更换时间缩短至不到 1 分钟，大大提高了车辆能源补给效率；基于嵌入式芯片管理的电动汽车电池均衡系统应用于动力电池组，有效提高动力电池组使用寿命，大幅降低了用户使用成本，促进了电动乘用车的商业化进程。

国家科技部组织实施的“863 计划”现代交通技术领域重点专题，聚焦于电动汽车关键核心技术和配套能源补给技术的科研与示范，电网企业积极承担任务，开展充换电技术和装备的研究。在整车技术、关键零部件、充换电能源补给、信息化平台和示范运行等方面都取得重大进展，初步建立了电动汽车充换电设施技术发展路线。经过广大科研人员的技术攻关，截至 2015 年年底，国内已取得电动汽车充换电领域专利 3000 余项，制定和颁布国家和行业标准 58 项，经过了北京奥运会、上海世博会、“十城千辆”、深圳大运会、青岛薛家岛、北京高安屯、京津城际互联、苏沪杭省际互通等充换电重大示范工程的运行和验证。充换电技术方面的科技创新已成为中国电动汽车行业发展的重要源动力，有力推动了行业健康快速发展。

三、充换电模式的发展

“十一五”期间，国家对经济社会可持续发展愈加重视，能源结构转型持续推进，电动汽车开始在国内多个试点地区进行示范应用，节能减排效果良好，但在电动汽车规模化

❶ 中国电力年鉴编委会：《2016 中国电力年鉴》，中国电力出版社，2017 年，第 75 页。

推广的道路上尚有许多难题有待解决。其中，如何更经济、更快速地形成充换电能源补给网络是规模化建设的主要难点之一。在此期间，电网企业引领了充换电技术研究、装备研制和运营模式探索，推动我国充换电基础设施发展。

充换电设施推广初期，以电网企业为代表的充换电设施建设单位对充电、换电两种电能补给方式进行了初步探索。2009 年，国家电网公司和南方电网公司分别在上海漕溪路、深圳大运村等地开启了充电站的示范建设工作。2010 年 3 月，首座遵循国家电网标准化设计规则的示范性充电站南湖站在河北唐山建成，南湖站设置 2 台 200 千瓦直流大功率充电机、8 台 100 千瓦直流充电机和 10 个 7 千瓦交流充电桩，可同时为 20 辆电动汽车进行快速和慢速充电。2010 年 4 月，上海世博园公交充换电站建成投运，服务于上海世博园区的电动公交和摆渡车辆。6 月，由浙江省电力公司承建的杭州古翠路充换电站正式启用，这是国内第一座多功能电动乘用车充换电站，可通过快充、慢充、快换三种能源补给方式向各类不同需求电动乘用车用户提供服务。同时建立起以国网标准化电池箱为载体的纯电动乘用车后备厢电池更换服务模式，该模式成功服务于杭州市区首批纯电动出租汽车，这也是全国首批采用换电模式的电动出租车。9 月，由江苏电力公司联合中国电力科学研究院建设的苏州邓尉路充换电站落成，该站具备同时容纳乘用车和商用车的直流快充和电池快换功能，服务于苏州地区首条全电动公交线路 327 路公交和社会纯电动乘用车。邓尉路站可开展不同类型车辆在充电和换电运行方式下的特性研究和分析，有利于充换电技术和建设服务经验的总结和提炼。这一阶段是充换电发展模式探索的起步阶段。

2011 年起，基于当时动力电池能量密度低、车辆续驶里程短，充电速度慢、充电时间长，无法满足公交、出租等车辆连续行驶、快速补电的需求，国家电网公司确立以“换电为主、插充为辅、集中充电、统一配送”的运营模式，开展充换电服务网络建设和运营。通过实践验证，该模式很好地解决了当时电动汽车充电时间过长、使用场景受限、用户体验差等方面的问题。充换电发展模式进入了换电为主的阶段。

2011 年 7 月，国家电网公司建设的山东青岛薛家岛电动汽车智能充换储放一体化示范电站投运，该站创造了当时“规模最大、功能最全、服务能力最强”三个“世界之最”。也是国内首次尝试“公交车充换电站与公交枢纽站、变电站与乘用车集中充电站、集中充电站与电池梯级利用储能、电池配送站与营业厅”四个一体化建设，有效解决了土地、设备综合利用等问题。

同年 12 月，南方电网公司和以色列 Better Place 公司建立合作，建成广州赛马场电动汽车换电客户体验中心。该中心是国内第一个以电动乘用车底盘电池快换为核心的客户体验中心，为中国南方城市新能源汽车示范推广工作的重要设施之一，旨在向公众系统展示电动汽车换电理念以及发展趋势，对普及电动汽车知识、提高全社会对电动汽车的认知和接受度、推动新能源电动汽车产业的发展和完善都具有积极的示范和引导作用。

在国内电动汽车技术水平和续航能力不高的发展时期，换电为主模式很好地解决了国家“十城千辆”工程各试点省市在公交、出租等领域推广新能源汽车普遍存在的能源补给难题，成为本时期全国电动汽车充换电服务网络的主流建设模式。截至 2012 年年底，全国共建成充换电站 400 余座、充电桩近 2 万台。

随着动力电池技术性能的提升，车载电池容量持续增大，车辆续驶里程大多可以满足白天连续行驶的基本需要，同时与电池一体化设计的电动乘用车销量快速增长，充电模式灵活、可快速落地的优势逐步显现；而换电模式受制于商业模式、投资规模等原因，发展速度渐渐减缓。从 2014 年起，由换电为主逐步过渡到充电为主阶段，但换电仍在个别领域持续开展示范应用。2014 年 1 月，国家电网公司将电动汽车充换电设施建设原则调整为“主导快充、兼顾慢充、引导换电、经济实用”。以国家电网公司、南方电网公司为主的充电桩运营企业，开始大力在全国范围内建设充电服务网络。2015 年，《国务院办公厅关于加快电动汽车充电基础设施建设的指导意见》（国办发〔2015〕73 号）提出了“因地制宜、快慢互济、经济合理”的要求。

自 2014 年下半年至 2015 年，京沪、京港澳（北京—湖南段）、青银（青岛—石家庄段）三条高速公路快充网络相继建成，总计建成快充站 133 座、直流充电桩 532 套，基本形成了总计 2900 千米的“两纵一横”高速公路快充网络，开启了以充电为主的充换电设施高速发展时期，为充换电基础设施的发展积累了宝贵的技术和建设经验，有力地促进了新能源汽车行业的快速发展。2019 年以后，换电再次受到行业关注，在重型卡车、出租车等特定领域和个别乘用车型扩大应用。

四、充换电设施投资主体的多元化

在中国电动汽车充换电行业发展的起步阶段，由于投资规模大、回报周期长等原因，社会资本参与充换电设施建设的积极性不高，一定程度上制约了行业的发展和普及。该阶段充换电设施建设主要由以电网企业为代表的国有资本来承担，辅以政府部门政策指导和监督管理，推动行业进步。2008 年起，国家电网、南方电网和普天新能源等几家单位，分别在北京、上海、广州和深圳等地陆续建设服务于电动公交、出租车辆为主的充换电站。截至 2014 年年底，全国共建成 723 座充换电站和 2.8 万个充电桩，其中，由国家电网公司建设的充换电站数量为 618 座、充电桩 2.4 万个[1]。国有企业在电动汽车充换电行业发展初期发挥了主要的引领作用，但对于整个行业长期健康发展而言，迫切需要引入社会资本，提升投资主体多样性，充分激发市场活力。

2014 年 7 月，《国务院办公厅关于加快新能源汽车推广应用的指导意见》（国办发〔2014〕35 号）印发，明确指出“地方政府要相应制定新能源汽车推广应用规划，促进形成统一、竞争、有序的市场环境。建立和规范市场准入标准，鼓励社会资本参与新能源汽车生产和充电运营服务”。同年 11 月，财政部、科技部、工业和信息化部、国家发展改革委四部委联合印发了《关于新能源汽车充电设施建设奖励的通知》（财建〔2014〕692 号），鼓励地方创新充电设施建设投入方式，采取公私合营（PPP）等建设运营新能源汽车充电设施，并设置了资金奖励办法。国家电网公司积极响应国家政策，公布了在电动汽车充换

[1] 《国家电网公司 2014 社会责任报告》，第 89 页。

电设施领域开放市场的重大举措，并向社会正式发布《关于做好电动汽车充换电设施用电报装服务工作的意见》，明确支持社会资本参与各类电动汽车充换电市场经营；为电动汽车充换电运营服务企业用电报装开辟多种渠道，提供营业厅、95598 客服热线、网站等多种受理方式，切实为社会资本参与充换电市场服务；从电网侧加强对城市公共配电网络的改造增容，保证电动汽车充换电设施的用电需求。国家政策的支持和电网企业的积极配合，为社会资本参与充换电设施投资建设扫清了发展障碍，为加快充换电设施建设运营主体多元化进程创造了有利条件。

在政策良好支撑的同时，中国电动汽车行业的高速发展也坚定了社会资本积极参与充换电设施建设和运营工作的信心。2014 年中国电动汽车产销量分别为 4.86 万辆和 4.51 万辆，较上一年度分别增长 2.4 倍和 2.1 倍，电动汽车数量的高速增长使得用户对充换电设施的使用需求也随之一起快速增大，为充电设施的市场化经营创造了有利条件。2014 年 9 月，传统电力设备生产企业、汽车制造企业和汽车销售商等社会资本开始在全国范围内进行充电设施的布局，“星星充电”“特来电”等充电运营平台逐渐被广大用户所熟知。2015 年 5 月，由北京汽车集团自建的 8 座电动汽车充电站共计 61 个公共充电桩投入运营，标志着首批由车企主导建设的公共充电设施正式投入运营。在多方投资主体的积极参与下，中国电动汽车充换电设施建设迎来了快速发展期。

第六节　电力服务“三农”成效显著

2006 年国家电网公司响应党的十六届五中全会提出的建设社会主义新农村的号召，提出“新农村、新电力、新服务”的“三新”农电发展战略，启动以“户户通电、供电可靠、安全经济、供用和谐”为目标的新农村电气化建设。同年，国家电网公司下发“十一五”新农村电气化建设计划，开展新农村电气化建设“百千万”工程，加大农村电网规划和建设，大力推进农村电气化。国家电网公司和南方电网公司累计投入资金 500 多亿元，实施“无电地区电力建设”和“全面解决无电人口用电问题三年行动”。2015 年年底，无电人口用电问题得到全面解决，农村电气化水平明显提升，城乡用电水平差距逐渐缩小。在服务社会主义新农村建设过程中，国家电网公司不断加强对直接服务“三农”的县供电企业和乡镇供电所的管理，2013—2015 年实施了“两个提升”工程，农电业务的规范化、标准化管理水平大幅提升，夯实了管理基础，实现了各项管理与国家电网公司全面接轨。

一、国家电网“两个提升”工程的实施

2012 年 10 月，党的十八大提出“全面建成小康社会、建成富强民主文明和谐的社会主义现代化国家”的宏伟目标，其工作重点、难点在农村，对直接服务“三农”的县供电企业和乡镇供电所提出了更新更高要求。县供电企业和乡镇供电所基础弱、底子薄，特

别是新上划、股份制和代管单位，管理标准不统一，投资渠道不畅等突出问题有待解决。为此，2013 年国家电网公司实施了为期三年的县供电企业和乡镇供电所管理提升工程（简称“两个提升”工程），以提升农村供电管理和服务水平。

2013 年 3—4 月，《国家电网公司关于实施县供电企业管理提升工程的意见》（国家电网农〔2013〕495 号）和《国家电网公司关于实施乡镇供电所管理提升工程的意见》（国家电网农〔2013〕783 号）先后印发，全面启动了“两个提升”工程。以问题为导向，消除薄弱环节，夯实管理基础，全面提升供电服务水平。县供电企业管理提升工程包括基础管理、人力资源、财务管理、物资管理、规划计划、电网建设、调控运行、运维检修、营销服务、安全管理、供电质量、“三个建设”、依法治企 13 个方面共 79 项专业指标，并对人力资源管理、财务管理等 12 项专业管理工作提升作出具体工作安排。乡镇供电所管理提升工程包括基础管理、人力资源、安全管理、运维检修、供电服务、依法治企等 6 个方面共 25 项提升指标，明确了七方面重点工作。

“两个提升”工程涉及国家电网公司多个部门，需要各部门密切配合，省、市、县、所各级单位逐级落实，推进过程中以专业管理全覆盖为主线，建立了协同机制，明确了“各相关部门是专业提升的责任主体，各省公司是组织实施和工作落实的责任主体”的工作思路，构建了领导有力、责任明确、界面清晰、齐抓共管、协同推进的组织体系。

在推动各专业垂直化管理的同时，注重基层突出问题的排查和治理。2013 年，国家电网公司派出 19 个调研组，对 75 个县供电企业和 86 个乡镇供电所“两个提升”工程开展情况进行督导调研，深入一线掌握情况，制定措施，指导帮助基层单位解决实际困难和问题，选出 80 个标杆县供电企业和 170 个标杆乡镇供电所，为基层单位树立管理提升工作样板。推动基层减负，供电所各类基础资料从 171 项精简至 53 项，清理精简了 118 项，清理率达到 69%。结合农网建设改造升级工程，有效解决了一批与主网联系薄弱县域电网。2014 年，采取技术和管理措施并举的方式，全年解决了 336.3 万户“低电压”问题，基本消除了农村地区大面积“低电压”问题，农村供电质量持续提升。统筹解决供电所办公营业用房短缺和生产服务用车不足问题，2014、2015 年补充乡镇供电所生产服务用车 5564 辆，乡镇供电所生产服务用车配置率提高了 17.7%，下达 1011 个乡镇供电所新建项目（含购置），基层单位乡镇供电所“危房”“无车”突出问题得到有效解决。

2015 年 2 月，国家电网公司确定了发展规划、电网建设、调度运行、运维检修、营销服务、安全生产、信息通信 7 个方面 30 个量化指标，持续提升县供电企业管理水平。

经过三年努力，2013—2015 年“两个提升”工程成效显著，县供电企业供电服务满足“十项承诺”100%，会议电视系统覆盖率 100%；乡镇供电所专业化管理延伸覆盖率从 78%提升至 100%，供电所基础设施完善率从 53.3%提升至 100%，光纤和业务应用系统覆盖率从 85.8%提升至 100%，居民端电压合格率从 96.8%提升至 98.96%。县供电企业、乡镇供电所管理标准和工作标准得到统一，基础工作得到夯实，推动包括新上划、控股及代管单位在内的各类县供电企业管理再上新台阶，实现了各项管理与国家电网公司全面接轨。

二、新农村电气化建设的“百千万”工程

党的十六届五中全会提出建设社会主义新农村重大历史任务，对加快推进农村电气化事业提出了新要求。2006 年，国家电网公司提出“新农村、新电力、新服务”的“三新”农电发展战略，服务社会主义新农村建设，启动以“户户通电、供电可靠、安全经济、供用和谐”为目标的新农村电气化建设，提高农村电气化发展水平。当年，国家电网公司下发“十一五”新农村电气化建设计划，在山东等 7 省 11 个县 50 个乡镇 300 个村开展新农村电气化建设试点。

2007 年，国家电网公司落实中央关于新农村电气化建设要求，全面实施“三新”农电发展战略，加快农村电网建设与改造，规范和强化农村供电管理，营造和谐供用电环境，进一步提高农村电气化整体水平。2 月 28 日印发《关于大力推进新农村电气化建设的意见》（国家电网农〔2007〕148 号），提出到“十一五”期末，全面完成“百千万”农村电气化示范工程，建成新农村电气化县 340 个、新农村电气化乡（镇）4200 个、新农村电气化村 81 000 个。在试点工程建设基础上，结合新农村建设需求，国家电网公司先后发布新农村电气化标准体系和实施纲要、新农村电气化建设考评工作管理办法、新农村电气化村典型供电模式等配套文件，拓展新农村电气化建设标准的深度和广度，完善新农村电气化建设工程的考核与管理，加强工作指导，有序推进新农村电气化建设工程实施。

新农村电气化建设的首要任务是“户户通电”，国家电网公司加快推进户户通电工程，建设供电可靠的农村电力网络，缩短城乡用电水平差距。保证电网安全稳定运行，保证人身、设备和用电安全是有效服务社会主义新农村建设的前提，国家电网公司在新农村电气化建设过程中推广应用绝缘线路和剩余电流保护装置，加强用电常识宣传，推进生产管理精细化、农网运行自动化。建立健全节能降损的技术和管理体系，加快营销管理现代化建设，提高优质服务水平，建立规范、有序、和谐的供用电秩序，这些都是新农村电气化建设工作的重要任务。新农村电气化建设实施纲要提出到 2010 年，供电区域户户通电率达到 99.9%，县及县以下人均年生活用电量达到 240 千瓦•时以上，综合电压合格率、农村供电可靠率、综合线损率分别达到 97.3%、99.6%、7%。

新农村电气化标准体系中，将村按“人均年纯收入”，县、乡按“年人均 GDP”划分为 A、B、C 三类不同地区，适用不同的考评标准。A、B、C 类电气化村划分标准是人均年纯收入分别为 0.6 万元以上、0.6 万～0.3 万元、0.3 万～0.15 万元，必备条件是全村人均年生活用电量分别达到 170、110、70 千瓦•时且居民户通电率 100%。各类电气化村在必备条件基础上还要满足客户端电压合格率 95%（A 类地区 96%），台区和用户低压剩余电流保护装置安装率、投运率 100%，生活照明用电实行一户一表，实行用电“三公开”、同网同价，客户评价满意率 98%、服务承诺兑现率 100%，不发生电力设施被盗现象、不发生窃电现象等 26 项指标要求。新农村电气化乡（镇）要求其电气化村占比达到 40%以上，新农村电气化县要求其电气化乡（镇）占比要达到 40%以上、电气化村占比 30%以上，并满足其他考评指标要求。

新农村电气化建设坚持政企合作、共同推进，科学规划、示范先行，因地制宜、注重实效的原则。省、地市、县各级政府都建立“新农村电气化建设工作领导小组”，在工程规划、发展政策、建设环境、考评验收等各方面工作中，政府全过程参与、全方位支持，切实解决工程建设中出现的矛盾和问题，不断完善“政府发动、乡村互动、百姓主动、企业推动”的电气化建设工作机制，广泛凝聚社会各方力量，共同推进新农村电气化建设。在实施过程中，国家电网公司系统各单位综合考虑区域经济发展需要，科学制定与当地社会经济发展相适应的电气化建设目标及实施方案，采用农网适用技术，兼顾先进性和实用性，把解决农村电网的难点、热点问题放在首位，着重完善农网基础设施，确保新农村电气化建设水平与当地经济社会发展相适应并适度超前。

“十一五”期间，国家电网公司供电区域内累计建成新农村电气化县 407 个、电气化乡（镇）4991 个、电气化村 90 053 个，超额完成“十一五”建设计划。完成电气化建设的县、乡、村，达到了“户户通电、供电可靠、安全经济、供用和谐”的电气化发展目标。国家电网供电区域 2010 年农网供电可靠率完成 99.636%，比“十五”末提高 0.254 个百分点；农网综合供电电压合格率完成 97.477%，比“十五”末提高 1.677 个百分点；10 千伏及以上高压线损率、400 伏及以下低压线损率分别完成 4.04%、8.19%，比“十五”末分别下降 1.29、1.9 个百分点。新农村电气化建设工程的实施，有效解决了农网供电能力不足、线路损耗高等问题，农村供用电秩序明显改观，有力支撑了社会主义新农村建设。[1]

三、无电人口用电问题全面解决

2006 年 3 月，国家电网公司提出实施“新农村、新电力、新服务”农电发展战略，首要目标是要“户户通电”，解决经营区域内部分农户没有用上电的问题。同年 5 月，国家电网公司在江西召开现场会，全面启动农村“户户通电”工程。5 月 22 日《关于印发“国家电网公司关于农村‘户户通电’工程实施意见”的通知》（国家电网农〔2006〕354 号）确定：“到 2010 年年底，通过电网最大限度延伸能够解决供电问题的地区，基本实现户户通电”。同年 10 月，《国家发展改革委关于无电地区电力建设有关问题的通知》（发改能源〔2006〕2312 号）印发，要求全面推进无电地区电力建设，逐步解决无电地区用电问题；对农村地区的各项电力建设进行了统筹，将 2006 年国家电网公司组织实施的解决无电地区用电问题的电网延伸项目（包括“户户通电”等）纳入国家组织实施的无电地区电力建设工程进行统一规划、统一管理。随后，各电网公司在各级地方党委、政府的大力支持下，组织施工力量，严格工程管理与验收，通过电网延伸、小水电、光伏发电、风力发电和风光互补等多种方式解决无电地区用电问题。2010 年 9 月 20 日，西藏“户户通电”工程全面竣工，国家电网公司提前 3 个月完成了 2006 年确定的“户户通电”目标，累计完成投资 198.9 亿元，实现了 149.1 万无电户 571.9 万无电人口通电。2012 年 10 月

[1] 《国家电网有限公司年鉴》编辑委员会：《2011 年国家电网公司年鉴》，中国电力出版社，2012 年，第 184 页。

30 日，云南丽江最后一批无电户通电，南方电网公司实现了“户户通电”目标，累计完成投资 57.2 亿元，解决了 56.32 万户 225 万无电人口的用电问题。至此，全国基本完成了大电网覆盖范围内“户户通电”的阶段性目标，农村地区生产生活条件得到较大改善。但是由于自然条件、经济发展不均衡、大电网未覆盖等因素，截至 2012 年年底，全国仍有 273 万无电人口，主要分布在新疆、西藏、四川、青海等省（区）偏远少数民族地区。

2013 年 8 月 27 日，《国家能源局关于印发〈全面解决无电人口用电问题三年行动计划（2013—2015 年）〉的通知》（国能新能〔2013〕314 号）要求，落实国民经济和社会发展第十二个五年规划纲要提出的“无电地区全部用上电”目标，明确“以大电网延伸供电为主、分散电源就地供电为辅”的行动实施原则，国家电网公司负责通过大电网延伸等方式解决无电人口的用电问题，其余无电户由相关发电企业采取光伏分散供电等方式实现用电，要求 2015 年年底全部解决全国无电人口用电问题。2014 年，西藏、新疆、内蒙古、甘肃实现全部人口通电，解决了 250 万无电人口的用电问题，余下最后 23.78 万无电人口分布在四川和青海。2015 年，国务院总理李克强在国务院十二届全国人大三次会议上做《政府工作报告》，提出让最后 20 多万无电人口都用上电。国家能源局贯彻《政府工作报告》要求，进一步加强组织协调，加快通电进程，2015 年 6 月，四川全部人口通电。同年 8 月，国家能源局组织青海最后无电人口通电的攻坚战，由国家电网公司实施援建代建，承担最后攻坚战电网延伸主战场任务，并由国家电力投资集团承担光伏独立供电工程任务。2015 年 12 月，青海省最后的 3.98 万无电人口全部通电，国家全面解决无电人口用电问题任务圆满完成。三年行动计划共完成投资 247.8 亿元。

国家部署实施的“无电地区电力建设”和“全面解决无电人口用电问题三年行动”，全面解决了无电人口的用电问题，提升了农村的电气化水平，改善农村地区生产生活条件。无电地区电力建设实施后，国家电网公司经营区域农村用电量年均增长 14.1%，农村客户年平均停电时间缩短了 21 小时；南方电网公司经营区域内农村客户年平均停电时间 7.99 小时/户，同比减少 33.75%。通过全面解决无电人口用电问题三年行动计划的实施，促进了边远地区农牧民生活条件改善和经济社会发展，2014 年新通电地区农牧民年人均收入由通电前一年的 3924 元提高到 5167 元，增长 31.68%，平均每百户家庭拥有电视机、电冰箱、洗衣机、电炊具分别为 74、26、26、31 台。此外，清洁电力取代柴、煤、油等传统能源，减少了污染排放，保护了农牧区自然资源和生态环境。

第十二章

用电领域综合实力的全面提升（2017—2020）

2017—2020 年，电力体制改革不断向纵深领域推进，市场竞争格局和经营环境发生重大变化，电网企业面临新的压力和挑战。国家电网公司和南方电网公司以优化电力营商环境为抓手，实施数字化转型，加快推行电力城乡一体化服务，用电领域综合实力实现全面提升。

推行便利化、透明化、标准化、规范化的办电服务新模式，“网上国网”“南网在线”App 实现了营业厅业务线上化，“获得电力”指数世界排名大幅提升。积极配合做好一般工商业用电价格多次下调、两部制电价执行方式优化调整、转供电环节不合理加价清理规范、国有企业“三供一业”供电分离移交，有效降低了企业用能成本，保证政策红利及时足额落实到位。统筹做好疫情防控和企业复工复产供电服务保障，火神山、雷神山医院抢供电让世界见证了“武汉供电速度”。国家电网公司建立了两级贯通的营销大数据分析应用能力与成果共享机制，构建了具有能源互联网特色的营销大数据应用新模式。南方电网开展电费核算省级集中试点，加快了电费发行效率和准确率，实现了人工成本和业务差错的双降。“台区经理制”网格化供电服务模式有效推广，“星级乡镇供电所”和“五星班站所”创建有效提升了基层供电所服务质量和管理水平。全国城乡用户用电信息采集实现全覆盖，农村电力管理体制得到理顺。2019 年年底，提前一年完成全面取消县级供电企业代管体制的任务，城乡电力服务差距明显缩小。中国实现了城乡供电服务一体化，电力营商环境得到全面改善。

2016 年《关于推进电能替代的指导意见》（发改能源〔2016〕1054 号）印发后，电网企业积极实施港口岸电、北方地区“煤改电”清洁取暖等电能替代项目，2020 年全年完成替代电量 2252 亿千瓦·时，电能占终端能源消费比重达到 28.2%。开展同里新能源小镇等综合能源示范项目建设，试点应用虚拟电厂技术，推动构建以电为中心的终端能源消费体系。电动汽车充换电服务网络建设全面推进，充换电标准体系逐步建立，互联网+充电服务平台不断完善，在服务中国新能源汽车发展战略中作出了积极贡献。综合能效服务引领能源消费新格局。

国家电网公司和南方电网公司贯彻落实中共中央、国务院关于打赢脱贫攻坚战的战略部署，大力推进贫困地区的电网建设与农网升级改造，开展定点和驻村扶贫，捐建光伏扶贫电站，全面提升贫困地区供电能力和服务水平。截至2020年年底，电网企业的定点扶贫县全部脱贫摘帽，贫困人口实现清零，圆满完成了中央单位定点扶贫任务。

智能电能表和用电信息采集系统走出国门，电能计量设备自动化检定技术达到全球领先，智能量测设备典型环境实验基地填补了中国极端环境条件下智能量测设备长期运行特性评价的空白，电动汽车大功率充电技术研究取得突破。用电领域科技创新成效显著，多项成果荣获国家科技进步奖和中国标准创新贡献奖。

第一节 电力营商环境的全面改善

2018 年以来，中国为营造市场化、法制化、国际一流的营商环境，着眼于加快市场化改革，持续深化简政放权、放管结合、优化服务改革，着力提升政务服务能力和管理水平，更大激发市场活力和社会创造力，增强发展动力。2019 年 10 月 22 日，国务院令第722 号公布了《优化营商环境条例》。2020 年 9 月，《国家发展改革委 国家能源局关于全面提升"获得电力"服务水平 持续优化用电营商环境的意见》（发改能源规〔2020〕1479 号）提出，进一步压减办电时间、简化办电流程、降低办电成本、提高供电可靠性，全面提升"获得电力"服务水平，持续改善用电营商环境。在世界银行的营商环境评价中，"获得电力"指标从 2017 年世界排名第 98 位迅速提高到 2019 年的第 12 位，成为发展中国家快速提升的国际标杆。

"十三五"后期，世界经济增长低迷，国际经贸摩擦加剧，新冠疫情席卷全球，中国发展面临诸多困难和挑战。2018—2020 年，国家先后实施了一般工商业电价降低 10%、10%、5%的政策，并完善两部制电价制度，以缓解国内经济下行压力，统筹疫情防控与经济社会发展，支持企业复工复产。为确保降价成果真正惠及终端用户，国家发展改革委多次发文要求清理规范转供电环节不合理加价行为，将电力改革政策红利传导给供给侧与消费侧，切实减轻了企业负担。电网企业推行掌上办电供电服务模式，并通过大数据应用助力供电服务水平的持续提升，为国家营商环境的改善和社会经济发展作出了实实在在的贡献。

一、2019 年"获得电力"指数升至全球第 12 位

2002 年，世界银行为了衡量各国政府对商业活动的推动与监管，督促世界各国改善营商环境，设计了"营商环境"评价体系，通过指标排名反映在一个国家内创办和经营企业的难易程度。在对中国的"营商环境"指标评价中，世界银行选择了北京、上海两座城市作为样本，其权重分别占 45%和 55%。

2010 年起，世界银行将"获得电力"指数纳入营商环境评价体系，成为 10 项一级评

价指标之一。“获得电力”指数通过对一个国家的企业[1]从申请用电到永久性用电接电所涉及的“手续”“时间”“成本”以及“供电可靠性和电费透明度”这4项二级指标量化打分进行排名。

在2017年世界银行发布的《营商环境报告2018》中，中国营商环境总体排名在190个经济体中位列78位，其中“获得电力”指标排名98位。2017年12月，国家电网公司组织专家团队深入分析指标的短板和弱项，后又组织清华大学、厦门大学等高校和国网能源院等单位深入研究世行评价方法和国际先进经济体做法。在对历年的营商环境报告数据调研分析后，结合《压缩用电报装时间实施方案》[2]，采取一系列措施，在管理模式和服务流程等方面进行了优化提升，打造“客户经理+项目经理”联合服务模式，由“客户上门”改为“服务上门”，实现线上办电客户“一次都不跑”；深化地理信息系统（GIS）、移动作业终端等技术应用，实施专业化标准化作业，压缩办电时间，提升客户接电速度。同时，对京沪两地2万余名客户用电报装需求情况进行调研，发现80%小微企业报装容量集中在100～160千瓦，决定将低压接入容量标准由世行设定的140千瓦提高至160千瓦，延伸投资界面至客户红线，尽可能降低客户接电成本。国网北京市电力公司和国网上海市电力公司通过创新实施业扩流程精简、加快接电速度、降低接电成本，全面推行线上申请办电和签订电子供用电合同，将客户接电环节进一步压缩为“受理签约”和“施工接电”2个环节，实现低压用户平均接电时长不超过5天，最长接电时间不超过15天；小微企业客户低压报装接电实现“零投资”。同时，北京、上海城市范围供电可靠率不断提高，分别达到99.991%和99.989%。

2019年10月23日世界银行发布的《营商环境报告2020》中，中国营商环境总体得分77.9分，排名从上一年的全球第46名跃居至第31名，连续两年被世界银行评选为全球营商环境改善幅度最大的10个经济体之一。“获得电力”指标得分95.41分，比上一年提高3.4分，排名由上一年的第14名提升至第12名，保持国际领先水平。在小微企业办电环节方面，中国2019年的环节为2个，同期东亚及太平洋地区经济体平均为4.2个、OECD（经合组织）国家平均为4.4个，中国位居全球最佳水平。在接电时间方面，中国2019年为32天，同期东亚及太平洋地区经济体平均63.2天、OECD（经合组织）国家平均74.8天。在办电成本方面，中国小微企业投资为0，这项指标全世界仅中国、日本、阿联酋实现。在供电可靠性和电费指数透明度方面，中国得分为7分（该项指标满分为8分），同期东亚及太平洋地区经济体平均为4分[3]。电网企业在改善企业用电环境方面取得了明显进步，为中国营商环境的改善作出了实实在在的贡献。

二、国内电力营商环境得到全面改善

2018年，为贯彻落实习近平总书记关于“北京、上海、广州、深圳等特大城市要率

[1] 在《世界银行营商环境评价方法》中，选取的样本企业为用电容量在140千伏·安及以下的普通仓库。
[2] 《国家能源局关于印发〈压缩用电报装时间实施方案〉的通知》（国能监管〔2017〕110号）。
[3] 中国电力企业联合会编：《中国电力工业史　综合卷》，中国电力出版社，2021年，第533页。

先加大营商环境改革力度”指示精神[1]，国家发展改革委按照国务院统一部署，在借鉴沿用世界银行营商环境评价体系基础上，本着“国际可比、对标世行、中国特色”的原则，牵头构建了中国营商环境评价体系，并在全国选取22个城市开展营商环境试评价。国家能源局将小微企业“获得电力”作为攻坚重点，制定工作方案[2]，以北京、上海两市为示范引领，精简小微企业的办电手续，提升用户“获得电力”便利水平；鼓励广州、深圳等城市学习借鉴北京、上海两市的做法和经验，争创示范城市，打造用电营商环境“样板工程”，营造有竞争力的营商环境；推动其他城市小微企业“获得电力”业务办理水平向北京、上海看齐，更大范围地改善用电营商环境。

同年，国家电网公司制定了《持续优化营商环境提升供电服务水平两年行动计划》[3]，利用两年时间，打造世界一流、卓越服务的电力营商环境。通过压减环节、精简资料，推广线上办电、预约上门等服务，大中型企业客户实现办电“最多跑一次”，接电时间不超过60天，平均办电成本明显下降；小微企业客户实现办电“一次都不跑”，接电时间不超过15天，接入电网工程全免费。南方电网公司以广州、深圳为突破口，覆盖南方五省，全力提升供电服务水平。

国家电网公司积极推动在北京、上海两地先行先试，打造电力营商环境“样板工程”。国网北京市电力公司以精简环节、时间、费用和增加透明度为重点，努力为企业创造审批少、流程优、效率高、服务好的营商环境。2018年3月起，率先针对小微企业报装接电推出“零上门、零审批、零投资”的“三零”服务。2019年1月1日起，又针对保障房、市政设施建设工程等10千伏临时用电创新推出“三省”（省力、省时、省钱）服务，变压器等临时用电设备可在多个客户之间最大程度共享，客户无须新购置设备，平均可节省三成投资。国网上海市电力公司从客户视角出发，打造“FREE”[4]办电新模式，以卓越供电服务全方位提升供电服务获得感。实施延伸投资界面至客户电能表政策，承担160千瓦及以下小微企业接电工程的全部投资成本，将客户办电“零投资”“零保证金”制度化。

2019年10月22日，国务院颁布《优化营商环境条例》（中华人民共和国国务院令第722号），要求对标国际先进，推动营商环境持续优化。2020年9月17日，国务院召开常务会议，确定全面推广居民和小微企业低压用电报装“零上门、零审批、零投资”。9月25日，国家发展改革委、国家能源局出台了《关于全面提升“获得电力”服务水平　持续优化用电营商环境的意见》（发改能源规〔2020〕1479号），提出：2022年年底前，在全国范围内实现居民用户和低压小微企业用电报装“三零”服务、高压用户用电报装“三省”

---

[1] 2017年7月17日下午，中共中央总书记、国家主席、中央军委主席、中央财经领导小组组长习近平主持召开中央财经领导小组第十六次会议时强调。

[2] 《用户“获得电力”优质服务情况重点综合监管工作方案》（国能发监管〔2018〕41号）。

[3] 《持续优化营商环境提升供电服务水平两年行动计划的通知》（国家电网办〔2018〕1028号）。

[4] “FREE”指：Free免费、Rapid快捷、Easy便利、Excellent卓越。2018年2月，国网上海电力推出FREE1.0版“五省、五增”举措，重点围绕4个方面响应小微企业办电诉求。11月，又推出FREE2.0版“五降、五减”改革举措。2019年11月再次推出FREE3.0版“五新、五优”改革举措。

服务。国家电网公司深入贯彻国家营商环境工作部署，聚焦环节、时间、成本等客户关切事项，推广小微企业"三零"服务，优化线上办电模式，压减办电环节至2个；深化移动作业终端应用，实行勘查设计施工一体化作业，压减接电时间至15天内；因地制宜推进客户就近接入。2020年，北京、天津、上海、南京、杭州等城市实现了160千瓦及以下小微企业"三零"服务全覆盖。同时，打造大中型企业"三省"服务，取消非必要手续，探索供电方案现场答复、竣工检验"云"服务，推行配套电网工程建设契约制，精简环节至4个，接电时间大幅压减。南方电网公司专门针对办电程序环节数、接电时间、费用成本、供电可靠性等提出了15条举措，聚焦全面推广"三零"服务，持续优化办电手续、降低办电成本、提高供电能力。在南方五省区所有地级城市（共80个）实施100~200千伏·安小微企业接电"零投资"，公司低压客户业扩报装流程成功精简到2个环节，高压客户精简到3个环节，低压非居民（小微企业）、高压单电源客户平均接电时间分别下降到2.8天和30.8天。大力推行"互联网+电力服务"，实现企业和居民用户办理所有用电业务"一次都不跑"。

通过两年多的努力，国内电力营商环境得到明显改善。2020年，国家发展改革委对80个城市、18个国家级新区的营商环境开展评价，结果显示"获得电力"指标排名前10的城市分别为深圳、上海、广州、杭州、北京、苏州、济南、厦门、南京、武汉[1]。

三、一般工商业用电价格的多次下调

2018年3月5日，第十三届全国人大第一次会议召开，国务院总理李克强在政府工作报告中提出，作为"大幅降低企业非税负担"的举措之一，"降低电网环节收费和输配电价格，一般工商业电价平均降低10%"。

3—8月，国家发展改革委陆续出台5个文件，推出一系列具体政策。3月28日《国家发展改革委关于降低一般工商业电价有关事项的通知》（发改价格〔2018〕500号）提出，要全面落实已出台的电网清费政策[2]，推进区域电网和跨省跨区专项工程输电价格改革，进一步规范和降低电网环节收费，临时性降低电网输配电价；5月15日《国家发展改革委关于电力行业增值税税率调整相应降低一般工商业电价的通知》（发改价格〔2018〕732号）确定，电力行业增值税税率由17%调整到16%，并明确要求省级电网企业含税输配电价水平和政府性基金及附加标准降低、期末留抵税额一次性退返等腾出的电价空间，全部用于降低一般工商业电价；7月4日《国家发展改革委办公厅关于清理规范电网和转供电环节收费有关事项的通知》（发改办价格〔2018〕787号）进一步明确，取消电网企业部分垄断性服务收费项目，全面清理规范转供电环节不合理加价行为，加快落实已出台

[1] 来源：《2020年度国内"获得电力"营商环境评价结果》。

[2] "全面落实已出台的电网清费政策"是指：要严格按照《关于取消临时接电费和明确自备电厂有关收费政策的通知》（发改价格〔2017〕1895号）规定，做好电网清费工作，一是督促电网企业组织清退已向电力用户收取的临时接电费；二是减免余热、余压、余气自备电厂政策性交叉补贴和系统备用费，确保政策精准落地。"[见《国家发展改革委关于降低一般工商业电价有关事项的通知》（发改价格〔2018〕500号）]。

的电网清费政策；7 月 19 日《国家发展改革委关于利用扩大跨省区电力交易规模等措施降低一般工商业电价有关事项的通知》（发改价格〔2018〕1053 号）提出，将扩大跨省区电力交易规模、国家重大水利工程建设基金征收标准降低 25%、督促自备电厂承担政策性交叉补贴等电价空间，全部用于降低一般工商业电价；8 月 18 日，国家发展改革委又以特急件发出《国家发展改革委关于降低一般工商业目录电价有关事项的通知》（发改价格〔2018〕1191 号），提出一般工商业目录电价降价未达到 10%的，可将省级电网经营区内首个监管周期平均电量增速超过预测电量增速带来的降价空间用于降低一般工商业目录电价，仍未达到 10%的，可将省级电网经营区内 2017 年 1 月至 2018 年 7 月间因用电量超过预测电量增速已产生的超收收入用于降低一般工商业目录电价，还未达到 10%的，可由电网企业通过内部调剂的方式弥补省电力公司的资金缺口，或在下一输配电价监管周期统筹平衡。综合已出台全部措施，2018 年全国合计降低用户用电成本 1257.91 亿元，平均每千瓦时降低 0.0789 元，全国平均降幅达到 10.11%。

进入 2019 年，世界经济增长低迷，国际经贸摩擦加剧，中国经济发展面临诸多困难挑战，经济下行压力加大。2019 年 3 月 5 日，在十三届全国人大二次会议上，李克强在《政府工作报告》又一次提出：要“深化电力市场化改革，清理电价附加收费，降低制造业用电成本，一般工商业平均电价再降低 10%”。3 月 29 日，《国家发展改革委关于电网企业增值税税率调整相应降低一般工商业电价的通知》（发改价格〔2019〕559 号）印发，进一步明确规定，电网企业增值税税率由 16%调整为 13%后，省级电网企业含税输配电价水平降低的空间全部用于降低一般工商业电价，原则上自 2019 年 4 月 1 日起执行。5 月 15 日，《国家发展改革委关于降低一般工商业电价的通知》（发改价格〔2019〕842 号）印发，又明确提出了四项主要降价措施，于 7 月 1 日正式实行。首先，除市场化交易电量外，重大水利工程建设基金征收标准降低 50%所形成的降价空间全部用于降低一般工商业电价。其次，电网企业固定资产折旧年限适当延长，平均折旧率降低 0.5 个百分点，增值税税率和固定资产平均折旧率降低后，重新核定跨省跨区专项工程输电价格，核定降价所形成的降价空间在送电、受电省间按 1:1 比例分配（与送电省没有任何物理连接的点对网工程降价形成的降价空间由受电省使用）；上述措施形成的降价空间全部用于降低一般工商业电价。其三，因增值税税率降低到 13%，省内水电企业非市场化交易电量、跨省跨区外来水电和核电企业（三代核电机组除外）非市场化交易电量形成的降价空间，全部用于降低一般工商业电价。其四，积极扩大一般工商业用户参与电力市场化交易的规模，通过市场机制进一步降低用电成本。2019 年，各方继续落实国家一般工商业平均电价再降低 10%的要求，全年降低企业用电成本 846 亿元。

为贯彻落实党中央、国务院决策部署，统筹疫情防控与经济社会发展，支持企业复工复产、共渡难关，2020 年 2 月 22 日，《国家发展改革委关于阶段性降低企业用电成本支持企业复工复产的通知》（发改价格〔2020〕258 号）印发，规定自 2020 年 2 月 1 日起至 6 月 30 日止，除高耗能行业用户外的，现执行一般工商业及其他电价、大工业电价的电力用户统一按原到户电价水平的 95%执行。5 月 22 日，李克强在十三届全国人大三次会议作政府工作报告中，指出推动降低企业生产经营成本，降低工商业电价5%政策延长到2020年年底。7月18日，国家发展改革委印发《关于做好2020年降成本重点工作的通知》（发改运行〔2020〕1183号）正式予以了明确。

一般工商业电价的多次下调，切实减轻了企业负担，改善了工业企业的盈利能力，从而拉动制造业与基建投资的稳步增长，保证外部贸易环境面临挑战的情况下国民经济的平稳增长态势。

四、两部制电价执行方式的调整

两部制电价对于促进电力用户节约公共电网变压器固定成本及运行成本，提高电力系统整体效率一直发挥着重要作用。2016年以来，随着中国经济结构调整的深入，部分企业需要适应新形势、优化调整生产结构，短期内出现了企业开工不足、基本电费支出占总电费比例偏高的现象。为支持企业转型，减少停产、半停产企业电费支出，降低实体经济运行成本，2016年6月30日，《国家发展改革委办公厅关于完善两部制电价用户基本电价执行方式的通知》（发改办价格〔2016〕1583号）（简称《通知》）印发。《通知》对两部制电价基本电价执行方式做了两方面的调整：一是放宽基本电价计费方式变更周期限制。将基本电价计费方式变更周期从按年变更放宽至按季变更，电力用户可提前15个工作日向电网企业申请变更下一季度的基本电价计费方式。电力用户选择按最大需量方式计收基本电费的，应与电网企业签订合同，并按合同最大需量计收基本电费。合同最大需量核定值变更周期也从按半年变更放宽至按月变更，电力用户可提前5个工作日向电网企业申请变更下一个月（抄表周期）的合同最大需量核定值。二是放宽减容（暂停）期限限制。取消减容期限“最短期限不得少于6个月，最长期限不得超过2年”的时间限制，电力用户减容2年内恢复的，按减容恢复办理；超过2年的按新装或增容手续办理。取消企业暂停用电申请每一日历年内“两次”的次数限制，电力用户申请暂停时间每次不少于15日，每一日历年内累计不超过6个月，超过6个月的可由用户申请办理减容；取消新装、增容用户2年内不得申请减容或暂停用电的限制。电力用户（含新装、增容用户）可根据用电需求变化情况，提前5个工作日向电网企业申请减容、暂停、减容恢复、暂停恢复用电。

各省级价格主管部门依据《通知》精神，制定实施细则，指导地方电网企业、新增配售电企业落实相关规定。各地价格、经济运行部门和国家能源局派出机构精心组织、周密安排，督导电网企业将完善基本电价执行方式相关措施及时落实到位。电网企业通过主流媒体宣传、上门服务等多种形式，帮助用电企业广泛知晓、自主选择最有利的执行方式，主动为用电企业申请调整计费方式、减容、暂停提供服务，确保相关措施落实到位，让用电企业真正得到实惠。完善基本电价执行方式减轻了大工业基本电费负担，降低了实体经济运行成本。

2018年3月28日，为贯彻落实中央关于降低企业用能成本，进一步优化营商环境，《国家发展改革委关于降低一般工商业电价有关事项的通知》（发改价格〔2018〕500号）

印发，进一步完善了两部制电价制度，提高两部制电价的灵活性。两部制电力用户可自愿选择按变压器容量或合同最大需量缴纳电费，也可选择按实际最大需量缴纳电费。

2020年伊始，新冠疫情暴发，国家制定了一系列纾困惠企政策。2月7日，《国家发展改革委办公厅关于疫情防控期间采取支持性两部制电价政策降低企业用电成本的通知》（发改办价格〔2020〕110号）出台了疫情防控期间两部制电价支持性政策，对疫情防控期间暂不能正常开工、复工的企业申请减容、暂停、减容恢复、暂停恢复，不受“基本电费计收方式选定后3个月内保持不变”“暂停用电不得小于15天”等限制。对因疫情防控需要扩大产能的企业，如选择按合同最大需量方式结算基本电费，超过合同约定最大需量105%部分按实计取，不加倍收取基本电费。在2月22日《国家发展改革委关于阶段性降低企业用电成本支持企业复工复产的通知》（发改价格〔2020〕258号）中明确，上述两部制电价支持性政策执行至2020年6月30日。

两部制电价执行方式调整以后，电力用户可根据企业实际需要选择对其最有利的计费方式，降低了企业用能成本，更好地发挥了公平负担和促进合理用电的作用，助力了供给侧结构性改革。

五、转供电环节加价的清理规范

转供电的形成有着复杂的历史原因。计划经济时期，由于电力工业发展资金短缺，电网建设投资不足，在公用供电设施尚未达到的地区，供电企业无法直接供电到终端用户，只能委托有供电能力的企事业单位向其附近的用户转供电力，也存在一些未经委托自行转供电的主体。改革开放以后，随着电网的发展和一户一表改造的推进，转供电得到部分解决，逐步转为由供电企业直接供电，但依据供配电设施投资建设的界面划分规定，形成了对居民小区、产业园区、商业综合体、写字楼等供电的转供电主体，且将配电设施建设投入、日常运行维护、线损公摊等成本以电价加价方式向被转供电用户进行分摊，使终端用户未能享受到政府降低电价的政策红利。

2018年3月28日，《国家发展改革委关于降低一般工商业电价有关事项的通知》（发改价格〔2018〕500号）印发，部署《政府工作报告》中关于一般工商业电价平均降低10%的要求，明确提出“重点清理规范产业园区、商业综合体等经营者向转供电用户在国家规定销售电价之外收取的各类加价”。7月4日，《国家发展改革委办公厅关于清理规范电网和转供电环节收费有关事项的通知》（发改办价格〔2018〕787号）印发，要求电网企业对于具备改造为一户一表条件的电力用户要主动服务，尽快实现直接供电。省级价格主管部门要会同电网企业采取有效措施，清理规范转供电环节加收的其他费用，纠正转供电主体的违规加价、不执行国家电价政策的行为。11月20日，《国家发展改革委办公厅关于切实做好清理规范转供电环节加价工作有关事项的通知》（发改办价格〔2018〕1491号）印发，要求加快转供电摸排清理工作进度，提高降价政策传导的可操作性，进一步加大降价政策宣传力度，明确降价政策传导时限规定，建立转供电加价主体信用档案和失信黑名单制度，切实推进“一户一表”改造，切实做好清理规范转供电环节加价工作，确保降价成果真正惠及终端用户。

为确保国家政策的落实，电网企业主动配合政府价格主管部门和市场监督管理部门开展专项治理行动，双方成立政企联合工作组，建立工作机制、明确工作目标、细化工作方案，确保责任落实到人。从2018年专项工作开始至2020年年底，国家电网公司配合各级发改、市场监管部门累计查处转供电加价问题2128户，涉及金额6.3亿元。积极推进产业园区、5G基站、机井、老旧小区等“转改直”，累计完成转改直22万户；支持转供电大户5G基站用电的“转改直”工作，完成3.7万户5G基站直供电改造。开展转供电加价清理政策宣传和现场检查，累计投入9万余人，集中召开转供电政策宣贯会3000余次，发放宣传告知单、宣传手册超500万份、短信1.2亿条。南方电网公司全力配合市场监管部门、价格主管部门深入开展摸底排查，登记造册转供电主体20 215户，涉及终端用户约337万户。推动具备条件的转供电主体完成“一户一表”改造，累计完成转供电主体一户一表改造2360户，惠及终端用户89万户；推动存量5G基站转供电改直供电，累计完成5G基站“转改直”2.68万户；通过多种渠道，加大力度对转供电主体和终端用户开展电价政策宣传告知，召开面向转供电主体的政策宣贯会664次；派发政策告知单、宣传手册147万份；发送短信约9598万条。

六、国有企业职工家属区“三供一业”的供电分离移交

推进国有企业职工家属区“三供一业”分离移交是解决国企历史遗留问题的重要内容。计划经济时期，多数国有企业承担职工家属区供水、供电、供热及物业管理（“三供一业”）等社会职能，对促进企业生产、保障职工生活发挥了重要作用。随着经济体制改革不断深化，国有企业承担的社会职能逐渐成为企业发展的沉重包袱，影响主业发展，制约企业提升竞争力，而且与社会化、专业化服务机构相比，国有企业办社会职能服务水平偏低，难以满足职工群众的需要。加快剥离国有企业办社会职能已经成为全面深化国资国企改革的必然要求。

2012—2015年，在国务院国资委、财政部组织协调下，中央财政累计拨付“三供一业”补助资金32.75亿元，支持驻黑龙江、河南、湖南、重庆等省市的中央企业开展“三供一业”分离移交试点工作。

2016年3月，《国务院关于印发加快剥离国有企业办社会职能和解决历史遗留问题工作方案的通知》（国发〔2016〕19号）下发，要求从2016年开始在全国范围内全面推进“三供一业”分离移交工作，2018年年底前基本完成。对企业职工家属区“三供一业”的设备设施进行必要的维修改造，达到城市基础设施的平均水平，分户设表、按户收费，由专业化企业或机构实行社会化管理。同年6月11日，《国务院办公厅转发国务院国资委、财政部关于国有企业职工家属区“三供一业”分离移交工作指导意见的通知》（国办发〔2016〕45号）印发，进一步提出了分离移交工作的总体要求、主要任务、保障措施和责任分工。

国家电网公司和南方电网公司从2014年开始就开展了国有企业“三供一业”供电分离移交接收试点工作。2016年8月3日和8月30日，《南方电网公司推进国有企业职工

家属区“三供一业”供电接收和改造工作方案》《国家电网公司国有企业职工家属区供电设施接收工作方案》相继出台，明确了“三供一业”供电分离移交接收由政府主导、先移交后改造的原则，确定了工作目标、计划安排、重点措施和有关部门职责，提出了移交企业可先将抄表、收费和抢修工作移交给供电公司，完成改造后办理资产清算移交手续。

2018 年 3 月 30 日，国务院国资委、财政部印发《关于做好 2018 年剥离国有企业办社会职能和解决历史遗留问题有关工作的通知》（国资厅发改革〔2018〕11 号），要求国有企业职工家属区供电分离移交实行“移交企业一并移交设施资产和改造资金，供电企业负责后续改造”；国家电网、南方电网作为供电设施主要接收主体，要充分发挥中央企业示范作用，带头落实“先移交、后改造”，力争 2018 年 9 月底前基本完成供电接收任务。

国家电网公司和南方电网公司迅速落实，立即部署，再次下发做好供电设施接收改造的通知，印发工作方案，坚持“先移交、后改造”“维修为主、改造为辅”的工作原则，移交企业将职工家属区供电设施资产和相应维修改造费用一并划转供电企业，由当地供电企业负责后续维修改造，维修改造费用按照双方审定的工程设计确定。接收改造工作方案明确后，两大电网企业落实组织机构，完善工作计划，加快资产接收并做好资产改造和运维等工作，多措并举，确保了“三供一业”供电设施接收改造工作快速推进。截至 2018 年年底，两大电网公司经营区域内国有企业职工家属区和独立工矿区的正式协议签订率、供电服务职能接收率、资产移交协议签订率均实现 100%，全面完成国资委下达的供电设施接收任务。国家电网经营区域内供电分离移交涉及 1413 家国有企业、11 339 个家属区、86 个独立工矿区，合计 1018 万电力用户。南方电网公司经营区域内供电设施分离移交涉及 302 家国有企业、2408 个家属区，合计 104 万电力用户。

“三供一业”供电分离移交任务的全面完成，实现了多方共赢。一是减轻了移交企业的经济负担，每年约减少支出 110 亿元，提升了企业竞争力。二是改善了职工家属区用电服务。解决了家属区频繁停电、低电压、转供电加价等历史问题，用电安全、供电质量、服务水平得以大幅提升。三是促进了地方经济快速发展。将职工家属区供配电设施纳入配电网统一规划、建设，改善了当地电网的网架结构和设备运行状况，提高了对附属工商业用户的供电保障能力，对社会经济持续健康发展发挥了重要作用。

七、掌上办电的全面推广应用

随着互联网应用的高速发展和智能手机的不断普及，传统的线下实体营业厅服务已经难以满足客户服务要求。为拓展服务方式，丰富服务渠道，各省、市供电公司纷纷建设自有的手机端供电服务 App，满足客户对便捷用电的服务诉求，国家电网公司、南方电网公司也启动了供电服务手机 App 的统一建设推广。

2012 年，南方电网公司以广东电网公司为试点建设官方供电服务手机 App，6 月，南方电网公司在广州举行“掌上营业厅”App 发布会，推出了全新的适用于手机终端的供电服务平台，随后在云南、海南、广西、贵州 4 省上线推广。“掌上营业厅”App 为客户提供业务办理、电费服务、账户服务、进度查询、服务指南、客户留言等供电服务，成为继流动营业厅、24 小时自助服务、95598 预约上门等特色服务后，又一更加便捷、高效的服务渠道。

2013 年，国家电网公司大力实施“互联网+”营销服务，7 月启动建设营销服务手机客户端“掌上电力”；2014 年 2 月“掌上电力”在北京公司首次试点上线，同年年底在国家电网公司服务区域内的 26 个省（直辖市、自治区）推广上线，并先后配套建成了电 e 宝、e 充电、e 车城、e 约车、国网商城以及 95598 网站等一系列互联网服务产品。“掌上电力”为居民及企业用户提供用电查询、支付购电、网点导航、停电公告、信息订阅、在线客服、知识查询等多项服务，支持一个账号绑定多个用电客户编号，用户不仅可以足不出户随时用手机购电，还能为远在他省的亲朋好友代交电费，成为继实体营业厅、95598 热线后为客户提供的“拇指生活体验”电力服务平台，在提升供电服务便捷性和客户满意度、延伸传统服务链条、促进营销业务和管理升级等方面发挥了显著作用。

2016 年 4 月，国家大力推进“互联网+”战略，着力打造“一网通办”政务服务平台。国家电网公司、南方电网公司紧随国家发展战略，大力实施“互联网+供电服务”，充分利用“大云物移智”[1]等新技术，构建统一开放的互联网在线服务平台，满足客户各类互动用电需求。

2016 年，南方电网公司率先整合广东、广西、贵州、云南、海南公司的互联网服务渠道，将网上营业厅、掌上营业厅、“南方电网 95598”服务号整合为“统一服务平台”，客户通过同一账号在任一南方电网公司电子服务渠道都可以享受同等服务体验。2018 年，对统一服务平台进行了升级改造，推动业务向轻型化、智能化转变，实现全业务线上办理，大力推广 24 项用电服务“一次都不跑”，为客户提供更优质、便捷的供电服务。截至 2020 年年底，南方电网公司统一服务平台注册客户数为 5553.2 万人，互联网业务比例 99.8%，已经成为该公司供电服务的主要渠道。

2017 年，国家电网公司为解决线上渠道多、入口不统一、服务资源分散，业务交叉、渠道横向之间不融通，操作不便捷、使用体验差等问题，以浙江省电力公司为试点整合掌上电力、电 e 宝、光 e 宝、e 充电、国网商城等手机服务 App，设计开发出全新的“网上国网”移动门户，打造国家电网公司统一的公共服务平台，2019 年 4 月在浙江省试点推广上线，同年 6 月 28 日，国家电网有限公司在杭州召开“网上国网”全网推广现场会，全面启动“网上国网”推广工作。12 月 12 日，“网上国网”在国家电网有限公司 26 个省（直辖市、自治区）服务区域内全面上线应用。“网上国网”对标先进互联网产品，立足居民、政企、新能源等客户的差异化服务需求，打造了住宅、店铺、电动汽车、光伏等特色用电服务场景，让不同群体客户享受精准专属服务，实现了用户全需求、业务全领域、

[1] “大云物移智”：“大”是大数据，“云”是云计算，“物”是物联网，“移”是移动互联网，“智”是人工智能。

服务全场景的线上服务覆盖，并与政务平台在线交互，推出“不见面办电”服务，让“线上办、零证办”成为企业办电新常态，被国资委评为2020年国有企业数字化转型优秀案例。截至2020年年底，“网上国网”注册用户超1亿户，月活跃用户数近3100万户，月均服务量超4亿次。

“网上国网”“南网在线”App的建成实现了营业厅业务的线上化，让掌上办电成为现实，居民只需要一部手机就可以办电、交费。凭借着手机直达客户的优势，满足了客户定制化、个性化的服务需要和人民群众对美好生活用电的需要，提高了电力获得感、安全感、幸福感。

八、大数据应用助力供电服务新业态

2015年8月，《国务院关于印发促进大数据发展行动纲要的通知》（国发〔2015〕50号）下发，提出了大数据发展的指导思想、总体目标和主要任务，要求着力推进数据汇集和发掘，深化大数据在各行业创新应用，促进大数据产业健康发展。

电网企业积极响应国家号召，深入推进大数据应用工作，助力“数字中国”建设。2018年2月1日，《国家电网公司关于营销大数据应用工作的指导意见》（国家电网营销〔2018〕105号）印发，部署了“营销大数据应用”的行动计划，明确提出利用3年时间，建立总部、省公司两级贯通的营销大数据分析应用能力与成果共享机制，在能源政策实施、产业发展引导、企业用户征信、营销服务创新等领域的大数据模型研发、数据价值挖掘能力和应用水平位居国内领先地位，构建形成具有能源互联网特色的营销大数据应用新模式。各网省公司结合营销大数据的实际应用场景，从精准营销、精准投资、精益管理、增值服务、风险防控、数据社会化共享六个供电服务领域大力推动营销数据价值挖掘，从“助力社会经济发展、提升客户服务水平、支撑公司生产经营”三个层面重点开展了29个优秀课题研究应用，推动大数据技术与营销业务的深度融合，有效支撑公司提质增效和优质服务工作。

2020年年初，全国范围内爆发了新冠疫情，企业普遍停工停产，中共中央政治局要求针对不同区域情况，有序推动复工复产。传统统计数据为按月汇总，且在疫情防控政策下缺乏“非接触式”数据采集手段，无法按日及时、客观分析企业产能恢复情况，不能支撑复工复产政策精准制定。国网浙江省电力有限公司创新推出“企业复工电力指数”，运用营销系统海量数据建立算法，分析全省企业复工情况，根据企业历史用电量情况、当日用电量情况等数据，精准对各个企业进行“画像”，动态监测、直观反映企业的复工复产情况，解决繁琐的逐级上报和防疫管控人手不足等难点，协助政府做好防疫及有序复工工作。该指数分两个维度评价，可反映当日有多少企业已开工，以及企业复工后的负荷是否恢复到正常水平，成为电力大数据社会化共享应用落地的标志性产品，打开了电力大数据应用的新局面。“企业复工电力指数”得到了全面推广应用，国家电网公司积极配合国家部委与地方政府，从全网、五大区域、27家网省公司、三大产业、11大类行业及47个细分行业、用电类别、重点园区等维度开展分析和应用，实现全网监测、趋势分析、产

业上下游分析、区域行业对比分析，深入挖掘疫情对各行业的整体影响及用电结构变化影响，助力企业复工复产。监测分析工作得到中办、国办充分认可肯定，并收到国家发展改革委、工信部相关司局公函感谢，获得北京、浙江、甘肃、福建、江西、重庆等省（市）政府的肯定与表扬。

2020 年 9 月 17 日，国务院常务会议确定了政务服务“跨省通办”和提升“获得电力”服务水平的措施，持续优化企业和群众办事创业环境。次日，国家电网公司第一时间对外发布了“获得电力”服务水平九项举措❶，提出向客户提供能效账单和节能咨询服务，指导客户实施电能替代、节能改造，实现降本增效。国网江苏省电力有限公司充分利用营销业务应用系统、用电信息采集系统中海量客户用电数据，聚焦数据价值，构建了综合能效评价体系，利用大数据分析建模技术，对工商企业用户能效进行综合诊断分析，为客户提供能效诊断服务，挖掘客户深层次用能需求，引导客户选择增值服务，降低了客户用能成本。2020 年累计为江苏省内重点用能用户推送能效账单 6.4 万份，帮助客户节能降耗 21.1%，年降低用能成本约 1.2 亿元。国网浙江省电力有限公司发挥“网上国网”数据中台作用，将供电服务与企业用能场景充分结合，设计开发了“能效账单”，根据不同企业类型的差异化分析模型，为各类企业提供能效评价、因素分析、电量电费构成、用能建议服务，主要包含电量电费、峰谷分析、力调分析、容量分析、变损分析、负载分析、政策红利等，并综合以上因素分析将企业用能评价分为一般（红码）、良好（黄码）、优秀（绿码）三个等级，引导企业开展节能优化，帮助企业“用电更经济”，年可降低客户用能成本 1.8 亿元。

2020 年，受中美贸易战、环保整治、新冠疫情等国内外多种因素影响，企业生产经营不确定性增加。国网山西省电力公司积极应用大数据信息，以“评价+服务”为工作思路，研发“电费风险防控魔方”，构建风险指标体系，对电费回收风险进行实时防控管理，实现对电费风险的超前预判，确保了电费按时足额回收。国网安徽省电力有限公司基于营销业务应用、用电信息采集、营销稽查、同期线损等系统信息，建设“数字化稽查监控体系”，创新性地将大数据分析技术+人工智能 AI 技术+数字员工 RPA 技术三项前沿技术结合起来，开发具备较强数据分析、问题定位、工作流自动化处理、数字员工辅助分析等强实用型功能的稽查监控平台，实现了“一减少，三提升”❷。截至 2020 年年底，安徽公司数字化营销稽查体系已实现经济成效 3.1 亿元，有效支撑国企数字化转型工作落实。

国家电网公司不断深化大数据应用，以数据驱动营销全业务、全渠道、全过程业务创新，以数据链带动营销商业化服务生态圈建设，持续助力营销传统业务转型升级、推动企业新兴业务提速发展，为供电服务新模式、新业态打造注入了新动力。

---

❶ “获得电力”服务水平九项举措：办电更省时、办电更省心、办电更省钱、服务更便捷、服务更透明、服务更温馨、用电更可靠、用电更经济、用电更安全。

❷ “一减少，三提升”：营销资源投入减少，业务工作质效提升、精益管理水平提升、风险防控能力提升。

第二节　电力城乡一体化服务的实现

随着国民经济的持续快速发展，电力城乡一体化服务成为摆在电网企业面前的新挑战。2010 年，国家发展改革委实施新一轮农村电网改造升级工程，配套政策措施要求深化农村电力体制改革，取消县级供电企业代管体制。2016 年，国家发展改革委明确提出在 2020 年全面取消县级供电企业代管体制。两大电网公司积极与各省地方政府沟通，统筹谋划实施方案，取消代管工作稳步推进。到 2019 年年底，代管县级供电企业全部完成了上划，城乡电网实现了统一规划建设和运维管理，有效推动了电力城乡一体化服务的进程。在推进新一轮农村电网改造升级中，电网企业全面实施乡村电气化提升工程，持续提高电网服务农业生产、农村生活的基础设施条件，城乡电力服务硬件差距明显缩小。两大电网企业创建“台区经理制”网格化供电服务模式，打造“全能型”供电所，推行“星级供电所”建设，持续提升乡镇供电所管理水平和服务能力，基本实现了电力城乡一体化服务格局。

“十一五”末，国家电网公司部署用电信息采集系统工程建设，组织关键技术研究，制定业务规范及技术标准；开展用电信息采集系统示范工程建设和试点应用后，在各省得到快速推广应用。2012 年，南方电网公司全面启动自动化采集系统建设。2019 年，用电信息采集系统在两大电网公司经营区域内实现了城乡电力用户的全覆盖。

一、县级供电企业代管体制的全面取消

1998 年启动的“两改一同价”工作要求，趸售县供电企业和地方自管县级供电企业应上划由省电力公司直接管理；暂时不能上划的，实行由省电力公司代管的体制。2002 年，全国共有 1168 个代管县级供电企业。随着电力体制改革的深入和农村经济的快速发展，代管体制下省电力公司与代管县级供电企业之间产权不清晰、责权利不统一、投融资渠道不畅，代管县用电价格偏高，大电网有电不能落地，“卡脖子”问题突出，严重影响了县域经济发展和人民生活水平的提高。

2007 年，广东省 31 个代管县供电企业分两批划转广东电网公司后，这些县（市）用电价格大幅下降，其中吴川县降价幅度最大，每度电平均降价高达 0.22 元。第一批上划的吴川等 11 个代管县，一年就减少用电户 4.8 亿元电费支出，当地群众得到立竿见影的实惠，投资环境得到了明显改善。上划取得的成效激发了地方政府将代管县级供电企业上划省电力公司直接管理的意愿。2009 年，辽宁省 79 个地方农电企业（单位）国有产权无偿划转国家电网公司，结束了辽宁农电 26 年的代管体制。2010 年 5 月，国务院国有资产监督委员会（简称国资委）批准广东 5 个、广西 10 个、云南 41 个、贵州 29 个地方供电企业国有产权无偿划转南方电网公司的方案，南方五省累计有 218 个地方县级供电企业先后获得国资委批复上划至南方电网，占南方五省县级供电企业总数的 61%。

2010年7月12—13日，国家发展改革委在北京召开全国农村电网改造升级工作会议，提出理顺农村电力管理体制，取消县级供电企业代管体制。截至2010年年底，国家电网公司和南方电网公司共代管县级供电企业693个。2011年5月10日，《国务院办公厅转发发改委关于实施新一轮农村电网改造升级工程意见的通知》（国办发〔2011〕23号）提出，必须抓紧实施新一轮农村电网改造升级工程，进一步提升农村电网供电可靠性和供电能力，满足农民生活、农业生产用电需要；配套政策措施要求深化农村电力体制改革，全面取消县级供电企业代管体制，按照建立现代企业制度要求和公平自愿原则，通过无偿划转、股份制改造等多种形式，建立有利于促进农村电力健康发展的体制机制。

国家电网公司和南方电网公司落实国家理顺农村电力管理体制要求，积极争取地方政府理解和支持，严格执行政策法规，落实各项程序要求，依法合规，积极稳妥推进取消代管县及供电企业工作。2011—2015年，全国共有18个省（区、市）558个代管县级供电企业上划至国家电网公司和南方电网公司。截至2015年年底，全国代管县级供电企业减少到185个，主要集中在黑龙江和西藏[1]。

2016年2月16日，《国务院办公厅转发国家发展改革委关于"十三五"期间实施新一轮农村电网改造升级工程意见的通知》（国办发〔2016〕9号）明确，深化电力体制改革，县级电网企业到2020年全部取消代管体制，为县级供电企业代管体制的取消提出了具体的时间表。

2018年，在黑龙江省委省政府、省农垦、森工总局大力支持和统筹安排下，国网黑龙江省电力公司对131个县级供电企业全面取消代管，组织实施产权上划。2019年12月13日，西藏自治区政府与国家电网公司签署66个[2]西藏县级供电企业全面直管的协议，全面取消西藏县级供电企业代管体制。2019年12月20日，山东省邹平市人民政府与国网山东省电力公司签署协议，取消邹平供电公司代管体制，全面取消县级供电企业代管体制的任务提前一年完成。

代管县级供电企业上划后，两大电网公司发挥资金、技术、人才优势，对城乡电网统一规划建设和运维，提高了农村电网服务地方经济发展的能力。比如2012年9月上划的国网湖北巴东县供电公司，截至2020年年底，累计获得国网湖北省电力有限公司农网建设投资18.84亿元，综合线损率由2012年的11.5%下降到6.48%；与2015年相比，户均容量由0.892千伏·安/户提升到2.24千伏·安/户，供电可靠率由98.41%提升到99.93%，电压合格率由97.5%提升到99.89%，电网供电保障能力、电能质量显著提高。在浙江、江苏抗击台风应急抢险，湖北、湖南雨雪冰冻灾害，四川、甘肃地震救灾等各项工作中，充分发挥公司集团化管理优势，县级供电企业得到电网公司各级单位的全力支援，圆满完成抢险保电任务，赢得地方政府和农村用电客户的广泛赞誉。

---

[1] 西藏自治区在"十二五"期间新增50个代管县级供电企业。

[2] 西藏自治区在"十三五"期间新增16个代管县级供电企业。

二、用电信息自动采集的城乡全覆盖

随着国民经济的持续高速发展和电力客户数量快速增加，对电网企业供电服务能力提出越来越高的要求。“十一五”末，国家电网公司提出构建以用电信息采集系统为基础，以营销信息系统为核心，集成智能用能管理、智能服务双向互动、智能量测、客户侧分布式电源接入等关键技术的智能用电服务平台，提升智能化、互动化服务能力，支撑智能电网建设和公司可持续发展[1]。2009 年，国家电网公司组织开展了用电信息采集系统（简称采集系统）关键技术研究，制定了采集系统建设及应用的技术标准和实施规范。

2010 年 1 月，国家电网公司印发的《关于加快用电信息采集系统建设的意见》（国家电网营销〔2010〕119 号）（简称《意见》）提出，利用 5 年时间（2010—2014），实现用电信息采集“全覆盖、全采集、全费控”的建设目标。南方电网公司也于 2012 年印发了《关于加强计量自动化系统建设与运维管理工作的指导意见》（市场〔2012〕24 号），要求全面启动智能电能表和自动化采集系统建设。各省级电力公司全面开启了用电信息采集系统建设工作，按照统一标准和规范设计技术方案，部署省级采集系统主站和采集设备，将智能电能表和采集终端安装到直供直管的城乡各类电力用户及考核计量点。2015 年，国家电网公司的用电信息自动采集实现了直供直管用户的全覆盖，为经营区域内城镇和乡村的 3.17 亿户提供了自动抄表、远程付费、远程复电、用电工况信息上传、快速故障定位、操作指令下发等方便快捷的智慧用能互动服务。南方电网公司和内蒙古电力（集团）有限责任公司的用电信息自动化采集分别覆盖约 2100 万户、320 万户。

2010 年 7 月，国家发展改革委在全国农村电网改造升级工作会议上提出，理顺农村电力管理体制，取消县级供电企业代管制。2016 年 2 月，国务院明确到 2020 年全部取消代管体制[2]。国家电网公司和南方电网公司在积极稳妥推进取消县级供电企业代管制工作的同时，同步推进智能表和采集终端的安装和运行工作。2019 年，随着全面取消县级供电企业代管体制任务的提前完成，国家电网公司用电信息自动采集实现了城乡全覆盖，为电力城乡一体化服务提供了技术支撑和有效保障。截至 2020 年，国家电网公司用电信息采集系统覆盖约 5 亿电力用户，南方电网公司计量自动化系统采集覆盖约 1 亿用户，内蒙古电力（集团）有限责任公司的电能量采集与监控系统采集覆盖约 700 万用户。

用电信息自动采集的城乡全覆盖，使广大用户切实感受到无差别的供电服务，促进了城乡电力服务一体化发展，为服务政府精准施策、科学调控，以及电网企业供电服务能力和水平的全面提升发挥了积极作用。

---

[1] 《国家电网公司“十二五”发展规划报告》，2011 年 1 月 9 日。

[2] 《国务院办公厅转发国家发改委关于“十三五”期间实施新一轮农村电网改造升级工程意见的通知》（国办发〔2016〕9 号）。

三、乡村电气化提升工程的全面推进

2017年10月，党的十九大报告中首次提出实施乡村振兴战略，强调农业农村农民问题是关系国计民生的根本性问题，必须始终把解决好“三农”问题作为全党工作的重中之重。2018年9月，中共中央、国务院印发《乡村振兴战略规划（2018—2022年）》，对实施乡村振兴战略作出阶段性谋划，提出要构建农村现代化能源体系，推进农村能源消费升级，大幅提高电能在农村能源消费中的比重。2019年1月，中央一号文件《中共中央　国务院关于坚持农业农村优先发展做好“三农”工作的若干意见》对农村能源建设和电气化发展作出具体安排，要求“全面实施乡村电气化提升工程，加快完成新一轮农村电网改造”。

2019年1月8日，国家电网有限公司为了落实党中央、国务院决策部署，印发《国家电网有限公司关于服务乡村振兴战略大力推动乡村电气化的意见》（国家电网办〔2019〕45号），要求围绕国家乡村振兴战略规划的重大工程、重大计划、重大行动，利用4年时间全面实施乡村电气化提升工程，在服务国家乡村振兴的伟大事业中展现国家电网新作为、作出新贡献。

2019年，国家电网公司确定在山东寿光、浙江安吉、湖北潜江三个县（市）开展乡村电气化试点项目建设。国网山东、浙江、湖北省电力公司在试点县（市）乡村用能基础上结合当地农业农村资源禀赋及产业发展布局，围绕农业生产、乡村产业、农村生活、乡村供电智慧服务四大领域，共组织实施了41个电气化项目，推动政府出台政策性文件12个，形成各类标准规范、作业手册等20个，研发技术产品17项，为乡村电气化高质量发展提供了可复制可推广的模式。

在农业生产方面，通过生产设备的电气化和生产过程自动化，提高生产效率、促进农牧渔业改造升级。山东寿光是传统农业大县，大棚蔬菜种植和养殖业都比较发达。但传统种养殖技术普遍存在设施设备落后、管理粗放等问题，迫切需要实施用能改造，降低生产成本，提高质量和产量。国网山东省电力公司联合地方政府推动实施了设备电气化和用能智慧化改造，推广升级150个智慧电气化大棚，实现了环境自动调控、水肥自动管理、异常自动告警。项目实施后，大棚实现节水40%、节肥30%，平均节省劳动力20人·天/亩，每棚每年节约生产成本7000元，大棚生产数据也为当地政府实施智慧农业策略提供了有力支撑。

在乡村产业方面，推动特色产业加工、景区、民宿全产业链的电气化改造，通过融入智慧用能元素，采集各生产环节用能信息，为企业提供用能优化建议及智能运维服务。国网湖北省电力公司紧密围绕潜江小龙虾特色产业，在小龙虾育苗、养殖、加工全产业链打造智慧用能项目，每亩虾稻工作田小龙虾产量提升5%。三个试点县（市）乡村产业电气化项目一年拉动电量增长0.81亿千瓦·时。

在农村生活方面，提升农村生活电气化水平，有效降低碳排放，实现节能环保，助力打赢蓝天保卫战。国网山东省电力公司在寿光市三元朱村实施多能互补智慧供暖项目，对

原有清洁供暖系统进行了升级，实现了对供暖系统的最优控制，提升了400户居民的电供暖舒适度，每年给村民节省取暖费15万余元。三个试点县（市）实施清洁供暖、光伏发电、车辆油改电项目，每年可减少燃煤1.37万吨，减少二氧化碳排放3.41万吨。

在乡村供电智慧服务方面，将电力物联网与乡村电气化试点项目建设有机结合，重点建设技术同源的智慧能源服务平台，统一技术标准与接口，面向不同客户需求提供个性化全流程智慧用能服务，增强客户用能体验。国网山东省电力公司打造“365 电管家”品牌，在平台基础上开发个性化模块。试点期间在大棚、供暖等7类场景落地应用，共接入大客户15个，物联设备1207个，累计推出各类能效分析报告14份。

2020年3月，国家电网有限公司印发《国网营销部关于推进乡村电气化惠农富民项目建设的通知》（营销农电〔2020〕19 号），总结乡村电气化示范项目建设工作成效，立足提升农业生产效率、提高农产品质量、改善农村生活条件、保护乡村生态环境，深入推进乡村电气化提升工程。全年共建成2270个乡村电气化惠农富民项目，全方位助力农业更强、农村更美、农民更富。

国家电网有限公司在“十三五”期间，累计投资8000亿元开展农村电网建设，2019年年底，提前一年完成新一轮农网改造升级任务；209.1万眼农田机井通电，实现平原地区全覆盖；6.6万个小城镇中心村电网改造升级和7.8万个自然村通动力电，受益农村人口1.6亿人，惠及农田1.7亿亩；户均配变容量由1.84千伏·安提升到2.76千伏·安；居民人均生活年用电量达到610千瓦·时，较“十二五”末增长44%；户均停电时间较“十二五”末缩短7.5小时；供电可靠率、综合电压合格率分别达到99.82%、99.8%。

中国南方电网有限责任公司在“十三五”期间，累计投资1896亿元开展农村电网建设，完成7665个小城镇中心村电网改造升级、4709个机井通电和262个贫困村通动力电三大攻坚任务；完成24个“小康用电示范县”、18个“中国特色小镇”电网建设，实现智能电能表、低压集抄全覆盖，自然村通动力电全覆盖；户均配变容量提升到2.35千伏·安，较2015年提高50%以上；农村客户停电小时数下降到16小时，较2015年缩短17.8小时；农村电网供电可靠率达到99.82%，综合电压合格率达到99.12%。

随着新一轮农网改造升级项目完成和乡村电气化提升工程的实施，电网服务农业生产的基础设施条件明显增强、服务农村发展的能力明显提升、城乡电力服务差距明显缩小。实现乡村电气化，对推动农业现代化、发展农村经济、提高农民收入，助力乡村振兴战略实施发挥了重要作用。

四、“台区经理制”网格化供电服务模式的建立

随着经济的发展和人民群众生活水平的提升，农村客户的需求日趋多样化、个性化，服务要求也越来越高，电力行业推行专业化管理后，农村供电所逐步凸显出专业分工过细、工作效率低下、客户需求响应不快等问题。

2017年1月25日，《国家电网公司关于进一步加强乡镇供电所管理工作的若干意见》（国家电网办〔2017〕78号）印发，在业务模式上提出按照“末端融合”的思路，实行营

配合一，开展新型业务，着力打造业务协同运行、人员一专多能、服务一次到位的“全能型”乡镇供电所，将专业化班组转变为内勤和外勤类综合性班组。外勤班组的核心是“台区经理制”，主要负责配电设施运维检（抢）修、营销业务、台区线损管理、用电信息采集设备运维和属地协调等低压营配业务的现场工作，发挥“多能触角”作用。

按照试点先行的原则，国网冀北、河北、山东、浙江等 16 个省公司率先试点“全能型”供电所，探索“台区经理制”网格化供电服务模式。试点供电所依据配电线路走向、行政村数量、售电量、服务面积、服务人口和供电所人员配置数量等条件，因地制宜，合理划分网格责任区，每个网格单元设置 1 名或多名台区经理，建立以台区经理为责任主体的网格化供电服务快速响应工作机制。试点单位网格划分方式不尽相同，国网冀北滦县雷庄镇供电所将辖区划分为 10 个网格，每个网格设置台区经理 1 名，人均负责 10 个台区；国网河北阜城阜兴供电所将辖区划分为 8 个区域、38 个网格服务单元，每个区域、台区各配备 1 名区域经理、台区经理。试点单位台区经理管理方式较为接近，台区经理“一专多能”，遵循“首问负责制”“首到责任制”，客户服务需求响应和抢修工单的派发、处置按照“就近响应、协同跟进、现场对接、共同处置”原则组织实施，将管理末端转变为服务前端，切实发挥台区经理在供电服务中牵头、协调、沟通、联系的纽带作用。相邻网格台区经理成立服务小组，相互支援配合，协同开展工作，实现人员互为支撑、工作有监护、质量有监督。经过半年探索，试点单位“台区经理制”运行模式基本成熟，其中国网山东历城仲宫供电所、国网江苏金湖塔集供电所、国网陕西临潼秦俑供电所试点经验起到了示范引领作用。

2017 年 11 月 13—14 日，国家电网公司在山东济南召开现场推进会，分组观摩了国网济南供电公司供电服务指挥中心、济南历城供电公司仲宫供电所、付家峪台区等。会上，国网山东、江苏、江西、陕西电力做工作经验交流，国网浙江奉化、安徽肥西、辽宁灯塔、山西临猗公司做“全能型”乡镇供电所建设工作经验交流，国网北京通州西集供电所、国网冀北滦县雷庄镇供电所等 16 个重点培育试点供电所做典型经验交流。会后，国家电网公司在系统范围内全面推广“全能型”乡镇供电所建设，构建起集低压配电运维、设备管理、台区营销管理和客户服务于一体的“台区经理制”网格化供电服务新模式。

到 2017 年年底，国家电网公司乡镇供电所建成覆盖乡村全域的 143 万个供电服务网格，配置 6.4 万个供电服务小组，台区经理 25 万人，低压故障报修次数同比下降 11.6%，平均故障处理时间由 110.7 分钟缩短至 88.2 分钟，下降 20.4%，有效提升了农村供电服务效率和保障能力。2019 年，国网诸暨市供电公司丰富“台区经理制”内涵，将“枫桥经验”[1]与“人民电业为人民”的企业宗旨有机融合，形成了“人民电业为人民、矛盾化解在基层、专业服务到家门”的电力践行“枫桥经验”理念，探索出“群众路线、法治思维、源头治理、网格管理”十六字工作法，依托“电保姆”“电力老娘舅”“电管家”三

[1] “枫桥经验”是当代中国基层社会网格化治理的典范。1963 年，绍兴诸暨枫桥镇干部群众创造了“发动和依靠群众，坚持矛盾不上交，就地解决，实现捕人少，治安好”的经验，经毛泽东同志亲笔批示在全国推广。

支队伍打造“台区经理制”网格化服务的典范，相关做法在新华社《内部参考》、中央电视台《新闻联播》《新闻直播间》等媒体报道。

国家电网公司“台区经理制”网格化供电服务模式的建立，体现了以客户为中心的服务理念，架起了乡镇供电所与农村用户的“连心桥”，实现了“服务有网、网中有格、格中有人、人有其责”和“人在网中转，事在网中办”，为实现供电所高效管理和便捷服务新机制发挥了重要作用。

五、星级供电所的创建

供电所是电网企业服务“三农”的一线阵地和窗口，“十一五”末期，电网企业在供电所规范化、标准化建设过程中探索星级供电所建设，通过示范引领提高乡镇供电所管理水平和服务能力。2010 年，国网安徽省电力公司以“星级晋阶”为抓手，深化标准化供电所建设，将供电所设置为 1～5 星级共五个等级，实行逐级晋阶。2015 年，国网浙江、江西、河南等省电力公司根据自身对供电所管理的要求，因地制宜逐步开展星级供电所建设，培育示范供电所，树立省内典型，发挥示范引领作用。

2016 年 3 月 10 日，国家电网公司印发《国家电网公司关于开展星级乡镇供电所建设工作的指导意见》（国家电网营销〔2016〕216 号）全面启动星级乡镇供电所创建，提出打造“基础管理扎实、配网安全可靠，专业管理精益、指标业绩领先、供电服务优质”的“国家电网公司五星级乡镇供电所”。星级乡镇供电所建设按照“分级评定、逐级晋升、动态考核”的原则，围绕专业工作、综合管理、关键指标、重点任务等核心内容，着力解决供电所管理中的难点问题和薄弱环节，深化专业延伸，提升供电所整理管理水平，为农村经济社会发展提供优质供电服务保障。星级建设评价规范分为必备条件、考评规范、加分项三部分，其中必备条件 10 项指标，考评规范 1000 分，包括综合、安全生产、营销服务三个管理项共计 42 项评价内容，每项分值分别为 400 分、300 分、300 分，细化 42 项评价内容，加分项最高 50 分。根据得分情况，将乡镇供电所分为五星级～一星级五个档次。五星级在已命名的四星级中考评产生，考评总得分应达到 950 分及以上，各管理项得分率 95%及以上；四星级在已命名的三星级中考评产生，考评总得分应达到 900 分及以上，各管理项得分率 90%及以上；其他星级以此类推。国家电网公司负责制定并定期修订建设评价规范，验收、命名五星级乡镇供电所；省公司负责验收、命名四星级乡镇供电所；地市公司负责验收、命名三星级及以下乡镇供电所。

2016 年，北京西集供电所等 100 个供电所被评为第一批“国家电网公司五星级乡镇供电所”，这些单位实现了安全运行零事故，客户服务零投诉，在全面提升供电所供电能力和服务水平方面发挥了示范引领作用。北京西集供电所指导用户通过掌上电力 App 进行线上报装，大大缩短报装时间；微信公众平台正式上线，向用户便捷传递优质服务、电力知识、用电安全常识；在“煤改电”村设立“电力管家”提供延伸服务。福建三明莘口供电所闭环管控到位，各项工作布置后均有派工单进行跟踪管理，能够有效计算员工工作量，实现各项工作有记录、可查询、促考核，服务水平全面提升。山东济南西营供电所实施主动服务，建成“10 分钟缴费圈”，实现村村设点代收电费，配备流动服务车开展延伸服务，到山间村落中办理低压业扩等供电业务，让客户不出村即可享受电力服务。当年，国家电网各省公司建成 1659 个四星级、6663 个三星级、5287 个二星级、2189 个一星级乡镇供电所。

2017 年 2 月，南方电网公司在总结“规范、真实、简单、有效”规范化建设的基础上，提炼所辖省公司规范化建设指南，印发《班站所标杆星级评价管理办法》，明确了星级班站所基本标准，规定三星、四星、五星班站所数量，原则上不超过所有参评同类班站所数量的 25%、5%及 1%。三星班站所由地市局按照本局参评同类班站所数量的 25%认定、授牌；四星班站所由分、子公司按照本公司参评同类班站所数量的 5%认定、授牌；五星班站所由分、子公司按不超过四星班站所总量的 20%推荐，南方电网公司总部业务部门按全网参评同类班站所数量的 1%认定并授牌；星级称号有效期 2 年。

2017 年，广东珠海南水供电所等 38 个班站所被评为南方电网公司第一批五星班站所，这些单位在本专业领域发挥了示范引领作用。广东珠海南水供电所推行业扩工单看板管理，实现工单零超时。广西成团供电所通过实施配网故障抢修管理提升项目，故障复电时间同比缩短了 48 分钟，下降了 29%，“向管理要效益”的意识更强、举措更实。当年，南方电网各省公司评出 366 个四星班站所以及 1549 个三星班站所。

到 2019 年年底，国家电网公司累计命名了 600 个“国家电网公司五星级乡镇供电所”，下属供电所全部达到三星级及以上乡镇供电所建设标准；南方电网公司累计命名了 247 个五星班站所。通过星级建设工作，基层供电所聚焦配网运维和营销服务两大核心业务，加强了供电所“基层、基础、基本功”建设，供电服务质量和管理水平不断提升。

六、南方电网开展电费核算省级集中试点

为进一步推进电费业务的集约化管控、扁平化管理，南方电网公司在 2011 年实现地市级电费集中核算的基础上，选择广东、海南两家电网公司作为试点开展电费核算省级集中工作。

2018 年 4 月，广东电网公司印发《电费省级集中自动化核算实施方案》，制定业务流程，完善电费核算规则，出台电费核算省级集中上线标准，完成营销系统省级集中功能开发，修订抄核收管理细则，推进电费核算向省级集中模式的转变，并选择佛山、江门、汕头等三个供电局进行试点。具体措施包括：① 完善业务流程。在省级集中后的电费核算流程中，省客户服务中心新增了工单督办、业务节点和系统参数自动勾稽校验等重要业务的管控环节，实现省级集中管控问题前置管理和业务过程管控。② 优化电费核算规则。对原有规则中出现重复或定位异常的部分进行删减，对不够完善的规则进行优化，并且根据省级集中模式的需要新增 15 条规则，形成了涵盖 129 条核算规则的新规则库。③ 创新业务模式。建立了“省客服+供电所”的扁平化核算作业体系以及省地两级分级验证体系。通过升级信息化作业手段，将原地市局需人工参与、线下处理的流程转变为信息系统定时任务自动执行，并通过设置电费发行池、优化电费修改回退流程、删除非必要审核环节等

措施，实现省地两级业务高效协同运作。④ 融合业务与信息。开展省级、地市新流程新功能的系统开发、测试和双轨运行，新增、优化 74 个功能点，将业务需求全部实现信息化。建立质量评价体系，确立了适用于自动化抄核收的“1+6”指标体系。⑤ 优化电费回收率考核。围绕抄核收过程管理，设置抄表、核算、收费、对账、发行、差错管控等多环节全方位立体式过程指标体系并开展考核，提升业务质量。

2018 年 10 月，广东电网公司各个地市局开始在电费核算省级集中平台进行抄表、核算，标志着电费核算省级集中这一创新核算模式率先在广东电网公司全面推广应用。省级集中以后，对电网公司而言，电费的平均发行时间由原来的 10～15 天缩短为 5 天，省客户服务中心 8 名工作人员即可完成原来由 19 个地市局约 160 名核算人员承担的工作任务，减员增效效果十分明显；对客户而言，计费差错数、核算异常户数大大下降，电费差错率从万分之五降为十万分之五，客户满意度有效提高。电费核算省级集中管控进一步得到市场化改革试点工作的验证，很好地支撑了 2019 年 5 月南方（以广东起步）电力现货市场实施的国内首次电力现货市场结算，支撑了 2020 年广东现货试点整月结算试运行。

南方电网电费核算省级集中试点工作的开展，加快了电费发行效率，提升了电费准确率，有效压缩了电费回笼时间，大幅缩减了核算人员，实现了人工成本和业务差错的双降，为电网企业完善电费管理机制，提升数字化能力，适应电力市场化结算要求作出了积极的探索。

七、疫情防控和企业复工复产的供电服务保障

2020 年年初，面对突如其来的新冠疫情，党中央、国务院要求紧紧围绕保就业保民生保市场主体，统筹疫情防控与经济社会发展，推动降低企业生产经营成本，支持企业复工复产、共渡难关。

2020 年 1 月 27 日，国家电网公司发布支持疫情防控及供电服务保障 10 项举措后，又相继出台了助推企业复工复产 12 项举措和落实国家阶段性降低企业用电成本 8 项举措，形成了贯彻中央精神的一揽子方案。同年 1 月 29 日，南方电网公司印发《应对新型冠状病毒感染肺炎疫情工作方案》，之后相继出台支持疫情防控和企业复工复产供电服务保障 6 项举措和统筹抓好疫情防控和改革发展稳定各项工作的意见，要求扎实做好特殊时期的供电服务保障。两大电网企业坚决贯彻落实习近平总书记重要指示批示精神和党中央、国务院决策部署，全力推进新增疫情防治定点医院的供电设施建设和可靠供电，全力支持企业复工复产，全力保障民生和企业用电和降低企业用电成本，全力保障城乡居民供电服务，为战胜疫情提供了坚强的电力保障。

在对疫情防治定点医疗机构等重点单位的供电保障方面，电网企业不断提升疫情防控的供电保障水平。一是确保雷神山、火神山及方舱医院的抢建电力设施并安全稳定供应。国家电网公司以“战时”模式推进湖北及其他省市新增或改建重点医院和方舱医院的配套供电设施建设，3 天点亮雷神山，5 天点亮火神山，用最快速度为抗疫一线接通了“生

命电”。二是全力以赴落实重点单位和重点场所的供电保障。对定点医疗机构、发热门诊、隔离场所、医护队驻地、疫情检查站、疫情指挥部、防控用品生产企业等疫情防控重点单位及场所制定“一户一案”供电保电措施，建立供电保障全天候专属服务团队，开展 24 小时在线供电监测，配备应急发电车，协助客户开展用电设备维护和巡视检测，确保不发生停电事件。三是对因疫情防控需要增加第 2 路电源的，特事特办，简化手续，及时敷设到位，并免收高可靠性供电费。

在支持企业复工复产方面，一是积极落实国家发展改革委关于阶段性降低企业用电成本的政策要求[1]，阶段性降低一般工商业及其他电价、大工业电价，确保降电价红利及时足额传导到终端用户。二是对疫情防控期间暂不能正常开工、复工的企业，放宽容（需）量电价计费方式变更周期和减容（暂停）期限，不受“基本电费计收方式选定后 3 个月内保持不变”“暂停用电不得小于 15 天”等限制。三是对因疫情防控需要扩大产能的企业，开辟办电绿色通道，实行零上门、零审批、零投资的“三零”服务，如果选择按合同最大需量方式结算基本电费，超过合同约定最大需量 105%部分按实计取。四是对疫情防控物资生产企业确因流动资金紧张、缴费有困难的，疫情防控期间欠费不停电。五是强化产业链金融服务保障，通过信托、资产证券化、保理等方式为上游企业提供应收账款融资服务；全面推广电 e 贷、电 e 票业务，为下游用电客户在线提供低成本金融服务，着力缓解关联中小微企业的融资问题；大力推行保险替代保证金，减少资金占用，为供应商企业减负。

在保障民生用电方面，一是重点加强疫情管控居民小区供电保障，合理引导居民线上办电，并对居民用电客户采取欠费不停电措施，确保居民生活用电不受疫情影响。二是充分发挥网上营业厅、掌上营业厅、微信公众号、支付宝生活号等互联网渠道，以及“网上国网”手机 App、95598 热线等渠道优势，全面推行网上办电服务，推动服务事项“网上办、掌上办、指尖办”，“全天候、零接触”提供 24 小时服务，办理电费交纳、故障报修等用电业务，让客户办电“一次都不跑”。

截至 2020 年年底，电网企业一系列减负降费措施惠及电力客户超过 5000 万户，其中国家电网公司为企业减免电费 886 亿元，惠及电力客户 4200 余万户[2]；南方电网公司降低用户用电成本 200 亿元，惠及电力客户 840 万户[3]。充分发挥了国有企业“六个力量”重要作用，为夺取疫情防控的胜利贡献了电网力量。

八、火神山、雷神山医院抢供电

2020 年 1 月，新型冠状病毒肺炎疫情在武汉暴发后，党中央、国务院高度重视，中共中央总书记习近平作出重要指示，强调各级党委和政府及有关部门要把人民群众生命安

[1] 《国家发展改革委关于阶段性降低企业用电成本支持企业复工复产的通知》（发改价格〔2020〕258 号）。

[2] 《国家电网有限公司 2020 社会责任报告》，2021 年 4 月。

[3] 《中国南方电网有限责任公司 2020 年企业社会责任报告》，2021 年 7 月。

全和身体健康放在第一位，制定周密方案，组织各方力量开展防控，采取切实有效措施，坚决遏制疫情蔓延势头。1 月 20 日，国务院联防联控机制召开电视电话会议，对新型冠状病毒感染的肺炎疫情防控工作进行全面部署。国家卫生健康委成立新型冠状病毒感染的肺炎应对处置工作领导小组，指导地方做好疫情应对处置工作。湖北省等有关地方进一步落实属地责任，采取切实有效措施，坚决做好疫情防控各项工作。

1 月 23 日，针对患者数量激增与床位资源严重不足的突出矛盾，急需专门医院救治新冠肺炎患者，武汉市政府召开紧急会议，决定参照 2003 年抗击“非典”期间北京小汤山医院模式，在武汉职工疗养院内新建一座武汉版的“小汤山”——火神山医院，集中收治新型冠状病毒肺炎患者，以解决武汉现有医疗资源不足问题，满足进一步加大患者救治力度的需要。

为做好疫情保供电工作，国网武汉供电公司召开新冠肺炎疫情防控电视电话会议，迅速贯彻落实中央领导指示，成立疫情应急领导小组，启动应急预案，下设领导小组办公室和三个专业小组，建立起疫情防控工作体系，全面打响抢供电战斗。武汉供电公司始终遵循国家电网公司党组提出的“一个提高、六个强化”❶的总要求，认真落实省公司、市委市政府各项决策部署，切实扛起防疫情、保供电两大责任，建立高效运转的指挥体系，启动突发事件一级响应，实行“防疫指挥部管总、战区主战”制，“1+10+1”❷作战指挥机构高效运转。

1 月 23 日下午 3 时，国网武汉供电公司接到市防疫指挥部火神山医院供电建设指令，立即响应，迅速成立工作专班，调度各方工作。因年关临近各施工队伍已提前返乡过年，且当日上午 10 时武汉市人民政府已发布“封城令”，进出受限，施工设备及物资储备不足。鉴于情况紧急，国网武汉供电公司立即协调各方关系，紧急调配设备、物资和人员进出，迅速召集各专业近百名职工，投入到各项工作中。当晚赶出了火神山医院电力建设设计施工图，紧急调配和召集供电施工队 10 支、施工人员 200 余人前往火神山医院建设工地。有些施工人员冒着巨大疫情风险从外地再次返回病毒肆虐的武汉参与施工，连夜拆除、迁改原有电力线路 2 条，确保医院建设急需的大型施工机械的进入。湖北省电力公司积极协调，全网调配电力物资用于医院建设，供电人员冲锋在一线，实行 24 小时轮班工作制，坚持“工地建设到哪里，电缆就铺设到哪里”。至 1 月 26 日 18 时 55 分，展放电缆 1000 米，顺利完成 4 台 10 千伏环网箱的安装、调试、送电工作。为确保医院按时送电，260 余名施工人员克服天寒多雨、地面坑洼泥泞、道路不通和施工地形高低差基准面未确定等困难，与场内各施工单位一道抢工期、抢断面，不分昼夜推进变压器和电缆管群的安装敷设。经过国网武汉供电公司施工人员五天五夜的奋战，共计完成了 24 台箱式变压器的安

---

❶ “一个提高、六个强化”：提高政治站位，统一思想行动，强化组织领导、强化供电保障、强化全员防控、强化大局意识、强化党建引领、强化舆论引导和信息沟通。

❷ “1+10+1”：武汉供电公司 1 个防疫保供电指挥部及 10 个基层单位的战区防疫保供电指挥中心和武汉供电公司 1 个后勤保障指挥中心。

装，总容量 14 600 千伏·安，敷设电力电缆 8 千米，于 1 月 31 日 23 时 49 分，打通了火神山电力“大动脉”，为战疫一线接通了“生命电”，湖北武汉第一个“小汤山模式”医院——火神山医院全部通电。高压送电成功后，武汉市蔡甸区供电公司立即投入院区内部低压接电工作，截止到 2 月 2 日，火神山医院 CT 室、负压舱、ICU 室、医技楼、九个病区等区域陆续完成低压送电任务。

1 月 25 日，武汉市防疫指挥部宣布继火神山医院后，半个月之内再新建一所“小汤山”——武汉雷神山医院，集中收治新冠肺炎患者，并要求国网武汉供电公司必须在 29 日之前完成为该医院通电任务。雷神山医院供电工程建设时间之紧迫、资源调配难度之大、人员安全健康防护措施之严前所未有。当时正值疫情暴发最为严重时期，当晚，国网武汉江夏区供电公司成立了雷神山医院电力工程建设临时党支部，58 名共产党员带领 300 余名施工人员投入医院供电项目建设工作。1 月 26 日凌晨，国网武汉供电公司物资防疫应急供应小组收到雷神山医院电力物资需求计划后，开始应急物资紧急调配，在 3 小时内加工完成了 200 根角铁桩供雷神山医院供电建设单位使用，并用不到 7 小时完成了平时需要两天才能完成的环网柜、箱式变电站（简称箱变）的箱体接地安装任务。此后，国网武汉江夏区供电公司陆续完成 10 台环网箱、28 台箱变、7.3 千米高压电缆的电气安装和调试工作，使雷神山医院实现了双环网四回路供电方式，同时配备了 9 组容量共计 9000 千伏·安自投应急发电机，低压重要负荷配备有自动切换装置。至 1 月 29 日 18 时 23 分雷神山医院送电成功，国网武汉供电公司严格遵守三天送电的承诺，按期完成全部电力配套工程建设。

国网武汉供电公司为贯彻习近平总书记“生命重于泰山，疫情就是命令，防控就是责任”的指示精神，迅速集结施工队伍 500 余人，先期投资 6000 余万元，以“战时”模式推进湖北武汉“小汤山”医院电力设施建设，供电职工逆行出征，始终战斗在抗疫的最难处、最险处，高效率完成了火神山、雷神山医院通电任务。

坚强的电力保障是打赢疫情防控人民战争、总体战、阻击战的重要支撑。在整个抗疫期间，国网武汉供电公司组建“战区联合作战指挥机构”，开通 7×24 小时供电保障“直通车”，累计投入 1.7 万保电人员，强化 142 家定点医疗机构、523 家发热门诊的供电保障。自 2 月起，湖北省每天投入保电车辆超过 2000 台，应急电源车 60～80 台、发电机 50～150 台，确保重点医疗机构、发热门诊、观察隔离点、防控用品生产企业和医护支援队伍住宿酒店的供电保障，建立用电保障服务团队和 24 小时沟通联系机制，并采取驻点保电、特巡、带电作业相结合方式确保供电万无一失。2020 年 9 月，国网武汉供电公司被党中央、国务院、中央军委授予“全国抗疫先进集体”。

火神山、雷神山医院防疫保供电工程的建成投运和 86 家防疫重点保障点专用电力配套工程的改造投运，点亮了“生命方舱之光”，让世界见证了“武汉供电速度”，为夺得抗疫的全面胜利奠定了坚实的基础。

第三节 电网企业扶贫攻坚成效显著

2015 年 11 月，中共中央、国务院宣布打赢脱贫攻坚[1]战的决定，提出加快推进贫困地区农网改造升级。电网企业成立扶贫工作机构，研究制定了一系列服务脱贫攻坚举措，启动电网企业服务脱贫攻坚工作，围绕行业扶贫、定点扶贫和系统扶贫的主线，发挥电网企业优势，推进各项重点工作。

电网企业实施“三区三州”电网攻坚、中西部贫困地区电网建设及农网改造升级等重点工程，实现大电网延伸范围内村村通动力电，显著改善贫困地区生产生活用电条件，推动旅游业、种植业、养殖业、农副产品加工业的电气化发展，落实光伏扶贫配套电网项目，做好光伏扶贫电站的接网服务，为贫困地区群众逐步实现从“用上电”到“用好电”的转变提供了可靠的电力保障和优质服务，为贫困地区经济发展和决胜脱贫攻坚作出了积极贡献，为农民增收提供了可靠的电力保障。

2020 年是“决战决胜脱贫攻坚 全面建成小康社会”的收官之年。国家电网公司、南方电网公司的定点帮扶县全部脱贫摘帽，驻村帮扶的 2721 个村脱贫出列，贫困人口清零，至此电网企业支持打赢脱贫攻坚战任务全部完成。连续四年在中央单位定点扶贫考核中评价为“好”。2021 年 2 月 25 日，全国脱贫攻坚总结表彰大会在北京人民大会堂举行，中共中央领导人宣告中国脱贫攻坚战取得了全面胜利。习近平总书记向国网西藏公司农电工作部颁发“全国脱贫攻坚楷模”奖牌，同时，国家电网公司获得 15 个“全国脱贫攻坚先进集体”、南方电网公司获得 4 个“全国脱贫攻坚先进集体”。

一、电网企业服务脱贫攻坚工作的启动

2015 年 11 月 29 日，《中共中央 国务院关于打赢脱贫攻坚战的决定》（中发〔2015〕34 号）印发，提出到 2020 年，中国农村贫困人口实现脱贫，贫困县全部摘帽，解决区域性整体贫困。针对贫困地区基础设施建设，提出加快推进贫困地区农网改造升级，全面提升农网供电能力和供电质量，制定贫困村通动力电规划，提升贫困地区电力普遍服务水平。加快推进光伏扶贫工程，支持光伏发电设施接入电网运行，发展光伏农业。电网企业贯彻落实中共中央、国务院决策部署，成立扶贫工作机构，结合电网企业实际研究制定了一系列服务脱贫攻坚举措。

2016 年 1 月 12 日，国家电网公司成立“国网阳光扶贫行动”领导小组，贯彻落实中

[1] 脱贫攻坚：全面建成小康社会，最艰巨的任务是脱贫攻坚，最突出的短板在于农村还有 7000 多万贫困人口。党的十八届五中全会从实现全面建成小康社会奋斗目标出发，把“扶贫攻坚”改成“脱贫攻坚”。总体目标是，到 2020 年，稳定实现农村贫困人口不愁吃、不愁穿，义务教育、基本医疗和住房安全有保障。实现贫困地区农民人均可支配收入增长幅度高于全国平均水平，基本公共服务主要领域指标接近全国平均水平。确保我国农村贫困人口实现脱贫，贫困县全部摘帽，解决区域性整体贫困。

共中央、国务院关于打赢脱贫攻坚战的战略部署，组织实施“国网阳光扶贫行动”，研究解决“国网阳光扶贫行动”中的重大问题。2016 年 3 月 14 日，《国家电网公司关于印发国网阳光扶贫行动实施方案的通知》（国家电网营销〔2016〕221 号）下发，确定了实施村村“通动力电”工程、实施国家光伏扶贫项目接网工程、实施五县区定点扶贫工程三项重点任务，并明确了光伏电站建设管理及运营方式。提出：① 全面提升贫困地区供电能力和供电质量，根据政府规划，实现公司经营区内未通动力电的 39 080 个自然村通上动力电；完成已通动力电但容量不足的 86 690 个自然村的电网升级改造，满足低压用户三相供电需求，通过工程的实施，增强服务农业农村和农民生活用电保障能力。② 积极做好光伏扶贫项目接网服务，保障项目同步建设、及时接网、尽快发电，使群众尽早受益。在公司经营区 13 个省 374 个县的 27 525 个村建设村级光伏电站，每个电站 200 千瓦左右，做好光伏扶贫电站的报装服务及接网工程，满足国家光伏扶贫工作要求。③ 全力推进定点扶贫工作，用 3 年左右时间完成光伏扶贫电站建设的工作目标，所得收益用于扶贫，助力五县（区）[1]贫困人口脱贫。加大湖北四县（区）农村电网改造力度，2017 年完成四县（区）398 个革命老区村的农网升级，满足农业农村和生活用电需求。

2016 年 2 月 26 日，南方电网公司成立扶贫工作领导小组，贯彻执行中共中央、国务院关于扶贫工作的决策部署，研究制定公司扶贫工作规划、计划等重大事项。2016 年 9 月 26 日，《南方电网公司关于做好供电区域电力行业扶贫和定点扶贫工作的实施意见》《南方电网公司定点扶贫驻村干部管理办法》印发，提出“十三五”期间，全面解决贫困地区存在的低电压、卡脖子、不通动力电等突出问题，全面满足易地搬迁、生态移民、光伏扶贫电站等电力需求，到 2020 年年底，贫困地区供电可靠率达 99.82%以上，客户平均停电不超过 16 小时，综合电压合格率不低于 97.9%，户均配变容量不少于 2.0 千伏・安，实现脱贫人口生活用电不愁、动力用电不愁、供电质量基本保障。协助当地党委政府，按照脱贫计划要求实现电网企业各级单位定点帮扶贫困县、贫困村全部如期摘帽，农村贫困人口全部如期稳定脱贫。各定点扶贫点通过当地党委政府考核的主要目标。制定了抓好贫困地区农网改造升级、提升贫困地区供电服务水平、协助发展特色产业、协助做好教育扶贫、协助建设基础设施、协助做好兜底保障等六项行动。明确驻村干部选派、工作职责、监督管理、考核激励、工作保障等事项，规范定点扶贫驻村干部管理工作。

两大电网公司认真履行央企社会责任，发挥电网企业自身特点和优势，加强工作统筹，制定并印发电力行业扶贫实施工作方案，全面启动电网企业服务脱贫攻坚工作。

二、贫困地区电网建设与农网改造升级

2018 年 6 月 15 日，《中共中央 国务院关于打赢脱贫攻坚战三年行动的指导意见》（简称《意见》）印发。《意见》提出到 2020 年，实现贫困地区基本公共服务主要领域指标接近全国平均水平，贫困村全部实现通动力电的任务目标；要求大力开展电力扶贫行动，实

[1] 五县（区）：其中湖北包括四县（区），分别是神农架林区、秭归县、长阳县、巴东县；青海一县，玛多县。

施农网改造升级，建立贫困地区电力普遍服务监测评价体系，做好电力建设管理和供电服务，到 2020 年实现大电网延伸覆盖至全部县城。同年 10 月 12 日，《国家能源局关于印发“三州三区”农网改造升级攻坚三年行动计划（2018—2020 年）的通知》（国能发新能〔2018〕74 号）下发，正式启动“三区三州”农网改造升级攻坚行动，加快供电服务均等化进程，显著改善深度贫困地区生产生活用电条件，为打赢脱贫攻坚战提供较好的电力保障，到 2020 年，“三区三州”基本满足农村生产生活和脱贫攻坚需求，农村电网供电可靠率接近 99.8%，综合电压合格率接近 97.9%，户均配变容量基本达到 2 千伏·安。

2018 年 9—10 月，国家电网公司、南方电网公司相继印发文件，就落实党中央国务院决策部署进行安排，明确实施“三区三州”电网攻坚、中西部贫困地区（除“三区三州”以外的国家级贫困县，下同）电网改造升级、抵边村寨电网改造升级三大重点工程，到 2020 年年底，有效解决电网“低电压”、供电能力不足问题，实现大电网延伸范围内村村通动力电、大电网延伸覆盖全部县城、农村电网供电能力接近或达到国家规定的农网规划目标。

中西部贫困地区电网建设涉及面广、工程量大、时间要求紧，许多偏远地区交通不便、施工环境恶劣、物资运输困难。为确保工程顺利推进，电网企业主要负责人挂帅，制定时间表、路线图，建立定期会商、督导、约谈、考核等工作机制，及时协调解决问题。不定期组织专项督察，对前期工作推进、工程项目开工、在建项目进度、投产项目决算、招标采购公开透明等方面重点督促，确保工程建设高质量完成。

2019 年，国家电网公司、南方电网公司根据中共中央、国务院的决策部署❶，全力推进新一轮农网改造升级。当年分别投入农网改造资金 7759 亿元、1534 亿元，新增 35 千伏、110 千伏线路 10.52 万千米，变电容量 49 177.9 万千伏·安；10 千伏及以下线路 228.3 万千米，配变容量 43 634.4 万千伏·安。全面完成中西部贫困地区电网建设任务，2716 个自然村通上动力电，实现了大电网延伸范围内村村通动力电。国家电网公司经营区内农网供电可靠率和综合电压合格率分别达到 99.72%、99.49%，户均配变容量达到 2.2 千伏·安；南方电网公司经营区内农村电网供电可靠率达到 99.82%，综合电压合格率达到 99%，户均配变容量达到 2.35 千伏·安。农村电网“两率一户”❷指标以省区为单位接近或达到国家规定目标，中西部贫困地区电网建设任务取得决定性胜利。

2018—2020 年间，国家电网公司经营区域内“三区三州”深度贫困地区电网建设累计投资 304 亿元，共建成工程 7957 项，共新建和改造 35 千伏及以上线路 1.2 万千米，变电容量 614 万千伏·安，10 千伏及以下线路 6.9 万千米，配电变压器 2.1 万台、容量 251.5 万千伏·安。南方电网经营区域内“三区三州”深度贫困地区电网建设累计投资 10.18 亿元，完成 110 千伏及以下项目 681 项，新建及改造 35 千伏及以上变电站 19 座、10 千伏配变 687 台、10 千伏及以上线路 900 千米。2020 年 6 月 30 日，随着四川阿坝夹壁—马塘

❶ 2019 年 1 月，《中共中央 国务院关于坚持农业农村优先发展做好“三农”工作的若干意见》（中发〔2019〕1 号）中提出，全面实施乡村电气化提升工程，加快完成新一轮农村电网改造。

❷ 两率一户：供电可靠率、综合电压合格率、户均配变容量。

110 千伏线路工程带电投运，标志着“三区三州”深度贫困地区电网建设任务全面完成。

2020 年 6 月，国家电网公司、南方电网公司全面完成抵边村寨电网改造升级任务，改造升级 1379 个抵边村寨配套电网，有效提升边境地区可靠供电水平，同时，还完成了中央军委下达的边防部队电网建设任务，为国家守边固边工作作出了积极贡献。

2020 年 12 月，阿里与藏中电网联网工程建成投运，西藏仲巴、萨嘎、吉隆等 7 个县用上大网电，至此，大电网延伸覆盖全部县城任务圆满完成。贫困地区电网建设的实施，显著改善了当地生产生活用电条件，为深度贫困地区脱贫攻坚提供了电力保障，推动当地群众从“用上电”到“用好电”的转变。

三、贫困地区的用电服务

经过“十二五”时期农网改造升级，中国已经基本解决无电人口问题，但贫困地区依然存在生产用电和设施落后、供电不稳定等问题，影响着这些地区的经济发展。脱贫攻坚战打响以来，电网企业把加快贫困地区电网建设与改造作为服务脱贫攻坚的主阵地，通过“村村通动力电”、大电网延伸、“三区三州”电网攻坚等方式，精准对接用电需求，服务于贫困地区“用上电”“用好电”，为当地经济社会发展和农民生活水平的提高注入了强劲动力。

2015 年 11 月，中共中央、国务院宣布打赢脱贫攻坚战的决定，电网企业克服重重困难，延伸大电网服务，贫困地区的供电容量和供电可靠性大幅提升，充足的电能为当地的产业发展、农民增收致富送去了脱贫动力和发展活力。动力电进村后，供电容量增加，电压质量更加稳定，供电服务直接进村进户，千方百计满足贫困地区的用电需求，农村的经济发展和群众生活发生了根本性改变。国网河南电力公司在贫困地区实施农田机井通电工程后，村民灌溉方便省力又省钱，每亩灌溉成本由 30 元降至 10 元。青海玛多县平均海拔 4500 米，又是沙化县，水源相对匮乏。国家电网公司启动“国网清泉工程”，有效解决了当地群众和牲畜的安全饮水问题；投入资金 3000 万元实现了玛多县城清洁采暖工程全覆盖，成为全国首个高寒高海拔清洁采暖示范县。2018 年 2 月，国家电网公司将“大网电”送进西藏隆子县玉麦乡，结束了该地区通过一座小型水电站供电，仅能满足全村 9 户 32 人日常照明用电的历史，为当地带来了可靠的电力供应，村民们学习使用机器，开办了第一座工厂——竹器加工厂。安徽省休宁县大坞村动力电进村后，更换了新变压器，村里茶叶加工厂更换成电动炒茶机，炒出来的茶叶质量好，收入更多，给农民带来了好日子。重庆市石柱土家族自治县中益乡全兴村是典型的深度贫困村，国网重庆石柱供电公司为该村发展药材种植、中蜂养殖、民宿旅游等产业提供了坚强的电力保障，促进全村发生翻天覆地的变化。在湖南湘西土家族苗族自治州配合政府规范电力市场，共接管 3 家代管县公司、23 个地方自供区，区域内居民电价由平均 1.1 元/（千瓦·时）降至 0.588 元/（千瓦·时）。

2020 年 6 月 30 日，“三区三州”深度贫困地区电网建设任务全面完成。通过电网升级改造，210 个贫困县的 1900 多万居民用上了安全稳定的电能，极大释放了深度贫困地区用电需求，“三区三州”大功率家用电器和机电设备广泛应用。2018—2020 年，改造区域新增冰箱 7.2 万台、洗衣机 12.7 万台、电视机 21.1 万台、电炊具 26.6 万台、电动加工设备 14.3 万台，居民生活质量明显改善。2020 年上半年，“三区三州”地区全社会用电量超过 320 亿千瓦・时，较 2017 年同期增长 30%以上。电网工程累计使用当地人工 20 万人・次，交通工具 15.1 万台・次，带动贫困群众增收 5.7 亿元，拉动新增农产品生产加工场所 2.5 万处、发展特色畜牧业及旅游业年均增收约 27 亿元，新增就业岗位 3.4 万个。保障了 1715 个特色扶贫产业用电需求，有效助力 105 万贫困户、373.6 万贫困人口实现脱贫。

电网企业通过补齐农村地区供电能力短板，夯实了脱贫攻坚和经济社会发展电力基础，贫困地区与发达地区一样，同等享受到电力央企带来的优质用电服务，为农民增收和实现“两不愁、三保障”[1]提供电力保障，为当地经济社会发展注入了动力和发展活力。

四、光伏电站的扶贫与接网服务

2015 年 11 月，《中共中央 国务院关于打赢脱贫攻坚战的决定》（中发〔2015〕34 号）发布，提出加快推进光伏扶贫工程，支持光伏发电设施接入电网运行，发展光伏农业。2016 年 3 月，《国家发改委 国务院扶贫办关于实施光伏发电扶贫工作的意见》印发，提出在光照资源条件较好的地区，因地制宜开展光伏扶贫，既符合精准扶贫、精准脱贫战略，又符合国家清洁低碳能源发展战略；既有利于扩大光伏发电市场，又有利于促进贫困人口稳收增收，各地区将光伏扶贫作为资产收益扶贫的重要方式。

2016 年，国家电网公司实施“国网阳光扶贫行动”，在“四县一区”先后建成 7 座集中式、247 座村级光伏扶贫电站，装机容量 8.26 万千瓦，覆盖定点扶贫县（区）所有贫困村。光伏扶贫电站建成后，国家电网公司通过国网公益基金会将全部电站捐赠给“四县一区”地方政府，资产确权到电站所在村的村集体。为保证收益精准使用，国家电网公司会同当地政府构建了“以奖代补、按劳分配”的收益精准分配机制，收益纳入村集体收入，由村集体和村民共同决定收益使用方式。电站收益主要用于公益岗位工资、小型公益事业、奖补贫困村大学生、救助困难家庭等方面。电站运维方面，实行“政府主导、市场运作、专业运维”的运维机制，以保证电站的长期稳定运行。2017 年 5 月，国务院扶贫办、国家能源局在湖北省宜昌市组织召开全国光伏扶贫现场观摩会，与会代表观摩了湖北长阳县、秭归县村级光伏扶贫电站建设情况，举行了国家电网公司向湖北“三县一区”政府捐建村级光伏扶贫电站签字仪式。

国家电网公司、南方电网公司积极落实光伏扶贫配套电网项目由电网企业投资建设的政策要求，加大贫困地区农村电网改造工作力度，为光伏扶贫项目接网和并网运行提供技术保障，制定合理的光伏扶贫项目并网运行和电量消纳方案，确保项目优先上网和全额收购。2018 年 4 月，《国家电网公司关于进一步做好光伏扶贫项目接网工作意见的通知》（国家电网营销〔2018〕130 号）、《国家电网公司关于做好村级光伏扶贫项目并网服务工作的

[1]《中国农村扶贫开发纲要（2011—2020 年）》提出，到 2020 年我国扶贫开发针对扶贫对象的总体目标是：“稳定实现扶贫对象不愁吃、不愁穿，保障其义务教育、基本医疗和住房”，简称“两不愁、三保障”。

通知》（国家电网营销〔2018〕358 号）下发，要求建立“省公司为责任主体、市县公司为实施主体”的光伏扶贫接网工作机制，畅通接网工程绿色通道，确保国家下达的光伏扶贫项目如期接网。2018 年 10 月，《南方电网公司关于打赢脱贫攻坚战三年行动方案（2018—2020 年）》下发，落实光伏扶贫配套电网项目由电网企业投资建设的政策要求，确保配套电网项目与光伏扶贫电站同步投产。2019 年 12 月，为保障光伏扶贫电站顺利纳入国家补贴目录，各地抢装并网，各级电网公司追加农网改造投资，组织精干力量施工，保障电站按期投运，为贫困地区享受国家补贴电价奠定了基础。

2020 年 9 月 22 日，全国光伏扶贫工作现场会上，国务院扶贫办、国家能源局总结光伏扶贫成绩，肯定电网企业在规划、施工、上网、补贴、分配、监测等工作中作出的贡献；指出“国家电网公司、南方电网公司和地方电网企业将村级光伏扶贫项目接网工程优先纳入农村电网改造升级，配合光伏扶贫工程建设，承担光伏扶贫接网和配套电网的投资和建设，组织光伏扶贫项目并网运行和电量消纳，完成补贴资金的申请拨付，确保光伏扶贫项目有效接网、优先上网、全额收购、及时见效。国家电网公司主动承担全国光伏扶贫信息监测系统建设，实现光伏扶贫全过程和全流程有据可循、有规可依，为电站有效运维管理奠定了基础。”

截至 2020 年年底，国家电网公司捐赠的扶贫电站累计发电收益 2.31 亿元，设置公益岗位 9191 个，实施小型公益项目 2838 项，救助因突发事件致贫家庭 8423 个，奖补贫困村大学生 3887 人，为定点扶贫县区脱贫攻坚作出了突出贡献。2019 年，“国网阳光扶贫工程”在首届能源产业扶贫高峰论坛上获“能源产业扶贫特别贡献奖”。2020 年，国家电网“光伏扶贫项目”获得民政部第十一届“中华慈善奖”。国家电网公司经营区配套电网建设共投资约 41 亿元，接入光伏扶贫电站装机容量约 2268 万千瓦，惠及 305 万贫困户，光伏扶贫电站 100%及时接入电网，光伏扶贫发电量 100%消纳。南方电网公司经营区配套电网建设共投资约 2.5 亿元，接入光伏扶贫电站装机容量约 180 万千瓦，惠及 53.2 万贫困户，光伏扶贫电站 100%及时接入电网，光伏扶贫发电量 100%消纳。地方电网经营区接网光伏扶贫电站约 188 万千瓦。电网企业做好光伏扶贫电站接网服务，确保项目及时并网发电，并按照约定周期按时结算上网电价，及时拨付政府补贴，将“阳光存折”送入贫困百姓家，为脱贫攻坚奠定了坚实的基础。

五、电网企业定点和驻村扶贫任务的圆满完成

脱贫攻坚期间，按照党中央、国务院决策部署，电网企业开展定点帮扶和驻村精准帮扶工作。国家电网公司定点帮扶湖北省长阳土家族自治县、秭归县、巴东县、神农架林区，青海省玛多县；南方电网公司定点帮扶广西东兰县、云南维西县。各级供电企业将定点扶贫县脱贫工作纳入本单位重点工作，加强对定点扶贫县脱贫攻坚工作指导，并根据地方政府安排派出驻村第一书记和驻村工作队，向贫困群众宣讲党的扶贫政策，摸清贫困群众底数，因户因人落实帮扶政策，帮助建档立卡贫困人口增收脱贫。

2018 年，《国务院办公厅关于深入开展消费扶贫助力打赢脱贫攻坚战的指导意见》（国

办发〔2018〕129号）印发，全面开展消费扶贫工作，调动贫困人口依靠自身努力实现脱贫致富的积极性，促进贫困人口稳定脱贫和贫困地区产业持续发展。国家电网公司积极组织扶贫农产品进食堂、进工会慰问品，开发国网“慧农帮”平台，实现农产品销售、旅游等消费扶贫线上化。南方电网公司与帮扶县签订中长期购销协议，积极推动扶贫产品在央企消费扶贫平台、建行扶贫专区、农行扶贫专区上线。2018—2020年，以国家电网、南方电网为代表的电网企业累计完成消费扶贫3.69亿元，有力支持了定点帮扶地区和驻村精准帮扶村的产业发展。

2018—2020年，国家电网公司在定点扶贫县投入帮扶资金近6.2亿元，因地制宜实施安全饮水、医疗卫生、道路交通、危房改造等项目200余项，捐建光伏扶贫电站254座，实施中蜂、药材、脐橙、椪柑、土猪、花卉、茶叶等特色产业项目，先后帮助近5000名贫困学生完成学业，为50所当地中小学建设教学楼、运动场、改善学生就餐住宿环境，培训当地扶贫干部1690人·次、技术人员2915人·次，安排“救急难”专项帮助1521个家庭渡过难关。南方电网公司在定点扶贫县投入帮扶资金8393万元，实施产业、教育、饮水等帮扶项目93项，扶持当地乌鸡、糯山药、羊肚菌种植产业，直接惠及贫困人口超过5万人，援建学校25所，资助贫困学生1754人，培训当地基层干部208人。

各级电网企业积极派出驻村第一书记和驻村工作队，开展驻村帮扶。国家电网公司先后派出驻村第一书记1499人，驻村工作队1551支5509人；南方电网公司先后派出1702名干部前往脱贫一线挂职，其中第一书记/驻村队长480名。电网企业派出的第一书记和驻村工作队牢记职责，通过走村串户全面摸清建档立卡贫困户基本情况和贫困群众所思所想，因户施策、因人施策，为贫困户建立一对一帮扶政策，帮扶扶贫点强化基层党组织和农村“三支队伍”建设，因地制宜实施光伏、产业、教育、医疗等帮扶项目，精准推动扶贫政策和帮扶措施到户到人、落地见效，带动贫困群众脱贫致富，涌现出许多感人至深的先进事迹。国家电网公司员工王新奇、李俊敏、霍德林，南方电网公司员工罗伟在脱贫攻坚一线献出了宝贵的生命。

2018年神农架林区脱贫摘帽，2019年秭归县、玛多县、东兰县脱贫摘帽，2020年巴东县、长阳县、维西县脱贫摘帽。截至2020年年底，电网企业的定点扶贫县全部脱贫摘帽，贫困人口实现清零，电网企业圆满完成了中央单位定点扶贫任务，国家电网公司、南方电网公司连续四年在中央单位定点扶贫成效考核中评价为“好”。2020年11月23日，电网企业3040个帮扶点全部脱贫出列，带动84.11万贫困群众脱贫，12名员工和26个集体获全国脱贫攻坚表彰。

第四节　综合能效服务引领能源消费新格局

2016年5月16日，国家发展改革委等八部委（局）联合印发了《关于推进电能替代的指导意见》（发改能源〔2016〕1054号），要求在居民采暖、生产制造、交通运输、电力供应与消费等四个重点领域推动使用电能替代散烧煤、燃油，控制煤炭消费总量，减少大气污染。2017 年 12 月，国家发展改革委、国家能源局等十部委联合印发《关于印发北方地区冬季清洁取暖规划（2017—2021 年）的通知》（发改能源〔2017〕2100 号），要求有序开展北方地区冬季清洁取暖工作。随后，2019 年 1 月 28 日，《交通运输部 财政部 国家发展改革委 国家能源局 国家电网公司 南方电网公司关于进一步共同推进船舶靠港使用岸电工作的通知》（交水发〔2019〕14 号）印发，要求推动港口岸电技术应用。在政府的推动下，电网企业积极实施电能替代项目建设和港口岸电技术应用，推进北方地区冬季"煤改电"清洁取暖。

电网企业积极践行习近平总书记提出的"四个革命、一个合作"能源安全新战略，组建各级综合能源服务公司，为客户提供多元化的综合能源供应及增值服务；通过建设苏州同里新能源小镇等综合能源示范项目，取得了良好的经济效益和社会效益，对加快电网企业从电能供应商向综合能源服务商转型、推进全社会能源可持续健康发展起到了很好的引领作用。

一、《关于推进电能替代的指导意见》的出台与实施

2016 年以前，中国电气化水平和电能占终端能源消费的比重都相对偏低，大量散烧煤与燃油消费是造成严重雾霾的主要因素之一，迫切需要在终端能源消费环节实施电能替代，提高清洁能源消费比重、减少大气污染物排放。

2016 年 5 月 16 日，国家发展改革委等八部委（局）联合印发了《关于推进电能替代的指导意见》（发改能源〔2016〕1054 号）（以下简称《意见》），将电能替代上升为国家战略，提出推进电能替代应坚持"改革创新、规划引领、市场运作、有序推进"四项基本工作原则，确定电能替代的总体目标是完善电能替代配套政策体系，建立规范有序的运营监管机制，形成节能环保、便捷高效、技术可行、广泛应用的新型电力消费市场。2016—2020 年，实现能源终端消费环节电能替代散烧煤、燃油消费总量约 1.3 亿吨标准煤，带动电煤占煤炭消费比重提高约 1.9%，带动电能占终端能源消费比重提高约 1.5%，促进电能占终端能源消费比重达到约 27%。电能替代的四个重点任务：一是居民采暖领域。在燃气（热力）管网未覆盖的区域，推广碳晶、石墨烯发热器件、发热电缆、电热膜、蓄热式电锅炉、热泵、分散电采暖；在新能源富集地区，实施蓄能供暖。二是生产制造领域。在生产工艺需要热水（蒸汽）的行业，推进蓄热式与直热式工业电锅炉；在金属加工、铸造、陶瓷、岩棉、微晶玻璃等行业，推广电窑炉；在采矿、食品加工等企业生产过程中的物料运输环节，推广电驱动皮带传输；在烟、茶等行业加工环节，推广电制茶、电烤烟等；在农业节水灌溉等工作，推进机井通电。三是交通运输领域。支持电动汽车充换电基础设施建设，推动电动汽车普及应用；在港口码头推广靠港船舶使用岸电和电驱动货物装卸；支持空港陆电项目，推广应用机场桥载设备替代，实现陆电入机供电。四是电力供应与消费领域。在可再生能源装机比重较大的电网，推广应用储能装置；推进燃煤自备电厂清洁替代；在城市大型商场、办公楼、酒店、机场航站楼等建筑推广应用热泵、电蓄冷空调、

蓄热电锅炉等，促进电力负荷移峰填谷，提高社会用能效率。

电网企业贯彻落实《意见》要求，根据电能替代方式多样的特点，结合居民采暖、工业与农业生产、交通运输、电力供应与消费等众多领域以分布式应用为主，综合考虑地区潜力空间、节能环保效益、财政支持能力等因素，根据不同地区产业结构、资源禀赋，择优选择经济高效的替代方式，因地制宜、分类推进。

2016—2020 年，国家电网公司相继印发了《关于进一步推进电能替代的实施意见》等 16 份文件，全面推进电采暖、电窑炉、电锅炉、港口岸电、机场桥载设备、自备电厂清洁替代等 20 大类 53 个细分领域实施电能替代。同时，编制发布《电能替代工作指导手册　供冷供暖领域》等 8 册系列丛书，推动出台《电能替代设备接入电网技术规范　第 1 部分：通则》（DL/T 2034.1—2019）等 3 项行业标准、《电供暖系统技术规范　第 1 部分：总则》（T/CEC 165.1—2018）等 17 项团体标准，发布《蓄热式电供暖系统（10kV 及以下）技术规范　第 1 部分：总则》（Q/GDW 11946.1—2018）等 27 项企业标准，设立公司级电能替代技术联合实验室[1]，助力电能替代推广实施。

南方电网公司因地制宜，重点推广电锅炉、热泵、电蓄冷空调等 9 类电能替代技术，并组织富余水电、风电、太阳能等清洁能源或高效火电机组替代燃煤自备电厂发电。2016 年 5 月，制定了《电能替代工作指导意见》等文件，编制了电锅炉、热泵等 15 个领域《电能替代工作手册》。云南省电力公司全面推广居民套餐电价，引导居民用气、用煤改用电，全年新增用电量约 8 亿千瓦·时。

通过全面推进四个领域电能替代，2020 年全年完成替代电量 2252 亿千瓦·时，电能占终端能源消费比重从 2015 年的 22.9%增长到 2020 年的 28.2%。具体数据见表 12－1。

表 12－1　　电网公司 2016—2020 年电能替代电量统计表[2]

电网公司	国家电网公司		南方电网公司	
年份	电能替代项目（万个）	电能替代量（亿千瓦·时）	电能替代项目（万个）	电能替代量（亿千瓦·时）
2016	3.0	1030	0.04	45
2017	4.2	1150	0.42	114
2018	3.8	1353	0.59	224
2019	5.9	1802	0.45	263
2020	8.7	1938	1.64	314
统计量	25.60	7273	3.14	960

电能替代的实施，构建了层次更高、范围更广的新型电力消费市场，扩大了电力消费，提升了中国电气化水平，提高了人民群众生活质量，让人们享受更加舒适、便捷、智能的

[1] 电能替代技术联合实验室是在国家电网公司指导下，由中国电力科学研究院有限公司牵头，联合国网北京市电力公司、国网天津市电力公司共同组建而成。

[2] 数据来源：2016—2020 历年的国家电网公司年鉴和南方电网公司年鉴。

电能服务。同时，有利于相关设备制造行业发展，促进产业升级，拓展新的经济增长点。实施电能替代对推动能源消费革命、落实国家能源战略、促进能源清洁化发展产生了深远影响。

二、靠港船舶使用岸电的推进

船舶靠港时依靠燃烧石油制品发电来满足自身用电需求，排放大量的硫化物和氮氧化物等有害气体，对周边的环境造成污染。进入21世纪以来，中国航运业迅速发展，船舶总吨位数、总仓容不断增加，成为世界航运大国，同时带来了严重的船舶大气污染，尤其是在一些航线密集、船舶流量大的海区和港口、海峡等区域，船舶排放的污染物成为这些地区的主要污染源。船舶污染问题一直备受重视，港口岸电[1]技术应运而生。船舶在靠泊期间，通过特殊电力连接装置使用码头电源替代船舶发电机，是船舶靠港期间实现节能减排降噪、建设“绿色环保型港口”、保护水流域生态的有效措施。

2009年，中国开始在多个港口开展船舶岸电试点性工程建设，青岛港首先完成了5000吨级码头的低压岸电改造。2010年3月，上海港外高桥二期集装箱码头开始运行移动式岸基船用变频变压供电系统；同年10月，连云港港口首次将高压船用岸电系统应用于“中韩之星”邮轮。2011年11月至2012年1月，招商国际蛇口集装箱码头先后投运低压岸电系统与高压岸电系统。随着港口岸电的不断应用，船舶岸电系统逐步走向成熟。

中国政府十分重视港区节能减排，不断出台法律法规推动岸电建设和使用。2013年，印发《大气污染防治行动计划》（国发〔2013〕37号），要求控制船舶造成的环境污染。2015年，修订的《中华人民共和国大气污染防治法》（主席令第三十一号）第六十三条第二款规定：“新建码头应当规划、设计和建设岸基供电设施；已建成的码头应当逐步实施岸基供电设施改造。船舶靠港后应当优先使用岸电。”同年，交通运输部列支11.5亿元专项资金用于补贴港口岸电工程。2016年5月，国家电网公司联合宁波舟山港建成国内首个高压变频岸电项目。

2017年7月，交通运输部印发《交通运输部办公厅关于印发〈港口岸电布局方案〉的通知》（交办水〔2017〕105号），要求到2020年，主要港口50%以上的集装箱船、邮船、客滚船、3000吨级以上客运船和5万吨级以上干散货船等五类专业化泊位具备提供岸电的能力。这是国内针对港口岸电建设的第一份顶层设计文件，对增进水运供应侧结构性改革和绿色低碳发展具有重要意义。同年9月25日，靠港船舶使用岸电现场推进会暨京杭运河岸电全覆盖启动仪式在浙江湖州举行，交通运输部、国家能源局、国家电网公司三方签署战略合作协议，共同推进靠港船舶使用岸电。2018年12月，京杭运河区段的相应服务区实现岸电系统全覆盖。

2019年2月，为进一步提高船舶靠港岸电使用率，减少船舶污染物排放，《交通运输

[1] 港口岸电：在船舶靠港（泊）期间，由港口岸上电力系统替代船舶自发电系统，向停靠在港口区域内的船舶提供电能的方式。

部　财政部　国家发展改革委　国家能源局　国家电网公司　南方电网公司关于进一步共同推进船舶靠港使用岸电工作的通知》（交水发〔2019〕14号）印发。同年4月，国网湖北省电力有限公司、三峡电能（湖北）有限公司、国网电动汽车服务湖北有限公司合资组建内河沿江首家专业化岸电运营服务公司，为三峡坝区港口码头船舶提供岸电设施联网、便捷用电、智能运维、增值服务等业务，截至2020年年底，累计供电量693万千瓦·时，合计减少碳排放4850吨。2019年，南方电网公司累计建成岸电泊位71个，广东省率先在全国实现内河港口岸电全覆盖。截至2020年年底，国家电网公司通过推进“两纵一横”[1]岸电工程建设，累计建成长江经济带港口岸电设施1203套，实现主要港口码头岸电基本覆盖。

截至2020年年底，全国港口岸电覆盖泊位7500余个，主要港口完成率达90%。长江经济带建成岸电泊位4700余个，2020年累计使用约23万次，总接电时间约231万小时，总用电量约5000万千瓦·时，合计减排硫氧化物、氮氧化物、颗粒物约720吨，二氧化碳3.5万吨，极大地减少了港区环境污染，推动了交通运输绿色低碳发展。

船舶岸电系统在全国推广应用的同时，其管理和技术也向标准化方向发展。2010—2018年，相继发布实施了GB/T 25316—2010《静止式岸电装置》、GB/T 30845—2014《高压岸电连接系统（HVSC系统）用插头、插座和船用耦合器》、GB/T 51305—2018《码头船舶岸电设施工程技术规范》和GB/T 36028—2018《靠港船舶岸电系统技术条件》等国家标准；2019—2020年，发布了GB/T 38329.1—2019《港口船岸连接　第1部分：高压岸电连接（HVSC）系统　一般要求》、GB/T 11918.5—2020《工业用插头插座和耦合器　第5部分：低压岸电连接系统（LVSC系统）用插头、插座、船用连接器和船用输入插座的尺寸兼容和互换要求》等国家标准。

在国家的大力推动和电网企业的积极参与下，中国港口岸电得到迅速发展，船舶靠港岸电使用率不断提升，为服务航运绿色发展、促进节能减排、提升港口服务功能、实现水上交通领域“双碳”目标作出了巨大贡献。

三、北方地区“煤改电”的清洁取暖

2016年以前，中国北方地区清洁取暖比例较低，特别是部分地区冬季大量使用散烧煤，是造成严重雾霾的重要因素之一。因此迫切需要通过高效清洁用能系统实现低排放、低能耗的取暖方式，保证北方地区广大群众温暖过冬，减少雾霾。

2016年12月21日，中央财经领导小组召开第14次会议，要求提高北方地区取暖清洁化水平，减少大气污染物排放，推进北方地区冬季清洁供暖。2017年12月20日，国家发展改革委、国家能源局等十部委联合下发《关于印发北方地区冬季清洁取暖规划（2017—2021年）的通知》（发改能源〔2017〕2100号）。规划中的北方地区包括北京、天津、河北、山西、内蒙古、辽宁、吉林、黑龙江、山东、陕西、甘肃、宁夏、新疆、青海

[1] “两纵一横”：“两纵”指东部沿海与京杭大运河，“一横”指长江流域。

14个省（市、自治区）以及河南省部分地区，涵盖了京津冀大气污染传输通道的“2+26”[1]重点城市（含雄安新区）。根据规划，到2019年，北方地区清洁取暖率达到50%，替代散烧煤（含低效小锅炉用煤）7400万吨；到2021年，北方地区清洁取暖率达到70%，替代散烧煤（含低效小锅炉用煤）1.5亿吨。其中“2+26”重点城市到2019年城区清洁取暖率达到90%以上，县城和城乡结合部（含中心镇）清洁取暖率达到70%以上，农村地区清洁取暖率达到40%以上；到2021年城市城区全部实现清洁取暖，县城和城乡结合部清洁取暖率达到80%以上，农村地区清洁取暖率60%以上。电供暖（含热泵）面积达到15亿米^2，其中分散式电供暖7亿米^2，电锅炉供暖3亿米^2，热泵供暖5亿米^2。

2018年7月23日，财政部、生态环境部、住房和城乡建设部、国家能源局四部委联合下发《关于扩大中央财政支持北方地区冬季清洁取暖城市试点的通知》（财建〔2018〕397号），决定在2017年基础上将试点申报范围扩展至京津冀及周边地区“2+26”城市、张家口市和汾渭平原城市。要求宜电则电、宜气则气、宜煤则煤、宜热则热、“以气定改”、“先立后破”，多种措施并举推进北方地区冬季清洁取暖。优先支持工作基础好、能源保障到位、资金落实到位的城市。试点示范期为三年，示范期结束后试点城市清洁取暖率要达到100%，平原地区基本完成取暖散煤替代。

北方各地政府高度重视“煤改电”[2]清洁取暖工作，联合属地电力公司因地制宜，积极推动“煤改电”清洁取暖政策部署稳步开展。北京市人民政府办公厅印发《2018年北京市农村地区冬季清洁取暖工作方案》（京政办发〔2018〕13号），要求科学选择技术路线，以“煤改电”为主推动农村地区冬季清洁取暖工作；河北省气代煤电代煤工作领导小组办公室出台省级电代煤补助政策；内蒙古自治区发展改革委出台《内蒙古自治区冬季清洁取暖实施方案》（内发改能源字〔2018〕1080号），要求组织好“煤改电”工程规划与电网规划的衔接。国家电网公司积极参与北方地区冬季清洁取暖工作，协助各级政府稳步扩大电采暖规模，最大限度扩大“煤改电”清洁取暖规模。2017年完成“煤改电”清洁取暖改造7123个村126万户，主要集中于京津冀及周边“2+26”城市地区，2017—2018采暖季完成清洁取暖电量80亿千瓦·时；2018年完成10 802个村220万户居民和0.5万个企事业单位“煤改电”清洁供暖，范围进一步扩大到汾渭平原地区，2018—2019采暖季完成清洁取暖电量95亿千瓦·时；2019年完成19 684个村372万户居民“煤改电”清洁供暖，范围扩大到新疆地区，2019—2020采暖季完成清洁取暖电量154亿千瓦·时；2020年全面完成京津冀及周边、汾渭平原、新疆地区17 028个村271万户居民“煤改电”清洁供暖工作，2020—2021采暖季完成清洁取暖电量222亿千瓦·时。截至2020—2021采暖季结束，北方地区清洁取暖用户累计达1063万户，供暖面积总计8.26亿米^2，取暖

---

[1] “2+26”：“2”指的是天津市和北京市；“26”指的是山西省太原、阳泉、长治、晋城，河南省郑州、开封、安阳、鹤壁、新乡、焦作、濮阳，山东省济南、淄博、济宁、德州、聊城、滨州、菏泽市，河北省石家庄、唐山、廊坊、保定、沧州、衡水、邢台、邯郸。

[2] “煤改电”是指在农村地区，由政府主导、电网企业配合开展实施的，以电供暖替代煤炭、薪柴等传统供暖的方式。当前实施范围主要集中于京津冀及其周边、汾渭平原、新疆等地区的农村。

电量累计551亿千瓦·时，相当于替代散烧煤3082万吨，减排二氧化碳5487万吨，减排二氧化硫、氮氧化物和粉尘污染物1743万吨。

北方地区清洁取暖工作实施以来，规模持续增长、成效明显。2018—2019采暖季，清洁取暖率达到50.7%，完成了《北方地区冬季清洁取暖规划》中2019年清洁取暖率50%的中期目标，相比2016年提高12.5个百分点；替代散烧煤约1亿吨，超额完成散煤消减7400万吨的《北方地区冬季清洁取暖规划》中期目标。截至2019—2020年采暖季结束，清洁取暖面积达125.9亿米^2，清洁取暖率达65%以上，其中京津冀及周边地区超过80%；替代散煤（含低效小锅炉用煤）1.4亿吨以上，对本地PM2.5平均浓度改善和空气质量综合指数改善贡献率均达三分之一以上。通过北方地区重点区域"煤改电"的落地实施，探索出了"企业为主、政府推动、居民可承受"的推进方针和"宜气则气，宜电则电，尽可能利用清洁能源，加快提高清洁供暖比重"的工作原则，构建了绿色、节约、高效、协调、适用的北方地区清洁供暖体系，为助力大气污染防治、打赢蓝天保卫战、推动中国生态文明和美丽中国建设作出了积极贡献。

四、苏州同里的综合能源服务创新

苏州是长三角地区重要的制造业城市，也是中国工业园区聚集的主要城市之一。2015年和2016年，为落实习近平总书记推进能源生产和消费革命的战略思路，搭建国际能源转型交流平台，建立中国能源转型高端智库，加快推进中国能源转型发展，第一届和第二届国际能源变革论坛在苏州举办。论坛邀请了国内外政要、著名科学家、专家学者以及产业代表，交流各国能源发展趋势和国际能源转型经验，探讨中国能源转型面临的挑战和问题，形成中国能源转型的共识和行动。论坛先后发布了《苏州宣言》和《苏州共识》，提出要大幅提高可再生能源利用比例，建设智能电网系统和智慧能源体系，引领国际能源变革发展方向。2016年12月，国家电网公司与苏州市人民政府签订《苏州国际能源变革发展典范城市智能电网建设合作协议》，明确在"十三五"期间，在苏州打造安全可靠、友好互动、绿色低碳、灵活高效的大受端坚强智能电网，推进以电为核心、清洁化为特征的能源结构调整，共同建设苏州国际能源变革发展典范城市，为世界能源变革发展贡献中国样本。

2017年8月31日，国网江苏省电力有限公司与苏州市委市政府确定了同里新能源小镇建设方案，重点在位于同里古镇北侧占地53亩的区域打造能源互联网示范区，建设能源供应、能源配置、能源服务、能源消费四大类共15个创新示范项目，以综合能源服务方式满足多元化用能需求。2018年4月28日，同里新能源小镇项目正式开工。

在能源供应侧，小镇大量采用清洁替代技术，建设了光伏发电、光热发电、风力发电以及混合式储能系统，实现了风、光、储、地热等多种能源互济互补和综合利用，推动区域能源清洁供应和就地消纳，实现区域微能源网自发自用和能量平衡。截至2020年，苏州同里新能源小镇示范园区内清洁能源总装机容量900千瓦，引入区外光伏发电约2兆瓦，配置预制舱混合式储能1.2兆瓦·时、梯次利用电池储能2兆瓦·时，实现了小镇内部清洁能源消纳率达到100%。

在能源配置侧，小镇建设了以2台单容量3兆伏·安的微网路由器互济互补交直流混联网络，通过建设10千伏交流线路3回、380伏交流线路30回、±750伏直流线路27回、±375伏直流线路4回，实现多个微网间能量柔性分配，组建低压交直流环网，提升了区域供电可靠性和灵活性，降低了能量转换层级，构建了能源自由交换和互通互济的配置平台，使各类分布式能源和多元化负荷可以灵活接入和信息共享。

在能源服务侧，小镇建设了冷—热—电源网荷储协调控制系统，对区域内储能、充电桩、分布式能源等进行统一调度、协调和控制。以“区域协同互补、微网分布自律、终端双向互动”的方式，对区域内冷—热—电多能流以及源—网—荷—储多环节进行协调互补，实现了区域微网安全、绿色、经济的自治运行。同时，聚合各类可调资源，通过微网与上级电网间的“需求响应、主动孤网、应急支撑”三种互动方式，发挥微网对大电网的支撑作用。以电网、气网、水网为物理基础，以物联网技术为支撑，以数据价值挖掘、平台合作、互动服务为目标，构建了综合能源服务平台，提供客户用能监测、能效分析、设备运维、能源托管、需求响应、售电等服务和其他相关方的服务。

在能源消费侧，小镇大量采用了电能替代和清洁用能技术。建设了“光储充换放”一体化绿色充换电站，总长500米、宽3.5米集光伏发电、无线充电、无人驾驶为一体的“三合一”电子公路，3台60千瓦和1台20千瓦直流充电机构成的虚拟同步机充电机和118盏LED组成的虚拟同步机路灯，构建了绿色智慧的交通服务体系，进一步减少了本地二氧化碳排放。改造了一幢住宅，将交直流微网与家庭用电智能互动相结合，综合利用屋顶光伏和储能，打造了超低能耗的零碳建筑，为建筑领域节能和智能化建设与改造提供了示范样板，项目获得德国能源署和中国住建部科发中心联合颁发的“中德高能效—被动式低能耗建筑示范项目”认证。

2018年9月30日，同里新能源小镇建成竣工，国家电网公司建设的15项世界首台首套项目启动投运，通过多种方式帮助用户提升能效水平，实现多能互补及能源的综合利用，完成了小镇范围内的“能源供应清洁化、能源消费电气化、能源利用高效化、能源配置智慧化、能源服务多元化”。2018年10月18日，苏州同里新能源小镇在“一带一路”能源部长会议和第三届国际能源变革论坛会议期间对外展示，获得了与会各级领导、“两院”院士、专家学者等的一致赞誉，成为能源变革的金色名片。

截至2020年，苏州同里新能源小镇清洁能源日均发电量4600千瓦·时（含区外引入），年累计减少二氧化碳排放量1650吨，区域直流负荷占比58%，微网路由器效率超过96%，储能年累计参与协调控制480余次、年累计平均放电量760万千瓦·时，充电桩年累计充电次数1980余次，年累计充电电量7.72万千瓦·时。建筑面积约1650米^{2}的同里综合能源展示中心，以“能源变革、未来已来”为主题，围绕探索构建“以电为中心、电网为平台，再电气化为重点，多能协同互补”的新型区域能源互联网进行展示。项目获评能源互联网“十大”示范项目、全国电力科普教育基地，为世界能源变革发展提供了新思路、开辟了新道路、示范了新模式。

五、虚拟电厂技术的试点应用

2016 年 2 月 24 日，国家发展改革委、国家能源局和工业信息化部联合印发《关于推进“互联网＋”智慧能源发展的指导意见》（发改能源〔2016〕392 号），要求构建用户自主的能源服务新模式，逐步培育虚拟电厂、负荷集成商等新型市场主体，增加灵活性资源供应；鼓励用户自主提供能量响应、调频、调峰等灵活的能源服务，以互联网平台为依托进行动态实时交易。

2019 年 10 月，国家电网公司把上海市电力公司和冀北电力有限公司列为首批虚拟电厂运营体系试点单位。运营体系由营销、交易、调度等多个专业部门、单位联合构建，采用多专业、多层次、市场化的运营模式，通过先进的信息通信技术和软件系统，接入客户用能设备，实现了虚拟电厂的功能。

2019 年 10 月 21 日，冀北电力有限公司在第 83 届国际电工委员会大会上首次公开展示虚拟电厂测试床，将虚拟电厂的概念理论和实际应用有效连接起来。同年 12 月 11 日，冀北电力有限公司建设的电力物联网虚拟电厂示范工程投运，该工程依托虚拟电厂智能运营管控平台，具备秒级感知和计算能力。示范工程一期接入了冀北地区蓄热式电采暖、可调节工商业、智能楼宇、储能、电动汽车充电以及分布式光伏发电用户约 16 万千瓦的可调负荷，根据电网实时需求优化调节用电行为，实现发用电供需平衡。此外，该虚拟电厂参与调峰辅助服务市场机制，针对供热季调峰难题，快速调节低谷负荷，促进新能源增发。截至 2020 年 4 月底，冀北电力有限公司虚拟电厂商业运营获得总收益 160.4 万元，日最高收益近 9 万元。

2019 年 12 月 5 日，上海市电力公司组织开展迎峰度冬需求响应暨虚拟电厂运营项目试点工作，共有 226 个用户 8.7 万千瓦负荷资源从单纯的用电客户变为一个个虚拟电厂，直接参与大电网的调度。虚拟电厂电力负荷交易和调配均通过上海市电力公司虚拟电厂运营体系完成。该体系通过虚拟电厂交易平台、运营管理与监控平台等系统，实现了调度需求触发、多品种交易组织、虚拟电厂在线监控与管理等功能，实现了业务流、信息流的贯通。该体系还通过制定各类资源调用方式，模拟常规发电机组爬坡率等外特性参数，规范和细化每个用户的参与方式，使虚拟电厂的机组特性曲线与常规发电机组近似，方便调度实时调用。同时，用户能通过用户端的系统对自身能耗情况开展分析，进一步提升自身电力能源的精细化管理水平。截至 12 月底，上海市电力公司共有 4 家虚拟电厂运营商和 512 个用户接入平台，涵盖了电动汽车充电桩、园区微电网、商业建筑虚拟电厂、工业自动响应、三联供储能系统、分布式能源、蓄热（冷）装置等多种类型。

2020 年 6 月，国家电网综合能源服务集团有限公司虚拟电厂开始建设，同年 12 月 1 日正式投入运营。该虚拟电厂以物联网为基础，聚合分布式电源、可控负荷和储能装置，累计对接筛查负荷 20 余万千瓦，成功接入可调负荷 10 万千瓦，每天可提供 23 万千瓦·时的新能源电量消纳空间。

虚拟电厂的试点应用，有利于进一步实现需求侧与供给侧友好互动，有利于促进清洁能源消纳和资源优化配置，为推进需求响应和智能电网发展提供了经验和参考。

第五节　充换电服务网络的全面建成

大力发展电动汽车及相关产业是中国能源绿色可持续发展战略的重要组成部分。在国务院发布的《"十二五"国家战略性新兴产业规划》中，将新能源汽车作为中国七大战略性新兴产业之一。《"十三五"国家战略性新兴产业规划》再一次明确了新能源汽车产业的战略地位，要求实现新能源汽车的规模应用。2015 年 10 月，《国务院办公厅关于加快电动汽车充电基础设施建设的指导意见》（国办发〔2015〕73 号） 提出到 2020 年，基本建成适度超前、车桩相随、智能高效的充电基础设施体系。2020 年 5 月，李克强总理在十三届全国人大三次会议上做的政府工作报告中，将充电桩、换电站列为"新基建"重点发展领域之一。

在政策支撑和市场驱动下，电动汽车充换电服务网络建设取得了举世瞩目的成就。2017—2019 年三年期间，国内电动汽车公共充电桩保有量连续突破 20 万台、30 万台、50 万台大关。充换电标准体系建设同步推进，中国的电动汽车直流充电标准成为国际社会认可的四大标准之一，多项由中国主导的国际标准正在推动和影响着全球电动汽车充换电行业的发展进程。国内建成全球覆盖里程最长的高速公路快充网络。国家电网公司建成覆盖地域最广、接入主体最多的国际领先的智慧车联网服务平台。基于 V2G（车网互动）和虚拟电厂理念的高弹性车网融合技术开始试点应用。截至 2020 年年底，国内电动汽车保有量达 400 万辆，建成各类充电桩 167.2 万个，换电站 555 座，其中公共充电桩 79.8 万个，数量位居世界第一。

一、充换电标准体系的建立

随着国家对电动汽车产业化进程的推动，更多车辆和充电设备制造企业广泛参与其中，电动汽车领域技术发展加快，至 2010 年，已有 20 余家国内主流车企和能源企业进入市场，行业壮大趋势明显。同时，车辆充电规范不一致、标准体系建设不完善等问题也日益凸显，阻碍了电动汽车行业的规模化发展。国家标准化管理委员会在 2001 年发布过一些针对电动汽车充电要求的国家标准，但随着电动汽车技术发展，这些标准已不能满足和支撑行业快速规范发展。在此情况下，各家车辆企业和能源企业纷纷推行企业自有标准，行业发展较为无序。

为解决电动汽车与充电设施之间接口规格和协议不统一的问题，杜绝兼容性导致的社会资源浪费，引导行业规范健康发展，2010 年 3 月，中央编办印发《关于明确电动汽车及充电设施管理等问题部门职责分工的通知》（中央编办发〔2010〕49 号），明确能源局牵头负责电动汽车充电设施发展的相关工作；质检总局（国家标准委）牵头组织制定电动汽车及充电设施的国家标准，国家标准委负责牵头组织协调相关部门拟订电动汽车及充电设施的相关标准，按规定程序审查颁布。2010 年 7 月，国家能源局主持召开第一届能源行业电动汽车充电设施标准化技术委员会成立大会，标委会首届委员 43 名，负责规范和统一中国电动汽车及充电设施技术标准，承担研究相关的体系建设和标准制定工作，标志着中国电动汽车充电设施标准体系建设工作正式启动。会议正式发布了《电动汽车非车载传导式充电机技术条件》（NB/T 33001—2010）、《电动汽车交流充电桩技术条件》（NB/T 33002—2010）和《电动汽车非车载充电机监控单元与电池管理系统通信协议》（NB/T 33003—2010）等三项能源行业标准，用于统一电动汽车与充电设施技术要求和连接规范，解决行业接口混乱、相互兼容困难的现实问题。

充电设施标委会在国家能源局管理下，联合工信部和国标委下属相关部门，从国家层面推动电动汽车充电标准的规划、编制和修订。充电设施标委会和全国汽车标准化技术委员会电动车辆分技术委员会联合组织编制了《电动汽车传导充电用连接装置　第 1 部分：通用要求》（GB/T 20234.1—2011）、《电动汽车传导充电用连接装置　第 2 部分：交流充电接口》（GB/T 20234.2—2011）、《电动汽车传导充电用连接装置　第 3 部分：直流充电接口》（GB/T 20234.3—2011）、《电动汽车非车载传导式充电机与电池管理系统之间的通信协议》（GB/T 27930—2011）四项国家标准，并于 2011 年 12 月由质检总局（国家标准化委员会）正式对外发布。此四项国家标准的发布，很好地规范和指导了国内电动汽车行业的快速发展，纯电动汽车市场保有量从 2011 年的不足 2 万辆增长至 2015 年的 33 万辆。

2011 版四项国家标准对于规范和引导电动汽车设计生产、充电基础设施建设运营起到了重要作用，但在推广和使用过程中也逐渐暴露出一些设计上的不足。为此，充电设施标委会组织推动对 2011 版的四项国家标准，以及 2001 年发布的《电动车辆传导充电系统一般要求》（GB/T 18487.1—2001）进行了修订，《电动汽车传导充电用连接装置　第 1 部分：通用要求》（GB/T 20234.1—2015）、《电动汽车传导充电用连接装置　第 2 部分：交流充电接口》（GB/T 20234.2—2015）、《电动汽车传导充电用连接装置　第 3 部分：直流充电接口》（GB/T 20234.3—2015）、《电动汽车非车载传导式充电机与电池管理系统之间的通信协议》（GB/T 27930—2015）、《电动汽车传导充电系统　第 1 部分：通用要求》（GB/T 18487.1—2015）五项新国家标准于 2015 年 12 月正式发布，自 2016 年 1 月 1 日起实施。本次五项国家标准修订细化了多项技术指标，增强了标准的兼容性，提升了充电的安全性。在安全性方面，新标准增加了充电接口温度监控、电子锁、绝缘监测和泄放电路等功能，细化了直流充电车端接口安全防护措施，明确禁止不安全的充电模式应用，避免发生人员触电、设备燃烧等事故，保证充电时电动汽车以及使用者的安全。在兼容方面，2015 版标准修改了部分连接界面配合的公差尺寸数据，直流充电接口增加了电子锁装置等，与 2011 版标准相比，这些措施在一定程度上提高了充电的安全性和可靠性。针对此次充电设施国家标准的更新，为加快落实升级进展，2016 年 12 月 20 日，国家发展改革委、国家能源局、工业和信息化部三部委联合出台《关于印发〈电动汽车充电基础设施接口新国标的实施方案〉的通知》（发改能源〔2016〕2668 号），要求做好标准升级的协同推进工作，保障新能源汽车用户利益。期间，电网企业积极响应通知要求，国家电网公司开展存量在役充电设备的摸排和统计，对 2016 年前建设的 66 945 台充电桩制订了改造方案，同时兼顾老国标车辆用户使用需求，分步实施，很好地完成了已投运充电设施的标准升级工作。

中国积极推动全球电动汽车标准法规的发展，参与十余项充换电国际标准编制。2012 年 9 月 23 日，中国和以色列共同提出的《电动汽车换电站安全性要求》国际标准立项提案，获国际电工委员会（IEC）21 个成员国赞成通过。该提案是中国首个参与提出并通过的电动汽车国际标准，标志着中国电动汽车行业和技术发展得到国际社会的认可。由国家电网公司与以色列 Better Place 公司组成的联合申报工作组，选取对换电设施建设运行至关重要的安全性要求作为切入点，与国际标准组织建立广泛的沟通，并积极参与 IEC 电动汽车技术战略组（SG6）国际标准体系的规划工作，为中国电动汽车充换电标准国际化奠定了基础。2013—2015 年，由国家电网公司发起并承担了国际电工委员会（IEC）《电动汽车换电设施安全要求》和《电动汽车换电设施通用要求》2 项国际标准的制定，实现了电动汽车领域由中国提出国际标准零的突破。2015 年 1 月，国网电力科学研究院实验验证中心成为国内首家电动汽车充电设施 UL 认证实验室。2017 年 2 月，由中国主导并提出的《电动汽车充电漫游服务信息交互　第 1 部分：总则》获得国际电工委员会（IEC）批准立项，成为世界上首个电动汽车充电服务领域标准。该标准以中国电力企业联合会（简称中电联）《电动汽车充换电服务信息交换》系列团体标准为基础，是中电联团体标准首次上升为国际标准。在国际电工委员会（IEC）内，中国的直流充电标准和美、日、欧等共同形成国际四大标准方案，有力推动了中国电动汽车及充电设施产业的国际化发展。

标准体系的建设关系到电动汽车产业健康可持续发展，电网企业高度重视电动汽车及充电设施标准化工作，积极推动与国内电动汽车推广应用和智能电网发展相适应的电动汽车充换电设施标准体系建设，为电动汽车能源补给网络建设和运营提供标准化支撑。截至 2019 年年底，中国已发布电动汽车充换电标准 58 项，涵盖电动汽车充电基础通用、电池总成、基础设施建设、运营服务与安全、接口与界面等五个方面，共同组成了中国电动汽车充换电标准体系架构。中国电动汽车标准体系的建立和发展，基本满足国内现阶段电动汽车推广应用的需要。

二、互联网＋充电服务平台的建立

2015 年 7 月 4 日，《国务院关于积极推进“互联网＋”行动的指导意见》（国发〔2015〕40 号）印发，文件指导各传统行业与互联网创新成果相融合，推动技术进步、效率提升和组织变革，提升实体经济创新力和生产力。技术的进步和政策的引领，促使互联网技术开始广泛应用于电动汽车及充电服务领域。

国家电网公司自 2011 年起，就开展了电动汽车充换电服务网络运营监控系统的研发和试运行，按照总部集中、两级部署的原则，尝试进行充电设施信息的接入和管理。2014 年，在北京、上海、杭州、合肥等四个地区进行充电运营管理服务平台的试点建设与应用，积累平台运行经验，探索充换电服务模式向互联网方式发展。2015 年 11 月 30 日，国网智慧车联网平台上线运营，具备充换电设施位置及状态查询、充电预约导航、支付结算和综合信息查询等功能，用户可通过易充电手机客户端（App）或登录网站获得互动服务；建立线上线下高效互动运维管理新模式，实现充电设备实时在线监测、故障报警、自动派单、跟踪评价等。平台向社会充电服务商全面开放，促进互联互通，提升用户便捷充电体验。

2015 年 12 月，国家电网公司为进一步加快电动汽车充电业务的发展，组建了国网电动汽车服务有限公司，开展智慧车联网平台建设工作。经过一年的努力，2016 年 10 月 26 日，车联网平台 3.0 上线运行，推出了国家电网公司统一的“易充电”电动汽车充电服务品牌，形成易充电服务平台、e 充电网站、“e 充电”App、“巡检”App、“e 约车”App、微信公众号六大服务窗口，实现资源监控、业务运营、充电服务、租赁服务和增值服务五大功能，基本建成全国最大最优的电动汽车公共服务平台。2018 年年底，平台累计接入充电设施 28 万个，注册用户超过 130 万户，“国网智慧车联网平台”成为全球最大的电动车充电网络及车联网平台❶，有力促进了中国电动汽车行业的快速进步。2017 年 1 月，南方电网电动汽车服务有限公司成立，中国南方地区电动汽车充电服务网络运营管理能力得到进一步加强。得益于“互联网 +”技术的支撑，各大充电服务运营商管理水平快速提升，充电服务网络建设和覆盖规模发展迅速。2018 年 6 月，美国爱迪生电气协会对外公布，由中国国家电网公司建设的智慧车联网项目获得 2018 年度国际爱迪生奖，国家电网公司成为首个获得该项殊荣的中国电力企业。

充电运营商在经营方式网联化的同时，其各自的服务平台信息独立不互通，电动汽车用户无法直观全面地了解周边充电设施分布和运行状况，不利于缓解使用者对车辆续航里程焦虑问题，运营服务平台互联互通的需求日趋强烈。2018 年 12 月，国家电网公司联合南方电网公司，与国内规模较大的两家民营充电运营服务企业特来电和星星充电签署合作协议，共同成立雄安联行网络科技股份有限公司，开展充换电业务合作，促进国内充电服务管理平台的信息互联，实现充电站设施信息共享互通。同时向中小型充电企业开放信息共享接口，提供平台支撑服务，使这些充电运营企业的充电设施更加广为人知，让车辆用户获得更丰富的充电选择。针对居民小区充电用户，智慧车联网平台等运营服务平台向私人充电桩业主提供充电分享服务，盘活社区充电设施资源，缓解小区用户“充电难”问题。2020 年 1 月 1 日，南方电网统一电动汽车充电服务平台正式上线，电动汽车用户在南方电网区域内使用“顺易充”App 即可畅行南网五省。截至 2020 年 11 月，“国网智慧车联网平台”已接入各类充电设施数量突破 100 万台，服务区域覆盖全国 273 个城市。在充电运营企业的共同支持下，多元化的充电生态圈基本建立。

“互联网 +”充电服务平台的建立，有利于发挥互联网技术在社会资源配置中的优化和集中作用，有效提升了充电服务网络的建设效率和用户充电体验，并对促进电动汽车、电力能源、装备制造、智慧出行等产业协调发展起到了积极的推动作用。在政府、电网企

❶《国家电网有限公司 2018 社会责任报告》，第 49 页。

业、充电设施制造和运营企业的共同努力下，国内充电设施互联互通程度、充电服务水平不断提升，产业链上下游互利共赢，行业进步明显。

三、全国高速公路快充网络的形成

“十二五”期间，中国电动汽车市场推广初见成效，但充电设施的分布还主要集中在经济发达城市。城际之间的充电站受电动汽车通行量小、设备使用率和充电量低下等因素影响，导致充电运营商建站意愿不强。城际电动汽车充电站的缺失，降低了用户对电动汽车的使用热情和接受程度，不利于行业长期健康发展。2011 年 1 月，国家电网公司在浙江示范建设了 14 座电动汽车充换电站，覆盖杭州、宁波、金华等城市，成为国际上首个实现城际互联的电动汽车充换电服务网络。以此为基础，连接苏州、上海、杭州三地的电动汽车城际互联示范工程也在同年 11 月竣工，高速公路服务区上建成 9 座充换电站，首次实现了电动汽车充换电网络的跨省际运行。同年年底，北京和天津共建成 3 座城际互联示范充换电站，使得两地电动汽车能够行驶互通。示范工程的成功建设，为之后的规模化建设积累了宝贵经验。

2014 年 7 月，为进一步推动新能源汽车产业健康快速发展，《国务院办公厅关于加快新能源汽车推广应用的指导意见》（国办发〔2014〕35 号）印发，提出要加快形成数量适度超前、布局合理的充电设施服务体系，研究在高速公路服务区配建充电设施，积极构建高速公路城际快充网络。国家电网公司、南方电网公司积极响应国家政策，将充换电设施建设的重点方向逐步由城市转向城际间互联，在高速公路快充网络建设上持续发力，保障电动汽车的出行“城市内畅行无阻，城市间出行无忧”。

2014 年，国家电网公司启动京沪、京港澳（北京—湖南段）、青银（青岛—石家庄段）三条高速公路快充站工程，率先在国内开展高速公路快充网络建设。2015 年 1 月 14 日，由国家电网公司联合四家车企参与的“电动汽车京沪行”活动在北京首都机场充电站成功落下帷幕，标志着中国首个涵盖高速公路全程的跨城际电动汽车充电网络——京沪高速公路快充网络全线贯通。该条高速公路全里程 1262 千米，国家电网公司在沿途 50 座服务区建成快速充电站，保证单方向行驶平均每 50 千米具备一座充电站，以适应当时主流电动汽车的续航里程。之后京港澳（北京—湖南段）、青银（青岛—石家庄段）两条高速公路快充网络也相继建成。到 2015 年年底，建成京港澳等 8 条高速公路快充网络，覆盖 81 个城市，覆盖高速公路 1.1 万千米。

2016 年 11 月，南方电网公司首座电动汽车城际快充站在广深高速东莞厚街服务区投入使用，以此为开端，全面开启其经营范围内高速公路快充网络建设工作。2016 年年底，国家电网公司也相继完成在京哈、沪蓉、沪渝高速公路和环首都、环杭州湾经济圈高速公路服务区的充电站建设，形成“六纵六横两环”的高速公路快充网络，服务里程总计 1.4 万千米，连接了沿途 95 座城市。2018 年 9 月 19 日，由南方电网广州供电局和国网电动汽车公司联合主办，“电网保驾 绿色出行”2018 电动汽车充电设施互联互通京广行活动圆满闭幕。活动历时 10 天，由 8 辆国产品牌纯电动汽车组成的车队于 9 月 10 日从广州启程，途经深圳、杭州、上海等19个城市，串联珠三角、长三角、京津冀三大城市群，沿途使用南方电网公司和国家电网公司建设的高速公路快充设施，跨越3200千米抵达北京。这是国内首次组织电动汽车南北穿越活动，宣告了两家电网公司的充电服务已贯通南北大动脉。

2020年9月，国家电网公司累计建成高速公路充电站2134座、充电桩8492个，形成“十纵十横两环”[1]高速公路快充网络，覆盖19个省、171个城市、5万千米，连接中东部主要城市和西部重要交通枢纽城市。在南方电网公司支持下，广东省内建成高速公路充电站227座，初步形成“走遍珠三角、通达各地市”的高速公路快充网络。至此，充换电设施覆盖全国高速公路总里程的34.8%，为电动汽车用户跨城际出行提供充电保障。

四、电动汽车与智能电网的融合发展

中国电动汽车行业和充换电基础设施建设自2016年起快速增长，截至2020年年底，国内电动汽车保有量已达400万辆、建成公共充电桩79.8万台。大规模充电设施的应用，给用户带来充电便利的同时，也对电网建设水平提出了更高要求。充电负荷的增长对城市配电网容量需求进一步增大，规模化充电需求呈现出随机、分散等较为无序的特点，对电网稳定运行带来了一定影响。电动汽车和智能电网协调发展成为保证电动汽车行业健康可持续发展的重要课题之一。有序充电、车网互动等技术受到广泛关注。

2018年7月，中国首个规模化电动汽车有序充电试点项目在郑州世纪家园小区建成投运，建设的充电设施可根据实时电网负荷情况，结合充电需求实现充电设施输出功率的智能调节，在满足用户充电需求的同时降低电网负载率，有效缓解了当地电网的运行压力。2019年6月，受国家能源局委托，国家电网公司在北京召开居民区电动汽车智能有序充电试点建设现场会，组织开展居民区有序充电建设工作，随后相继在北京、天津、上海、江苏、河南、山东等省市开展有序充电桩的建设，为规模化推广提供了宝贵经验。2020年6月，南方电网首个电动汽车有序充电站在深圳碧新路建成，该充电站能够实时感知电网台区变压器负载情况和充电设备状况，针对不同的用户充电出行需求，制定智能有序充电策略，引导用户进行有序充电。

随着电动汽车与电网互动技术的不断发展，以及中国电动汽车市场保有量的不断增长，电动汽车逐步成为规模可观的可调节电力负荷资源，充电设施规模化参与电网实时互动服务的条件日趋成熟。2018年10月，由国家电网公司建设的苏州同里综合能源服务中心建成投运，中心共包含15项国际领先的能源创新示范项目，其中的绿色充换电站将光伏发电系统、充电系统、换电系统等有机融合，实现了充换储发一体化功能，通过绿色能源为电动汽车补充电能，从源头保证出行的低碳环保；同时项目建设一套包括3台60千瓦直流充电机、1台120千瓦直流充电机和118盏LED路灯的负荷侧虚拟同步机，共同

---

[1] “十纵”是指京哈高速、京沪高速、京台高速、京港澳高速、京昆高速、沈海高速、北广高速、二广高速、广济高速、长深高速；“十横”是指青银高速、连霍高速、沪蓉高速、沪渝高速、沪昆高速、荣乌高速、宁洛高速、沪陕高速、福银高速、杭瑞高速；“两环”是指首都环线、杭州湾环线。

参与调频调压，增强大电网的频率及电压稳定性，将电动汽车发展与智能电网有机融合，推动探索新能源利用综合体和新型智慧城市的发展模式。2020 年 4 月，国网电动汽车服务公司在北京人济大厦建设的车网互动示范项目竣工，电动汽车通过 V2G（车网互动）充电桩与智慧车联网平台进行全局策略优化控制，联合国网华北分部共同完成了调度系统 72 小时自动发电控制（AGC）闭环试验，在国内首次实现了车桩应用参与电网实时调控和电力调峰辅助服务，形成了该应用在商业模式上的突破。同年 7 月，国网浙江电动汽车服务有限公司成功完成高弹性充电服务网络规模化联动试验。试验选取了杭州、绍兴和丽水等地的充电场站，由浙江高弹性充电负荷聚合系统统一调控，实时联动调用可调充电功率，对充电负荷开展削峰填谷调控，调控总负荷超过 1.1 万千瓦。这是中国首次实现充电设施规模化参与电网实时互动，为后续开展规模化充电负荷与电网互动工作积累了宝贵实践经验。

电动汽车与电网互动技术在电力系统的广泛应用，既满足了电动汽车的充电需求，还能根据电网的运行曲线进行削峰填谷，提升源网荷储之间的可调配灵活性。在降低电网增容建设成本的同时，有效促进了电动汽车与智能电网的融合发展，推动电动汽车车网互动技术的创新进步，为中国建设坚强智慧电网、实现能源战略转型、形成低碳智慧能源利用模式打下了坚实的技术基础。

第六节 用电领域的科技创新与应用

21 世纪以来，用电领域的科研创新取得了丰硕的成果，荣获了一系列奖项，建设了一批重点实验室，形成了一批具有国际领先水平的自主知识产权和一批具有先进生产力的领先技术，推动了用电领域技术进步和管理现代化发展。

电网企业一直致力于将电子信息技术应用于各类计量器具检定工作中，持续提升电能计量器具检定工作质量、检定效率和自动化水平。通过将先进的自动控制、信息技术与计量检定相结合，突破传统人工计量检定技术壁垒，在省级计量中心建成投运单相、三相电能表，采集终端，高、低压互感器及低压计量箱自动化检定/检测流水线、智能仓储系统和计量生产调度平台，在检定能力、检定效率等方面均居国际领先水平。

智能电能表大规模应用、用电信息采集系统的全面建设、电能计量器具自动化检定系统的全面投运，取得了国际领先的创新成果，并斩获多项奖励。同时，电力行业持续加强先进技术的攻关及应用探索，开展了电动汽车无线充电与新一代 ChaoJi 充电技术研究，发布 ChaoJi 充电技术标准。建成了高海拔、高干热、高严寒、高湿热、高盐雾的“五高”典型环境联合实验室。电力企业响应国家“一带一路”合作倡议，加强与国内装备制造企业的紧密协作，承建海外单次部署规模最大的沙特电能表项目，带动中国技术标准和服务走出国门。

这些丰硕的成果，推动中国用电领域技术在国际上实现由跟随者向引领者转变。

一、电能计量设备自动化检定技术全球领先

进入 21 世纪，为加快智能电网建设，提高用电信息自动化采集水平，国家电网公司和南方电网公司先后组织开展了电能计量设备自动化检定的技术攻关和试点建设。经过 10 余年的技术研究和应用实践，中国依靠自主创新，全面掌握了电能表、互感器等电能计量设备自动化检定核心技术并实现了工程应用，在多表位自动拆接、一体化柔性装载、全自动加封、多智能体协同等关键技术领域取得了全面突破，建成了世界规模最大、技术水平国际领先的电能计量设备自动化检定流水线，实现了大规模集中检定的全过程标准化、自动化、智能化，电能计量设备自动化检定能力显著提升。

（一）全球规模最大、技术领先的电能表自动化检定流水线全面建成投运

自 2007 年起，国网重庆、浙江、河南等电力公司先后开展了电能表自动化检定相关技术的探索研究和试点验证。重庆市电力公司研究设计了适合电能表批量检定的高速堆垛机、自动导引搬运车（AGV）和自动化小型仓储设备；浙江绍兴电力局和河南电力试验研究院分别开展了全自动流水线型电能表检定系统研制工作，实现了电能表计量检定由人工向自动化作业的变革。

2010 年起，随着电能计量实现了集约化、专业化、精益化的管理模式，以及智能电网建设的快速推进，国家电网公司启动了电能表自动化检定技术的系统化研究和规模化建设工作，组织专家自主研发电能表检定全自动流水线，攻克电能表超大规模集中检定带来的检定可靠性、稳定性和一致性等关键技术，并在国网华北电网有限公司和国网浙江省电力有限公司开展试点。广东电网有限责任公司也在佛山供电局试点建设南方电网第一条单相电能表检定流水线。经过两年的技术攻关与试点建设，国家电网公司解决了流水线柔性检测、自动接拆线、自动加封、自动上下料、仓储配送、智能调度、质量控制等方面的技术难题，研制成功了全过程标准化、自动化、智能化的电能表自动化检定流水线。与国内外同类技术对比，检定效率提升 24 倍以上、检定可靠性达到 100%、加封效率提升 30 倍以上。该项成果填补了国内外电能表自动化检定流水线的空白，处于国际领先水平。

2014 年，国网江苏省电力有限公司建成国家电网公司内规模最大的电能表自动化检定系统，年检定能力 961 万只。2018 年，广东电网有限责任公司建成全国规模最大的省级集中电能表检定基地，建有检定流水线 14 条，年检定能力 1039 万只。截至 2020 年年底，国家电网公司和南方电网公司的电能表自动化检定系统全面建成并正式投运，共建成电能表自动化检定流水线 118 条，年检定能力 8253.3 万只，成为全球最先进的电能表自动化检定技术和应用的典范。该系统的全面建成为电网企业节约成本超过 18 亿元，不仅保障了国家电量基础数据及时准确，为国家经济决策提供可靠依据，而且推动电能计量检定技术实现了质的飞跃，驱动了相关产业转型升级，引领中国计量检定智能化技术走向世界。

电能表自动化检定相关技术先后取得了“一种电力表计的智能生产系统”“一种电能表卡扣式封印”和“基于改进银行家算法的自动小车存取系统动态调度方法”等近百项中国国家发明专利，以及“智能电能表全自动化检定系统”和“互感器全自动化检定系统及

方法”两项美国发明专利，整体技术水平国际领先。国网浙江省电力有限公司申报的“电能表智能化计量检定技术与应用”项目成果获得2017年度国家科技进步奖二等奖。2020年8月，国网浙江省电力有限公司向IEC/TC 13（电能测量和控制技术委员会）提交的IEC标准《电能表自动化试验系统（AMTS）》成功立项，标志着中国在电能表自动化检定国际标准制定方面的引领地位。

中国自主研发的电能表自动化检定相关技术，陆续在丹麦、韩国、马来西亚、巴基斯坦、越南、保加利亚、乌克兰、尼日利亚、土库曼斯坦、沙特等10多个海外国家推广应用，推动了中国电能计量设备自动化计量检定技术在全球范围内更多的国家、地区、企业和机构应用，获得了广泛认可和赞誉，实现了中国高端装备走出国门。

（二）全球首套技术领先的互感器自动化检定系统建成

2011年，中国自主研发的首套标准化低压电流互感器自动化检定系统在华北电网有限公司投运，实现了低压电流互感器的自动物流运输、接拆线、柔性检测、仓储配送、智能调度和质量控制。检定系统集成了人工智能、自动控制、RFID物联网等先进技术，率先引领互感器检定迈入自动化、无人化、智能化的全新阶段。自适应柔性压接探头、多任务调度算法与动态协同补位策略等一系列创新性技术获得自主知识产权。自动化检定系统突破传统人工检定效能壁垒，大幅降低人员、设备、场地等方面的资源投入，人员精简90%以上，检定成本降低80%。同年，国家电网公司企业标准《计量用低压电流互感器自动化检定系统技术规范》（Q/GDW 573）发布，国家电网公司各省级计量中心依据规范陆续建设了低压电流互感器自动化检定系统。

2014年，中国自主设计与制造的10～35千伏计量用互感器检定装置与智能化立体仓库在国网重庆市电力公司得到应用。通过“木托盘+滚筒线传输+人工接线”的方式，实现了10～35千伏计量用互感器检定运输流程的自动化，解决了中压互感器在仓储、检定工位之间的自动搬运难题，并成功应用于实际工作，为10～35千伏计量用互感器实现自动化检定进行了有益探索。

2017年，中国自主研制的首套10～35千伏计量用互感器全自动化检定系统在国网上海市电力公司建成落地并投入使用，首创三维偏移感知自纠接拆、一次电流柔性接线等核心技术，成功突破三维空间多点位自动接拆线、大电流下接线端温升及误差分散性控制等技术难题，该系统首次实现非标准化设计的10～35千伏各规格型号电压、电流互感器共线检定，成功解决了高压互感器检定过程中的自动接线难题。2017年系统投产初期年检定能力达2.5万只，智能化仓储周转库容规模达1500只，得益于“柔性化、积木式”设计理念，后期具备强大可拓展潜力。

2018年，广东电网有限责任公司全自动“检储一体”的10千伏计量用互感器自动化检定系统投产使用。成功研制了结构紧凑、尺寸统一的10千伏计量用互感器周转箱和检定托盘，适用于大批量的运输检定。全国最大规模的10千伏计量用互感器自动化检定系统存储能力达9504只，年检定能力达12.5万只，可满足广东省21个地市的10千伏计量用互感器检定需求。

二、广东实现电能计量器具的全自动智能运储

随着国内电能计量器具自动化检定系统的广泛应用，电能计量器具检定、存储等环节均实现了自动化，但电能计量检定中心的库前区[1]作业仍然处于人工操作模式。新采购到货的电能计量器具从运输车内搬运到库前区指定区域的入库作业，以及将检定合格的电能计量器具搬运到运输车内的出库作业，都需要依靠大量的人工操作，劳动强度大、工作效率低，且存在一定的安全隐患，导致电能计量器具的大规模到货接收和配送出库工作很难得到有效保障。同时，由于不同规格的电能计量器具运输车辆在库前区月台停放位置存在差异，又因车厢内部尺寸不尽相同，实现自动化装卸货的难度也很大。

2018 年，南网广东电网有限责任公司计量中心结合标准化塑料周转箱在电能计量检定中心的成功应用经验，开展了电能计量器具全自动智能运储系统的研究与建设。根据电能计量器具运输车辆内部空间特征和应用全场景，精确定位导航技术，解决了自动搬运车（AGV）装卸货技术难题，实现了 AGV 对未知环境和物体的二次定位，并结合有限区域内 AGV 智能化交通调度优化策略，成功研制出电能计量器具重载 AGV 自动装卸货系统，实现了 AGV 自动进入车厢，将电能计量器具叉取出来完成自动出入库，提升了电能计量器具的出入库效率。在国际上首次实现了电能计量器具的货物装卸、出入库、检定全过程的自动化和无人化，为实现电能计量器具计量检定的数字化进行了有益的探索与实践。

截至 2020 年年底，广东省级电能计量检定基地已配置了 6 台自动装卸货重载 AGV，电能计量器具每天出、入库能力均达 10 万只，全负荷运转平均每小时出、入库能力达 1.2 万只，相比传统人工搬运效率提升 8 倍，社会经济效益显著，有效满足了广东全省计量设备大规模使用需求。

电能计量器具全流程智能运储技术的成功应用，实现了电能计量器具到货入库、配送出库与智能化立体仓库的全自动无缝对接，推动了电能计量检定中心库前区由传统的人工、机械化作业方式到自动化、标准化和数字化作业方式的变革，大幅提升了计量检定作业安全性，杜绝了人工搬运作业存在的安全隐患，提高了电能计量器具自动化检定的物流传输效率，为全面实现电能计量器具检定全过程无人工干预高效作业模式奠定了基础。

三、智能量测设备典型环境实验基地的建成

智能电能表、采集终端、电子式互感器等智能量测设备包含大量的电子元器件，这些器件长期在高湿热、高盐雾、高干热、高海拔、高严寒等典型极限环境下运行会引起性能下降，从而影响设备整机的可靠性。为模拟真实现场极端环境，国际上陆续出现了一些极端环境条件实验室，主要有日本铫子海边暴露场、美国阿拉斯加寒冷气候测试场、美国亚利桑那州沙漠阳光暴露场、法国安第斯山高原暴露场等，这些国际知名实验场分布在不同的国家，彼此独立运行，无法同时评估设备在不同极端环境下的可靠性，而中国在该领域

[1] 从电能计量器具配送运输车辆到智能化立体仓库之间的区域。

尚属空白。随着中国“一带一路”倡议的提出，智能量测设备在沿线国家逐步推广应用，设备面临的环境更为复杂，产品环境适应性要求更高，迫切需要开展智能量测设备在典型自然环境、长期实负荷运行条件下的可靠性评价研究。

中国幅员辽阔，地理、气候环境差异大，客观上具备建设典型极端环境实验室的条件。2015 年 12 月，国家电网公司启动高湿热与高盐雾、高严寒、高干热、高海拔“五高”智能量测设备典型环境实验基地建设。经过实地考察、方案论证和工程建设，智能量测设备典型环境实验基地于 2019 年 6 月正式建成。其中，高湿热与高盐雾实验室建在福建湄洲岛，该岛年均降雨量 1000 毫米，盐雾浓度最高达 2.1 毫克/米^3；高严寒实验室建在黑龙江漠河，该地夏季最高温度 26 摄氏度，冬季最低温度－52 摄氏度，严寒期长达 8 个月；高干热实验室建在新疆吐鲁番，该地夏季最高气温可达 48 摄氏度，地表温度可达 70 摄氏度以上，年均降雨量 16.4 毫米，平均蒸发量为 2837.8 毫米；高海拔实验室建在西藏羊八井，该地海拔 4300 米，大气压力年平均值为 0.06 兆帕。在这四个地点建设的实验室开展了设备现场挂网运行和试验验证，通过当地部署的管理工作站将试验数据上传至中国电力科学研究院的智能量测设备典型环境监测主站系统，完成极限环境因素对设备可靠性的影响分析。

建成后的基地实验室由室内标准室与室外试验区组成，总占地面积 14 118 米^2，室内面积 2886 米^2。室内标准室用于布置试验用标准器，温度控制在（23±2）摄氏度，相对湿度保持在 45%～75%；室外试验区用于布置试验样品，仅做简单防雨处理，样品按照实际运行要求安装。基地可满足 3842 只智能电能表、946 只采集终端、90 只 10 千伏电子式互感器、400 个低压计量箱及 15 类电能表用关键元器件的带电环境试验。中国电力科学研究院和国网福建、黑龙江、新疆、西藏四省（自治区）计量中心分别负责实验基地的日常运维及整体运作、信息共享，共同完成智能量测设备在一个或多个极端环境实验室的现场试验及数据分析，首创实现了中国智能量测设备在多种极限环境下实负荷长期带电运行和实时监测，其自动化程度、试验场建设规模及综合评价能力方面均优于国际同类实验场，整体技术达到国际领先水平。

截至 2020 年年底，基地共完成 32 批次 1000 余台智能量测设备的现场挂网验证试验，建立了基地工作站及中心实验室两级试验数据库，为典型环境对智能量测设备可靠性的影响研究以及可靠性分析模型的建立和优化积累了大量原始数据。在支持新产品研发方面，基地完成了 IR46 智能电能表、数字化电能表、电子式互感器、模组化终端等四类新产品的挂装考核验证工作。2020 年 12 月，基于智能量测设备典型环境实验基地申请的“西藏高海拔电磁环境与电磁安全野外科学观测研究站”入选国家科技部野外观测站择优建设名单，并启动了建设工作。

智能量测设备典型环境实验基地的建成，填补了中国极端环境条件下智能量测设备长期运行特性评价的空白，完善了设备实验室检测方法和可靠性评价模型，在提升产品针对不同极端环境的适应性和可靠性、推动智能量测设备典型自然环境试验标准体系建设等方面具有重要意义。

四、国内首条百米级电动汽车移动式无线充电试验线路建成

随着汽车电动化、网联化、智能化的发展，尤其纯电动汽车保有量的快速增长，对电动汽车的充电方式多样化和便利性提出更高的要求。无线充电技术作为汽车智能化发展的重要组成部分，与自动驾驶技术相结合共同构成智慧交通基础运行单元。以电动汽车无线充电为突破点和应用对象，研发高效率、低成本的无线电能传输系统，实现即停即充，甚至在行驶中充电，一直是中国充电装备技术发展的重点方向之一。

2015 年 9 月 29 日，《国务院办公厅关于加快电动汽车充电基础设施建设的指导意见》（国办发〔2015〕73 号）印发，提出要“制定无线充电等新型充电技术标准”“加快推动高功率密度、高转换效率、高适用性、无线充电、移动充电等新型充换电技术及装备研发”等相关要求。

2016 年 1 月，为攻克电动汽车无线充电关键技术难题，国家电网公司设立了重点科技攻关项目——电动汽车路段移动式无线充电关键技术研究及设备研制，由中国电力科学研究院牵头，联合南瑞集团和许继集团等单位，从移动式无线充电系统设计与仿真分析、电磁传输部件设计与实现、大功率高频逆变技术、电磁安全防护、状态监测和控制技术五个方面入手。经过两年多的研究，设计出具有强偏移适应能力的新型电磁传输结构，提出了适用于大功率移动式无线充电发射端和接收端电路拓扑及其电磁防护系统，制定了高传输效率的移动式无线充电控制策略，研制成功多磁极窄供电能量发射机构、双相四线圈接收耦合机构和大功率高频电能变换装置，获得发明专利 7 项。

同期，该项目在河北省张北地区的国家风光储输示范基地建成了 181 米移动与静止方式相融合的高效电动汽车无线充电试验路段，该路段包含直道、斜坡等路况场景，实现了车辆的自动充电运行。移动方式下无线充电功率超过 20kW，能量转化效率高于 87%，磁场强度远低于 ICNIRP2010[1]国际标准提出的 27 微特，电动汽车充电时的行驶速度超过 60 千米/时。

2018 年 8 月 3 日，国家电网公司重点科技项目“电动汽车路段移动式无线充电系统关键技术及设备研制”顺利通过验收，配套建设的无线充电试验路段运行效果良好。此举标志着中国首条百米级电动汽车移动式无线充电试验线路顺利建成，为未来千米级规模电动汽车无线充电示范工程的规划和建设奠定了坚实的基础。

五、中国智能电能表和用电信息采集系统首次大规模进入海外市场

2019 年 12 月 19 日，中国国家电网有限公司所属中国电力技术装备公司（简称中电装备公司）与沙特电力公司在利雅得签署了沙特智能电能表项目总承包合同。项目合同金额约 11 亿美元，计划 2021 年全部建成投运。该项目是中国国家电网有限公司“用电信息采集系统”业务首次大规模进入海外市场，对带动国产技术标准和服务“走出去”以及深

[1] ICNIRP2010：国际非电离辐射防护委员会，《限制时变电场和磁场暴露导则 2010》。

化中沙能源合作意义重大[1]。

沙特智能电能表项目是世界上单次部署规模最大的智能电能表项目，是中国“一带一路”倡议与沙特“2030 愿景”战略规划对接的重大成果。项目位于沙特西南部，工程范围包括部署安装 500 万只智能电能表以及配套头端系统[2]和配套终端设备，提供项目技术服务、设备集成、安装调试、运维、培训全方位服务，通过智能化数据信息采集管理为沙特电力公司用电管理、辅助决策提供数据支撑。

沙特政府对项目高度重视，于 2019 年 4—8 月邀请 8 家企业参与开展了严格的前期测试，中电装备公司是其中唯一一家中国企业。国家电网有限公司组织中电装备公司、中国电力科学研究院有限公司、南瑞集团有限公司以及多家中国电能表和终端设备厂家，顶着当地 40 多摄氏度高温，10 天内辗转 12 座城市进行实地勘查，结合现场勘查情况开展模拟环境搭建、采集接入方案制定、通信方案优化和软硬件配置等工作。经过与其他企业的激烈竞争，最终于 2019 年 12 月成功中标。项目的实施，预计将带动中国技术和设备物资出口超 20 亿元人民币，促进两国能源合作互利互通。

六、ChaoJi 充电技术标准发布

电动汽车普及程度不断攀升，在车辆越来越被大众接纳的同时，广大用户对充电的速度、安全和使用成本提出了更高的要求，行业迫切需要一种更加高效、安全和统一的充电接口来推动产业进步。由此推动充电技术研究路线逐步朝着高安全、大功率的方向发展，超大功率和电压的充电技术研究及标准布局开始进行，新一代电动汽车超级快充技术应运而生。

2016 年 3 月，中国电力企业联合会和国家电网公司联合国内外电动汽车、动力电池、充电设备及充电连接器等企业召开了第一次大功率充电技术研讨会，开启了国内大功率充电技术的预研工作。

2017 年 5 月，在中国电力企业联合会和国家电网公司的积极推动下，能源行业电动汽车充电设施标准化技术委员会成立了“大功率充电技术与标准预研工作组”。工作组对新一代充电接口方案开展了可行性论证，初步确定了中国新一代支持大功率充电技术的充电接口的发展路线和技术要点，同时启动了新一代大功率充电技术的标准编制和示范项目建设工作。同年 10 月，在中德电动汽车标准工作组会议上，双方同意在大功率充电技术及标准方面开展合作，德方专家开始深入参与中国大功率充电技术研发、新接口设计方案和示范项目建设工作。2018 年 8 月，中国电力企业联合会与日本电动汽车快速充电器协会（CHAdeMO 协会）签署技术和标准合作协议，共同推动大功率充电技术的研究与国际标准制定。

经过各方的不断努力，新一代充电接口在大功率充电技术研究和样机研制方面取得突

[1]《国家电网公司签署沙特智能电表项目》，人民网，2019 年 12 月 24 日。

[2] 头端系统即 HES，是 Head End System 的英文缩写，类似采集前置系统，功能包括报文编码下发、报文接收解析、数据加解密、事务处理，以及档案管理、用电信息查询、各种报表和图表生成等。

破。确定了支撑大功率新型充电接口和端面设计方案，明确了通信协议、充电控制导引电路等技术要点，完成了样机研制和试验。截至 2019 年 6 月，北京、上海、南京、济南、许昌、深圳和常州等地相继建成大功率充电示范工程，同期开展了实车测试，针对不同规格、品牌的车型和新技术充电设备进行了接口性能、充电安全以及充电兼容性测试，获取了大量实测数据，为后续方案优化提供了依据。

2019 年 7 月，在日本举办的第一届新型充电接口项目国际会议上，正式将中国提出的新一代充电技术命名为“ChaoJi”。来自中国、日本、德国、荷兰、意大利、澳大利亚等国的专家成立联合工作组，共同推进 ChaoJi 充电项目的技术研究、验证和国际化进程。10 月，电动汽车大功率充电技术与标准预研工作总结会在上海举办，会议全面展示了大功率充电技术的研究成果，获得国际电工委员会（IEC）/电动道路车辆和电动工业卡车委员会（TC69）的广泛认可。

2020 年 6 月 19 日，新一代电动汽车充电技术中日联合发布会在北京举行。国家电网有限公司发布了新一代 ChaoJi 充电技术白皮书，宣布启动中国国家标准制修订；日本电动汽车快速充电器协会发布 CHAdeMO3.0 标准；中国电力企业联合会与 CHAdeMO 协议会共同启动 ChaoJi 产业化发展路线研究工作。此举标志着 ChaoJi 充电技术基本成熟，迈入了产业应用的新阶段。

电动汽车 ChaoJi 充电技术是一套完整的电动汽车直流充电系统解决方案，解决了国际上现有充电系统存在的一系列不足之处，在充电安全、充电功率、结构设计、向前兼容及面向未来方面进行了全面提升，最大充电功率可达 900 千瓦[1]。ChaoJi 充电技术的发布，是中国在电动汽车和充电技术发展上的重要科技成果体现，为全球电动汽车领域提供了一个统一、安全、可靠的低成本充电解决方案。

[1] 国家电网公司，中国电力企业联合会编：《电动汽车 ChaoJi 传导充电技术白皮书》，2020 年 6 月，第 4、5、7 页。

中国的用电发展水平及结构变化

电能是清洁、高效、便捷的二次能源。一个国家的用电水平和电气化程度，体现着这个国家的国民经济发展水平和人民生活的富裕程度，可以通过全社会用电量❶、销售电价❷水平、人均用电量❸、电能占终端能源消费比重❹等指标来综合反映。翻开中国有电140 年的历史，从点亮第一盏灯到“户户通电”，从按计划“凭票供电”到“获得电力”全球排名第 12 名，从人均用电量远低于世界平均水平到全社会用电量全球排名第一。一路走来，中国的用电发展既遵循着经济社会发展的客观规律，也展现出中国特色社会主义发展道路的历史进程和伟大飞跃。

第一阶段 新中国成立前

中国电力工业起步虽早，但坎坷前行。创立初期，正值清朝末期的闭关锁国、外国列强的侵略攫取，电力工业发展缓慢。中华民国成立前（1911 年），全国发电装机容量约 7.6 万千瓦，主要分布于上海、北京，以及广州、香港、天津、青岛、大连等各大中城市和通商口岸，供电范围仅限于城镇少数街道、军政官办机构等。电业创始的前三十年，生产电能的企业一般称为电灯厂或电灯公司，以供应照明为主。电价多由企业自行定价，各地电价没有统一的标准。

民国时期，伴随着国外资本强势扩张、民族电力工业的奋起，用电区域迅速扩大，电能开始在工业生产上推广应用。1933 年国民党政府曾对全国电力企业的售电情况进行过一次统计。全国 20 个省❺用电量 5.91 亿千瓦·时，比上年增长 16.15%，其中电力用电 1.95 亿千瓦·时，比上年增长 39.4%。用电构成中工业用电比重逐步上升，市政生活用电比重相应下降。

从世界范围看，当时的中国整体用电发展水平已经严重滞后。据 1928—1929 年的世界统计资料，年人均用电量世界排名第一位的是挪威（1880 千瓦·时），其次是加拿大（1270 千瓦·时），美国居第四位（746 千瓦·时），日本（165 千瓦·时）。而中国人均仅为 4.2 千瓦·时。

---

❶ 全社会用电量指第一、二、三产业和居民生活等所有用电领域的电能消耗总量。

❷ 销售电价是电力价格链的下游环节，是电力产品最终价值的货币体现。

❸ 人均用电量是指全社会用电量按当年全国人口平均。

❹ 电能占终端能源消费比重代表电力替代煤炭、石油、天然气等其他能源的程度，是衡量一个国家终端能源消费结构和电气化程度的重要指标。

❺ 新中国成立前，对用电结构没有完整的统计资料。统计不包括被日军侵占的辽宁、吉林、黑龙江、热河四省，宁夏、青海、新疆、陕西无资料。

1933 年全国用电情况 单位：万千瓦・时，%

分类	1933 年	1932 年	同比
电灯用电*	19 441.85	17 508.47	11.04
电力用电	19 462.57	13 962.50	39.39
其他用电**	20 235.72	19 447.22	4.05
合计	59 140.13	50 918.19	16.15

数据来源：《中国电力工业志》，当代中国出版社，1991 年 10 月。

* 包括路灯及家庭电热。

** 包括发电厂自用及窃电损失。

到 1936 年抗日战争前一年，全国发电装机容量达到 136.59 万千瓦（不含台湾），年发电量 44.5 亿千瓦・时。但已用上电的户数不多、有机会用电的人口较少。据 1936 年国民党政府建设委员会统计（不包括黑龙江、吉林、辽宁、热河四省），有机会用电的人数占全国人数的 7.8%，而实际用电人数仅为全国人数的 1.16%[1]。供电区覆盖到的居民中，已经用上电的只占总数的 14.9%。用电户数最多的省份为江苏和广东。1937 年抗日战争爆发以后，由于设备的拆迁和战火的破坏，中国电力工业处于大幅度消长之中，至 1945 年发电设备容量减至 115.8 万千瓦。

新中国成立前夕（1949 年 9 月底），全国发电设备容量 184.86 万千瓦，年发电量 43.1 亿千瓦・时（不含台湾省），分别居世界第 21 位和第 25 位。年实际用电量仅有 34.6 亿千瓦・时，人均年用电量 7.94 千瓦・时，低于世界平均水平，甚至低于非洲一些极不发达国家的人均用电水平，排在加纳（44.5 千瓦・时）、阿尔及利亚（60 千瓦・时）等国之后，与马达加斯加（6.2 千瓦・时）、莫桑比克（6.9 千瓦・时）等国为伍。

从用电构成看，1949 年，工业用电量 23.9 亿千瓦・时，占总用电量的 69.1%，其中纺织工业、煤炭工业作为工业支柱产业，用电量分别占轻工业、重工业用电的 69.85%、39.17%；农村用电量只有 0.2 亿千瓦・时，农村地区很少有电，水浇地仅占全国耕地面积的 3.3%，且主要靠自流灌溉，电力排灌极少；交通运输用电量 0.2 亿千瓦・时，铁路运输主要以蒸汽机车拖动；市政生活用电量 10.3 亿千瓦・时，占总用电量的 29.8%；主要包括居民生活用电、非工业动力用电以及市政公用设施用电（少数大城市的上下水道、电车、商业、路灯）。人均年生活用电量[2]约为 0.52 千瓦・时，百姓尤其是在农村地区，还是主要靠点蜡烛和油灯盏驱散夜晚的黑暗。

[1] 李代耕：《中国电力工业发展史料——解放前的七十年（1879—1949）》，水利电力出版社，1983 年.

[2] 用于居民生活的年用电量按全国人口平均。

1949 年中国用电构成

行业	用电量（亿千瓦·时）	占比（%）
总计	34.6	100.00
农村	0.2	0.58
其中：农业排灌	0.08	0.23
乡村工业	0.04	0.12
乡村生活和其他	0.08	0.23
工业	23.9	69.07
其中：煤炭工业	5.1	14.74
石油工业	0.3	0.87
黑色金属工业	1.9	5.49
有色金属工业	0.3	0.87
金属加工和机械工业	1.7	4.91
化工工业	1.8	5.20
建材工业	0.8	2.31
纺织工业	7.6	21.96
造纸工业	1.1	3.18
食品工业	2.1	6.07
其他工业	1.2	3.47
交通运输业	0.2	0.58
市政生活	10.3	29.77

注 不含港、澳、台的数字。

第二阶段 新中国成立至改革开放前

新中国建立后，随着国家大规模经济建设、城市建设，供电范围扩大、用电门类增加，用电负荷、用电量迅速增长。第一个五年计划末的 1957 年，全社会用电量达到 193.88 亿千瓦·时，是 1952 年的 2.47 倍。1958—1960 年，在“大跃进”全民炼钢运动的推动下，工业用电负荷急剧上升，特别是在重工业用电拉动下，全社会用电量年均增长率达到 45.27%，造成国民经济比例严重失调，也导致了大范围缺电局面。同时，农业合作化高潮的到来和农业优惠电价制度的实施，推动了农村电气化的发展。第二个五年计划期间，农村用电量年均增长率 70.41%，其中排灌用电和农副加工用电年平均增长率达到 83.3% 和 72.9%。在经历三年自然灾害后，受工业化进程受阻、工业用电量回落影响，1961 年、1962 年全社会用电量连续两年负增长，供电缺电状况得到缓解。1963—1965 年的三年调整时期，国家着重发展电力排灌，农村用电量年均增长 7 亿多千瓦·时，农村用电量占总用电量的比重由 4.11%上升到 6.53%[1]。“文化大革命”动乱的十年，受极左思潮的影响，

[1] 《当代中国的电力工业》编辑部：《当代中国的电力工业》，当代中国出版社，1994 年。

正常的电力生产秩序被打乱，1967—1968 年全社会用电量连续两年下降，到 1969 年才略有回升。由于新增发电装机容量未完成计划指标，难以满足国民经济各部门日益增长的电力需要，1970 年开始全国缺电。据 1975 年统计，全国装机容量在 10 万千瓦以上的 39 个电网中，有 24 个电网缺电，对国民经济和人民生活造成严重影响。在缺电矛盾日益突出的情况下，全国各地相继建立“三电”办公室，重点围绕计划用电和节约用电开展工作，在一定程度上缓解了电力供需矛盾。

1952—1978 年中国全社会用电量及其增速

新中国的经济建设是从极为薄弱的基础上起步的。但电力工业作为国民经济上游行业，其发展得到党中央高度重视，无论在规划上还是投资上均被摆在了突出位置，并得到较快发展。1978 年，中国发电装机容量 5712 万千瓦，发电量 2566 亿千瓦·时，发电装机容量和发电量分别位于世界的第八位和第七位。年实际用电量 2102.39 亿千瓦·时，年人均用电量 268.36 千瓦·时，分别是 1949 年的 60.76 倍和 33.8 倍。但人均用电量只有世界人均用电量（1523 千瓦·时/人）的 17.6%，依然大幅低于世界平均水平。

1949—1978 年全国历年人均用电量统计 单位：千瓦·时/人

年份	人均用电量	年份	人均用电量	年份	人均用电量
1949	7.94	1959	63.51	1969	118.09
1950	—	1960	89.05	1970	141.63
1951	—	1961	72.69	1971	164.55
1952	12.7	1962	68.79	1972	176.79
1953	15.82	1963	71.81	1973	189.13
1954	18.48	1964	80.19	1974	187.48
1955	20.21	1965	94.52	1975	213.66
1956	26.71	1966	112.18	1976	218.23
1957	30.28	1967	102.58	1977	236.79
1958	42.10	1968	92.45	1978	268.36

资料来源：《中国电力工业志》，当代中国出版社，1998 年。

从用电构成看，从1960年代初直到1970年代末，在特殊的历史条件下，为了在政治上保持独立自主，中国在技术进步和工业发展上走了一条以“自力更生”为主、优先发展重工业的道路，初步建立了独立完整、门类齐全的工业体系。1978 年工业用电占总用电量比重达到 79%，较 1949 年提高近 10 个百分点。其中，增长最多的是有色金属开采和冶炼业，较 1949 年增长了 463 倍；其次为石油工业，增长了 247 倍；第三位是化工工业，增长了 240 倍。新中国成立初期轻重工业用电量比重为 1:1.2，1976 年重工业用电量已经是轻工业的近 5 倍。1952—1976 年期间，轻工业用电量年均增长率 10.04%，而重工业年均增幅高达 16.37%。随着农村电气化加快发展，农村用电量达到 287.42 亿千瓦 · 时，增长速度最快，增长了 1437 倍，比重由 1949 年的 0.58%提升至 13.67%；交通运输用电量 22.8 亿千瓦 · 时，占总用电量的 1.08%，随着铁路电气化和邮电交通事业的发展，用电量稳步提高；市政生活用电占总用电量的比重为 6.25%，较 1949 年下降 23.52 个百分点。

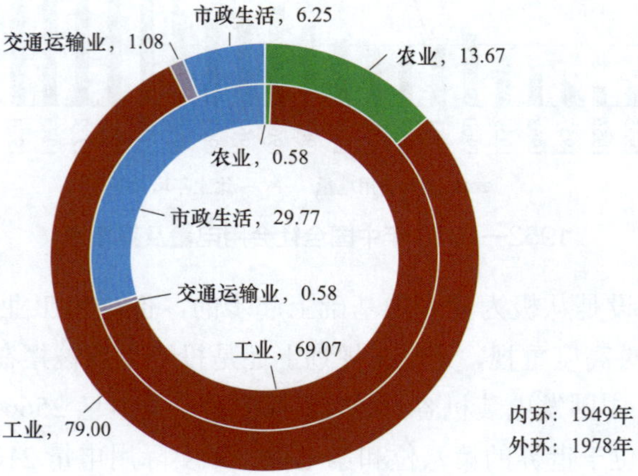

1949—1978 年用电结构

从电价水平看，1952 年开始，国家着手健全电价制度、统一电价分类，并在保证不提高全国电价水平的前提下，缩小了关内关外地区价差，促进和推动了全局的工业发展和社会进步。“四五”时期全国售电平均电价 65.96 元/（兆瓦 · 时），与“一五”时期相比只上涨了 2.81%，电价总体水平保持基本稳定。其中，东北地区电价水平提高了 40.92%，东北以外的其他地区电价降低了 27.01%。

1952—1978 年全国售电平均电价变化情况　　单位：%

时间	全国平均	其中：东北地区	其他地区
“一五”时期	100	100	100
“二五”时期	115.85	121.54	94.62
“三五”时期	103.62	139.73	75.32
“四五”时期	102.81	140.92	72.99

资料来源：《中国电价与电力发展研究》，2004 年。

第三阶段 改革开放后至二十一世纪初

1978 年，党的十一届三中全会开启了改革开放的新纪元。贯彻执行对内搞活经济、对外实行开放的方针，从机制上、体制上释放了中国经济建设和发展的动力与活力。

“六五”计划时期是社队企业迅速发展的时期，特别是 1983 年中央一号文件印发《当前农村经济政策的若干问题》的通知，推动了乡镇企业的快速发展。国民经济持续增长，各种主要工农业产品产量大幅度增长，使得长期以来的人民温饱问题得到解决。

1985 年，着眼于中国经济的长远发展，党中央和国务院相继开辟了长江三角洲、珠江三角洲等四个经济开放区，1988 年增辟了海南经济特区，1990 年，又作出了开发与开放上海浦东新区的决定。从经济特区向沿海开放城市，再到沿海经济开放区，一个全方位、多层次、宽领域的对外开放格局逐步形成。第三次全国工业普查主要数据公报显示，在此期间，相对于国有工业发展速度低、困难多，“三资”[1]企业迅速发展壮大，乡镇工业发展规模急剧扩大，在全国工业中的份额显著提高。同时东部地区工业经济发展速度明显快于中、西部地区，“八五”时期与“七五”时期相比，这种区域差距呈扩大之势。从经济类型和产业结构看，中、西部地区国有工业比重较高、基础工业比重较高，而东部地区乡镇工业和“三资”工业的比重较高、加工工业比重较高。

面对从 20 世纪 70 年代初出现、70 年代末形成的全国性严重缺电局面，1982 年起国家陆续出台政策，实行了“政企分开、省为实体、统一调度、集资办电”的方针，坚持节约与开发并举，充分调动各方面办电的积极性，加速电力工业的发展。随着电力基本建设投资渠道的拓宽、投资主体趋于多元化，投资额逐年增加、投产规模逐步扩大，1997 年投资完成额较 1978 年增长 27.15 倍，年均增长 18.98%[2]。1996 年以后，长期以来制约国民经济发展和人民生活水平提高的严重缺电局面得到了初步缓解，实现了电力供需基本平衡，部分地区甚至出现了电力相对富裕。

这期间，中国发电装机容量和发电量先后越过法国、英国、加拿大、德国、俄罗斯和日本，到 1996 年跃居世界第二位，成为世界电力生产和消费的大国。2002 年年底，中国发电装机容量 35 657 万千瓦，发电量 16 542 亿千瓦·时，分别是 1978 年的 6.24 倍和 6.45 倍，发电装机容量和发电量稳居世界第二位。

2002 年全社会用电量 16 386 亿千瓦·时，人均用电量 1280 千瓦·时，分别是 1978 年的 6.56 倍和 4.77 倍。改革开放以来，全社会用电量年均增速达到 8.15%。如果说中国电力工业的起步与世界电力工业的发端相差无几，那么在经历了漫长的落后、徘徊之后，终于迅速崛起，走在了世界的前列。

从用电构成看，1979—1985 年期间，农村用电、交通运输用电和市政生活用电比重逐步提高，工业用电比重相应下降。“六五”期间，农村用电量年均增长率 8.9%，占比提

---

[1] “三资”企业指在中国境内设立的中外合资经营企业、中外合作经营企业、外商独资经营企业三类外商投资企业。

[2] 中国电力企业联合会：《改革开放三十年的中国电力》，中国电力出版社，2008 年。

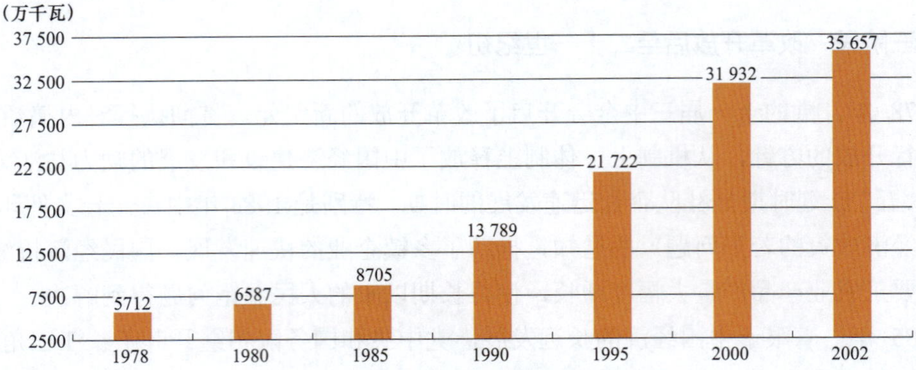

1978—2002 年主要年份中国发电装机容量

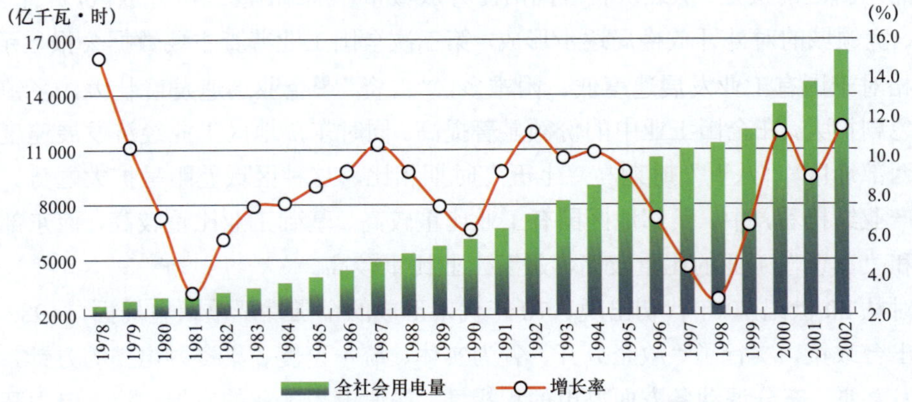

1978—2002 年中国全社会用电量及其增速

高 1.58 个百分点。随着多种经营的开展和联产承包制的建立，农业生产用电由排灌、农副产品加工向多种经营拓展，乡镇工业用电量年均增长率达到 27.74%。在此期间，农村电气化得到较快发展，1985 年北京、上海、天津等 9 个省（市）90%以上的村普及了用电。交通运输用电量年均增速达到 16.36%，占比提高 0.32 个百分点。京秦线、成渝线（内重段）、贵昆线（贵水段）、太焦线（长月段）等电气化铁路相继建成，通车里程 2506 千米，超过“二五”至“五五”期间电气化铁路新增里程总和。市政生活用电量年均增长率 13.17%，占比提高 2.25 个百分点。农村生活照明及其他用电量年均增长率达到 18.61%。政府通过调整积累与消费的比例，增加了城乡居民的收入，长期积累起来的生活欠账方面的矛盾得到缓解，商品短缺现象得到改善，电视机、收（录）音机、电风扇、洗衣机等家用电器进入寻常百姓家庭。

1979—1985 年全社会用电量变化　　单位：亿千瓦·时，%

年份	全社会用电量		农村用电量		工业用电量		交通运输用电量		市政生活用电量	
	用电量	增长率	用电量	占比	用电量	占比	用电量	占比	用电量	占比
1979	2762.06	10.57	324.93	13.91	1846.36	79.05	13.23	0.57	151.25	6.48
1980	2954.31	6.96	374.36	14.88	1961.33	77.94	14.68	0.58	166.02	6.60
1981	3045.80	3.10	415.63	16.05	1975.30	76.27	16.46	0.64	182.37	7.04

续表

年份	全社会用电量		农村用电量		工业用电量		交通运输用电量		市政生活用电量	
	用电量	增长率	用电量	占比	用电量	占比	用电量	占比	用电量	占比
1982	3223.64	5.84	441.85	16.05	2093.33	76.04	18.14	0.66	199.67	7.25
1983	3465.99	7.52	475.27	16.00	2248.87	75.69	21.88	0.74	225.24	7.58
1984	3731.97	7.67	510.9	15.99	2402.15	75.16	25.39	0.79	257.56	8.06
1985	4051.34	8.56	573.29	16.46	2570.84	73.80	31.32	0.90	308.15	8.85

注 不含港、澳、台的数字。

1985 年 3 月 19 日，国务院批转《国家统计局关于建立第三产业统计的报告》，规定了中国三次产业的划分。1986 年开始，中国对行业用电分类标准进行了调整，新统计口径把乡镇工业用电从农业用电中剥离出来并入工业用电，把居民生活用电单独分列。

第一产业用电量占全社会用电量比重呈持续下降趋势，从 1986 年的 7.18%下降到 2002 年的 3.6%，其中，“七五”期间小幅回落，“九五”期间下滑速度快于“八五”时期。

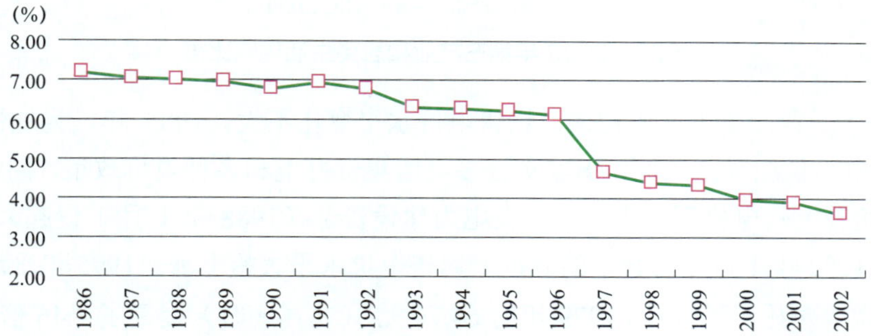

1986—2002 年第一产业用电比重

第二产业用电量占全社会用电量比重逐步下降，第二产业用电量占全社会用电量的比重从 1986 年的 82.29%下降到 2002 年的 72.97%。1997—1998 年的亚洲金融危机，使中国经济增长遭遇了暂时的逆风，对第二产业发展造成一定影响。

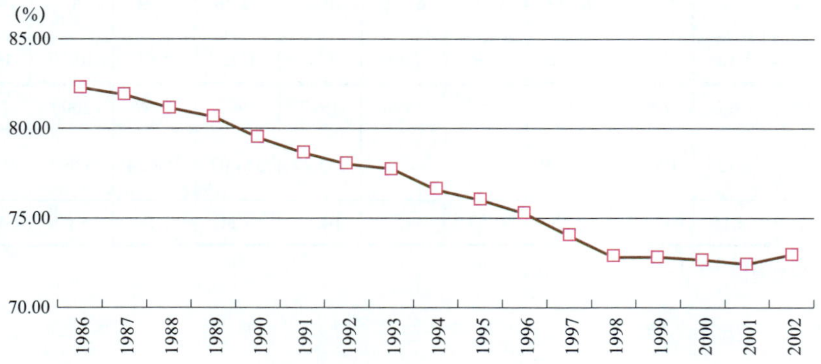

1986—2002 年第二产业用电比重

第三产业和居民生活用电量比重呈现逐步上升趋势。第三产业用电量占全社会用电量的比重从 1986 年的 5.30%上升到 2002 年的 11.21%。1998 年国家实施住房、教育、医疗市场化改革以及黄金周等一系列“拉动内需”举措，对第三产业用电需求起到进一步提振作用。城乡居民生活用电比重从 1986 年的 5.23%上升到 2002 年的 12.21%。至 1998 年，累计分三批建成了 653 个初级农村电气化县，解决了近 7000 万农村无电人口的用电问题。

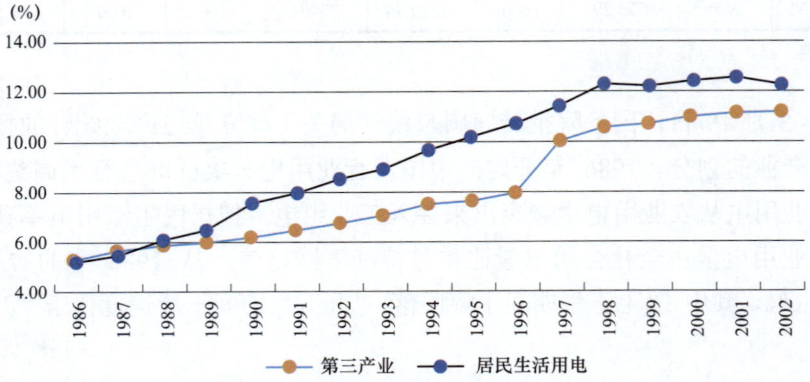

1986—2002 年第三产业和居民生活用电比重

从电价水平看，改革开放初期，销售电价水平变化不大。1985 年，为加快发展电力工业，缓解电力供应紧张局面，国家实行多渠道集资办电和多种电价政策，同时实行“燃运加价”。随着上网电价不断攀升，以及电力建设资金（1988 年 1 月 1 日起）、三峡工程建设基金（1992 年 1 月 1 日起）的开征，销售电价水平大幅上涨。1995 年平均销售电价为 224.22 元/（兆瓦·时），比 1979 年的 64.74 元/（兆瓦·时）提高了 3.46 倍[1]。之后为了满足新建电厂还本付息的要求，每年上网电价平均水平都有不同程度增长，销售电价水平随之也不断攀升，到 2002 年电力体制改革时达到 402.99 元/（兆瓦·时）。

1979—2002 年总平均销售电价汇总表

年份	1979	1980	1981	1982	1983	1984	1985	1986	1987	1988	1989	1990
平均销售电价	64.74	65.47	66.85	66.13	67.16	68.96	70.85	75.26	78.66	87	104.01	116.65
增长率	—	1.13	2.11	−1.08	1.56	2.68	2.74	6.22	4.52	10.60	19.55	12.15
年份	1991	1992	1993	1994	1995	1996	1997	1998	1999	2000	2001	2002
平均销售电价	131.38	147.34	196.65	209.49	224.22	302.07	333.27	354.07	358.24	376.4	394.47	402.99
增长率	12.63	12.15	33.47	6.53	7.03	34.72	10.33	6.24	1.18	5.07	4.80	2.16

注　摘自《电价管理实务》，中国电力出版社，2014。

[1] 李才华：《电价管理实务》，中国电力出版社，2014 年，第 32 页。

第四阶段　二十一世纪以来

随着新世纪的到来，以加入世界贸易组织（WTO）为契机，依托出口拉动、投资拉动、消费拉动三驾马车，中国迅速融入经济全球化，依靠“人口红利”和比较优势，制造业快速壮大发展。在全球新一轮产业结构调整中，中国开始向世界制造业中心迈进，面向广阔的国际市场，钢铁、有色金属、水泥、化工、机械等高耗能行业的快速发展。整个“十五”期间，中国的粗钢产量增长 2.75 倍，采矿设备产量增长 4.36 倍，炼油化工设备产量增长 2.51 倍。同时，居民消费结构向着发展型、享受型升级，汽车、电脑、高档电器加速进入家庭，住房条件不断改善，这些同样对重化工业产品产生了巨大需求，使得电力需求始终保持旺盛的局面，电力消费强劲增长。2003—2007 年，连续五年全社会用电量增长率均保持在 14%以上，成为改革开放以来用电增幅最高的阶段，其中第二产业的高速发展对用电需求的增长起到决定性作用，产业结构重型化特征明显。伴随着中国经济快速发展，2002 年下半年开始部分地区出现缺电情况，2003 年缺电范围进一步扩大，电力供需形势也愈发严峻，共有 18 个省份出现电力紧缺。2004 年呈现为持续性、全国性缺电，电力缺口超过 3500 万千瓦。

“十一五”时期，是中国着力推进经济发展方式转变和经济结构调整的五年。国家进一步加强产业政策与信贷、土地、财税、价格、质检等政策的协调配合，坚决遏制高耗能、高排放行业过快增长。西部大开发战略、振兴东北地区等老工业基地、促进中部地区崛起、鼓励东部地区率先发展的发展区域总体战略进一步向纵深推进，城镇化水平持续提高，新农村建设进展明显，区域间、城乡间发展的协调性进一步增强。国民经济快速发展带动电力需求不断增大，全社会用电量年均增速 11.13%，但相对“十五”用电增速回落 1.84 个百分点。全社会用电量年均增速超过 15%的省份主要有内蒙古（18.14%）、青海（17.63%）、新疆（16.37%）。受益于国家西部大开发战略的实施，西部地区资源省份年均增速达到 13.06%，居各地区之首，老工业基地东北地区年均增速 8.26%，相对偏低。经济发展水平领先的东部地区年均增速 10.68%。受全球金融危机等因素影响，2008 年、2009 年第二产业用电增速放缓，全社会用电量增幅显著回落至 5.49%和 6.44%。“十一五”期间，全国电力供应能力极大增强，基建新增装机连续 5 年超过 9000 万千瓦，年均增长 13.2%，快速扭转了全国电力大范围缺电局面，实现了全国范围的电力供需总体平衡，满足了经济发展对电力的强劲需求。

进入 2011 年以来，在全球经济增长动能放缓的背景下，中国经济发展步入新常态，经济结构调整迈出新步伐，实施节能减排战略，国家对单位 GDP 电耗、能耗进行硬性约束，经济发展由高速增长转为中高速增长。2012 年，中国第三产业增加值占 GDP 比重上升到 45.5%，首次超过第二产业成为国民经济第一大产业，内需特别是消费对经济增长的贡献明显增强。“十二五”期间，电力消费需求增速持续放缓，全社会用电量年均增速下降至 6.27%。2015 年 12 月，随着青海省最后 3.98 万无电人口通电，全国全面解决无电人口用电问题任务圆满完成。“十二五”期间，全国电力供需处于紧平衡状态，电气化水平提高、峰谷差拉大、负荷率下降给高峰时段的供电造成很大压力，水电、风电、太阳能等清洁能源的间歇性也对发电出力造成影响，局部地区、局部时段的电力供需矛盾成为常态。

“十三五”期间，中国宏观经济运行总体平稳，新生动能加快孕育成长，供给动力由要素规模扩张带动向质量提升带动转变，需求动力由投资出口带动逐步向消费带动转变，区域动力由东部带动向协同发展转变。2019 年规模以上高技术产业增长值、服务业增加值占国内生产总值比重分别为 14.4%和 53.9%，信息传输、软件和信息服务业等新兴服务业成为助推服务业持续增长的新动能。随着疫情得到有效控制以及国家逆周期调控政策逐步落地，复工复产、复商复市持续取得明显成效，国民经济持续稳定恢复。“十三五”期间，电力消费需求呈现出整体增速回落、行业走势分化、结构持续优化、西部增速领先等特征，全社会用电量年均增速下降至 5.7%。全国电力供需总体平衡，西北和东北区域电力供应有余，部分省级电网局部时段供需平衡偏紧。

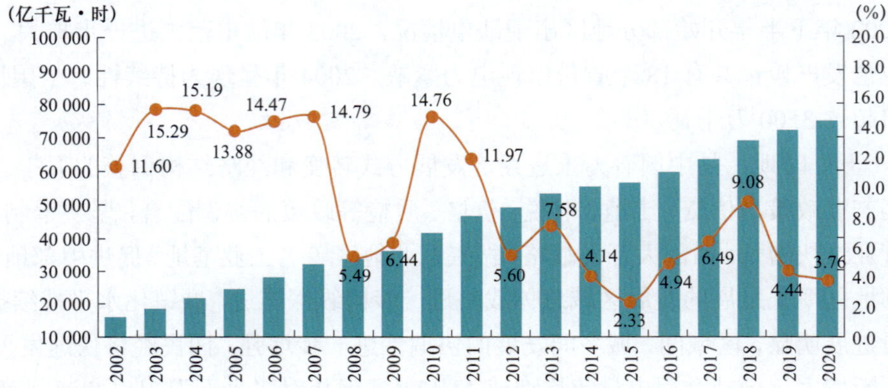

2002—2020 年中国全社会用电量及其增速

从用电结构看，电力消费结构随着城镇化建设、产业结构的调整而发生明显变化。主要表现在第一产业用电量占全社会用电量比重持续下降，国家持续加大农网改造升级力度，村村通动力电，乡村用电条件不断改善，深入推进脱贫攻坚战，带动乡村发展。2020 年第一产业用电量占全社会用电量比重 1.14%，与“十五”初期相比回落 2.76 个百分点；第二产业用电量占全社会用电量比重先升后降。2003—2007 年期间，受高耗能、高排放行业增长过快增长带动，2007 年第二产业用电量占比一度达到 76.49%，与“十五”初期相比提高 4.06 个百分点。之后，受国家宏观调控及节能减排等政策影响，重工业对全社会用电量增长的拉动作用减弱，2020 年，第二产业占全社会用电量比重为 68.23%，较 2007 年高点回落 8.26 个百分点，高技术及装备制造业用电走势向好，成为工业高质量发展的一大亮点。第三产业用电量和居民生活用电量比重是先降后升。随着大数据、云计算、物联网等新技术快速推广应用，信息服务业等新兴产业的持续快速增长以及电能替代力度的加大，居民消费市场的持续扩展以及消费结构的不断升级，第三产业和居民生活用电有了更高的要求，用电需求和占比进一步提高，2019 年两者比重合计首次超过三成。2000 年以来，第三产业、城乡居民生活用电量年均增长率分别达到 11.09%和 9.85%，占全社会用电量的比重从 2000 年的 10.95%、12.41%持续上升至 2020 年的 16.08%和 14.55%，总体呈上升趋势。

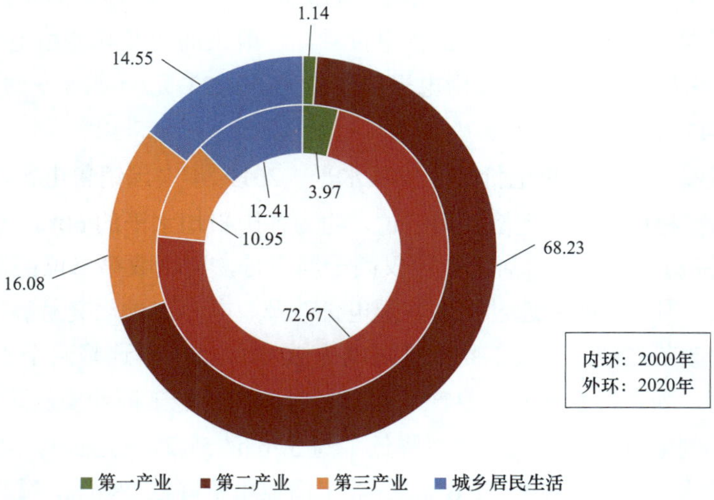

2000 年和 2020 年用电结构

从地域看，西部地区用电增速领先，比重逐步提高。但东中部地区仍是中国的用电负荷重心。区域间工业化发展阶段不均衡，用电增速、用电结构、人均用电及人均生活用电状况相差很大，这是今后 10~20 年我国经济发展、电力消费增加的动力，也是不同地区、不同资源禀赋将形成不同产业结构发展模式的根本原因。2020 年，广东、江苏、山东用电量稳居前三。

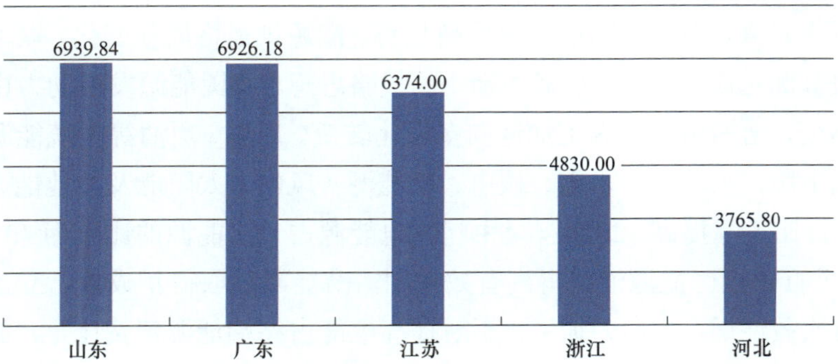

2020 年我国用电量 TOP5 地区（单位：亿千瓦·时）

从电价水平看，自 2002 年启动新一轮电力体制改革以来，我国的电价呈现基本稳定、逐年略有上升的特点。国家在实施电价改革的过程中，不断推进城乡各类用电同价和工商业并价，优化完善销售电价分类结构，扩大电压等级价差，提高基本电费比重，扩大两部制电价执行范围，销售电价政策得到不断完善。2004 年，国家发改委对电解铝、铁合金、电石、烧碱、水泥、钢铁 6 个高耗能行业，区分淘汰类、限制类、允许和鼓励类企业试行差别电价。此外，2004—2008 年，为疏导电厂燃料成本上升、征收大中型水库后期扶持资金和可再生能源附加、电厂脱硫改造以及电网建设资本金不足等矛盾，实施了8次销售电价调整。2008年，全国平均销售电价为535元/（兆瓦·时）。2011年为促进节约用电和用电公平，发改委还推出了居民阶梯电价指导意见。2019年，电网企业平均销售电价为611元/（兆瓦·时）。从分类销售电价看，一般工商业及其他用电平均电价最高，为726.32元/（兆瓦·时）；大工业用电平均电价为591.23元/（兆瓦·时）；居民生活用电平均电价为542元/（兆瓦·时）。

从全球比较看，中国销售电价处于较低水平。2019年中国销售电价与可获得数据的35个OECD[1]国家相比较，位列倒数第三位，约为各国平均水平的60%。居民、农业电价已连续15年保持稳定，其中，居民电价仅高于墨西哥，列倒数第二位；工业电价列倒数第九位。近年来，国家发改委通过推进输配电价改革、电力市场化交易等措施，持续推进电价改革，释放改革红利。一般工商业平均电价2018、2019年连降两个10%。2020年遭遇新冠肺炎疫情，为支持企业复工复产，国家针对非高耗能工商业实施阶段性降价5%政策，并调整两部制电价计费方式，还将降低工商业电价5%政策延长到年底。与2015年相比，2020年末大工业电价降低10.6%，一般工商业电价降低28.6%，减轻了企业电费负担，有力助推了经济社会发展。

从人均用电水平看，2000—2020年，中国人均用电量从1067千瓦·时增至5331千瓦·时，接近中等发达国家水平。其中2010年，中国人均用电量3140千瓦·时，超过世界平均水平（2955千瓦·时）。人均生活用电从132千瓦·时增至776千瓦·时。2020年，北京、福建、浙江人均生活用电量分别为1278千瓦·时、1215千瓦·时、1072千瓦·时，排名前三位。21世纪前20年，中国人均用电量及人均生活用电量年均增速分别为8.38%和9.26%，在主要国家中增长最快。

党的十八大以来，面对国际能源发展新趋势、能源供需格局新变化，以习近平同志为核心的党中央高瞻远瞩，提出“能源革命”的战略思想。我国能源发展动力由传统能源加速向新能源转变，结构由煤炭为主加速向多元化转变。原煤、原油等传统能源生产明显放缓，占比大幅下降，天然气、水电、核电、新能源（风电、太阳能及其他能源）等清洁能源加速发展，占比大幅提高。2020年，中国发电能源占一次能源的比重为40.2%，较1980年提高26.1个百分点。能源消费得到有效控制，节能降耗取得新成效。立足大气污染防治，以电能替代散烧煤、燃油为抓手，不断提高电能占终端能源消费比重，加快电动汽车充电设施建设，推进电锅炉集中供热，逐步替代燃煤小锅炉，积极发展分布式发电，鼓励能源就近高效利用。2020年，中国电能占终端能源消费的比重达到28.2%，较1980年提高23.8个百分点，在主要国家中增幅最大。中国终端电能占比分别超过德国、美国、韩国、法国9.0、7.8、3.5、3.4个百分点，低于日本0.5个百分点。[2]

---

[1] OECD是经济合作与发展组织的简称，是由38个市场经济国家组成的政府间国际经济组织。电价信息来自欧盟统计局、国际能源署、美国能源信息署等，目前仅披露至2019年，汇率采用2019年平均汇率。

[2] 国网能源研究院：《全球能源分析与展望2021》，中国电力出版社，2021年，第145页。

大 事 年 表

1882 年 • 4 月，英籍商人立德尔（R.W.Little）等人招股筹银 5 万两，创办上海电气公司，同时在上海南京路江西路的西北角创办上海第一家（也是中国第一家）发电厂，并沿外滩至虹口招商局码头立杆架线，沿线串接 15 盏弧光灯。7 月 26 日下午 7 时，电厂开始供电，15 盏弧光灯一齐发光，中国电力工业从此诞生。

1883 年 • 6 月，上海电气公司与公共租界工部局签订合约，在外滩、南京路、百老汇路 3 条主要干道上安装 35 盏弧光灯替代 155 盏暗淡的煤气灯。这是有史料记录中最早的电力业务合约。

1888 年 • 1 月，清朝台湾巡抚刘铭传在台北创办兴市公司，供巡抚衙门、市政司各官署电灯以及若干街道路灯照明用电，台湾开启用电历史。

• 4 月，清政府工部修葺北京西苑期间，在仪銮殿西墙外安装了一台容量 20 马力（约 15 千瓦）的发电机组，并成立西苑电灯公所负责管理电灯事务。12 月 14 日，仪銮殿的电灯照亮了夜空，京城第一次出现了电力照明。

• 清政府在黄河大堤郑州十堡决口处西坝上安装了河南第一台发电机，供修复大堤夜间施工照明，这是史料记载中中国最早的施工照明用电。

1890 年 • 8 月，华侨商人黄秉常等开办的广州电灯公司正式营业，供广州市内商铺和居民照明用电，其发电量约供 1500 盏电灯。这是中国首个民办、侨办的电灯公司。

• 12 月，香港首家电灯公司——香港电灯公司（电厂位于湾仔星街）开始向香港岛部分地区供电对外供电。香港成为亚洲最早拥有电力供应的城市之一。

1893 年 • 1 月，清政府湖广总督张之洞在武昌创办湖北织布官局，自备发电机发电用于工厂照明，拉开了华中地区工矿企业自办电厂的序幕。

1894 年 • 上海公共租界工部局电气处为塘沽路、七浦路、河南路、静安寺路等处 12 家用户安装了英国制造的单相电度表，并对其实行 16 银分/（千瓦·时）的电价，这是中国第一批实行装表计量计费的用户。

• 开滦矿务局北宁铁路唐山修车厂安装 1 台 40 千瓦蒸汽引擎直流发电机供工厂照明用电，这是中国煤矿业使用电力的发端，也是河北省的有电之始。

1899 年 • 清政府引进德国西门子公司有轨电车，在北京马家堡火车站与永定门之间修建了线网和轨道，这是中国最早的有轨电车。

1903 年 • 重庆的南岸苏家坝铜元局（1905 年 4 月 14 日改名为重庆铜元局）在厂内安装了一台小型柴油直流发电机组，供该厂照明用电，早期的造币厂开始用上电，这也是重庆市的有电之始。

1904 年·澳门电灯公司成立，主要供商贾用电和民用照明，这是澳门电业之始。

1905 年·光绪皇帝批准京师华商电灯股份有限公司章程，这是清政府批准的第一个电灯公司营业章程，之后各地陆续制定的电灯公司的营业章程一般均以此为据。

1905 年·9 月 7 日，镇江大照电灯有限公司获清政府商部公司注册局颁发的第五十七号执照。次年 9 月，获清政府农工商部颁发的第一号电力营业执照。

1906 年·11 月，北京第一座公用发电厂——京师华商电灯公司西城根电厂建成发电，用电范围扩展为工业、商业、市民用电，这是北京公用电力事业之始。

1908 年·8 月，汉口既济水电公司电厂竣工发电，装机总容量 1500 千瓦，供灯 1.7 万余盏，约占当年全国民营电厂总容量（4449 千瓦）的 1/3。

1911 年·1 月 25 日，中国近代第一部刑法典《大清新刑律》颁布施行，第一次在中国刑法史提出了关于窃电规制的条款。

1918 年·4 月 11 日，北洋政府颁布《电气事业取缔条例》，这是中国第一部要求在全国范围内施行的电气事业的管理条例。

1923 年·中国民族资本家胡西园在上海建立中国亚浦耳灯泡厂（后改名亚明灯泡厂），生产白炽灯泡，打破了外国灯泡垄断中国市场的局面，成为民族电器工业成功的范例。

1924 年·6 月，江苏震华电厂（今戚墅堰电厂）在武进县定西乡（今湖塘桥）试办电力灌溉，这是中国农村电力灌溉之始。

1928 年·藏族人强俄巴•仁增多吉指导建设的夺底发电厂建成投运，供造币（藏币）厂和拉萨极少数贵族和寺院用电，结束了西藏世代以酥油和松脂照明的历史。

·2 月，南京国民党政府成立建设委员会，主管电气事业，在其下成立了全国电气事业指导委员会，具体管理电业。

1929 年·12 月 21 日，南京国民党政府建设委员会公布《民营公用事业监督条例》，成为电气事业法规中的基本法规。

1930 年·3 月，南京国民党政府立法院公布《电气事业条例》，这是一部专业性较强的电气事业基本法规。

1937 年·7 月 1 日，南京国民党政府建设委员会公布《电气事业电度表校验规则》。

1938 年·春，国民党政府迁重庆，将建设委员会、资源委员会、全国经济委员会及工商部合并为经济部，其下仍设资源委员会，管理国营电气事业等。

1941 年·2 月，随着青海西宁电厂第一台 29 千瓦柴油发电机组投运，中国结束了无电省的历史。

1947 年·12 月，南京国民党政府颁布《电业法》，这是一部比较全面、完整的法律，也是中国历史上第一部关于电业的经济立法。

1948 年·1 月，解放军在河北平山县西南建设的沕沕水水电站竣工投运，装机容量 155 千瓦，所发电力不仅用于军工生产，也为党中央驻地西柏坡提供照明和通讯用电。

1949 年·10 月 1 日，中华人民共和国成立。中央人民政府政务院设立燃料工业部，管理全国煤炭、电力和石油工业，陈郁任部长，李范一、吴德任副部长。

1950 年 • 2 月 19 日—3 月 2 日，第一次全国电业会议召开，提出了有计划的用电管理的概念。

• 12 月 20 日，燃料工业部电业管理总局颁发《国营电业营业规则》，明确了业扩工程“杆线贴费”和“变压器贴费”的收取规定。

1951 年 • 3 月 10—22 日，燃料工业部在北京召开第二次全国电业会议，提出了建立用户监察制度、节约电力工作的要求。

1952 年 • 3 月，第一只国产感应式单相电度表试制成功，这是仿美国产品的 EO 型单相交流电度表。

• 11 月 27 日—12 月 3 日，燃料工业部在北京召开第一次全国供用电会议，提出全面发挥电力供应潜在能力的六项措施，确定了“一五”时期供用电管理的基本方针和任务。会议决定自 1953 年起，在国营电业局管辖范围内开始实行依力率调整电费的办法，对变电设备容量在 50 千伏 • 安以上的工业用户推广两部制电价。

1953 年 • 9 月 14 日，经政务院财政经济委员会批准，燃料工业部颁发了新中国第一部《供用电暂行规则（试行）》（燃计电字第 5080 号）。

1954 年 • 3 月 6 日，在全国电业生产会议上，燃料工业部部长陈郁提出电业工作者全心全意为人民服务的高贵品质，在业务上的具体表现就是全心全意的为用户服务。

1955 年 • 电力工业部决定设立用电监察处，直属部长领导，指导和管理全国用电监察工作。

1956 年 • 1 月 25 日，中华人民共和国主席毛泽东主持召开最高国务会议，讨论通过《一九五六年到一九六七年全国农业发展纲要（草案）》，《纲要》首次提出“逐步地实现农村电气化”。

• 3 月 1 日，列车电业局成立，下设 5 个站。列车电业局负责统一管理全国列车电站及其流动电站的设备、生产和基建工作。

• 6 月，电力工业部在北京召开全国用电监察会议，明确了用电监察工作的指导思想：“既为系统又为用户；既监察又帮助；既不包办代替，又不放任自流；既要突出安全用电，又要强调合理用电。”

• 12 月 11 日，电力工业部、财政部下发通知，明确取消各级国营企业、公私合营企业和国家经费预算开支单位的电表、电费保证金。

1958 年 • 8 月，全国各地的电价统一列入国家经济委员会制定的《工业产品价格目录》。

• 8 月 1—9 日，农业部在天津召开全国第一次农村水电工作会议，提出“以小型为主，生产为主，社办为主”的农村初步电气化建设方针。

1962 年 • 7 月 20 日，水利电力部颁发《电气测量仪表检验规程（试行本）》，这是第一部全国统一的电气测量仪表检验规程。

1963 年 • 1 月，水利电力部颁发《工业单位产品电力消耗定额导则》，建立起以电解铝、电炉钢、电石、棉纱、水泥、纸浆等工业产品为主的用电定额管理制度。

- 2 月，水利电力部在北京召开了全国电力工作会议，提出 “以商品粮棉基地为重点，以排灌用电为中心，以电网供电为主，电网和农村小型电站（主要是小型水电站）并举” 的农村电气化建设方针。
- 2 月，经国务院农林办公室同意，水利电力部成立农村电气化管理局，负责农村小水电的建设、规划和管理工作。
- 8 月，经国家经济委员会批准，水利电力部颁发中国第一个《用电监察条例》（草案），明确了用电监察机构的职责任务及职权。
- 9 月 9 日，国家计委、国家经委、水电部印发电力分配暂行办法，确立中央和地方分级管理的电力计划分配制度。

1964 年
- 3 月，水利电力部颁发《电费管理工作制度（试行本）》，明确取消抄核收岗位合一模式、对大用户推行月末零点抄表等工作要求。
- 6 月 26 日，根据第二次城市工作会议决定，财政部颁布《财政部关于征收城市公用事业附加的几项规定》（财预〔1964〕第 380 号），调整并统一了全国各地的地方附加费征收政策。
- 12 月 23 日，经过和全国物价委员会研究审定，水利电力部颁发《1965 年电、热价格》，并自 1965 年 1 月 1 日起全国实行统一的目录电价。

1967 年
- 7 月，中共中央、国务院、中央军委、中央文革小组发布对水电部实行军事管制的决定，并成立了以陈德三为主任的水电部军管会。

1969 年
- 10 月 20 日—11 月 19 日，国务院业务组召开南方山区小型水利水电座谈会，确定了“小型为主、自办为主、设备自行制造为主”的小水电建设方针。此后，小水电发展纳入国家计划。

1971 年
- 10 月 21 日，水利电力部颁布《农村安全用电管理条例》（草案）和《农村安全用电须知》（草稿），以扭转农村用电不安全的局面。

1972 年
- 9 月，水利电力部发布《关于试行〈国防军工供用电管理办法〉的通知》（〔72〕水电军字第 8 号），加强国防军工的安全供用电管理。
- 12 月，国家计委和水利电力部正式将计划用电、节约用电和群众办电统称为“三电”，第一次提出要在全国开展“三电”工作，确立了“三电”工作方针。

1974 年
- 7 月，经国家计委批准，水利电力部在湖北武汉开始建设国家高电压计量站。

1975 年
- 7 月 1 日，中国第一条电气化铁路宝（鸡）成（都）线全线建成通车。
- 7 月 25 日，国务院印发《关于加快发展电力工业的通知》（国发〔1975〕114 号），提出严格计划用电、厉行节约用电等要求。
- 8 月，中国电度表行业首次统一设计、统一命名的 DD28 型感应式单相电度表完成样品定型。

1976 年
- 7 月 28 日，河北唐山、丰南发生 7.8 级强烈地震。唐山电厂、陡河电厂和输变电系统遭到严重破坏，唐山电力供应全停，京津唐电网解列为 3 片。在全国各地大力支援下，电力系统奋起救灾，恢复灾区供电，仅用时 4 个月，唐山用电就恢复到震前水平。

• 11 月，第一只国产高精度标准电能表——PS4 型单相 0.1 级数字功率电能表研制成功，标志着中国进入国际上能自主研制、生产电子式数字功率标准电能表的少数国家之列。

1977 年 • 8 月 27 日，李先念副主席在水利电力部《电费拖欠很多急需解决》的报告上批示："应解决改变这种情况"。国务院扭亏增盈领导小组及时印发了李副主席的批示，并提出了收缴欠费的具体要求，之后中国人民银行下发了协助电业部门做好电费收缴工作的通知。

• 9 月 11 日，中共中央主席、国务院总理华国锋召集李先念、纪登奎、余秋里、谷牧等国务院领导和有关部委研究加快经济发展速度问题，提出要"突出抓电"。

1978 年 • 1 月 9 日，国务院以国发〔1978〕2 号文件批转国家计委等部门《关于燃料、电力凭证定量供应办法的通知》，要求对所有工矿企业、事业、人民公社、机关、部队等各用电单位，在用电大普查的基础上开展定电力、定电量、定用电单耗、定用电时间的"一查四定"，实行凭证定量供电。

1979 年 • 5 月 29 日，国务院批转电力工业部《关于执行"调整、改革、整顿、提高"方针的实施方案（摘要）》（国发〔1979〕184 号），明确在一个时期内，电力工业仍然是国民经济的薄弱环节，也是调整国民经济中要发展的重点部门，各省、市、自治区和各部门都要关心和支持电力工业的发展，千方百计把电搞上去。电力工业是建立在现代化技术基础上的大生产，必须实行高度的集中统一管理。

• 5 月 29 日，电力工业部印发了《线损管理制度（试行）》。9 月，在郑州召开全国线损工作会议，提出在全国电力系统试行指标分析、理论计算、分压分线统计分析、小指标考核 4 项线损管理改革。

• 11 月 26 日，电力工业部部署开展营业大普查工作，重点解决用电管理中"跑、冒、滴、漏"等问题。此后，营业大普查逐渐成为一项常态化的工作制度。

1980 年 • 3 月，电力工业部在郑州召开全国用电管理会议，提出进一步恢复和加强用电监察工作的意见，要求通过用电监察工作更好地为用户服务，抓好用户安全用电工作。

• 4 月 29 日，电力工业部颁发了《供电部门职工服务守则（暂行）》，作为供电职工的职业道德标准，是全国电力行业第一个供电服务守则。

1981 年 • 4 月 15 日，国务院发布《国务院关于节约用电的指令（节能指令第二号）》（国发〔1981〕56 号），要求实行定量用电，择优供电。对超定额用电的产品要限电或加价，并发布了部分工业产品耗电定额。

1982 年 • 5 月 11 日，国家开始实行计划用电包干制度，将计划用电的主体和责任下放至省级地方政府。

• 8 月 7 日，《国务院批转水利电力部、国家物价局关于调整东北部分电价和取消华北、华东部分优待电价问题的报告的通知》（国发〔1982〕107 号）下发，决定自 1982 年 7 月 1 日起，提高东北地区部分工业电价；取消华北、华东地区部分省市工业优待电价；新增西北、西南、华中地区工业优待电价。

• 9 月，水利电力部和水利电力工会全国委员会在北京联合召开第一次“全国供电系统提高服务质量经验交流和表彰大会”，首次提出把改进服务作风、提高服务质量作为供电企业建设社会主义精神文明的重要内容，并首次对供电服务先进集体和先进个人进行了表彰。

1983 年 • 5 月 6—12 日，水利电力部在广西南宁召开电能计量工作座谈会，并部署全面整顿和加强电能计量管理工作。

• 8 月 25 日，国家经济委员会批准颁布了第四次修订的《全国供用电规则》，强调国家对电力实行统一管理、统一分配的政策，将“计划用电、节约用电、群众办电”调整为“计划用电、节约用电、安全用电”。

• 12 月 12 日，国务院批转了水利电力部《关于积极发展小水电 建设中国式农村电气化试点县的报告》，掀起了小水电发展的新高潮。

• 郑州、南通供电局分别与合作单位研制成功了中国第一代无线电力负荷控制装置产品。

1984 年 • 1 月 18 日，《国务院关于电力统一分配确保重点生产企业用电的暂行规定（国发〔1984〕13 号）印发，规定电力的分配必须统筹兼顾、择优安排，在确保国家重点生产、重点建设需要的同时，妥善安排其他方面的需要。

• 3 月 31 日，国家计划委员会批复同意将供电工程贴费的收取范围由 10 千伏及以下扩大至 110 千伏以下，并调整了收取标准。

• 4 月，水利电力部在全国农电管理工作会议上提出了“地方为主，县为实体，统一规划，集中调度，分级管理”的农电发展“二十字方针”。要求凡是用电的农村，都要建立乡（镇）电管理站，作为人民政府领导下的集体管电组织，管理全乡（镇）范围内的低压电网和用电设备。

• 8—12 月，水利电力部分别批准在福建省、华中地区试行峰谷分时电价、西南地区试行丰枯季节差价，引导用户主动削峰填谷，节约电力资源，提高电力系统的稳定性和使用效率。

1985 年 • 5 月 23 日，国务院批转国家经委等四部门《关于鼓励集资办电和实行多种电价的暂行规定》通知，鼓励地方、部门和企业采用新建电厂或买用电权进行集资办电，实行“谁投资、谁用电、谁得利”的政策，并实行多种电价。

• 9 月 6 日，第六届全国人民代表大会常务委员会第十二次会议通过了《中华人民共和国计量法》，并于 1986 年 7 月 1 日起正式实施。

1986 年 • 3 月，水利电力部成立“水电部计量办公室”，统一管理全国电力系统计量工作。

• 4 月 12 日，中共中央、国务院决定从 1986 年起，每年夏季在全国范围内实行夏时制，并规定了具体时间和办法。1992 年 3 月 3 日，国务院宣布停止实行夏时制。

- 5 月 12 日，国务院批准《水利电力部门电测、热工计量仪表和装置检定、管理的规定》，水利电力部门获得国家计量检定管理的八项授权。
- 11 月 20 日，水利电力部印发《关于供电部门提高服务质量端正行业作风的决定》，供电企业据此建立内外监督制度，聘请用户任监督员或委托用户组织监督网，构建行风监督常态机制。
- 12 月，国内联合设计的 86 型系列电度表研制成功，中国电度表的生产技术达到了国际先进水平。

1987 年
- 6 月，水利电力部颁发《计量管理工作规定》，全面规范了计量管理工作。
- 11 月，《水利电力部、国家经济委员会、国家物价局关于多种电价实施办法的通知》[（87）水电财字第 101 号] 印发，确立了指令性、指导性两种电价形式。
- 12 月 21 日，《国务院批转国家计委关于征收电力建设资金的暂行规定的通知》（国发〔1987〕111 号）印发，规定自 1988 年 1 月 1 日起，各省、自治区、直辖市对企业用电每千瓦时征收 2 分钱的电力建设资金，作为地方电力建设的专项资金，随电费缴纳，单立账户，专款专用。

1988 年
- 2 月，国家计量局批准将国家高压计量站的“5A～60kA/5A 工频电流比例基准装置”作为国家计量基准。

1989 年
- 12 月 4 日，电力部在郑州召开全国计划用电暨电力负荷控制系统推广展示会，确定郑州、南通为无线电力负荷控制系统试点城市，济南、石家庄为音频电力负荷控制系统试点城市。
- 12 月 20 日，能源部和财政部联合印发《关于实行电费、电度表保证金制度的通知》（能源经〔1989〕561 号），在全国范围内实行电费、电度表保证金制度。

1990 年
- 4 月 20 日，中国首次颁布《电能质量 供电电压允许偏差》（GB 12325—1990）和《电能质量 电压波动和闪变》（GB/T 12326—1990）两项国家标准。
- 5 月 28 日，能源部、公安部联合印发经国务院批准的《关于严禁窃电的通告》，明令禁止窃电行为。
- 12 月 5 日，能源部颁发修订后的《国防军工供用电管理办法》（能源电〔1990〕1075 号），加强国防军工中急需军品的生产、试验和发射等特殊任务的供用电管理。
- 12 月 8 日，国务院召开第六次节能办公会议，确定从 1991 年开始，每年举办全国节能宣传周活动。

1991 年
- 6 月 10 日，能源部部署在全国电力行业中开展以安全、效益、服务为主要内容的“电力为农业、为农民、为农村经济服务达标竞赛活动”。
- 10 月，能源部印发《用电管理信息系统技术规范》（试行）（电用〔1991〕93 号），这是用电领域首次下发的关于信息化工作的指导性文件。

1992 年
- 8 月 15 日，能源部提出“正常时间保工业，关键季节保农业，晚峰时间保照明”的电力分配方针，把保证城乡人民基本生活用电作为一件大事来抓。

- 9 月 3 日，能源部颁布《进网作业电工管理办法》，明确进网作业电工须经电力部门培训、考核并取得“电工进网作业许可证”后，方准进网作业。
- 11 月 24 日，国家技术监督局发布《用电安全导则》（GB/T 13869—1992），促进了全国安全用电水平的提升。
- 12 月 30 日，国务院批准在全国范围内随电量开征三峡工程建设基金。从 1992 年 1 月 1 日起，在燃运加价和用电加价的基础上，全国每千瓦时用电征收 3 厘钱作为三峡基金。

1993 年
- 2 月，能源部与国家物价局印发《关于进一步整顿农村电价切实减轻农民用电负担的通知》（能源经〔1993〕316 号），持续开展农村电价检查整顿工作。
- 10 月 18 日，电力工业部提出坚决制止农村用电乱收费，规范农村电费的项目组成，不合理费用严禁计入电费中收取。

1994 年
- 5 月 27 日，国家计委、国家经贸委、电力部联合召开全国农村电气化工作会议，提出在全国开展电力扶贫共富工程，用 7 年时间消灭无电县，使 95%的农户用上电。
- 11 月 3—5 日，国家计委、国家经贸委和电力部在郑州召开“全国节约用电会议”。会议正式提出推广应用电力需求侧管理，学习国际上行之有效的综合资源规划方法、需求侧管理方法等，把节电作为新的电力资源，像电力建设一样纳入电力发展规划和节能规划。

1995 年
- 12 月 28 日，八届全国人大常委会第十七次会议通过了《中华人民共和国电力法》。同日，国家主席江泽民签署第 60 号主席令，颁布了《中华人民共和国电力法》，自 1996 年 4 月 1 日起施行，这是中华人民共和国成立后关于电力事业的第一部基本法规。

1996 年
- 4 月 17 日，李鹏总理签署第 196 号国务院令，颁布《电力供应与使用条例》，自 1996 年 9 月 1 日起施行。
- 5 月 19 日，电力工业部以第 5 号令颁布《供电营业区划分及管理办法》，自 1996 年 9 月 1 日起施行。
- 9 月 18 日，国家经贸委提出实施“中国绿色照明工程”，发展和推广高效照明器具，逐步替代传统的低效照明器具，大幅度节约照明用电。
- 10 月 8 日，电力工业部以第 8 号令颁布《供电营业规则》，自发布之日起施行。
- 12 月 24 日，电力工业部在全国电力系统开展“为人民服务，树行业新风”活动，推出 20 个供电营业站（所）创建供电示范窗口。

1997 年
- 1 月 16 日，国家电力公司成立大会在北京人民大会堂举行，史大桢兼任国家电力公司总经理。国家电力公司的组建，标志着中央层面中国电力工业管理体制改革正式进入实施阶段。
- 3 月 26 日，国家计委、电力工业部印发《国家计委、电力部关于 1997 年电价调整方案有关问题的通知》（计价管〔1997〕437 号），要求“加快推行统一销售电价的步伐”。1997 年在华北、西北、西南和华东的上海地区推行了统一销售电价。

- 9 月 24 日，电力工业部在北京举行“供电营业许可证”颁发仪式，向中国华北电力集团公司颁发了中华人民共和国第一张“供电营业许可证”，从法律上确立了华北电力集团公司在供电营业区内开展电力销售营业的专营权。
- 10 月 6 日，电力工业部印发了统一的《供用电合同》格式文本，规范《供用电合同》的签约、履行和管理工作。
- 11 月 1 日，八届全国人大常务委员会第二十八次会议正式通过了《中华人民共和国节约能源法》，于 1998 年 1 月 1 日起施行。
- 12 月 13 日，国家电力公司电力需求侧管理指导中心成立。

1998 年
- 3 月，供电营业区划分工作基本结束。全国共颁发了 2422 张“供电营业许可证”，其中跨省营业许可证共 8 张全部核发（包括京津唐电网）；省级营业许可证核发 28 张（其中海南省未发）；地级营业证核发 255 张；县级营业证核发 2132 张。
- 9 月 30 日，国务院决定停止执行购买用电权、停止执行控制非生产用电、停止执行超计划（指标）用电加价收费等集资办电、限制用电的规定。
- 10 月 4 日，《国务院办公厅转发国家计委关于改造农村电网改革农电管理体制实现城乡同网同价请示的通知》（国办发〔1998〕134 号文）印发，全国范围内的“两改一同价”工作全面启动。
- 10 月 24 日，国家计委印发《关于制定城乡用电同价方案有关问题的通知》（计价格〔1998〕2114 号文），确定了城乡用电同网同价总体方案，并制定了具体实施方法和步骤。
- 11 月 5 日，国家发展计划委员会、国家经济贸易委员会、财政部、监察部、审计署、国务院纠风办等六部委下发《关于整顿电价秩序坚决制止乱加价乱收费行为的通知》（计价格〔1998〕2212 号），坚决制止电价执行中的乱加价、乱收费和乱摊派行为，切实减轻企业和人民群众负担。
- 12 月 8 日，国家电力公司启动大规模的城镇“一户一表”改造工程，实现供电到户、抄表到户、收费到户、服务到户（即“四到户”），解决居民生活用电的瓶颈问题，促进城市电网改造。
- 12 月 9 日，国家电力公司决定在所属地级及以上城市的供电营业窗口实行供电营业规范化服务。
- 12 月，中国政府与世界银行合作实施“世界银行/全球环境基金中国节能促进项目”一期，在中国引进、示范基于市场的“合同能源管理”节能新机制。

1999 年
- 1 月 4 日，《国务院批转国家经贸委关于加快农村电力体制改革加强农村电力管理意见的通知》（国发〔1999〕2 号文）印发，部署全国农村电力体制改革工作。
- 4 月 13 日，国家经贸委出台《关于加快乡（镇）电管站改革若干问题的指导意见》，推动乡（镇）电管站的管理模式改革，将乡（镇）电管站一律改为县供电企业所属的供电营业所，其人、财、物纳入县供电企业统一管理。

- 10 月 16—18 日，国家电力公司在贵阳召开新中国成立后的第一次电力市场营销工作会议。会议的主题是树立改革创新、优质服务、市场竞争和效益、依法经营、科技创新和人才开发等五个方面的电力营销新观念，建立社会主义市场经济条件下面向 21 世纪的电力营销新体系。
- 10 月 23 日，江西省第九届人民代表大会常务委员会第十二次会议审议通过了《江西省反窃电办法》，于 1999 年 12 月 1 日起施行。这是全国第一部反窃电地方性法规。

2000 年

- 2 月，电力行业标准《低压电力用户集中抄表系统技术条件》（DL/T 698—1999）发布。
- 11 月，国家经济贸易委员会发布修订后的《电能计量装置技术管理规程》（DL/T 448—2000）。

2001 年

- 1 月 17 日，国家电力公司在全系统部署开展“电力市场整顿和优质服务年”活动，落实“人民电业为人民”的服务宗旨和“优质、方便、规范、真诚”的供电服务八字方针，首次向社会公布供电服务八项承诺。
- 8 月 1 日，江苏省率先实现全省城乡居民生活用电同网同价。
- 8 月 13 日，经信息产业部批准，核配“95598”作为统一的供电服务特服电话号码在全国范围内使用。
- 9 月 28 日，黑龙江哈尔滨电业局“李庆长共产党员服务队”正式挂牌成立，服务队的便民服务事迹传遍全国，成为享誉全国的供电服务品牌。

2002 年

- 1 月 28 日，国家计委、国家经贸委联合印发《国家计委、国家经贸委关于停止收取供（配）电工程贴费有关问题的通知》（计价格〔2002〕98 号），停止收取供（配）电工程贴费。
- 4 月 8—11 日，国家电力公司“两改一同价”成果展在北京中华世纪坛举行。以文字、图片、图表等形式，展示了国家电力公司实施“两改一同价”工作三年来取得的成就和电业职工团结拼搏、勇于奉献的精神风貌，歌颂了党中央、国务院“两改一同价”决策的正确性和重大意义。
- 12 月 29 日，中国电力新组建（改组）公司成立大会在北京人民大会堂召开，国家电力公司拆分为 2 家电网公司（国家电网公司和中国南方电网有限责任公司）、5 大发电集团（中国华能集团公司、中国大唐集团公司、中国华电集团公司、中国国电集团公司和中国电力投资集团公司）和 4 大辅业集团公司（中国水电工程顾问集团公司、中国电力工程顾问集团公司、中国水利水电建设集团公司和中国葛洲坝集团公司），打破了电力行业垂直一体化模式，实现了厂网分开和主辅分离，电力工业在建立社会主义市场经济体制和加快社会主义现代化建设的宏伟事业中，进入了一个新的发展时期。

2003 年

- 1 月 10 日，河北省财政厅、河北省经济贸易委员会发布《关于印发〈河北省电力需求侧管理专项资金管理办法〉（试行）的通知》（冀财建〔2003〕1 号），率先以设立专项资金的方式引导和支持企业开展电力需求侧管理。

- 3 月 20 日，国家电力监管委员会正式挂牌，作为新成立的国务院直属事业单位开始履行电力监管职能。柴松岳出任电监会主席。
- 7 月 9 日，国务院出台电价改革方案，明确了新一轮电价改革的指导思想、目标、原则，为建立与社会主义市场经济体制相适应的电价形成机制指明了方向。
- 11 月 13 日，国家电网公司颁发了《供电服务规范》，这是国家电网公司成立后出台的首个供电服务规范。

2004 年

- 1 月，中国第一个区域电力市场试点东北区域电力市场在辽宁沈阳启动模拟运行；5 月，华东区域电力市场进入模拟运行；2005 年 12 月，南方区域电力市场启动模拟运行。
- 3 月 26 日，云南省第十届人大常委会第八次会议审议通过《云南省供用电条例》，这是中国第一部规范供用电关系的地方性法规。
- 4 月 6—7 日，国家发展改革委、电监会联合在南京召开全国电力需求侧管理经验交流会，会后发布了《加强电力需求侧管理工作的指导意见》，电力需求侧管理进入快速发展和全面推进阶段。
- 6 月，国家发展改革委印发通知，对电解铝、铁合金、电石、烧碱、水泥、钢铁等 6 个高耗能行业按照国家产业政策的要求，区分淘汰类、限制类、允许和鼓励类，首次试行差别电价政策。
- 浙江、福建等地相继出台文件，对居民生活“一户一表”用户按月用电量实行分档递增的阶梯电价。
- 7 月，在严重缺电情况下，全国各地因地制宜制订有序用电方案，通过实施移峰、错峰、避峰和负控限电等措施，有效缓解了电力供需矛盾。

2005 年

- 2 月 15 日，《电力监管条例》经国务院第 80 次常务会议通过，以中华人民共和国国务院令第 432 号公布，自 2005 年 5 月 1 日起施行。
- 3 月 8 日，吉林炭素有限责任公司与吉林龙华热电股份有限公司在长春签订了《电量直接购售合同》，吉林省成为中国首个开展大用户直购电的试点省份。
- 3 月 28 日，国家发展改革委发布了《上网电价管理暂行办法》《输配电价管理暂行办法》和《销售电价管理暂行办法》三个配套实施办法，标志着中国开始实行新的电价定价机制。
- 4 月 8 日，国家电网公司向社会公开发布《国家电网公司供电服务“十项承诺”》，主动接受社会监督，促进供电服务能力和水平提升。
- 4 月 30 日，国家发展改革委公布煤电价格联动实施方案。自 5 月 1 日起，启动煤电价格联动机制建立后的第一轮调价。
- 6 月 21 日，国家电力监管委员会发布《供电服务监管办法（试行）》，自 2005 年 8 月 1 日起正式实施。

2006 年

- 1 月，南方电网公司在企业文化理念中将“万家灯火，南网情深”作为南方电网公司主题形象语。

- 3 月 10 日，国家电网公司发布《国家电网公司 2005 社会责任报告》，这是第一份中国企业公开发布的社会责任报告，也是中国企业履行社会责任与国际接轨的重要标志。
- 4 月，国家发展改革委、国家能源办、国家统计局、国家质检总局、国务院国资委联合发布《关于印发千家企业节能行动实施方案的通知》（发改环资〔2006〕571 号），针对重点耗能行业 1008 家企业，组织开展千家企业节能行动。
- 4 月，国家电网公司实施营销组织模式变革，在地市公司组建客户服务中心、电费管理中心、电能计量中心。
- 8 月 1 日，国家电监会在全国统一开通“12398”电力监管投诉举报热线，旨在落实依法监管、高效便民，履行电力监管职能。
- 12 月，国家电网公司在所属的 26 个省级供电营业区成立纯电动汽车应用工作小组，率先在全国开展电动汽车充换电业务。

2007 年

- 1 月，国家电网公司规范业扩报装工作，明确提出要坚持“一口对外、便捷高效、三不指定、办事公开”管理原则。
- 4 月 28 日，国家电力监管委员会、国家安全生产监督管理总局、国家煤矿安全监察局联合下发《关于加强煤矿供用电安全工作的意见》（电监安全〔2007〕15 号），提出加强煤矿供用电安全工作的七项要求。
- 7 月 1 日，国家电网公司在福州市组织开展营销业务应用标准化设计，采取自主研发技术路线，实现全网系统架构统一、应用软件统一、应用功能统一。
- 8 月，国家电网公司推行《业扩供电方案编制导则》，从源头上对高危及重要用户供电电源的安全配置落实严格管理、规范技术要求。
- 8 月，中国政府和德国联邦政府签署合作协议，以技术合作方式推动中国企业实施节能减排工作。国家电网公司通过参与“能效管理与技术应用”项目实施，在帮助试点企业挖掘节电潜力的同时培养了队伍、积累了经验。

2008 年

- 1 月，中国南方部分地区遭遇了史上罕见的雨雪和冰冻极端天气，使电网遭到严重破坏。国家电网公司经营区域内 545 个县（区）2706 万用户，南方电网公司经营区域内 99 个县 642 万户受到停电影响。数十万电业职工响应党中央、国务院的号召，在各方面的支持下团结战斗、顽强拼搏，3 月 8 日，受灾电网全面恢复正常运行，夺取了抗灾保电的全面胜利。
- 3 月，国网北京市电力公司参与建设的北京奥运电动公交车充换电站落成，这是全国首座正式投入商业运行的规模化纯电动公交车辆充换电站，成功服务于 2008 年北京奥运会。
- 4 月，国家电网公司开展“抓基础、上台阶”农电标准化建设工作，对各类县级供电企业实行统一的“管理要求、管理标准、管理模式、管理流程”，加快了县级供电企业与国家电网公司的管理接轨进程。

- 5 月 12 日，四川汶川发生 8.0 级特大地震，受地震灾害影响，四川、重庆、陕西、甘肃等地区电力设施不同程度受损。在党中央的领导下，国家电网公司会同有关发电公司、地方电力企业迅速组织力量投入抢修，圆满完成电网抢修供电任务和对口支援电网抢修重建工作。
- 8 月 8 日—9 月 17 日，第 29 届奥运会和残运会保电圆满成功。开闭幕式、各项赛事、重要外事活动等各项涉奥活动的数十个比赛场所和重要附属设施的供电无一异常。国家电网公司兑现了奥运保电万无一失的庄严承诺。
- 10 月 1 日，国家电网公司自主研发的营销业务应用系统率先在青海省电力公司上线运行。
- 10 月，国家电网公司使用自行研制的交流 1000 千伏互感器现场误差试验标准成套装置，首次完成 1000 千伏晋东南站、南阳站和荆门站总计 18 台电容式电压互感器和 36 台电流互感器的现场检验，实现了世界上 1000 千伏特高压交流电力互感器现场检验技术从无到有的突破。

2009 年

- 5 月，国家电网公司、南方电网公司强化以集约化、标准化、信息化手段提升电费抄核收工作质效，分别印发了《电费抄核收工作规范》《电费抄核收管理标准》。
- 9 月，国家电网公司发布《电能计量装置通用设计》（Q/GDW 347—2009），规范电能计量装置的统一设计工作。
- 12 月，国网计量中心成立，承担国家电网公司系统计量标准研制、建立、维护、考核和管理等工作。

2010 年

- 1 月，国家电网公司全面启动智能电能表和用电信息采集系统建设，计划通过 5 年时间实现用电信息采集“全覆盖、全采集、全费控”。
- 5 月 6 日，经过一年多的模拟运行，内蒙古自治区电力多边交易市场正式建立，这是中国第一个电力多边交易市场。
- 7 月 12 日，全国农村电网改造升级工作会议在北京召开。会议提出实施新一轮农村电网改造升级工程建设，全面取消县级代管体制，理顺农村电力管理体制，促进农村经济社会持续发展。
- 7 月，国家能源局主持召开《第一届能源行业电动汽车充电设施标准化技术委员会》成立大会，标委会首届委员 43 名。
- 10 月，国务院国资委倡导成立了中央企业电动车产业联盟，包括国家电网公司和南方电网公司在内的 16 家充换电服务、电动汽车、动力电池领域中央企业参与其中。
- 11 月 4 日，发展改革委等六部委印发《电力需求侧管理办法》，推动中国电力需求侧管理工作规范开展。
- 11 月 12—27 日，第 16 届亚运会在广州举办。南方电网公司兑现了“绝不发生一起涉亚重点保电场所供电事故、绝不发生一起影响公司形象的重大供电服务事件”两个“绝不发生”的承诺，确保了亚运会电力保障的万无一失。

• 12 月，国家质量监督检验检疫总局向国网计量中心颁发《中华人民共和国专项计量授权证书》，授权国家电网计量中心在全国范围内开展跨区电网关口电能表检定和校准工作。

2011 年 • 1 月 17 日，工业和信息化部确定北京、宁夏、广东、广西作为首批开展工业领域电力需求侧管理的试点省份（区、市）。

• 4 月 21 日，国家发展改革委印发了《有序用电管理办法》，为各地有序用电工作的规范开展提供了政策依据。

• 4 月 29 日，“你用电，我用心”成为国家电网公司新的大众传播品牌口号。

• 7 月，国家电网公司建设的山东青岛薛家岛电动汽车智能充换储放一体化示范电站投入试运行。这是国内外首次建成集公交车充换电、乘用车电池集中充电、储能应用于一体的电动汽车充换电站。

• 11 月 29 日，国家发展改革委印发《关于居民生活用电试行阶梯电价的指导意见》，明确将单一形式的居民电价，改为按照用户消费的电量分段定价，用电电价随用电量增加呈阶梯式逐级递增的定价机制。

2012 年 • 3 月 5 日，全国两会政府工作报告正式提出“实施居民阶梯电价改革方案”，决定上半年在全国范围内全面推行居民阶梯电价。

• 3 月，国家能源局发布了电力行业标准《营销业务信息分类与代码编制导则》（DL/T 291—2012）。

• 6 月，南方电网公司在广州举行掌上营业厅发布会，推出了全新的适用于手机终端的掌上营业厅软件，随后在云南、海南、广西、贵州四省上线推广。

• 6 月 29 日，《供电服务规范》（GB/T 28583—2012）正式发布，于同年 10 月 1 日开始实施。这是中国供电服务领域的首个国家标准。

• 10 月 31 日，财政部经济建设司、国家发展改革委经济运行调节局确定，确定北京市、江苏省苏州市、河北省唐山市、广东省佛山市为首批电力需求侧管理城市综合试点城市。

• 12 月 31 日，国家质检总局和国家标准委员会发布《重要电力用户供电电源及自备应急电源配置技术规范》（GB/Z 29328—2012），明确了重要电力用户供电电源及自备应急电源的配置原则和技术要求。

2013 年 • 3—4 月，国家电网公司启动了为期 3 年的县供电企业和乡镇供电所管理提升工程。夯实管理基础，全面提升农村供电管理和服务水平。

• 5 月 24 日，《国家发展改革委关于调整销售电价分类结构有关问题的通知》（发改价格〔2013〕973 号）（简称《通知》）印发，决定调整销售电价分类结构，将销售电价由主要依据行业、用途分类逐步调整为以用电负荷特性为主分类，归并为居民生活用电、农业生产用电和工商业及其他用电价格三个类别。

2014 年 • 7 月，《国务院办公厅关于加快新能源汽车推广应用的指导意见》（国办发〔2014〕

35 号）印发，鼓励社会资本参与新能源汽车生产和充电运营服务。

- 10 月 24 日，国家电网公司实现 95598 供电服务热线全网集中统一受理客户用电业务。世界上规模最大、服务人口最多的电力客户服务中心全面建成，单日最大话务承载量可达 100 万通。

2015 年
- 1 月 1 日，深圳市输配电价改革试点工作进入正式实施阶段，是中国电力市场化改革的一个重大突破。
- 3 月 15 日，《中共中央 国务院印发关于进一步深化电力体制改革的若干意见》（中发〔2015〕9 号）下发，标志着新一轮电力体制改革开启。
- 6 月，1000 千伏特高压互感器现场试验车研制成功，解决了特高压互感器现场交接试验的量值传递准确、电气绝缘配合，以及效率和安全问题。
- 11 月 26 日，国家发展改革委、国家能源局等部委发布了六个电力体制改革配套文件，明确了改革的具体实施路径，标志着新一轮电力体制改革进入全面实施阶段。
- 11 月 28 日，国家发展改革委办公厅、国家能源局综合司批复同意重庆市、广东省率先开展售电侧改革试点。随后全国各地售电侧改革相继展开，迅速推进。
- 11 月 29 日，中共中央、国务院颁布了《中共中央 国务院关于打赢脱贫攻坚战的决定》，提出到 2020 年，中国现行标准下农村贫困人口实现脱贫，贫困县全部摘帽，解决区域性整体贫困。
- 11 月 30 日，深圳前海蛇口自贸区供电有限公司正式挂牌成立，成为全国首家混合所有制供电企业。
- 12 月 23 日，随着青海果洛藏族自治州班玛县果芒村和玉树藏族自治州曲麻莱县长江村合闸通电，中国全面解决了无电人口的用电问题。

2016 年
- 3 月 1 日，北京电力交易中心和广州电力交易中心分别在北京、广州挂牌成立。
- 3 月 9 日，《国务院关于印发加快剥离国有企业办社会职能和解决历史遗留问题工作方案的通知》（国发〔2016〕19 号）下发，全面推进国有企业“三供一业”分离移交工作，对企业职工家属区“三供一业”的设备设施进行必要的维修改造，达到城市基础设施的平均水平，分户设表、按户收费，由专业化企业或机构实行社会化管理。
- 3 月 14 日，国家电网公司启动实施村村“通动力电”工程、国家光伏扶贫项目接网工程、五县区定点扶贫工程三项重点任务。
- 5 月 16 日，国家发展改革委等八部委（局）联合印发了《关于推进电能替代的指导意见》（发改能源〔2016〕1054 号），在居民采暖、生产制造、交通运输、电力供应与消费等四个领域推动使用电能替代散烧煤、燃油，控制煤炭总消费量，减少大气污染。
- 6 月 30 日，《国家发展改革委办公厅关于完善两部制电价用户基本电价执行方式的通知》（发改办价格〔2016〕1583 号）下发，决定放宽基本电价计费方式变更周期限制，放宽减容（暂停）期限限制。

- 7月25日，大庆油田电力集团获得“电力业务许可证”（供电类）。这是新一轮电力体制改革后的第一张电网企业以外的“电力业务许可证”（供电类）。
- 7月26日，江苏省在全省范围内实施了电力需求响应，共有3154户用户参与，削减高峰负荷352万千瓦，是当时国内最大规模的需求响应事件，既保障了电力供需平衡，又尝试了用户参与电力市场化改革的路径。
- 9月26日，《南方电网公司关于做好供电区域电力行业扶贫和定点扶贫工作的实施意见》《南方电网公司定点扶贫驻村干部管理办法》（南方电网党〔2016〕72号）印发，提出协同推进南方电网行业扶贫和定点扶贫六项行动，明确驻村干部管理要求。

2017年

- 2月，由中国主导申请提出的电动汽车充电服务国际标准《电动汽车充电漫游服务信息交互　第1部分：总则》获得国际电工委员会批准立项，这是世界上首个电动汽车充电服务领域标准。
- 3月29日，《国家发展改革委 国家能源局关于有序放开发用电计划的通知》印发，要求加快组织发电企业与购电主体签订发购电协议（合同），规范和完善市场化交易电量价格调整机制，有序放开跨省跨区送受电计划。
- 6月27日，南方电网公司成立南网计量中心，承担南方电网公司系统计量标准建立、维护、考核和管理等工作。
- 8月28日，国家发展改革委、国家能源局印发《关于开展电力现货市场建设试点工作的通知》（发改办能源〔2017〕1453号），选择广东、蒙西、浙江、山西、山东、福建、四川、甘肃等八个地区，开展全国首批电力现货市场试点建设。
- 12月，国网浙江省电力有限公司的“电能表智能化计量检定技术与应用”项目荣获2017年度国家科学技术进步奖二等奖。

2018年

- 2月1日，国家电网公司部署营销大数据应用三年行动计划，助力传统业务转型升级、推动新兴业务提速发展，为供电服务新模式、新业态注入新动力。
- 8月，国家电网公司建设的“智慧车联网平台项目”获得2018年度国际爱迪生奖，成为首个获得该项殊荣的中国电力企业。“国网智慧车联网平台”成为全球最大的电动车充电网络及车联网平台。
- 8月，国家电网公司在张北地区建成国内首条百米级电动汽车移动式无线充电试验线路。
- 10月12日，国家能源局印发《关于印发“三州三区”农网改造升级攻坚三年行动计划（2018—2020年）的通知》，加快供电服务均等化进程，显著改善深度贫困地区生产生活用电条件，为打赢脱贫攻坚战提供较好的电力保障。
- 10月18日，苏州同里综合能源服务中心项目建成投运，区域清洁能源消纳率达到100%，清洁能源日均发电量4600千瓦·时，每年减少二氧化碳排放量1650吨。
- 11月20日，《国家发展改革委办公厅关于切实做好清理规范转供电环节加价工作有关事项的通知》（发改办价格〔2018〕1491号）印发，推进清理规范转供电环节加价工作，有效传递和落实国家多次降低一般工商业电价的措施，确保降价成果真正惠及终端用户。

2019 年 • 1 月 3 日，中央印发《中共中央　国务院关于坚持农业农村优先发展做好“三农”工作的若干意见》（中发〔2019〕1 号），要求全面实施乡村电气化提升工程，加快完成新一轮农村电网改造。

• 2 月 20 日，交通运输部、财政部、国家发展改革委、国家能源局、国家电网公司、南方电网公司共同印发了《关于进一步共同推进船舶靠港使用岸电工作的通知》（交水发〔2019〕14 号），共同推动船舶靠港使用岸电。

• 6 月，国家电网公司建成“高干热、高严寒、高湿热、高盐雾和高海拔”的“五高”智能量测设备典型环境实验室，首次实现了复杂环境电能计量设备的实时在线监测，填补了中国极端环境条件下智能量测设备长期运行特性评价的空白。

• 10 月 24 日，世界银行发布《全球营商环境报告 2020》，中国“获得电力”指标排名上升至第 12 位。

• 12 月，国家电网公司、南方电网公司、内蒙古电力公司等电网企业的用电信息自动化采集系统覆盖用户数超过 6 亿户，全球范围内率先实现电网用电信息采集全覆盖。

• 12 月，国家电网公司和南方电网公司的电能表自动化检定系统全面建成并投运。共建成电能表自动化检定流水线 118 条，年检定能力 8253.3 万只，成为全球最先进的电能表自动化检定技术和应用典范。

• 12 月，“网上国网”App 在国家电网有限公司服务区域内全面上线应用，为电力用户提供足不出户的用电服务。随后，“网上国网”App 累计注册用户数突破 1 亿，跻身“亿级”超体量平台。

• 12 月 19 日，中电装备公司与沙特电力公司签署了沙特智能电能表项目总承包合同，中国的智能电能表和用电信息采集系统首次大规模进入海外市场。

• 12 月 20 日，山东省邹平市人民政府与国网山东省电力公司签署协议，取消邹平供电公司“代管体制”，全国县级供电企业“代管体制”全面取消。

2020 年 • 1 月，武汉爆发新型冠状病毒肺炎疫情，国网武汉供电公司克服重重困难，5 天完成火神山医院抢供电，3 天完成雷神山医院抢供电，点亮了“生命方舱之光”，让世界见证了“武汉供电速度”。

• 6 月 19 日，新一代电动汽车充电技术中日联合发布会在北京举行。国家电网有限公司发布了新一代 ChaoJi 充电技术白皮书，日本电动汽车快速充电器协会发布 CHAdeMO3.0 标准；中国电力企业联合会与 CHAdeMO 协议会共同启动 ChaoJi 产业化发展路线研究工作。

• 11 月 23 日，电网企业 3040 个帮扶点全部脱贫出列，带动 84.11 万贫困群众脱贫，电网企业圆满完成了中央单位定点扶贫任务。

• 12 月，广东电网有限公司实现电能计量器具全自动智能运储。

附 录

附录A 中国用电重要数据

表 A.1　　1949—1985 年中国全社会用电量及其构成　　单位：亿千瓦·时

年份	全社会用电量	农村用电量	工业用电量	交通运输用电量	市政生活用电量	四项合计	厂用电量	线路损失电量
1949	49.02	0.20	23.90	0.20	10.30	34.60	3.33	11.09
1952	78.31	0.43	49.81	0.59	11.44	62.27	4.52	11.52
1953	95.82	0.40	62.95	0.49	13.89	77.73	5.62	12.47
1954	115.70	0.44	80.24	0.56	14.94	96.18	6.38	13.13
1955	129.93	0.51	90.95	0.54	14.52	106.52	7.54	15.87
1956	166.30	0.76	120.07	0.61	17.28	138.72	10.62	16.96
1957	193.88	1.08	136.05	0.70	26.24	164.07	12.31	17.50
1958	275.41	1.80	209.90	0.71	24.30	236.71	18.56	20.14
1959	423.26	2.95	326.19	1.24	29.56	359.94	34.06	29.26
1960	594.34	6.92	461.69	1.62	39.07	509.30	46.04	39.00
1961	476.48	9.59	352.63	1.91	37.22	401.35	41.56	33.57
1962	452.20	15.52	320.00	2.09	40.09	377.70	39.58	34.92
1963	481.35	22.34	338.84	2.10	41.94	405.22	41.03	35.10
1964	551.85	27.11	394.39	2.37	45.51	469.38	43.65	38.82
1965	661.89	37.10	477.23	3.32	50.37	568.02	51.10	42.77
1966	814.83	54.58	589.29	4.04	51.99	699.90	59.23	55.70
1967	769.92	50.81	548.55	3.76	52.00	655.12	53.50	61.30
1968	713.71	46.53	502.35	3.44	53.50	605.82	48.55	59.34
1969	928.59	60.30	651.02	4.45	69.33	785.10	61.75	81.47
1970	1144.00	74.55	804.84	5.50	85.71	970.60	74.82	98.58
1971	1366.40	100.12	945.69	6.50	101.93	1154.24	91.28	120.88
1972	1467.70	129.89	1017.84	7.07	81.20	1236.00	107.14	124.56
1973	1611.35	158.23	1101.94	11.26	79.63	1351.06	109.08	151.21
1974	1613.47	179.82	1078.60	11.71	86.95	1357.08	107.79	148.60

续表

年份	全社会用电量	农村用电量	工业用电量	交通运输用电量	市政生活用电量	四项合计	厂用电量	线路损失电量
1975	1853.65	208.77	1247.82	14.35	98.75	1569.69	128.32	155.64
1976	1963.21	231.54	1289.66	18.46	107.89	1647.55	134.67	180.99
1977	2170.11	248.34	1426.91	21.04	120.62	1816.91	152.86	200.34
1978	2498.12	287.42	1660.87	22.80	131.30	2102.39	178.63	217.10
1979	2762.06	324.93	1846.36	13.23	151.25	2335.77	193.59	232.70
1980	2954.31	374.36	1961.33	14.68	166.02	2516.39	203.63	234.29
1981	3045.80	415.63	1975.30	16.46	182.37	2589.76	208.88	247.16
1982	3223.64	441.85	2093.33	18.14	199.67	2752.99	216.72	253.93
1983	3465.99	475.27	2248.87	21.88	225.24	2971.26	228.26	266.47
1984	3731.97	510.90	2402.15	25.39	257.56	3196.00	246.82	289.15
1985	4051.34	573.29	2570.84	31.32	308.15	3483.60	272.56	295.25

注　摘自《电力工业统计资料汇编》（水利电力部计划司）。

表 A.2　**1986—2020 年中国全社会用电量及其构成**　单位：亿千瓦·时

年份	全社会用电	第一产业*	第二产业	其中：工业	第三产业	城乡居民生活
1986	4429.04	318.15	3644.49	3609.47	234.91	231.48
1987	4902.69	345.87	4013.90	3970.36	275.39	267.54
1988	5358.65	375.46	4348.37	4301.07	313.07	321.76
1989	5761.98	400.70	4646.40	4597.70	342.50	372.34
1990	6125.96	415.34	4868.95	4819.06	380.31	461.37
1991	6696.79	464.30	5266.54	5208.45	434.30	531.66
1992	7455.39	505.20	5816.03	5746.95	500.62	633.54
1993	8201.08	516.90	6376.05	6287.84	578.83	729.29
1994	9046.49	567.36	6927.11	6822.49	677.21	874.81
1995	9886.36	615.00	7514.34	7397.39	751.44	1005.58
1996	10 570.29	646.26	7954.43	7830.32	836.45	1133.04
1997	11 039.11	514.13	8169.41	8054.89	1102.19	1253.39
1998	11 347.30	498.42	8263.43	8144.20	1197.90	1387.55
1999	12 092.28	524.72	8806.40	8684.55	1291.33	1469.83
2000	13 466.22	533.96	9786.12	9653.62	1474.31	1671.83
2001	14 682.51	573.19	10 634.58	10 489.66	1635.52	1839.23
2002	16 386.28	590.25	11 957.30	11 793.16	1837.29	2001.43
2003	18 891.21	595.83	13 948.51	13 758.73	2108.83	2238.04

续表

年份	全社会用电	第一产业*	第二产业	其中：工业	第三产业	城乡居民生活
2004	21 761.30	602.74	16 274.79	16 052.65	2427.78	2455.99
2005	24 780.93	755.53	18 675.55	18 441.49	2524.48	2825.38
2006	28 367.88	831.63	21 474.18	21 205.54	2822.11	3239.96
2007	32 565.32	863.44	24 908.97	24 596.44	3184.62	3608.29
2008	34 379.69	879.25	25 920.16	25 577.80	3498.15	4082.13
2009	36 595.15	939.90	27 136.40	26 754.49	3943.70	4575.16
2010	41 998.82	976.49	31 450.01	30 966.77	4478.36	5093.96
2011	47 025.89	1012.90	35 288.38	34 716.55	5104.55	5621.24
2012	49 656.53	1002.51	36 733.31	36 122.00	5693.01	6227.70
2013	53 423.42	1026.87	39 331.96	38 656.88	6275.43	6789.16
2014	55 636.68	1013.39	41 017.38	40 295.71	6669.82	6936.10
2015	56 932.99	1039.83	41 441.66	40 742.99	7166.29	7285.21
2016	59 747.09	1091.91	42 614.51	41 888.89	7970.07	8070.59
2017	63 625.12	1175.12	44 922.24	44 133.02	8825.22	8702.54
2018	69 404.29	745.87	47 733.23	46 953.91	10 830.55	9692.24
2019	72 485.69	779.49	49 595.01	48 705.20	11 861.30	10 249.89
2020	75 214	859	51 318	50 398	12 091	10 946

数据来源：《中国电力统计年鉴 2021》，中国统计出版社，2022 年。

* 2018 年 3 月，国家统计局《关于修订〈三次产业划分规定（2012）〉的通知》明确将“农、林、牧、渔服务业”调整到第三产业后，再更名为“农、林、牧、渔专业及辅助性活动”，电力行业按照最新的标准开展行业统计工作，为保证数据可比，2017 年之后的数据已根据新标准重新分类。

表 A.3　　1979—2020 年中国人均用电量、人均生活用电量情况统计　单位：千瓦·时/人

年份	人均用电量	人均生活用电量
1979	285	
1980	301	
1985	385	
1990	540	41
1995	821	83
2000	1067	132
2001	1154	145
2002	1280	156
2003	1466	174
2004	1679	189
2005	1901	217
2006	2164	247
2007	2471	274
2008	2595	308
2009	2749	344

续表

年份	人均用电量	人均生活用电量
2010	3140	381
2011	3496	418
2012	3667	460
2013	3919	498
2014	4056	506
2015	4126	528
2016	4305	582
2017	4557	623
2018	4919	691
2019	5149	728
2020	5331	776

表 A.4　　1980—2020 年中国电气化水平提升情况　　单位：%

年份	发电能源占一次能源消费比重		电能占终端能源消费比重	
	中国	世界平均	中国	世界平均
1980	14.1	23.7	4.4	10.9
1985	14.6	26.2	4.9	12.3
1990	18.0	27.7	6.0	13.3
1995	24.8	30.2	8.4	14.3
2000	29.9	32.3	11.4	15.5
2005	29.9	32.4	14.5	16.4
2010	32.4	33.2	18.8	17.5
2015	35.1	33.9	21.4	18.4
2020	40.2	34.4	28.2	20.0

数据来源：国际能源署，国网能源研究院。

附录 B　用电领域获得国家主要奖项的科技成果与国家重点实验室

表 B.1　　用电领域获得国家科学技术进步奖一等奖、二等奖的获奖成果

获奖年度	获奖项目
一等奖	
2019	脉冲强磁场国家重大科技基础设施
二等奖	
2001	山东电力客户服务中心语音信息支持系统

续表

获奖年度	获奖项目
2017	密码芯片系统的攻防关键技术研究及应用 强电磁环境下复杂电信号的光电测测量装备及产业化
2018	国家工频高电压全系列基础标准装置关键技术与工程应用 电能表智能化计量检定技术与应用 国家工频高电压全系列基础标准装置关键技术与工程应用
2020	含高比例分布式新能源的电力系统灵活负荷控制关键技术及工程应用

表 B.2　用电领域获得省级科学技术进步奖一等奖、二等奖的获奖成果

获奖年度	获奖项目
一等奖	
2007	省级电力营销服务集约化，实时化管理技术支持系统
2010	省级电力需求侧管理及地方电厂热电信息实时化在线监控系统 基于智能电网数字化技术的电能量采集与控制系统的研究和应用
2013	智能电表关键芯片研发与应用
2016	全系列国家工频高电压标准装置研制与应用
2017	电力需求侧节能降耗关键支撑技术、装备研制及规模化应用 全系列国家工频高电压标准装置研制与应用 多模态重大装备故障检测与健康管理关键技术及应用
2018	大规模能源计量器具的智能协同检测关键技术与应用 动态畸形变电网信号分析新方法与电能量测控制应用
2020	软件安全漏洞检测关键技术研究及应用 基于量子电压的国家电能标准装置及量值传递关键技术与应用
二等奖	
2003	电力客户商务智能系统
2010	高电压大电流国家计量标准
2012	营销业务一体化协同工作平台开发与应用
2013	电能表智能化仓储及自动化检定系统
2014	3 相智能电能表自动化柔性检定系统 EVC-8000 电动汽车充电站综合控制系统
2015	工业园区智能用电关键技术研究及示范应用 变压器主要参数测试装置量值溯源方法及标准器 电动汽车充换电设施效能提升与运营技术研究应用 基于异构多源特征的营配合一业务管控平台 电压跌落随机预估基础理论及其动态电压校正的实验研究

续表

获奖年度	获奖项目
2016	多维度高可靠性电力计量关键技术研究及应用 省级电能服务管理平台关键技术研究及其工程应用 配用电数据分析及业务提升关键技术研究与应用 电子式互感器实用化关键技术及工程应用 电力需求侧多元化业务增值系统关键技术创新及应用 电力计量终端可靠性保障关键技术、体系及应用 藏川地区电力设备状态检测装置准确性评估方法及移动校验实验室研究 电网设备局部放电监测装置可控测评技术、系统开发与应用 基于机器人集群的电能仪表检定流程智能自动化关键技术及工程应用 电子式互感器实用化关键技术及工程应用 智能变电站能效评测与能效提升关键技术研究与试点工程建设 面向电动汽车普及的充电基础设施互联互通技术
2017	智能用电在线监测数据采集、挖掘关键技术与应用 大规模电力互感器集约化检测关键技术、成套装备及应用 面向复杂环境的大电流测量新装置研制与应用 智能电能表高可靠性设计、通信及检测关键技术与应用 计量用特高压互感器现场检测技术研究与检测设备研制 电力计量终端可靠性保障关键技术、体系及应用 电力需求侧多元化业务增值系统关键技术创新及应用 省级电网企业信息通信资源管理及监控平台的建设与应用 面向智能电网的通信管理系统建设与应用 能源计量关键技术及应用
2018	电动汽车与电网互动技术与应用 电动汽车充换电设施规划、控制与运营技术及工程应用 新型城镇大规模电采暖负荷高效消纳关键技术及工程应用 山地城市用电信息智能采集系统关键技术与深化应用 智能用电在线监测数据采集、挖掘关键技术与应用 基于“互联网+”的电动汽车柔性智能充电设施关键技术及工程应用 大规模电力互感器集约化检测关键技术、成套设备及应用 面向复杂环境的大电流测量新装置研制与应用 电力表计全自动计量检定系统与应用 山地城市用电信息智能采集系统关键技术与深化应用
2019	电力谐波计量关键技术及应用 煤改电工程关键技术及规模化应用 高可靠性交直流电子式互感器关键技术与应用 大规模电力需求侧精准调控关键技术及工程应用 煤改电工程关键技术及规模化应用

表 B.3 用电领域获得中国电力科学技术奖

获奖年度	获奖项目
一等奖	
2015	含高比例分布式新能源的电力系统灵活负荷控制关键技术及工程应用
2017	全系列国家工频电压电流标准装置关键技术及工程应用
二等奖	
2007	互感器关口计量与在线校准关键技术及应用
2016	电动汽车与电网互动技术与应用

续表

获奖年度	获奖项目
2019	基于量子电压的国家电能标准装置及量值传递关键技术与应用 高可靠性电子式互感器关键技术与应用 数字化计量系统的溯源及检测关键技术研究与装备开发
2020	集中式 95598 一体化服务平台关键技术及应用
三等奖	
2012	电能计量与采集系统可靠性保障关键技术与应用
2014	电动汽车充电设施检测关键技术、核心装备及规模化应用
2015	基于大规模/风光/高载能并网的荷—网—源协调控制关键技术 智能配用电大数据关键技术及应用
2016	节能诊断专家系统与能效提升关键技术 电力需求侧能耗仿真与节能分析技术研究、系统研制及工程应用 电力需求侧能效测评技术和体系研究及应用
2017	电测量设备核心元器件可靠性分析及检测关键技术
2020	电力谐波计量关键技术及应用 电力线中频带载波通信芯片及推广应用

表 B.4　用电领域国家重点实验室一览表

专业	实验室名称	设立时间
计量专业	国家基准实验室（工频大电流比例基准装置）	大电流装置 1985 年建成， 1988 年批准为国家计量基准
	西藏羊八井高海拔电气安全与电磁环境国家野外科学观测研究站	2019 年
市场专业	电网安全与节能国家重点实验室	2007 年
	国家能源智能电网技术研发（实验）中心—能效测评技术分中心	2010 年
	国家能源智能电网技术研发（实验）中心—微电网技术分中心	2010 年
	国家能源智能电网技术研发（实验）中心—用电技术分中心	2010 年
	国家输配电安全控制设备质量检验检测中心（电动汽车）	2019 年

索　引

A

B

C

D

E

F

H

J

K

L

M

N

O

P

Q

R

S

T

W

X

Y

Z

后 记

为庆祝伟大的中国共产党建党百年，受中国电力企业联合会委托，国家电网公司组织系统相关单位共同编撰了《中国电力工业史 用电卷》。我们将这本全面反映中国百年电力工业用电领域发展脉络和奋斗历程的专史奉献给广大读者，期望能起到存史育人、传承发展的作用。

2020 年 8 月 17 日，《中国电力工业史 用电卷》编写组正式成立，在国家电网公司总部营销部的直接领导下，本着对历史敬畏、对前人负责的态度，以高度的政治责任感和使命感，统筹协调内外部资源，克服新冠疫情重重影响，历时近两年的艰辛努力完成了编纂任务。为确保编撰工作有序开展，我们从系统内各省电力公司、中国电科院遴选 80 余名专家，组成编写团队。2020 年 8 月—2021 年 2 月，为正文大纲起草阶段，重点是梳理历史脉络，挖掘大事要事，努力保障史书内容真实全面。期间，抽调 38 名骨干人员，不间断开展了 8 轮审核、修改、完善。2021 年 5 月 17 日，正文大纲通过英大传媒编辑部评审。进入正文编写阶段后，以编写组、审稿组、专家组的组织方式，全脱产集中、“997” 无休的模式，陆续开展了 5 轮 95 天的集中办公，之后又进行了多轮的视频会议讨论修改，于 2022 年 1 月 25 日形成征求意见稿。在讨论汲取各单位、专家反馈意见的基础上，反复推敲修正，直至成稿。

《中国电力工业史 用电卷》的主线脉络始终紧扣国家命脉和电力工业发展主线，着重讲用电从无到有、从曲折发展到全面突破的历程。写的虽然是历史事件，但表达的是电力奋斗史，并且着重体现一代又一代用电工作者的奋斗精神和初心传承。在编纂过程中，我们努力遵循以下基本原则：一是坚持以习近平新时代中国特色社会主义思想为指导，始终运用辩证唯物主义和历史唯物主义的立场、观点、方法观察分析问题；二是旁征博引，努力保障内容真实全面，搜集、调阅、考证和整理各类史志书册文献2300余本，通过实地调研、查阅资料、专家访谈等多种方式相互印证、去伪存真；三是坚持时代特色，既遵循常规体例，又力求拓宽思路、形式灵活、表达新颖，充分体现行业特点和时代特色，体现用电工作者的责任担当和精神风貌；四是坚持史论结合，充分汲取前人的智慧和成果，在几代电力人宝贵的史料基础上，充分吸收、提炼、补充新成果，使本书具有较强的史料价值和理论分析参考价值。

在《中国电力工业史 用电卷》付梓之际，谨向各参编单位和参与编纂工作的各位领导、顾问、专家、参编者表示衷心感谢。国网浙江电力、国网冀北电力先后组织承办了全专业集中编写会议，为全书编写工作作出了重要贡献。此外，还要感谢中国电力企业联合会、英大传媒投资集团有限公司对本书给予的大力支持和指导帮助，对书稿提出了宝贵的修改意见和建议，提供了许多珍贵的历史资料和照片。

我们深知，以大事编年形式，把中国电力用电一百年的光辉历程和重要成果全面、系统、准确地浓缩在一部60余万字的著作中并非易事。因一些历史事件的史料记载不详细、不准确，加之编纂者背景经历、知识结构和理论水平所限，书中或有遗漏、偏差、不妥及不周之处在所难免。我们将随时听取各方面意见，以期进一步修订、完善，敬请广大读者谅解并批评指正。

书中部分插图系出自相关资料，因难以联系著作权人而无法付费，请著作权人随时与我们联系。

参 考 文 献

[1]《中国电力百科全书》编委会. 中国电力百科全书 用电卷. 北京：中国电力出版社，1995.

[2]《中国电力百科全书》编辑委员会. 中国电力百科全书（第二版） 用电卷. 北京：中国电力出版社，1995.

[3]《中国电力百科全书》编辑委员会. 中国电力百科全书（第三版） 综合卷. 北京：中国电力出版社，2014.

[4]《中国电力百科全书》编辑委员会. 中国电力百科全书（第三版） 配电与用电卷. 北京：中国电力出版社，2014.

[5] 中国电业史志编辑室，湖南省电力志编辑室. 中国电业史料选编 上. 天津：天津牛家牌印刷厂印刷，1987.

[6] 中国电业史志编辑室，湖南省电力志编辑室. 中国电业史料选编 下. 天津：天津牛家牌印刷厂印刷，1987.

[7] 中国电业史志编辑室，湖南省电力志编辑室. 中国电业史料选编 续. 天津：天津牛家牌印刷厂印刷，1989.

[8] 国家发展和改革委员会价格司. 2004—2006 电力价格政策法规指南. 北京：中国文史出版社，2007.

[9] 国家发展和改革委员会价格司. 2007—2009 电力价格政策法规指南. 北京：长城出版社，2010.

[10] 国家发展和改革委员会价格司. 1975—2004 电力价格政策法规指南. 北京：长城出版社，2004.

[11] 国家发展和改革委员会价格司. 2010—2013 电力价格政策法规指南. 北京：长城出版社，2014.

[12] 电力工业部安全监察及生产协调司. 电力供应与使用法规汇编. 北京：中国电力出版社，1996.

[13] 国网能源研究有限公司. 全球能源分析与展望. 北京：中国电力出版社，2021.

[14] 国家电网公司. 电亮脱贫路 共筑小康梦. 北京：中国电力出版社，2021.

[15] 李代耕. 新中国电力工业发展史略. 北京：企业管理出版社，1984.

[16] 李代耕. 中国电力工业发展史料——解放前的七十年（一八七九—一九四九）. 北京：水利电力出版社，1983.

[17] 李鹏. 李鹏回忆录（1928—1983）. 北京：中央文献出版社，2014.

[18] 李鹏. 电力要先行 电力日记. 北京：中国电力出版社，2005.

[19]《中国电力年鉴》编委会. 1993 中国电力年鉴. 北京：中国电力出版社，1993.

[20]《中国电力年鉴》编委会. 1994 中国电力年鉴. 北京：中国电力出版社，1994.

[21]《中国电力年鉴》编委会. 1995 中国电力年鉴. 北京：中国电力出版社，1995.

[22]《中国电力年鉴》编委会. 1996—1997 中国电力年鉴. 北京：中国电力出版社，1997.

[23]《中国电力年鉴》编委会. 1998 中国电力年鉴. 北京：中国电力出版社，1998.

[24]《中国电力年鉴》编委会. 1999 中国电力年鉴. 北京：中国电力出版社，1999.

[25]《中国电力年鉴》编委会. 2000中国电力年鉴. 北京：中国电力出版社，2000.
[26]《中国电力年鉴》编委会. 2001中国电力年鉴. 北京：中国电力出版社，2001.
[27]《中国电力年鉴》编委会. 2002中国电力年鉴. 北京：中国电力出版社，2002.
[28]《中国电力年鉴》编委会. 2003中国电力年鉴. 北京：中国电力出版社，2003.
[29]《中国电力年鉴》编委会. 2004中国电力年鉴. 北京：中国电力出版社，2004.
[30]《中国电力年鉴》编委会. 2005中国电力年鉴. 北京：中国电力出版社，2005.
[31]《中国电力年鉴》编委会. 2006中国电力年鉴. 北京：中国电力出版社，2006.
[32]《中国电力年鉴》编委会. 2007中国电力年鉴. 北京：中国电力出版社，2007.
[33]《中国电力年鉴》编委会. 2008中国电力年鉴. 北京：中国电力出版社，2008.
[34]《中国电力年鉴》编委会. 2009中国电力年鉴. 北京：中国电力出版社，2009.
[35]《中国电力年鉴》编委会. 2010中国电力年鉴. 北京：中国电力出版社，2010.
[36]《中国电力年鉴》编委会. 2011中国电力年鉴. 北京：中国电力出版社，2011.
[37]《中国电力年鉴》编委会. 2012中国电力年鉴. 北京：中国电力出版社，2012.
[38]《中国电力年鉴》编委会. 2013中国电力年鉴. 北京：中国电力出版社，2013.
[39]《中国电力年鉴》编委会. 2014中国电力年鉴. 北京：中国电力出版社，2014.
[40]《中国电力年鉴》编委会. 2015中国电力年鉴. 北京：中国电力出版社，2015.
[41]《中国电力年鉴》编委会. 2016中国电力年鉴. 北京：中国电力出版社，2016.
[42]《中国电力年鉴》编委会. 2017中国电力年鉴. 北京：中国电力出版社，2017.
[43]《中国电力年鉴》编委会. 2018中国电力年鉴. 北京：中国电力出版社，2018.
[44]《当代中国的电力工业》编辑部. 当代中国的电力工业. 北京：当代中国出版社，1994.
[45]《当代中国的电力工业》编辑部. 当代中国电力工业大事记摘编（1949—1985）. 北京：当代中国出版社，1986.
[46]《当代中国的电力工业》编辑室. 全国各省、自治区、直辖市现代电力工业（1949—1985）上册. 北京：当代中国的电力工业编辑室编，1987.
[47]《当代中国的电力工业》编辑室. 全国电力工业会议文件选编（一九五〇～一九八五年）. 北京：内部发行，1986.
[48]《当代中国的电力工业》编辑部. 中国电力工人运动大事记（1879—1989）. 天津：天津市宝坻县第四印刷厂，1992.
[49]《当代中国的电力工业》编辑室. 中国电业工人革命斗争史选编. 天津：天津牛家牌印刷厂，1986.
[50] 全国人大常委会法制工作委员会，中华人民共和国电力工业部. 中华人民共和国电力法释义. 北京：中国电力出版社，1996.
[51] 中央人民政府燃料工业部. 电力工业技术管理暂行法规. 北京：燃料工业出版社，1954.
[52] 水利电力部办公厅图书编辑部. 电力工业技术管理法规. 北京：水利电力出版社，1959.
[53] 中国电力企业联合会. 改革开放三十年的中国电力. 北京：中国电力出版社，2008.
[54] 中国电力企业联合会. 改革开放四十年的中国电力. 北京：中国电力出版社，2018.
[55]《中国水力发电史》编辑委员会. 中国水力发电史（1904—2000）第一册（第一稿）. 北京：中国电力出版社，2005.

[56]《中国水力发电史》编辑委员会. 中国水力发电史（1904—2000）第二册（第一稿）. 北京：中国电力出版社，2007.

[57]《中国水力发电史》编辑委员会. 中国水力发电史（1904—2000）第三册（第一稿）. 北京：中国电力出版社，2007.

[58]《中国水力发电史》编辑委员会. 中国水力发电史（1904—2000）第四册（第一稿）. 北京：中国电力出版社，2007.

[59] 中国电机工程学会，全国用电节电专业委员会. 安全用电. 河南：河南科学技术出版社，1988.

[60] 中国水利电力企业管理协会，城市供用电研究会. 供用电管理规程 文件选编（一）. 培训材料，1991.

[61] 中国水利电力企业管理协会，城市供用电研究会. 供用电管理规程 文件选编（二）. 培训材料，1991.

[62] 中国水利电力企业管理协会，城市供用电研究会. 供用电管理规程 文件选编（三）. 培训材料，1991.

[63] 中国水利电力企业管理协会，城市供用电研究会. 供用电管理规程 文件选编（四）. 培训材料，1991.

[64] 中国水利电力企业管理协会，城市供用电研究会. 供电企业技术标准资料汇编 第五册. 湖南：湖南省长沙市湘中印刷厂，1990.

[65] 中国水利电力企业管理协会，城市供用电研究会. 供电企业技术标准资料汇编 第十二册. 湖南：湖南省长沙市湘中印刷厂，1990.

[66] 中华人民共和国水利电力部. 近期需电量和电力负荷预测导则（SD 125—1984）. 北京：水利电力出版社，1985.

[67] 全国电力系统“二五普法”《法规选辑》编辑组. 法规选辑. 北京：中国政法大学出版社，1992.

[68] 中华人民共和国电力工业部. 供用电合同 文本. 供各地电力部门使用，1997.

[69] 国家计委价格司. 能源供水价格政策法规指南. 北京：中国物价出版社，2002.

[70] 国家电力监管委员会.《供电监管办法》释义. 北京：中国电力出版社，1996.

[71] 国家电力公司发输电运营部、农电工作部、物资局. 城乡电网建设改造设备使用手册 企业简介分册Ⅰ. 北京：中国电力出版社，1999.

[72] 国家电力公司发输电运营部、农电工作部、物资局. 城乡电网建设改造设备使用手册 企业简介分册Ⅱ. 北京：中国电力出版社，1999.

[73] 国家电力公司发输电运营部、农电工作部、成套设备部. 城乡电网建设改造设备使用手册 技术参数分册Ⅱ（上）. 北京：中国电力出版社，1999.

[74] 国家电力公司发输电运营部、农电工作部、成套设备部. 城乡电网建设改造设备使用手册 技术参数分册Ⅱ（下）. 北京：中国电力出版社，1999.

[75] 中国电机工程学会，全国用电节电专业委员会. 电价与电费管理，供用电管理培训教材. 河南：河南科学技术出版社，1987.

[76] 中华民国政府. 电气事业人处理偷电规则. 南京：国民政府建设委员会，1933.

[77] 中国国民党国民经济计划委员会. 十年来之中国经济建设（1927—1937）. 南京：南京扶轮日报社，1937.

[78]《中国抗日战争史》编写组. 中国抗日战争史（1931—1945）. 北京：人民出版社，2011.

[79] 民国时期中央国家机关组织概述编纂委员会. 民国时期中央国家机关组织概述. 北京：档案出版社，1994.

［80］中国电力工人运动史志编审委员会. 中国电力工人运动史 1879—1989. 保定：保定列电印刷厂，1997.

［81］《中国电器工业发展史》编辑委员会. 中国电器工业发展史（综合卷）. 北京：机械工业出版社，1989.

［82］中国电器工业发展史编辑委员会. 中国电器工业发展史（发电、输变电、配电设备部分）. 北京：机械工业出版社，1989.

［83］华北电业管理局供用电处. 用电监察培训教材 上. 供用电工作培训教材，1981.

［84］东北电业管理局. 电力销售管理学. 营业专业人员培训教材，1985.

［85］西北电业管理局. 用电管理文件汇编 上册. 营业用电管理培训教材，1992.

［86］西北电业管理局. 用电管理文件汇编 中册. 营业用电管理培训教材，1992.

［87］西北电业管理局. 用电管理文件汇编 下册. 营业用电管理培训教材，1992.

［88］北京市电力工业志编纂委员会. 当代北京电力工业. 北京：北京日报出版社，1989.

［89］中国电力企业联合会. 中国电力工业史 综合卷. 北京：中国电力出版社，2021.

［90］华东电力工业史编辑室. 中华人民共和国电力工业史 华东卷. 北京：中国电力出版社，2004.

［91］华中电力工业史编委会. 中华人民共和国电力工业史 华中卷. 北京：中国电力出版社，2004.

［92］西北电力工业史编委会. 中华人民共和国电力工业史 西北卷. 北京：中国电力出版社，2005.

［93］东北电力工业史编委会. 中国电力工业史 东北卷. 北京：中国电力出版社，2005.

［94］上海市电力工业史编委会. 中华人民共和国电力工业史 上海卷. 北京：中国电力出版社，2003.

［95］广东电力工业史编委会. 中华人民共和国电力工业史 广东卷. 北京：中国电力出版社，2004.

［96］浙江电力工业史编委会. 中华人民共和国电力工业史 浙江卷. 北京：中国电力出版社，2005.

［97］云南电力工业史编委会. 中华人民共和国电力工业史 云南卷. 北京：中国电力出版社，2004.

［98］江苏电力工业史编委会. 中华人民共和国电力工业史 江苏卷. 北京：中国电力出版社，2004.

［99］甘肃电力工业史编委会. 中华人民共和国电力工业史 甘肃卷. 北京：中国电力出版社，2003.

［100］新疆电力工业史编委会. 中华人民共和国电力工业史 新疆卷. 北京：中国电力出版社，2004.

［101］湖南电力工业史编委会. 中华人民共和国电力工业史 湖南卷. 北京：中国电力出版社，2003.

［102］江西电力工业史编委会. 中华人民共和国电力工业史 江西卷. 北京：中国电力出版社，2003.

［103］广西电力工业史编委会. 中华人民共和国电力工业史 广西卷. 北京：中国电力出版社，2004.

［104］四川电力工业史编委会. 中华人民共和国电力工业史 四川卷. 北京：中国电力出版社，2003.

［105］安徽电力工业史编委会. 中华人民共和国电力工业史 安徽卷. 北京：中国电力出版社，2002.

［106］山西电力工业史编委会. 中华人民共和国电力工业史 山西卷. 北京：中国电力出版社，2008.

［107］河南电力工业史编委会. 中华人民共和国电力工业史 河南卷. 北京：中国电力出版社，2003.

［108］海南电力工业史编委会. 中华人民共和国电力工业史 海南卷. 北京：中国电力出版社，2004.

［109］陕西电力工业史编委会. 中华人民共和国电力工业史 陕西卷. 北京：中国电力出版社，2004.

［110］贵州电力工业史编委会. 中华人民共和国电力工业史 贵州卷. 北京：中国电力出版社，2003.

［111］北京电力工业史编委会. 中华人民共和国电力工业史 北京卷. 北京：中国电力出版社，2004.

［112］福建电力工业史编委会. 中华人民共和国电力工业史 福建卷. 北京：中国电力出版社，2003.

[113] 湖北电力工业史编委会. 中华人民共和国电力工业史　湖北卷. 北京：中国电力出版社，2004.
[114] 内蒙古电力（集团）有限责任公司史志办公室. 中华人民共和国电力工业史　内蒙古卷. 北京：中国电力出版社，2006.
[115] 宁夏电力工业史编委会. 中华人民共和国电力工业史　宁夏卷. 北京：中国电力出版社，2002.
[116] 山东省电力工业史编委会. 中华人民共和国电力工业史　山东卷. 北京：中国电力出版社，2003.
[117] 河北省电力工业史编委会. 中华人民共和国电力工业史　河北卷. 北京：中国电力出版社，2004.
[118] 辽宁电力工业史编委会. 中国电力工业史　辽宁卷. 北京：中国电力出版社，2004.
[119] 天津电力工业史编委会. 中国电力工业史　天津卷. 北京：中国电力出版社，2005.
[120] 吉林电力工业史编委会. 中国电力工业史　吉林卷. 北京：中国电力出版社，2005.
[121] 中国南方电网有限责任公司. 中国南方电力工业志. 北京：中国电力出版社，2018.
[122] 中国电业史志编辑委员会. 中国电力工业志. 北京：当代中国出版社，1998.
[123] 华东电力工业史编委会. 华东电力工业志. 北京：中国电力出版社，1996.
[124] 华中电力工业史编委会. 华中电力工业志. 北京：水利电力出版社，1993.
[125] 华北电力工业史编委会. 华北电力工业志. 北京：中国科学技术出版社，1997.
[126] 西北电力工业史编委会. 西北电力工业志. 北京：中国电力出版社，1997.
[127]《湖南省电力工业局电力志》编写组. 湖南省电力工业志. 北京：当代中国出版社，1995.
[128]《湖北省电力工业志》编纂委员会. 湖北省电力工业志. 北京：水利电力出版社，1994.
[129] 上海市电力工业局史志编纂委员会. 上海市电力工业志. 北京：水利电力出版社，1993.
[130]《河北省电力工业志》编纂委员会. 河北省电力工业志. 北京：当代中国出版社，1996.
[131]《北京市电力工业志》编委会. 北京市电力工业志. 北京：当代中国出版社，1995.
[132]《安徽省电力工业志》编委会. 安徽省电力工业志. 北京：当代中国出版社，1995.
[133]《吉林省电力工业志》编委会. 吉林省电力工业志. 北京：中国城市出版社，1994.
[134]《山西省电力工业志》编委会. 山西省电力工业志. 北京：中国电力出版社，1997.
[135]《福建省电力工业志》编委会. 福建省电力工业志. 北京：中国电力出版社，1997.
[136]《云南省电力工业志》编委会. 云南省电力工业志. 北京：中国电力出版社，1996.
[137]《河南省电力工业志》编委会. 河南省电力工业志. 北京：水利电力出版社，1992.
[138]《天津市电力工业志》编委会. 天津市电力工业志. 北京：中国铁道出版社，1993.
[139]《山东省电力工业志》编委会. 山东省电力工业志. 山东：山东友谊出版社，1996.
[140] 四川电力工业志编委会. 四川电业志资料汇编 1. 四川：四川省电力工业局印刷厂印制，1989.
[141] 四川电力工业志编委会. 四川电业志资料汇编 2. 四川：四川省电力工业局印刷厂印制，1990.
[142] 四川电力工业志编委会. 四川电业志资料汇编 3. 四川：四川省电力工业局印刷厂印制，1990.
[143]《四川省电力工业志》编委会. 四川省电力工业志. 四川：四川科学技术出版社，1994.
[144]《黑龙江省电力工业志》编委会. 黑龙江省电力工业志. 黑龙江：黑龙江人民出版社，1992.
[145]《甘肃省电力工业志》编委会. 甘肃省电力工业志. 北京：当代中国出版社，1996.
[146]《江苏省电力工业志》编委会. 江苏省电力工业志. 北京：水利电力出版社，1994.
[147]《广东省电力工业志》编委会. 广东省电力工业志. 广东：广东人民出版社，1997.

[148]《陕西省电力工业志》编委会. 陕西省电力工业志. 北京：中国电力出版社，1996.
[149]《浙江省电力工业志》编委会. 浙江省电力工业志. 北京：水利电力出版社，1995.
[150]《杭州市电力工业志》编委会. 杭州市电力工业志. 北京：水利电力出版社，1994.
[151]《江西省电力工业志》编委会. 江西省电力工业志. 北京：水利电力出版社，1994.
[152] 东北电业志编纂委会. 辽宁省电力工业志. 辽宁：辽宁大学出版社，1993.
[153]《宁夏回族自治区电力工业志》编委会. 宁夏回族自治区电力工业志. 北京：水利电力出版社，1994.
[154]《海南电力志》编辑委员会. 海南电力志（1991—2010）. 海南：海南电网公司，2012.
[155]《贵州省电力工业志》编委会. 贵州省电力工业志（1917—1990）. 北京：当代中国出版社，1996.
[156]《青海省电力工业志》编委会. 青海省电力工业志（1939—1990）. 北京：当代中国出版社，1996.
[157]《内蒙古自治区电力工业志》编委会. 内蒙古自治区电力工业志（1903—1990）. 北京：当代中国出版社，1996.
[158]《广西壮族自治区电力工业志》编委会. 广西壮族自治区电力工业志（1909—1989）. 北京：水利电力出版社，1992.
[159]《西藏自治区电力工业志》编委会. 西藏自治区电力工业志（1928—1990）. 北京：民族出版社，1995.
[160]《新疆维吾尔自治区电力工业志》编委会. 新疆维吾尔自治区电力工业志（1909—1990）. 北京：中国电力出版社，1998.
[161]《东北电力工业志》编委会. 东北电力工业志. 北京：当代中国出版社，1995.
[162]《湖州市电力工业志》编纂委员会. 湖州市电力工业志. 北京：中国电力出版社，2004.
[163]《武进县地方史志》编纂委员会. 武进县电力工业志. 北京：中国电力出版社，1989.
[164]《嘉兴市电力工业志》编纂委员会. 嘉兴市电力工业志（1910—1990）. 北京：中国电力出版社，1996.
[165] 苏州史志编纂委员会. 苏州电力工业志. 北京：中国电力出版社，1997.
[166] 福建省南平电业局. 南平电力工业志. 北京：中国电力出版社，1996.
[167] 福建省龙岩电业局. 龙岩电力工业志. 北京：中国电力出版社，1998.
[168] 福建省泉州电业局. 泉州电力工业志. 北京：中国电力出版社，1999.
[169] 国家能源局. 电能计量装置技术管理规程，2017.
[170]《中国共产党简史》编辑委员会. 中国共产党简史. 北京：中共党史出版社，2021.
[171] 中国电力科学研究院编辑部. 中国电力科学研究院志（1951—2000）. 北京：中国电力出版社，2001.
[172] 中国社会科学院，中央档案馆. 1958—1965 中华人民共和国经济档案资料选编（农业卷）. 北京：中国财政经济出版社，2011.
[173] 中共中央文献研究室. 毛泽东文集（第 7 卷）. 北京：人民出版社，1999.
[174] 能源部经济调节司，电力司. 日本供用电及电价管理资料，供用电及电价管理人员培训教材，1992.
[175] 当代中国编委会. 当代中国的计量事业. 北京：中国社会科学出版社，1989.

[176] 财务司. 电热价格文件选编（1975—1987），经济、物价管理培训教材，1988.
[177] 电力工业部安全监察及生产协调司. 电力供应与使用法规汇编. 北京：中国电力出版社，1996.
[178] 水利电力部河南省地方志编纂委员会. 河南志. 北京：中国电力出版社，1984.
[179] 北京农业工程大学. 中国农业机械化重要文献资料汇编. 北京：北京农业大学出版社，1988.
[180] 北京政法学院民法教研室、经济法教研室. 经济合同资料选编. 北京：法律出版社，1981.
[181] 水利电力部. 全国供用电规则. 北京：水利电力部，1983.
[182] 中国水利发电工程学会. 中国水力发电年鉴. 北京：中国电力出版社，2019.
[183] 水利部水电局编委会. 中国小水电 60 年. 北京：中国水利水电出版社，2009.
[184] 水利电版社编委会. 低压触电保安器. 北京：水利电版社，1975.
[185] 水利水电生产司. 计划用电. 北京：水利水电出版社，1983.
[186] 建设委员会. 呈行政院为提倡水利拟在各省设置模范灌溉区呈请准予备案由（1929 年 10 月 22 日），《建委会公报》第 6 期（1931 年 1 月）.
[187] 政协福建省三明市委员会文史资料委员会，福建省三明市水利水电局. 闽江源头星璀璨. 福建：三明地质印刷厂，1993.
[188] 国网浙江省电力有限公司. 浙电记忆. 北京：社会科学文献出版社，2020.
[189] 国网浙江省电力有限公司绍兴供电公司. 追寻光明. 浙江：浙江人民出版社，2021.
[190] 浙江省电力学会农村电气化专业委员会. 东方启明：从农耕时代到乡村文明的电气化浙江之路. 杭州：浙江人民出版社，2019.
[191] 北京供电局. 电力价格文件汇编. 北京：北京供电局内部资料，1991.
[192] 四川省地方志编纂委员会. 四川省志. 四川：四川科学技术出版社，1995.
[193] 上海市地方志编纂委员会. 上海市志 1978—2010. 上海：上海人民出版社，2019.
[194] 重庆抗战丛书编纂委员会. 抗战时期重庆的经济. 重庆：重庆出版社，1995.
[195] 兰州供电局. 营业用电管理制度汇编. 甘肃：营业用电人员培训资料，1979.
[196] 湖北省电力工业局. 电能计量装置管理规程. 电能计量管理人员学习用资料，1983.
[197] 甘肃省电力工业局. 报装管理工作规则（营业用电标准化之二）（试行），1989.
[198] 天津市电力工业局. 电力用户服务指南. 天津：天津人民出版社，1995.
[199] 河北省电力试验研究所. 国内外配电自动化系统技术信息专集，配电工程技术培训教材，1997.
[200] 重庆抗战丛书编纂委员会. 抗战时期重庆的经济. 重庆：重庆出版社，1995.
[201] 重庆供电局. 重庆供电局发展史（1903—1980 年）. 重庆：重庆出版社，1981.
[202] 重庆市地方志编纂委员会总编辑室. 重庆市志. 四川：四川大学出版社，1992.
[203] 福建省水利电力勘测设计院. 台湾省电力建设情况介绍. 福建：福建省水利电力勘测设计院，1985.
[204] 苏州市志编纂委员会. 苏州市志. 南京：江苏人民出版社，1995.
[205] 宁河县地方史志编纂委员会. 宁河县志. 天津：天津社会科学院出版社，1991.
[206]《吴江市电力志》编纂委员会. 吴江市电力志（1914—2008 年）. 苏州：古吴轩出版社，2011.
[207]《佛山电力志》编纂委员会. 佛山电力志（1913—2012）. 佛山：佛山日报社印刷厂，2013.

［208］宁德地区水利电力局. 宁德地区水利志. 北京：中国水利水电出版社，1994.
［209］大田县地方志编纂委员会. 大田县志. 北京：中华书局，1996.
［210］《浙江省水利志》编纂委员会. 浙江省水利志. 北京：中华书局，1998.
［211］武进县水利局编史修志领导小组. 武进水利志. 常州：横林美术印刷厂，1985.
［212］闽侯县地方志编纂委员会. 闽侯县志. 北京：方志出版社，2001.
［213］《尤溪县志》编纂委员会. 尤溪县志. 福建：福建省地图出版社，1989.
［214］罗源县地方志编纂委员会. 罗源县志. 北京：方志出版社，1998.
［215］李炳华. 盛泽镇志. 南京：江苏古籍出版社，1991.
［216］孙中山. 孙中山著作丛书　三民主义. 广东：广东人民出版社，2007.
［217］孙毓棠. 中国近代工业史资料（1840—1895 年）第一辑　上册. 北京：科学出版社，1957.
［218］孙毓棠. 中国近代工业史资料（1840—1895 年）第一辑　下册. 北京：科学出版社，1957.
［219］汪敬虞. 中国近代工业史资料（1895—1914）第二辑　上册. 北京：科学出版社，1962.
［220］黄辉，裘燮钧，孙运璇. 台湾之电力. 上海：动力工程社，1948.
［221］成致平. 价格改革三十年（1977—2006）. 北京：中国市场出版社，2006.
［222］章有义. 中国近代农业史资料（第二辑）. 上海：三联出版社，1957.
［223］李继锋. 中国抗日战争全纪录（1931—1945）. 江西：二十一世纪出版社集团，2015.
［224］王树增. 抗日战争. 北京：人民文学出版社，2015.
［225］郑翘松. 永春县志. 北京：语文出版社，1990.
［226］褚大华. 电子式电能表. 北京：中国电力出版社，2009.
［227］李雪纯. 民族工业的前途. 北京：书林书局，2021.
［228］凌子恕. 高压互感器技术手册. 北京：中国电力出版社，2005.
［229］徐俊忠.《一九五六年到一九六七年全国农业发展纲要》的发布及其历史命运的考察，《现代哲学》，2017.
［230］张晋. 中华人民共和国国史大辞典. 哈尔滨：黑龙江人民出版社，1992.
［231］李如虎. 三电工作实用手册. 北京：中国水利水电出版社，1997.
［232］郝为民. 电力负荷管理系统技术及应用. 北京：中国电力出版社，2009.
［233］陈富强. 源动力. 湖北：长江文艺出版社，2017.
［234］胡建旗. 福建志 1991—2002. 武汉：武汉大学出版社，2019.
［235］付义聪. 云南电力史. 云南：云南人民出版社，2015.
［236］杨德源，润宝香. 用电管理 200 问. 沈阳：辽宁科学技术出版社，1985.
［237］吕振勇. 电力法概论. 北京：中国政法大学出版社，1992.
［238］徐杰，严振省，威天常，等. 经济合同基本知识. 北京：法律出版社，1983.
［239］吕振勇，李华民. 电力行政诉讼手册. 长春：吉林大学出版社，1992.
［240］陈唐，赵祖康，陈星莺，等. 配电系统及其自动化技术. 北京：中国电力出版社，2002.

供稿人名单

丁恒春	卫　洁	马发轩	马晓晴	王　玥	王　莉	王　猛
王伟华	王言珂	王晓东	王浩吉	王海燕	王斯娴	邓诗语
叶丽雅	田成明	史博文	毕祥宜	吕士义	朱彬若	刘　佳
刘　浩	刘　超	刘　强	刘　慧	刘宗歧	刘国树	刘晓晟
许世辉	许灵洁	许紫晗	孙　勇	孙　腾	孙长河	孙桂付
杜　雪	李　扬	李　阳	李　颖	李　熊	李仁杰	李守强
李春睿	李贺龙	杨　东	杨　扬	杨　帆	杨　刚	杨旭升
杨依睿	杨晓东	吴　昊	吴良科	吴瀚清	邹和平	辛建江
汪　洋	张　龙	张　寻	张　莉	张　密	张双沫	张肖南
张捷妮	张蓬鹤	陈　璐	陈顺军	陈淑娇	卓生艺	项　琼
赵　林	赵　闻	赵　婷	赵英杰	赵能能	赵彬超	郝为民
胡瑛俊	胡康敏	柳　扬	香柱平	姜宇晴	祝毛宁	姚　腾
羿　绯	聂　琪	聂高宁	徐明荣	徐敏锐	郭　强	郭　磊
郭子建	郭浩明	唐　悦	黄友朋	鹿　杰	章建斌	梁晓兵
蒋依芹	韩刘康	韩富尧	程　鑫	程华杰	温　章	谢涛琪

《中国电力工业史　用电卷》
主要编辑出版人员

责任编辑　穆智勇　刘丽平　王蔓莉　张冉昕

设计负责　李东梅

封面设计　王红柳

正文设计　赵姗姗

责任校对　黄　蓓　常燕昆　于　维

责任印制　邹树群　石　雷　单　玲